KB049728

제2판

# 노동법의
# 쟁점과
# 사례

박귀천·박은정·권오성 공저

# 제2판 머리말

저자들이 뜻을 모아 이 책을 처음 세상에 내놓은 때로부터 어느덧 3년여의 시간이 흘렀다. 초판 발간 이후 저자 두 명이 소속 대학을 옮기게 되었다는 큰 변화도 있었다. 2024년부터 박은정 교수는 한국방송통신대학교 법학과에서, 권오성 교수는 연세대학교 법학전문대학원에서 후학 양성과 연구에 매진하게 되었다.

초판을 발간한 후 여러 노동관계법령의 개정이 있었고, 많은 노동판례들이 나왔다. 무엇보다도 2021년 「노동조합 및 노동관계조정법」(법률 제17864호, 2021. 1. 5., 일부개정, 시행 2021. 7. 6., 이하 "노조법"이라 함)이 개정되었다는 것이 가장 큰 변화였다. 우리나라가 국제노동기구(ILO)의 핵심협약인 「결사의 자유에 관한 협약」의 비준을 추진하면서 해당 협약에 부합하는 내용으로 법률을 개정한 것이다. 이에 따라 사업 또는 사업장에 종사하지 아니하는 근로자의 기업별 노동조합 가입이 허용되고, 기업별 노동조합의 경우 임원이나 대의원은 그 사업 또는 사업장에 종사하는 조합원 중에서 선출하게 하는 등 여러 변화가 있었다. 초판 작업이 거의 마무리 되어가던 시점에 노조법 개정이 이루어졌기 때문에 개정 내용을 최대한 반영하고자 했지만 충분하지는 못했다는 아쉬움이 있었다. 이에 제2판에서는 개정법 내용과 관련 판례 등을 좀 더 상세하게 포함시키고자 했다.

또한, 근로기준법 등 개별적 노동관계와 관련된 법령의 개정 내용(예를 들어 「산업재해보상보험법」상 노무제공자 개념 도입)도 필요한 부분에서 반영했다. 다만, 이 책은 일반적인 교과서와 달리 주로 판례 및 사례 문제와 관련된 법령 해설에 초점을 맞추어 서술되었기 때문에 그러한 내용과 관련되는 한에서 개정 법령에 대한 내용을 언급했다. 그리고 제2판에서는 2021년 이후 나온 주요 노동판례들과 2021년부터 한국노동법학회가 매년 선정하는 30개의 핵심판례의 내용을 반영했다.

사례에 대한 해설과 관련해서는, 초판 발간 이후 개정된 법과 새롭게 나온 판례 등을 고려하여 필요한 경우 초판의 사례들에 대한 해설을 수정, 보완했다. 대표적인 예로 2021년 노조법 개정 이전에 출제된 문제 중 해고자의 노조 가입에 대한 쟁점을 다룬 문제에 대한 해설에서는 2021년 개정 노조법상 비종사자의 노조 가입에 대한 내용을 추가하였고, 취업규칙 불이익변경을 다룬 문제에 대한 해설에서는 대법원이 전원합의체 판결을 통해 사회통념상 합리성론을 폐기한 것을 고려하여 사회통념상 합리성론에 대해 서술했던 부분을 삭제하였다. 또한, 2022년 이후 실시된 변호사시험 문제 등의 기출문제와 주제가 겹치는 기존 사례나 시의성이 떨어지는 사례를 삭제하는 대신 2022년~2024년 변호사시험 문제 전체와 법학전문대학원협의회 모의시험 문제 중 일부 문제에 대한 해설을 추가하였다.

초판을 처음 발간하던 당시 이 책은 주로 노동법을 시험과목으로 공부해야 하는 수험생들을 위한 교재로 집필되었고 지금도 그러한 목적을 유지하고 있다. 그런데 초판 발간 이후 긍정적인 의미에서 다소 놀라웠던 반응은 학생이나 수험생이 아닌 독자들, 예를 들어 법조인이나 공무원 등 실무가들이나 노동법의 주요내용 또는 판례에 대해 빠르게 알아보고 싶은 독자들이 이 책에 대해 관심을 가지고, 법령 해설과 관련 사례를 함께 읽어볼 수 있어 좋다는 평가를 해주셨다는 점이다. 이러한 독자들의 반응을 고려하여 제2판에서는 주요 쟁점에 대한 내용을 좀 더 풍부하게 보완하고자 노력했다. 이 책에 관심을 가지고 읽어주시는 모든 독자 여러분에게 감사드린다.

끝으로 제2판 출간을 위해 저자들을 독려해 주시고 저자들의 작업이 늦어짐에도 불구하고 인내심을 가지고 기다려 주시면서 많은 수고를 아끼지 않으신 박영사의 박세기 부장님, 이승현 차장님 등 박영사 관계자 여러분에게 진심으로 감사드린다.

2024년 8월

박귀천 · 박은정 · 권오성

# 머리말

이 책은 그간 10년 이상 대학에 재직하며 강의를 해온 저자들이 각자의 강의자료, 특히 변호사시험이나 공인노무사시험 등 각종 시험을 준비하는 학생들을 위해 작성해 온 자료를 토대로 집필되었다. 시험을 준비하는 수험생들, 대학에서 노동법을 수강하는 학생들이 이 책을 통해 노동법의 주요 쟁점과 관련 판례에 대해 빠르고 쉽게 찾아보면서 실제 시험에 출제되었던 사례 문제에 대해 공부할 수 있도록 하는 것을 목적으로 한다.

이 책은 2부, 4장으로 구성되어 있다. 제1부는 개별적 노동관계법, 제2부는 집단적 노동관계법이고, 각 장에는 주요 내용 및 쟁점(제1장), 사례 해설(제2장)이 들어 있다. 주요 내용 및 쟁점에서는 주로 대표적인 판례에서 문제된 쟁점에 관한 법리들을 중심으로 정리하였다. 사례 해설의 경우, 총 40개의 사례문제로 구성되어 있다. 개별적 노동관계법 및 집단적 노동관계법 각각에 대해 2012년 제1회 변호사시험 문제부터 2021년 제10회 변호사시험 문제 10개, 법학전문대학원협의회 모의시험 문제 중 5개, 공인노무사 시험문제 중 5개에 대한 해설을 작성했다. 저자들이 임의로 선택한 법학전문대학원협의회 모의시험 및 공인노무사 시험문제는 가급적 변호사시험 문제와 주제가 겹치지 않으면서 중요한 주제가 포함된 문제들이라고 할 수 있다. 사례의 설문은 각 시험의 설문을 그대로 옮겼기 때문에 형식이 통일되어 있지 않은 것으로 보일 수 있다는 점에 대해 양해를 바란다.

한편, 이 책은 주로 사례문제와 관련하여 문제될 수 있는 중요 쟁점들을 망라하여 정리하였기 때문에 일반적인 교과서처럼 노동관계법령상의 모든 조항의 내용에 대한 해설을 포함하고 있지는 않다는 점에 유의해야 한다. 그리고 이 책에서 사례에 대한 해설은 모두 '논점의 정리, 관련 법리, 사안의 적용, 결론' 순으로 정리되어 있는데 이는 법학과목에 대한 사례문제 시험의 답안을 작성할 때 사용하는 전형적 형식에 따른 것이고, 사례에 대한 해설은 최대한 관련 쟁점에 대해 풍부한 내용을 담으면서도 학생들이 사례문제 답안 작성 방식을 보다 쉽게 공부할 수 있도록 가급적 간결하게 정리하고자 노력했다. 또한, 2021. 1. 5. 개정되어 2021. 7. 6.부터 시행되는 '노동조합 및 노동관계조정법'의 개정내용들은 이 책의 관련 부분에 포함시켰다.

　이 책이 노동법을 시험과목으로 공부해야 하는 수험생들과 노동법의 중요 쟁점에 대해 공부히고자 히는 사람들에게 도움이 될 수 있기를 바란다. 끝으로 이 책을 출판할 수 있도록 해주신 박영사의 안종만 회장님, 안상준 대표님과 박세기 부장님, 염상호 편집위원님 등 관계자분들께 진심으로 감사드린다.

2021년 5월

박귀천 · 박은정 · 권오성

# 차례

## 제1부 개별적 노동관계법

# 제2부  집단적 노동관계법

## ● 제1장  집단적 노동관계법 주요 내용 및 쟁점

## ● 제2장  집단적 노동관계법 사례 해설

# 제1부

# 개별적 노동관계법

# 제1장

# 개별적 노동관계법 주요 내용 및 쟁점

## Ⅰ. 근로기준법의 기본개념과 원칙

### 1. 근로기준법의 의미

헌법 제32조 제3항은 "근로조건의 기준은 인간의 존엄성을 보장하도록 법률로 정한다."라고 규정하고 있다. 헌법이 근로조건의 기준을 법률로 정하도록 한 것은 인간의 존엄에 상응하는 근로조건에 관한 기준의 확보가 사용자에 비하여 경제적·사회적으로 열등한 지위에 있는 개별 근로자의 인간존엄성 실현에 중요한 사항일 뿐만 아니라, 근로자와 그 사용자들 사이에 이해관계가 첨예하게 대립될 수 있는 사항이어서 사회적 평화를 위해서도 민주적으로 정당성이 있는 입법자가 이를 법률로 정할 필요가 있으며, 인간의 존엄성에 관한 판단기준도 사회적·경제적 상황에 따라 변화하는 상대적 성격을 띠는 만큼 그에 상응하는 근로조건에 관한 기준도 시대상황에 부합하게 탄력적으로 구체화할 필요가 있기 때문이다.[1] 따라서 여기서 인간의 존엄에 상응하는 근로조건의 기준이 무엇인지를 구체적으로 정하는 것은 입법자의 형성의 자유에 속하는 것이라고 할 수 있고, 근로기준법(이하 "근기법"이라 한다)은 헌법의 취지에 따라 인간의 존엄에 상응하는 근로조건에 관한 최저기준을 정한 것이다.

근기법 제1조는 "이 법은 헌법에 따라 근로조건의 기준을 정함으로써 근로자의 기본적 생활을 보장, 향상시키며 균형 있는 국민경제의 발전을 꾀하는 것을 목적으로 한다."라고 규정하고 있고, 근기법 제3조는 "이 법에서 정하는 근로조건은 최저기준이므로 근로관계 당사자는 이 기준을 이유로 근로조건을 낮출 수 없다."라고 규정한다. 근기법 제4조는 "근로조건은 근로자와 사용자가 동등한 지위에서 자유의사에 따라 결정하여야 한다."라고 규정하고 있기는 하지만, 이때 근로조건에 관한 자유로운 결정은 근기법이 정하는 최저기준을 지키는 전제 위에서만 성립하는 것이다.

---

[1] 헌법재판소 2021. 11. 25 자 2015헌바334, 2018헌바42(병합) 결정. 이 사례는 근기법으로부터 출발하고 근로자의 퇴직급여에 대한 내용을 규정하고 있는 근로자퇴직급여법이 '4주간을 평균하여 1주간의 소정근로시간이 15시간 미만인 근로자'를 적용제외하고 있는 것의 위헌성을 다툰 것이다.

## 2. 근기법의 적용범위

| 근기법 |
| --- |
| 제11조(적용 범위) ① 이 법은 상시 5명 이상의 근로자를 사용하는 모든 사업 또는 사업장에 적용한다. 다만, 동거하는 친족만을 사용하는 사업 또는 사업장과 가사(家事) 사용인에 대하여는 적용하지 아니한다.<br>② 상시 4명 이하의 근로자를 사용하는 사업 또는 사업장에 대하여는 대통령령으로 정하는 바에 따라 이 법의 일부 규정을 적용할 수 있다.<br>③ 이 법을 적용하는 경우에 상시 사용하는 근로자 수를 산정하는 방법은 대통령령으로 정한다. |

| 근기법 시행령 |
| --- |
| 제7조(적용범위) 법 제11조제2항에 따라 상시 4명 이하의 근로자를 사용하는 사업 또는 사업장에 적용하는 법 규정은 별표 1과 같다. |

근기법 시행령 [별표 1]
상시 4명 이하의 근로자를 사용하는 사업 또는 사업장에 적용하는 법 규정(제7조 관련)

| 구분 | 적용 법 규정 |
| --- | --- |
| 제1장 총칙 | 제1조부터 제13조까지의 규정 |
| 제2장 근로계약 | 제15조, 제17조, 제18조, 제19조제1항, 제20조부터 제22조까지의 규정, 제23조제2항, 제26조, 제35조부터 제42조까지의 규정 |
| 제3장 임금 | 제43조부터 제45조까지의 규정, 제47조부터 제49조까지의 규정 |
| 제4장<br>근로시간과 휴식 | 제54조, 제55조제1항, 제63조 |
| 제5장 여성과 소년 | 제64조, 제65조제1항·제3항(임산부와 18세 미만인 자로 한정한다), 제66조부터 제69조까지의 규정, 제70조제2항·제3항, 제71조, 제72조, 제74조 |
| 제6장 안전과 보건 | 제76조 |
| 제8장 재해보상 | 제78조부터 제92조까지의 규정 |
| 제11장<br>근로감독관 등 | 제101조부터 제106조까지의 규정 |
| 제12장 벌칙 | 제107조부터 제116조까지의 규정(제1장부터 제6장까지, 제8장, 제11장의 규정 중 상시 4명 이하 근로자를 사용하는 사업 또는 사업장에 적용되는 규정을 위반한 경우로 한정한다) |

제7조의2(상시 사용하는 근로자 수의 산정 방법) ① 법 제11조제3항에 따른 "상시 사용하는 근로자 수"는 해당 사업 또는 사업장에서 법 적용 사유(휴업수당 지급, 근로시간 적용 등 법 또는 이 영의 적용 여부를 판단하여야 하는 사유를 말한다. 이하 이 조에서 같다) 발생일 전 1개월(사업이 성립한 날부터 1개월 미만인 경우에는 그 사업이 성립한 날 이후의 기간을 말한다. 이하 "산정기간"이라 한다) 동안 사용한 근로자의 연인원을 같은 기간 중

의 가동 일수로 나누어 산정한다.

② 제1항에도 불구하고 다음 각 호의 구분에 따라 그 사업 또는 사업장에 대하여 5명(법 제93조의 적용 여부를 판단하는 경우에는 10명을 말한다. 이하 이 조에서 "법 적용 기준"이라 한다) 이상의 근로자를 사용하는 사업 또는 사업장(이하 이 조에서 "법 적용 사업 또는 사업장"이라 한다)으로 보거나 법 적용 사업 또는 사업장으로 보지 않는다.

1. 법 적용 사업 또는 사업장으로 보는 경우 : 제1항에 따라 해당 사업 또는 사업장의 근로자 수를 산정한 결과 법 적용 사업 또는 사업상에 해낭하시 않는 경우에도 산정기간에 속하는 일(日)별로 근로자 수를 파악하였을 때 법 적용 기준에 미달한 일수(日數)가 2분의 1 미만인 경우

2. 법 적용 사업 또는 사업장으로 보지 않는 경우 : 제1항에 따라 해당 사업 또는 사업장의 근로자 수를 산정한 결과 법 적용 사업 또는 사업장에 해당하는 경우에도 산정기간에 속하는 일별로 근로자 수를 파악하였을 때 법 적용 기준에 미달한 일수가 2분의 1 이상인 경우

③ 법 제60조부터 제62조까지의 규정(제60조제2항에 따른 연차유급휴가에 관한 부분은 제외한다)의 적용 여부를 판단하는 경우에 해당 사업 또는 사업장에 대하여 제1항 및 제2항에 따라 월 단위로 근로자 수를 산정한 결과 법 적용 사유 발생일 전 1년 동안 계속하여 5명 이상의 근로자를 사용하는 사업 또는 사업장은 법 적용 사업 또는 사업장으로 본다.

④ 제1항의 연인원에는 「파견근로자보호 등에 관한 법률」 제2조제5호에 따른 파견근로자를 제외한 다음 각 호의 근로자 모두를 포함한다.

1. 해당 사업 또는 사업장에서 사용하는 통상 근로자, 「기간제 및 단시간근로자 보호 등에 관한 법률」 제2조제1호에 따른 기간제근로자, 단시간근로자 등 고용형태를 불문하고 하나의 사업 또는 사업장에서 근로하는 모든 근로자

2. 해당 사업 또는 사업장에 동거하는 친족과 함께 제1호에 해당하는 근로자가 1명이라도 있으면 동거하는 친족인 근로자

---

제12조(적용 범위) 이 법과 이 법에 따른 대통령령은 국가, 특별시·광역시·도, 시·군·구, 읍·면·동, 그 밖에 이에 준하는 것에 대하여도 적용된다.

## 1) 관련 법 규정

근기법은 상시 5인 이상의 근로자를 사용하는 모든 사업 또는 사업장에 적용한다(근기법 제11조 제1항). 단, ① 해당 사업 또는 사업장에서 법 적용 여부를 판단해야 할 사유의 발생 전 1개월 동안 사용한 근로자의 연인원을 같은 기간 중의 가동 일수로 나누어 산정하되, ② 그 1개월의 산정기간에 속하는 일별로 근로자 수를 파악했을 때 5명의 기준에 미달한 일수가 50% 미만이면 법 적용 사업장으로 보고 50% 이상이면 법 적용 사업장으로 보지 않는다(근기법 시행령 제7조의2).

## 2) 관련 판례

어느 사업 또는 사업장의 근로자 수가 일시적으로 5명 미만이 되더라도 사회통념에 의하여 객관적으로 판단하여 상태적으로 5명 이상이면 근기법이 적용되고

이 경우 근로자에는 그때그때 필요에 따라 사용하는 일용근로자도 포함한다.[2] 어느 사업에 근기법이 적용되는지를 판단할 때 영리목적의 기업, 비영리 또는 공익의 사업인지는 무방하다. 종교사업도 근기법 적용사업에 해당된다.[3] 상시 5인 이상 근로자를 사용하는 사업이라면 그 사업이 1회적이거나 그 사업기간이 일시적이라 하여도 근기법이 적용된다.[4]

근기법과 같이 근로조건의 최저기준을 정하고 있는 법이 근로자 수를 기준으로 적용 여부를 규정하고 있는 것이 위헌적인지와 관련하여, 헌법재판소는 "상시 4인 이하의 근로자를 사용하는 사업장은 대체로 영세사업장이어서 근기법에서 요구하는 모든 사항을 한결같이 준수할 만한 여건과 능력을 갖추고 있지 못한 것이 현실인데, 이러한 현실을 무시하고 근기법상의 근로기준을 이들 사업장에까지 전면 적용한다면 근로자 보호라는 소기의 목적을 달성하지도 못한 채 오히려 영세사업장이 감당하기 어려운 경제적·행정적 부담만을 가중시키는 부작용을 초래할 우려"가 있다고 보면서, 근기법은 근로조건의 기준을 정한 법률이므로 모든 근로자에게 적용되는 것이 바람직하나 국가는 합리적인 기준에 따라 능력이 허용하는 범위 내에서 법적 가치의 상향적 구현을 위한 제도의 단계적 개선을 추진해야 할 문제로서, 4인 이하 사업장을 5인 이상 사업장에 비해 차별취급한 것에 합리적 이유가 있다고 보고 있다.[5]

## 3. 근기법상 근로자

| 근기법 | 제2조(정의) ① 이 법에서 사용하는 용어의 뜻은 다음과 같다.<br>1. "근로자"란 직업의 종류와 관계없이 임금을 목적으로 사업이나 사업장에 근로를 제공하는 사람을 말한다. |
|---|---|
| 최저임금법 | 제2조(정의) 이 법에서 "근로자", "사용자" 및 "임금"이란 「근로기준법」 제2조에 따른 근로자, 사용자 및 임금을 말한다. |
| 근로자퇴직급여 보장법 | 제2조(정의) 이 법에서 사용하는 용어의 뜻은 다음과 같다. |

---

2) 대법원 2000. 3. 14. 선고 99도1243 판결.
3) 대법원 1992. 2. 15. 선고 91누8098 판결.
4) 대법원 1994. 10. 25. 선고 94다21979 판결.
5) 헌법재판소 2019. 4. 11 자 2017헌마820 결정.

| | | |
|---|---|---|
| | | 1. "근로자"란 「근로기준법」 제2조제1항제1호에 따른 근로자를 말한다. |
| | 임금채권보장법 | 제2조(정의) 이 법에서 사용하는 용어의 뜻은 다음과 같다.<br>1. "근로자"란 「근로기준법」 제2조에 따른 근로자를 말한다. |
| | 산업재해보상보험법 | 제5조(정의) 이 법에서 사용하는 용어의 뜻은 다음과 같다.<br>2. "근로자"·"임금"·"평균임금"·"통상임금"이란 각각 「근로기준법」에 따른 "근로자"·"임금"·"평균임금"·"통상임금"을 말한다. 다만, 「근로기준법」에 따라 "임금" 또는 "평균임금"을 결정하기 어렵다고 인정되면 고용노동부장관이 정하여 고시하는 금액을 해당 "임금" 또는 "평균임금"으로 한다. |
| 노동조합 및 노동관계조정법 | | 제2조(정의) 이 법에서 사용하는 용어의 정의는 다음과 같다.<br>1. "근로자"라 함은 직업의 종류를 불문하고 임금·급료 기타 이에 준하는 수입에 의하여 생활하는 자를 말한다. |
| 남녀고용평등과 일·가정 양립 지원에 관한 법률 | | 제2조(정의) 이 법에서 사용하는 용어의 뜻은 다음과 같다.<br>4. "근로자"란 사업주에게 고용된 사람과 취업할 의사를 가진 사람을 말한다. |

### 1) 개념

"근로자"란 직업의 종류와 관계없이 임금을 목적으로 사업 또는 사업장에 근로를 제공하는 자를 말한다(근기법 제2조 제1항 제1호).

### 2) 근로자성 판단 기준 판례

근기법상의 근로자에 해당하는지는 계약의 형식이 고용계약인지 도급계약인지보다 그 실질에 있어 근로자가 사업 또는 사업장에 임금을 목적으로 종속적인 관계에서 사용자에게 근로를 제공하였는지에 따라 판단하여야 한다.[6] 종속관계가 있는지 여부에 대한 구체적인 판단 기준은 다음과 같다.

---

6) 대법원 2006. 12. 7. 선고 2004다29736 판결, 대법원 2019. 5. 30. 선고 2017두62235 판결, 대법원 2022. 4. 14. 선고 2021두33715 판결 등.

※ **근기법상 근로자 지위 판단 기준** ──────────────

| 기본원칙 : 계약의 형식보다는 그 실질에 있어 "종속관계 여부" 판단 | |
|---|---|
| 종속노동성 | 사용자가 업무내용 정하는지 여부 |
| | 취업규칙 적용 여부 |
| | 업무수행과정에서의 사용자의 "상당한 지휘감독" 여부 |
| | 사용자의 근무시간·장소 지정 및 근로자가 이에 구속되는지 여부 |
| 독립사업자성<br>(기술적·조직적·<br>경제적 독립성) | 비품·원자재나 작업도구 등 소유 여부 |
| | 제3자의 고용에 의한 업무 대행 여부 |
| | 이윤 창출과 손실 초래 등 위험 부담 여부 |
| 보수의 근로대가성 | 보수의 성격이 근로자체의 대상적 성격인지 여부 |
| 계약관계의 계속성과<br>전속성 | 근로제공관계의 계속성 및 사용자에의 전속성 유무와 그 정도 |
| 기타 요소 | 사회보장제도상 근로자 지위 인정 여부 등 경제·사회적 제 조건 |
| 부차적<br>판단 요소 | 기본(고정)급 정하는지 여부 |
| | 근로소득세 원천징수 여부 |
| | 사회보장제도상 근로자로 인정하는지 여부 |

이때 기본급이나 고정급이 정하여졌는지, 근로소득세를 원천징수하였는지, 사회보장제도에 관하여 근로자로 인정받는지 등의 사정은 사용자가 경제적으로 우월한 지위를 이용하여 임의로 정할 여지가 크기 때문에, 그러한 점들이 인정되지 않는다는 것만으로 근로자성을 쉽게 부정하여서는 안 된다.

### 3) 주식회사의 이사, 감사 등 임원의 근로자성

그 지위 또는 명칭이 형식적·명목적인 것이고 실제로는 사용자의 지휘·감독 아래 일정한 근로를 제공하면서 그 대가로 보수를 받는 관계에 있다면 근기법상 근로자에 해당된다.[7]

### 4) 기타

불법체류 외국인 근로자에 대해서도 근기법이 적용된다.[8] 산업재해보상보험법

───────────────

7) 대법원 2003. 9. 26. 선고 2002다64681 판결.

(이하 "산재보험법") 제91조의15에 따라 시행령 제83조의5(노무제공자의 범위)에서 규정하는 노무제공자는 근기법상 근로자로 인정되지 않는 경향이 강하다. 단, 노동조합 및 노동관계조정법(이하 "노동조합법"이라고 함)상 근로자로 인정되는 경우는 있다. 예를 들어 골프장 경기보조원에 대하여 대법원은 근기법상 근로자는 아니지만 노동조합법상 근로자에 해당된다고 보았다.[9] 최근에는 웨딩플래너,[10] 원어민강사,[11] 한전검침원[12] 등의 근로자성 판단도 이루어지고 있고, 하급심 판례들 가운데에는 보험섭외사원,[13] 방과 후 컴퓨터강사,[14] 영화스태프,[15] 쇼핑몰 판매매니저,[16] 교회 전도사,[17] 보험회사 외탁계약형 지점장,[18] 정수기수리기사[19] 등도 근기법상 근로자라고 본 경우들이 있다. 유의할 점은, 개별 사례에서 근기법상 근로자로서의 법적 지위가 인정되었다고 하더라도 구체적인 사실 관계에 따라 동일한 직종 혹은 직업에 종사하는 자라고 하여 당연히 근기법상 근로자로서의 법적 지위가 인정되는 것은 아니다. 근기법상 근로자인지는 "계약의 형식이 고용계약인지보다 그 실질에 있어 근로자가 사업 또는 사업장에 임금을 목적으로 종속적인 관계에서 사용자에게 근로를 제공하였는지에 따라 판단"해야 하는 것이다.

---

**※ 근로자성 판단에 관한 대법원 판례** ──────────────────

〈보험모집인〉
① 대법원 1990. 5. 22. 선고 88다카28112 판결 − 부정
② 대법원 2000. 1. 28. 선고 98두9219 판결 − 부정

---

 8) 대법원 1995. 9. 15. 선고 94누12067 판결.
 9) 대법원 2014. 2. 13. 선고 2011다78804 판결.
10) 대법원 2021. 2. 25. 선고 2020도17654 판결.
11) 대법원 2019. 10. 15. 선고 2018다239110 판결.
12) 대법원 2014. 11. 13. 선고 2013다77805 판결.
13) 의정부지법 2020. 8. 13. 선고 2019나214447 판결.
14) 서울중앙지법 2020. 4. 28. 선고 2019가단5076142 판결.
15) 서울동부지법 2019. 6. 20. 선고 2018노1443 판결.
16) 서울행정법원 2020. 1. 16. 선고 2018구합77227 판결.
17) 춘천지방법원 2021. 12. 24. 선고 2020노1052 판결.
18) 대법원 2022. 4. 14. 선고 2020다238691 판결, 대법원 2022. 4. 14. 선고 2021두33715 판결. 그러나 동일한 보험회사 위탁계약형 지점장이지만 근로자성이 부정된 경우로서, 대법원 2022. 4. 14. 선고 2020다254372 판결, 대법원 2022. 4. 14. 선고 2020다287310, 2021다218205, 2021다246934 판결도 있다.
19) 대법원 2021. 8. 12. 선고 2021다222914 판결.

⟨건설기계조종사⟩
① 대법원 2007. 3. 29. 선고 2006다86948 판결(굴삭기) – 부정(산재 대위책임)
② 대법원 2008. 5. 15. 선고 2006다27093 판결(덤프트럭) – 부정(산재 대위책임)
③ 대법원 1997. 12. 26. 선고 97누16534 판결(지게차) – 부정(산재)
④ 대법원 1998. 5. 8. 선고 98다6084 판결(지게차) – 부정(산재 대위책임)
⑤ 대법원 2006. 10. 13. 선고 2005다64385 판결(콘크리트믹서트럭) – 부정
⑥ 대법원 2010. 5. 27. 선고 2007두9471 판결(콘크리트믹서트럭) – 인정(산재)
⑦ 대법원 2006. 7. 28. 선고 2006다26229 판결(기중기) – 인정(산재 대위책임)

⟨학습지교사⟩
① 대법원 1996. 4. 26. 선고 95다20348 판결 – 부정
② 대법원 2018. 6. 15. 선고 2014두12598, 2014두12604(병합) 판결 – 부정

⟨골프장캐디⟩
① 대법원 1996. 7. 30. 선고 95누13432 판결 – 부정
② 대법원 2014. 2. 13. 선고 2011다78804 판결 – 부정
③ 대법원 2014. 2. 27. 선고 2010두29284 판결 – 부정
④ 대법원 2014. 3. 27. 선고 2013다79443 판결 – 부정

⟨택배기사⟩
① 대법원 2018. 2. 28. 선고 2017두67056 판결(심리불속행기각) – 부정
② 우편집배 재택위탁집배원 : 대법원 2019. 4. 23. 선고 2016다277538 판결 – 인정

⟨퀵서비스기사⟩
① 대법원 2004. 3. 26. 선고 2003두13939 판결 – 인정(산재)
② 대법원 2007. 7. 26. 선고 2007두10587 판결(심리불속행 기각) – 인정(산재)
③ 대법원 2008. 9. 11. 선고 2008두10089 판결(심리불속행기각) – 인정(산재)
④ 대법원 2018. 4. 26. 선고 2017두74719 판결(산재 특근자 전속성) – 부정(전속성은 인정)
⑤ 대법원 2018. 4. 26. 선고 2016두49372 판결(산재 특근자) – 부정(특근자는 인정)

⟨대출모집인 및 신용카드회원 모집인⟩
대법원 2016. 10. 27. 선고 2016다29890 판결(신용카드회원 모집인) – 인정

⟨방문판매원⟩
대법원 2016. 8. 24. 선고 2015다253986 판결 – 부정

⟨대여제품 방문점검원 및 가전제품 설치 및 수리원⟩
① 대법원 2002. 7. 12. 선고 2001도5995 판결 – 부정
② 대법원 2012. 5. 10. 선고 2010다5441 판결 – 부정
③ 대법원 2016. 7. 22. 선고 2016다219174 판결(심리불속행기각) – 인정
④ 대법원 2021. 8. 12. 선고 2021다222914 판결 – 인정[20]
⑤ 대법원 2021. 11. 11. 선고 2019나221352 판결 – 긍정
⑥ 대법원 2022. 3. 17. 선고 2021다302155, 2021다302162(병합), 2021다302179(병합), 2021

---

20) 이 사건과 별건으로 이루어진 사건에서 법원은 정수기 A/S 기사들이 정수를 판매한 후 받은 판매수수료는 평균임금 산정의 기초가 되는 임금에 해당한다고 보았다(대법원 2021. 11. 11. 선고 2020다273939 판결).

다302186(병합), 2021다302193(병합) 판결 – 인정

〈화물 지입차주〉
① 대법원 1996. 11. 29. 선고 96누11181 판결 – 부정
② 대법원 2001. 4. 13. 선고 2000도4901 판결 – 부정
③ 대법원 2011. 6. 9. 선고 2009두9602 판결 – 부정
④ 대법원 2013. 4. 26. 선고 2012도5385 판결 – 긍정
⑤ 대법원 2013. 7. 11. 선고 2012다57040 판결 – 부정
⑥ 대법원 2021. 4. 29. 선고 2019두39314 판결 – 긍정

〈중기 지입차주〉
① 대법원 1997. 12. 26. 선고 97누16534 판결 – 부정
② 대법원 1998. 5. 8. 선고 98다6084 판결 – 부정

〈수영장 전속버스 지입차주〉
대법원 2000. 1. 18. 선고 99다48986 판결 – 인정

〈학원 버스 지입차주〉
① 대법원 2007. 9. 6. 선고 2007다37165 판결 – 인정
② 대법원 2014. 7. 24. 선고 2012두16442 판결 – 부정
③ 대법원 2015. 5. 28. 선고 2014다62749 판결 – 인정

〈채권추심원〉
① 대법원 2008. 5. 15. 선고 2008두1566 판결 – 인정
② 대법원 2008. 7. 10. 선고 2008도816 판결 – 인정
③ 대법원 2009. 5. 14. 선고 2009다6998 판결 – 부정
④ 대법원 2010. 4. 15. 선고 2009다99396 판결 – 인정
⑤ 대법원 2015. 7. 9. 선고 2012다20550 판결 – 인정
⑥ 대법원 2015. 7. 9. 선고 2012다79149 판결 – 인정
⑦ 대법원 2016. 4. 25. 선고 2015다252891 판결 – 인정
⑧ 대법원 2020. 5. 14. 선고 2020다208409 판결 – 부정[21]
⑨ 대법원 2020. 6. 25. 선고 2018다292418 판결 – 인정
⑩ 대법원 2022. 3. 17.자 2021다297444 판결 – 부정[22]

---

21) "채권추심원의 근로자성이 다투어지는 개별 사건에서 근로자에 해당하는지 여부는 소속된 채권추심회사의 지점, 지사 등 개별 근무지에서의 업무형태 등 구체적인 사실관계 및 증명의 정도에 따라 달라질 수밖에 없고, 심리 결과 근로자성을 인정하기 어려운 사정들이 밝혀지거나 채권추심원의 근로자성을 증명할 책임이 있는 당사자가 당해 사건에서 근로자성을 인정할 수 있는 구체적인 사실을 증명할 증거를 제출하지 않는 등의 경우에는 채권추심원의 근로자성이 부정될 수 있다[대법원 2015. 9. 10. 선고 2013다40612(본소), 2013다40629(반소) 판결, 대법원 2016. 4. 15. 선고 2015다252891 판결 등 참조]."
22) 채권추심원에 대한 근로자성 인정이 이어지고 있던 상황에서 회사가 위임계약을 새로 체결하면서 위임관계에 부합하지 않은 내용은 삭제하는 등으로 위임계약서를 변경하고 업무수행 관리를 법령이 허용하는 범위 내로 최소화하고 실적에 따른 불이익 조치를 취하지 않도록 하는 등의 내부 방침을 제정·시행한 경우에는 근로자성이 부정된다고 본다.

〈기타〉

광고영업사원 : 대법원 2001. 6. 26. 선고 99다5484 판결 － 인정

도급근로자(용접공 및 제관공) : 대법원 2012. 1. 12. 선고 2010다50601 판결 － 부정

도서외판원 : 대법원 1996. 9. 12. 선고 96구794 판결 － 부정

드라마 외부제작요원 : 대법원 2002. 7. 26. 선고 2000다27671 판결 － 인정

디지털판매사 팀장 : 대법원 2011. 7. 14. 선고 2009다37923 판결 － 부정

마트진열판매원 : 대법원 2006. 12. 7. 선고 2006도300 판결 － 인정

미용실 헤어디자이너 : 대법원 2021. 8. 26. 선고 2020도18346 판결 － 부정

백화점 위탁판매사원 : 대법원 2020. 7. 9. 선고 2020다207833 판결, 대법원 2020. 6. 25. 선고
　　2020다207864 판결 － 부정

보험회사 사고출동서비스 에이전트 : 대법원 2022. 4. 14. 선고 2020다237117 판결 － 부정

보험회사 위탁계약형 지점장 : 대법원 2022. 4. 14. 선고 2020다238691 판결, 대법원 2022. 4.
　　14. 선고 2021두33715 판결 － 인정, 대법원 2022. 4. 14. 선고 2020다254372 판결, 대법원
　　2022. 4. 14. 선고 2020다287310, 2021다218205, 2021다246934 판결 － 부정

영상취재요원 : 대법원 2011. 3. 24. 선고 2010두10754 판결 － 인정

성과급 영업사원 : 대법원 2000. 11. 24. 선고 99두10209 판결 － 인정

신문판매확장요원 : 대법원 1996. 10. 29. 선고 95다53171 판결 － 인정

아이돌보미 : 대법원 2023. 8. 18. 선고 2019다252004 판결 － 인정

야쿠르트 위탁판매원 : 대법원 2016. 8. 24. 선고 2015다253986 판결 － 부정

재봉공 : 대법원 2001. 8. 21. 선고 2001도2778 판결 － 부정, 대법원 2009. 10. 29. 선고 2009
　　다51417 판결 － 인정

재활트레이너 : 대법원 2021. 7. 15. 선고 2017도13767 판결 － 인정

주민센터 자원봉사자 : 대법원 2019. 5. 30. 선고 2017두62235 판결 － 인정

주민자치센터 자원봉사자 : 대법원 2020. 7. 9. 선고 2018두38000 판결 － 인정

지입차주에게 고용된 중기 기사 : 대법원 2001. 9. 4. 선고 2001두3860 판결 － 부정

채화작업자 : 대법원 2004. 1. 15. 선고 2002도3075 － 부정

카마스터 : 대법원 2019. 6. 13. 선고 2019두33712 판결(노조법) － 인정

학습지 교육상담교사 : 대법원 1996. 4. 26. 선고 95다20348 판결 － 부정

학원 원어민강사 : 대법원 2019. 10. 18. 선고 2018다239110 판결 － 인정

한전검침원 : 대법원 2014. 11. 13. 선고 2013다77805 판결, 대법원 2014. 12. 11. 선고 2013다
　　77706 판결 － 인정

헬스트레이너 : 대법원 2023. 2. 2. 선고 2022다271814 판결 － 인정

---

## ※ 참고 : 가사근로자

- 「가사근로자의 고용개선 등에 관한 법률」이 2021년 6월 15일 제정되어, 2022년 6월 16일 제정됨.
- 이 법에 따라 "가사서비스 제공기관"과 근로계약을 맺고 "가사서비스"를 제공하는 "가사근로자"는 근기법 등의 적용이 제외되는 가사사용인이 아니고, "가사서비스"는「근로자퇴직급여보장법」등의 적용이 제외되는 가구 내 고용활동이 아님.
- 이 법의 적용을 받는 "가사근로자"는 가사서비스 제공기관의 사용자와 근로계약을 체결하고, 이용자에게 가사서비스를 제공하는 사람임. 따라서 가사서비스 제공기관의 사용자와 근로계약을 체결하지 않고, 직업소개소 등의 직업소개나 플랫폼 가사서비스 중개업체를 통한 중개를 통해 가사서비스를 제공하는 사람은 "가사근로자"에 해당하지 않음(즉, 이러한 경우에는 여전히 근기법 등 노동관계법령이 적용되지 않음).
- 가사근로자의 근로관계에 관하여는 근기법 제17조, 제54조(입주가사근로자의 경우는 제외), 제55조, 제60조제1항·제2항·제4항 및 제5항을 적용하지 아니하고, 입주가사근로자의 근로

관계에 관하여는 근기법 제50조 및 제53조를 적용하지 아니함.

「가사근로자의 고용개선 등에 관한 법률」

제2조(정의) 이 법에서 사용하는 용어의 뜻은 다음과 같다.
  1. "가사서비스"란 가정 내에서 이루어지는 청소, 세탁, 주방일과 가구 구성원의 보호·양육 등 가정생활의 유지 및 관리에 필요한 업무를 수행하는 것을 말한다.
  2. "가사서비스 제공기관"이란 제7조에 따른 인증을 받고 이 법에 따라 가사서비스를 제공하는 기관을 말한다.
  3. "가사서비스 이용자"(이하 "이용자"라 한다)란 가사서비스 제공기관과의 이용계약에 따라 가사서비스를 제공받는 사람을 말한다.
  4. "가사근로자"란 가사서비스 제공기관의 사용자(「근로기준법」 제2조제1항제2호에 따른 사용자를 말한다. 이하 같다)와 근로계약을 체결하고, 이용자에게 가사서비스를 제공하는 사람을 말한다.
  5. "입주가사근로자"란 가사근로자 중 이용자의 가구에 입주하여 가사서비스를 제공하는 사람을 말한다.
제6조(다른 법률과의 관계) ① 이 법의 적용을 받는 가사근로자는 「근로기준법」, 「남녀고용평등과 일·가정 양립 지원에 관한 법률」, 「최저임금법」 등 근로 관계 법령의 적용이 제외되는 가사(家事) 사용인으로 보지 아니하고, 이 법의 적용을 받는 가사근로자가 행하는 가사서비스는 「근로자퇴직급여 보장법」 등 근로 관계 법령의 적용이 제외되는 가구 내 고용활동으로 보지 아니한다.
② 가사근로자의 근로 관계에 관하여는 「근로기준법」 제17조, 제54조(입주가사근로자의 경우는 제외한다), 제55조, 제60조제1항·제2항·제4항 및 제5항을 적용하지 아니하고, 입주가사근로자의 근로 관계에 관하여는 「근로기준법」 제50조 및 제53조를 적용하지 아니한다.

## 4. 근기법상 사용자(근기법 제2조 제1항 제2호 관련)

| | | |
|---|---|---|
| 근기법 | | 제2조(정의) ① 이 법에서 사용하는 용어의 뜻은 다음과 같다.<br>2. "사용자"란 사업주 또는 사업 경영 담당자, 그 밖에 근로자에 관한 사항에 대하여 사업주를 위하여 행위하는 자를 말한다. |
| | 최저임금법 | 제2조(정의) 이 법에서 "근로자", "사용자" 및 "임금"이란 「근로기준법」 제2조에 따른 근로자, 사용자 및 임금을 말한다. |
| | 근로자퇴직급여 보장법 | 제2조(정의) 이 법에서 사용하는 용어의 뜻은 다음과 같다.<br>2. "사용자"란 「근로기준법」 제2조제1항제2호에 따른 사용자를 말한다. |
| | 임금채권보장법 | 제2조(정의) 이 법에서 사용하는 용어의 뜻은 다음과 같다.<br>2. "사업주"란 근로자를 사용하여 사업을 하는 자를 말한다. |

| 노동조합 및 노동관계조정법 | 제2조(정의) 이 법에서 사용하는 용어의 정의는 다음과 같다.<br>2. "사용자"라 함은 사업주, 사업의 경영담당자 또는 그 사업의 근로자에 관한 사항에 대하여 사업주를 위하여 행동하는 자를 말한다. |
|---|---|

### 1) 개념

"사용자"란 '사업주, 사업의 경영담당자 또는 그 사업의 근로자에 관한 사항에 대하여 사업주를 위하여 행동하는 자'를 말한다(근기법 제2조 제1항 제2호). 이때 "사업주"는 근로자를 사용하여 자기 이름으로 사업을 하는 자를 의미하고, 회사 등 법인 사업의 경우에는 법인 그 자체가 사업주이다.[23]

"사업경영담당자"는 사업경영 일반에 관하여 책임을 지는 자로서 사업주로부터 사업경영의 전부 또는 일부에 대하여 포괄적인 위임을 받고 대외적으로 사업을 대표하거나 대리하는 자를 의미한다.[24] 근기법이 법의 각 조항에 대한 준수의무자로서의 사용자를 사업주에 한정하지 아니하고 사업경영담당자 등으로 확대한 이유는 노동현장에 있어서 근기법의 각 조항에 대한 실효성을 확보하기 위한 정책적 배려에 있는 만큼, 사업경영담당자는 원칙적으로 사업경영 일반에 관하여 권한을 가지고 책임을 부담하는 자로서 관계 법규에 의하여 제도적으로 근기법의 각 조항을 이행할 권한과 책임이 부여되었다면 이에 해당한다고 보아야 한다.[25]

"근로자에 관한 사항에 대하여 사업주를 위하여 행동하는 자"는 근로자의 인사·급여·후생·노무관리 등 근로조건의 결정 또는 업무상의 명령이나 지휘·감독을 하는 등의 사항에 관하여 사업주로부터 일정한 권한과 책임을 부여받은 자를 말한다.[26]

### 2) 사용자성 판단 기준 판례

근기법상 근로자에 해당하는지는 계약의 형식과는 관계없이 실질에 있어서 임금을 목적으로 종속적인 관계에서 사용자에게 근로를 제공하였는지 여부에 따라

---

23) 임종률·김홍영, 『노동법』 제21판, 박영사, 2024, 43쪽.
24) 대법원 1997. 11. 11. 선고 97도813 판결, 대법원 2008. 4. 10. 선고 2007도1199 판결.
25) 대법원 2008. 4. 10. 선고 2007도1199 판결.
26) 대법원 2008. 10. 9. 선고 2008도5984 판결.

판단한 것과는 반대로, 어떤 근로자에 대하여 누가 임금 및 퇴직금의 지급의무를 부담하는 사용자인가를 판단함에 있어서도 계약의 형식이나 관련 법규의 내용과 관계없이 실질적인 근로관계를 기준으로 하여야 한다.[27]

형식상으로는 대표이사직에서 사임하였으나 실질적으로는 사주로서 회사를 사실상 경영하여 온 자는 임금 지급에 관한 실질적 권한과 책임을 갖는 자로서 근기법 소정의 사용자에 해당한다.[28]

근기법상 퇴직금 지급의무를 지는 사용자란 실질적으로 근로자가 제공하는 노무에 대하여 보수를 지급할 의무를 지는 자를 말하는 것이고, 그러한 관계에 있지 않다면, 근기법 기타 다른 법률 등에 의하여 사용자로 취급되는 경우가 있다고 하여 근기법상의 퇴직금 지급의무까지 진다고 할 수 없다.[29]

### 3) 사용자 개념의 확대

사내하청에서 하청회사 사업주의 근로자들과 원청회사 사업주 사이에 근로계약관계가 성립한 것으로 볼 수 있는지 여부가 다투어진다. 이와 관련하여 법리적으로는 묵시적 근로계약관계 성립 여부 및 불법파견근로관계 해당 여부 등이 문제 된다.[30]

#### ① 묵시적 근로계약관계

원고용주에게 고용되어 제3자의 사업장에서 제3자의 업무를 수행하는 사람을 제3자의 근로자라고 하기 위해서는, 원고용주가 사업주로서의 독자성이 없거나 독립성을 결하여 제3자의 노무대행기관과 동일시할 수 있는 등 그 존재가 형식적·명목적인 것에 지나지 아니하고, 사실상 당해 피고용인은 제3자와 종속적인 관계에 있으며 실질적으로 임금을 지급하는 주체가 제3자이고 근로 제공의 상대방도 제3자이어서, 당해 피고용인과 제3자 사이에 묵시적 근로계약관계가 성립하였다고 평가할 수 있어야 한다.[31]

27) 대법원 2008. 10. 23. 선고 2007다7973 판결, 대법원 2012. 5. 24. 선고 2010다107071, 107088 판결 등.
28) 대법원 2002. 11. 22. 선고 2001도3889 판결.
29) 대법원 2007. 3. 30. 선고 2004다8333 판결.
30) 대법원 2015. 2. 26. 선고 2010다106436 판결, 대법원 2016. 1. 28. 선고 2012다17806 판결, 대법원 2020. 4. 9. 선고 2017다17955 판결, 대법원 2019. 8. 29. 선고 2017다219072, 219089, 219096, 219102, 219119, 219126, 219133 판결, 대법원 2020. 5. 14. 선고 2016다239024, 239031, 239048, 239055, 239062 판결 등 참조.

#### ② 불법파견근로관계

「파견근로자 보호 등에 관한 법률」(이하, "파견법"이라고 한다)은 파견사업주가 근로자를 고용한 후 그 고용관계를 유지하면서 근로자파견계약의 내용에 따라 사용사업주의 지휘·명령을 받아 사용사업주를 위한 근로에 종사하게 하는 것을 근로자파견으로 정의하고 있다(파견법 제2조 제1호). 근로자파견에 해당함에도 불구하고 파견법의 규제를 피하기 위하여 도급·용역·위탁 등의 계약관계 형식을 갖고 있더라도 그 실질이 근로자파견인 경우 그 계약은 근로자파견계약이다. 이러한 경우 원사업주와 도급·용역·위탁계약을 체결한 사업주는 파견법이 규정하는 근로자파견 허가를 받지 않은 불법적 근로자파견을 행한 것이 되고, 이에 대하여 파견법은 근로자파견사업 허가를 받지 않고 근로자파견을 하는 사업주로부터 근로자파견의 역무를 제공받은 원사업주에게 해당 근로자를 직접 고용할 의무를 규정하고 있다(파견법 제6조의2 제1항 제5호).

근로자파견의 형식을 갖고 있지 않은 법률관계가 파견법의 적용을 받는 근로자파견에 해당하는지는 i) 당사자가 붙인 계약의 명칭이나 형식에 구애될 것이 아니라, ii) 제3자가 당해 근로자에 대하여 직·간접적으로 그 업무수행 자체에 관한 구속력 있는 지시를 하는 등 상당한 지휘·명령을 하는지, iii) 당해 근로자가 제3자 소속 근로자와 하나의 작업집단으로 구성되어 직접 공동 작업을 하는 등 제3자의 사업에 실질적으로 편입되었다고 볼 수 있는지, iv) 원고용주가 작업에 투입될 근로자의 선발이나 근로자의 수, 교육 및 훈련, 작업·휴게시간, 휴가, 근무태도 점검 등에 관한 결정 권한을 독자적으로 행사하는지, v) 계약의 목적이 구체적으로 범위가 한정된 업무의 이행으로 확정되고 당해 근로자가 맡은 업무가 제3자 소속 근로자의 업무와 구별되며 그러한 업무에 전문성·기술성이 있는지, vi) 원고용주가 계약의 목적을 달성하는 데 필요한 독립적 기업조직이나 설비를 갖추고 있는지 등의 요소를 바탕으로 그 근로관계의 실질에 따라 판단하여야 한다.[32]

---

31) 대법원 2008. 7. 10. 선고 2005다75088 판결, 대법원 2010. 7. 22. 선고 2008두4367 판결, 대법원 2015. 2. 26. 선고 2010다106436 판결 등.
32) 대법원 2010. 7. 22. 선고 2008두4367 판결, 대법원 2015. 2. 26. 선고 2010다106436 판결, 대법원 2021. 7. 8. 선고 2018다243935, 2018다243942(병합) 판결 등.

## 5. 근기법의 기본 원칙

| 근기법 | 벌칙 |
|---|---|
| 제3조(근로조건의 기준) 이 법에서 정하는 근로조건은 최저기준이므로 근로관계 당사자는 이 기준을 이유로 근로조건을 낮출 수 없다. | |
| 제4조(근로조건의 결정) 근로조건은 근로자와 사용자가 동등한 지위에서 자유의사에 따라 결정하여야 한다. | |
| 제5조(근로조건의 준수) 근로자와 사용자는 각자가 단체협약, 취업규칙과 근로계약을 지키고 성실하게 이행할 의무가 있다. | |
| 제6조(균등한 처우) 사용자는 근로자에 대하여 남녀의 성(性)을 이유로 차별적 대우를 하지 못하고, 국적·신앙 또는 사회적 신분을 이유로 근로조건에 대한 차별적 처우를 하지 못한다. | 500만원 이하의 벌금 |
| 제7조(강제 근로의 금지) 사용자는 폭행, 협박, 감금, 그 밖에 정신상 또는 신체상의 자유를 부당하게 구속하는 수단으로써 근로자의 자유의사에 어긋나는 근로를 강요하지 못한다. | 5년 이하의 징역 또는 5천만원 이하의 벌금 |
| 제8조(폭행의 금지) 사용자는 사고의 발생이나 그 밖의 어떠한 이유로도 근로자에게 폭행을 하지 못한다. | 5년 이하의 징역 또는 5천만원 이하의 벌금 |
| 제9조(중간착취의 배제) 누구든지 법률에 따르지 아니하고는 영리로 다른 사람의 취업에 개입하거나 중간인으로서 이익을 취득하지 못한다. | 5년 이하의 징역 또는 5천만원 이하의 벌금 |
| 제10조(공민권 행사의 보장) 사용자는 근로자가 근로시간 중에 선거권, 그 밖의 공민권(公民權) 행사 또는 공(公)의 직무를 집행하기 위하여 필요한 시간을 청구하면 거부하지 못한다. 다만, 그 권리 행사나 공(公)의 직무를 수행하는 데에 지장이 없으면 청구한 시간을 변경할 수 있다. | 2년 이하의 징역 또는 2천만원 이하의 벌금 |
| 제15조(이 법을 위반한 근로계약) ① 이 법에서 정하는 기준에 미치지 못하는 근로조건을 정한 근로계약은 그 부분에 한정하여 무효로 한다. ② 제1항에 따라 무효로 된 부분은 이 법에서 정한 기준에 따른다. | |

### 1) 근로조건의 기준

근기법이 정하는 근로조건은 최저기준이므로 근로관계 당사자는 근기법의 최저기준을 이유로 근로조건을 낮출 수 없다(근기법 제3조).

근기법의 최저기준에 미치지 못하는 근로조건을 정한 근로계약은 그 부분에 한하여 무효로 되며, 이에 따라 무효로 된 부분은 근기법에서 정한 기준에 따른다(근기법 제15조). 근기법 소정의 기준에 미달하는 근로조건이 단체협약에 의한 것이라거나 근로자들의 승인을 받았다고 하여 유효로 볼 수도 없다.33) 따라서, 예를 들어 노사 간의 합의에 따라 근기법에 규정되지 않은 급여를 추가 지급하기로 한 경우 그 산정기준은 노사 합의에서 정한 바에 의하면 되고 반드시 근기법에 규정된 법정수당 등의 산정기준인 통상임금을 기준으로 하여야 하는 것은 아니므로 근기법상의 통상임금에 포함되는 임금 항목 중 일부만을 추가 지급하기로 한 급여의 산정기준으로 정하였다고 하더라도 그러한 합의는 유효하지만,[34] 성질상 근기법에 정한 통상임금에 산입될 수당을 통상임금에서 제외하기로 하는 노사 간의 합의는 같은 법이 정한 기준에 달하지 못하는 근로조건을 정한 계약으로써 무효이다.[35]

### 2) 근로조건의 대등결정

근로조건은 근로자와 사용자가 동등한 지위에서 자유의사에 따라 결정하여야 한다(근기법 제4조). 이 규정은 사용자가 일방적으로 근로조건을 결정하여서는 아니 되고, 근로조건은 근로관계 당사자 사이에서 자유로운 합의에 따라 정해져야 하는 사항임을 분명히 함으로써 근로자를 보호하고자 하는 것이 주된 취지이다.[36]

### 3) 법과 노사자치규범의 성실한 이행

근로자와 사용자는 각자가 단체협약, 취업규칙과 근로계약을 지키고 성실하게 이행할 의무가 있다(근기법 제5조).

### 4) 균등한 처우

사용자는 근로자에 대하여 남녀의 성(性)을 이유로 차별적 대우를 하지 못하고, 국적·신앙 또는 사회적 신분을 이유로 근로조건에 대한 차별적 처우를 하지 못한다(근기법 제6조). 근기법 제6조의 균등대우원칙은 헌법 제11조 제1항의 평등원칙을 근로관계에서 실질적으로 실현하기 위한 것이다.[37]

근기법 제6조가 금지하고 있는 '차별적 처우'란 사용자가 근로자를 임금 및 그

---

33) 대법원 1990. 12. 21. 선고 90다카24496 판결.
34) 대법원 2013. 1. 24. 선고 2011다81022 판결, 대법원 2017. 5. 17. 선고 2014다232296, 2014다232302(병합) 판결 등 참조.
35) 대법원 2010. 1. 28. 선고 2009다74144 판결
36) 대법원 2019. 11. 14. 선고 2018다200709 판결.
37) 대법원 2019. 3. 14. 선고 2015두46321 판결.

밖의 근로조건 등에서 합리적인 이유 없이 부당하게 불리하게 처우하는 것을 의미하고,[38] '합리적인 이유가 없는 경우'라 함은 당해 근로자가 제공하는 근로의 내용을 종합적으로 고려하여 달리 처우할 필요성이 인정되지 아니하거나 달리 처우하는 경우에도 그 방법·정도 등이 적정하지 아니한 경우를 말한다.[39]

근기법 제6조가 금지하는 차별적 처우는 본질적으로 같은 것을 다르게, 다른 것을 같게 취급하는 것을 말하며, 본질적으로 같지 않은 것을 다르게 취급하는 경우에는 차별 자체가 존재한다고 할 수 없다. 따라서 근기법에서 금지하는 차별적 처우에 해당하기 위해서는 우선 그 전제로서 차별을 받았다고 주장하는 사람과 그가 비교대상자로 지목하는 사람이 본질적으로 동일한 비교집단에 속해 있어야 할 것이 요구된다.[40]

한편, 근로관계상 성차별금지·동일가치노동 동일임금원칙 등에 대해서는 「남녀고용평등과 일·가정 양립 지원에 관한 법률」(이하 "남녀고용평등법"이라고 한다)에서 별도로 규율하고 있다. 근기법 제6조에서 정하고 있는 균등대우원칙이나 남녀고용평등법 제8조에서 정하고 있는 동일가치노동 동일임금 원칙 등은 어느 것이나 헌법 제11조 제1항의 평등원칙을 근로관계에서 실질적으로 실현하기 위한 것이다.[41] 이는 강행규정으로서, 사업주나 사용자가 근로자를 합리적인 이유 없이 성별을 이유로 부당하게 차별대우를 하도록 정한 규정은, 규정의 형식을 불문하고 강행규정인 남녀고용평등법 제11조 제1항과 근기법 제6조에 위반되어 무효라고 보아야 한다.[42] 또한 국가나 국가기관 또는 국가조직의 일부는 기본권의 수범

---

38) 대법원 1996. 8. 23. 선고 94누13589 판결.
39) 대법원 2019. 3. 14. 선고 2015두46321 판결.
40) 대법원 2015. 10. 29. 선고 2013다1051 판결. 이 판결에서 법원은 甲 공단의 취업규칙에 정규직인 일반직 직원의 초임연봉을 정할 때 공기업 근무경력 등을 100% 인정하도록 정하고 있었는데, 그 후 정부의 '공공부문 비정규직 종합대책'에 따라 비정규직인 계약직에서 일반직으로 전환되는 직원의 초임기본연봉을 비정규직 직원으로 근무 시에 받은 보수를 기준으로 산출한 등급의 금액으로 하도록 정한 부칙조항을 신설하여, 乙 등이 비정규직인 계약직에서 일반직으로 전환되면서 계약직 직원으로 근무한 기간이 산입된 초임연봉등급을 받지 못한 사안에서, 공공부문 비정규직 종합대책에 따라 비정규직인 계약직에서 일반직으로 전환되는 乙 등과 공개경쟁시험을 통해 일반직으로 임용되거나 정규직 내의 직렬 통합에 따라 일반직으로 자동 전환된 직원들 사이에는 임용경로에 차이가 있고, 甲 공단이 비정규직 근로자를 차별할 의도로 형식적으로만 임용경로를 구분해 놓은 것이라고 보이지 않을 뿐 아니라 대상자에 따라 일반직 임용경로가 다르게 적용된 것에는 합리적 이유가 있다고 인정되며, 임용경로의 차이에서 호봉의 차이가 발생한 것이므로, 乙 등과 공개경쟁시험을 통해 일반직으로 임용된 직원들 또는 정규직인 업무직에서 일반직으로 자동 전환된 직원들이 본질적으로 동일한 비교집단에 속한다고 볼 수 없어, 부칙조항이 근기법 제6조의 차별금지 조항에 위배되지 않는다고 보았다.
41) 대법원 2019. 3. 14. 선고 2015두46321 판결.
42) 대법원 2019. 10. 31. 선고 2013두20011 판결.

자로서 국민의 기본권을 보호하고 실현해야 할 책임과 의무를 지니고 있는 점(헌법재판소 1994. 12. 29. 선고 93헌마120 결정 등 참조), 공무원도 임금을 목적으로 근로를 제공하는 근기법상의 근로자인 점(대법원 2002. 11. 8. 선고 2001두3051 판결 등 참조) 등을 고려하면, 공무원 관련 법률에 특별한 규정이 없는 한, 고용관계에서 양성평등을 규정한 남녀고용평등법 제11조 제1항과 근기법 제6조는 국가기관과 공무원 간의 공법상 근무관계에도 적용된다고 보아야 한다.[43]

### 5) 강제근로의 금지

사용자는 폭행, 협박, 감금, 그 밖에 정신상 또는 신체상의 자유를 부당하게 구속하는 수단으로써 근로자의 자유의사에 어긋나는 근로를 강요하지 못한다(근기법 제7조).

### 6) 폭행의 금지

사용자는 사고의 발생이나 그 밖의 어떠한 이유로도 근로자에게 폭행을 하지 못한다(근기법 제8조).

### 7) 중간착취의 배제

누구든지 법률에 따르지 아니하고는 영리로 다른 사람의 취업에 개입하거나 중간인으로서 이익을 취득하지 못한다(근기법 제9조). 이 규정이 금지하는 행위는 '영리로 타인의 취업에 개입'하는 행위와 '중간인으로서 이익을 취득'하는 행위인데, '영리로 타인의 취업에 개입'하는 행위는 제3자가 영리로 타인의 취업을 소개 · 알선하는 등 노동관계의 성립 또는 갱신에 영향을 주는 행위를 말하고, '중간인으로서 이익을 취득'하는 행위는 근로계약관계 존속 중에 사용자와 근로자 사이의 중간에서 근로자의 노무제공과 관련하여 사용자 또는 근로자로부터 법률에 의하지 아니하는 이익을 취득하는 것을 말한다.[44] 특히 '영리로 타인의 취업에 개입'하는 행위는 제3자가 영리로 타인의 취업을 소개 또는 알선하는 등 근로관계의 성립 또는 갱신에 영향을 주는 행위로서, 취업을 원하는 사람에게 취업을 알선해 주기로 하면서 그 대가로 금품을 수령하는 정도의 행위도 포함된다고 볼 것이고, 반드

---

43) 상동.
44) 대법원 2007. 8. 23. 선고 2007도3192 판결.

시 근로관계 성립 또는 갱신에 직접적인 영향을 미칠 정도로 구체적인 소개 또는 알선행위가 되어야 하는 것은 아니다.[45]

제3자가 다른 사람의 취업에 영리로 개입하거나 중간인으로서 이익을 취득하는 것이 허용되는 경우는 직업안정법에 따른 유료직업소개와 파견법에 따른 파견 사업주의 근로자파견사업의 경우이다.

### 8) 공민권 행사의 보장

사용자는 근로자가 근로시간 중에 선거권, 그 밖의 공민권(公民權) 행사 또는 공(公)의 직무를 집행하기 위하여 필요한 시간을 청구하면 거부하지 못한다. 다만, 그 권리 행사나 공(公)의 직무를 수행하는 데에 지장이 없으면 청구한 시간을 변경할 수 있다(근기법 제10조). 사용자가 근무자에게 공민권의 행사 또는 공의 직무를 집행하기 위하여 필요한 시간을 부여한 경우, 그 시간에 대응하는 임금을 지급해야 할 것인가 여부는 법률에 특별한 규정이 없는 한 단체협약, 취업규칙 또는 당사자 간의 합의로 결정된다.[46]

## II. 근로계약

| 근기법 | 벌칙 |
|---|---|
| 제17조(근로조건의 명시) ① 사용자는 근로계약을 체결할 때에 근로자에게 다음 각 호의 사항을 명시하여야 한다. 근로계약 체결 후 다음 각 호의 사항을 변경하는 경우에도 또한 같다.<br>1. 임금<br>2. 소정근로시간<br>3. 제55조에 따른 휴일<br>4. 제60조에 따른 연차 유급휴가<br>5. 그 밖에 대통령령으로 정하는 근로조건<br>② 사용자는 제1항제1호와 관련한 임금의 구성항목·계산방법·지급방법 및 제2호부터 제4호까지의 사항이 명시된 서면(「전자문서 및 전자거래 기본법」 제2조 제1호에 따른 전자문서를 포함한다)을 근로자에게 교부하여야 한다. 다만, 본문에 따른 사항이 단체협약 또는 취업규칙의 변경 등 대통령령으로 정하는 사유로 인하여 변경되는 경우에는 근로자의 요구가 있으면 그 근로자에게 교부하여야 한다. | 500만원 이하의 벌금 |

---

45) 대법원 2008. 9. 25. 선고 2006도7660 판결.
46) 1980. 12. 16. 법무 811-33086.

| 근기법 시행령 |
|---|
| 제8조(명시하여야 할 근로조건) 법 제17조제1항제5호에서 "대통령령으로 정하는 근로조건"이란 다음 각 호의 사항을 말한다.<br>1. 취업의 장소와 종사하여야 할 업무에 관한 사항<br>2. 법 제93조제1호부터 제12호까지의 규정에서 정한 사항<br>3. 사업장의 부속 기숙사에 근로자를 기숙하게 하는 경우에는 기숙사 규칙에서 정한 사항<br>제8조의2(근로자의 요구에 따른 서면 교부) 법 제17조제2항 단서에서 "단체협약 또는 취업규칙의 변경 등 대통령령으로 정하는 사유로 인하여 변경되는 경우"란 다음 각 호의 경우를 말한다.<br>1. 법 제51조제2항, 제52조, 제57조, 제58조제2항·제3항, 제59조 또는 제62조에 따라 근로자대표와의 서면 합의에 의하여 변경되는 경우<br>2. 법 제93조에 따른 취업규칙에 의하여 변경되는 경우<br>3.「노동조합 및 노동관계조정법」제31조제1항에 따른 단체협약에 의하여 변경되는 경우<br>4. 법령에 의하여 변경되는 경우 |

| 전자문서 및 전자거래 기본법 |
|---|
| 제2조(정의) 이 법에서 사용하는 용어의 뜻은 다음과 같다.<br>1. "전자문서"란 정보처리시스템에 의하여 전자적 형태로 작성·변환되거나 송신·수신 또는 저장된 정보를 말한다. |

| | |
|---|---|
| 제19조(근로조건의 위반) ① 제17조에 따라 명시된 근로조건이 사실과 다를 경우에 근로자는 근로조건 위반을 이유로 손해의 배상을 청구할 수 있으며 즉시 근로계약을 해제할 수 있다.<br>② 제1항에 따라 근로자가 손해배상을 청구할 경우에는 노동위원회에 신청할 수 있으며, 근로계약이 해제되었을 경우에는 사용자는 취업을 목적으로 거주를 변경하는 근로자에게 귀향 여비를 지급하여야 한다. | |
| 제20조(위약 예정의 금지) 사용자는 근로계약 불이행에 대한 위약금 또는 손해배상액을 예정하는 계약을 체결하지 못한다. | 500만원 이하의 벌금 |
| 제21조(전차금 상계의 금지) 사용자는 전차금(前借金)이나 그 밖에 근로할 것을 조건으로 하는 전대(前貸)채권과 임금을 상계하지 못한다. | 500만원 이하의 벌금 |
| 제22조(강제 저금의 금지) ① 사용자는 근로계약에 덧붙여 강제 저축 또는 저축금의 관리를 규정하는 계약을 체결하지 못한다.<br>② 사용자가 근로자의 위탁으로 저축을 관리하는 경우에는 다음 각 호의 사항을 지켜야 한다.<br>1. 저축의 종류·기간 및 금융기관을 근로자가 결정하고, 근로자 본인의 이름으로 저축할 것<br>2. 근로자가 저축증서 등 관련 자료의 열람 또는 반환을 요구할 때에는 즉시 이에 따를 것 | 500만원 이하의 벌금<br>(제22조 제2항 위반의 경우) |

## 1. 근로조건 명시의무

### 1) 개념

사용자는 근로계약을 체결할 때에 임금의 구성항목·계산방법·지급방법, 소정근로시간, 주휴일 및 연차유급휴가에 관한 사항이 명시된 서면을 근로자에게 교부하여야 한다(근기법 제17조). 서면에는 전자문서 및 전자거래 기본법 제2조 제1호에 따른 전자문서가 포함된다. 이러한 근로조건 명시의무를 위반한 근로계약도 유효하지만, 벌칙이 적용된다. 명시된 근로조건이 사실과 다를 경우 근로자는 근로조건 위반을 이유로 손해의 배상을 청구할 수 있으며 즉시 근로계약을 해제할 수 있다(근기법 제19조 제1항). 근로자가 손해배상을 청구할 경우에는 노동위원회에 신청할 수 있으며, 근로계약이 해제되었을 경우에는 사용자는 취업을 목적으로 거주를 변경하는 근로자에게 귀향 여비를 지급하여야 한다(근기법 제19조 제2항).

### 2) 관련 판례

근로조건 명시의무 및 위반시 근로자의 계약해제와 손해배상청구에 관한 규정의 취지는 근로계약 체결시에 사용자가 명시한 근로조건이 근로계약 체결 후에 사실과 다른 것을 알게 되었음에도 근로계약관계의 구속에서 벗어나기 어려운 근로자의 입장을 고려하여 취업 초기에 근로자가 원하지 않는 근로를 강제당하는 폐단을 방지하고 근로자를 신속히 구제하려는 데에 있는 것이라 할 것이므로, 근기법 제19조 제1항이 규정하는 계약의 즉시해제권은 취업 후 상당한 기간이 지나면 행사할 수 없다고 해석되며, 근기법 제19조 제2항이 규정하는 손해배상청구권의 소멸시효 기간은 근로조건의 내용 여부를 묻지 않고 임금채권에 준하여 3년이라고 본다.[47]

## 2. 위약 예정의 금지

### 1) 개념

사용자는 근로계약 불이행에 대한 위약금 또는 손해배상액을 예정하는 계약을

---

47) 대법원 1997. 10. 10. 선고 97누5732 판결.

체결하지 못한다(근기법 제20조).

## 2) 관련 판례

위약예정금지 규정의 취지는 근로자가 근로계약을 불이행한 경우 반대급부인 임금을 지급받지 못한 것에 더 나아가서 위약금이나 손해배상을 지급하여야 한다면 근로자로서는 비록 불리한 근로계약을 체결하였다 하더라도 그 근로계약의 구속에서 쉽사리 벗어날 수 없을 것이므로 위와 같은 위약금이나 손해배상액 예정의 약정을 금지함으로써 근로자가 퇴직의 자유를 제한받아 부당하게 근로의 계속을 강요당하는 것을 방지하고, 근로계약 체결시 근로자의 직장선택 자유를 보장하며 불리한 근로계약의 해지를 보호하려는 데 있다.[48] 따라서 기업체에서 비용을 부담 지출하여 직원에 대하여 위탁교육훈련을 시키면서 일정 임금을 지급하고 이를 이수한 직원이 교육수료일자부터 일정한 의무재직기간 이상 근무하지 아니할 때에는 기업체가 지급한 임금이나 해당 교육비용의 전부 또는 일부를 상환하도록 하되 의무재직기간 동안 근무하는 경우에는 이를 면제하기로 약정한 경우, 교육비용의 전부 또는 일부를 근로자로 하여금 상환하도록 한 부분은 근기법 제20조에서 금지된 위약금 또는 손해배상을 예정하는 계약이 아니므로 유효하다.[49] 그러나 임금반환을 약정한 부분은 기업체가 근로자에게 근로의 대상으로 지급한 임금을 채무불이행을 이유로 반환하기로 하는 약정으로서 실질적으로는 위약금 또는 손해배상을 예정하는 계약이므로 근기법 제20조에 위반되어 무효이다.[50]

또한, 근로자가 일정 기간 근무하기로 하면서 이를 위반하면 소정 금원을 사용자에게 지급하기로 약정하는 경우, 그 약정의 취지가 약정한 근무기간 이전에 퇴직하면 그로 인하여 사용자에게 어떤 손해가 어느 정도 발생하였는지 묻지 않고 바로 소정 금액을 사용자에게 지급하기로 하는 것이라면 이는 명백히 위 조항에 반하는 것이어서 효력을 인정할 수 없다. 또 그 약정이 미리 정한 근무기간 이전에 퇴직하였다는 이유로 마땅히 근로자에게 지급되어야 할 임금을 반환하기로 하는 취지일 때에도, 결과적으로 근기법 제20조의 입법 목적에 반하는 것이어서 역시 그 효력을 인정할 수 없다.[51] 다만, 그 약정이 사용자가 근로자의 교육훈련

---

48) 대법원 2004. 4. 28. 선고 2001다53875 판결.
49) 대법원 1992. 2. 25. 선고 91다26232 판결, 대법원 2004. 4. 28. 선고 2001다53882 판결.
50) 대법원 1996. 12. 6. 선고 95다24944, 24951 판결, 대법원 2004. 4. 28. 선고 2001다53875 판결.
51) 대법원 2008. 10. 23. 선고 2006다37274 판결.

또는 연수를 위한 비용을 우선 지출하고 근로자는 실제 지출된 비용의 전부 또는 일부를 상환하는 의무를 부담하기로 하되 장차 일정 기간 근무하면 그 상환의무를 면제해 주기로 하는 취지인 경우에는, 그러한 약정의 필요성이 인정되고, 주로 사용자의 업무상 필요와 이익을 위하여 원래 사용자가 부담하여야 할 성질의 비용을 지출한 것에 불과한 정도가 아니라 근로자의 자발적 희망과 이익까지 고려하여 근로자가 전적으로 또는 공동으로 부담하여야 할 비용을 사용자가 대신 지출한 것으로 평가되며, 약정 근무기간 및 상환해야 할 비용이 합리적이고 타당한 범위 내에서 정해져 있는 등 위와 같은 약정으로 인하여 근로자의 의사에 반하는 계속 근로를 부당하게 강제하는 것으로 평가되지 않는다면, 그러한 약정까지 근기법 제20조에 위반되는 것은 아니라고 해석된다.[52]

사례 중에는 회사가 발행주식 매각을 통한 소속 기업집단 변경 과정에서 주식 매각에 반대하는 근로자들에게 매각위로금을 지급하는 대신 퇴사할 경우 수령한 매각위로금을 월할 계산하여 반납하기로 하는 약정을 체결하였는데, 이 약정에 따라 매각위로금을 수령한 근로자가 퇴사하면서 회사로부터 매각위로금 월할 계산액 반환을 요구받은 것이 근기법 제20조 위반인지 여부가 문제된 경우가 있다. 이 사건에서 대법원은 퇴사 시 매각위로금을 반환하기로 한 부분은 근로계약상의 근로기간 약정 위반 시 위약금이나 손해배상으로서 일정 금액을 지급하기로 하는 내용이라거나 미리 정한 근무기간 이전에 퇴직하였다는 이유로 임금을 반환하기로 하는 취지로 보기 어려우며 제반 사정상 근로자의 의사에 반하는 근로의 계속을 부당하게 강요한다고 볼 수도 없으므로 근기법 제20조에 위반된다고 보기 어렵다고 판단하였다.[53]

### 3) 경업금지약정의 효력

#### ① 개념

경업금지약정이란 "퇴사 후 2년간 회사의 영업비밀 등이 누설되거나 이용될 가능성이 있는 경쟁업체 창업, 취업 등 행위를 하지 않겠다"와 같은 내용의 약정을 근로자와 사용자 간에 체결하는 것으로서, 전업금지약정 등으로도 부른다. 상법상 영업양도인의 경업금지(상법 제41조), 대리상의 경업금지(제89조), 합명회사 사원

52) 대법원 2008. 10. 23. 선고 2006다37274 판결.
53) 대법원 2022. 3. 11. 선고 2017다202272 판결.

의 경업금지(제198조), 유한책임회사 업무집행자의 경업금지(제287조의10), 주식회사 이사의 경업금지(제397조)와 같은 법정 사항은 아니지만, 근로계약이나 퇴직조건의 내용에 따라 근로자에게 부과될 수 있는 의무로 이해되고 있다.

#### ② 경업금지약정이 유효한 경우

사용자와 근로자 사이에 경업금지약정이 존재한다고 하더라도, 그와 같은 약정이 헌법상 보장된 근로자의 직업선택의 자유와 근로권 등을 과도하게 제한하거나 자유로운 경쟁을 지나치게 제한하는 경우에는 민법 제103조에 정한 선량한 풍속 기타 사회질서에 반하는 법률행위로서 무효라고 보아야 하며, 이와 같은 경업금지약정의 유효성에 관한 판단은 보호할 가치 있는 사용자의 이익, 근로자의 퇴직 전 지위, 경업 제한의 기간·지역 및 대상 직종, 근로자에 대한 대가의 제공 유무, 근로자의 퇴직 경위, 공공의 이익 및 기타 사정 등을 종합적으로 고려하여야 한다.[54] 여기에서 말하는 '보호할 가치 있는 사용자의 이익'이라 함은 부정경쟁방지 및 영업비밀보호에 관한 법률 제2조 제2호에 정한 '영업비밀' 뿐만 아니라 그 정도에 이르지 아니하였더라도 당해 사용자만이 가지고 있는 지식 또는 정보로서 근로자와 이를 제3자에게 누설하지 않기로 약정한 것이거나 고객관계나 영업상의 신용의 유지도 이에 해당한다.[55] 그리고 경업금지약정의 유효성을 인정할 수 있는 위와 같은 제반 사정은 사용자가 주장·증명할 책임이 있다.[56]

#### ③ 경업금지약정 위반의 효과

경업금지약정을 위반하였을 때의 효과와 관련하여, 예를 들어 근로자가 퇴직시

---

54) 대법원 2010. 3. 11. 선고 2009다82244 판결. 이 판결에서 법원은 근로자 甲이 乙 회사를 퇴사한 후 그와 경쟁관계에 있는 중개무역회사를 설립·운영하자 乙 회사 측이 경업금지약정 위반을 이유로 하여 甲을 상대로 손해배상을 청구한 사안에서, 甲이 고용기간 중에 습득한 기술상 또는 경영상의 정보 등을 사용하여 영업하였다고 하더라도 그 정보는 이미 동종업계 전반에 어느 정도 알려져 있던 것으로, 설령 일부 구체적인 내용이 알려지지 않은 정보가 있었다고 하더라도 이를 입수하는데 그다지 많은 비용과 노력을 요하지는 않았던 것으로 보이고, 乙 회사가 다른 업체의 진입을 막고 거래를 독점할 권리가 있었던 것은 아니며 그러한 거래처와의 신뢰관계는 무역 업무를 수행하는 과정에서 자연스럽게 습득되는 측면이 강하므로 경업금지약정에 의해 보호할 가치가 있는 이익에 해당한다고 보기 어렵거나 그 보호가치가 상대적으로 적은 경우에 해당한다고 할 것이고, 경업금지약정이 甲의 이러한 영업행위까지 금지하는 것으로 해석된다면 근로자인 甲의 직업선택의 자유와 근로권 등을 과도하게 제한하거나 자유로운 경쟁을 지나치게 제한하는 경우에 해당되어 민법 제103조에 정한 선량한 풍속 기타 사회질서에 반하는 법률행위로서 무효라고 할 것이므로, 경업금지약정이 유효함을 전제로 하는 손해배상청구는 이유 없다고 보았다.
55) 대법원 2010. 3. 11. 선고 2009다82244 판결.
56) 대법원 2016. 10. 27. 선고 2015다221903(본소), 2015다221910(반소) 판결.

퇴직위로금을 받고 일정 기간 경업금지약정을 맺으면서 경업금지약정을 위반하는 경우 발생하는 손해를 갈음하여 근로자가 받은 퇴직위로금 전액을 반환하도록 규정하는 것은 민법 제398조 제4항[57])에서 규정하는 손해배상액의 예정으로 간주한다.[58]) 손해배상 예정액이 부당하게 과다한 경우에는 법원은 당사자의 주장이 없더라도 직권으로 이를 감액할 수 있으며, 여기서 '부당히 과다한 경우'라고 함은 채권자(즉, 퇴직위로금을 지급한 회사)와 채무자(즉, 퇴직위로금을 받은 근로자)의 각 지위, 계약의 목적 및 내용, 손해배상액을 예정한 동기, 채무액에 대한 예정액의 비율, 예상 손해액의 크기, 그 당시의 거래관행 등 모든 사정을 참작하여 일반 사회관념에 비추어 그 예정액의 지급이 채무자에게 부당한 압박을 가하여 공정성을 잃는 결과를 초래한다고 인정되는 경우를 의미한다.[59])

### ④ 경업금지약정과 위약예정의 금지

근기법 제20조에서 규정하는 위약예정의 금지는, 근로자가 근로계약을 불이행한 경우 반대급부인 임금을 지급받지 못한 것에서 더 나아가 위약금이나 손해배상금을 지급하여야 한다면 근로자로서는 비록 불리한 근로계약을 체결하였다 하더라도 근로계약의 구속에서 쉽사리 벗어날 수 없을 것이므로, 위약금이나 손해배상액 예정의 약정을 금지함으로써 근로자가 퇴직의 자유를 제한받아 부당하게 근로의 계속을 강요당하는 것을 방지하고, 근로자의 직장선택 자유를 보장하며 불리한 근로계약을 해지할 수 있도록 보호하려는 데에 위 규정의 취지가 있다.[60]) 따라서, 경업금지약정을 통해 부과된 의무가 근로자의 퇴직 자유를 제한하거나 그 의사에 반하는 근로의 계속을 부당하게 강요하는 것이 아닌 한, 근기법 제20조를 위반하여 이루어진 위약예정의 금지에 해당한다고 보지 않는다.[61])

---

57) 민법 제398조(배상액의 예정)
  ① 당사자는 채무불이행에 관한 손해배상액을 예정할 수 있다.
  ② 손해배상의 예정액이 부당히 과다한 경우에는 법원은 적당히 감액할 수 있다.
  ③ 손해배상액의 예정은 이행의 청구나 계약의 해제에 영향을 미치지 아니한다.
  ④ 위약금의 약정은 손해배상액의 예정으로 추정한다.
  ⑤ 당사자가 금전이 아닌 것으로써 손해의 배상에 충당할 것을 예정한 경우에도 전4항의 규정을 준용한다.
58) 서울중앙지방법원 2013. 2. 6. 선고 2012가합75531 판결.
59) 대법원 2009. 12. 24. 선고 2009다60169,60176 판결.
60) 대법원 2022. 3. 11. 선고 2017다202272 판결.
61) 대법원 2022. 3. 11. 선고 2017다202272 판결 참조.

## 4) 사이닝보너스(signing bonus) 반환 약정의 효력

### ① 개념

사이닝보너스란 기업이 근로계약 등을 체결하면서 일회성의 인센티브 명목으로 지급하는 금품을 의미한다. 기업이 경력 있는 전문 인력을 채용하는 방법 등으로 이용된다. 일종의 전속 계약금적 성격을 갖고 일정 기간 이직하지 않을 것을 약속하는 의미로 지급되는 경우도 있고, 다른 기업으로부터 이직하는 근로자에게 근로계약을 체결해 준 것에 대한 사례금의 의미로 지급되는 경우도 있다. 사이닝보너스를 받고 일정 기간 근무하기로 하였음에도 불구하고 이직을 하는 경우, 근로자는 사이닝보너스를 반환해야 하는지가 문제된다. 법률상의 개념은 아니다.

### ② 관련 판례

사이닝보너스의 성격이 이직에 따른 보상이나 근로계약 등의 체결에 대한 대가로서의 성격만 가지는지, 더 나아가 의무근무기간 동안의 이직 금지 내지 전속 근무 약속에 대한 대가 및 임금 선급으로서의 성격도 함께 가지는지는 해당 계약이 체결된 동기 및 경위, 당사자가 계약에 의하여 달성하려고 하는 목적과 진정한 의사, 계약서에 특정 기간 동안의 전속 근무를 조건으로 사이닝보너스를 지급한다거나 그 기간의 중간에 퇴직하거나 이직할 경우 이를 반환한다는 등의 문언이 기재되어 있는지 및 거래의 관행 등을 종합적으로 고려하여 판단하여야 하는데, 만약 해당 사이닝보너스가 이직에 따른 보상이나 근로계약 등의 체결에 대한 대가로서의 성격에 그칠 뿐이라면 계약 당사자 사이에 근로계약 등이 실제로 체결된 이상 근로자 등이 약정근무기간을 준수하지 아니하였더라도 사이닝보너스가 예정하는 대가적 관계에 있는 반대급부는 이행된 것으로 볼 수 있다.[62]

## 3. 전차금 상계의 금지

### 1) 개념

사용자는 전차금(前借金)이나 그 밖에 근로할 것을 조건으로 하는 전대(前貸)채권과 임금을 상계하지 못한다(근기법 제21조). 또한 급료·연금·봉급·상여금·퇴

---

62) 대법원 2015. 6. 11. 선고 2012다55518 판결.

직연금·퇴직금 그 밖에 이와 비슷한 성질을 가진 급여채권의 2분의 1에 해당하는 금액은 압류하지 못하는데(민사집행법 제246조 제1항 제4호, 제5호), 이러한 경우 그 채무자는 상계로 채권자에게 대항하지 못한다(민법 제497조).

### 2) 관련 판례

임금 전액 지급의 원칙에 비추어 사용자가 근로자의 급료나 퇴직금 등 임금채권을 수동채권으로 하여 사용자의 근로자에 대한 다른 채권으로 상계할 수는 없지만, 사용자가 근로자에 대한 집행권원의 집행을 위하여 임금채권에 관한 전부명령을 받는 것까지 금지되지는 않는다. 전차금 상계금지 규정은 사용자가 전차금 기타 근로한 것을 조건으로 하는 전대채권과 임금을 서로 상계하지 못한다는 취지를 규정한 데 불과하므로, 이를 근거로 하여 위와 같은 사용자의 임금채권에 관한 압류 및 전부명령이 허용되지 않는다고 볼 수 없다.[63]

## 4. 강제 저금의 금지

사용자는 근로계약에 덧붙여 강제 저축 또는 저축금의 관리를 규정하는 계약을 체결하지 못한다(근기법 제22조 제1항). 사용자가 근로자의 위탁으로 저축을 관리하는 경우에는 저축의 종류·기간 및 금융기관을 근로자가 결정하고, 근로자 본인의 이름으로 저축해야 하고, 근로자가 저축증서 등 관련 자료의 열람 또는 반환을 요구할 때에는 즉시 이에 따라야 한다(근기법 제22조 제2항).

사용자가 비용을 지급하는 교육훈련 과정에서 탈락하는 경우 교육비를 환불하도록 하는 경우,[64] 회사의 방침을 어기고 물품판매를 한 경우에 요구하는 변제각서[65] 등은 강제저금에 해당하지 않는다.

---

63) 대법원 1994. 3. 16.자 93마1822, 1823 결정.
64) 서울고등법원 2018. 6. 20. 선고 2016나2057220 판결.
65) 서울고등법원 1998. 5. 22. 선고 97나16901 판결.

## Ⅲ. 취업규칙

| 근기법 | 벌칙 |
|---|---|
| 제93조(취업규칙의 작성·신고) 상시 10명 이상의 근로자를 사용하는 사용자는 다음 각 호의 사항에 관한 취업규칙을 작성하여 고용노동부장관에게 신고하여야 한다. 이를 변경하는 경우에도 또한 같다.<br>1. 업무의 시작과 종료 시각, 휴게시간, 휴일, 휴가 및 교대 근로에 관한 사항<br>2. 임금의 결정·계산·지급 방법, 임금의 산정기간·지급시기 및 승급(昇給)에 관한 사항<br>3. 가족수당의 계산·지급 방법에 관한 사항<br>4. 퇴직에 관한 사항<br>5.「근로자퇴직급여 보장법」제4조에 따라 설정된 퇴직급여, 상여 및 최저임금에 관한 사항<br>6. 근로자의 식비, 작업 용품 등의 부담에 관한 사항<br>7. 근로자를 위한 교육시설에 관한 사항<br>8. 출산전후휴가·육아휴직 등 근로자의 모성 보호 및 일·가정 양립 지원에 관한 사항<br>9. 안전과 보건에 관한 사항<br>9의2. 근로자의 성별·연령 또는 신체적 조건 등의 특성에 따른 사업장 환경의 개선에 관한 사항<br>10. 업무상과 업무 외의 재해부조(災害扶助)에 관한 사항<br>11. 직장 내 괴롭힘의 예방 및 발생 시 조치 등에 관한 사항<br>12. 표창과 제재에 관한 사항<br>13. 그 밖에 해당 사업 또는 사업장의 근로자 전체에 적용될 사항 | 500만원 이하의 과태료 |

| 근기법 시행규칙 | |
|---|---|
| 제15조(취업규칙의 신고 등) 사용자는 법 제93조에 따라 취업규칙을 신고하거나 변경신고하려면 별지 제15호서식의 취업규칙 신고 또는 변경신고서에 다음 각 호의 서류를 첨부하여 관할 지방고용노동관서의 장에게 제출하여야 한다.<br>1. 취업규칙(변경신고하는 경우에는 변경 전과 변경 후의 내용을 비교한 서류를 포함한다)<br>2. 근로자의 과반수를 대표하는 노동조합 또는 근로자 과반수의 의견을 들었음을 증명하는 자료<br>3. 근로자의 과반수를 대표하는 노동조합 또는 근로자 과반수의 동의를 받았음을 증명하는 자료(근로자에게 불리하게 변경하는 경우에만 첨부한다) | |

| 근기법 | 벌칙 |
|---|---|
| 제94조(규칙의 작성, 변경 절차) ① 사용자는 취업규칙의 작성 또는 변경에 관하여 해당 사업 또는 사업장에 근로자의 과반수로 조직된 노동조합이 있는 경우에는 그 노동조합, 근로자의 과반수로 조직된 노동조합이 없는 경우에는 근로자의 과반수의 의견을 들어야 한다. 다만, 취업규칙을 근로자에게 불리하게 변경하는 경우에는 그 동의를 받아야 한다.<br>② 사용자는 제93조에 따라 취업규칙을 신고할 때에는 제1항의 의견을 적은 서면을 첨부하여야 한다. | 500만원 이하의 벌금 |
| 제95조(제재 규정의 제한) 취업규칙에서 근로자에 대하여 감급(減給)의 제재를 정할 경우에 그 감액은 1회의 금액이 평균임금의 1일분의 2분의 1을, 총액이 1임금지급기의 임금 총액의 10분의 1을 초과하지 못한다. | 500만원 이하의 벌금 |

| | |
|---|---|
| 제96조(단체협약의 준수) ① 취업규칙은 법령이나 해당 사업 또는 사업장에 대하여 적용되는 단체협약과 어긋나서는 아니 된다.<br>② 고용노동부장관은 법령이나 단체협약에 어긋나는 취업규칙의 변경을 명할 수 있다. | 500만원 이하의 벌금(제96조 제2항에 따른 명령을 위반한 경우) |
| 제97조(위반의 효력) 취업규칙에서 정한 기준에 미달하는 근로조건을 정한 근로계약은 그 부분에 관하여는 무효로 한다. 이 경우 무효로 된 부분은 취업규칙에 정한 기준에 따른다. | |

## 1. 취업규칙

취업규칙이란 한 회사의 복무규율과 근로조건에 관한 준칙의 내용을 담고 있는 것으로서, 이러한 내용을 담고 있으면 그 명칭을 불문한다.[66] 따라서 개별 근로계약에서 복무규율과 근로조건에 관한 준칙의 내용을 담고 있으면 이 또한 취업규칙에 해당한다.[67] 취업규칙은 노사 간의 집단적인 법률관계를 규정하는 법규범의 성격을 갖는 것이므로 명확한 증거가 없는 한 그 문언의 객관적 의미를 무시하게 되는 사실인정이나 해석은 신중하고 엄격하여야 한다.[68]

취업규칙의 작성과 변경은 원칙적으로 사용자에게 맡겨져 있다. 상시 10명 이상의 근로자를 사용하는 사용자는 근기법 제93조 각 호가 정하는 사항에 관한 취업규칙을 작성하거나 변경하는 경우, 해당 사업 또는 사업장에 근로자의 과반수로 조직된 노동조합이 있는 경우에는 그 노동조합, 근로자의 과반수로 조직된 노동조합이 없는 경우에는 근로자의 과반수의 의견을 들은 후, 그 의견을 적은 서면을 첨부하여 고용노동부장관에게 신고하여야 한다(근기법 제93조, 제94조 제1항 본문, 제94조 제2항). 다만, 취업규칙을 근로자에게 불리하게 변경하는 경우에는 해당 사업 또는 사업장에 근로자의 과반수로 조직된 노동조합이 있는 경우에는 그 노동조합, 근로자의 과반수로 조직된 노동조합이 없는 경우에는 근로자의 과반수의 동의를 받아야 한다(근기법 제94조 제1항 단서). 근로자가 가지고 있던 기득의 권리나 이익을 박탈하여 불이익한 근로조건을 부과하는 것을 제한하기 위한 것이

---

66) 대법원 1999. 11. 12. 선고 99다30473 판결.
67) 대법원 1992. 2. 28. 선고 91다30828 판결, 대법원 1997. 11. 28. 선고 97다24511 판결, 대법원 2002. 6. 28. 선고 2001다77970 판결, 대법원 2004. 2. 12. 선고 2001다63599 판결 등.
68) 대법원 2003. 3. 14. 선고 2002다69631 판결, 대법원 2016. 6. 9. 선고 2015다78536 판결.

다.[69] 이하에서 취업규칙의 내용이 문제 된 사례 몇 가지를 살펴본다.

### 1) 수염을 기르지 못하도록 한 취업규칙 규정의 효력

취업규칙은 법령이나 해당 사업 또는 사업장에 대하여 적용되는 단체협약과 어긋나서는 안 된다(근기법 제96조 제1항). 따라서 취업규칙은 근로자의 기본권을 침해하거나 헌법을 포함한 상위법령 등에 위반될 수 없다는 한계를 가진다. 취업규칙상 항공기 기장에게 수염을 기르지 못하도록 한 취업규칙 규정과 관련하여 법원은 이를 헌법 제15조의 직업선택의 자유 및 헌법 제10조의 행복추구권의 문제로 접근하면서, 직업선택의 자유에는 선택한 직업에 종사하면서 그 활동의 내용·태양 등에 관하여도 원칙적으로 자유로이 결정할 수 있는 직업활동의 자유도 포함되고, 행복추구권에서 파생되는 일반적 행동자유권은 모든 행위를 하거나 하지 않을 자유를 내용으로 하고, 그 보호 영역에는 개인의 생활방식과 취미에 관한 사항도 포함되는바, 수염을 일률적·전면적으로 기르지 못하도록 강제하는 것은 합리적이라고 볼 수 없고, 이것은 근로자의 일반적 행동자유권을 침해하여 근기법 제96조 제1항을 위반하는 것으로서 무효라고 보았다.[70]

### 2) 시말서제출명령을 규정한 취업규칙의 효력

취업규칙에서 사용자가 사고나 비위행위 등을 저지른 근로자에게 시말서를 제출하도록 명령할 수 있다고 규정하는 경우, 그 시말서가 단순히 사건의 경위를 보고하는 데 그치지 않고 더 나아가 근로관계에서 발생한 사고 등에 관하여 '자신의 잘못을 반성하고 사죄한다는 내용'이 포함된 사죄문 또는 반성문을 의미하는 것이라면, 이는 헌법이 보장하는 내심의 윤리적 판단에 대한 강제로서 양심의 자유를 침해하는 것이므로, 그러한 취업규칙 규정은 헌법에 위배되어 근기법 제96조 제1항에 따라 효력이 없고, 그에 근거한 사용자의 시말서 제출명령은 업무상

---

69) 대법원 2015. 8. 13. 선고 2012다43522 판결 참조.
70) 대법원 2018. 9. 13. 선고 2017두38560 판결. 국내외 항공운송업을 영위하는 갑 주식회사가 턱수염을 기르고 근무하던 소속 기장 을에게 '수염을 길러서는 안 된다'라고 정한 취업규칙 '임직원 근무복장 및 용모규정' 제5조 제1항 제2호를 위반하였다는 이유로 비행업무를 일시 정지시킨 데 대하여, 을이 부당한 인사처분에 해당한다며 노동위원회에 구제신청을 하였고 중앙노동위원회가 위 비행 정지가 부당한 처분임을 인정하는 판정을 하자, 갑 회사가 중앙노동위원회위원장을 상대로 재심판정의 취소를 구한 사안에서, 갑 회사가 헌법상 영업의 자유 등에 근거하여 제정한 위 취업규칙 조항은 을의 헌법상 일반적 행동자유권을 침해하므로 근기법 제96조 제1항, 민법 제103조 등에 따라서 무효라고 한 사례이다.

정당한 명령으로 볼 수 없다.[71]

## 2. 취업규칙 불이익변경 여부가 문제되는 경우

### 1) 취업규칙의 변경이 일부의 근로자에게는 유리하고 일부의 근로자에게는 불리한 경우

취업규칙의 변경이 일부의 근로자에게는 유리하고 일부의 근로자에게는 불리한 것이 불이익변경에 해당하는지 여부는 원칙적으로 근로자 전체에 대하여 획일적으로 결정되어야 한다. 만약 취업규칙의 변경이 근로자에게 전체적으로 유리한지 불리한지를 객관적으로 평가하기가 어려우며, 같은 개정에 의하여 근로자 상호간의 이·불리에 따른 이익이 충돌되는 경우에는 그러한 개정은 근로자에게 불이익한 것으로 취급하여 근로자들 전체의 의사에 따라 결정해야 한다.[72]

### 2) 취업규칙 규정의 신설

기존에는 없던 규정을 신설하는 경우에도 불이익 변경에 해당할 수 있다. 취업규칙에 정년 규정이 없던 회사에서 55세 정년 규정을 신설한 것이 취업규칙의 불이익한 변경에 해당된다고 본 경우가 있다.[73]

### 3) 정년변경

근로자의 정년을 60세 이상으로 정하여야 한다는 「고용상 연령차별금지 및 고령자고용촉진에 관한 법률」에 따라 근로자의 정년을 만 60세로 변경하면서, 개정 전 인사규정은 근로자가 만 58세 되는 해의 6월 30일 또는 12월 31일에 퇴직하는 것으로 규정하고 있던 것을 만 60세에 도달하는 날에 퇴직하는 것으로 변경한 경우, 정년에 관한 내용을 담고 있는 개정 전후의 인사규정 전체를 보고 판단하여야 할 것이지 위 각 개별 조항의 효력을 하나씩 따로 비교하여 판단할 것은 아닌 바 개정 인사규정에서 근로자의 정년은 만 60세에 도달하는 날 퇴직하는

71) 대법원 2010. 1. 14. 선고 2009두6605 판결.
72) 대법원 1993. 5. 14. 선고 93다1893 판결, 대법원 1997. 8. 26. 선고 96다1726 판결, 대법원 2009. 5. 28. 선고 2009두2238 판결, 대법원 2012. 6. 28. 선고 2010다17468 판결 등.
73) 대법원 1997. 5. 16. 선고 96다2507 판결. 이 사례에서 법원은 정년규정의 신설이 "근로자가 가지고 있는 기득의 권리나 이익을 박탈하는 불이익한 근로조건을 부과하는 것에 해당"함을 분명하게 밝혔다.

것으로 변경되어 전체적으로 정년은 연장된 것이므로 불리변경은 아니라고 본 경우가 있다.[74]

### 4) 교대근무형태의 변경

근무형태를 '4조 3교대의 교대근무제'에서 '3조 3시차와 4조 3교대의 병합근무제'로 변경하는 등 근무형태 전면 개편조치가 이루어진 경우, 근로자들의 근무형태가 크게 불규칙해졌다거나 업무부담이 증가하지 않았고, 설령 일부 근로조건에서 다소 저하된 부분이 있다고 하더라도 밤샘근무가 대폭 축소되는 등 오히려 근로조건이 향상된 부분이 있으면, 여러 요소를 종합적으로 고려해 보았을 때 취업규칙이 불이익하게 변경되었다고 보기 어렵다고 판단한 경우가 있다.[75]

## 3. 불이익변경 동의의 주체

취업규칙 불이익변경 시 근로자 과반수로 조직된 노동조합이 있는 경우에는 그 노동조합, 근로자의 과반수로 조직된 노동조합이 없는 경우에는 근로자의 과반수가 동의의 주체가 된다. 취업규칙의 변경이 일부 근로자들에게만 불리한 경우에는 ① 근로조건 체계가 단일한 경우와, ② 근로조건이 이원화되어 있는 경우로 구분하여 불이익변경 동의의 주체가 판단된다.

### 1) 근로조건 체계가 단일한 경우

여러 근로자집단이 하나의 근로조건 체계 내에 있어 비록 취업규칙의 불이익변경 시점에는 어느 근로자집단만이 직접적인 불이익을 받더라도 다른 근로자집단에게도 변경된 취업규칙의 적용이 예상되는 경우에는 일부 근로자집단은 물론 장래 변경된 취업규칙 규정의 적용이 예상되는 근로자집단을 포함한 근로자집단이 동의주체가 된다.[76]

---

74) 대법원 2022. 4. 14. 선고 2020도9257 판결.
75) 대법원 2022. 3. 11. 선고 2018다255488 판결.
76) 대법원 2009. 5. 28. 선고 2009두2238 판결.

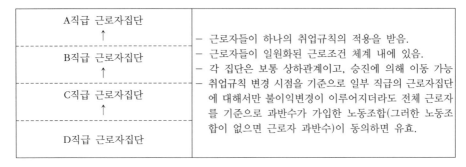

〈① 근로조건 체계가 단일한 경우〉

| A직급 근로자집단<br>↑<br>B직급 근로자집단<br>↑<br>C직급 근로자집단<br>↑<br>D직급 근로자집단 | – 근로자들이 하나의 취업규칙의 적용을 받음.<br>– 근로자들이 일원화된 근로조건 체계 내에 있음.<br>– 각 집단은 보통 상하관계이고, 승진에 의해 이동 가능<br>– 취업규칙 변경 시점을 기준으로 일부 직급의 근로자집단<br> 에 대해서만 불이익변경이 이루어지더라도 전체 근로자<br> 를 기준으로 과반수가 가입한 노동조합(그러한 노동조<br> 합이 없으면 근로자 과반수)이 동의하면 유효. |
| --- | --- |

## 2) 근로조건이 이원화되어 있는 경우

근로조건이 이원화되어 있어 변경된 취업규칙이 적용되어 직접적으로 불이익을 받게 되는 근로자집단 이외에 변경된 취업규칙의 적용이 예상되는 근로자집단이 없는 경우에는 변경된 취업규칙이 적용되어 불이익을 받는 근로자집단만이 동의 주체가 된다.[77]

〈② 근로조건이 이원화되어 있는 경우〉

| 근로자집단 A | | 근로자집단 B |
| --- | --- | --- |
| ↓<br>취업규칙 A 적용받음 | – 근로자집단A와 근로자<br>집단B가 분리되어, 집<br>단 간 이동 없음.<br>– 각 집단에 속하는 근로<br>자들이 서로 다른 근로<br>조건 체계 내에 있음<br>(근로조건 이원화).<br>– 대체적으로 각 집단의<br>근로자가 가입한 노조<br>가 다르거나 어느 한쪽<br>집단 근로자만 노조에<br>가입하고 있음. | ↓<br>취업규칙 B 적용받음 |
| 취업규칙A의 불이익변경의 경우, 근로자집단A의 동의(=근로자집단A의 근로자 과반수가 가입한 노동조합이 있으면 그 노동조합, 그러한 노동조합이 없으면 근로자 과반수의 동의)가 있으면 유효. | | 취업규칙B의 불이익변경의 경우, 근로자집단B의 동의(=근로자집단B의 근로자 과반수가 가입한 노동조합이 있으면 그 노동조합, 그러한 노동조합이 없으면 근로자 과반수의 동의)가 있으면 유효. |

---

77) 대법원 2009. 5. 28. 선고 2009두2238 판결.

### 3) 과반수 노동조합의 의미

근로자의 과반수로 조직된 노동조합이란 기존 취업규칙의 적용을 받고 있던 근로자 중 조합원 자격 유무를 불문한 전체 근로자의 과반수로 조직된 노동조합을 의미하고, 종전 취업규칙의 적용을 받고 있던 근로자 중 조합원 자격을 가진 근로자의 과반수로 조직된 노동조합을 의미하는 것은 아니다.[78] 따라서, 예를 들어, 정년퇴직 연령을 단축하는 내용으로 취업규칙의 기존 퇴직규정을 변경하고 이에 관하여 기존 퇴직규정의 적용을 받던 근로자 전체의 과반수로 구성된 노동조합의 동의를 얻은 경우 그 취업규칙의 변경은 적법·유효하여 일정 직급 이상으로서 노동조합에 가입할 자격은 없지만 기존 퇴직규정의 적용을 받았던 근로자에게도 그 효력이 미치게 된다.[79]

### 4) 노사협의회 근로자위원들의 동의도 가능한지 여부

노사협의회는 근로자와 사용자 쌍방이 이해와 협조를 통하여 노사 공동의 이익을 증진함으로써 산업평화를 도모할 것을 목적으로 하는 제도로서 노동조합과 그 제도의 취지가 다르므로 비록 회사가 근로조건에 관한 사항을 그 협의사항으로 규정하고 있다 하더라도 근로자들이 노사협의회를 구성하는 근로자위원들을 선출하면서 그들에게 근로조건을 불이익하게 변경할 때 근로자들을 대신하여 동의를 할 권한까지 포괄적으로 위임한 것이라고 볼 수 없으며, 그 근로자위원들이 퇴직금규정의 개정에 동의를 함에 있어서 사전에 그들이 대표하는 각 부서별로 근로자들의 의견을 집약 및 취합하여 그들의 의사표시를 대리하여 동의권을 행사하였다고 볼 만한 자료도 없다면, 근로자위원들의 동의를 얻은 것을 근로자들 과반수의 동의를 얻은 것과 동일시할 수 없다.[80] 다만 동의의 주체인 근로자 과반수로부터 동의권을 위임받고 사용자측 개입·간섭 없이 위임받은 동의권이 행사되었다고 볼 수 있는 특별한 사정이 존재하는 경우에는 예외적으로 그 유효성을 인정할 수 있다.[81]

---

78) 대법원 2009. 11. 12. 선고 2009다49377 판결.
79) 대법원 2008. 2. 29. 선고 2007다85997 판결, 대법원 2009. 11. 12. 선고 2009다49377 판결.
80) 대법원 1994. 6. 24. 선고 92다28556 판결.
81) 대법원 1992. 2. 25. 선고 91다25055 판결.

### 5) 과반수 노동조합이 있는 경우 노동조합에 소속된 개별 근로자들의 동의로 조합장의 대표권을 갈음할 수 있는지 여부

판례는 사용자가 취업규칙을 근로자에게 불리하게 개정하려면 근로자 과반수로 조직된 노동조합이 있는 경우에는 그에 대한 노동조합의 동의를 얻어야 하고, 이러한 노동조합의 동의는 법령이나 단체협약 또는 노동조합의 규약 등에 의하여 조합장의 대표권이 제한되었다고 볼 만한 특별한 사정이 없는 한 조합장이 노동조합을 대표하여 할 수 있고 노동조합에 소속된 개별 근로자들의 동의로써 이에 갈음할 수는 없다고 판단하고 있다.[82]

### 4. 취업규칙 불이익변경에 대한 동의의 방식

근로자 과반수로 조직된 노동조합이 없는 경우에는 근로자들의 회의방식에 의한 과반수의 동의가 있어야 한다.[83] 회의방식에 의한 동의란 사업 또는 한 사업장의 기구별 또는 단위 부서별로 사용자 측의 개입이나 간섭이 배제된 상태에서 근로자 간에 의견을 교환하여 찬반을 집약한 후 이를 전체적으로 취합하는 방식도 허용된다.[84] 여기서 사용자 측의 개입이나 간섭이라 함은 사용자측이 근로자들의 자율적이고 집단적인 의사결정을 저해할 정도로 명시 또는 묵시적인 방법으로 동의를 강요하는 경우를 의미하고 사용자측이 단지 변경될 취업규칙의 내용을 근로자들에게 설명하고 홍보하는 데 그친 경우에는 사용자 측의 부당한 개입이나 간섭이 있었다고 볼 수 없다.[85]

근로자들의 회의를 개최하여 불이익 변경 내용에 대하여 찬반 의견을 교환해야 함과 관련하여서는 업무의 특성, 사업의 규모, 사업장의 산재(散在) 등의 사정으로 전체 근로자들이 회합하기 어려운 경우에는 단위 부서별로 회합하는 방식도 허용될 수 있겠으나, 근기법이 '회의방식'에 의한 근로자 과반수의 동의를 요구하는 이유는 '집단 의사의 주체로서 근로자'의 의사를 형성하기 위함이므로, 사용자의 특수한 사정으로 인하여 전체 근로자들의 회합이 어려워 단위 부서별로 회합하는

82) 대법원 2004. 7. 22. 선고 2002다59702 판결.
83) 대법원 2010. 1. 28. 선고 2009다32362 판결.
84) 대법원 2003. 11. 14. 선고 2001다18322 판결, 대법원 2010. 1. 28. 선고 2009다32362 판결.
85) 상동.

방식을 택할 수밖에 없는 경우에, 사용자는 부분적 회합을 통한 의견 취합을 하더라도 전체 근로자들의 회합이 있었던 것과 마찬가지로 근로자들이 집단 의사를 확인, 형성할 수 있도록 상당한 조치를 취할 의무를 부담한다.86)

## 5. 취업규칙 불이익변경에서의 근로자의 동의권 남용

과거 판례는, 사용자가 일방적으로 새로운 취업규칙의 작성·변경을 통하여 근로자가 가지고 있는 기득의 권리나 이익을 박탈하여 불이익한 근로조건을 부과하는 것은 원칙적으로 허용되지 아니하지만, 해당 취업규칙의 작성 또는 변경이 그 필요성 및 내용의 양면에서 보아 그에 의하여 근로자가 입게 될 불이익의 정도를 고려하더라도 여전히 당해 조항의 법적 규범성을 시인할 수 있을 정도로 사회통념상 합리성이 있다고 인정되는 경우에는 종전 근로조건 또는 취업규칙의 적용을 받고 있던 근로자의 집단적 의사결정 방법에 의한 동의가 없다는 이유만으로 그의 적용을 부정할 수는 없다고 보았다.87) 다만, 취업규칙을 근로자에게 불리하게 변경하는 경우에 그 동의를 받도록 한 근기법 제94조 제1항 단서의 입법 취지를 고려할 때, 변경 전후의 문언을 기준으로 하여 취업규칙이 근로자에게 불이익하게 변경되었음이 명백하다면, 취업규칙의 내용 이외의 사정이나 상황을 근거로 하여 그 변경에 사회통념상 합리성이 있다고 보는 것은, 이를 제한적으로 엄격하게 해석·적용할 것을 요구했다.88) 이에 따라 대부분의 판례에서는 취업규칙 불이익변경 절차를 거치지 않아도 되는 사회통념상 합리성을 거의 인정하지 않았다.89) 학설은 취업규칙 불이익변경시 근로자 동의에 대한 명문 규정이 있는 상황에서 사회통념상 합리성이라는 추상적 기준을 사용하는 것에 대해서 비판적인 입

---

86) 대법원 2017. 5. 31. 선고 2017다209129 판결.
87) 대법원 2010. 1. 28. 선고 2009다32362 판결, 대법원 2015. 8. 13. 선고 2012다43522 판결 등.
88) 상동.
89) 대법원 1993. 1. 15. 선고 92다39778 판결, 대법원 1993. 1. 26. 선고 92다49324 판결, 대법원 1993. 5. 14. 선고 93다1893 판결, 대법원 1993. 8. 24. 선고 93다17898 판결, 대법원 1993. 9. 14. 선고 92다45490 판결, 대법원 1994. 4. 12. 선고 92다20309 판결, 대법원 1994. 5. 24. 선고 93다14493 판결, 대법원 1994. 8. 26. 선고 93다58714 판결, 대법원 1994. 10. 14. 선고 94다25322 판결. 반면, 퇴직금지급규정 불이익변경이 이루어진 사례에서 i) 통일적 퇴직금지급규정 마련의 필요성, ii) 다른 근로조건의 개선(정년연장, 임금인상, 호봉 조정 등)으로 인하여 퇴직금 지급률 저감에 따른 불이익을 상당정도 완화시킨 점 등을 이유로 근로자들의 집단적 동의없는 불이익변경에 대한 사회통념상 합리성을 인정한 경우가 있다(대법원 2001. 1. 5. 선고 99다70846 판결).

장이었다.[90)]

　결국 대법원은 2023년 전원합의체 판결을 통해 '사회통념상 합리성론'을 폐기했다. 즉, "사용자가 취업규칙을 근로자에게 불리하게 변경하면서 근로자의 집단적 의사결정방법에 따른 동의를 받지 못한 경우, 노동조합이나 근로자들이 집단적 동의권을 남용하였다고 볼 만한 특별한 사정이 없는 한 해당 취업규칙이 자성 또는 변경에 사회통념상 합리성이 있다는 이유만으로 그 유효성을 인정할 수는 없다."라고 설시했다.[91)] 그리고 여기서 노동조합이나 근로자들이 집단적 동의권을 남용한 경우란 "관계 법령이나 근로관계를 둘러싼 사회 환경의 변화로 취업규칙을 변경할 필요성이 객관적으로 명백히 인정되고, 나아가 근로자의 집단적 동의를 구하고자 하는 사용자의 진지한 설득과 노력이 있었음에도 불구하고 노동조합이나 근로자들이 합리적 근거나 이유 제시 없이 취업규칙의 변경에 반대하였다는 등의 사정이 있는 경우"라고 한다.[92)]

## 6. 취업규칙 불이익변경에 대한 단체협약에 의한 소급적 동의

　판례에 따르면, 단체협약 체결에 의한 소급적 동의의 효력이 인정된다. 즉, 노동조합이 사용자 측과 기존의 임금, 근로시간, 퇴직금 등 근로조건을 결정하는 기준에 관하여 소급적으로 동의하거나 이를 승인하는 내용의 단체협약을 체결한 경우에 그 동의나 승인의 효력은 단체협약이 시행된 이후에 그 사업체에 종사하며 그 협약의 적용을 받게 될 노동조합원이나 근로자들에 대하여 생긴다.[93)] 집단적 동의 없이 취업규칙이 불이익하게 변경되었음에도 불구하고 그 후에 노조가 개정 취업규칙에 따른다는 단체협약을 체결(즉, 소급적 동의)한 경우, 취업규칙이 변경되기 전의 기존 근로자에 대해서도 단체협약에 의한 소급적 동의에 의해 효력이 인정되는 개정 취업규칙이 적용되는데, 이 때 노조가 단체협약을 체결할 당시에 기존 근로자들에게는 개정 취업규칙이 적용되지 아니함을 알았는지 여부는 상관없다.[94)]

---

90) 김형배, 『노동법』 제27판, 박영사, 2022, 355쪽; 이철수, "취업규칙에 대한 판례법리와 문제점", 『사법행정』 제34권 제8호, 한국사법행정학회, 1993, 21쪽; 임종률·김홍영, 앞의 책, 366~367쪽 등.
91) 대법원 2023. 5. 11. 선고 2017다35588, 2017다35595(병합) 전원합의체 판결.
92) 대법원 2023. 5. 11. 선고 2017다35588, 2017다35595(병합) 전원합의체 판결.
93) 대법원 1997. 8. 22. 선고 96다6967 판결.
94) 대법원 2005. 3. 11. 선고 2003다27429 판결.

## 7. 취업규칙 불이익변경에 대한 동의절차 위반의 효과

취업규칙의 불이익변경에 대하여 근로자집단의 동의를 받을 의무를 위반하는 경우 그 변경된 취업규칙은 무효가 된다. 단, 근로자집단의 동의를 받지 않고 불이 익변경된 취업규칙이 변경 이후 입사자에게도 무효가 되는지가 문제될 수 있다.

판례는 ① 사용자가 취업규칙에서 정한 근로조건을 근로자에게 불리하게 변경 함에 있어서 근로자의 동의를 얻지 않은 경우에 그 변경으로 기득이익이 침해되 는 기존의 근로자에 대한 관계에서는 변경의 효력이 미치지 않게 되어 종전 취업 규칙의 효력이 그대로 유지되지만(상대적 무효설-대법원 전원합의체 판결 다수의견), ② 변경 후에 변경된 취업규칙에 따른 근로조건을 수용하고 근로관계를 갖게 된 근로자에 대한 관계에서는 당연히 변경된 취업규칙이 적용되어야 하고, 기득이익 의 침해라는 효력배제사유가 없는 변경 후의 취업근로자에 대해서까지 그 변경의 효력을 부인하여 종전 취업규칙이 적용되어야 한다고 볼 근거는 없다고 본다.[95] 이 판례 이전에는 취업규칙은 그 자체가 법규범으로서 그 효력발생요건을 결한 이상 변경 후 입사자에 대해서도 무효로 보아야 한다는 것이 판례의 입장이었다.

취업규칙 변경 이후 입사자에게는 변경된 취업규칙이 적용된다고 보는 경우 취 업규칙변경 후에 취업한 근로자에게 적용되는 취업규칙과 기존 근로자에게 적용 되는 취업규칙이 병존하는 것처럼 보이지만, 해당 사업장 내에서 법규적 효력을 가진 취업규칙은 변경된 취업규칙이고 다만 기존 근로자에 대한 관계에서 기득이 익침해로 그 효력이 미치지 않는 범위 내에서 종전 취업규칙이 적용될 뿐이므로, 하나의 사업 내에 둘 이상의 취업규칙을 둔 것은 아니다.[96] 따라서, 예를 들어 취업규칙 중 퇴직금규정을 기존 근로자들에게 불리하게 변경하면서 부칙의 경과 규정에 의하여 퇴직금규정이 변경되기 전의 근속기간에 대하여는 종전의 퇴직금 규정에 의하도록 하는 것은 근기법이 정한 차등퇴직금제도금지의 원칙에 위배되 지 않는다.[97]

---

95) 대법원 1992. 12. 22. 선고 91다45165 전원합의체 판결, 대법원 1996. 4. 26. 선고 94다30638 판결.
96) 대법원 1992. 12. 22. 선고 91다45165 전원합의체 판결.
97) 대법원 2003. 12. 18. 선고 2002다2843 전원합의체 판결. 이 판결을 통해 "퇴직금제도를 근로 자에게 불리하게 변경하여 새로운 퇴직금제도를 모든 근로자에게 일률적으로 적용하면서, 기 존 근로자의 기득이익을 보호하기 위하여 경과규정을 두어 퇴직금규정이 변경되기 전의 근속 기간에 대하여는 종전의 퇴직금규정에 의하도록 하는 것도 근기법이 정한 차등퇴직금제도금지

## 8. 근로관계의 포괄적 승계와 취업규칙의 불이익변경

기업의 합병이나 영업양도, 공공기관의 통폐합 등에 따라 권리의무의 포괄적 승계가 이루어진 경우에는 근로계약관계의 포괄적 승계도 이루어지게 되고, 근로계약관계가 포괄적으로 승계되는 경우에는 근로자의 종전의 근로계약상의 지위도 그대로 승계되는 것이므로 노동조합과 사이에 단체협약의 체결 등을 통하여 근로계약관계의 내용을 변경 조정하는 새로운 합의를 하는 등의 사정이 없는 한 이러한 근로계약관계의 승계가 이루어진 이후 사용자가 일방적으로 종전 취업규칙의 내용보다 근로조건을 근로자에게 불리하게 변경하는 것은 그 효력이 없다.[98] 그리고 이와 같이 근로계약관계의 포괄적 승계 후 취업규칙을 승계 전의 취업규칙보다 불리하게 변경하기 위해서는 취업규칙 불이익변경 절차에 따라야 한다.[99]

## 9. 취업규칙보다 유리한 근로계약의 효력

판례는 "근기법 제97조는 "취업규칙에서 정한 기준에 미달하는 근로조건을 정한 근로계약은 그 부분에 관하여는 무효로 한다. 이 경우 무효로 된 부분은 취업규칙에 정한 기준에 따른다."라고 하고 있다. 그리고 위 규정은, "근로계약에서 정한 근로조건이 취업규칙에서 정한 기준에 미달하는 경우 취업규칙에 최저기준으로서의 강행적·보충적 효력을 부여하여 근로계약 중 취업규칙에 미달하는 부분을 무

---

의 원칙에 위배되므로 급여체계의 변경으로 개정 전 근속기간을 포함한 전 근속기간에 대하여 변경된 퇴직금규정 본문을 적용하는 것이 기존 근로자에게 유리한 경우에는 부칙의 경과규정이 적용되지 않는다고 판단한 대법원 1999. 12. 28. 선고 99다33823 판결"이 변경되었다.

98) 대법원 1994. 8. 26. 선고 93다58714 판결.

99) 대법원 1995. 12. 26. 선고 95다41659 판결. 이때, 취업규칙 불이익변경이 이루어지지 못함에 따라 하나의 사업 내 차등있는 퇴직금제도가 설정되는 것이 근로자퇴직급여보장법 제4조 제2항("퇴직급여제도를 설정하는 경우에 하나의 사업에서 급여 및 부담금 산정방법의 적용 등에 관하여 차등을 두어서는 아니 된다.")에 위반되는 것이 아닌가에 대한 의문이 발생할 수 있지만, 판례는 이 규정의 취지가 하나의 사업 내에서 직종, 직위, 업종별로 퇴직금에 관하여 차별하는 것을 금하고자 하는 것이기 때문에, 근로관계가 포괄적으로 승계된 후의 새로운 퇴직금제도가 기존 근로자의 기득이익을 침해하는 것이어서 그들에게는 그 효력이 미치지 않고 부득이 종전의 퇴직금규정을 적용하지 않을 수 없어서 결과적으로 하나의 사업 내에 별개의 퇴직금제도를 운용하는 것으로 되는 것은 위 조항 위반에 해당하지 않는 것으로 판단하고 있다.

효로 하고, 이 부분을 취업규칙에서 정한 기준에 따르게 함으로써, 개별적 노사
간의 합의라는 형식을 빌려 근로자로 하여금 취업규칙이 정한 기준에 미달하는 근
로조건을 감수하도록 하는 것을 막아 종속적 지위에 있는 근로자를 보호하기 위한
규정이다. 이러한 규정 내용과 입법 취지를 고려하여 근기법 제97조를 반대해석하
면, 취업규칙에서 정한 기준보다 유리한 근로조건을 정한 개별 근로계약 부분은
유효하고 취업규칙에서 정한 기준에 우선하여 적용된다."라고 한다.[100]

또한, 판례에 따르면 근기법 제94조는 사용자가 일방적으로 정하는 취업규칙을
근로자에게 불리하게 변경하려고 할 경우 근로자를 보호하기 위하여 집단적 동의
를 받을 것을 요건으로 정한 것이고, "근로조건은 근로자와 사용자가 동등한 지
위에서 자유의사에 따라 결정하여야 한다."라고 정하고 있는 근기법 제4조는 사
용자가 일방적으로 근로조건을 결정하여서는 아니 되고, 근로조건은 근로관계 당
사자 사이에서 자유로운 합의에 따라 정해져야 하는 사항임을 분명히 함으로써
근로자를 보호하고자 하는 것이 주된 취지인바, 이러한 각 규정 내용과 그 취지를
고려하면, 근기법 제94조가 정하는 집단적 동의는 취업규칙의 유효한 변경을 위
한 요건에 불과하므로, 취업규칙이 집단적 동의를 받아 근로자에게 불리하게 변
경된 경우에도 근기법 제4조가 정하는 근로조건 자유결정의 원칙은 여전히 지켜
져야 한다고 밝혔다.[101]

따라서 근로자에게 불리한 내용으로 변경된 취업규칙은 집단적 동의를 받았다
고 하더라도 그보다 유리한 근로조건을 정한 기존의 개별 근로계약 부분에 우선
하는 효력을 갖는다고 할 수 없다. 이 경우에도 근로계약의 내용은 유효하게 존속
하고, 변경된 취업규칙의 기준에 의하여 유리한 근로계약의 내용을 변경할 수 없
으며, 근로자의 개별적 동의가 없는 한 취업규칙보다 유리한 근로계약의 내용이
우선하여 적용된다.[102]

---

100) 대법원 2019. 11. 14. 선고 2018다200709 판결.
101) 대법원 2019. 11. 14. 선고 2018다200709 판결.
102) 대법원 2019. 11. 14. 선고 2018다200709 판결, 대법원 2020. 4. 9. 선고 2019다297083 판결,
　　대법원 2022. 1. 13. 선고 2020다232136 판결, 대법원 2022. 2. 10. 선고 2020다279951 판결 등.

# Ⅳ. 임금

## 1. 임금, 평균임금, 통상임금

| 근기법 | 근기법 시행령 |
|---|---|
| 제2조(정의) ① 이 법에서 사용하는 용어의 뜻은 다음과 같다.<br><br>5. "임금"이란 사용자가 근로의 대가로 근로자에게 임금, 봉급, 그 밖에 어떠한 명칭으로든지 지급하는 모든 금품을 말한다.<br><br>6. "평균임금"이란 이를 산정하여야 할 사유가 발생한 날 이전 3개월 동안에 그 근로자에게 지급된 임금의 총액을 그 기간의 총일수로 나눈 금액을 말한다. 근로자가 취업한 후 3개월 미만인 경우도 이에 준한다. | 제2조(평균임금의 계산에서 제외되는 기간과 임금) ①「근로기준법」(이하 "법"이라 한다) 제2조제1항제6호에 따른 평균임금 산정기간 중에 다음 각 호의 어느 하나에 해당하는 기간이 있는 경우에는 그 기간과 그 기간 중에 지급된 임금은 평균임금 산정기준이 되는 기간과 임금의 총액에서 각각 뺀다.<br>1. 근로계약을 체결하고 수습 중에 있는 근로자가 수습을 시작한 날부터 3개월 이내의 기간<br>2. 법 제46조에 따른 사용자의 귀책사유로 휴업한 기간<br>3. 법 제74조제1항부터 제3항까지의 규정에 따른 출산전후휴가 및 유산·사산 휴가 기간<br>4. 법 제78조에 따라 업무상 부상 또는 질병으로 요양하기 위하여 휴업한 기간<br>5. 「남녀고용평등과 일·가정 양립 지원에 관한 법률」 제19조에 따른 육아휴직 기간<br>6. 「노동조합 및 노동관계조정법」 제2조제6호에 따른 쟁의행위기간<br>7. 「병역법」, 「예비군법」 또는 「민방위기본법」에 따른 의무를 이행하기 위하여 휴직하거나 근로하지 못한 기간. 다만, 그 기간 중 임금을 지급받은 경우에는 그러하지 아니하다.<br>8. 업무 외 부상이나 질병, 그 밖의 사유로 사용자의 승인을 받아 휴업한 기간<br>② 법 제2조제1항제6호에 따른 임금의 총액을 계산할 때에는 임시로 지급된 임금 및 수당과 통화 외의 것으로 지급된 임금을 포함하지 아니한다. 다만, 고용노동부장관이 정하는 것은 그러하지 아니하다.<br>제4조(특별한 경우의 평균임금) 법 제2조제1항제6호, 이 영 제2조 및 제3조에 따라 평균임금을 산정할 수 없는 경우에는 고용노동부장관이 정하는 바에 따른다(→평균임금산정 특례 고시)<br>제5조(평균임금의 조정) ① 법 제79조, 법 제80조 및 법 제82조부터 제84조까지의 규정에 따른 보상금 등을 산정할 때 적용할 평균임금은 그 근로자가 소속한 사업 또는 사업장에서 같은 직종의 근로자에게 지급된 통상임금의 1명당 1개월 평균액(이하 "평균액"이라 한다)이 그 부상 또는 질병이 발생한 달에 지급된 평균액보다 100분의 5 이상 변동된 경우에는 그 변동비율에 따라 인상되거나 인하된 금액으로 하되, 그 변동 사유가 발생한 달의 다음 달부터 적용한다. 다만, 제2회 이후의 평균임금을 조정하는 때에는 직전 회의 변동 사유가 발생한 달의 평균액을 산정기준으로 한다. |

| 근기법 | 근기법 시행령 |
|---|---|
|  | ② 제1항에 따라 평균임금을 조정하는 경우 그 근로자가 소속한 사업 또는 사업장이 폐지된 때에는 그 근로자가 업무상 부상 또는 질병이 발생한 당시에 그 사업 또는 사업장과 같은 종류, 같은 규모의 사업 또는 사업장을 기준으로 한다.<br>③ 제1항이나 제2항에 따라 평균임금을 조정하는 경우 그 근로자의 직종과 같은 직종의 근로자가 없는 때에는 그 직종과 유사한 직종의 근로자를 기준으로 한다.<br>④ 법 제78조에 따른 업무상 부상을 당하거나 질병에 걸린 근로자에게 지급할 「근로자퇴직급여 보장법」 제8조에 따른 퇴직금을 산정할 때 적용할 평균임금은 제1항부터 제3항까지의 규정에 따라 조정된 평균임금으로 한다. |
|  | 제6조(통상임금) ① 법과 이 영에서 "통상임금"이란 근로자에게 정기적이고 일률적으로 소정(所定)근로 또는 총 근로에 대하여 지급하기로 정한 시간급 금액, 일급 금액, 주급 금액, 월급 금액 또는 도급 금액을 말한다.<br>② 제1항에 따른 통상임금을 시간급 금액으로 산정할 경우에는 다음 각 호의 방법에 따라 산정된 금액으로 한다.<br>1. 시간급 금액으로 정한 임금은 그 금액<br>2. 일급 금액으로 정한 임금은 그 금액을 1일의 소정근로시간 수로 나눈 금액<br>3. 주급 금액으로 정한 임금은 그 금액을 1주의 통상임금 산정 기준시간 수(1주의 소정근로시간과 소정근로시간 외에 유급으로 처리되는 시간을 합산한 시간)로 나눈 금액<br>4. 월급 금액으로 정한 임금은 그 금액을 월의 통상임금 산정 기준시간 수(1주의 통상임금 산정 기준시간 수에 1년 동안의 평균 주의 수를 곱한 시간을 12로 나눈 시간)로 나눈 금액<br>5. 일·주·월 외의 일정한 기간으로 정한 임금은 제2호부터 제4호까지의 규정에 준하여 산정된 금액<br>6. 도급 금액으로 정한 임금은 그 임금 산정 기간에서 도급제에 따라 계산된 임금의 총액을 해당 임금 산정 기간(임금 마감일이 있는 경우에는 임금 마감 기간을 말한다)의 총 근로 시간 수로 나눈 금액<br>7. 근로자가 받는 임금이 제1호부터 제6호까지의 규정에서 정한 둘 이상의 임금으로 되어 있는 경우에는 제1호부터 제6호까지의 규정에 따라 각각 산정된 금액을 합산한 금액<br>③ 제1항에 따른 통상임금을 일급 금액으로 산정할 때에는 제2항에 따른 시간급 금액에 1일의 소정근로시간 수를 곱하여 계산한다. |

**〈평균임금산정 특례 고시[고용노동부고시 제2015-77호]〉**

제1조(평균임금의 계산에서 제외되는 기간이 3개월 이상인 경우) ① 「근로기준법 시행령」(이하 "영"이라 한다) 제2조제1항에 따라 평균임금의 계산에서 제외되는 기간이 3개월 이상인 경우 제외되는 기간의 최초일을 평균임금의 산정사유가 발생한 날로 보아 평균임금을 산정한다.
② 영 제5조는 제1항에 따라 평균임금을 산정할 때 이를 준용한다. 이 경우 영 제5조제1항 중 "부상 또는 질병이 발생한 달"은 "평균임금의 계산에서 제외되는 기간의 최초일이 속한 달"로 본다.
제2조(근로제공의 초일에 평균임금 산정사유가 발생한 경우) 근로를 제공한 첫 날(「근로기준법」

| 근기법 | 근기법 시행령 |
|---|---|

제35조제5호에 따라 수습기간 종료 후 첫 날을 포함한다)에 평균임금 산정사유가 발생한 경우에는 그 근로자에게 지급하기로 한 임금의 1일 평균액으로 평균임금을 추산한다.

제3조(임금이 근로자 2명 이상 일괄하여 지급되는 경우) 근로자 2명 이상을 1개조로 하여 임금을 일괄하여 지급하는 경우 개별 근로자에 대한 배분방법을 미리 정하지 않았다면 근로자의 경력, 생산실적, 실근로일수, 기술·기능, 책임, 배분에 관한 관행 등을 감안하여 근로자 1명당 임금액을 추정하여 그 금액으로 평균임금을 추산한다.

제4조(임금총액의 일부가 명확하지 아니한 경우) 평균임금의 산정기간 중에 지급된 임금의 일부를 확인할 수 없는 기간이 포함된 경우에는 그 기간을 빼고 남은 기간에 지급된 임금의 총액을 남은 기간의 총일수로 나눈 금액을 평균임금으로 본다.

제5조(임금총액의 전부가 명확하지 아니한 경우 등) 이 고시 제1조부터 제4조까지의 규정에 따라 평균임금을 산정할 수 없는 경우에는 지방고용노동관서장이 다음 각 호의 사항을 감안하여 적정하다고 결정한 금액을 해당 근로자의 평균임금으로 본다.

1. 해당 사업장이 있는 지역의 임금수준 및 물가사정에 관한 사항
2. 해당 근로자에 대한 「소득세법」 및 관련 법령에 따라 기재된 소득자별 근로소득원천징수부, 「국민연금법」·「국민건강보험법」·「고용보험법」에 따라 신고된 보수월액·소득월액·월평균임금 등에 관한 사항
3. 해당 사업장이 있는 지역의 업종과 규모가 동일하거나 유사한 사업장에서 해당 근로자와 동일한 직종에 종사한 근로자의 임금에 관한 사항
4. 해당 사업장의 근로제공기간 중에 받은 금품에 대하여 본인 또는 그 가족 등이 보유하고 있는 기록(이 경우 사업주가 인정하는 경우에만 한정한다) 등 증빙서류에 관한 사항
5. 고용노동부장관이 조사·발간하는 "고용형태별근로실태조사보고서" 및 "사업체노동력조사보고서" 등 고용노동통계에 관한 사항

제6조(재검토기한) 고용노동부장관은 이 고시에 대하여 2019년 1월 1일 기준으로 매 3년이 되는 시점(매 3년째의 12월 31일까지를 말한다)마다 그 타당성을 검토하여 개선 등의 조치를 하여야 한다.

## 1) 임금, 평균임금, 통상임금의 개념(근기법상 정의 규정)

"임금"이란 사용자가 근로의 대가로 근로자에게 임금, 봉급, 그 밖에 어떠한 명칭으로든지 지급하는 일체의 금품을 말한다(근기법 제2조 제1항 제5호).

"평균임금"이란 이를 산정하여야 할 사유가 발생한 날 이전 3개월 동안에 그 근로자에게 지급된 임금의 총액을 그 기간의 총일수로 나눈 금액을 말한다. 근로자가 취업한 후 3개월 미만인 경우도 이에 준한다(근기법 제2조 제1항 제6호). 근기법상의 퇴직금, 휴업수당, 산재보험법상의 휴업급여, 장해급여, 유족급여, 상병보상연금, 장의비 등을 산정하는 기준임금이 된다. 평균임금은 개별 근로자의 실제 근로시간이나 근무실적 등에 따라 증감·변동되는 것으로서, 법정 기간 동안 근로자에게 실제 지급된 임금의 총액을 기초로 하여 산정되므로, 과거의 근로시간이나 근무실적 등을 토대로 사후적으로 산정되는 근로자의 통상적인 생활임금이라 할 수 있다.[103)]

"통상임금"이란 근로자에게 정기적이고 일률적으로 소정(所定)근로 또는 총 근로에 대하여 지급하기로 정한 시간급 금액, 일급 금액, 주급 금액, 월급 금액 또는 도급 금액을 말한다(근기법 시행령 제6조 제1항). 실제 근로시간이나 근무실적 등에 따라 증감·변동될 수 있는 평균임금의 최저한을 보장하고 연장·야간·휴일 근로에 대한 가산임금, 해고예고수당 및 연차휴가수당 등을 산정하는 기준임금이다. 근로자의 연장·야간·휴일 근로가 상시로 이루어지는 경우가 드물지 않은 우리나라의 현실에서 근기법이 위와 같이 통상임금에 부여하는 기능 중 가장 주목되는 것은 그것이 연장·야간·휴일 근로에 대한 가산임금 등을 산정하는 기준임금으로 기능한다는 점이다.[104] 따라서 통상임금은 당연히 근로자가 소정근로시간에 통상적으로 제공하는 근로의 가치를 금전적으로 평가한 것이어야 하고, 또한 근로자가 실제로 연장근로 등을 제공하기 전에 미리 확정되어 있어야 한다. 그래야만 사용자와 근로자는 소정근로시간을 초과하여 제공되는 연장근로 등에 대한 비용 또는 보상의 정도를 예측하여 연장근로 등의 제공 여부에 관한 의사결정을 할 수 있고, 실제 연장근로 등이 제공된 때에는 사전에 확정된 통상임금을 기초로 하여 가산임금을 곧바로 산정할 수 있게 되기 때문이다.[105]

어떠한 금품이 임금, 평균임금, 통상임금에 해당하는지 여부는 금품의 명칭은 중요하지 않고 그 실질을 보고 판단해야 한다. 금품의 지급사유의 발생이 불확정이고 일시적으로 지급되는 것은 임금이라고 볼 수 없다.[106]

## 2) 평균임금 판단기준

평균임금 산정의 기초가 되는 임금총액에는 사용자가 근로의 대상으로 근로자에게 지급하는 일체의 금품으로서, ① 근로자에게 계속적·정기적으로 지급되고, ② 그 지급에 관하여 단체협약, 취업규칙 등에 의하여 사용자에게 지급의무가 지워져 있으면 그 명칭 여하를 불문하고 모두 포함되는 것이고, 비록 현물로 지급되었다 하더라도 근로의 대가로 지급하여 온 금품이라면 평균임금의 산정에 있어 포함되는 임금으로 본다.[107]

---

103) 대법원 2013. 12. 18. 선고 2012다89399 전원합의체 판결.
104) 대법원 2013. 12. 18. 선고 2012다89399 전원합의체 판결.
105) 상동.
106) 대법원 2002. 6. 11. 선고 2001다16722 판결.
107) 대법원 1990. 12. 7. 선고 90다카19647 판결, 대법원 2005. 9. 9. 선고 2004다41217 판결.

### ① 인센티브(성과급)가 평균임금에 포함되는지 여부

회사가 인센티브(성과급) 지급규정이나 영업프로모션 등으로 정한 지급 기준과 지급 시기에 따라 지급한 인센티브(성과급)이 퇴직금 산정의 기초가 되는 평균임금에 해당하는지 여부와 관련하여, 판례는 근로의 대가로서 지급된 인센티브(성과급)이 매월 정기적, 계속적으로 이루어지는 경우 인센티브의 지급이 개별 근로자의 특수하고 우연한 사정에 의하여 좌우되는 우발적, 일시적 급여라고 할 수 없고, 지급 기준 등의 요건에 맞는 실적을 달성하였다면 피고 회사로서는 그 실적에 따른 인센티브의 지급을 거절할 수 없을 것이므로 이를 은혜적인 급부라고 할 수도 없으며, 인센티브(성과급)를 일률적으로 임금으로 보지 않을 경우 인센티브(성과급)만으로 급여를 지급받기로 한 근로자는 근로를 제공하되 근로의 대상으로서의 임금은 없는 것이 되고 퇴직금도 전혀 받을 수 없게 되는 불합리한 결과가 초래될 것인 점 등에 비추어 퇴직금 산정의 기초가 되는 평균임금에 해당한다고 판단하였다.108)

### ② 의사의 진료포상비가 평균임금에 포함되는지 여부

병원이 소속 의사들에게 기본급과 제 수당 외에 '진료포상비 지급기준' 또는 '진료성과급 지급기준'에 따라 계속적·정기적으로 진료포상비를 지급한 경우 이것이 평균임금 산정의 기초가 되는 임금총액에 포함되는지 여부와 관련하여, 판례는 병원이 소속 의사의 실적을 판단하는 기준으로 삼은 진료와 특진, 협진 등의 업무는 매달 이를 수행하는 횟수에 차이는 있을지언정 그 자체는 의사 고유의 업무로서 병원에게 제공된 근로의 일부이므로, 그에 대한 포상비는 근로의 대가로 지급된 것으로 보아야 한다고 보면서, 의사들에게 지급된 진료포상비는 모두 근기법상 평균임금 산정의 기초가 되는 임금총액에 포함되는 것으로 봄이 상당하다고 판단하였다.109)

### ③ 공공기관 경영평가성과급이 평균임금에 포함되는지 여부

공공기관 경영평가성과급이 계속적·정기적으로 지급되고 지급대상, 지급조건 등이 확정되어 있어 사용자에게 지급의무가 있는 경우, 평균임금 산정의 기초가

---

108) 대법원 2011. 7. 14. 선고 2011다23149 판결.
109) 대법원 2011. 3. 10. 선고 2010다77514 판결.

되는 임금에 포함되는지 여부와 관련하여, 판례는 공공기관 경영평가성과급의 최저지급률과 최저지급액이 정해져 있지 않아 소속 기관의 경영실적 평가결과에 따라서는 경영평가성과급을 지급받지 못하는 경우가 있다고 하더라도 성과급이 전체 급여에서 차지하는 비중, 지급 실태와 평균임금 제도의 취지 등에 비추어 볼 때 근로의 대가로 지급된 임금으로 보아야 한다고 보고 있다.[110]

### 3) 통상임금 판단기준

근기법 제2조 제1항 제5호가 사용자가 근로의 대가로 근로자에게 지급하는 금품은 그 명칭과 관계없이 근기법의 규율을 받는 임금에 해당한다고 규정하고 있듯이, 그 임금 중에서 근로자가 소정근로시간에 통상적으로 제공하는 근로의 가치를 평가한 것으로서 사전에 미리 확정할 수 있는 것이라면 그 명칭과 관계없이 모두 통상임금에 해당하는 것으로 보아야 한다.[111] 이에 따라 판례는 어떠한 임금이 통상임금에 속하는지 여부는 그 임금이 소정근로의 대가로 근로자에게 지급되는 금품으로서 정기적·일률적·고정적으로 지급되는 것인지를 기준으로 그 객관적인 성질에 따라 판단하여야 하고, 임금의 명칭이나 그 지급주기의 장단 등 형식적 기준에 의해 정할 것이 아니라고 보고 있다.[112] 그리고 통상임금에 속하기 위해 필

---

110) 대법원 2018. 12. 13. 선고 2018다231536 판결.
111) 대법원 2013. 12. 18. 선고 2012다89399 전원합의체 판결.
112) 상동. 이 판례에서 밝히고 있듯, 대법원 1995. 12. 21. 선고 94다26721 전원합의체 판결은 모든 임금은 근로의 대가로서 '근로자가 사용자의 지휘를 받으며 근로를 제공하는 것에 대한 보수'를 의미하므로 현실의 근로 제공을 전제로 하지 않고 단순히 근로자로서의 지위에 기하여 발생하는 이른바 '생활보장적 임금'이란 있을 수 없고, 임금을 근로의 제공 대가로 지급받는 교환적 부분과 근로자의 지위에서 받는 생활보장적 부분으로 구별할 아무런 법적 근거도 없다고 판시하여, 단체협약 등에 특별한 규정이 없는 한 근로자가 근로를 제공하지 아니한 쟁의행위 기간에는 근로 제공 의무와 대가관계에 있는 임금청구권이 발생하지 않는다는 '무노동무임금 원칙'을 정립하였다. 이 전원합의체 판결 전에 종래 판례가 취한 임금2분설은 임금을 근로의 대가로서의 성질을 갖는 교환적 부분과 단순히 근로자의 지위에 기하여 발생하는 생활보장적 부분으로 구분하고 있었으나, 실제로 임금 항목 모두를 양자로 준별하는 것이 불가능한 경우가 적지 않았고, 이러한 상황에서 어떠한 임금이 통상임금에 속하는지를 가리기 위하여 '정기적, 일률적으로 1임금산정기간에 지급하기로 정하여진 고정급 임금'인지를 판단 기준으로 삼는 것은 부득이한 측면이 있었다. 그러나 위 전원합의체 판결에서 모든 임금을 근로의 대가로 파악하여 임금2분설을 폐기함으로써 임금을 근로 제공에 대한 교환적 부분과 근로 제공과 무관한 생활보장적 부분으로 구별할 법적 근거가 없어졌으므로, 임금의 형식적인 명칭에 따라 통상임금에 속하는지 여부를 달리 볼 아무런 이유가 없게 되었고, 통상임금을 '1임금산정기간'을 기준으로 가려왔던 판단 방식 또한 더 이상 설 자리를 잃게 되었다. 이에 따라 임금2분설을 폐기한 위 전원합의체 판결 선고 직후 대법원 1996. 2. 9. 선고 94다19501 판결은 근로자에 대한 임금이 1개월을 초과하는 기간마다 지급되는 것이라도 그것이 정기적·일률적·고정적으로 지급되는 것이면 통상임금에 포함될 수 있다고 판시하였고, 그 이후대법원은 일관되게 통상임금은 근로자가 소정근로시간에 통상적으로 제공하는 근로인 소정근로(도급 근로자의 경우에는 총 근로)의 대가로 근로자에

요한 요건으로서 소정근로의 대가성과, 소정근로의 대가성을 판단하기 위한 정기성, 일률성, 고정성의 의미를 판례의 내용대로 확인하면, 다음과 같다.[113]

### ① 소정근로의 대가성

소정근로의 대가라 함은 근로자가 소정근로시간에 통상적으로 제공하기로 정한 근로에 관하여 사용자와 근로자가 지급하기로 약정한 금품을 말한다. 근로자가 소정근로시간을 초과하여 근로를 제공하거나 근로계약에서 제공하기로 정한 근로 외의 근로를 특별히 제공함으로써 사용자로부터 추가로 지급받는 임금이나 소정근로시간의 근로와는 관련 없이 지급받는 임금은 소정근로의 대가라 할 수 없으므로 통상임금에 속하지 아니한다. 따라서 소정근로의 대가가 무엇인지는 근로자와 사용자가 소정근로시간에 통상적으로 제공하기로 정한 근로자의 근로의 가치를 어떻게 평가하고 그에 대하여 얼마의 금품을 지급하기로 정하였는지를 기준으로 전체적으로 판단하여야 하고, 그 금품이 소정근로시간에 근무한 직후나 그로부터 가까운 시일 내에 지급되지 아니하였다고 하여 그러한 사정만으로 소정근로의 대가가 아니라고 할 수는 없다.

### ② 정기성

어떤 임금이 통상임금에 속하기 위해서 정기성을 갖추어야 한다는 것은 그 임금이 일정한 간격을 두고 계속 지급되어야 함을 의미한다. 통상임금에 속하기 위한 성질을 갖춘 임금이 1개월을 넘는 기간마다 정기적으로 지급되는 경우, 이는 노사 간의 합의 등에 따라 근로자가 소정근로시간에 통상적으로 제공하는 근로의 대가가 1개월을 넘는 기간마다 분할지급되고 있는 것일 뿐, 그러한 사정 때문에 갑자기 그 임금이 소정근로의 대가로서의 성질을 상실하거나 정기성을 상실하게 되는 것이 아님은 분명하다. 따라서 정기상여금과 같이 일정한 주기로 지급되는 임금의 경우 단지 그 지급주기가 1개월을 넘는다는 사정만으로 그 임금이 통상임금에서 제외된다고 할 수는 없다. 나아가 근기법 제43조 제2항은 임금을 매월 1회 이상 일정한 날짜를 정하여 지급하도록 규정하고 있으나, 이는 사용자로 하여

---

게 지급되는 금품으로서 정기적·일률적·고정적으로 지급되는 임금이라고 판시하여 왔고, 여기서 그 임금이 '1임금산정기간' 내에 지급되는 것인지 여부는 더 이상 판단 기준으로 제시되지 아니하였다(대법원 1998. 4. 24. 선고 97다28421 판결, 대법원 2012. 3. 29. 선고 2010다91046 판결 등 참조).

113) 이하의 요건은 대법원 2013. 12. 18. 선고 2012다89399 전원합의체 판결의 내용임.

금 매월 일정하게 정해진 기일에 임금을 근로자에게 어김없이 지급하도록 강제함으로써 근로자의 생활안정을 도모하려는 것이므로(대법원 1985. 10. 8. 선고 85도1262 판결 등 참조), 위 규정을 근거로 1개월을 넘는 기간마다 정기적으로 지급되는 임금이 통상임금에서 제외된다고 해석할 수는 없다.

### ③ 일률성

어떤 임금이 통상임금에 속하기 위해서는 그것이 일률적으로 지급되는 성질을 갖추어야 한다. '일률적'으로 지급되는 것에는 '모든 근로자'에게 지급되는 것뿐만 아니라 '일정한 조건 또는 기준에 달한 모든 근로자'에게 지급되는 것도 포함된다. 여기서 '일정한 조건'이란 고정적이고 평균적인 임금을 산출하려는 통상임금의 개념에 비추어 볼 때 고정적인 조건이어야 한다(대법원 1993. 5. 27. 선고 92다20316 판결, 대법원 2012. 7. 26. 선고 2011다6106 판결 등 참조). 단체협약이나 취업규칙 등에 휴직자나 복직자 또는 징계대상자 등에 대하여 특정 임금에 대한 지급 제한 사유를 규정하고 있다 하더라도, 이는 해당 근로자의 개인적인 특수성을 고려하여 그 임금 지급을 제한하고 있는 것에 불과하므로, 그러한 사정을 들어 정상적인 근로관계를 유지하는 근로자에 대하여 그 임금 지급의 일률성을 부정할 것은 아니다.

한편 일정 범위의 모든 근로자에게 지급된 임금이 일률성을 갖추고 있는지 판단하는 잣대인 '일정한 조건 또는 기준'은 통상임금이 소정근로의 가치를 평가한 개념이라는 점을 고려할 때, 작업 내용이나 기술, 경력 등과 같이 소정근로의 가치 평가와 관련된 조건이라야 한다. 따라서 부양가족이 있는 근로자에게만 지급되는 가족수당과 같이 소정근로의 가치 평가와 무관한 사항을 조건으로 하여 지급되는 임금은 그것이 그 조건에 해당하는 모든 근로자에게 지급되었다 하더라도 여기서 말하는 '일정한 조건 또는 기준'에 따른 것이라 할 수 없어 '일률성'을 인정할 수 없으므로, 통상임금에 속한다고 볼 수 없다(대법원 2000. 12. 22. 선고 99다10806 판결, 대법원 2003. 12. 26. 선고 2003다56588 판결 등 참조).

그러나 모든 근로자에게 기본금액을 가족수당 명목으로 지급하면서 실제 부양가족이 있는 근로자에게는 일정액을 추가적으로 지급하는 경우 그 기본금액은 소정근로에 대한 대가에 다름 아니므로 통상임금에 속한다(대법원 1992. 7. 14. 선고 91다5501 판결 등 참조).

### ④ 고정성

어떤 임금이 통상임금에 속하기 위해서는 그것이 고정적으로 지급되어야 한다. 이는 통상임금을 다른 일반적인 임금이나 평균임금과 확연히 구분 짓는 요소로서 앞서 본 바와 같이 통상임금이 연장·야간·휴일 근로에 대한 가산임금을 산정하는 기준임금으로 기능하기 위하여서는 그것이 미리 확정되어 있어야 한다는 요청에서 도출되는 본질적인 성질이다.

'고정성'이라 함은 '근로자가 제공한 근로에 대하여 그 업적, 성과 기타의 추가적인 조건과 관계없이 당연히 지급될 것이 확정되어 있는 성질'을 말하고, '고정적인 임금'은 '임금의 명칭 여하를 불문하고 임의의 날에 소정근로시간을 근무한 근로자가 그 다음 날 퇴직한다 하더라도 그 하루의 근로에 대한 대가로 당연하고도 확정적으로 지급받게 되는 최소한의 임금'이라고 정의할 수 있다.

고정성을 갖춘 임금은 근로자가 임의의 날에 소정근로를 제공하면 추가적인 조건의 충족 여부와 관계없이 당연히 지급될 것이 예정된 임금이므로, 그 지급 여부나 지급액이 사전에 확정된 것이라 할 수 있다. 이와 달리 근로자가 소정근로를 제공하더라도 추가적인 조건을 충족하여야 지급되는 임금이나 그 조건 충족 여부에 따라 지급액이 변동되는 임금 부분은 고정성을 갖춘 것이라고 할 수 없다.

대법원은 근로자의 실제 근무성적에 따라 지급 여부 및 지급액이 달라지는 항목의 임금을 통상임금에서 제외하여 왔는데, 그러한 임금은 고정성을 갖추지 못하였기 때문이다(대법원 1996. 2. 9. 선고 94다19501 판결, 대법원 2012. 3. 15. 선고 2011다106426 판결 등 참조).

〈**통상임금 해당성 관련 임금항목과 판단결과 사례(2013년 이후)**〉─────

■ 통상임금에 해당하지 않는다고 본 경우

• 선택적 복지제도 : 사용자가 선택적 복지제도를 시행하면서 직원 전용 온라인 쇼핑사이트에서 물품을 구매하는 방식 등으로 사용할 수 있는 복지포인트를 단체협약, 취업규칙 등에 근거하여 근로자들에게 계속적·정기적으로 배정한 경우라고 하더라도, 이러한 복지포인트는 근기법에서 말하는 임금에 해당하지 않고, 그 결과 통상임금에도 해당하지 않는다.[114]

---

114) 대법원 2019. 8. 22. 선고 2016다48785 전원합의체 판결, 대법원 2020. 4. 29. 선고 2017다

- 식대 : 근로자들에게 직접 지급하거나 식권을 교부하고 사용하지 않은 식권에 대하여 환불해 준 것이 아니라 근로자들이 실제로 지정 기사식당에서 식사를 한 경우 그 대금을 결제해 준 것에 불과한 경우에는 통상임금에 해당하지 않는다.[115]

- 특정 시점에 재직 중인 근로자에게만 지급하기로 정해져 있는 임금 : 기왕에 근로를 제공했던 사람이라도 특정 시점에 재직하지 않는 사람에게는 지급하지 아니하는 반면, 그 특정 시점에 재직하는 사람에게는 기왕의 근로 제공 내용을 묻지 아니하고 모두 이를 지급하는 경우, 그 임금은 이른바 소정근로에 대한 대가의 성질을 가지는 것이라고 보기 어려울 뿐만 아니라, 근로자가 임의의 날에 근로를 제공하더라도 그 특정 시점이 도래하기 전에 퇴직하면 당해 임금을 전혀 지급받지 못하므로 고정성을 결여한 것으로 보아야 한다.[116]

- 운전자 공제회비 : 임금협정상 '당해 월 입사자는 공제회비를 불입하고 퇴직자는 불입하지 않는다'고 규정함으로써 회사가 매월 말일을 기준으로 재직 중인 근로자들에 대하여만 운전자 공제회비를 부담하도록 정한 경우, 통상임금에 해당한다는 판단은 통상임금에 관한 법리를 오해한 것이다.[117]

- 50% 출근율을 달성하지 못한 경우 지급하지 않는 수당 : 일정 근무일수를 충족해야 하는 조건이 부가되었고, 그러한 조건이 형식에 불과하다거나 그와 다른 노동관행이 존재한다고 볼 특별한 사정이 없는 경우 고정성이 결여되어

---

247602 판결, 대법원 2021. 6. 3. 선고 2015두49481 판결. 대법원 2021. 8. 26. 선고 2017다269145 판결. 다만, 계속적·정기적으로 배정되고, 배정에 관하여 단체협약이나 취업규칙 등에 근거하여 사용자에게 의무가 지워져 있는 복지포인트는 근로의 대가로 지급되는 금품이라고 보아야 한다는 일부 대법관들의 반대의견이 있다. 반대의견의 주된 요지는 ① 계속적·정기적으로 배정되고, 배정에 관하여 단체협약이나 취업규칙 등에 근거하여 사용자에게 의무가 지워져 있는 복지포인트는 근로의 대가로 지급되는 금품이라고 보아야 한다는 것, ② 복지포인트가 사용가능성이 한정되어 있다고 하여 금품이 아니라거나, 그 배정을 금품의 지급이 아니라고 할 수는 없고, 사용자의 복지포인트 배정에 따라 그에 상응하는 재산적 이익의 처분권이 근로자에게 이전되어 확정적으로 근로자에게 귀속되었다고 보는 것이 실질에 부합한다는 것, ③ 선택적 복지제도의 근거 법령만을 들어 복지포인트의 임금성을 부정할 수 없고, 근로복지기본법의 규정이 복지포인트가 근기법상 임금이 아니라는 점에 기초하고 있다고 해석하거나, 이를 들어 임금성을 긍정하기 어렵다는 결론을 도출하는 것은 타당하지 않다는 것, ④ 선택적 복지제도 도입 경과와 현재의 운용 실태에 비추어도 복지포인트의 임금성을 부정할 수 없다는 것, ⑤ 복지포인트를 임금으로 인정하더라도 근기법상 임금 관련 체계나 임금 지급 원칙에 반하지 않고, 사용자의 형사처벌과 관련하여 부당한 결과가 생긴다거나, 근기법 적용에 중대한 흠결이 발생한다고 단정할 수도 없다는 것, ⑥ 복지포인트의 임금성 및 통상임금성을 인정하는 것은 임금체계의 개선과 노동현장의 법적 안정성이라는 거시적이고 미래지향적인 관점에서 보더라도 바람직하다는 것이었다.

115) 대법원 2020. 4. 9. 선고 2015다44069 판결.
116) 대법원 2020. 4. 9. 선고 2015다20780 판결.
117) 상동.

통상임금에 해당하지 않는다.[118]

* **근로자가 재직 중일 것을 지급요건으로 하는 임금** : 지급일 당시 근로자가 재직 중일 것을 지급요건으로 하는 임금은 고정성을 결여한 임금으로서 통상임금에 포함되지 않는다.[119]

* **근로자가 재직 중인 경우에만 지급하는 성과급** : 지급일 현재 재직 중인 근로자에게만 지급하기로 정해져 있는 '기본연봉의 6/18'(기본연봉 중 12회의 월급여를 제외하고 1월, 6월, 7월, 12월 및 설날, 추석 등 6회에 걸쳐 지급되는 부분을 지칭한다)과 '성과급'은 고정성을 갖추지 못하여 통상임금에 해당하지 않는다.[120]

* **근로자가 재직 중인 경우에만 지급하는 귀성여비, 휴가비, 개인연금보험료, 직장단체보험료 등** : 근로자가 소정근로를 하였는지 여부와 관계없이 지급일 그 밖의 특정 시점에 재직 중인 근로자에게만 지급하도록 정해져 있는 임금은 소정근로의 대가로서의 성질을 갖지 못할 뿐만 아니라 고정적인 임금이라고 할 수 없다.[121]

* **고정시간외수당** : 연장·야간근로시간을 산정하지 않은 채 월급제 근로자에게 기본급 20% 상당액을 시간외수당으로 지급하였더라도 이 수당을 월급제 근로자의 소정근로시간에 통상적으로 제공하기로 정한 근로의 대가로 볼 만한 근거가 없고, 시급제 근로자들은 이 수당과 별도로 연장·야간근로수당을 지급받은 경우 월급제 근로자들에게 지급한 고정시간외수당은 소정근로에 대한 대가로 지급된 것이라 보기 어렵다.[122]

■ **통상임금에 해당한다고 본 경우**

* **교통비와 운전자보험금** : 임의의 날에 소정근로를 제공하기만 하면 그에 대하여 일정액을 지급받을 것이 확정되어 있는 경우 고정적인 임금으로서 통상임금에 해당한다.[123]

* **소정 지급기준의 근속기간이 미달하여 상여금 지급이 제한되는 경우** : 근속기간이 얼마인지는 이미 확정된 기왕의 사실이므로, 이 때문에 상여금의 고정성이

---

118) 대법원 2019. 5. 16. 선고 2016다212166 판결, 대법원 2020. 1. 16. 선고 2019다223129 판결.
119) 대법원 2017. 9. 21. 선고 2016다15150 판결, 대법원 2017. 9. 26. 선고 2017다232020 판결, 대법원 2017. 9. 26. 선고 2016다238120 판결, 대법원 2019. 2. 28. 선고 2015다200555 판결.
120) 대법원 2018. 10. 25. 선고 2016다237653 판결.
121) 대법원 2014. 2. 13. 선고 2011다86287 판결, 대법원 2014. 5. 29. 선고 2012다115786 판결, 대법원 2015. 11. 27. 선고 2012다10980 판결.
122) 대법원 2021. 11. 11. 선고 2020다224739 판결.
123) 대법원 2020. 4. 9. 선고 2015다44069 판결.

부정되지 않고, 상여금 지급일 이전에 중도퇴직하는 근로자에게 월별로 계산하여 상여금을 지급하도록 규정하고 있는 경우 이것이 상여금 지급 대상에서 중도퇴직자를 제외한 것으로 볼 수는 없고, 기본급 등과 마찬가지로 비록 근로자가 상여금 지급 대상 기간 중에 퇴직하더라도 퇴직 이후 기간에 대하여는 상여금을 지급할 수 없지만 재직기간에 비례하여 상여금을 지급하겠다는 취지로 이해할 수 있으므로, 이 사건 상여금은 그 지급 여부 및 지급액이 근로자의 실제 근무성적 등에 따라 좌우되는 것이라 할 수 없고, 오히려 그 금액이 확정된 것이어서 정기적·일률적으로 지급되는 고정적인 임금에 해당한다.[124]

- **재직조건이 규정되지 않은 상여금** : 재직조건 등이 규정되어 있지 않고, 회사가 실제 근무성적과는 상관없이 원칙적으로 근로자 전원에게 해당 상여금을 지급한 경우 그 상여금은 정기적, 일률적으로 지급되는 고정적인 임금으로서 통상임금에 해당한다.[125]
- **실제 경비로 사용되는지를 불문하고 근로를 제공한 모든 근로자들에게 경비 명복으로 지급한 일비** : 노사협의에 따라 실제 경비로 사용되는지를 불문하고 근로를 제공한 소속 운전직 근로자 모두에게 담뱃값, 장갑대, 음료수대, 청소비, 기타 승무 시 소요되는 경비 명목으로 지급한 일비는 통상임금에 해당한다.[126]
- **소정근로를 제공하기만 하면 지급이 확정되는 근속수당과 생산장려수당 등** : 근속수당과 생산장려수당이 소정근로를 제공하기만 하면 그 지급이 확정되는 경우, 정기적·일률적으로 지급되는 고정적인 임금인 통상임금에 해당한다.[127]
- **근속기간에 연동하는 임금** : 근속기간은 근로자가 임의의 날에 연장·야간·휴일 근로를 제공하는 시점에서는 성취 여부가 불확실한 조건이 아니라 근속기간이 얼마인지가 확정되어 있는 기왕의 사실이므로, 일정 근속기간에 이른 근로자는 임의의 날에 근로를 제공하면 다른 추가적인 조건의 성취 여부와 관계없이 근속기간에 연동하는 임금을 확정적으로 지급받을 수 있어 고정성이 인정되므로, 임금의 지급 여부나 지급액이 근속기간에 연동한다는 사정은

124) 대법원 2019. 7. 4. 선고 2014다41681 판결.
125) 대법원 2019. 5. 10. 선고 2015다56383 판결.
126) 대법원 2019. 4. 23. 선고 2014다27807 판결.
127) 대법원 2015. 6. 24. 선고 2012다118655 판결, 대법원 2018. 9. 28. 선고 2016다212869, 212876, 212883, 212890 판결.

그 임금이 통상임금에 속한다고 보는 데 장애가 되지 않는다.[128]

• 근무일수에 비례하는 임금 : 근로자가 특정 시점 전에 퇴직하더라도 그 근무일수에 비례한 만큼의 임금이 지급되는 경우에는 매 근무일마다 지급되는 임금과 실질적인 차이가 없으므로, 근무일수에 비례하여 지급되는 한도에서는 고정성이 부정되지 않는다.[129]

• 근무실적에 따라 변동이 되더라도 최소한도의 지급이 확정된 임금 : 근무실적에 관하여 최하 등급을 받더라도 일정액을 지급하는 경우와 같이 최소한도의 지급이 확정되어 있다면, 그 최소한도의 임금은 고정적 임금이라고 할 수 있다.[130]

• 모든 근로자에게 획일적으로 지급하면서, 특정 조건을 충족한 근로자에게는 일정금액을 추가적으로 지급하는 가족수당 : 모든 근로자에게 기본금액을 가족수당 명목으로 지급하면서 실제 부양가족이 있는 근로자에게는 일정금액을 추가적으로 지급하는 경우 그 기본금액은 소정근로에 대한 대가라고 할 수 있어, 이 역시 통상임금에 속한다고 보아야 한다.[131]

• 근로자의 전년도 근무실적에 따라 해당 연도에 특정 임금의 지급 여부나 지급액을 정하는 경우 : 근로자의 전년도 근무실적에 따라 해당 연도에 특정 임금의 지급 여부나 지급액을 정하는 경우 해당 연도에는 그 임금의 지급 여부나 지급액이 확정적이므로, 해당 연도에 있어 그 임금은 고정적인 임금에 해당하는 것으로 보아야 한다.[132]

• 근속기간에 따라 지급여부와 지급액이 달라지기는 하지만 소정근로를 제공하기만 하면 지급되는 정기상여금 : 근속기간에 따라 지급 여부와 지급액이 달라지기는 하나, 일정 근속기간에 이른 근로자에 대해서는 일정액의 상여금이 확정적으로 지급되는 경우, 소정근로를 제공하기만 하면 그 지급이 확정된 것이라고 볼 수 있어 정기적·일률적으로 지급되는 고정적인 임금인 통상임금에 해당한다.[133]

---

128) 대법원 2018. 7. 12. 선고 2013다60807 판결.
129) 대법원 2014. 8. 28. 선고 2013다74363 판결, 대법원 2017. 9. 26. 선고 2016다38306 판결, 대법원 2022. 4. 28. 선고 2019다238053 판결.
130) 대법원 2016. 2. 18. 선고 2012다62899 판결, 대법원 2017. 9. 26. 선고 2016다38306 판결.
131) 대법원 2015. 11. 27. 선고 2012다10980 판결.
132) 대법원 2015. 11. 26. 선고 2013다69705 판결. 단, 보통 전년도에 지급할 것을 그 지급 시기만 늦춘 것에 불과하다고 볼 만한 특별한 사정이 있는 경우에는 고정성을 인정할 수 없다.
133) 대법원 2014. 5. 29. 선고 2012다116871 판결.

- **업적연봉** : 사무직 근로자들이 노동조합에 가입되어 있지 않은 상태에서 사무
  직 근로자들의 개별적 동의를 받는 방식으로 진행된 연봉제 도입에 따라 지
  급된 업적연봉을 통상임금에서 제외하는 노사합의가 존재한다거나 업적연봉
  을 통상임금에서 제외하는 노사관행이나 묵시적 합의가 존재하지도 않는 경
  우, 업적연봉을 통상임금에 포함시켜 법정수당 지급을 청구하는 근로자들의
  청구는 신의칙에 반한다고 볼 수 없다.[134]
- **임금인상 소급분** : 회사와 노동조합간의 단체협약에 의하여 기본급 인상이 결
  정된 후 인상된 기본급을 소급하여 적용함으로써 발생하는 임금인상 소급분
  은 소정근로시간을 초과한 근로나 통상 근로 이상의 근로에 대하여 또는 소
  정근로와 무관하게 지급된 것이 아니라 소정근로의 가치를 평가하여 그 대가
  로 지급된 것으로서 통상임금에 해당한다.[135]
- **심야조 근무자에게 지급된 야간교대수당** : 4조 3교대에 속한 근로자 중 해당 월
  에 심야조 근무를 한 근로자들에게 단체협약에 따라 지급한 야간교대수당은
  심야조 근무에 대한 대가로 지급된 것으로서 소정근로의 대가인 통상임금에
  해당한다.[136]

### ⑤ 통상임금 재산정과 신의칙

민법 제2조 제1항은 신의성실의 원칙(이하 '신의칙'이라 한다)에 관하여 "권리의
행사와 의무의 이행은 신의에 좇아 성실히 하여야 한다."라고 규정하고 있다. 신
의칙은 법률관계의 당사자가 상대방의 이익을 배려하여 형평에 어긋나거나 신의
를 저버리는 내용 또는 방법으로 권리를 행사하거나 의무를 이행해서는 안 된다
는 추상적 규범으로서 법질서 전체를 관통하는 일반 원칙으로 작용하고 있다. 신
의칙에 반한다는 이유로 권리의 행사를 부정하기 위해서는 상대방에게 신뢰를 제
공하였다거나 객관적으로 보아 상대방이 신뢰를 하는 데 정당한 상태에 있어야
하고, 이러한 상대방의 신뢰에 반하여 권리를 행사하는 것이 정의관념에 비추어
용인될 수 없는 정도의 상태에 이르러야 한다.[137]

노사합의에서 정기상여금은 그 자체로 통상임금에 해당하지 않는다는 전제에

---

134) 대법원 2021. 6. 10. 선고 2017다52712 판결, 대법원 2021. 6. 10. 선고 2017다49297 판결.
135) 대법원 2021. 8. 19. 선고 2017다56226 판결, 대법원 2021. 9. 9. 선고 2021다219260 판결.
136) 대법원 2021. 9. 30. 선고 2019다288898 판결.
137) 대법원 2003. 4. 22. 선고 2003다2390, 2406 판결, 대법원 2021. 6. 10. 선고 2017다52712 판결 등.

서 정기상여금을 통상임금 산정 기준에서 제외하기로 합의하고 이를 기초로 임금 수준을 정한 경우, 근로자 측이 정기상여금을 통상임금에 가산하고 이를 토대로 추가적인 법정수당의 지급을 구함으로써 사용자에게 예측하지 못한 새로운 재정적 부담을 지워 중대한 경영상의 어려움을 초래하거나 기업의 존립을 위태롭게 하는 것은 정의와 형평 관념에 비추어 신의에 현저히 반할 수 있다.[138]

다만 근로관계를 규율하는 강행규정보다 신의칙을 우선하여 적용할 것인지를 판단할 때에는 근로조건의 최저기준을 정하여 근로자의 기본적 생활을 보장·향상시키고자 하는 근기법 등의 입법 취지를 충분히 고려할 필요가 있다. 기업을 경영하는 주체는 사용자이고 기업의 경영상황은 기업 내·외부의 여러 경제적·사회적 사정에 따라 수시로 변할 수 있다. 통상임금 재산정에 따른 근로자의 추가 법정수당 청구를 중대한 경영상의 어려움을 초래하거나 기업 존립을 위태롭게 한다는 이유로 배척한다면, 기업경영에 따른 위험을 사실상 근로자에게 전가하는 결과가 초래될 수 있다. 따라서 근로자의 추가 법정수당 청구가 사용자에게 중대한 경영상의 어려움을 초래하거나 기업의 존립을 위태롭게 하여 신의칙에 위배되는지는 신중하고 엄격하게 판단해야 한다.[139]

통상임금 재산정에 따른 근로자의 추가 법정수당 청구가 기업에 중대한 경영상의 어려움을 초래하거나 기업 존립을 위태롭게 하는지는 추가 법정수당의 규모, 추가 법정수당 지급으로 인한 실질임금 인상률, 통상임금 상승률, 기업의 당기순이익과 그 변동추이, 동원 가능한 자금의 규모, 인건비 총액, 매출액, 기업의 계속성·수익성, 기업이 속한 산업계의 전체적인 동향 등 기업운영을 둘러싼 여러 사정을 종합적으로 고려해서 판단해야 한다. 기업이 일시적으로 경영상의 어려움에 처하더라도 사용자가 합리적이고 객관적으로 경영 예측을 하였다면 그러한 경영 상태의 악화를 충분히 예견할 수 있었고 향후 경영상의 어려움을 극복할 가능성이 있는 경우에는 신의칙을 들어 근로자의 추가 법정수당 청구를 쉽게 배척해서는 안 된다.[140]

---

138) 대법원 2013. 12. 18. 선고 2012다89399 전원합의체 판결.

139) 대법원 2019. 2. 14. 선고 2015다217287 판결.

140) 대법원 2021. 12. 16. 선고 2016다10544 판결(피고회사(현대미포조선)의 근로자인 원고들이 피고를 상대로 상여금 등을 통상임금에 포함하여 재산정한 법정수당 등의 차액 지급을 구한 사안임. 원심은 원고들의 청구가 신의칙에 위배되어 허용될 수 없다고 판단함), 대법원 2021. 12. 16. 선고 2016다7975 판결(피고회사(현대중공업)의 근로자인 원고들이 명절상여금 등 상여금을 통상임금에 포함하여 재산정한 법정수당 차액 지급을 구한 사안임. 원심은 명절상여금의 통상임

## 4) 평균임금 산정방법

### ① 평균임금 산정원칙

평균임금은 근로자의 통상의 생활임금을 사실대로 산정하는 것을 그 기본원리로 하는 것으로서 근로자의 통상의 생활임금을 사실대로 반영하는 방법으로 그 평균임금을 산정하여야 한다.[141]

평균임금 산정기간 중에 다음 중 어느 하나에 해당하는 기간이 있는 경우에는 그 기간과 그 기간 중에 지급된 임금은 평균임금 산정기준이 되는 기간과 임금의 총액에서 각각 뺀다(근기법 시행령 제2조 제1항).

1. 근로계약을 체결하고 수습 중에 있는 근로자가 수습을 시작한 날부터 3개월 이내의 기간
2. 법 제46조에 따른 사용자의 귀책사유로 휴업한 기간
3. 법 제74조에 따른 출산전후휴가 기간
4. 법 제78조에 따라 업무상 부상 또는 질병으로 요양하기 위하여 휴업한 기간
5. 「남녀고용평등과 일·가정 양립 지원에 관한 법률」 제19조에 따른 육아휴직 기간
6. 「노동조합 및 노동관계조정법」 제2조 제6호에 따른 쟁의행위기간
7. 「병역법」, 「예비군법」 또는 「민방위기본법」에 따른 의무를 이행하기 위하여 휴직하거나 근로하지 못한 기간. 다만, 그 기간 중 임금을 지급받은 경우에는 그러하지 아니하다.
8. 업무 외 부상이나 질병, 그 밖의 사유로 사용자의 승인을 받아 휴업한 기간

위와 같이 일정한 기간 중에 지급된 임금은 평균임금 산정기준이 되는 기간과 임금의 총액에서 각각 빼도록 한 이유는 근로자의 정당한 권리행사 또는 근로자에게 책임을 돌리기에 적절하지 않은 사유로 근로자가 평균임금 산정에서 불이익

---

금성을 부정하면서 원고들의 청구가 신의칙에 위배되어 허용될 수 없다고 보아 청구를 기각함).
141) 대법원 1999. 11. 12. 선고 98다49357 판결. 이 판결에서 법원은 근로자가 구속되어 3개월 이상 휴직하였다가 퇴직함으로써 퇴직 전 3개월간 지급된 임금을 기초로 산정한 평균임금이 통상의 경우보다 현저하게 적은 경우, 휴직 전 3개월간의 임금을 기준으로 평균임금을 산정하여야 한다고 보았다.

을 입지 않도록 특별히 배려한 것이라고 할 수 있다.[142] 그러므로 예를 들어 근기법 시행령 제2조 제1항 제6호의 '쟁의행위 기간'이란 헌법과 노동조합 및 노동관계조정법에 의하여 보장되는 적법한 쟁의행위로서의 주체, 목적, 절차, 수단과 방법에 관한 요건을 충족한 쟁의행위 기간만을 의미한다고 본다.[143] 위법한 쟁의행위 기간까지 제한 없이 제6호에 포함되는 것으로 해석하게 되면, 결과적으로 제6호의 적용 범위 또는 한계를 가늠할 수 없게 되어 평균임금 산정 방법에 관한 원칙 자체가 무의미하게 되는 상황에 이르게 되는바, 이는 평균임금 산정에 관한 원칙과 근로자 이익 보호 정신을 조화시키려는 구 근기법 시행령 제2조 제1항의 취지 및 성격이나 근로자의 권리행사 보장이 필요하거나 근로자에게 책임을 돌리기에 적절하지 않은 경우만을 내용으로 삼고 있는 위 조항의 다른 기간들과 들어맞지 않기 때문이다.

　같은 의미에서, 판례는 "첫째, 근기법 시행령 제2조 제1항의 입법 취지와 목적을 감안하면, 사용자가 쟁의행위로 적법한 직장폐쇄를 한 결과 근로자에 대해 임금지급의무를 부담하지 않는 기간은 원칙적으로 같은 조항 제6호의 기간에 해당한다. 다만 이러한 직장폐쇄 기간이 근로자들의 위법한 쟁의행위 참가 기간과 겹치는 경우라면 근기법 시행령 제2조 제1항 제6호의 기간에 포함될 수 없다. 둘째, 위법한 직장폐쇄로 사용자가 여전히 임금지급의무를 부담하는 경우라면, 근로자의 이익을 보호하기 위해 그 기간을 평균임금 산정기간에서 제외할 필요성을 인정하기 어려우므로 근기법 시행령 제2조 제1항 제6호에 해당하는 기간이라고 할 수 없다. 이와 달리 직장폐쇄의 적법성, 이로 인한 사용자의 임금지급의무 존부 등을 고려하지 않은 채 일률적으로 사용자의 직장폐쇄 기간이 근기법 시행령 제2조 제1항 제6호에서 말하는 '노동조합 및 노동관계조정법 제2조 제6호에 따른 쟁의행위 기간'에 해당한다고 할 수 없다."고 한다.[144]

### ② 평균임금을 산정하기 어려운 경우

　평균임금의 계산에 산입되는 '그 사유가 발생한 날 이전 3월간에 그 근로자에 대하여 지급된 임금의 총액'이 특별한 사유로 인하여 통상의 경우보다 현저하게 적거나 많을 경우에는 이를 그대로 평균임금 산정의 기초로 삼을 수 없다. 따라서 퇴직금

---

142) 대법원 2009. 5. 28. 선고 2006다17287 판결.
143) 상동.
144) 대법원 2019. 6. 13. 선고 2015다65561 판결.

산정의 기초인 평균임금이 특별한 사유로 인하여 통상의 경우보다 현저하게 적거나 많을 경우에는 근기법 시행령 제4조에 의하여 고용노동부장관이 정하는 바에 따라 평균임금을 산정해야 하고, 이를 위해 평균임금산정 특례 고시가 만들어져 있다.

현행 근기법과 시행령 규정에 따라 평균임금을 산정할 수 없는 경우에는 고용노동부장관이 정하는 바에 따른다고 규정되어 있다. 이때, 평균임금을 산정할 수 없다는 것에는 문자 그대로 그 산정이 기술상 불가능한 경우에만 한정할 것이 아니라 근기법의 관계 규정으로 평균임금을 산정하는 것이 현저하게 부적당한 경우까지도 포함하는 것이라고 보아야 한다.[145]

### ③ 평균임금 산정 기준일 전의 평균임금이 통상임금보다 현저히 적은 경우 평균임금 산정방법

근로자가 자신의 귀책사유로 3개월 이상 무급휴직중 퇴직한 경우와 같이 평균임금 산정 기준일 전 3개월간 평균임금이 통상임금보다 현저히 적다면, 그 휴직 전 3개월간 임금을 기준으로 평균임금을 산정한다고 본 경우가 있다.[146]

그러나 역시 근로자가 자신의 귀책사유로 구속기소되어 직위해제 중 퇴직한 경우에는 근기법 제2조 제2항에 따라 통상임금으로 퇴직금을 산정한다고 본 경우가 있다.[147]

위 두 사례의 차이는 근기법 시행령 제2조 제1항에 따라 평균임금 산정기간 중 제외되는 기간의 해당성 여부에 있다. 즉, 첫 번째의 경우에는 근기법 시행령 제2조 제1항 제8호 "업무 외 부상이나 질병, 그 밖의 사유로 사용자의 승인을 받아 휴업한 기간"에 해당되어 휴직 전 3개월간 임금이 평균임금 산정의 기준이 된 것이고, 두 번째의 경우에는 근기법 제2조 제1항 각 호에 규정하는 바가 없기 때문에 통상임금이 평균임금 산정의 기준이 된 것이다. 다만, 두 번째 방식은 급여가 실적급으로만 이루어지는 경우 통상임금을 산정할 수 없다는 문제가 있다.

### ④ 평균임금 산정기간에 근로자에게 특별히 유리한 기간이 포함된 경우

근로자가 의도적으로 현저하게 평균임금을 높이기 위한 행위를 함으로써 근기법에 의하여 그 평균임금을 산정하는 것이 부적당한 경우에 해당하게 된 때에는 근로자가 그러한 의도적인 행위를 하지 않았더라면 산정될 수 있는 평균임금 상

---

145) 대법원 1999. 11. 12. 선고 98다49357 판결.
146) 대법원 1999. 11. 12. 선고 98다49357 판결.
147) 대법원 1994. 4. 12. 선고 92다20309 판결.

당액을 기준으로 하여 퇴직금을 산정하여야 할 것이고, 이러한 경우 평균임금은 특별한 사정이 없는 한 근로자가 의도적으로 평균임금을 높이기 위한 행위를 하기 직전 3개월 동안의 임금을 기준으로 하여 근기법 등이 정하는 방식에 따라 산정한 금액 상당이 된다.[148)]

그러나 이러한 산정방식은 어디까지나 근로자의 의도적인 행위로 인하여 현저하게 높아진 임금항목에 한하여 적용되어야 할 것이므로, 근로자에게 지급된 임금이 여러 항목으로 구성되어 있고 그러한 임금항목들 가운데 근로자의 의도적인 행위로 현저하게 많이 지급된 것과 그와 관계없이 지급된 임금항목이 혼재되어 있다면, 그 중 근로자의 의도적인 행위로 현저하게 많이 지급된 임금 항목에 대해서는 그러한 의도적인 행위를 하기 직전 3개월 동안의 임금을 기준으로 하여 근기법이 정하는 방식에 따라 평균임금을 산정하여야 할 것이지만, 그와 무관한 임금항목에 대해서는 근기법에 정한 원칙적인 산정방식에 따라 퇴직 이전 3개월 동안의 임금을 기준으로 평균임금을 산정하여야 할 것이고, 나아가 근로자의 의도적인 행위로 현저하게 많이 지급된 임금항목에 대하여 위와 같이 그러한 의도적인 행위를 하기 직전 3개월 동안의 임금을 기준으로 하더라도, 만약 근로자가 이처럼 퇴직 직전까지 의도적인 행위를 한 기간 동안에 동일한 임금항목에 관하여 근로자가 소속한 사업 또는 사업장에서 동일한 직종의 근로자에게 지급된 임금수준이 변동되었다고 인정할 수 있는 경우에는 적어도 그러한 임금항목의 평균적인 변동수준 정도는 근로자의 의도적인 행위와 무관하게 이루어진 것으로 봄이 상당하므로 특별한 사정이 없는 한 이를 평균임금의 산정에 반영하는 것이 근로자의 퇴직 당시 통상의 생활임금을 사실대로 반영할 수 있는 보다 합리적이고 타당한 방법이 될 것이다.[149)]

⑤ **월의 중도에 퇴직하더라도 당해 월의 보수 전액을 지급한다는 규정이 있는 경우**
월의 중도에 퇴직하였지만 사내규정 등에 따라 그 달 임금 전액을 지급받은 경우 퇴직금 산정을 위한 평균임금이 문제된다. 대법원 전원합의체 판결은 퇴직일까지의 근로에 대한 임금 부분만 평균임금 계산에 포함시켜야 하는 것으로 본다.[150)]

---

148) 대법원 2009. 10. 15. 선고 2007다72519 판결.
149) 대법원 2009. 10. 15. 선고 2007다72519 판결.
150) 대법원 1999. 5. 12. 선고 97다5015 전원합의체 판결. 이 판결과 다른 입장을 취했던 대법원

#### ⑥ 근로소득세 등을 회사가 대납하기로 하는 약정이 있는 경우

근로자가 근무하면서 급여로 매월 일정액을 지급받되 그에 대하여 부과되는 근로소득세 등을 회사가 대납하기로 하는 근로계약을 체결한 경우, 회사가 대납하기로 한 근로소득세 등 상당액은 평균임금 산정의 기초가 되는 임금총액에 포함되어야 한다.[151]

### 2. 임금채권양도와 임금 직접지급 원칙

| 근기법 | 벌칙 |
|---|---|
| 제43조(임금 지급) ① 임금은 통화(通貨)로 직접 근로자에게 그 전액을 지급하여야 한다. 다만, 법령 또는 단체협약에 특별한 규정이 있는 경우에는 임금의 일부를 공제하거나 통화 이외의 것으로 지급할 수 있다.<br>② 임금은 매월 1회 이상 일정한 날짜를 정하여 지급하여야 한다. 다만, 임시로 지급하는 임금, 수당, 그 밖에 이에 준하는 것 또는 대통령령으로 정하는 임금에 대하여는 그러하지 아니하다 | 3년 이하의 징역 또는 3천만원 이하의 벌금 |

| 근기법 시행령 |
|---|
| 제23조(매월 1회 이상 지급하여야 할 임금의 예외) 법 제43조제2항 단서에서 "임시로 지급하는 임금, 수당, 그 밖에 이에 준하는 것 또는 대통령령으로 정하는 임금"이란 다음 각 호의 것을 말한다.<br>1. 1개월을 초과하는 기간의 출근 성적에 따라 지급하는 정근수당<br>2. 1개월을 초과하는 일정 기간을 계속하여 근무한 경우에 지급되는 근속수당<br>3. 1개월을 초과하는 기간에 걸친 사유에 따라 산정되는 장려금, 능률수당 또는 상여금<br>4. 그 밖에 부정기적으로 지급되는 모든 수당 |

임금은 법령 또는 단체협약에 특별한 규정이 있는 경우를 제외하고는 통화로 직접 근로자에게 그 전액을 지급하여야 한다(근기법 제43조 제1항). 따라서 사용자가 근로자의 임금 지급에 갈음하여 사용자가 제3자에 대하여 가지는 채권을 근로자에게 양도하기로 하는 약정은 그 전부가 무효임이 원칙이다. 다만 당사자 쌍방이 위와 같은 무효를 알았더라면 임금의 지급에 갈음하는 것이 아니라 그 지급을 위하여 채권을 양도하는 것을 의욕하였으리라고 인정될 때에는 무효행위 전환의 법리(민법 제138조)에 따라 그 채권양도 약정은 임금의 지급을 위하여 한 것으로서 효력을 가질 수 있다.[152]

---

1993. 5. 27. 선고 92다24509 판결을 변경하였다.
151) 대법원 2021. 6. 24. 선고 2016다200200 판결.
152) 대법원 2012. 3. 29. 선고 2011다101308 판결. 이 판결에서 법원은 甲이 乙 주식회사와 퇴사 당시 지급받지 못한 임금 및 퇴직금의 지급에 갈음하여 乙 회사의 제3자에 대한 채권을 양도받

한편, 근로자는 임금 및 퇴직금채권을 타인에게 양도할 수는 있지만, 양도한 경우에도 양수인은 사용자에게 퇴직급 지급을 직접 청구할 수는 없다. 근기법이 임금직접지급원칙을 규정하는 한편, 그에 위반하는 자는 처벌하는 규정을 두어 그 이행을 강제하는 취지는 임금이 확실하게 근로자 본인의 수중에 들어가게 하여 그의 자유로운 처분에 맡기고 나아가 근로자의 생활을 보호하고자 하는데 있는 것이므로, 근로자가 그 임금채권을 양도한 경우라 할지라도 그 임금의 지급에 관하여는 같은 원칙이 적용되어 사용자는 직접 근로자에게 임금을 지급해야 하는 것이고 그 결과 비록 양수인이라고 할지라도 스스로 사용자에 대하여 임금의 지급을 청구할 수는 없다.[153] 이 법리는 근로자로부터 임금채권을 양도받았거나 그의 추심을 위임받은 자가 사용자의 집행 재산에 대하여 배당을 요구하는 경우에도 그대로 적용된다.[154]

## 3. 임금채권우선변제

| | |
|---|---|
| 근로<br>기준법 | 제38조(임금채권의 우선변제) ① 임금, 재해보상금, 그 밖에 근로 관계로 인한 채권은 사용자의 총재산에 대하여 질권(質權)·저당권 또는 「동산·채권 등의 담보에 관한 법률」에 따른 담보권에 따라 담보된 채권 외에는 조세·공과금 및 다른 채권에 우선하여 변제되어야 한다. 다만, 질권·저당권 또는 「동산·채권 등의 담보에 관한 법률」에 따른 담보권에 우선하는 조세·공과금에 대하여는 그러하지 아니하다.<br>② 제1항에도 불구하고 다음 각 호의 어느 하나에 해당하는 채권은 사용자의 총재산에 대하여 질권·저당권 또는 「동산·채권 등의 담보에 관한 법률」에 따른 담보권에 따라 담보된 채권, 조세·공과금 및 다른 채권에 우선하여 변제되어야 한다.<br>1. 최종 3개월분의 임금<br>2. 재해보상금 |
| 근로자 | 제12조(퇴직급여등의 우선변제) ① 사용자에게 지급의무가 있는 퇴직금, 제15조에 따른 확정급여형퇴직연금제도의 급여, 제20조제3항에 따른 확정기여형퇴직연금 |

---

기로 합의한 다음 양도받은 채권 일부를 추심하여 미수령 임금 및 퇴직금 일부에 충당하였는데, 그 후 다시 乙 회사를 상대로 미수령 임금 및 퇴직금 중 아직 변제받지 못한 부분의 지급을 구한 사안에서, 위 채권양도 합의가 전부 무효라면 당연히, 그리고 무효행위 전환의 법리에 따라 임금 및 퇴직금의 지급을 위한 것으로 보는 경우에는 그 법리에 따라, 甲은 원래의 미수령 임금 및 퇴직금 중 아직 변제받지 못한 부분의 지급을 乙 회사에 청구할 수 있다고 보아야 하는데도, 위 채권양도 합의가 유효하다고 단정한 나머지 甲의 乙 회사에 대한 임금 및 퇴직금청구 채권이 소멸되었다고 본 원심판결에 임금 직접 지급의 원칙에 관한 법리오해의 위법이 있다고 하였다.

153) 대법원 1988. 12. 13. 선고 87다카2803 전원합의체 판결. 다만, 이 판결의 소수의견에서는 "근로자의 임금채권이 자유롭게 양도할 수 있는 성질의 것이라면 그 임금채권의 양도에 의하여 임금채권의 채권자는 바로 근로자로부터 제3자로 변경되고 이때 그 임금채권은 사용자와 근로자와의 관계를 떠나서 사용자와 그 양수인과의 관계로 옮겨지게 됨으로써 양수인은 사용자에게 직접 그 지급을 구할 수 있다."고 보았다.

154) 대법원 1996. 3. 22. 선고 95다2630 판결.

| 퇴직급여<br>보장법 | 제도의 부담금 중 미납입 부담금 및 미납입 부담금에 대한 지연이자, 제25조제2항<br>제4호에 따른 개인형퇴직연금제도의 부담금 중 미납입 부담금 및 미납입 부담금<br>에 대한 지연이자(이하 "퇴직급여등"이라한다)는 사용자의 총재산에 대하여 질권<br>또는 저당권에 의하여 담보된 채권을 제외하고는 조세·공과금 및 다른 채권에 우<br>선하여 변제되어야 한다. 다만, 질권 또는 저당권에 우선하는 조세·공과금에 대<br>하여는 그러하지 아니하다.<br>② 제1항에도 불구하고 최종 3년간의 퇴직급여등은 사용자의 총재산에 대하여 질권<br>또는 저당권에 의하여 담보된 채권, 조세·공과금 및 다른 채권에 우선하여 변제<br>되어야 한다. |
|---|---|

## 1) 임금채권의 최우선변제

최종 3개월분의 임금, 재해보상금, 최종 3년 동안의 퇴직금은 사용자의 총재산
에 대하여 질권 또는 저당권 또는 동산·채권 등의 담보에 관한 법률에 따른 담보
권에 우선하는 조세·공과금, 질권 또는 저당권 또는 동산·채권 등의 담보에 관
한 법률에 따른 담보권에 따라 담보된 채권, 조세·공과금 및 다른 채권에 우선하
여 변제되어야 한다(근기법 제38조, 근로자퇴직급여보장법 제11조 제2항).

| 사용자의 총 재산에서 변제되는 임금채권과 다른 채권의 순위 ||
|---|---|
| 1순위 | 최종 3개월분의 임금, 재해보상금, 최종 3년 동안의 퇴직금(최우선변제) |
| 2순위 | 질권 또는 저당권 또는 「동산·채권 등의 담보에 관한 법률」에 따른 담보권에 우선<br>하는 조세·공과금 |
| 3순위 | 질권 또는 저당권 또는 「동산·채권 등의 담보에 관한 법률」에 따른 담보권에 따라<br>담보된 채권 |
| 4순위 | 임금 기타 근로관계로 인한 채권(우선변제) |
| 5순위 | 조세·공과금 |
| 6순위 | 기타 채권 |

## 2) 최우선변제의 대상이 되는 '최종 3개월분 임금'의 의미

우선변제의 특권의 보호를 받는 임금채권의 범위는, 당해 임금채권에 대한 근
로자의 배당요구 당시 근로자와 사용자와의 근로계약관계가 이미 종료되었다면
그 종료시부터 소급하여 3개월 사이에 지급사유가 발생한 임금 중 미지급분을 말
한다.[155] 즉, 사용자가 지급하지 못한 임금 중 최종 3개월분 임금이 아니라 최종
3개월 동안 지급되지 않은 임금을 의미한다.

---

155) 대법원 2008. 6. 26. 선고 2006다1930 판결.

### 3) 최우선변제권의 성립요건

근기법이 규정하고 있는 임금채권의 우선변제권 및 최우선변제권은 근로자의 최저생활을 보장하고자 하는 공익적 요청에서 일반 담보물권의 효력을 일부 제한하고 임금채권의 우선변제권을 규정한 것으로서 그 규정의 취지는 최종 3개월분의 임금 등에 관한 채권은 다른 채권과 동시에 사용자의 동일 재산으로부터 경합하여 변제받는 경우에 그 성립의 선후나 질권이나 저당권의 설정 여부에 관계없이 우선적으로 변제받을 수 있는 권리가 있을 뿐이므로, 근기법 등에 의하여 우선변제청구권을 갖는 임금채권자라고 하더라도 강제집행절차나 임의경매절차에서 배당요구의 종기까지 적법하게 배당요구를 하여야만 우선배당을 받을 수 있는 것이 원칙이다.156) 여기서 최종 3개월분의 임금은 배당요구 이전에 이미 근로관계가 종료된 근로자의 경우에는 근로관계 종료일부터 소급하여 3개월 사이에 지급사유가 발생한 임금 중 미지급분(대법원 1999. 4. 9. 선고 98다47412 판결, 대법원 2008. 6. 26. 선고 2006다1930 판결 등 참조), 배당요구 당시에도 근로관계가 종료되지 않은 근로자의 경우에는 배당요구 시점부터 소급하여 3개월 사이에 지급사유가 발생한 임금 중 미지급분을 말한다. 그리고 최종 3년간의 퇴직금도 이와 같이 보아야 하므로, 배당요구 종기일 이전에 퇴직금 지급사유가 발생하여야 한다.157)

### 4. 임금피크제(성과연급제)의 유효성

「고용상 연령차별금지 및 고령자고용촉진에 관한 법률」(이하, 고령자고용법) 제4조의4 제1항은 모집·채용 및 임금, 해고 등의 분야에서 합리적인 이유 없이 연령을 이유로 근로자 또는 근로자가 되려는 사람을 차별하는 것을 금지하고 있다. 다만, 직무의 성격에 비추어 특정 연령기준이 불가피하게 요구되는 경우, 근속기간의 차이를 고려하여 임금이나 임금 외의 금품과 복리후생에서 합리적인 차등을 두는 경우, 고령자고용법이나 다른 법률에 따라 근로계약, 취업규칙, 단체협약 등에서 정년을 설정하는 경우 등에는 연령차별이 아니라고 규정하고 있다(고령자고용법 제4조의5). 고령자고용법상 연령차별금지규정은 강행규정으로서, 단체협약,

---

156) 대법원 2015. 8. 19. 선고 2015다204762 판결.
157) 대법원 2015. 8. 19. 선고 2015다204762 판결.

취업규칙 또는 근로계약에서 이에 반하는 내용을 정한 조항은 무효이다.[158]

사업주가 근로자의 정년을 그대로 유지하면서 임금을 정년 전까지 일정기간 삭감하는 형태의 이른바 '임금피크제'를 시행하는 경우 고령자고용법이 금지하는 연령을 이유로 한 차별로서 합리적인 이유가 없어 그 조치가 무효인지 여부는 임금피크제 도입 목적의 타당성, 대상 근로자들이 입는 불이익의 정도, 임금 삭감에 대한 대상 조치의 도입 여부 및 그 적정성, 임금피크제로 감액된 재원이 임금피크제 도입의 본래 목적을 위하여 사용되었는지 등 여러 사정을 종합적으로 고려하여 판단하여야 한다.[159] 따라서 인건비 절감, 정리해고 등 탈법적인 목적으로 임금피크제를 도입하지 않는 이상, 근로자들의 집단적 의사결정방법에 의한 동의가 있는 임금피크제 규정은 유효하다.[160]

## 5. 도급사업에 대한 임금 지급

| 근기법 | 벌칙 |
| --- | --- |
| 제44조(도급 사업에 대한 임금 지급) ① 사업이 한 차례 이상의 도급에 따라 행하여지는 경우에 하수급인(下受給人)(도급이 한 차례에 걸쳐 행하여진 경우에는 수급인을 말한다)이 직상(直上) 수급인(도급이 한 차례에 걸쳐 행하여진 경우에는 도급인을 말한다)의 귀책사유로 근로자에게 임금을 지급하지 못한 경우에는 그 직상 수급인은 그 하수급인과 연대하여 책임을 진다. 다만, 직상 수급인의 귀책사유가 그 상위 수급인의 귀책사유에 의하여 발생한 경우에는 그 상위 수급인도 연대하여 책임을 진다.<br>② 제1항의 귀책사유 범위는 대통령령으로 정한다. | 3년 이하의 징역 또는 3천만원 이하의 벌금 |

---

158) 대법원 2022. 5. 26. 선고 2017다292343 판결.
159) 대법원 2022. 5. 26. 선고 2017다292343 판결. 이 사건 회사는 노동조합과의 합의로 근로자의 정년을 61세로 유지하면서 55세 이상 근로자의 임금을 감액하는 내용의 성과연급제(임금피크제)를 취업규칙으로 도입하여 시행하였고, 이에 대하여 감액된 임금을 지급받은 근로자인 원고가 성과연급제가 구 『고령자 연령차별금지 및 고령자고용촉진에 관한 법률』(고령자고용법)을 위반하여 무효라고 주장하면서 감액된 임금의 지급을 청구한 사건이다. 이 사건에서 대법원은 위와 같은 법리를 기초로 하여, 이 사건 성과연급제가 피고의 인건비 부담 완화 등 경영 제고를 목적으로 도입된 것으로 위와 같은 목적을 55세 이상 직원들만을 대상으로 한 임금 삭감 조치를 정당화할 만한 사유로 보기 어려운 점(목적 정당성이 인정되지 않는 점), 이 사건 성과연급제로 인하여 원고는 임금이 일시에 대폭 하락하는 불이익을 입었음에도 적정한 대상조치가 강구되지 않았고 이 사건 성과연급제를 전후하여 원고에게 부여된 목표 수준이나 업무의 내용에 차이가 있었다고 보기 어려운 점(임금 삭감에 대응하는 대상조치의 미흡) 등에 비추어, 이 사건 성과연급제가 합리적 이유 없는 연령을 이유로 한 차별에 해당하여 무효라고 판단하였다.
160) 대법원 2022. 5. 12. 선고 2021다263052 판결의 원심 대구고법 2021. 7. 21. 선고 2019나25043 판결.

| 근기법 시행령 |
| --- |
| 제24조(수급인의 귀책사유) 법 제44조제2항에 따른 귀책사유 범위는 다음 각 호와 같다.<br>1. 정당한 사유 없이 도급계약에서 정한 도급 금액 지급일에 도급 금액을 지급하지 아니한 경우<br>2. 정당한 사유 없이 도급계약에서 정한 원자재 공급을 늦게 하거나 공급을 하지 아니한 우<br>3. 정당한 사유 없이 도급계약의 조건을 이행하지 아니하여 하수급인이 도급사업을 정상적으로 수행하지 못한 경우 |

사업이 한 차례 이상의 도급에 따라 행하여지는 경우에 하수급인(下受給人)(도급이 한 차례에 걸쳐 행하여진 경우에는 수급인을 말한다)이 직상(直上) 수급인(도급이 한 차례에 걸쳐 행하여진 경우에는 도급인을 말한다)의 귀책사유로 근로자에게 임금을 지급하지 못한 경우에는 그 직상 수급인은 그 하수급인과 연대하여 책임을 진다. 다만, 직상 수급인의 귀책사유가 그 상위 수급인의 귀책사유에 의하여 발생한 경우에는 그 상위 수급인도 연대하여 책임을 진다(근기법 제44조).

## 6. 건설업에서의 임금 지급 연대책임

| 근기법 | 벌칙 |
| --- | --- |
| 제44조의2(건설업에서의 임금 지급 연대책임) ① 건설업에서 사업이 2차례 이상 「건설산업기본법」 제2조제11호에 따른 도급(이하 "공사도급"이라 한다)이 이루어진 경우에 같은 법 제2조제7호에 따른 건설사업자가 아닌 하수급인이 그가 사용한 근로자에게 임금(해당 건설공사에서 발생한 임금으로 한정한다)을 지급하지 못한 경우에는 그 직상 수급인은 하수급인과 연대하여 하수급인이 사용한 근로자의 임금을 지급할 책임을 진다.<br>② 제1항의 직상 수급인이 「건설산업기본법」 제2조제7호에 따른 건설사업자가 아닌 때에는 그 상위 수급인 중에서 최하위의 같은 호에 따른 건설사업자를 직상 수급인으로 본다. | 3년 이하의 징역 또는 3천만원 이하의 벌금 |
| 제44조의3(건설업의 공사도급에 있어서의 임금에 관한 특례) ① 공사도급이 이루어진 경우로서 다음 각 호의 어느 하나에 해당하는 때에는 직상 수급인은 하수급인에게 지급하여야 하는 하도급 대금 채무의 부담 범위에서 그 하수급인이 사용한 근로자가 청구하면 하수급인이 지급하여야 하는 임금(해당 건설공사에서 발생한 임금으로 한정한다)에 해당하는 금액을 근로자에게 직접 지급하여야 한다.<br>1. 직상 수급인이 하수급인을 대신하여 하수급인이 사용한 근로자에게 지급하여야 하는 임금을 직접 지급할 수 있다는 뜻과 그 지급방법 및 절차에 관하여 직상 수급인과 하수급인이 합의한 경우<br>2. 「민사집행법」 제56조제3호에 따른 확정된 지급명령, 하수급인의 근로 | |

| 근기법 | 벌칙 |
|---|---|
| 자에게 하수급인에 대하여 임금채권이 있음을 증명하는 같은 법 제56조제4호에 따른 집행증서,「소액사건심판법」제5조의7에 따라 확정된 이행권고결정, 그 밖에 이에 준하는 집행권원이 있는 경우<br>3. 하수급인이 그가 사용한 근로자에 대하여 지급하여야 할 임금채무가 있음을 직상 수급인에게 알려주고, 직상 수급인이 파산 등의 사유로 하수급인이 임금을 지급할 수 없는 명백한 사유가 있다고 인정하는 경우<br>② 「건설산업기본법」 제2조제10호에 따른 발주자의 수급인(이하 "원수급인"이라 한다)으로부터 공사도급이 2차례 이상 이루어진 경우로서 하수급인(도급받은 하수급인으로부터 재하도급 받은 하수급인을 포함한다. 이하 이 항에서 같다)이 사용한 근로자에게 그 하수급인에 대한 제1항제2호에 따른 집행권원이 있는 경우에는 근로자는 하수급인이 지급하여야 하는 임금(해당 건설공사에서 발생한 임금으로 한정한다)에 해당하는 금액을 원수급인에게 직접 지급할 것을 요구할 수 있다. 원수급인은 근로자가 자신에 대하여 「민법」 제404조에 따른 채권자대위권을 행사할 수 있는 금액의 범위에서 이에 따라야 한다.<br>③ 직상 수급인 또는 원수급인이 제1항 및 제2항에 따라 하수급인이 사용한 근로자에게 임금에 해당하는 금액을 지급한 경우에는 하수급인에 대한 하도급 대금 채무는 그 범위에서 소멸한 것으로 본다. | |

| 근기법 시행령 | |
|---|---|
| 제24조(수급인의 귀책사유) 법 제44조제2항에 따른 귀책사유 범위는 다음 각 호와 같다.<br>1. 정당한 사유 없이 도급계약에서 정한 도급 금액 지급일에 도급 금액을 지급하지 아니한 경우<br>2. 정당한 사유 없이 도급계약에서 정한 원자재 공급을 늦게 하거나 공급을 하지 아니한 우<br>3. 정당한 사유 없이 도급계약의 조건을 이행하지 아니하여 하수급인이 도급사업을 정상적으로 수행하지 못한 경우 | |

건설업에서 2차례 이상 도급이 이루어진 경우 건설산업기본법 제2조 제7호에 따른 건설업자가 아닌 하수급인이 그가 사용한 근로자에게 임금을 지급하지 못할 경우 그 하수급인의 직상 수급인은 하수급인과 연대하여 하수급인이 사용한 근로자의 임금을 지급할 책임을 진다(근기법 제44조의2 제1항). 따라서 건설업자가 아닌 하수급인이 그가 사용한 근로자에게 임금을 지급하지 못하였다면, 그 하수급인의 직상 수급인은 자신에게 귀책사유가 있는지 여부 또는 하수급인에게 대금을 지급하였는지 여부와 관계없이 하수급인과 연대하여 하수급인이 사용한 근로자의 임금을 지급할 책임을 부담한다.[161]

이는 직상 수급인이 건설업 등록이 되어 있지 않아 건설공사를 위한 자금력 등

---

161) 대법원 2019. 10. 31. 선고 2018도9012 판결 등 참조.

이 확인되지 않는 자에게 건설공사를 하도급 하는 위법행위를 함으로써 하수급인의 임금지급의무 불이행에 관한 추상적 위험을 야기한 잘못에 대하여 실제로 하수급인이 임금지급의무를 이행하지 않아 이러한 위험이 현실화되었을 때 그 책임을 묻는 취지로서, 건설 하도급 관계에서 발생하는 임금지급방식을 개선하여 건설근로자의 권리를 보장할 수 있도록 하는 데 그 입법취지를 두고 있다. 또한 근기법 제109조 제1항은 근기법 제44조의2를 위반하여 임금지급의무를 불이행한 직상 수급인에 대해 형사처벌을 하도록 정하고 있는바, 이와 같은 입법 취지, 규정 내용과 형식 등을 종합하여 보면 근기법 제44조의2는 개인의 의사에 의하여 그 적용을 배제할 수 없는 강행규정으로 봄이 타당하고 따라서 이를 배제하거나 잠탈하는 약정을 하였더라도 그 약정은 효력이 없다.162)

## V. 퇴직금

| 근로자퇴직급여 보장법 | 벌칙 |
|---|---|
| 제4조(퇴직급여제도의 설정) ① 사용자는 퇴직하는 근로자에게 급여를 지급하기 위하여 퇴직급여제도 중 하나 이상의 제도를 설정하여야 한다. 다만, 계속근로기간이 1년 미만인 근로자, 4주간을 평균하여 1주간의 소정근로시간이 15시간 미만인 근로자에 대하여는 그러하지 아니하다. | |
| ② 제1항에 따라 퇴직급여제도를 설정하는 경우에 하나의 사업에서 급여 및 부담금 산정방법의 적용 등에 관하여 차등을 두어서는 아니 된다. | 2년 이하의 징역 또는 1천만원 이하의 벌금 |
| ③ 사용자가 퇴직급여제도를 설정하거나 설정된 퇴직급여제도를 다른 종류의 퇴직급여제도로 변경하려는 경우에는 근로자의 과반수가 가입한 노동조합이 있는 경우에는 그 노동조합, 근로자의 과반수가 가입한 노동조합이 없는 경우에는 근로자 과반수(이하 "근로자대표"라 한다)의 동의를 받아야 한다. | 500만원 이하의 벌금 |
| ④ 사용자가 제3항에 따라 설정되거나 변경된 퇴직급여제도의 내용을 변경하려는 경우에는 근로자대표의 의견을 들어야 한다. 다만, 근로자에게 불리하게 변경하려는 경우에는 근로자대표의 동의를 받아야 한다. | |
| 제8조(퇴직금제도의 설정 등) ① 퇴직금제도를 설정하려는 사용자는 계속근로기간 1년에 대하여 30일분 이상의 평균임금을 퇴직금으로 퇴직 근로자에게 지급할 수 있는 제도를 설정하여야 한다.<br>② 제1항에도 불구하고 사용자는 주택구입 등 대통령령으로 정하는 사유 | |

---

162) 대법원 2021. 6. 10. 선고 2021다217370 판결.

로 근로자가 요구하는 경우에는 근로자가 퇴직하기 전에 해당 근로자의 계속근로기간에 대한 퇴직금을 미리 정산하여 지급할 수 있다. 이 경우 미리 정산하여 지급한 후의 퇴직금 산정을 위한 계속근로기간은 정산시점부터 새로 계산한다.

## 근로자퇴직급여 보장법 시행령

제3조(퇴직금의 중간정산 사유) ① 법 제8조제2항 전단에서 "주택구입 등 대통령령으로 정하는 사유"란 다음 각 호의 어느 하나에 해당하는 경우를 말한다.
1. 무주택자인 근로자가 본인 명의로 주택을 구입하는 경우
2. 무주택자인 근로자가 주거를 목적으로 「민법」 제303조에 따른 전세금 또는 「주택임대차보호법」 제3조의2에 따른 보증금을 부담하는 경우. 이 경우 근로자가 하나의 사업에 근로하는 동안 1회로 한정한다.
3. 근로자가 6개월 이상 요양을 필요로 하는 다음 각 목의 어느 하나에 해당하는 사람의 질병이나 부상에 대한 의료비를 해당 근로자가 본인 연간 임금총액의 1천분의 125를 초과하여 부담하는 경우
   가. 근로자 본인
   나. 근로자의 배우자
   다. 근로자 또는 그 배우자의 부양가족
4. 퇴직금 중간정산을 신청하는 날부터 거꾸로 계산하여 5년 이내에 근로자가 「채무자 회생 및 파산에 관한 법률」에 따라 파산선고를 받은 경우
5. 퇴직금 중간정산을 신청하는 날부터 거꾸로 계산하여 5년 이내에 근로자가 「채무자 회생 및 파산에 관한 법률」에 따라 개인회생절차개시 결정을 받은 경우
6. 사용자가 기존의 정년을 연장하거나 보장하는 조건으로 단체협약 및 취업규칙 등을 통하여 일정나이, 근속시점 또는 임금액을 기준으로 임금을 줄이는 제도를 시행하는 경우
6의2. 사용자가 근로자와의 합의에 따라 소정근로시간을 1일 1시간 또는 1주 5시간 이상 단축함으로써 단축된 소정근로시간에 따라 근로자가 3개월 이상 계속 근로하기로 한 경우
6의3. 법률 제15513호 근로기준법 일부개정법률의 시행에 따른 근로시간의 단축으로 근로자의 퇴직금이 감소되는 경우
7. 재난으로 피해를 입은 경우로서 고용노동부장관이 정하여 고시하는 사유에 해당하는 경우
② 사용자는 제1항 각 호의 사유에 따라 퇴직금을 미리 정산하여 지급한 경우 근로자가 퇴직한 후 5년이 되는 날까지 관련 증명 서류를 보존하여야 한다.

| 제9조(퇴직금의 지급) 사용자는 근로자가 퇴직한 경우에는 그 지급사유가 발생한 날부터 14일 이내에 퇴직금을 지급하여야 한다. 다만, 특별한 사정이 있는 경우에는 당사자 간의 합의에 따라 지급기일을 연장할 수 있다. | 3년 이하의 징역 또는 2천만원 이하의 벌금 |
|---|---|
| 제10조(퇴직금의 시효) 이 법에 따른 퇴직금을 받을 권리는 3년간 행사하지 아니하면 시효로 인하여 소멸한다. | |

※퇴직연금제도 수급권의 담보제공 및 퇴직금 중간정산의 사유와 요건, 담보 한도 등에 관한 고시 [고용노동부고시 제2020-139호, 2020. 12. 21., 일부개정]
Ⅰ. 퇴직연금제도 수급권의 담보제공 및 퇴직금 중간정산의 사유와 요건
1. 「근로자퇴직급여 보장법 시행령」(이하 "영"이라 한다) 제2조제1항제5호 전단의 규정에 따른 퇴직연금제도 수급권의 담보제공이 가능한 경우는 다음 각 목의 어느 하나에 해당하는 경우를 말한다.
가. 휴업 기간에 속하는 어느 달(이하 "기준달"이라 한다)의 월 임금(영 제16조의2제1호에 따른 자영업자는 매출액을 말한다. 이하 같다)이 휴업 기간 시작일이 속하는 달 직전 달의 월 임금 또는 직전 3개월의 월 평균 임금에 비하여 100분의 30 이상 감소한 경우

나. 기준달의 임금이 기준달이 속하는 연도 직전 연도의 월 평균 임금에 비하여 100분의 30 이상
  감소한 경우
2. 영 제2조제1항제5호 후단, 영 제3조제1항제7호의 규정에 따른 퇴직연금제도 수급권의 담보제공
  및 퇴직금 중간정산의 요건은 다음 각 목의 어느 하나에 해당하는 경우를 말한다.
가. 「재난 및 안전관리 기본법」제66조제1항 각 호의 재난이 발생한 지역의 주거시설이 유실·전
  파 또는 반파된 피해. 이 경우, 주거시설은 가입자, 배우자, 「소득세법」제50조제1항제3호에 따
  른 근로자(배우자를 포함한다)와 생계를 같이하는 부양가족이 거주하는 시설로 한정한다.
나. 「재난 및 안전관리 기본법」제66조제1항 각 호의 재난으로 인해 가입자의 배우자, 「소득세법」
  제50조제1항제3호에 따른 가입자(배우자를 포함한다)와 생계를 같이하는 부양가족이 실종된
  경우
다. 「재난 및 안전관리 기본법」제66조제1항 각 호의 재난으로 인해 가입자가 15일 이상의 입원
  치료가 필요한 피해를 입은 경우
II. 퇴직연금제도 수급권의 담보제공 한도(생략)
III. 확정기여형퇴직연금제도 중도인출의 요건 (생략)

## 1. 퇴직금 계산시 계속근로기간

### 1) 계속근로기간의 의미

퇴직금제도를 설정하려는 사용자는 계속근로기간 1년에 대하여 30일분 이상의
평균임금을 퇴직금으로 퇴직 근로자에게 지급할 수 있는 제도를 설정하여야 한
다. 이때 '계속근로기간'은 근로계약의 기간을 의미하는 것이 아니라, '근로관계
가 계속되었다고 볼 수 있는 기간'이다. 그래서 퇴직금을 산정할 때의 계속근로기
간은 "최초 입사일부터 최종 퇴직일까지의 근로기간"이고, 만약 중간정산이 이루
어졌다면 유효한 중간정산 후의 퇴직금은 중간정산 후 최종 퇴직일까지의 근로기
간이며, 전적 등으로 근로관계가 변경된 경우에는 근로관계의 승계 여부에 따라
계속근로기간이 산정된다.[163] 계속근로기간은 반드시 연속적인 근로기간만을 의
미하는 것은 아니다.[164]

근속기간 중에 직종 등 근로제공의 형태가 변경된 경우와 마찬가지로, 시용기
간 만료 후 본 근로계약을 체결하여 공백 기간 없이 계속 근무한 경우에도 시용기
간과 본 근로계약기간을 통산한 기간을 퇴직금 산정의 기초가 되는 계속근로기간
으로 보아야 한다.[165]

---

163) 대법원 2012. 10. 25. 선고 2012다41045 판결 참조.
164) 상동.
165) 대법원 2022. 2. 17. 선고 2021다218083 판결.

## 2) 계속근로기간의 단절

### ① 퇴직금 중간정산

퇴직금 중간정산은 근로자가 기왕의 계속근로기간 전부 또는 일부에 대하여 퇴직금의 중간정산을 요구하고 사용자가 그 요구기간에 대한 중간정산을 승낙함으로써 성립하는 것인데, 사용자는 근로자가 중간정산을 요구한 기간 중 일부 기간에 대하여만 일방적으로 중간정산을 실행함으로써 그 합의를 확정지을 수 없다. 그러나 사용자의 일부 기간에 대한 중간정산 실행이 민법 제534조에 의한 변경을 가한 승낙으로서 새로운 청약에 해당하고 근로자가 그 중간정산 퇴직금을 아무런 이의 없이 수령함으로써 이에 동의한 것으로 볼 수 있는 경우에는 그 중간정산이 실행된 일부 기간의 범위 내에서 중간정산이 성립된다.[166] 유효한 퇴직금 중간정산이 있는 경우 사용자와 근로자 사이에 별도의 정함이 없는 한 중간정산 전·후의 계속근로기간은 단절된다.[167]

### ② 퇴직 후 재입사

회사의 일방적 경영방침에 따라 중간퇴직처리를 하여 퇴직금을 수령하고 퇴직 및 재입사를 한 경우와 같은 경우에는 계속근로기간은 단절되지 않는다. 근로자가 자의에 의하여 사직서를 제출하고 퇴직금을 지급받았다면 계속근로의 단절에 동의한 것으로 볼 여지가 있지만, 이와 달리 회사의 경영방침에 따른 일방적 결정으로 퇴직 및 재입사의 형식을 거친 것이라면 퇴직금을 지급받았더라도 계속근로관계는 단절되지 않는 것이다.[168] 이러한 쟁점은 주로 일용직이나 기간제 등 비정규, 임시적 근로관계가 계약 갱신을 통해 1년 이상 지속된 경우, 임시직에서 정규직으로 고용형태가 바뀐 경우, 영업양도·합병·전적 등으로 인하여 근로관계의 단절 여부가 문제된 경우, 계열회사간 퇴사와 재입사 절차를 반복하며 옮겨

---

166) 대법원 2008. 2. 1. 선고 2006다20542 판결.
167) 대법원 2012. 10. 25. 선고 2012다41045 판결.
168) 대법원 2001. 11. 13. 선고 2000다18608 판결. 영업양도의 경우에는 특단의 사정이 없는 한 근로자들의 근로관계 역시 양수인에 의하여 계속적으로 승계되는 것으로, 영업양도시 퇴직금을 수령하였다는 사실만으로 전 회사와의 근로관계가 종료되고 인수한 회사와 새로운 근로관계가 시작되었다고 볼 것은 아니고 다만, 근로자가 자의에 의하여 사직서를 제출하고 퇴직금을 지급받았다면 계속근로의 단절에 동의한 것으로 볼 여지가 있지만, 이와 달리 회사의 경영방침에 따른 일방적 결정으로 퇴직 및 재입사의 형식을 거친 것이라면 퇴직금을 지급받았더라도 계속근로관계는 단절되지 않는다고 본 사례이다.

다닌 경우 등에 문제된다.

### ③ 전적

근로자를 그가 고용된 기업으로부터 별개의 기업체인 다른 기업으로 적을 옮겨 그 다른 기업의 업무에 종사하게 하는 전적(轉籍)은 원칙적으로 근로자의 동의를 얻어야 효력이 생기는 것이고, 이와 같은 전적은 종전 기업과의 근로관계를 합의 해지하고 이적하게 될 기업과 사이에 새로운 근로계약을 체결하는 것이므로, 유효한 전적이 이루어진 경우에는 당사자 사이에 종전기업과의 근로관계를 승계하기로 하는 특약이 있거나 이적하게 될 기업의 취업규칙 등에 종전 기업에서의 근속기간을 통산하도록 하는 규정이 있는 등의 특별한 사정이 없는 한 당해 근로자의 종전 기업과의 근로관계는 단절되고, 이적하게 될 기업이 당해 근로자의 종전 기업과의 근로관계를 승계하는 것은 아니다.169)

## 2. 퇴직금 분할 약정

### 1) 의미

퇴직금 분할 약정이란, 사용자와 근로자가 매월 지급하는 월급이나 매일 지급하는 일당과 함께 퇴직금으로 일정한 금원을 미리 지급하기로 하는 약정을 의미한다.

### 2) 관련 판례

원칙적으로 사용자와 근로자가 매월 지급하는 월급이나 매일 지급하는 일당과 함께 퇴직금으로 일정한 금원을 미리 지급하기로 약정(이하 '퇴직금 분할 약정'이라 한다)하였다면, 그 약정은 근로자퇴직급여보장법상 퇴직금 중간정산으로 인정되는 경우가 아닌 한 최종 퇴직 시 발생하는 퇴직금 청구권을 근로자가 사전에 포기하는 것으로서 강행법규에 위반하는 무효인 합의이다.170) 따라서, 퇴직금 분할

---

169) 대법원 2013. 12. 12. 선고 2012다105741 판결.
170) 대법원 2010. 5. 20. 선고 2007다90760 전원합의체 판결. 다만, 다음과 같은 반대의견이 있었다 : "임금이 초과 지급된 경우의 정산과 관련하여 예외적으로 상계가 허용되고 있는 주된 근거는 계산의 착오 등으로 발생하는 임금의 초과 지급인 데다가, 시기상, 절차상 일정한 제한을 가할 수 있어 근로자의 경제생활 안정을 해할 염려가 없다는 것이다. 그런데 퇴직금 지급으로서 효력을 인정할 수 없는 퇴직금 명목의 금전을 지급하여 그 금액 상당의 부당이득반환이 문제되

약정에 따라 사용자가 근로자에게 퇴직금 명목의 금원을 지급하였다 하더라도 퇴직금 지급으로서의 효력이 없다(퇴직금 분할 약정은 무효). 이때 지급된 퇴직금의 성격이 무엇인가에 대한 문제가 발생한다. 판례는, 근로관계의 계속 중에 퇴직금 분할 약정에 의하여 월급이나 일당과는 별도로 실질적으로 퇴직금을 미리 지급하기로 한 경우 이는 어디까지나 위 약정이 유효함을 전제로 한 것인바, 그것이 위와 같은 이유로 퇴직금 지급으로서의 효력이 없다면, 사용자는 본래 퇴직금 명목에 해당하는 금원을 지급할 의무가 있었던 것이 아니므로, 위 약정에 의하여 이미 지급한 퇴직금 명목의 금원은 근기법상 '근로의 대가로 지급하는 임금'에 해당한다고 할 수 없고(퇴직금 분할 약정에 따라 지급된 퇴직금은 임금이 아님), 사용자는 법률상 원인 없이 근로자에게 퇴직금 명목의 금원을 지급함으로써 위 금원 상당의 손해를 입은 반면 근로사는 같은 금액 상당의 이익을 얻은 셈이 되므로, 근로사는 수령한 퇴직금 명목의 금원을 부당이득으로 사용자에게 반환하여야 한다고 본다(퇴직금 분할 약정에 따라 지급된 퇴직금은 부당이득). 그런데 계산의 착오 등으로 임금을 초과 지급한 경우에, 근로자가 퇴직 후 그 재직 중 받지 못한 임금이나 퇴직금을 청구하거나, 근로자가 비록 재직 중에 임금을 청구하더라도 위 초과 지급한 시기와 상계권 행사의 시기가 임금의 정산, 조정의 실질을 잃지 않을 만큼 근접하여 있고 나아가 사용자가 상계의 금액과 방법을 미리 예고하는 등으로 근로자의 경제생활의 안정을 해할 염려가 없는 때에는, 사용자는 위 초과 지급한 임금의 반환청구권을 자동채권으로 하여 근로자의 임금채권이나 퇴직금채권과 상계할 수 있는 바, 이러한 법리는 사용자가 근로자에게 이미 퇴직금 명목의 금원을 지급하였으나 그것이 퇴직금 지급으로서의 효력이 없어 사용자가 같은 금원 상당의 부당이득반환채권을 갖게 된 경우에 이를 자동채권으로 하여 근로자의 퇴직금채권과 상계하는 때에도 적용된다(퇴직금 분할 약정에 따라 지급된 퇴직금은 부당이득으로

---

는 때에는 계산의 착오 등으로 임금이나 퇴직금을 초과 지급한 경우에 해당한다고 볼 수 없을 뿐만 아니라, 그 수액이 정당하게 지급해야 할 퇴직금 수액에 근접할 정도로 다액인 경우가 많아, 근로자의 경제생활 안정이 위협받을 가능성이 많다. 또한 퇴직금 명목의 금전을 부당이득이라고 인정하는 것과 관련하여 당사자 사이에 다툼이 있을 수밖에 없는데, 이러한 경우에도 상계를 허용하여 사용자의 일방적 공제를 인정하게 되면 퇴직금 제도를 두고 있는 본래의 취지를 벗어나 근로자에게 부당하게 불리할 뿐만 아니라, 당초 임금의 지급과 관련하여 상계를 금지한 제도적 취지를 지나치게 형해화할 우려가 있다. 그렇다면 사용자가 근로자에게 이미 퇴직금 명목의 금전을 지급하였으나 그것이 퇴직금 지급으로서 효력이 없어 사용자가 같은 금액 상당의 부당이득반환채권을 가지게 된 경우에는 이를 자동채권으로 하여 근로자의 퇴직금채권과 상계할 수 없다고 해석함이 여러 면에서 보다 합리적이라고 할 것이다."

서 근로자의 퇴직금채권과 상계 가능). 그런데 민사집행법은 근로자인 채무자의 생활
보장이라는 공익적, 사회 정책적 이유에서 '퇴직금 그 밖에 이와 비슷한 성질을
가진 급여채권의 2분의 1에 해당하는 금액'을 압류금지채권으로 규정하고 있고,
민법 제497조는 압류금지채권의 채무자는 상계로 채권자에게 대항하지 못한다고
규정하고 있으므로, 사용자가 근로자에게 퇴직금 명목으로 지급한 금원 상당의
부당이득반환채권을 자동채권으로 하여 근로자의 퇴직금채권을 상계하는 것은
퇴직금채권의 2분의 1을 초과하는 부분에 해당하는 금액에 관하여만 허용된다고
본다(퇴직금 분할 약정에 따라 지급된 퇴직금은 부당이득으로서 근로자의 퇴직금채권의 2분의
1을 초과하는 부분에 대해서만 상계 가능).[171]

　다만, 퇴직금 제도를 강행법규로 규정한 입법취지를 감안할 때, 위와 같은 법리
는 사용자와 근로자 사이에 실질적인 퇴직금 분할 약정이 존재함을 전제로 하여
비로소 적용할 것인바, 사용자와 근로자가 체결한 당해 약정이 그 실질은 임금을
정한 것에 불과함에도 불구하고 사용자가 퇴직금의 지급을 면탈하기 위하여 퇴직
금 분할 약정의 형식만을 취한 것인 경우에는 위와 같은 법리를 적용할 수 없
다.[172] 즉, 사용자와 근로자 사이에 월급이나 일당 등에 퇴직금을 포함시키고 퇴
직 시 별도의 퇴직금을 지급하지 않는다는 취지의 합의가 존재할 뿐만 아니라,
임금과 구별되는 퇴직금 명목 금원의 액수가 특정되고, 위 퇴직금 명목 금원을
제외한 임금의 액수 등을 고려할 때 퇴직금 분할 약정을 포함하는 근로계약의 내
용이 종전의 근로계약이나 근기법 등에 비추어 근로자에게 불이익하지 아니하여
야 하는 등, 사용자와 근로자가 임금과 구별하여 추가로 퇴직금 명목으로 일정한
금원을 실질적으로 지급할 것을 약정한 경우에 한하여 위와 같은 법리가 적용되
는 것이다.[173] 따라서, 근로자가 사용자와 연봉계약서를 작성할 당시 연봉금액에
퇴직금을 포함시키고 퇴직 시 별도의 퇴직금을 지급하지 않는다는 취지의 합의를
하였고, 연봉계약서에 매월 지급되는 퇴직금 명목의 금액을 특정하여 기재하였지
만, 이 퇴직금 분할 약정은 그 실질이 임금을 정한 것이면서 퇴직금 지급을 회피하
기 위하여 퇴직금 분할 약정의 형식만을 취한 것으로서 甲 등이 임금으로 정당하게
수령할 금액에 포함된다고 볼 여지가 많은 경우에는 근로자가 수령한 퇴직금 명목

---

171) 대법원 2010. 5. 20. 선고 2007다90760 전원합의체 판결.
172) 대법원 2010. 5. 27. 선고 2008다9150 판결.
173) 상동.

의 금품이 부당이득으로서 회사에 반환할 의무가 없다고 볼 수 있다.[174)]

### 3. 퇴직금의 소멸시효 기산일

근기법 제36조 본문에서는 "사용자는 근로자가 사망 또는 퇴직한 경우에는 그 지급 사유가 발생한 때부터 14일 이내에 임금, 보상금, 그 밖의 모든 금품을 지급하여야 한다."라고 규정하고 있다. 이에 따라 퇴직금 소멸시효의 기산일이 퇴직한 날인지 아니면 위 근기법 제36조 본문에 따라 퇴직한 날로부터 14일이 지난 후인지가 문제될 수 있다. 판례는, 소멸시효의 기산점인 '권리를 행사할 수 있을 때'라함은 권리를 행사함에 있어서 이행기 미도래, 정지조건 미성취 등 법률상의 장애가 없는 경우를 말하는 것인데, 근기법 제36조 소정의 금품청산제도는 근로관계가 종료된 후 사용자로 하여금 14일 내에 근로자에게 임금이나 퇴직금 등의 금품을 청산하도록 하는 의무를 부과하는 한편, 이를 불이행하는 경우 형사상의 제재를 가함으로써 근로자를 보호하고자 하는 것이지 사용자에게 위 기간 동안 임금이나 퇴직금 지급의무의 이행을 유예하여 준 것이라고 볼 수는 없으므로, 이를 가리켜 퇴직금청구권의 행사에 대한 법률상의 장애라고 할 수는 없고, 따라서 퇴직금청구권은 퇴직한 다음날부터 이를 행사할 수 있다고 봄이 타당하다고 보고 있다.[175)]

### 4. 퇴직연금제도

근로자퇴직급여보장법은 퇴직하는 근로자에게 퇴직급여를 지급하기 위하여 확정급여형퇴직연금제도, 확정기여형퇴직연금제도, 중소기업퇴직연금기금제도 및 계속근로기간 1년에 대하여 30일분 이상의 평균임금을 퇴직금으로 퇴직 근로자에게 지급할 수 있는 퇴직금제도를 설정할 의무를 부여하고 있다(근로자퇴직급여보장법 제4조). "확정급여형퇴직연금제도"란 근로자가 받을 급여의 수준이 사전에 결정되어 있는 퇴직연금제도를 말하고, "확정기여형퇴직연금제도"란 급여의 지급을 위하여 사용자가 부담하여야 할 부담금의 수준이 사전에 결정되어 있는 퇴직연금

---

174) 대법원 2012. 10. 11. 선고 2010다95147 판결.
175) 대법원 2001. 10. 30. 선고 2001다24051 판결.

제도를 말하며, "중소기업퇴직연금기금제도"란 중소기업(상시 30명 이하의 근로자를 사용하는 사업에 한정한다. 이하 같다) 근로자의 안정적인 노후생활 보장을 지원하기 위하여 둘 이상의 중소기업 사용자 및 근로자가 납입한 부담금 등으로 공동의 기금을 조성·운영하여 근로자에게 급여를 지급하는 제도를 말한다(근로자퇴직급여보장법 제2조 제8호, 제9호, 제14호).

퇴직급여제도의 설정에 따라 확정기여형 퇴직연금제도 하에서 사용자가 부담하는 부담금의 액수와 근로자퇴직급여보장법 제8조에 따른 퇴직금제도에 따라 산정된 퇴직금 부담금 액수가 다른 경우가 발생할 수 있는데, 법원은 근로자퇴직급여보장법의 입법 취지와 확정기여형 퇴직연금제도 관련 규정 내용, 확정기여형 퇴직연금제도와 퇴직금제도의 관계 등을 종합하면, 퇴직급여제도 중 확정기여형 퇴직연금제도가 설정된 사업 또는 사업장에서 사용자가 퇴직한 가입자에 대하여 가입기간 동안 매년 납입한 부담금이 연간 임금총액의 12분의 1(부담금의 액수를 연간 임금총액의 12분의 1을 넘는 금액으로 정한 경우에는 그 금액)에 미치지 못하는 경우, 퇴직연금 가입자인 근로자는 특별한 사정이 없는 한 퇴직일로부터 14일이 지난 후에는 사용자에게 직접 정당한 부담금액과 이미 납입된 부담금액의 차액 및 그에 대한 근로자퇴직급여보장법에서 정한 지연이자를 지급할 것을 청구할 수 있을 뿐, 퇴직금제도에 따라 평균임금의 재산정을 통해 계산하는 방식으로 추가 퇴직금의 지급을 청구할 수는 없다고 보고 있다.[176]

## VI. 근로시간과 휴식

### 1. 근로시간과 휴게시간

| 근기법 | 벌칙 |
|---|---|
| 제50조(근로시간) ① 1주 간의 근로시간은 휴게시간을 제외하고 40시간을 초과할 수 없다.<br>② 1일의 근로시간은 휴게시간을 제외하고 8시간을 초과할 수 없다.<br>③ 제1항 및 제2항에 따라 근로시간을 산정하는 경우 작업을 위하여 근로자가 사용자의 지휘·감독 아래에 있는 대기시간 등은 근로시간으로 본다. | 2년 이하의 징역 또는 2천만원 이하의 벌금 |
| 제51조(3개월 이내의 탄력적 근로시간제) ① 사용자는 취업규칙(취업규칙에 준하는 것을 포함한다)에서 정하는 바에 따라 2주 이내의 일정한 단위기 | |

---

176) 대법원 2022. 3. 17. 선고 2018다244877 판결.

간을 평균하여 1주 간의 근로시간이 제50조제1항의 근로시간을 초과하지 아니하는 범위에서 특정한 주에 제50조제1항의 근로시간을, 특정한 날에 제50조제2항의 근로시간을 초과하여 근로하게 할 수 있다. 다만, 특정한 주의 근로시간은 48시간을 초과할 수 없다.

② 사용자는 근로자대표와의 서면 합의에 따라 다음 각 호의 사항을 정하면 3개월 이내의 단위기간을 평균하여 1주 간의 근로시간이 제50조제1항의 근로시간을 초과하지 아니하는 범위에서 특정한 주에 제50조제1항의 근로시간을, 특정한 날에 제50조제2항의 근로시간을 초과하여 근로하게 할 수 있다. 다만, 특정한 주의 근로시간은 52시간을, 특정한 날의 근로시간은 12시간을 초과할 수 없다.

1. 대상 근로자의 범위
2. 단위기간(3개월 이내의 일정한 기간으로 정하여야 한다)
3. 단위기간의 근로일과 그 근로일별 근로시간
4. 그 밖에 대통령령으로 정하는 사항

③ 제1항과 제2항은 15세 이상 18세 미만의 근로자와 임신 중인 여성 근로자에 대하여는 적용하지 아니한다.

④ 사용자는 제1항 및 제2항에 따라 근로자를 근로시킬 경우에는 기존의 임금 수준이 낮아지지 아니하도록 임금보전방안(賃金補塡方案)을 강구하여야 한다.

| 근기법 시행령 |
| --- |
| 제28조(3개월 이내의 탄력적 근로시간제에 관한 합의사항 등) ① 법 제51조제2항 제4호에서 "그 밖에 대통령령으로 정하는 사항"이란 서면 합의의 유효기간을 말한다.<br>② 고용노동부장관은 법 제51조제4항에 따른 임금보전방안(賃金補塡方案)을 강구하게 하기 위해 필요한 경우에는 사용자에게 그 임금보전방안의 내용을 제출하도록 명하거나 직접 확인할 수 있다. |

| | |
| --- | --- |
| 제51조의2(3개월을 초과하는 탄력적 근로시간제) ① 사용자는 근로자대표와의 서면 합의에 따라 다음 각 호의 사항을 정하면 3개월을 초과하고 6개월 이내의 단위기간을 평균하여 1주간의 근로시간이 제50조제1항의 근로시간을 초과하지 아니하는 범위에서 특정한 주에 제50조제1항의 근로시간을, 특정한 날에 제50조제2항의 근로시간을 초과하여 근로하게 할 수 있다. 다만, 특정한 주의 근로시간은 52시간을, 특정한 날의 근로시간은 12시간을 초과할 수 없다.<br>1. 대상 근로자의 범위<br>2. 단위기간(3개월을 초과하고 6개월 이내의 일정한 기간으로 정하여야 한다)<br>3. 단위기간의 주별 근로시간<br>4. 그 밖에 대통령령으로 정하는 사항<br>② 사용자는 제1항에 따라 근로자를 근로시킬 경우에는 근로일 종료 후 다음 근로일 개시 전까지 근로자에게 연속하여 11시간 이상의 휴식 시간을 주어야 한다. 다만, 천재지변 등 대통령령으로 정하는 불가피한 경우에는 근로자대표와의 서면 합의가 있으면 이에 따른다.<br>③ 사용자는 제1항제3호에 따른 각 주의 근로일이 시작되기 2주 전까지 근로자에게 해당 주의 근로일별 근로시간을 통보하여야 한다.<br>④ 사용자는 제1항에 따른 근로자대표와의 서면 합의 당시에는 예측하지 못한 천재지변, 기계 고장, 업무량 급증 등 불가피한 사유가 발생한 때에는 제1항제2호에 따른 단위기간 내에서 평균하여 1주간의 근로시간이 유지 | 제2항 위반시 2년 이하의 징역 또는 2천만원 이하의 벌금<br>제5항 위반시 500만원 이하의 과태료 |

되는 범위에서 근로자대표와의 협의를 거쳐 제1항제3호의 사항을 변경할 수 있다. 이 경우 해당 근로자에게 변경된 근로일이 개시되기 전에 변경된 근로일별 근로시간을 통보하여야 한다.

⑤ 사용자는 제1항에 따라 근로자를 근로시킬 경우에는 기존의 임금 수준이 낮아지지 아니하도록 임금항목을 조정 또는 신설하거나 가산임금 지급 등의 임금보전방안(賃金補塡方案)을 마련하여 고용노동부장관에게 신고하여야 한다. 다만, 근로자대표와의 서면합의로 임금보전방안을 마련한 경우에는 그러하지 아니하다.

⑥ 제1항부터 제5항까지의 규정은 15세 이상 18세 미만의 근로자와 임신 중인 여성 근로자에 대해서는 적용하지 아니한다.

| 근기법 시행령 |
|---|
| 제28조의2(3개월을 초과하는 탄력적 근로시간제에 관한 합의사항 등) ① 법 제51조의2제1항 제4호에서 "그 밖에 대통령령으로 정하는 사항"이란 서면 합의의 유효기간을 말한다.<br>② 법 제51조의2제2항 단서에서 "천재지변 등 대통령령으로 정하는 불가피한 경우"란 다음 각 호의 어느 하나에 해당하는 경우를 말한다.<br>1. 「재난 및 안전관리 기본법」에 따른 재난 또는 이에 준하는 사고가 발생하여 이를 수습하거나 재난 등의 발생이 예상되어 이를 예방하기 위해 긴급한 조치가 필요한 경우<br>2. 사람의 생명을 보호하거나 안전을 확보하기 위해 긴급한 조치가 필요한 경우<br>3. 그 밖에 제1호 및 제2호에 준하는 사유로 법 제51조의2제2항 본문에 따른 휴식 시간을 주는 것이 어렵다고 인정되는 경우 |

| | |
|---|---|
| 제51조의3(근로한 기간이 단위기간보다 짧은 경우의 임금 정산) 사용자는 제51조 및 제51조의2에 따른 단위기간 중 근로자가 근로한 기간이 그 단위기간보다 짧은 경우에는 그 단위기간 중 해당 근로자가 근로한 기간을 평균하여 1주간에 40시간을 초과하여 근로한 시간 전부에 대하여 제56조제1항에 따른 가산임금을 지급하여야 한다. | 3년 이하의 징역 또는 3천만원 이하의 벌금 |
| 제52조(선택적 근로시간제) ① 사용자는 취업규칙(취업규칙에 준하는 것을 포함한다)에 따라 업무의 시작 및 종료 시각을 근로자의 결정에 맡기기로 한 근로자에 대하여 근로자대표와의 서면 합의에 따라 다음 각 호의 사항을 정하면 1개월(신상품 또는 신기술의 연구개발 업무의 경우에는 3개월로 한다) 이내의 정산기간을 평균하여 1주간의 근로시간이 제50조제1항의 근로시간을 초과하지 아니하는 범위에서 1주 간에 제50조제1항의 근로시간을, 1일에 제50조제2항의 근로시간을 초과하여 근로하게 할 수 있다.<br>1. 대상 근로자의 범위(15세 이상 18세 미만의 근로자는 제외한다)<br>2. 정산기간<br>3. 정산기간의 총 근로시간<br>4. 반드시 근로하여야 할 시간대를 정하는 경우에는 그 시작 및 종료 시각<br>5. 근로자가 그의 결정에 따라 근로할 수 있는 시간대를 정하는 경우에는 그 시작 및 종료 시각<br>6. 그 밖에 대통령령으로 정하는 사항<br>② 사용자는 제1항에 따라 1개월을 초과하는 정산기간을 정하는 경우에는 다음 각 호의 조치를 하여야 한다.<br>1. 근로일 종료 후 다음 근로일 시작 전까지 근로자에게 연속하여 11시간 이상의 휴식 시간을 줄 것. 다만, 천재지변 등 대통령령으로 정하는 불가피한 경우에는 근로자대표와의 서면 합의가 있으면 이에 따른다.<br>2. 매 1개월마다 평균하여 1주간의 근로시간이 제50조제1항의 근로시간을 초과한 시간에 대해서는 통상임금의 100분의 50 이상을 가산하여 근로자 | 제2항 제1호 위반시 2년 이하의 징역 또는 2천만원 이하의 벌금.<br>제2항 제2호 위반시 3년 이하의 징역 또는 3천만원 이하의 벌금. |

| | |
|---|---|
| 에게 지급할 것. 이 경우 제56조제1항은 적용하지 아니한다. | |

| **근기법 시행령** |
|---|
| 제29조(선택적 근로시간제에 관한 합의사항 등) ① 법 제52조제1항제6호에서 "그 밖에 대통령령으로 정하는 사항"이란 표준근로시간(유급휴가 등의 계산 기준으로 사용자와 근로자대표가 합의하여 정한 1일의 근로시간을 말한다)을 말한다.<br>② 법 제52조제2항제1호 단서에서 "천재지변 등 대통령령으로 정하는 불가피한 경우"란 다음 각 호의 어느 하나에 해당하는 경우를 말한다.<br>1. 제28조의2제2항제1호 또는 제2호에 해당하는 경우<br>2. 그 밖에 제1호에 준하는 사유로 법 제52조제2항제1호 본문에 따른 휴식 시간을 주는 것이 어렵다고 인정되는 경우 |

| | |
|---|---|
| 제54조(휴게) ① 사용자는 근로시간이 4시간인 경우에는 30분 이상, 8시간인 경우에는 1시간 이상의 휴게시간을 근로시간 도중에 주어야 한다.<br>② 휴게시간은 근로자가 자유롭게 이용할 수 있다. | 2년 이하의 징역 또는 2천만원 이하의 벌금 |
| 제58조(근로시간 계산의 특례) ① 근로자가 출장이나 그 밖의 사유로 근로시간의 전부 또는 일부를 사업장 밖에서 근로하여 근로시간을 산정하기 어려운 경우에는 소정근로시간을 근로한 것으로 본다. 다만, 그 업무를 수행하기 위하여 통상적으로 소정근로시간을 초과하여 근로할 필요가 있는 경우에는 그 업무의 수행에 통상 필요한 시간을 근로한 것으로 본다.<br>② 제1항 단서에도 불구하고 그 업무에 관하여 근로자대표와의 서면 합의를 한 경우에는 그 합의에서 정하는 시간을 그 업무의 수행에 통상 필요한 시간으로 본다.<br>③ 업무의 성질에 비추어 업무 수행 방법을 근로자의 재량에 위임할 필요가 있는 업무로서 대통령령으로 정하는 업무는 사용자가 근로자대표와 서면 합의로 정한 시간을 근로한 것으로 본다. 이 경우 그 서면 합의에는 다음 각 호의 사항을 명시하여야 한다.<br>1. 대상 업무<br>2. 사용자가 업무의 수행 수단 및 시간 배분 등에 관하여 근로자에게 구체적인 지시를 하지 아니한다는 내용<br>3. 근로시간의 산정은 그 서면 합의로 정하는 바에 따른다는 내용<br>④ 제1항과 제3항의 시행에 필요한 사항은 대통령령으로 정한다. | |

| **근기법 시행령** |
|---|
| 제31조(재량근로의 대상업무) 법 제58조제3항 전단에서 "대통령령으로 정하는 업무"란 다음 각 호의 어느 하나에 해당하는 업무를 말한다.<br>1. 신상품 또는 신기술의 연구개발이나 인문사회과학 또는 자연과학분야의 연구 업무<br>2. 정보처리시스템의 설계 또는 분석 업무<br>3. 신문, 방송 또는 출판 사업에서의 기사의 취재, 편성 또는 편집 업무<br>4. 의복·실내장식·공업제품·광고 등의 디자인 또는 고안 업무<br>5. 방송 프로그램·영화 등의 제작 사업에서의 프로듀서나 감독 업무<br>6. 그 밖에 고용노동부장관이 정하는 업무 |

| **재량근로의 대상 업무[고용노동부고시 제2019-36호]** |
|---|
| Ⅰ. 재량근로의 대상 업무<br>「근로기준법 시행령」제31조제6에서 '그 밖에 고용노동부장관이 정하는 업무'란 회계·법률 사건·납세·법무·노무관리·특허·감정평가·금융투자분석·투자자산운용 등의 사무에 |

| | |
|---|---|
| 있어 타인의 위임·위촉을 받아 상담·조언·감정 또는 대행을 하는 업무를 말한다. | |
| 제59조(근로시간 및 휴게시간의 특례) ① 「통계법」 제22조제1항에 따라 통계청장이 고시하는 산업에 관한 표준의 중분류 또는 소분류 중 다음 각 호의 어느 하나에 해당하는 사업에 대하여 사용자가 근로자대표와 서면으로 합의한 경우에는 제53조제1항에 따른 주(週) 12시간을 초과하여 연장근로를 하게 하거나 제54조에 따른 휴게시간을 변경할 수 있다.<br>1. 육상운송 및 파이프라인 운송업. 다만, 「여객자동차 운수사업법」 제3조제1항제1호에 따른 노선(路線) 여객자동차운송사업은 제외한다.<br>2. 수상운송업<br>3. 항공운송업<br>4. 기타 운송관련 서비스업<br>5. 보건업<br>② 제1항의 경우 사용자는 근로일 종료 후 다음 근로일 개시 전까지 근로자에게 연속하여 11시간 이상의 휴식 시간을 주어야 한다. | 제2항 위반시 2년 이하의 징역 또는 2천만원 이하의 벌금 |

## 1) 근로시간

### ① 근로시간의 의미

근기법상의 근로시간이란 근로자가 사용자의 지휘, 감독 아래 근로계약상의 근로를 제공하는 시간이다.[177] 1주 간의 근로시간은 휴게시간을 제외하고 40시간을 초과할 수 없고, 1일의 근로시간은 휴게시간을 제외하고 8시간을 초과할 수 없다(근기법 제50조 제1항 및 제2항). 근로자가 작업시간의 중도에 현실로 작업에 종사하지 않은 대기시간이나 휴식, 수면시간 등이라 하더라도 그것이 휴게시간으로서 근로자에게 자유로운 이용이 보장된 것이 아니고 실질적으로 사용자의 지휘, 감독 하에 놓여있는 시간이라면 이를 당연히 근로시간에 포함시켜야 한다.[178] 특히 근기법은 작업을 위하여 근로자가 사용자의 지휘·감독 아래에 있는 대기시간 등은 근로시간으로 간주하도록 규정하고 있다(근기법 제50조 제3항).

### ② 관련 판례

근로계약에서 정한 휴식시간이나 대기시간이 근로시간에 속하는지 휴게시간에 속하는지는 특정 업종이나 업무의 종류에 따라 일률적으로 판단할 것이 아니고, 근로계약의 내용이나 해당 사업장에 적용되는 취업규칙과 단체협약의 규정, 근로자가 제공하는 업무 내용과 해당 사업장의 구체적 업무 방식, 휴게 중인 근로자에 대한 사용자의 간섭이나 감독 여부, 자유롭게 이용할 수 있는 휴게 장소의 구비

---

177) 대법원 1993. 5. 27. 선고 92다24509 판결.
178) 상동.

여부, 그 밖에 근로자의 실질적 휴식이 방해되었다거나 사용자의 지휘·감독을 인정할 만한 사정이 있는지와 그 정도 등 여러 사정을 종합하여 개별 사안에 따라 구체적으로 판단하여야 한다.[179]

　또한, 근로자가 직무와 관련된 법령 또는 단체협약·취업규칙 등의 규정이나 사용자의 지시에 따라 소정근로시간 외에 교육을 받는 경우, 관련 법령 또는 단체협약·취업규칙 등의 내용과 취지, 해당 교육의 목적 및 근로제공과의 관련성, 교육의 주체가 누구인지, 사용자에게 이를 용인하여야 할 법령상 의무가 있는지 여부, 근로자의 귀책사유로 말미암아 교육을 하게 되었는지 여부, 근로자가 교육을 이수하지 않을 때에 받을 불이익의 존부와 그 정도 등 여러 사정을 종합적으로 고려하여 그러한 교육시간이 근로시간에 해당하는지 여부를 판단해야 한다.[180] 예를 들어, 「여객자동차 운수사업법」상 운전종사자 및 운송사업자 모두에게 법정 의무로 부과된 보수교육시간은 근로시간에 포함될 수 있다. 「산업안전보건법」상의 법정교육시간도 마찬가지이다.[181]

---

179) 대법원 2018. 6. 28. 선고 2013다28926 판결. 여객자동차 운송사업 등을 영위하는 갑 주식회사 등에 소속된 버스운전기사인 을 등이 버스운행을 마친 후 다음 운행 전까지 대기하는 시간이 근로시간에 해당하는지 문제 된 사안에서, 갑 회사 등이 소속된 버스운송사업조합과 을 등이 소속된 노동조합이 임금협정을 체결하면서 1일 근로시간을 기본근로 8시간에 연장근로 1시간을 더한 9시간으로 합의하였는데, 이는 당시 1일 단위 평균 버스운행시간 8시간 외에 대기시간 중 1시간 정도가 근로시간에 해당할 수 있다는 점을 고려한 것으로 보이는 점, 을 등이 대기시간 동안 임금협정을 통해 근로시간에 이미 반영된 1시간을 초과하여 청소, 차량점검 및 검사 등의 업무를 하였다고 볼 만한 자료가 없는 점, 갑 회사 등이 대기시간 중에 을 등에게 업무에 관한 지시를 하는 등 구체적으로 을 등을 지휘·감독하였다고 볼 만한 자료가 없는 점, 갑 회사 등이 소속 버스운전기사들의 대기시간 활용에 대하여 간섭하거나 감독할 업무상 필요도 크지 않았던 것으로 보이는 점, 실제로 갑 회사 등의 소속 버스운전기사들은 휴게실에서 휴식을 취하거나 식사를 하는 등 대기시간 대부분을 자유롭게 활용한 것으로 보이는 점 등에 비추어 을 등의 대기시간에 근로시간에 해당하지 않는 시간이 포함되어 있다고 보아야 하는데도, 을 등의 대기시간이 일정하지 않다는 등의 사정만으로 대기시간 전부가 근로시간에 해당한다고 본 원심판단에 법리오해 등의 잘못이 있다고 한 사례이다.

180) 대법원 2022. 5. 12. 선고 2022다203798 판결. 여객자동차 운수사업법에서 근로인인 운전종사자와 사용자인 운송사업자 모두에게 부과된 법령상 의무인 보수교육은 운전종사자의 적법한 근로제공 및 운송사업자의 운전업무에 종사할 근로자 채용·결정에 관한 필수적인 전제조건이기도 하여 근로제공과의 밀접한 관련성이 인정되는 점, 운송사업자가 운수종사자의 교육에 필요한 조치를 하지 아니한 경우에는 면허·허가·인가·등록의 취소 또는 6개월 이내의 기간을 정하여 사업의 전부 또는 일부에 대한 정지·노선폐지·감차 등의 사업계획 변경명령 등을 받게 되는 상당한 정도의 불이익이 규정되어 있는 점 및 취업규칙과 단체협약상 교육의무에 관한 규정 등을 종합하여 비록 그 교육의 주체가 사용자는 아니지만 여객자동차법에 근거한 운수종사자에 대한 보수교육시간은 근로시간에 포함된다고 보았다.

181) 대법원 2021. 7. 21. 선고 2021다225845 판결.

## 2) 휴게시간

### ① 휴게시간의 의미

사용자는 근로시간이 4시간인 경우에는 30분 이상, 8시간인 경우에는 1시간 이상의 근로자가 자유롭게 이용할 수 있는 휴게시간을 근로시간 도중에 주어야 한다(근기법 제54조). 근로자가 작업시간의 중도에 현실로 작업에 종사하지 않은 대기시간이나 휴식, 수면시간 등이라 하더라도 그것이 휴게시간으로서 근로자에게 자유로운 이용이 보장된 것이 아니고 실질적으로 사용자의 지휘, 감독하에 놓여 있는 시간이라면 이를 당연히 근로시간에 포함시켜야 한다.[182] 근로자가 사용자의 지휘감독에서 완전히 벗어나 자유로운 이용이 가능한 시간은 근로시간이 아니다. 한편, 1일 8시간을 초과하여 4시간의 연장근로를 하게 할 때에는 연장근로시간 도중에 30분 이상의 휴게시간을 부여하여야 한다.[183]

### ② 관련 판례

휴게시간의 이용과 관련하여 아파트 경비원인 근로자들이 부여받은 휴게시간이 휴게시간으로서의 실질을 갖추었는지가 문제될 수 있는데, 법원은 야간휴게시간(24:00~04:00)에 근무초소(경비실) 내의 의자에 앉아 가수면 상태를 취하면서 급한 일이 발생할 시 즉각 반응하도록 지시한 점, 야간휴게시간에 근무초소(경비실) 내의 조명을 켜 놓도록 한 점, 야간휴게시간에 사용자의 지시로 시행된 순찰업무는 경비원마다 매번 정해진 시간에 이루어지지 않았고, 이로 인하여 나머지 휴게시간의 자유로운 이용이 방해된 것으로 보이는 점 등의 제반 사정을 살펴 아파트 경비원의 휴게시간 중 상당시간은 실질적으로 피고의 지휘·감독을 벗어나 자유로운 휴식·수면시간의 이용이 보장되었다고 보기 어려운 대기시간에 해당된다고 본 경우가 있다.[184]

한편, 버스운전기사들이 버스운행을 마친 후 다음 운행 전까지 대기하는 시간이 근로시간인지가 문제된 사안에서, 법원은 휴게실에서 휴식을 취하거나 식사를 하는 등 자유롭게 활용하였고 개인적인 용무를 보기 위해 외출하는 경우도 있었던 것을 이유로 대기시간 전부가 근로시간에 해당한다고 볼 수 없다고 본 경우가

---

182) 대법원 1993. 5. 27. 선고 92다24509 판결.
183) 대법원 2023. 12. 7. 선고 2020도15393 판결.
184) 대법원 2017. 12. 13. 선고 2016다243078 판결, 대법원 2021. 7. 21. 선고 2021다225845 판결.

있다.[185]

### 3) 시간당 고정급을 증가시키기 위한 소정근로시간 단축 합의의 효력

근로자는 합의한 소정근로시간 동안 근로의무를 부담하고, 사용자는 근로의무 이행에 대하여 임금을 지급하게 되는데, 사용자와 근로자는 기준근로시간을 초과하지 않는 한 원칙적으로 자유로운 의사에 따라 소정근로시간에 관하여 합의할 수 있다. 다만 소정근로시간의 정함이 단지 형식에 불과하다고 평가할 수 있는 정도에 이르거나, 노동관계법령 등 강행법규를 잠탈할 의도로 소정근로시간을 정하였다는 등의 특별한 사정이 있는 경우에는 소정근로시간에 관한 합의로서의 효력이 부정된다.[186] 따라서, 예를 들어, 정액사납금제하에서 생산고에 따른 임금을 제외한 고정급이 최저임금에 미달하는 것을 회피할 의도로 사용자가 소정근로시간을 기준으로 산정되는 시간당 고정급의 외형상 액수를 증가시키기 위해 택시운전근로자 노동조합과 사이에 실제 근무형태나 운행시간의 변경 없이 소정근로시간만을 단축하기로 합의한 경우, 이러한 합의는 강행법규인 최저임금법상 특례조항 등의 적용을 잠탈하기 위한 탈법행위로서 무효가 된다.[187] 이러한 법리는 사용자가 택시운전근로자의 과반수로 조직된 노동조합 또는 근로자 과반수의 동의를 얻어 소정근로시간을 단축하는 내용으로 취업규칙을 변경하는 경우에도 마찬가지로 적용된다.

---

185) 대법원 2018. 6. 28. 선고 2013다28926 판결.
186) 대법원 2019. 4. 18. 선고 2016다2451 전원합의체 판결. 이 사건의 주요 쟁점은 2008. 3. 21. 법률 제8964호로 개정된 최저임금법 제6조 제5항(이하 '이 사건 특례조항'이라 한다)이 2010. 7. 1.부터 피고가 소재한 파주시 지역에 시행되어 최저임금에 산입되는 임금의 범위에서 '생산고에 따른 임금'이 제외되게 되었는 바, 이 사건 특례조항이 시행되기 전에는 정액사납금제의 경우 고정급 이외에 생산고에 따른 임금인 초과운송수입금까지 비교대상 임금에 산입할 수 있었지만 이 사건 특례조항이 시행되면서 더 이상 초과운송수입금을 비교대상 임금에 산입할 수 없게 됨에 따라 사용자는 고정급만으로 최저임금액 이상의 임금을 지급해야 하게 되었고, 고정급의 액수 자체가 중요한 의미를 지니게 되었다. 그런데 한편 사용자로서는 최저임금액 이상의 임금을 지급하기 위하여 비교대상 임금에 포함되는 고정급을 증액하는 대신, 소정근로시간을 줄임으로써 소정근로시간을 기준으로 산정되는 시간당 고정급을 높이는 방식으로 고시된 시간급 최저임금액에 미달하는 것을 회피할 수 있었다. 이러한 상황에서 특례조항 시행에 따라 정액사납금제 하에서 사용자가 고정급이 최저임금에 미달하는 것을 회피할 의도로 근로자들 과반수의 동의를 얻어 실제 근무형태나 운행시간의 변경이 없음에도 소정근로시간만을 단축하는 내용으로 개정한 취업규칙 조항이 유효한지 여부였다.
187) 상동.

## 2. 연장·야간·휴일근로수당 및 포괄임금계약

| 근기법 | 벌칙 |
|---|---|
| 제2조(정의) ① 이 법에서 사용하는 용어의 뜻은 다음과 같다.<br>7. "1주"란 휴일을 포함한 7일을 말한다. | |
| 제53조(연장 근로의 제한) ① 당사자 간에 합의하면 1주 간에 12시간을 한도로 제50조의 근로시간을 연장할 수 있다. | 2년 이하의 징역 또는 2천만원 이하의 벌금 |
| ② 당사자 간에 합의하면 1주 간에 12시간을 한도로 제51조 및 제51조의2의 근로시간을 연장할 수 있고, 제52조제1항제2호의 정산기간을 평균하여 1주 간에 12시간을 초과하지 아니하는 범위에서 제52조제1항의 근로시간을 연장할 수 있다. | 2년 이하의 징역 또는 2천만원 이하의 벌금 |
| ③ 상시 30명 미만의 근로자를 사용하는 사용자는 다음 각 호에 대하여 근로자대표와 서면으로 합의한 경우 제1항 또는 제2항에 따라 연장된 근로시간에 더하여 1주 간에 8시간을 초과하지 아니하는 범위에서 근로시간을 연장할 수 있다.<br>1. 제1항 또는 제2항에 따라 연장된 근로시간을 초과할 필요가 있는 사유 및 그 기간<br>2. 대상 근로자의 범위 | |
| ④ 사용자는 특별한 사정이 있으면 고용노동부장관의 인가와 근로자의 동의를 받아 제1항과 제2항의 근로시간을 연장할 수 있다. 다만, 사태가 급박하여 고용노동부장관의 인가를 받을 시간이 없는 경우에는 사후에 지체 없이 승인을 받아야 한다. | 단서 위반시, 2년 이하의 징역 또는 2천만원 이하의 벌금 (2020.7.1. 이후부터) |
| ⑤ 고용노동부장관은 제4항에 따른 근로시간의 연장이 부적당하다고 인정하면 그 후 연장시간에 상당하는 휴게시간이나 휴일을 줄 것을 명할 수 있다. | 제5항에 따른 명령을 위반한 경우, 2년 이하의 징역 또는 2천만원 이하의 벌금 |
| ⑥ 제3항은 15세 이상 18세 미만의 근로자에 대하여는 적용하지 아니한다. | |
| ⑦ 사용자는 제4항에 따라 연장 근로를 하는 근로자의 건강 보호를 위하여 건강검진 실시 또는 휴식시간 부여 등 고용노동부장관이 정하는 바에 따라 적절한 조치를 하여야 한다. | |
| 제55조(휴일) ① 사용자는 근로자에게 1주에 평균 1회 이상의 유급휴일을 보장하여야 한다.<br>② 사용자는 근로자에게 대통령령으로 정하는 휴일을 유급으로 보장하여야 한다. 다만, 근로자대표와 서면으로 합의한 경우 특정한 근로일로 대체할 수 있다. | 2년 이하의 징역 또는 2천만원 이하의 벌금 |

| 근기법 시행령 |
|---|
| 제30조(휴일) ① 법 제55조제1항에 따른 유급휴일은 1주 동안의 소정근로일을 개근한 자에게 주어야 한다. |

| 근기법 | 벌칙 |
|---|---|
| ② 법 제55조제2항 본문에서 "대통령령으로 정하는 휴일"이란 「관공서의 공휴일에 관한 규정」 제2조 각 호(제1호는 제외한다)에 따른 공휴일 및 같은 영 제3조에 따른 대체공휴일을 말한다. | |
| 제56조(연장·야간 및 휴일 근로) ① 사용자는 연장근로(제53조·제59조 및 제69조 단서에 따라 연장된 시간의 근로를 말한다)에 대하여는 통상임금의 100분의 50 이상을 가산하여 근로자에게 지급하여야 한다.<br>② 제1항에도 불구하고 사용자는 휴일근로에 대하여는 다음 각 호의 기준에 따른 금액 이상을 가산하여 근로자에게 지급하여야 한다.<br>1. 8시간 이내의 휴일근로 : 통상임금의 100분의 50<br>2. 8시간을 초과한 휴일근로 : 통상임금의 100분의 100<br>③ 사용자는 야간근로(오후 10시부터 다음 날 오전 6시 사이의 근로를 말한다)에 대하여는 통상임금의 100분의 50 이상을 가산하여 근로자에게 지급하여야 한다. | 3년 이하의 징역 또는 3천만원 이하의 벌금 |
| 제57조(보상 휴가제) 사용자는 근로자대표와의 서면 합의에 따라 제51조의3, 제52조제2항제2호 및 제56조에 따른 연장근로·야간근로 및 휴일근로 등에 대하여 임금을 지급하는 것을 갈음하여 휴가를 줄 수 있다. | |

## 1) 연장·야간·휴일근로수당

사용자는 연장근로(근기법 제53조·제59조 및 제69조 단서에 따라 연장된 시간의 근로를 말한다)·야간근로·휴일근로에 대하여는 통상임금의 100분의 50 이상을 가산하여 근로자에게 지급하여야 한다(근기법 제56조 제1항, 제2항 제1호, 제3항). 다만, 8시간을 초과한 휴일근로에 대해서는 통상임금의 100분의 100을 가산해야 한다(근기법 제56조 제3항). 특히 휴일근로의 경우 근기법 제56조 소정의 유급휴일 근로뿐만 아니라 단체협약이나 취업규칙 등에 의하여 휴일로 정하여진 날의 근로도 포함된다.[188] 휴일로 정하였는지 여부는 단체협약이나 취업규칙 등에 있는 휴일 관련 규정의 문언과 그러한 규정을 두게 된 경위, 해당 사업장의 근로시간에 관한 규율 체계와 관행, 근로 제공이 이루어진 경우 실제로 지급된 임금의 명목과 지급금액, 지급액의 산정 방식 등을 종합적으로 고려하여 판단하여야 한다.[189]

---

188) 대법원 1991. 5. 14. 선고 90다14089 판결.
189) 대법원 2019. 8. 14. 선고 2016다9704, 9711 판결, 대법원 2020. 8. 20. 선고 2019다14110, 14127, 14134, 14141 판결 등 참조.

## 2) 연장근로수당과 휴일근로수당의 중복지급 여부

휴일근로시간이 연장근로시간에 포함되는지의 문제 그리고 휴일에 이루어진 연장근로에 대하여 휴일근로수당 및 연장근로수당을 중복하여 지급해야 하는지가 문제되었다. 이에 대하여 대법원 전원합의체 판결에서는 다음과 같은 요지로 휴일근로시간은 연장근로시간에 포함되지 않는다는 것, 그리고 휴일에 이루어진 연장근로에 대하여 휴일근로수당 및 연장근로수당을 중복하여 지급할 필요는 없다는 요지의 판결이 있었다.[190] 현행 근기법은 이 문제를 인식하고 근기법 제2조 제1항 제7호에서 "1주"란 휴일을 포함한 7일을 말한다고 규정하는 한편, 근기법 제56호 각 항을 개정하여 휴일에 이루어진 연장근로를 8시간 이내인 경우와 8시간을 초과하는 경우로 구분하여, 전자에 대해서는 휴일근로수당과 연장근로수당을 중복적으로 지급할 필요가 없지만, 후자에 대해서는 이를 중복적으로 지급해야 한다는 것을 규정한 것이다.

## 3) 포괄임금계약

### ① 포괄임금계약의 의미

사용자가 근로계약을 체결함에 있어서는 근로자에 대하여 기본임금을 결정하고 이를 기초로 각종 수당을 가산하여 합산 지급하는 것이 원칙이다.[191] 그러나 현실적으로는 근로시간, 근로형태와 업무의 성질 등을 참작하여 계산의 편의와 직원의 근무의욕을 고취하는 뜻에서 기본임금을 미리 산정하지 아니한 채 제 수당을 합한 금액을 월 급여액이나 일당임금으로 정하거나 매월 일정액을 제 수당으로 지급하는 내용의 이른바 포괄임금제에 의한 임금지급계약을 체결하는 경우가 있는데, 이러한 포괄임금계약의 유효성이 문제된다.

### ② 포괄임금계약의 성립

기본임금을 미리 산정하지 아니한 채 제 수당을 합한 금액을 월급여액이나 일당 임금으로 정하거나 매월 일정액을 제 수당으로 지급하는 내용의 포괄임금제에 관한 약정이 성립하였는지는 근로시간, 근로형태와 업무의 성질, 임금 산정의 단위, 단체협약과 취업규칙의 내용, 동종 사업장의 실태 등 여러 사정을 전체적 · 종

---

190) 대법원 2018. 6. 21. 선고 2011다112391 전원합의체 판결 참조.
191) 대법원 1998. 3. 24. 선고 96다24699 판결.

합적으로 고려하여 구체적으로 판단하여야 한다.192) 이때 단체협약이나 취업규칙 및 근로계약서에 포괄임금이라는 취지를 명시하지 않았음에도 묵시적 합의에 의한 포괄임금약정이 성립하였다고 인정하기 위해서는, 근로형태의 특수성으로 인하여 실제 근로시간을 정확하게 산정하는 것이 곤란하거나 일정한 연장·야간·휴일근로가 예상되는 경우 등 실질적인 필요성이 인정될 뿐 아니라, 근로시간, 정하여진 임금의 형태나 수준 등 제반 사정에 비추어 사용자와 근로자 사이에 정액의 월급여액이나 일당 임금 외에 추가로 어떠한 수당도 지급하지 않기로 하거나 특정한 수당을 지급하지 않기로 하는 합의가 있었다고 객관적으로 인정되는 경우이어야 한다.193)

비록 개별 사안에서 근로형태나 업무의 성격상 연장·야간·휴일근로가 당연히 예상된다고 하더라도 기본급과는 별도로 연장·야간·휴일근로수당 등을 세부항목으로 나누어 지급하도록 단체협약이나 취업규칙, 급여규정 등에 정하고 있는 경우에는 포괄임금제에 해당하지 아니한다. 그리고 단체협약 등에 일정 근로시간을 초과한 연장근로시간에 대한 합의가 있다거나 기본급에 수당을 포함한 금액을 기준으로 임금인상률을 정하였다는 사정 등을 들어 바로 위와 같은 포괄임금제에 관한 합의가 있다고 섣불리 단정할 수는 없다.194)

### ③ 포괄임금계약이 유효한 경우

원칙적인 임금지급방법은 근로시간 수의 산정을 전제로 한 것인데, 예외적으로 감시·단속적 근로 등과 같이 근로시간, 근로형태와 업무의 성질을 고려할 때 근로시간의 산정이 어려운 것으로 인정되는 경우가 있을 수 있고, 이러한 경우에는 사용자와 근로자 사이에 기본임금을 미리 산정하지 아니한 채 법정수당까지 포함된 금액을 월급여액이나 일당임금으로 정하거나 기본임금을 미리 산정하면서도 법정 제 수당을 구분하지 아니한 채 일정액을 법정 제 수당으로 정하여 이를 근로시간 수에 상관없이 지급하기로 약정하는 내용의 이른바 포괄임금제에 의한 임금지급계약을 체결하더라도 그것이 달리 근로자에게 불이익이 없고 여러 사정에 비추어 정당하다고 인정될 때에는 유효하다.195)

---

192) 대법원 2009. 12. 10. 선고 2008다57852 판결, 대법원 2016. 10. 13. 선고 2016도1060 판결.
193) 대법원 2016. 10. 13. 선고 2016도1060 판결.
194) 대법원 2020. 2. 6. 선고 2015다233579(본소), 2015다233586(반소) 판결.
195) 대법원 2010. 5. 13. 선고 2008다6052 판결.

### ④ 포괄임금계약이 무효인 경우

근로시간의 산정이 어렵거나 또는 근기법상 근로시간에 관한 규정을 그대로 적용할 수 없다고 볼 만한 특별한 사정이 없는 한 근기법상의 근로시간에 따른 임금 지급 원칙이 적용되어야 한다. 그럼에도 불구하고 근로시간 수에 상관없이 일정 액을 법정수당으로 지급하는 내용의 포괄임금제 방식의 임금 지급계약을 체결하는 것은 그것이 근기법이 정한 근로시간에 관한 규제를 위반하는 이상 허용될 수 없고, 근로시간의 산정이 어려운 등의 사정이 없음에도 포괄임금제 방식으로 약정된 경우 그 포괄임금에 포함된 정액의 법정수당이 근기법이 정한 기준에 따라 산정된 법정수당에 미달하는 때에는 그에 해당하는 포괄임금제에 의한 임금지급계약 부분은 근로자에게 불이익하여 무효이며, 사용자는 근기법의 강행성과 보충성 원칙에 의해 근로자에게 그 미달되는 법정수당을 지급할 의무가 있다.196)

### 4) 현업공무원 등 지방공무원이 근무명령에 의하여 실제로 초과한 시간에 해당하는 연장근무수당의 지급을 구할 수 있는지 여부

공무원의 수당은 법령에 의하여 정해지므로, 해당 법령에서 정한 시간외근무수당, 야간근무수당, 휴일근무수당 등의 초과근무수당이 예산에 계상되는데, 이 예산의 범위를 넘어 초과근무수당의 지급을 구할 수 있는지가 다투어진 사례들이 있다. 이에 대하여 법원은 근무명령에 의하여 실제로 초과근무한 시간에 해당하는 초과근무수당의 지급을 구할 수 있고, 공무원의 보수에 관한 규정들이 현업기관근무자 또는 교대근무자 등 업무성격상 초과근무가 제도화되어 있는 공무원인 현업대상자에 대하여 시간외근무수당의 월 지급시간을 '예산의 범위 내'로 정하도록 규정하고 있다거나, 이 사건 지침을 근거로 편성된 예산의 초과근무수당이 실제 근무한 초과근로시간에 미달된다고 하여 달리 볼 것은 아니라고 판단하고 있다.197)

---

196) 대법원 2010. 5. 13. 선고 2008다6052 판결.
197) 대법원 2009. 9. 10. 선고 2005다9227 판결, 대법원 2013. 3. 28. 선고 2012다102629 판결, 대법원 2019. 10. 17. 선고 2014두3020, 2014두3037(병합) 판결, 대법원 2019. 10. 31. 선고 2013두5845 판결, 대법원 2019. 11. 15. 선고 2015두3492 판결 등.

## 5) 연장 및 휴일근로시간 약정과 수당지급

근무형태나 근무환경의 특성 등을 감안하여 노사 간에 실제의 연장근로시간 또는 휴일근로시간과 관계없이 일정 시간을 연장근로시간 또는 휴일근로시간으로 간주하기로 합의하는 경우가 있다. 이러한 합의가 있는 경우 사용자로서는 근로자의 실제 연장근로시간 또는 휴일근로시간이 위 합의한 시간에 미달함을 이유로 근로시간을 다투는 것이 허용되지 않는다. 따라서 이러한 합의가 있는 경우 근기법상 통상임금을 기초로 구 근기법(2018. 3. 20. 법률 제15513호로 개정되기 전의 것) 제56조가 정한 기준에 따라 연장근로수당 또는 휴일근로수당을 산정할 때에는 실제의 연장근로시간 또는 휴일근로시간이 위 합의한 시간에 미달하더라도 합의한 시간을 기준으로 삼아야 한다.[198)]

## 3. 연차유급휴가

| 근기법 | 벌칙 |
|---|---|
| 제60조(연차 유급휴가) ① 사용자는 1년간 80퍼센트 이상 출근한 근로자에게 15일의 유급휴가를 주어야 한다. | 2년 이하의 징역 또는 2천만원 이하의 벌금 |
| ② 사용자는 계속하여 근로한 기간이 1년 미만인 근로자 또는 1년간 80퍼센트 미만 출근한 근로자에게 1개월 개근 시 1일의 유급휴가를 주어야 한다. | 2년 이하의 징역 또는 2천만원 이하의 벌금 |
| ③ 삭제 | |
| ④ 사용자는 3년 이상 계속하여 근로한 근로자에게는 제1항에 따른 휴가에 최초 1년을 초과하는 계속 근로 연수 매 2년에 대하여 1일을 가산한 유급휴가를 주어야 한다. 이 경우 가산휴가를 포함한 총 휴가 일수는 25일을 한도로 한다. | 2년 이하의 징역 또는 2천만원 이하의 벌금 |
| ⑤ 사용자는 제1항부터 제4항까지의 규정에 따른 휴가를 근로자가 청구한 시기에 주어야 하고, 그 기간에 대하여는 취업규칙 등에서 정 | 2년 이하의 징역 또는 2천만원 이하의 벌금 |

---

198) 대법원 2019. 8. 14. 선고 2018다244631 판결. 갑 주식회사가 노동조합과 실제 근로시간과 상관없이 연장근로수당은 월 110시간분을, 휴일근로수당은 월 20시간분을 고정적으로 지급하기로 하는 '보장시간제 약정'을 한 사안에서, 실제 근로시간과 보장된 약정 근로시간 중 어느 것을 기준으로 법정수당을 산정할 것인지에 관한 당사자의 주장은 법적 판단이나 평가에 해당하는 것이어서 자백의 대상이 되는 사실에 관한 진술이라 할 수 없으며, 상여금 등을 포함하여 재산정한 통상시급을 기초로 갑 회사가 근로자인 을 등에게 근기법에 따라 지급하여야 할 연장근로수당과 휴일근로수당은 보장시간제 약정에 따른 근로시간을 기준으로 산정하여야 한다고 본 원심 판단을 수긍한 사례이다.

| 근기법 | 벌칙 |
|---|---|
| 하는 통상임금 또는 평균임금을 지급하여야 한다. 다만, 근로자가 청구한 시기에 휴가를 주는 것이 사업 운영에 막대한 지장이 있는 경우에는 그 시기를 변경할 수 있다. | |
| ⑥ 제1항 및 제2항을 적용하는 경우 다음 각 호의 어느 하나에 해당하는 기간은 출근한 것으로 본다.<br>1. 근로자가 업무상의 부상 또는 질병으로 휴업한 기간<br>2. 임신 중의 여성이 제74조제1항부터 제3항까지의 규정에 따른 휴가로 휴업한 기간<br>3. 「남녀고용평등과 일·가정 양립 지원에 관한 법률」 제19조제1항에 따른 육아휴직으로 휴업한 기간 | |
| ⑦ 제1항·제2항 및 제4항에 따른 휴가는 1년간(계속하여 근로한 기간이 1년 미만인 근로자의 제2항에 따른 유급휴가는 최초 1년의 근로가 끝날 때까지의 기간을 말한다) 행사하지 아니하면 소멸된다. 다만, 사용자의 귀책사유로 사용하지 못한 경우에는 그러하지 아니하다. | |

| 근기법 시행령 |
|---|
| 제33조(휴가수당의 지급일) 법 제60조제5항에 따라 지급하여야 하는 임금은 유급휴가를 주기 전이나 준 직후의 임금지급일에 지급하여야 한다 |
| 제61조(연차 유급휴가의 사용 촉진) ① 사용자가 제60조제1항·제2항 및 제4항에 따른 유급휴가(계속하여 근로한 기간이 1년 미만인 근로자의 제60조제2항에 따른 유급휴가는 제외한다)의 사용을 촉진하기 위하여 다음 각 호의 조치를 하였음에도 불구하고 근로자가 휴가를 사용하지 아니하여 제60조제7항 본문에 따라 소멸된 경우에는 사용자는 그 사용하지 아니한 휴가에 대하여 보상할 의무가 없고, 제60조제7항 단서에 따른 사용자의 귀책사유에 해당하지 아니하는 것으로 본다.<br>1. 제60조제7항 본문에 따른 기간이 끝나기 6개월 전을 기준으로 10일 이내에 사용자가 근로자별로 사용하지 아니한 휴가 일수를 알려주고, 근로자가 그 사용 시기를 정하여 사용자에게 통보하도록 서면으로 촉구할 것<br>2. 제1호에 따른 촉구에도 불구하고 근로자가 촉구를 받은 때부터 10일 이내에 사용하지 아니한 휴가의 전부 또는 일부의 사용 시기를 정하여 사용자에게 통보하지 아니하면 제60조제7항 본문에 따른 기간이 끝나기 2개월 전까지 사용자가 사용하지 아니한 휴가의 사용 시기를 정하여 근로자에게 서면으로 통보할 것<br>② 사용자가 계속하여 근로한 기간이 1년 미만인 근로자의 제60조제2항에 따른 유급휴가의 사용을 촉진하기 위하여 다음 각 호의 조치를 하였음에도 불구하고 근로자가 휴가를 사용하지 아니하여 제60조제7항 본문에 따라 소멸된 경우에는 사용자는 그 사용하지 아니한 휴가에 대하여 보상할 의무가 없고, 같은 항 단서에 따른 사용자의 귀책사유에 해당하지 아니하는 것으로 본다.<br>1. 최초 1년의 근로기간이 끝나기 3개월 전을 기준으로 10일 이내에 사용자가 근로자별로 사용하지 아니한 휴가 일수를 알려주고, 근로자가 그 사용 시기를 정하여 사용자에게 통보하도록 서면으로 촉구할 것. 다만, 사용자가 서면 촉구한 후 발생한 휴가에 대해서는 최초 1 |

| 근기법 | 벌칙 |
|---|---|
| 년의 근로기간이 끝나기 1개월 전을 기준으로 5일 이내에 촉구하여<br>야 한다.<br>2. 제1호에 따른 촉구에도 불구하고 근로자가 촉구를 받은 때부터 10일<br>  이내에 사용하지 아니한 휴가의 전부 또는 일부의 사용 시기를 정하<br>  여 사용자에게 통보하지 아니하면 최초 1년의 근로기간이 끝나기 1<br>  개월 전까지 사용자가 사용하지 아니한 휴가의 사용 시기를 정하여<br>  근로자에게 서면으로 통보할 것. 다만, 제1호 단서에 따라 촉구한<br>  휴가에 대해서는 최초 1년의 근로기간이 끝나기 10일 전까지 서면<br>  으로 통보하여야 한다. | |
| 제62조(유급휴가의 대체) 사용자는 근로자대표와의 서면 합의에 따라<br>  제60조에 따른 연차 유급휴가일을 갈음하여 특정한 근로일에 근로<br>  자를 휴무시킬 수 있다. | |

### 1) 연차유급휴가

#### ① 기본휴가

사용자는 1년간 80퍼센트 이상 출근한 근로자에게 15일, 계속하여 근로한 기간이 1년 미만인 근로자 또는 1년간 80퍼센트 미만 출근한 근로자에게 1개월 개근 시 1일의 유급휴가를 주어야 한다(근기법 제60조 제1항 및 제2항 : 기본휴가). 이 경우 근로자가 1년간 80% 이상 출근하였는지는, 1년간의 총 역일(역일)에서 법령·단체협약·취업규칙 등에 의하여 근로의무가 없는 것으로 정해진 날을 뺀 일수(이하 '소정근로일수'라고 한다) 중 근로자가 현실적으로 근로를 제공한 출근일수의 비율, 즉 출근율을 기준으로 판단하여야 한다.[199] 1년간의 계속근로는 원칙적으로 그 근로자가 근로를 개시한 날로부터 기산하여야 할 것이나, 사용자가 사업장 내의 모든 근로자에 대한 연차휴가를 일률적으로 시행하기 위하여 단체협약이나 취업규칙으로 연차휴가권 발생의 기준이 되는 시점을 정하고 이를 기준으로 계속근로 기간과 출근일수를 산정하더라도, 그 기준일 이전의 1년 이내에 채용된 근로자에 대하여 잔여기간을 출근한 것으로 보고 1년간 계속근로한 것으로 취급하여 연차휴가를 실시한다면 근로자에 대하여 불리하지 아니한 것으로서 적법하다.[200]

#### ② 가산휴가

3년 이상 계속하여 근로한 근로자에게는 25일을 한도로 하여 기본휴가에 최초

---

199) 대법원 2017. 5. 17. 선고 2014다232296, 2014다232302(병합) 판결.
200) 대법원 2000. 12. 22. 선고 99다10806 판결.

1년을 초과하는 계속 근로 연수 매 2년에 대하여 1일을 가산한 유급휴가를 주어
야 한다(근기법 제60조 제4항 : 가산휴가).

### ③ 지급시기

사용자는 근로자가 청구한 시기에 연차유급휴가를 근로자에게 주어야 한다. 다
만 근로자가 청구한 시기에 휴가를 주는 것이 사업 운영에 막대한 지장이 있는
경우에는 그 시기를 변경할 수 있다(근기법 제60조 제5항).

연차유급휴가권이 근기법상 성립요건을 충족하는 경우에 당연히 발생하는 것이
라고 하여도 휴가권을 구체화하려면 근로자가 자신에게 맡겨진 시기지정권(時期指
定權)을 행사하여 어떤 휴가를, 언제부터 언제까지 사용할 것인지에 관하여 특정하
여야 한다. 근로자가 이와 같은 특정을 하지 아니한 채 시기지정을 하더라도 이는
적법한 시기지정이라고 할 수 없어 그 효력이 발생할 수 없고, 부적법한 연차휴가
신청을 한 다음 사용자의 승인도 없이 출근하지 않는 것은 무단결근이다.[201]

### 2) 연차유급휴가 사용촉진제도와 연차유급휴가수당

연차유급휴가는 사용자의 귀책사유가 있는 경우를 제외하고 1년간(계속하여 근
로한 기간이 1년 미만인 근로자의 기본휴가는 최초 1년의 근로가 끝날 때까지의 기간을 말한다)
행사하지 아니하면 소멸된다(근기법 제60조 제7항). 이에 따라 근로자가 연차휴가에
관한 권리를 취득한 후 1년 이내에 연차휴가를 사용하지 아니하거나 1년이 지나
기 전에 퇴직하는 등의 사유로 인하여 더 이상 연차휴가를 사용하지 못하게 될
경우에는 사용자에게 그 연차휴가일수에 상응하는 임금인 연차휴가수당을 청구
할 수 있다.[202] 다만 근기법 제61조에서는 연차유급휴가 사용촉진제도를 두면서,
사용자가 연차유급휴가 사용을 근로자에게 촉구하였음에도 불구하고 근로자가
휴가를 사용하지 않아 휴가권이 소멸한 경우에는 사용자는 그 사용하지 아니한
휴가에 대하여 보상할 의무가 없다고 규정하고 있다(근기법 제61조). 이 경우, 근로
자의 휴가 미사용은 근로자의 자발적인 의사에 따른 것이어야 한다. 판례에 따르
면 근로자가 지정된 휴가일에 출근하여 근로를 제공한 경우, 사용자가 휴가일에
근로한다는 사정을 인식하고도 노무의 수령을 거부한다는 의사를 명확하게 표시

---

201) 대법원 1997. 3. 25. 선고 96다4930 판결.
202) 대법원 2000. 12. 22. 선고 99다10806 판결.

하지 아니하거나 근로자에 대하여 업무 지시를 하였다면 특별한 사정이 없는 한 근로자가 자발적인 의사에 따라 휴가를 사용하지 않은 것으로 볼 수 없어 사용자는 근로자가 이러한 근로의 제공으로 인해 사용하지 아니한 휴가에 대하여 여전히 보상할 의무를 부담한다.[203)

### 3) 연차유급휴가 부여를 위한 출근율 계산

#### ① 정직이나 직위해제 등의 징계기간

근로자에게 주어야 하는 연차유급휴가일수를 계산할 때 ① 근로자가 업무상의 부상 또는 질병으로 휴업한 기간, ② 임신 중의 여성이 근기법이 정하는 바에 따른 출산전후휴가로 휴업한 기간, ③ 근로자가 남녀고용평등과 일·가정 양립 지원에 관한 법률이 정하는 바에 따른 육아휴직으로 휴업한 기간은 출근한 것으로 간주한다(근기법 제60조 제6항). 법이 규정하는 기간 이외 취업규칙 등으로 정하는 바에 따라 연차유급휴가일수를 계산할 때 필요한 출근일수에서 제외하는 것은 유효한 것으로 보고 있다. 따라서, 예를 들어 정직이나 직위해제 등의 징계를 받은 근로자는 징계기간 중 근로자의 신분을 보유하면서도 근로의무가 면제되므로, 사용자는 취업규칙에서 근로자의 정직 또는 직위해제 기간을 소정 근로일수에 포함시키되 그 기간 중 근로의무가 면제되었다는 점을 참작하여 연차유급휴가 부여에 필요한 출근일수에는 포함되지 않는 것으로 규정할 수 있다.[204)

#### ② 정당한 쟁의행위 기간

근로자가 정당한 쟁의행위를 한 경우, 쟁의행위 등은 헌법이나 법률에 의하여 보장된 근로자의 정당한 권리행사이고 그 권리행사에 의하여 쟁의행위 등 기간 동안 근로관계가 정지됨으로써 근로자는 근로의무가 없으며, 쟁의행위 등을 이유로 근로자를 부당하거나 불리하게 처우하는 것이 법률상 금지되어 있으므로 근로자가 본래 연간 소정근로일수에 포함되었던 쟁의행위 등 기간 동안 근로를 제공하지 아니하였다 하더라도 이를 두고 근로자가 결근한 것으로 볼 수는 없다. 그렇다고 근로자기 근로를 제공한 비기 없고 근기법에서 출근한 것으로 간주하는 규정도 없기 때문에 근로자가 출근한 것으로 의제할 수도 없는 상황이 발생한다.

---

203) 대법원 2020. 2. 27. 선고 2019다279283 판결.
204) 대법원 2008. 10. 9. 선고 2008다41666 판결.

판례는, 이러한 경우 헌법과 관련 법률에 따라 쟁의행위 등 근로자의 정당한 권리 행사를 보장하고, 아울러 근로자에게 정신적·육체적 휴양의 기회를 제공하고 문화적 생활의 향상을 기하려는 연차유급휴가 제도의 취지를 살리는 한편, 연차유급휴가가 1년간의 근로에 대한 대가로서의 성질을 갖고 있고 현실적인 근로의 제공이 없었던 쟁의행위 등 기간에는 원칙적으로 근로에 대한 대가를 부여할 의무가 없는 점 등을 종합적으로 고려할 때, 연간 소정근로일수에서 쟁의행위 등 기간이 차지하는 일수를 제외한 나머지 일수를 기준으로 근로자의 출근율을 산정하여 연차유급휴가 취득 요건의 충족 여부를 판단하되, 그 요건이 충족된 경우에는 본래 평상적인 근로관계에서 8할의 출근율을 충족할 경우 산출되었을 연차유급휴가일수에 대하여 '연간 소정근로일수에서 쟁의행위 등 기간이 차지하는 일수를 제외한 나머지 일수'를 '연간 소정근로일수'로 나눈 비율을 곱하여 산출된 연차유급휴가일수를 근로자에게 부여함이 합리적이라고 보고 있다.205)

### ③ 직장폐쇄 기간

사용자의 적법한 직장폐쇄로 인하여 근로자가 출근하지 못한 기간은 원칙적으로 연차휴가일수 산정을 위한 연간 소정근로일수에서 제외되어야 한다. 다만 노동조합의 쟁의행위에 대한 방어수단으로서 사용자의 적법한 직장폐쇄가 이루어진 경우, 이러한 적법한 직장폐쇄 중 근로자가 위법한 쟁의행위에 참가한 기간은 근로자의 귀책으로 근로를 제공하지 않은 기간에 해당하므로, 연간 소정근로일수에 포함시키되 결근한 것으로 처리하여야 한다.206)

이와 달리 사용자의 위법한 직장폐쇄로 인하여 근로자가 출근하지 못한 기간을 근로자에 대하여 불리하게 고려할 수는 없으므로 원칙적으로 그 기간은 연간 소정근로일수 및 출근일수에 모두 산입되는 것으로 보는 것이 타당하다. 다만 위법한 직장폐쇄 중 근로자가 쟁의행위에 참가하였거나 쟁의행위 중 위법한 직장폐쇄가 이루어진 경우에 만일 위법한 직장폐쇄가 없었어도 해당 근로자가 쟁의행위에 참가하여 근로를 제공하지 않았을 것이 명백하다면, 이러한 쟁의행위가 적법한지 여부를 살펴 적법한 경우에는 그 기간을 연간 소정근로일수에서 제외하고, 위법한 경우에는 연간 소정근로일수에 포함시키되 결근한 것으로 처리하여야 한다.

---

205) 대법원 2013. 12. 26. 선고 2011다4629 판결.
206) 대법원 2019. 2. 14. 선고 2015다66052 판결.

이처럼 위법한 직장폐쇄가 없었다고 하더라도 쟁의행위에 참가하여 근로를 제공하지 않았을 것임이 명백한지는 쟁의행위에 이른 경위 및 원인, 직장폐쇄 사유와의 관계, 해당 근로자의 쟁의행위에서의 지위 및 역할, 실제 이루어진 쟁의행위에 참가한 근로자의 수 등 제반 사정을 참작하여 신중하게 판단하여야 하고, 그 증명책임은 사용자에게 있다.[207]

#### ④ 업무상 재해가 발생한 경우

근기법 제60조 제6항 제1호는 출근율을 계산할 때 근로자가 업무상 재해로 휴업한 기간은 출근한 것으로 간주하도록 규정하고 있다. 이는 근로자가 업무상 재해 때문에 근로를 제공할 수 없었음에도 업무상 재해가 없었을 경우보다 적은 연차휴가를 부여받는 불이익을 방지하려는 데에 그 취지가 있다. 그러므로 근로자가 업무상 재해로 휴업한 기간은 장단(長短)을 불문하고 소정근로일수와 출근일수에 모두 포함시켜 출근율을 계산하여야 하고, 설령 그 기간이 1년 전체에 걸치거나 소정근로일수 전부를 차지한다고 하더라도 마찬가지이다.[208]

### 4) 취업규칙 등에서 연차휴가수당의 산정기준을 정하지 않은 경우의 연차휴가수당

연차휴가기간에 근로자가 근로를 제공하지 않더라도 근로를 제공한 것으로 보아 지급되어야 하는 연차휴가수당은 취업규칙 등에서 산정 기준을 정하지 않았다면, 그 성질상 통상임금을 기초로 하여 산정하여야 하는 것으로 보고 있다.[209] 그리고 근로자가 연차휴가에 관한 권리를 취득한 후 1년 이내에 연차휴가를 사용하지 아니하거나 1년이 지나기 전에 퇴직하는 등의 사유로 인하여 더 이상 연차휴가를 사용하지 못하게 될 경우에 연차휴가일수에 상응하는 임금인 연차휴가수당을 청구할 수 있는데, 이러한 연차휴가수당 역시 취업규칙 등에 다른 정함이 없다면 마찬가지로 통상임금을 기초로 하여 산정할 수당으로 본다.[210]

### 5) 1년 기간제 근로계약을 체결한 근로자의 연차휴가일수

연차휴가를 사용할 권리 또는 연차휴가수당 청구권은 근로자가 전년도에 출근

---

207) 대법원 2019. 2. 14. 선고 2015다66052 판결.
208) 대법원 2017. 5. 17. 선고 2014다232296, 2014다232302(병합) 판결.
209) 대법원 2019. 10. 18. 선고 2018다239110 판결.
210) 대법원 2019. 10. 18. 선고 2018다239110 판결.

율을 충족하면서 근로를 제공하면 당연히 발생하는 것으로서, 연차휴가를 사용할 해당 연도가 아니라 그 전년도 1년간의 근로에 대한 대가에 해당한다. 따라서 연차휴가를 사용할 권리는 다른 특별한 정함이 없는 한 그 전년도 1년간의 근로를 마친 다음 날 발생한다고 보아야 하므로, 그 전에 퇴직 등으로 근로관계가 종료한 경우에는 연차휴가를 사용할 권리에 대한 보상으로서의 연차휴가수당도 청구할 수 없고, 기간을 정하여 근로계약을 체결한 근로자의 경우 그 기간이 만료됨으로써 근로자로서의 신분관계는 당연히 종료되는 것이 원칙이므로, 1년 기간제 근로계약을 체결한 근로자에게는 최대 11일의 연차휴가가 부여된다고 보아야 한다.211)

연차휴가를 사용할 권리 혹은 연차휴가수당 청구권은 근로자가 전년도에 출근율을 충족하면서 근로를 제공하면 당연히 발생하는 것으로서 연차휴가를 사용할 해당 연도가 아니라 그 전년도 1년간의 근로에 대한 대가라는 점과 일정기간 출근한 근로자에게 일정기간 유급으로 근로의무를 면제함으로써 정신적·육체적 휴양의 기회를 제공하고 문화적 생활의 향상을 기하기 위한 것이라는 연차휴가 제도의 목적을 고려하면, 근기법 제60조 제1항은 최초 1년간 80퍼센트 이상 출근한 근로자가 그다음 해에도 근로관계를 유지하는 것을 전제로 하여 2년차에 15일의 유급휴가를 주어야 한다는 취지로 해석함이 타당하다. 즉, 근기법 제60조 제1항은 1년 기간제 근로계약을 체결하여 1년의 근로계약기간이 만료됨과 동시에 근로계약관계가 더 이상 유지되지 아니하는 근로자에게는 적용되지 않는다.212)

## Ⅶ. 인사와 징계

| 근기법 | 벌칙 |
|---|---|
| 제23조(해고 등의 제한) ① 사용자는 근로자에게 정당한 이유 없이 해고, 휴직, 정직, 전직, 감봉, 그 밖의 징벌(懲罰)(이하 "부당해고등"이라 한다)을 하지 못한다. | |
| ② 사용자는 근로자가 업무상 부상 또는 질병의 요양을 위하여 휴업한 기간과 그 후 30일 동안 또는 산전(産前)·산후(産後)의 여성이 이 법에 따라 휴업한 기간과 그 후 30일 동안은 해고하지 못한다. 다만, 사용자가 제84 | 5년 이하의 징역 또는 5천만원 이하의 벌금 |

211) 대법원 2021. 10. 14. 선고 2021다227100 판결.
212) 대법원 2021. 10. 14. 선고 2021다227100 판결.

| 근기법 | 벌칙 |
|---|---|
| 조에 따라 일시보상을 하였을 경우 또는 사업을 계속할 수 없게 된 경우에는 그러하지 아니하다. | |
| 제28조(부당해고등의 구제신청) ① 사용자가 근로자에게 부당해고등을 하면 근로자는 노동위원회에 구제를 신청할 수 있다.<br>② 제1항에 따른 구제신청은 부당해고등이 있었던 날부터 3개월 이내에 하여야 한다. | |

## 1. 전직(배치전환)

### 1) 전직의 개념

전직(배치전환)이라 함은 근로자의 직무내용 또는 근무장소가 같은 기업 내에서 상당히 장기간에 걸쳐 변경되는 것을 말한다.[213] 사업장을 달리하는 근무장소의 변경을 전근이라고 하며, 직무내용이 변경되는 것을 전직이라고 하여 개념상 구분하고 있다.[214] 근로자에 대한 전보나 전직은 원칙적으로 인사권자인 사용자의 권한에 속하므로 업무상 필요한 범위 내에서는 사용자는 상당한 재량을 가지며, 그것이 근기법에 위반되거나 권리남용에 해당되는 등의 특별한 사정이 없는 한 유효하다고 본다.[215]

### 2) 전직의 정당성

#### ① 업무상 필요성과 생활상 불이익의 비교

전보처분 등이 권리남용에 해당하는지 여부는 전보처분 등의 업무상의 필요성과 전보 등에 따른 근로자의 생활상의 불이익을 비교·교량하여 결정되어야 하고, 업무상의 필요에 의한 전보 등에 따른 생활상의 불이익이 근로자가 통상 감수하여야 할 정도를 현저하게 벗어난 것이 아니라면 이는 정당한 인사권의 범위 내에 속하는 것으로서 권리남용에 해당하지 않는다.[216]

사용자가 전직처분 등을 함에 있어서 요구되는 업무상의 필요란 인원 배치를 변경할 필요성이 있고 그 변경에 어떠한 근로자를 포함시키는 것이 적절할 것인

---

213) 김형배, 『노동법』, 박영사, 2022, 651쪽.
214) 상동.
215) 대법원 2013. 6. 27. 선고 2013다9475 판결.
216) 대법원 1995. 10. 13. 선고 94다52928 판결.

가 하는 인원선택의 합리성을 의미하는데, 여기에는 업무능률의 증진, 직장질서의 유지나 회복, 근로자 간의 인화 등의 사정도 포함된다.[217)]

사용자가 근로자의 생활상 불이익을 완화하는 대상조치 등의 배려를 하였다면 전직의 정당성을 인정하는 긍정적 요소로 고려될 수 있다.[218)]

### ② 근로자와의 협의

전보처분 등을 함에 있어서 근로자 본인과 성실한 협의절차를 거쳤는지 여부는 정당한 인사권의 행사인지 여부를 판단하는 하나의 요소라고는 할 수 있으나 그러한 절차를 거치지 아니하였다는 사정만으로 전보처분 등이 권리남용에 해당하여 당연히 무효가 된다고는 할 수 없다.[219)]

### ③ 징계로서의 전직

근로자가 사용자의 지시를 합리적으로 거부하였음에도 불구하고 그에 대한 보복의 수단으로서 내려진 전보발령이 업무상 필요성은 크지 않고 근로자의 생활상 불이익이 상당하다면 권리를 남용한 전보발령으로서 무효이다.[220)]

### ④ 전직을 제한하는 합의가 있는 경우

근로계약에서 근로 내용이나 근무장소를 특별히 한정한 경우에 사용자가 근로자에 대하여 전보나 전직처분을 하려면 원칙적으로 근로자의 동의가 있어야 한다.[221)]

## 2. 전적

### 1) 전적의 개념

전적이란 근로자를 그가 고용된 기업으로부터 다른 기업으로 적을 옮겨 다른 기업의 업무에 종사하게 하는 것을 의미한다.[222)] 전적은 종래에 종사하던 기업과 사이의 근로계약을 합의해지하고 이적하게 될 기업과 사이에 새로운 근로계약을

---

217) 대법원 2013. 2. 28. 선고 2010다52041 판결, 대법원 2018. 10. 25. 선고 2016두44162 판결.
218) 대법원 1997. 7. 22. 선고 97다18165,18172 판결.
219) 대법원 1995. 10. 13. 선고 94다52928 판결.
220) 대법원 1997. 12. 12. 선고 97다36316 판결.
221) 대법원 2013. 2. 28. 선고 2010다52041 판결.
222) 대법원 1993. 1. 26. 선고 92다11695 판결.

체결하는 것이거나 근로계약상의 사용자의 지위를 양도하는 것이므로, 동일기업 내의 인사이동인 전근이나 전보와 달라 특별한 사정이 없는 한 근로자의 동의를 얻어야 효력이 생긴다.[223]

## 2) 전적의 정당성

근로자를 그가 고용된 기업으로부터 다른 기업으로 적을 옮겨 그 다른 기업의 업무에 종사하게 하는 이른바 전적(轉籍)은, 종래에 종사하던 기업과 근로계약을 합의해지하고 이적하게 될 기업과 간에 새로운 근로계약을 체결하는 것이거나, 근로계약상의 사용자의 지위를 양도하는 것이므로, 동일 기업내의 인사이동인 전근이나 전보와 달리, 특별한 사정이 없는 한 근로자의 동의를 얻어야 효력이 생기는 것인바, 사용자가 근로자의 동의를 얻지 아니하고 기업그룹 내의 다른 계열회사로 근로자를 전적시키는 관행이 있어서 그 관행이 근로계약의 내용을 이루고 있다고 인정하기 위하여는, 그와 같은 관행이 기업사회에서 일반적으로 근로관계를 규율하는 규범적인 사실로서 명확히 승인되거나, 기업의 구성원이 일반적으로 아무런 이의도 제기하지 아니한 채 당연한 것으로 받아들여 기업 내에서 사실상의 제도로서 확립되어 있지 않으면 안 된다.[224]

근로자의 동의를 전적의 요건으로 하는 이유는, 근로관계에 있어서 업무지휘권의 주체가 변경됨으로 인하여 근로자가 받을 불이익을 방지하려는 데에 있다. 다양한 업종과 업태를 가진 계열기업들이 기업그룹을 형성하여 자본·임원의 구성·근로조건 및 영업 등에 관하여 일체성을 가지고 경제활동을 전개하고, 그 그룹내부에서 계열기업간의 인사교류가 동일기업 내의 인사이동인 전보나 전근 등과 다름없이 일상적·관행적으로 빈번하게 행하여져 온 경우, 그 그룹 내의 기업에 고용된 근로자를 다른 계열기업으로 전적시키는 것은, 비록 형식적으로는 사용자의 법인격이 달라지게 된다고 하더라도, 실질적으로 업무지휘권의 주체가 변동된 것으로 보기 어려운 면이 있으므로, 사용자가 기업그룹 내부의 이와 같은 전적에 관하여 미리(근로자가 입사할 때 또는 근무하는 동안에) 근로자의 포괄적인 동의를 얻어 두면, 그때마다 근로자의 동의를 얻지 아니하더라도 근로자를 다른 계

---

223) 상동.
224) 상동. 다만 아직까지 근로자의 동의가 없더라도 전적의 관행만으로 전적의 유효성이 인정된 사례는 없다.

열기업으로 유효하게 전적시킬 수 있다.[225] 다만 이때의 포괄적 사전동의는 전적할 기업을 특정하고(복수기업이라도 좋다) 그 기업에서 종사하여야 할 업무에 관한 사항 등의 기본적인 근로조건을 명시한 것에 대한 근로자의 동의이다.[226]

### 3) 유효한 전적의 효과

전적은 종전 기업과의 근로관계를 합의해지하고, 이적하게 될 기업과 사이에 새로운 근로계약을 체결하는 것이므로 유효한 전적이 이루어진 경우 당사자 사이에 종전 기업과의 근로관계를 승계하기로 하는 특약이 있거나 이적하게 될 기업의 취업규칙 등에 종전 기업에서의 근속기간을 통산하도록 하는 규정이 있는 등의 특별한 사정이 없는 한 당해 근로자의 종전 기업과의 근로관계는 단절되는 것이고, 이적하게 될 기업이 당해 근로자의 종전 기업과의 근로관계를 승계하는 것은 아니다.[227]

## 3. 휴직명령

휴직이란 어떤 근로자를 그 직무에 종사하게 하는 것이 불능이거나 또는 적당하지 아니한 사유가 발생한 때에 그 근로자의 지위를 그대로 두면서, 일정한 기간 그 직무에 종사하는 것을 금지시키는 사용자의 처분을 말하며, 통상 이러한 휴직제도는 사용자의 취업규칙이나 단체협약 등에 의하여 규정되고 있다. 그런데 근기법 제23조 제1항에서 사용자는 근로자에 대하여 정당한 이유 없이 휴직하지 못한다고 제한하고 있는 취지에 비추어 볼 때, 위와 같은 휴직근거규정에 의하여 사용자에게 일정한 휴직사유의 발생에 따른 휴직명령권을 부여하고 있다 하더라도 그 정해진 사유가 있는 경우, 당해 휴직규정의 설정 목적과 그 실제 기능, 휴직명령권 발동의 합리성 여부 및 그로 인하여 근로자가 받게 될 신분상·경제상의 불이익 등 구체적인 사정을 모두 참작하여 근로자가 상당한 기간에 걸쳐 근로의 제공을 할 수 없다거나, 근로제공을 함이 매우 부적당하다고 인정되는 경우에만 정당한 이유가 있다고 보아야 한다.[228]

---

225) 대법원 1993. 1. 26. 선고 92다11695 판결.
226) 상동.
227) 대법원 1996. 12. 23. 선고 95다29970 판결.
228) 대법원 2005. 2. 18. 선고 2003다63029 판결. 근로자가 형사사건으로 구속되었다가 불구속 기

예를 들어, 근로자가 형사사건으로 구속 기소되었을 때에는 휴직을 명할 수 있도록 하는 한편, 휴직기간은 최초의 형 판결 시까지로 하되 계속 구속될 경우 확정판결 시까지 연장 가능하고, 휴직한 근로자는 그 사유가 소멸된 때에는 30일이내에 복직을 신청하여야 하고 피고는 지체 없이 복직을 명하여야 한다고 정한 인사규정이 있다고 하더라도, 근로자가 보석이 결정되어 석방된 이후에는 휴직명령의 사유가 소멸하는 것이기 때문에 다른 특별한 사정이 없는 한 근로자가 복직신청을 하는 경우 사용자는 복직을 명하여야 한다.[229]

## 4. 인사고과 관련

근로자에 대한 인사고과는 원칙적으로 인사권자인 사용자의 권한에 속하므로 업무상 필요한 범위 안에서는 상당한 재량을 갖지만, 사용자는 근로자의 근무실적이나 업무능력 등을 중심으로 객관적이고 공정한 평정의 기준에 따라 이루어지도록 노력해야 하고, 그것이 해고에 관한 법적 규제를 회피하고 퇴직을 종용하는 수단으로 악용되는 등의 불순한 동기로 남용되어서는 안 된다. 사용자의 인사고과가 헌법, 근기법 등에 위반되거나 객관적이고 공정한 평정의 기준을 현저하게 위반하여 정당한 인사권의 범위를 벗어난 때에는 인사고과의 평가 결과는 사법심사의 대상이 되어 그 효력을 부인할 수 있다.[230]

## 5. 대기발령(직위해제)

### 1) 대기발령(직위해제)의 의미

근로자에 대한 대기발령(직위해제)은 일반적으로 근로자가 직무수행능력이 부족하거나 근무성적 또는 근무태도 등이 불량한 경우, 근로자에 대한 징계절차가 진

---

소된 이상 사용자의 인사규정에서 정한 명령휴직의 사유 그 자체는 발생하였다고 할 것이고 근로자가 석방되기 전까지는 상당한 기간에 걸쳐 근로의 제공을 할 수 없는 경우에 해당하므로 위 근로자에 대한 사용자의 명령휴직처분에는 정당한 이유가 있다고 볼 수 있으나, 구속취소로 석방된 후에는 근로자가 상당한 기간에 걸쳐 근로의 제공을 할 수 없는 경우에 해당한다고 할 수 없고 명령휴직규정의 설정 목적 등 제반 사정에 비추어 볼 때 근로자가 근로를 제공함이 매우 부적당한 경우라고도 볼 수 없어 위 명령휴직처분을 계속 유지하는 것에 정당한 이유가 없다고 한 사례이다.

229) 대법원 2022. 2. 10. 선고 2020다301155 판결.
230) 대법원 2015. 6. 24. 선고 2013다22195 판결(원심 수원지방법원 2013. 1. 29. 선고 2012나6377 판결).

행중인 경우, 근로자가 형사사건으로 기소된 경우 등에 있어서 당해 근로자가 장래에 있어서 계속 직무를 담당하게 될 경우 예상되는 업무상의 장애 등을 예방하기 위하여 일시적으로 당해 근로자에게 직위를 부여하지 아니함으로써 직무에 종사하지 못하도록 하는 잠정적인 조치로서의 보직해제를 의미한다.[231]

### 2) 대기발령(직위해제)의 정당성

대기발령(직위해제)은 과거의 비위행위에 대하여 기업질서 유지를 목적으로 이루어지는 징벌적 제재로서의 징계와 성질이 다르고, 인사명령의 한 종류로서 인사권자인 사용자의 고유권한에 속한다고 본다.[232] 대기발령 등의 인사명령이 정당한 인사권의 범위 내에서 한 것인지 여부는 당해 인사명령의 업무상의 필요성과 그에 따른 근로자의 생활상의 불이익을 비교·교량하고, 근로자 본인과의 협의 등 그 처분을 하는 과정에서 신의칙상 요구되는 절차를 거쳤는지 여부를 종합적으로 고려하여 결정하여야 한다.[233] 따라서 근기법에 위반되거나 권리남용에 해당하는 등의 특별한 사정이 없는 한, 사용자의 대기발령명령이 징계절차를 거치지 아니하였다는 사정만으로 위법하다고 할 수는 없다.[234]

취업규칙 등에 직위해제에 관한 특별한 절차규정이 있는 경우가 아닌 한 직위해제를 함에 있어서 징계에 관한 절차 등을 거쳐야 하는 것은 아니며, 나아가 직위해제의 성질 및 근로자의 비위행위에 대하여 여러 종류의 징계처분을 할 수 있도록 되어 있는 징계의 경우와는 달리 사용자로 하여금 직위해제 사유가 존재하는 근로자에 대하여 직위해제처분 외의 다른 처분을 하도록 강제할 수 있는 것이 아닌 점 등에 비추어, 근로자에 대한 직위해제처분의 정당성은 근로자에게 당해 직위해제 사유가 존재하는지 여부나 직위해제에 관한 절차규정을 위반한 것이 당해 직위해제처분을 무효로 할 만한 것이냐에 의하여 판단할 것이고, 단지 당해 직위해제처분이 근로자에게 가혹하고 다른 근로자의 유사한 비위행위에 대한 징계처분 등에 비추어 형평에 어긋난다는 사정만으로 그 정당성이 없는 것이라고 단정할 수 없다.[235]

---

231) 대법원 1996. 10. 29. 선고 95누15926 판결.
232) 대법원 2007. 5. 31. 선고 2007두1460 판결.
233) 대법원 2013. 5. 9. 선고 2012다64833 판결.
234) 대법원 2000. 6. 23. 선고 98다54960 판결.
235) 대법원 1996. 10. 29. 선고 95누15926 판결.

다만 사용자가 대기발령 근거규정에 의하여 일정한 대기발령 사유의 발생에 따라 근로자에게 대기발령을 한 것이 정당한 경우라고 하더라도 당해 대기발령 규정의 설정 목적과 그 실제 기능, 대기발령 유지의 합리성 여부 및 그로 인하여 근로자가 받게 될 신분상·경제상의 불이익 등 구체적인 사정을 모두 참작하여 그 기간은 합리적인 범위 내에서 이루어져야 하는 것이고, 만일 대기발령을 받은 근로자가 상당한 기간에 걸쳐 근로의 제공을 할 수 없다거나, 근로제공을 함이 매우 부적당한 경우가 아닌데도 사회통념상 합리성이 없을 정도로 부당하게 장기간 대기발령 조치를 유지하는 것은 특별한 사정이 없는 한 정당한 이유가 있다고 보기 어려우므로 그와 같은 조치는 무효라고 본 경우가 있다.[236)]

### 3) 경영상 대기발령과 휴업수당

사용자가 자신의 귀책사유에 해당하는 경영상의 필요에 따라 개별 근로자들에 대하여 대기발령을 한 경우, 근로자들에게 휴업수당을 지급하여야 하는지가 문제된다. 판례는 근기법 제46조 제1항에서 정하는 '휴업'에는 개개의 근로자가 근로계약에 따라 근로를 제공할 의사가 있는데도 그 의사에 반하여 취업이 거부되거나 불가능하게 된 경우도 포함되므로, 이는 '휴직'을 포함하는 광의의 개념인데, 근기법 제23조 제1항에서 정하는 '휴직'은 어떤 근로자를 그 직무에 종사하게 하는 것이 불가능하거나 적당하지 아니한 사유가 발생한 때에 그 근로자의 지위를 그대로 두면서 일정한 기간 그 직무에 종사하는 것을 금지하는 사용자의 처분을 말하는 것이고, '대기발령'은 근로자가 현재의 직위 또는 직무를 장래에 계속 담당하게 되면 업무상 장애 등이 예상되는 경우에 이를 예방하기 위하여 일시적으로 당해 근로자에게 직위를 부여하지 아니함으로써 직무에 종사하지 못하도록 하는 잠정적인 조치를 의미하므로, 대기발령은 근기법 제23조 제1항에서 정한 '휴직'에 해당한다고 볼 수 있다고 한다. 따라서 사용자가 자신의 귀책사유에 해당하는 경영상의 필요에 따라 개별 근로자들에 대하여 대기발령을 하였다면 이는 근기법 제46조 제1항에서 정한 휴업을 실시한 경우에 해당하므로 사용자는 그 근로자들에게 휴업수당을 지급할 의무가 있다고 본다.[237)]

---

236) 대법원 2007. 2. 23. 선고 2005다3991 판결.
237) 대법원 2013. 10. 11. 선고 2012다12870 판결.

#### 4) 직위해제처분 후 징계처분이 이루어진 경우 직위해제처분의 효력과 구제신청의 이익

직위해제처분은 근로자로서의 지위를 그대로 존속시키면서 다만 그 직위만을 부여하지 아니하는 처분이므로 만일 어떤 사유에 기하여 근로자를 직위해제한 후 그 직위해제 사유와 동일한 사유를 이유로 징계처분을 하였다면 뒤에 이루어진 징계처분에 의하여 그 전에 있었던 직위해제처분은 그 효력을 상실한다.[238] 여기서 직위해제처분이 효력을 상실한다는 것은 직위해제처분이 소급적으로 소멸하여 처음부터 직위해제처분이 없었던 것과 같은 상태로 되는 것이 아니라 사후적으로 그 효력이 소멸한다는 의미이다. 따라서 직위해제처분에 기하여 발생한 효과는 당해 직위해제처분이 실효되더라도 소급하여 소멸하는 것이 아니므로, 인사규정 등에서 직위해제처분에 따른 효과로 승진·승급에 제한을 가하는 등의 법률상 불이익을 규정하고 있는 경우에는 직위해제처분을 받은 근로자는 이러한 법률상 불이익을 제거하기 위하여 그 실효된 직위해제처분에 대한 구제를 신청할 이익이 있다.[239]

### 6. 징계절차

#### 1) 단체협약상 징계에 관한 조항이 있는 경우

##### ① 단체협약상 징계합의 조항의 효력

단체협약 등에 규정된 인사협의(합의)조항의 구체적 내용이 사용자가 인사처분을 함에 있어서 신중을 기할 수 있도록 노동조합이 의견을 제시할 수 있는 기회를 주어야 하도록 규정된 경우에는 그 절차를 거치지 아니하였다고 하더라도 인사처

---

238) 대법원 2010. 7. 29. 선고 2007두18406 판결. 노동조합 인터넷 게시판에 국민건강보험공단 이사장을 모욕하는 내용의 글을 게시한 근로자에 대하여 인사규정상 직원의 의무를 위반하고 품위를 손상하였다는 사유로 직위해제처분을 한 후 동일한 사유로 해임처분을 한 사안에서, 근로자는 위 직위해제처분으로 인하여 승진·승급에 제한을 받고 보수가 감액되는 등의 인사상·급여상 불이익을 입게 되었고, 위 해임처분의 효력을 둘러싸고 다툼이 있어 그 효력 여하가 확정되지 아니한 이상 근로자의 신분을 상실한다고 볼 수 없어 여전히 인사상 불이익을 받는 상태에 있으므로, 비록 직위해제처분이 해임처분에 의하여 효력을 상실하였다고 하더라도 근로자에게 위 직위해제처분에 대한 구제를 신청할 이익이 있음에도, 이와 다르게 본 원심판결에 법리오해의 위법이 있다고 한 사례이다.
239) 상동.

분의 효력에는 영향이 없다.[240) 그러나 노사간의 협상을 통해 사용자가 그 해고
권한을 제한하기로 합의하고 노동조합이 동의할 경우에 한하여 해고권을 행사하
겠다는 의미로 해고의 사전 합의(合意) 조항을 단체협약에 두었다면, 그러한 절차
를 거치지 아니한 해고처분은 원칙적으로 무효이다.[241)

### ② 노동조합의 권리남용 또는 사전동의권의 포기

단체협약으로 해고의 사전 합의 조항을 두고 있다고 하더라도 사용자의 해고
권한이 어떠한 경우를 불문하고 노동조합의 동의가 있어야만 행사할 수 있다는
것은 아니고 노동조합이 사전동의권을 남용하거나 스스로 사전동의권을 포기한
것으로 인정되는 경우에는 노동조합의 동의가 없더라도 사용자의 해고권 행사가
가능하다. 노동조합이 사전동의권을 남용한 경우란, 노동조합 측에 중대한 배신
행위가 있고 이로 인하여 사용자 측이 절차를 지키지 않았거나, 피징계자가 사용
자인 회사에 대하여 중대한 위법행위를 하여 직접적으로 막대한 손해를 입히고
비위사실이 징계사유에 해당함이 객관적으로 명백하며 회사가 노동조합 측과 사
전 합의를 위하여 성실하고 진지한 노력을 다하였음에도 불구하고 노동조합 측이
합리적 근거나 이유 제시도 없이 무작정 반대함으로써 사전 합의에 이르지 못하
였다는 등의 사정이 있는 경우에 인정된다.[242)

### ③ 단체협약상 "협의"와 "합의"의 구분

단체협약상 사용자의 인사권에 대한 노동조합의 "합의"와 "협의"를 구분하여
사용하고 있다면 이는 사용자의 인사권에 대한 제한의 정도를 달리 정한 것이고,
"합의"는 인사권의 신중한 행사를 위하여 단순히 의견수렴절차를 거치라는 뜻의
"협의"와는 달리 노사간에 "의견의 합치"를 보아 인사권을 행사하여야 한다는 뜻
에서 사전 "합의"를 하도록 규정한 것이라고 해석한다.[243)

---

240) 대법원 1993. 7. 13. 선고 92다50263 판결.
241) 대법원 2007. 9. 6. 선고 2005두8788 판결. 파업을 주도한 노동조합 위원장에 대한 해고사유가
    해고하여야 함이 명백한 때에 해당한다고 보기 어렵고, 노동조합 또한 사전 합의 조항만을 내세
    워 해고를 무작정 반대하였다고도 볼 수도 없어, 노동조합이 사전동의권을 남용하였다고 단정할
    수 없다고 한 사례이다.
242) 상동.
243) 대법원 1993. 7. 13. 선고 92다50263 판결.

#### ④ 쟁의기간 중의 징계

단체협약에서 "쟁의기간 중에는 징계나 전출 등의 인사조치를 아니한다."라고 정하고 있는 경우, 이는 쟁의기간 중에 쟁의행위에 참가한 조합원에 대한 징계 등 인사 조치 등에 의하여 노동조합의 활동이 위축되는 것을 방지함으로써 노동조합의 단체행동권을 실질적으로 보장하기 위한 것이라 할 것이므로, 쟁의행위가 그 목적에 있어 정당하고 절차적으로 노동조합 및 노동관계조정법의 제반 규정을 준수함으로써 정당하게 개시된 경우라면, 비록 그 쟁의 과정에서 징계사유가 발생하였다고 하더라도 쟁의가 계속되고 있는 한 그러한 사유를 들어 쟁의기간 중에 징계위원회의 개최 등 조합원에 대한 징계절차의 진행을 포함한 일체의 징계 등 인사조치를 할 수 없다.[244)]

단체협약에서 "징계위원회는 징계사유 발생일로부터 15일 이내에 개최되어야 하고, 이를 따르지 않는 무효로 한다."라고 정하고 있는 경우, 징계대상자 및 징계사유의 조사 및 확정에 상당한 기간이 소요되어 위 규정을 준수하기 어렵다는 등의 부득이한 사정이 없는 한, 위 규정을 위반하여 개최된 징계위원회에서 한 징계 결의는 무효이다.[245)]

한편 징계위원회 개최시한의 기산점은 원칙적으로 징계사유가 발생한 때라고 할 것이나, 쟁의기간 중에 쟁의 과정에서 발생한 징계사유를 들어 징계를 함에 있어서 앞서 본 "쟁의기간 중의 징계금지"와 같이 징계가 불가능한 사유가 있는 경우에는 쟁의행위가 종료된 때로부터 위 기간이 기산된다고 할 것이다.[246)]

#### ⑤ 단체협약상 근로자측 징계위원의 자격을 정하지 않은 경우

판례는 기업별 단위노동조합과 사용자가 체결한 단체협약에서 징계위원회를 노사 각 3명의 위원으로 구성하기로 정하면서 근로자 측 징계위원의 자격에 관하여 아무런 규정을 두지 않은 경우, 근로자 측 징계위원은 사용자 회사에 소속된 근로자에 한정된다고 본다.[247)] 나아가 기업별 단위노동조합이 단체협약을 체결한 후 산업별 단위노동조합의 지부 또는 분회로 조직이 변경되고 그에 따라 산업별 단위노동조합이 단체협약상의 권리·의무를 승계한다고 하더라도, 노동조합의 조직이 변

---

244) 대법원 2013. 2. 15. 선고 2010두20362 판결.
245) 상동.
246) 상동.
247) 대법원 2015. 5. 28. 선고 2013두3351 판결.

경된 후 새로운 단체협약이 체결되지 아니하였다면 근로자의 징계절차에는 기업별 단위노동조합일 때 체결된 단체협약이 그대로 적용되어야 하므로 징계절차에서도 근로자 측 징계위원은 사용자 회사에 소속된 근로자에 한정되어야 한다고 본다.[248]

#### ⑥ 단체협약상 징계위원회 개최 시한을 둔 경우

단체협약에서 징계위원회 개최시한을 규정하면서 이를 위반하여 개최된 징계위원회의 징계를 무효로 한다는 취지의 규정을 두는 경우, 그 징계위원회 개최시한의 기산점은 원칙적으로 징계사유가 생긴 때이지만, 징계를 하는 것이 불가능한 사정이 있는 경우에는 그러한 사정이 없어진 때부터 위 기간이 기산된다.[249] 만일 근로자에게 징계사유가 있더라도 그 사유가 나중에 밝혀지기 전까지 징계를 할 수 없었던 부득이한 사정이 있다면, 사용자가 징계절차를 개시해도 충분할 정도로 징계사유에 대한 증명이 있다는 것을 알게 된 때부터 징계위원회의 개최시한이 기산된다고 보아야 한다.[250]

### 2) 취업규칙이나 단체협약상 피징계자에 대한 사전통고, 변명기회 부여, 징계위원회 구성 등 징계절차에 관한 규정을 두고 있는 경우

단체협약, 취업규칙 또는 징계규정에 징계위원회의 구성에 노동조합의 대표자를 참여시키도록 되어 있고 또 징계대상자에게 징계위원회에 출석하여 변명과 소명자료를 제출할 기회를 부여하도록 되어 있는 경우, 이러한 징계절차를 위배하여 한 징계는 무효이다.[251]

징계규정 등 취업규칙이나 단체협약에 징계위원회의 개최일시와 장소를 징계대상자에게 통보하고 징계대상자는 징계사유에 대하여 징계위원회에서 진술하도록 규정되어 있다면, 이는 징계대상자에게 징계위원회에 출석하여 변명과 소명자료를 제출할 수 있는 기회를 부여한 것이므로 그 통보의 시기와 방법에 관하여 특별히 규정한 바가 없다고 하여도 변명과 소명자료를 준비할 만한 상당한 기간을 두고 개최일시와 장소를 통보하여야 하고, 이러한 변명과 소명자료를 준비할 만한 시간적 여유를 주지 않고 촉박하게 이루어진 통보는 실질적으로 변명과 소

---

248) 상동.
249) 대법원 2017. 3. 15. 선고 2013두26750 판결.
250) 상동.
251) 대법원 1991. 7. 9. 선고 90다8077 판결

명자료제출의 기회를 박탈하는 것과 다를 바 없어 위 취업규칙이나 징계규정이 규정한 사전통보의 취지를 몰각한 것으로서 부적법하다.252)

그러나 징계위원회가 진술의 기회를 부여하였음에도 징계혐의자가 진술권을 포기하거나 출석통지서의 수령을 거부하여 진술권을 포기한 것으로 간주되는 경우, 징계위원회는 차후 그 징계혐의자에 대하여 징계위원회 출석통지를 할 필요 없이 서면심사만으로 징계의결을 할 수 있다.253)

### 3) 통상해고사유와 징계해고사유가 경합하는 경우, 통상해고를 하면서 징계해고 절차를 생략할 수 있는지 여부

특정사유가 단체협약이나 취업규칙 등에서 징계해고사유와 통상해고사유의 양쪽에 모두 해당하는 경우뿐 아니라 징계해고사유에는 해당하나 통상해고사유에는 해당하지 않는 경우에도, 그 사유를 이유로 징계해고처분의 규정상 근거나 형식을 취하지 아니하고 근로자에게 보다 유리한 통상해고처분을 택하는 것은, 근기법 제23조 제1항에 반하지 않는 범위 내에서 사용자의 재량에 속하는 적법한 것이다.

그러나 근로자에게 변명의 기회가 부여되지 않더라도 해고가 당연시될 정도라는 등의 특별한 사유가 없는 한, 징계해고사유가 통상해고사유에도 해당하여 통상해고의 방법을 취하더라도 징계해고에 따른 소정의 절차는 부가적으로 요구된다고 할 것이고, 나아가 징계해고사유로 통상해고를 한다는 구실로 징계절차를 생략할 수는 없는 것이니, 절차적 보장을 한 관계규정의 취지가 회피됨으로써 근로자의 지위에 불안정이 초래될 수 있기 때문이다.254)

### 4) 징계절차상의 하자와 그 치유

소정의 사전 통지기간이 엄격하게 준수되지 않는 등 징계절차에서의 하자가 있었더라도 실질적으로 피징계자의 변명권이 보장되었던 경우에는 절차적 흠을 이유로 징계처분의 효력을 부정할 수 없다. 또한, 징계처분에 대한 재심절차는 원래의 징계절차와 함께 전부가 하나의 징계처분절차를 이루는 것으로서 그 절차의 정당성도

252) 대법원 1991. 7. 9. 선고 90다8077 판결, 대법원 2004. 6. 25. 선고 2003두15317 판결.
253) 대법원 1993. 5. 25. 선고 92누8699 판결.
254) 대법원 1994. 10. 25. 선고 94다25889 판결

징계과정 전부에 관하여 판단되어야 할 것이므로 원래의 징계과정에 절차위반의 하자가 있더라도 재심과정에 보완되었다면 그 절차위반의 하자는 치유된다.[255]

### 5) 징계회부사실의 공지와 명예훼손

징계가 확정되지 않은 상태에서 근로자의 징계 회부 사실을 사내 게시판에 게시하는 것이 징계에 회부된 근로자에 대한 명예훼손인지 여부와 관련하여, 법원은 공연히 사실을 적시하여 사람의 명예를 훼손하는 행위가 진실한 사실로서 오로지 공공의 이익에 관한 때에는 형법 제310조에 따라 처벌할 수 없고, 여기서 '오로지 공공의 이익에 관한 때'라 함은 적시된 사실이 객관적으로 볼 때 공공의 이익에 관한 것으로서 행위자도 주관적으로 공공의 이익을 위하여 그 사실을 적시한 것이어야 하는바, 근로자가 회사에서 근무 중 저지른 비위행위에 관하여 징계절차가 개시되었다는 사실은 공적인 측면이 있음은 부인할 수 없지만, 징계혐의 사실은 징계절차를 거친 다음 일응 확정되는 것이므로 징계절차에 회부되었을 뿐인 단계에서 그 사실을 공개함으로써 피해자의 명예를 훼손하는 경우, 이를 사회적으로 상당한 행위라고 보기 어렵다고 판단하였다.[256]

## Ⅷ. 근로관계의 종료

### 1. 사직의 의사표시

#### 1) 사직의 의사표시의 효력

사직은 일방적인 의사표시임에 반해 근로계약의 합의해지는 근로자와 사용자의 의사합치에 의해 근로계약을 종료시키는 것이다. 판례에 따르면 근로계약 합의해지의 경우 근로자가 사직원을 제출하여 근로계약관계의 해지를 청약하는 경우 사용자의 승낙의 의사표시가 근로자에게 도달하기 이전에는 근로자는 사직의 의사표시를 철회할 수 있다.[257] 그러나 근로자와 사용자가 근로계약관계를 해

---

255) 대법원 1993. 10. 26. 선고 93다29358 판결.
256) 대법원 2021. 8. 26. 선고 2021도6416 판결.
257) 대법원 1994. 8. 9. 선고 94다14629 판결.

지시키기로 합의하였다면 그 합의시에 근로자의 근로계약관계 해지의 청약의 의사표시에 대하여 사용자의 승낙의 의사가 확정적으로 형성, 표시되어 해지의 의사의 합치가 있었다고 할 것이므로 이러한 경우 어느 일방 당사자가 임의로 이를 철회할 수는 없다 할 것이고, 이는 근로자와 사용자가 위 합의시 특별히 근로계약관계를 일정기간 경과 후 종료키로 약정하였다고 하여도 마찬가지이다.258) 또한 근로자의 사직의 의사표시가 사용자에게 예측할 수 없는 손해를 주는 등 신의칙에 반한다고 인정되는 특별한 사정이 있으면 철회가 허용되지 않는다.259)

### 2) 진의 아닌 사직의 의사표시

| 민법 |
| --- |
| 제107조(진의 아닌 의사표시) ① 의사표시는 표의자가 진의아님을 알고 한 것이라도 그 효력이 있다. 그러나 상대방이 표의자의 진의아님을 알았거나 이를 알 수 있었을 경우에는 무효로 한다. ② 전항의 의사표시의 무효는 선의의 제삼자에게 대항하지 못한다. |

#### ① 진의 아닌 사직의 의사표시의 효과

사용자가 사직의 의사 없는 근로자로 하여금 어쩔 수 없이 사직서를 작성·제출하게 한 후 이를 수리하는 이른바 의원면직의 형식을 취하여 근로계약관계를 종료시키는 경우가 있다. 이러한 경우에는 근로자의 사직서 제출이 진의 아닌 의사표시에 해당하는 등으로 무효이고, 사용자가 근로자의 사직서를 수리하는 행위는 실질적으로 사용자의 일방적 의사에 의하여 근로계약관계를 종료시키는 것이어서 해고에 해당하고, 정당한 이유 없는 해고조치는 부당해고이다.260) 그러나 근로자의 사직서 제출이 진의 아닌 의사표시에 해당하는 등으로 무효이어서 사용자의 그 수리행위를 실질적으로 사용자의 일방적 의사에 의하여 근로계약관계를 종료시키는 해고라고 볼 수 있는 경우가 아닌 한, 사용자가 사직서 제출에 따른 사직의 의사표시를 수락함으로써 사용자와 근로자 사이의 근로계약관계는 합의해지에 의하여 종료되는 것이므로 사용자의 의원면직처분을 해고라고 볼 수 없다.261)

---

258) 상동.
259) 대법원 1992. 4. 10. 선고 91다43138 판결, 대법원 2000. 9. 5. 선고 99두8657 판결.
260) 대법원 1991. 7. 12. 선고 90다11554 판결.
261) 대법원 2000. 4. 25. 선고 99다34475 판결.

② **진의의 의미**

비진의 의사표시에 있어서의 진의란 특정한 내용의 의사표시를 하고자 하는 표의자의 생각을 말하는 것이지 표의자가 진정으로 마음속에서 바라는 사항을 뜻하는 것은 아니다. 따라서 표의자가 의사표시의 내용을 진정으로 마음속에서 바라지는 아니하였다고 하더라도 당시의 상황에서는 그것을 최선이라고 판단하여 그 의사표시를 하였을 경우에는 이를 내심의 효과의사가 결여된 비진의 의사표시라고 할 수 없다.[262] 따라서, 예를 들어 희망퇴직제를 실시하는 과정에서 향후 다가올 회사의 어려운 상황을 다소 과장하거나 퇴직권유에 응하지 않을 경우 불이익을 입을 수도 있다는 취지의 설명을 한 것은 기망행위나 강박행위에 해당되지 않고, 향후 예상되는 인사상 불이익과 명예퇴직 위로금 등 금전상 이익을 고려하여 사직의 의사표시를 한 것은 일반적으로 진의의 의사표시로 인정된다.[263] 또 징계면직처분을 받은 후 그것의 무효를 다투어 복직하기는 어렵다고 판단하여 퇴직금이라도 수령할 생각으로 사직서를 제출 한 경우, 근로자가 사직서 제출 당시 사직의 의사표시를 진정으로 마음속에서 바라지는 아니하였다고 하더라도 당시의 상황에서는 징계면직처분의 효력을 다투는 것보다는 퇴직금 수령 및 장래를 위하여 재심을 통한 징계면직처분의 취소와 의원면직처분을 받는 것이 최선이라고 판단하여 그 의사표시를 한 것으로써 근로자에게 그 표시의사에 상응하는 사직의 효과의사가 있었다고 봄이 상당하므로 이를 사직의 의사가 결여된 진의 아닌 의사표시라고 할 수 없다고 본 사례가 있다.[264]

## 2. 시용과 근로계약 해지

### 1) 시용의 의미

본채용 직전의 일정한 기간 동안 정규 종업원으로서의 적격성 유무 및 본채용 가부를 판정하기 위하여 시험적으로 사용하는 것. 시용계약의 법적 성질은 시용기간 중 또는 시용기간 종료시에 합리적 사유에 근거하여 해약할 수 있는 권리가 사용자에게 유보되어 있는 근로계약이다.

---

262) 대법원 1996. 12. 20. 선고 95누16059 판결.
263) 대법원 2005. 9. 9. 선고 2005다34407 판결.
264) 대법원 2000. 4. 25. 선고 99다34475 판결.

## 2) 시용기간 중 계약해지의 정당성

시용(試用)기간 중에 있는 근로자를 해고하거나 시용기간 만료시 본계약(本契約) 의 체결을 거부하는 것은 사용자에게 유보된 해약권의 행사로서, 당해 근로자의 업무능력, 자질, 인품, 성실성 등 업무적격성을 관찰·판단하려는 시용제도의 취 지·목적에 비추어 볼 때 보통의 해고보다는 넓게 인정되나, 이 경우에도 객관적 으로 합리적인 이유가 존재하여 사회통념상 상당하다고 인정되어야 한다.[265] 그 리고 근기법 규정의 내용과 취지, 시용기간 만료 시 본 근로계약 체결 거부의 정당 성 요건 등을 종합하여 보면, 시용근로관계에서 사용자가 본 근로계약 체결을 거 부하는 경우에는 해당 근로자로 하여금 그 거부사유를 파악하여 대처할 수 있도록 구체적·실질적인 거부사유를 서면으로 통지하여야 한다.[266] 따라서 단순히 "시용 기간의 만료로 해고한다."라는 취지로만 통지하는 것은 절차상 하자가 있다.[267]

## 3) 채용내정

채용내정이란 본채용 이전에 채용할 자를 미리 결정하는 것이다. 사용자의 근 로자 모집은 근로계약 청약의 유인에 해당하고, 근로자가 요건을 갖추어 모집절 차에 응하는 것은 근로계약의 청약에 해당하며, 이에 대하여 사용자가 전형절차 를 거쳐 근로자에게 최종합격 및 채용을 통지하면 근로계약의 승낙의 의사표시를 한 것으로서, 이는 현실적인 근로의 제공과 임금 지급이 이루어지기 상당기간 전 에 사용자가 채용을 미리 결정하는 이른바 '채용내정'의 경우에도 마찬가지이다. 따라서 채용내정 통지를 함으로써 사용자와 근로자 사이에는 근로계약관계가 성 립하고, 그 후 사용자가 근로자에 대한 채용내정을 취소한 것은 실질적으로 해고 에 해당한다.[268]

다만, 채용내정은 계약의 목적을 달성할 수 없는 일정한 사유가 발생하면 본채

---

265) 대법원 2006. 2. 24. 선고 2002다62432 판결. 이 판결에서 법원은 사용자인 은행이 시용기간 중의 근로자를 대상으로 근무성적평정을 실시함에 있어서 각 지점별로 씨(C) 또는 디(D)의 평 정등급 해당자 수를 할당한 점, 근무성적평정표가 작성·제출된 이후 위 은행으로부터 재작성 요구를 받은 일부 지점장들이 평정자 및 확인자를 달리하도록 정한 위 은행의 근무성적평가요 령에 어긋나게 혼자서 근무성적평정표를 재작성하기도 한 점 등 제반 사정에 비추어 볼 때, 위 은행이 시용근로계약을 해지한 데에 정당한 이유가 있다고 보기 어렵다고 보았다.
266) 대법원 2015. 11. 27. 선고 2015두48136 판결.
267) 상동.
268) 대법원 2002. 12. 10. 선고 2000다25910 판결.

용 이전이라도 채용내정을 취소할 수 있는 해약권이 사용자에게 유보되어 있는 근로계약이라는 점에서는 시용과 유사하다. 그러나 채용내정기간 동안에 채용내정자는 근로제공의무가 없고 사용자도 임금지급의무가 없는 반면 시용의 경우 근로자는 근로를 제공하고 사용자는 임금을 지급해야 한다.

## 3. 근로자측 사유에 의한 해고

### 1) 해고의 정당성 판단의 일반적 기준

사용자는 근로자에게 정당한 이유 없이 해고를 하지 못한다(근기법 제23조 제1항). 판례에 따르면 해고는 사회통념상 고용관계를 계속할 수 없을 정도로 근로자에게 책임 있는 사유가 있는 경우에 행하여져야 그 정당성이 인정되는 것이고, 사회통념상 당해 근로자와의 고용관계를 계속할 수 없을 정도인지의 여부는 당해 사용자의 사업의 목적과 성격, 사업장의 여건, 당해 근로자의 지위 및 담당직무의 내용, 비위행위의 동기와 경위, 이로 인하여 기업의 위계질서가 문란하게 될 위험성 등 기업질서에 미칠 영향, 과거의 근무태도 등 여러 가지 사정을 종합적으로 검토하여 판단하여야 한다. 취업규칙상 징계해고사유에 해당한다 하더라도 이에 따라 이루어진 해고처분이 당연히 정당한 것으로 되는 것은 아니고, 사회통념상 고용관계를 계속할 수 없을 정도로 근로자에게 책임있는 사유가 있는 경우에 정당성이 인정된다.[269]

### 2) 사용자의 징계권 남용 판단기준

근로자에게 징계사유가 있어 징계처분을 하는 경우 어떠한 처분을 할 것인가는 원칙적으로 징계권자의 재량에 맡겨져 있는 것이므로, 그 징계처분이 위법하다고 하기 위하여서는 징계권자가 재량권을 행사하여 한 징계처분이 사회통념상 현저하게 타당성을 잃어 징계권자에게 맡겨진 재량권을 남용한 것이라고 인정되는 경우에 한하고, 그 징계처분이 사회통념상 현저하게 타당성을 잃은 처분이라고 하려면 구체적인 사례에 따라 직무의 특성, 징계의 사유가 된 비위사실의 내용과 성질 및 징계에 의하여 달성하고자 하는 목적과 그에 수반되는 제반 사정을 참작

---

269) 대법원 2006. 11. 23. 선고 2006다48069 판결.

하여 객관적으로 명백히 부당하다고 인정되는 경우라야 한다.

한편, 취업규칙이나 단체협약에서 징계사유를 정하면서 동일한 사유에 대하여 여러 등급의 징계가 가능한 것으로 정한 경우에 그중 어떤 징계처분을 선택할 것인지는 징계권자의 재량에 속한다. 이러한 재량은 징계권자의 자의적이고 편의적인 재량이 아니고 징계사유와 징계처분 사이에 상당하다고 인정되는 균형의 존재가 요구되므로, 징계처분이 사회통념상 현저하게 타당성을 잃어 징계권자에 맡겨진 재량권을 남용한 것이라고 인정되는 경우에는 위법하다.[270]

### 3) 징계사유에 해당되지 않는 근로자의 정당한 활동

근로자가 사내 전자게시판에 게시한 글의 내용과 관련하여 그 게시행위가 취업규칙상 징계사유인 '품위손상행위'에 해당되는지 여부가 쟁점이 된 사례에서 법원은 사내 전자게시판에 게시된 문서에 기재되어 있는 문언에 의하여 타인의 인격, 신용, 명예 등이 훼손 또는 실추되거나 그렇게 될 염려가 있고, 또 문서에 기재되어 있는 사실관계 일부가 허위이거나 표현에 다소 과장되거나 왜곡된 점이 있다고 하더라도, 문서를 배포한 목적이 타인의 권리나 이익을 침해하려는 것이 아니라 근로조건의 유지·개선과 근로자의 복지증진 기타 경제적·사회적 지위의 향상을 도모하기 위한 것으로서 문서 내용이 전체적으로 보아 진실한 것이라면 이는 근로자의 정당한 활동범위에 속한다고 보았다.[271] 즉, 이 사건에서는 전체적인 글의 취지가 인사의 폐해를 방지해 달라고 건의하는 것으로 글의 게시행위가 근로자의 정당한 활동 범위에 속한다고 본 것이다. 그리고 이러한 법리는 사용자가 징계사유로 삼은 근로자의 행위가 선전방송이나 유인물의 배포인 경우 그 행위의 정당성 여부를 판단함에 있어서도 마찬가지로 적용된다.[272]

---

270) 대법원 2018. 10. 4. 선고 2018다25540 판결.

271) 대법원 2012. 1. 27. 선고 2010다100919 판결.

272) 대법원 2017. 8. 18. 선고 2017다227325 판결. 조합원인 근로자들이 취업규칙에서 정한 허가를 받지 않은 채 선전방송과 유인물 게시 행위를 하였고, 그 내용에 있어 사실관계 일부가 허위이 거나 타인의 인격·명예 등을 훼손하는 표현 등이 포함되어 있다고 하더라도, 근로자들의 선전 방송이나 유인물 게시 행위는 노동조합의 정당한 업무를 위한 행위에 해당된다고 볼 여지가 크고, 따라서 이를 이유로 한 징계는 허용되지 않는다고 봄이 상당하다고 본 사례이다.

## 4) 해고 사유 예시

### ① 직장 내 성희롱

| 남녀고용평등과 일·가정 양립 지원에 관한 법률 | 벌칙 |
|---|---|
| 제2조(정의) 이 법에서 사용하는 용어의 뜻은 다음과 같다.<br>2. "직장 내 성희롱"이란 사업주·상급자 또는 근로자가 직장 내의 지위를 이용하거나 업무와 관련하여 다른 근로자에게 성적 언동 등으로 성적 굴욕감 또는 혐오감을 느끼게 하거나 성적 언동 또는 그 밖의 요구 등에 따르지 아니하였다는 이유로 근로조건 및 고용에서 불이익을 주는 것을 말한다. | |
| 제12조(직장 내 의 금지) 사업주, 상급자 또는 근로자는 직장 내 성희롱을 하여서는 아니 된다. | |
| 제14조(직장 내 성희롱 발생 시 조치) ① 누구든지 직장 내 성희롱 발생 사실을 알게 된 경우 그 사실을 해당 사업주에게 신고할 수 있다. | |
| ② 사업주는 제1항에 따른 신고를 받거나 직장 내 성희롱 발생 사실을 알게 된 경우에는 지체 없이 그 사실 확인을 위한 조사를 하여야 한다. 이 경우 사업주는 직장 내 성희롱과 관련하여 피해를 입은 근로자 또는 피해를 입었다고 주장하는 근로자(이하 "피해근로자등"이라 한다)가 조사 과정에서 성적 수치심 등을 느끼지 아니하도록 하여야 한다. | 500만원 이하의 과태료(전단 위반의 경우) |
| ⑤ 사업주는 제2항에 따른 조사 결과 직장 내 성희롱 발생 사실이 확인된 때에는 지체 없이 직장 내 성희롱 행위를 한 사람에 대하여 징계, 근무장소의 변경 등 필요한 조치를 하여야 한다. 이 경우 사업주는 징계 등의 조치를 하기 전에 그 조치에 대하여 직장 내 성희롱 피해를 입은 근로자의 의견을 들어야 한다. | |
| ⑥ 사업주는 성희롱 발생 사실을 신고한 근로자 및 피해근로자등에게 다음 각 호의 어느 하나에 해당하는 불리한 처우를 하여서는 아니 된다.<br>1. 파면, 해임, 해고, 그 밖에 신분상실에 해당하는 불이익 조치<br>2. 징계, 정직, 감봉, 강등, 승진 제한 등 부당한 인사조치<br>3. 직무 미부여, 직무 재배치, 그 밖에 본인의 의사에 반하는 인사조치<br>4. 성과평가 또는 동료평가 등에서 차별이나 그에 따른 임금 또는 상여금 등의 차별 지급<br>5. 직업능력 개발 및 향상을 위한 교육훈련 기회의 제한<br>6. 집단 따돌림, 폭행 또는 폭언 등 정신적·신체적 손상을 가져오는 행위를 하거나 그 행위의 발생을 방치하는 행위<br>7. 그 밖에 신고를 한 근로자 및 피해근로자등의 의사에 반하는 불리한 처우 | 3년 이하의 징역 또는 3천만원 이하의 벌금 |
| 제30조(입증책임) 이 법과 관련한 분쟁해결에서 입증책임은 사업주가 부담한다. | |

남녀고용평등법에 따라 사업주는 성희롱 가해자를 징계하거나 근무장소를 변경하는 등 필요한 조치를 할 의무가 있다(남녀고용평등법 제14조 제4항). 이 과정에서 이루어지는 징계의 부당성이 다투어지는 경우, 객관적으로 상대방과 같은 처지에 있는 일반적이고도 평균적인 사람의 입장에서 보아 어떠한 성희롱 행위가 고용환경을 악화시킬 정도로 매우 심하거나 또는 반복적으로 행해지는 경우 근로관계를

계속할 수 없을 정도로 근로자에게 책임이 있다고 보아 내린 징계해고처분은 객관적으로 명백히 부당하다고 인정되는 경우가 아닌 한 쉽게 징계권을 남용하였다고 보아서는 아니된다.273) 또한 성희롱이 일정한 기간에 걸쳐 반복적으로 이루어지고 피해자도 다수인 경우에는 다분히 성희롱 행위가 가해자의 우발적 행위라고 평가할 수는 없을 것이고, 직장 내 성희롱이 사회문제화된 후 1999. 2. 8. 개정된 남녀고용평등법에서 성희롱 행위를 금지하고 성희롱 예방교육, 성희롱 행위자에 대한 징계 등을 규정하게 된 이상, 그 이후에 발생한 성희롱은 그동안의 왜곡된 사회적 인습이나 직장문화 등에 의하여 형성된 평소의 생활태도에서 비롯된 것으로서 특별한 문제의식 없이 이루어진 것이라는 이유로 그 행위의 정도를 가볍게 평가할 수 없으며, 특히 직장 내 성희롱을 방지하여야 할 지위에 있는 사업주나 사업주를 대신할 지위에 있는 자가 오히려 자신의 우월한 지위를 이용하여 성희롱을 하였다면 그 피해자로서는 성희롱을 거부하거나 외부에 알릴 경우 자신에게 가해질 명시적·묵시적 고용상의 불이익을 두려워하여 성희롱을 감내할 가능성이 크다는 점을 감안할 때 이들의 성희롱은 더욱 엄격하게 취급되어야 한다.274)

한편, 직장 내 성희롱과 관련하여 사업주는 성희롱 발생 사실을 신고한 근로자 및 피해근로자에게 불리한 처우를 해서는 안 된다(남녀고용평등법 제14조 제6항). 직장 내 성희롱이 발생한 경우 사업주는 피해자를 적극적으로 보호하여 피해를 구제할 의무를 부담하는데도 오히려 불리한 조치나 대우를 하는 것은 피해자가 그 피해를 감내하고 문제를 덮어버리도록 하는 부작용을 초래할 뿐만 아니라, 피해자에게 성희롱을 당한 것 이상의 또 다른 정신적 고통을 줄 수 있다. 사업주의 조치가 피해근로자등에 대한 불리한 조치로서 위법한 것인지 여부는 불리한 조치가 직장 내 성희롱에 대한 문제 제기 등과 근접한 시기에 있었는지, 불리한 조치를 한 경위와 과정, 불리한 조치를 하면서 사업주가 내세운 사유가 피해근로자 등의 문제 제기 이전부터 존재하였던 것인지, 피해근로자등의 행위로 인한 타인의 권리나 이익 침해 정도와 불리한 조치로 피해근로자 등이 입은 불이익 정도, 불리한 조치가 종전 관행이나 동종 사안과 비교하여 이례적이거나 차별적인 취급인지 여부, 불리한 조치에 대하여 피해근로자등이 구제신청 등을 한 경우에는 그 경과 등을 종합적으로 고려하여 판단해야 하고, 직장 내 성희롱으로 인한 분쟁이

---

273) 대법원 2008. 7. 10. 선고 2007두22498 판결.
274) 상동.

발생한 경우에 피해근로자 등에 대한 불리한 조치가 성희롱과 관련성이 없거나 정당한 사유가 있다는 점에 대하여 사업주가 증명을 하여야 한다.275) 회사와 임원이 직장 내 성희롱 피해를 신고하고 민사소송을 제기하는 등으로 문제를 제기한 근로자에게 부당한 견책 징계, 직무정지·대기발령을 하는 등으로 불리한 조치를 한 경우, 회사 및 임원 모두에게 형사처벌이 인정된 바 있다.276)

### ② 이력서 허위기재

이력서의 내용을 허위로 기재한 것이 해고의 정당한 사유인지 여부는 해고의 일반적 정당성 판단 기준에 따라 이력서의 내용을 허위로 기재한 것이 사회통념상 고용관계를 계속할 수 없을 정도로 근로자에게 책임 있는 사유인지 여부에 따라서 판단된다. 이때 사회통념상 고용관계를 계속할 수 없을 정도인지는 사용자가 사전에 그 허위 기재 사실을 알았더라면 근로계약을 체결하지 아니하였거나 적어도 동일 조건으로는 계약을 체결하지 않았으리라는 등 고용 당시의 사정뿐 아니라, 고용 이후 해고에 이르기까지 그 근로자가 종사한 근로의 내용과 기간, 허위기재를 한 학력 등이 종사한 근로의 정상적인 제공에 지장을 초래하는지 여부, 사용자가 학력 등의 허위 기재 사실을 알게 된 경위, 알고 난 이후 당해 근로자의 태도 및 사용자의 조치 내용, 학력 등이 종전에 알고 있던 것과 다르다는 사정이 드러남으로써 노사간 및 근로자 상호간 신뢰관계의 유지와 안정적인 기업경영과 질서유지에 미치는 영향 기타 여러 사정을 종합적으로 고려하여 판단판다.277)

다만 판례는 사용자가 이력서에 근로자의 학력 등의 기재를 요구하는 것은 근로능력의 평가 외에 근로자의 진정성과 정직성, 당해 기업의 근로환경에 대한 적응성 등을 판단하기 위한 자료를 확보하고 나아가 노사간 신뢰관계의 형성과 안정적인 경영환경의 유지 등을 도모하고자 하는 데에도 그 목적이 있는 것으로, 이는 고용계약의 체결뿐 아니라 고용관계의 유지에 있어서도 중요한 고려요소가 된다고 본다. 따라서 취업규칙에서 근로자가 고용 당시 제출한 이력서 등에 학력 등을 허위로 기재한 행위를 징계해고사유로 특히 명시하고 있는 경우에는 이를 이유로 해고하는 것은, 고용 당시 및 그 이후의 제반 사정에 비추어 보더라도 사회통념상 현저히 부당하지 않다면 그 정당성이 인정된다고 본다.278)

275) 대법원 2017. 12. 22. 선고 2016다202947 판결.
276) 대법원 2021. 7. 21. 선고 2020도16858 판결.
277) 대법원 2012. 7. 5. 선고 2009두16763 판결.

그러나 취업규칙에는 입사 당시 이력서 등에 주요 사항을 누락 또는 허위로 기재한 것을 해고사유로 규정하고 있기는 하지만 채용공고 당시 "경력조건 : 관계없음", "학력조건 : 학력 무관"과 같은 사항이 명시되었고, 실제 업무도 최종학력이나 경력과 크게 관련성이 없는 경우 등에는, 근로자를 해고할 만한 다른 정당한 사유가 없는 한, 입사 당시 최종학력, 경력 등을 허위로 기재한 이력서를 제출하였다는 것이 해고의 정당한 이유가 되지는 않는 것으로 보고 있다.[279]

### ③ 근로자가 형사상 유죄판결을 받은 경우

판례에 따르면 단체협약이나 취업규칙에서 형사상 유죄판결을 징계해고사유로 규정하고 있더라도 그 취지를 일률적으로 해석해서는 안되고 다른 징계사유, 당연퇴직사유의 내용 등도 함께 고려하여 사안별로 구체적으로 판단해야 한다. 유죄판결로 인하여 근로제공의무를 이행할 수 없거나 당해 범죄로 인해여 사용자의 명예나 신용이 심각하게 실추되거나 거래관계에 악영향을 미치는 경우, 다른 종업원과의 신뢰관계나 인간관계가 손상되어 직장질서 유지를 저해하게 된 경우 등에 해고의 정당성이 인정될 수 있다.[280]

### ④ 근무성적 불량

영업부 근로자의 영업실적이 불량한 것과 같은 근무성적 불량은 정당한 해고의 사유가 될 수 있다. 다만, 일반적으로 사용자가 근무성적이나 근무능력이 불량하여 직무를 수행할 수 없는 경우에 해고할 수 있다고 정한 취업규칙 등에 따라 근로자를 해고한 경우, 사용자가 근로자의 근무성적이나 근무능력이 불량하다고 판단한 근거가 되는 평가가 공정하고 객관적인 기준에 따라 이루어진 것이어야 할 뿐 아니라, 근로자의 근무성적이나 근무능력이 다른 근로자에 비하여 상대적으로 낮은 정도를 넘어 상당한 기간 동안 일반적으로 기대되는 최소한에도 미치지 못하고 향후에도 개선될 가능성을 인정하기 어렵다는 등 사회통념상 고용관계를 계속할 수 없을 정도인 경우에 한하여 해고의 정당성이 인정된다.[281] 이때 사회통

---

278) 대법원 2012. 7. 5. 선고 2009두16763 판결.
279) 대법원 2013. 9. 12. 선고 2013두11031 판결.
280) 대법원 1997. 7. 25. 선고 97다7066 판결.
281) 대법원 2021. 2. 25. 선고 2018다253680 판결(甲 주식회사가 취업규칙에서 정한 해고사유인 '근무성적 또는 능력이 현저하게 불량하여 직무를 수행할 수 없다고 인정되었을 때'에 해당한다는 이유로 乙 등을 해고한 사안에서, 甲 회사가 다년간 실시한 인사평가 결과 乙 등은 최하위권에 해당하는 저조한 업무수행실적을 보였고, 甲 회사로부터 수차례 직무경고를 받는 등 장기간

념상 고용관계를 계속할 수 없을 정도인지는 근로자의 지위와 담당 업무의 내용, 그에 따라 요구되는 성과나 전문성의 정도, 근로자의 근무성적이나 근무능력이 부진한 정도와 기간, 사용자가 교육과 전환배치 등 근무성적이나 근무능력 개선을 위한 기회를 부여하였는지 여부, 개선의 기회가 부여된 이후 근로자의 근무성적이나 근무능력의 개선 여부, 근로자의 태도, 사업장의 여건 등 여러 사정을 종합적으로 고려하여 합리적으로 판단하여야 한다.[282]

#### ⑤ 신체장애

판례에 따르면 근로자가 신체적 장애로 인하여 직무를 감당할 수 없게 된 경우이를 이유로 하는 해고의 정당성은 i) 근로자가 신체 장애를 입게 된 경위 및 그 사고가 사용자의 귀책사유 또는 업무상 부상으로 인한 것인지 여부, ii) 근로자의 치료기간 및 치료종결 후 노동능력 상실의 정도, iii) 근로자가 사고를 당할 당시 담당하고 있던 업무의 성격과 내용, iv) 근로자가 그 잔존노동능력으로 감당할 수 있는 업무의 존부 및 그 내용, v) 사용자로서도 신체장애를 입은 근로자의 순조로운 직장 복귀를 위하여 담당업무를 조정하는 등의 배려를 하였는지 여부, vi) 사용자의 배려에 의하여 새로운 업무를 담당하게 된 근로자의 적응노력 등 제반 사정을 종합적으로 고려하여 합리적으로 판단하여야 한다.[283]

---

실적이 상당한 정도로 부진하였으며, 甲 회사는 乙 등에게 10개월 동안 직무역량 향상과 직무재배치를 위한 직무교육을 실시한 다음 乙 등을 직무재배치하였으나 이후 실시된 다면평가에서 乙 등의 업무역량이 부족하고 乙 등의 업무상 잘못으로 여러 차례 문제점이 발생하였다는 점이 지적된 사정에 비추어 보면 乙 등의 직무역량이 상대적으로 저조하였던 것이 아니라 甲 회사가 부여하는 직무를 수행하기에 실질적으로 부족하였던 것으로 보이고, 乙 등은 직무재배치 이후에도 부서 공동업무에 대한 관심이 부족하고 업무능력을 습득하려는 의지가 부족하다는 평가를 받거나, 직무재배치 교육 이전에도 여러 차례 업무향상계획서의 제출을 거부하기까지 하는 등 업무능력 향상에 대한 열의가 없었으며, 직무재배치 이후에도 능력부족과 개선의지 부족이라는 평가를 받는 등 乙 등에게 업무능력 향상의지가 있다고 보기 어려우므로, 해고에 정당한 이유가 있다고 본 원심판단을 수긍한 사례이), 대법원 2023. 12. 28. 선고 2021두33470 판결(해고 당시 입사 25년차이자 부서에서 12년차 과장이었던 근로자가 간부사원인 과장으로 승진한 2007년부터 2017년까지 시행된 인사평가에서 지속적으로 5단계 등급(S, A, B, C, D) 중 C등급 또는 D등급을 받는 등 해당 근무성적이나 근무능력이 부진한 기간이 11년으로 상당히 장기간이고, 해고 전 약 3년간의 인사평가결과는 11,229명 중 11,222위로 최하위 그룹에 속하며, 근무태도 및 근무성적 불량을 사유로 위 기간 동안 3차례나 정직의 징계를 받기도 하였고, 다른 팀원들과 협업을 하거나 조직에 융화되는 모습을 전혀 보이지 못한다는 평가를 받았으며, 7회의 교육 실시 등 개선의 기회를 충분히 부여했으나 업무능력이나 업무성과가 개선되지 않아 해고에 정당한 이유가 있다고 본 사례이다).
282) 대법원 2021. 2. 25. 선고 2018다253680 판결, 대법원 2023. 12. 28. 선고 2021두33470 판결.
283) 대법원 1996. 12. 6. 선고 95다45934 판결.

### ⑥ 무단결근

근로자가 불성실하거나 불량한 근로제공은 근로제공 의무 위반으로서 정당한 해고사유가 될 수 있다. 무단결근이나 조퇴, 지각을 반복하는 것도 불성실한 근로제공으로서 정당한 해고의 사유가 될 수 있는데, 단 이때 해고의 정당성은 무단결근 등의 회수에 있는 것은 아니고, 단 1회 무단결근을 했더라도 그것이 근로계약을 이행함에 있어 얼마나 중요한 것인지를 판단하여 해고의 정당성이 인정될 수 있다. 판례는 고속버스회사에 근무하는 운전기사가 동기회모임을 이유로 1회 배차지시를 거부하고 무단결근한 것이 해고의 정당한 이유가 된다고 본 경우가 있는데, 그 이유는 운전기사의 행위(1회의 배차지시 거부행위)가 예정노선의 1회 결행(결과적으로, 판매한 승차권을 환불해주고, 다른 회사의 버스 탑승을 주선하였다), 2회 대리운행이 됨으로써 운송질서가 문란케 되었고, 이것은 중대한 근로계약 위반행위에 해당한다고 보았기 때문이다.[284]

### ⑦ 해고금지기간 중 해고

근기법 제23조 제2항은 해고금지기간에 관하여 규정하고 있다. 즉 사용자는 근로자가 업무상 부상 또는 질병의 요양을 위하여 휴업한 기간과 그 후 30일간은 해고할 수 없는바, 이는 근로자가 업무상 재해로 인하여 노동력을 상실하고 있는 기간과 노동력을 회복하기에 상당한 그 후의 30일 간은 근로자를 실직의 위협으로부터 절대적으로 보호하고자 함에 있다. 따라서 근로자가 업무상 부상 등을 입고 치료 중이라 하더라도 휴업하지 아니하고 정상적으로 출근하고 있는 경우 또는 업무상 부상 등으로 휴업하고 있는 경우라도 그 요양을 위하여 휴업할 필요가 있다고 인정되지 아니하는 경우에는 위 규정이 정한 해고가 제한되는 휴업기간에 해당하지 아니한다고 볼 수 없다.[285] 여기서 '정상적으로 출근하고 있는 경우'라 함은 단순히 출근하여 근무하고 있다는 것으로는 부족하고 정상적인 노동력으로 근로를 제공하는 경우를 말하는 것이므로 객관적으로 요양을 위한 휴업이 필요함에도 사용자의 요구 등 다른 사정으로 출근하여 근무하고 있는 경우는 이에 해당하지 아니한다.[286]

---

284) 대법원 1994. 9. 13. 선고 94누576 판결.
285) 대법원 2011. 11. 10. 선고 2009다63205 판결.
286) 상동.

⑧ **사생활상의 비행**

근로자의 사생활에서의 비행은 사업활동에 직접 관련이 있거나 기업의 사회적
평가를 훼손할 염려가 있는 것에 한하여 정당한 징계사유가 될 수 있다.[287]

⑨ **경력사칭**

근로자가 이력서에 기재한 근무경력이 허위인 경우, 그 근무경력이 노사간의
신뢰관계를 설정하거나 회사의 내부 질서를 유지하는데 직접적인 영향을 미치는
중요한 부분에 해당하여 사전에 회사가 허위임을 알았더라면 근로자를 고용하지
않았거나 적어도 같은 조건을 계약을 체결하지 않았을 것이라고 볼 수 있는 경우
에는, 근로계약의 하자의 정도나 근무기간 등에 비추어 하자가 치유되었거나 근
로계약의 취소가 부당하다고 볼 만한 특별한 사정이 없는 한 회사의 근로계약 취
소의 의사표시에 의하여 근로계약은 적법하게 취소되었다고 본다.[288]

### 5) 당연퇴직(직권면직)규정과 해고

단체협약이나 취업규칙에 규정된 당연퇴직(직권면직)제도가[289] 성질상 해고에
해당하는 경우에도 근기법 제23조 제1항 소정의 정당한 이유가 있어야 하는지 여
부가 문제될 수 있다. 이와 관련하여 판례는 회사가 어떠한 사유의 발생을 당연퇴
직사유로 규정하고 그 절차를 통상의 해고나 징계해고와는 달리 하였더라도 근로
자의 의사와 관계없이 사용자측에서 일방적으로 근로관계를 종료시키는 것이면
성질상 이는 해고로서 근기법에 의한 제한을 받는다고 보아야 할 것이므로 근로자
에 대한 퇴직조치가 단체협약이나 취업규칙에서 당연퇴직으로 규정되었다 하더라
도 위 퇴직조치가 유효하기 위하여는 근기법 제23조 제1항이 규정하는 바의 정당
한 이유가 있어야 하고, 이와 같은 정당한 이유가 없는 경우에는 퇴직처분무효확
인의 소를 제기할 수 있다고 보고 있다.[290] 이러한 취지의 연장선상에서, 원도급
업체와 하도급업체간의 용역계약 등이 해지되는 경우 하도급업체와 근로계약을
체결한 근로자와 사용자 사이의 근로계약도 해지되는 것으로 본다고 약정하였다

---

287) 대법원 1994. 12. 13. 선고 93누23275 판결.
288) 대법원 2017. 12. 22. 선고 2013다25194(본소), 2013다25200(반소) 판결.
289) 예를 들어, "직원이 계속 3일 이상 무단 결근하는 경우 회사는 직권으로 직원을 면직시킬 수
　　있다"와 같은 규정을 두는 것이다.
290) 대법원 1993. 10. 26. 선고 92다54210 판결, 대법원 2009. 3. 26. 선고 2008다62724 판결.

고 해서 그와 같은 해지사유를 근로관계의 자동소멸사유라고 할 수 없다.[291][292]

### 6) 해고 기간 중의 임금

사용자의 근로자에 대한 해고가 무효인 경우 근로자는 근로계약관계가 유효하게 존속함에도 불구하고 사용자의 귀책사유로 인하여 근로제공을 하지 못한 셈이므로 민법 제538조 제1항에 의하여 그 기간 중에 근로를 제공하였을 경우에 받을 수 있는 반대급부인 임금의 지급을 청구할 수 있다.[293] 여기에서 근로자가 지급을 청구할 수 있는 임금은 근기법 제2조에서 정하는 임금을 의미하므로, 사용자가 근로의 대가로 근로자에게 지급하는 일체의 금원으로서 계속적·정기적으로 지급되고 이에 관하여 단체협약, 취업규칙, 급여규정, 근로계약, 노동관행 등에 의하여 사용자에게 지급의무가 지워져 있다면 명칭 여하를 불문하고 모두 이에 포함된다.[294] 반드시 통상임금으로 국한되는 것은 아니다.[295]

한편, 한편 쟁의행위로 인한 무노동은 쟁의행위가 적법하게 진행되는 경우라도 이를 사용자의 귀책사유로 인한 것이라고 할 수는 없고, 다른 특별한 사정이 없는 한 사용자는 쟁의행위에 참가하여 근로를 제공하지 아니한 근로자에 대하여는 그 기간 중의 임금을 지급할 의무가 없다. 따라서 "해고된 근로자가 그 후 쟁의행위에 참가하였거나 쟁의행위 중 해고가 된 경우에 그 해고가 무효라고 하더라도 만일 해당 근로자가 해고가 없었어도 쟁의행위에 참가하여 근로를 제공하지 않았을 것임이 명백한 경우라면 이 역시 취업이 사실상 불가능한 상태가 발생한 경우에 준하여 해당 근로자는 쟁의행위 기간 중의 임금을 청구할 수 없다고 봄이 타당하다. 다만 해당 근로자에 대한 무효인 해고가 직접적 원인이 되어 쟁의행위가 발생한 경우 등 쟁의행위 기간 중 근로를 제공하지 못한 것 역시 사용자에게 귀책사유

291) 대법원 2009. 2. 12. 선고 2007다62840 판결. 주차관리 및 경비 요원을 파견하는 사업을 하는 사용자가 근로자가 근무하는 건물의 소유자 등과의 관리용역계약이 해지될 때에 근로자와의 근로계약도 해지되는 것으로 본다고 근로자와 약정한 사안에서, 그와 같은 해지사유를 근로관계의 자동소멸사유라고 할 수 없다고 한 사례다.
292) 대법원 2017. 10. 31. 선고 2017다22315 판결. 사용자가 아파트의 위탁관리업무를 주요 사업으로 하는 회사로서 그 근로자와 사이에, 근로자가 근무하는 아파트의 관리주체 등과 사용자 사이의 위탁관리계약이 해지될 때에 그 근로자와 사용자 사이의 근로계약도 자동 종료되는 것으로 한다고 약정하였다고 하여 그와 같은 해지사유를 근로관계의 자동소멸사유라고 할 수는 없다고 본 사례이다.
293) 대법원 1994. 10. 25. 선고 94다25889 판결.
294) 대법원 2012. 2. 9. 선고 2011다20034 판결, 대법원 2018. 10. 4. 선고 2018다25540 판결.
295) 대법원 2012. 2. 9. 선고 2011다20034 판결.

가 있다고 볼 수 있는 특별한 사정이 있는 경우에는 여전히 임금청구를 할 수 있다고 보아야 한다. 그리고 위와 같은 경우 해고가 없었다고 하더라도 쟁의행위에 참가하여 근로를 제공하지 않았을 것임이 명백한지는 쟁의행위에 이른 경위 및 원인, 해고사유와의 관계, 해당 근로자의 파업에서의 지위 및 역할, 실제 이루어진 쟁의행위에 참가한 근로자의 수 및 이로 인해 중단된 조업의 정도, 해당 근로자에 대한 해고사유와 이전 근무태도 등 제반 사정을 참작하여 신중하게 판단하여야 하고, 그 증명책임은 사용자에게 있다. 또한 해당 근로자가 쟁의행위에 참가하였을 것임이 명백한 경우에도 쟁의행위 기간 중의 임금지급에 관한 단체협약이나 취업규칙의 규정 또는 관행의 유무, 쟁의행위에 참가한 다른 근로자에게 임금이 지급되었는지 여부 및 그 지급 범위 등에 따라 사용자에게 임금을 지급할 의무가 있는지를 판단하여야 한다."296)

## 4. 경영상 이유에 의한 해고

| 근기법 | 시행령 |
|---|---|
| 제24조(경영상 이유에 의한 해고의 제한) ① 사용자가 경영상 이유에 의하여 근로자를 해고하려면 긴박한 경영상의 필요가 있어야 한다. 이 경우 경영 악화를 방지하기 위한 사업의 양도·인수·합병은 긴박한 경영상의 필요가 있는 것으로 본다.<br>② 제1항의 경우에 사용자는 해고를 피하기 위한 노력을 다하여야 하며, 합리적이고 공정한 해고의 기준을 정하고 이에 따라 그 대상자를 선정하여야 한다. 이 경우 남녀의 성을 이유로 차별하여서는 아니 된다.<br>③ 사용자는 제2항에 따른 해고를 피하기 위한 방법과 해고의 기준 등에 관하여 그 사업 또는 사업장에 근로자의 과반수로 조직된 노동조합이 있는 경우에는 그 노동조합(근로자의 과반수로 조직된 노동조합이 | 제10조(경영상의 이유에 의한 해고 계획의 신고) ①법 제24조제4항에 따라 사용자는 1개월 동안에 다음 각 호의 어느 하나에 해당하는 인원을 해고하려면 최초로 해고하려는 날의 30일 전까지 고용노동부장관에게 신고하여야 한다.<br>1. 상시 근로자수가 99명 이하인 사업 또는 사업장 : 10명 이상<br>2. 상시 근로자수가 100명 이상 999명 이하인 사업 또는 사업장 : 상시 근로자수의 10퍼센트 이상<br>3. 상시 근로자수가 1,000명 이상 사업 |

---

296) 대법원 2012. 9. 27. 선고 2010다99279 판결. 시사주간지 "시사저널"을 발행하는 甲 주식회사의 기자인 乙 등이 무기정직 및 대기발령처분을 받은 상태에서 파업에 적극적으로 참여하고 甲 회사이 퇴직자들과 함께 경쟁업체를 설립하여 경쟁매체이 "시사IN"을 박간하여는데 그 후 甲 회사가 乙 등을 해고한 사안에서, 乙 등이 무기정직 및 대기발령이 없었더라도 파업에 참가하여 근로를 제공하지 않았을 것임이 명백하다고 단정할 수 없고, 甲 회사가 징계를 이유로 乙 등의 근로 제공에 대하여 계속 수령을 거부하고 있는 상태에서 乙 등이 甲 회사를 사직한 다른 기자들과 함께 경쟁업체를 설립하고 '시사IN'을 발간하는 데 관여하였더라도, 이와 같은 乙 등의 행위가 위 징계 등이 없었더라도 행하여졌을 것이라고 단정할 수 없음에도, 乙 등이 파업기간 및 경업금지의무 위반기간에 대하여 임금청구를 할 수 없다고 본 원심판결에 법리오해 등 위법이 있다고 한 사례.

| 근기법 | 시행령 |
|---|---|
| 없는 경우에는 근로자의 과반수를 대표하는 자를 말한다. 이하 "근로자대표"라 한다)에 해고를 하려는 날의 50일 전까지 통보하고 성실하게 협의하여야 한다.<br>④ 사용자는 제1항에 따라 대통령령으로 정하는 일정한 규모 이상의 인원을 해고하려면 대통령령으로 정하는 바에 따라 고용노동부장관에게 신고하여야 한다.<br>⑤ 사용자가 제1항부터 제3항까지의 규정에 따른 요건을 갖추어 근로자를 해고한 경우에는 제23조제1항에 따른 정당한 이유가 있는 해고를 한 것으로 본다. | 또는 사업장 : 100명 이상<br>② 제1항에 따른 신고를 할 때에는 다음 각 호의 사항을 포함하여야 한다.<br>1. 해고 사유<br>2. 해고 예정 인원<br>3. 근로자대표와 협의한 내용<br>4. 해고 일정 |
| 제25조(우선 재고용 등) ① 제24조에 따라 근로자를 해고한 사용자는 근로자를 해고한 날부터 3년 이내에 해고된 근로자가 해고 당시 담당하였던 업무와 같은 업무를 할 근로자를 채용하려고 할 경우 제24조에 따라 해고된 근로자가 원하면 그 근로자를 우선적으로 고용하여야 한다.<br>② 정부는 제24조에 따라 해고된 근로자에 대하여 생계안정, 재취업, 직업훈련 등 필요한 조치를 우선적으로 취하여야 한다. | |

## 1) 경영상 이유에 의한 해고의 요건

근기법에 따르면 경영상 이유에 의한 해고를 위해서는 ① 긴박한 경영상의 필요가 있어야 하고(이 경우 경영악화를 방지하기 위한 사업의 양도, 인수, 합병은 긴박한 경영상의 필요가 있는 것으로 본다), ② 해고를 피하기 위한 노력을 다해야 하며, ③ 합리적이고 공정한 해고의 기준을 정하고 이에 따라 그 대상자를 선정해야 하며(이 경우 남녀의 성을 이유로 차별해서는 안 된다), ④ 해고를 피하기 위한 방법과 해고의 기준 등에 관하여 해당 사업 또는 사업장의 근로자대표(해당 사업 또는 사업장에 근로자의 과반수로 조직된 노동조합이 있으면 그 노동조합, 그러한 노동조합이 없으면 근로자의 과반수를 대표하는 자)에게 해고를 하려는 날의 50일 전까지 통보하고 성실하게 협의해야 한다. ⑤ 대통령령으로 정하는 일정한 규모 이상의 인원을 해고하려면 대통령령으로 정하는 바에 따라 노동부장관에게 신고해야 한다(①~④: 이른바 정리해고의 4요건이라 함).

판례에 따르면, 위 각 요건(①~④ 요건)의 구체적 내용은 확정적·고정적인 것이 아니라 구체적 사건에서 다른 요건의 충족 정도와 관련하여 유동적으로 정해지는 것이므로 구체적 사건에서 경영상 이유에 의한 당해 해고가 위 각 요건을 모두

갖추어 정당한지 여부는 위 각 요건을 구성하는 개별사정들을 종합적으로 고려하여 판단한다.[297]

한편, 근기법 제31조에 의하여 부당해고구제재심판정을 다투는 소송의 경우에는 해고의 정당성에 관한 증명책임은 이를 주장하는 사용자가 부담하므로, 경영상 이유에 의한 해고에서도 사용자가 경영상 해고의 정당성을 비롯한 경영상 해고의 요건을 모두 증명해야 한다.[298]

### 2) 각 요건별 쟁점

#### ① 긴박한 경영상의 필요

긴박한 경영상의 필요란 반드시 기업의 도산을 회피하기 위한 경우에 한정되지 아니하고, 장래에 올 수도 있는 위기에 미리 대처하기 위하여 인원삭감이 필요한 경우도 포함하지만, 그러한 인원삭감은 객관적으로 보아 합리성이 있다고 인정되어야 한다.[299] 그리고 긴박한 경영상의 필요가 있는지를 판단할 때는 법인의 어느 사업부문이 다른 사업부문과 인적 · 물적 · 장소적으로 분리 · 독립되어 있고 재무 및 회계가 분리되어 있으며 경영여건도 서로 달리하는 예외적인 경우가 아니라면 법인의 일부 사업부문 내지 사업소의 수지만을 기준으로 할 것이 아니라 법인 전체의 경영사정을 종합적으로 검토하여 결정하여야 한다.[300]

#### ② 해고회피의 노력

경영상 해고의 요건 중 해고를 피하기 위한 노력을 다하여야 한다는 것은 경영방침이나 작업방식의 합리화, 신규 채용의 금지, 일시휴직 및 희망퇴직의 활용, 전근 등 사용자가 해고범위를 최소화하기 위하여 가능한 모든 조치를 취하는 것을 의미하고,[301] 그 방법과 정도는 확정적 · 고정적인 것이 아니라 당해 사용자의 경영위기의 정도, 정리해고를 실시하여야 하는 경영상의 이유, 사업의 내용과 규모, 직급별 인원상황 등에 따라 달라지는 것이다.[302] 해고회피노력을 다하였는지

---

297) 대법원 2002. 7. 9. 선고 2001다29452 판결.
298) 대법원 1999. 4. 27. 선고 99두202 판결, 대법원 2017. 6. 29. 선고 2016두52194 판결, 대법원 2019. 11. 28. 선고 2018두44647 판결.
299) 대법원 2019. 11. 28. 선고 2018두44647 판결.
300) 대법원 2015. 5. 28. 선고 2012두25873 판결, 대법원 2021. 7. 29. 선고 2016두64876 판결.
301) 대법원 1992. 12. 22. 선고 92다14779 판결, 대법원 1999. 4. 27. 선고 99두202 판결 등.
302) 대법원 2004. 1. 15. 선고 2003두11339 판결, 대법원 2019. 11. 28. 선고 2018두44647 판결 등.

와 관련하여, 경영상 해고 전후로 다수의 근로자와 임원을 신규 채용하고 승진인사를 단행하는 한편, 일부 부서에 대해서만 경영성과금의 대부분에 해당하는 성과급을 지급하고, 대규모 감원에도 불구하고 교육비 예산을 그대로 유지하여 결과적으로 직원 1인당 지출 규모를 증가시킨 경우 그 비용지출 규모가 경영상 해고로 절감되는 경제적 비용에 비해 훨씬 크다는 점을 고려하면 해고회피 노력을 다하지 못하였다고 볼 여지가 크다고 본 사례가 있다.[303]

### ③ 합리적이고 공정한 해고의 기준

합리적이고 공정한 해고의 기준 역시 확정적·고정적인 것은 아니고 당해 사용자가 직면한 경영위기의 강도와 정리해고를 실시하여야 하는 경영상의 이유, 정리해고를 실시한 사업 부문의 내용과 근로자의 구성, 정리해고 실시 당시의 사회경제상황 등에 따라 달라지는 것이기는 하지만,[304] 객관적 합리성과 사회적 상당성을 가진 구체적인 기준이 마련되어야 하고, 그 기준을 실질적으로 공정하게 적용하여 정당한 해고대상자의 선정이 이루어져야 한다.[305]

대법원 판례에 따르면, 해고대상자 선정기준은 단체협약이나 취업규칙 등에 정해져 있는 경우라면 특별한 사정이 없는 한 그에 따라야 하고, 만약 그러한 기준이 사전에 정해져 있지 않다면 근로자의 건강상태, 부양의무의 유무, 재취업 가능

---

303) 대법원 2017. 6. 29. 선고 2016두52194 판결. 인력구조조정 기간 동안 감원된 인원수에 대하여 보다 객관적인 자료를 통해 확인한 후 회사가 노사 간에 협의된 최종 감원목표를 초과달성한 것은 아닌지, 해고 범위를 최소화하기 위해 가능한 모든 조치를 강구하였으나 해고 이외의 다른 경영상 조치를 취할 수 없어 부득이 정리해고를 할 수밖에 없었는지 등을 좀 더 자세히 심리한 다음에 이 사건 정리해고 조치를 취한 것이 객관적으로 보아 합리성이 있었는지, 해고를 피하기 위한 노력을 다하였는지를 판단하였어야 함에도 최종 감원목표대로 이 사건 정리해고를 단행하였을 뿐이므로 긴박한 경영상의 필요성이 인정되고, 비용절감 및 감원규모 축소 등 해고를 피하기 위한 노력을 다하였으므로 이 사건 정리해고는 근기법상의 정리해고 요건을 모두 갖춘 정당한 해고라고 단정한 원심판단이 정리해고의 요건 중 '긴박한 경영상의 필요' 및 '정리해고를 회피하기 위한 노력'에 관한 법리를 오해하여 필요한 심리를 다하지 아니하고, 논리와 경험의 법칙에 반하여 자유심증주의의 한계를 벗어남으로써 판결에 영향을 미친 잘못이 있다고 본 사례이다.
304) 대법원 2002. 7. 9. 선고 2001다29452 판결, 대법원 2011. 1. 27. 선고 2008두13972 판결 등.
305) 대법원 2012. 5. 24. 선고 2011두11310 판결. 항만하역업을 하는 甲 주식회사가 乙 등 근로자 27명을 경영상 이유로 해고한 사안에서, 甲 회사가 마련한 정리해고 대상자 선정기준은 근무태도에 대한 주관적 평가와 객관적 평가 및 근로자 측 요소가 각 1/3씩 비중을 차지하고 있는데, 근무태도라는 단일한 대상을 주관적 평가와 객관적 평가로 나누어 동일하게 배점하고 주관적 평가 항목에서 乙 등 해고 근로자들과 잔존 근로자들 사이에 점수를 현격하게 차이가 나도록 부여함으로써 결국 근무태도에 대한 주관적 평가로 해고 여부가 좌우되는 결과가 된 점 등에 비추어 보면 선정기준 자체가 합리적이고 공정하다고 인정하기 어렵고 甲 회사가 기준을 정당하게 적용하여 해고 대상자를 선정하였다고 보이지도 않는다는 이유로, 乙 등 근로자들에 대한 해고가 위법하다고 본 원심판단을 정당하다고 한 사례이다.

성 등 근로자 각자의 주관적 사정과 업무능력, 근무성적, 징계 전력, 임금 수준 등 사용자의 이익 측면을 적절히 조화시키되, 근로자에게 귀책사유가 없는 해고임을 감안하여 사회적·경제적 보호의 필요성이 높은 근로자들을 배려할 수 있는 합리적이고 공정한 기준을 설정하여야 한다.[306] 또한, 경영상 이유에 의한 해고에 앞서 전환배치를 실시하는 경우 전환배치대상자 선정기준은 최종적으로 이루어지는 해고대상자 선정에도 영향을 미치게 되므로, 전환배치 기준은 해고대상자 선정기준에 준하여 합리성과 공정성을 갖추어야 하고, 이에 관한 증명책임 역시 이를 주장하는 사용자가 부담한다.[307]

사용자가 해고의 기준에 관하여 노동조합 또는 근로자대표와 성실하게 협의하여 해고의 기준에 관한 합의에 도달하였다면 이러한 사정도 해고의 기준이 합리적이고 공정한 기준인지의 판단에 참작되어야 한다.[308]

#### ④ 근로자대표와의 협의

사용자는 해고를 피하기 위한 방법 및 해고의 기준 등에 관하여 당해 사업 또는 사업장에 근로자의 과반수로 조직된 노동조합이 있는 경우에는 그 노동조합, 근로자의 과반수로 조직된 노동조합이 없는 경우에는 근로자의 과반수를 대표하는 자(근로자대표)에 대하여 미리 통보하고 성실하게 협의하여야 한다. 근기법이 규정하고 있는 이러한 절차적 요건은 경영상 해고의 실질적 요건의 충족을 담보함과 아울러 비록 불가피한 경영상 해고라 하더라도 협의과정을 통한 쌍방의 이해 속에서 실시되는 것이 바람직하다는 이유 때문이다.[309] 이에 따라, 근로자의 과반수로 조직된 노동조합이 없는 경우에 그 협의의 상대방이 형식적으로는 근로자 과반수의 대표로서의 자격을 명확히 갖추지 못하였더라도 실질적으로 근로자의 의사를 반영할 수 있는 대표자라고 볼 수 있는 사정이 있다면 위 절차적 요건도 충족하였다고 보고 있다.[310]

판례는, 사업 내 근로자 과반수로 조직된 노조가 있고, 그 노조와 경영상 해고에 관하여 협의하였다면 해고 대상자가 비노조원이라고 하더라도 비노조원들만의 내표를 새로이 신출하여 그 내표와 별도로 협의를 하지 않았다고 하여 근로자

---

306) 대법원 2021. 7. 29. 선고 2016두64876 판결.
307) 대법원 2021. 7. 29. 선고 2016두64876 판결.
308) 대법원 2002. 7. 9. 선고 2001다29452 판결 등.
309) 상동.
310) 대법원 2006. 1. 26. 선고 2003다69393 판결.

대표와의 협의 절차를 위반한 것은 아니라고 보기도 하고,311) 사용자가 근로자 과반수로 조직되지 않은 노조와 경영상 해고에 관한 협의를 한 경우 실질적으로 근로자 의사를 반영할 수 있는 대표자라고 볼 수 있는 사정이 있다면 경영상 해고 의 절차적 요건이 충족되었다고 보기도 한다.312) 경영상 해고의 필요성과 합리성 이 객관적으로 명백하면서 사용자가 노동조합 측과 경영상 해고에 관한 합의 도 출을 위해 성실하고 진지한 노력을 다하였음에도 노동조합 측이 합리적 근거가 이유제시 없이 경영상 해고 자체를 반대하고 불법적인 쟁의행위를 함으로써 합의 에 이르지 못한 경우에는 노동조합이 사전합의권을 남용하거나 스스로 사전합의 권 행사를 포기한 것으로서, 이러한 경우에는 단체협약상 경영상 해고시 노동조 합의 사전합의를 규정하고 있다고 할지라도 노동조합의 사전 합의가 없는 경영상 해고가 유효하다고 본 경우도 있다.313)

한편, 근기법이 해고회피방법 및 해고의 기준을 해고를 하려는 날 50일 전까지 근로자대표에게 통보하게 한 취지는, 소속근로자의 소재와 숫자에 따라 그 통보 를 전달하는 데 소요되는 시간, 그 통보를 받은 각 근로자들이 통보 내용에 따 른 대처를 하는 데 소요되는 시간, 근로자대표가 성실한 협의를 할 수 있는 기 간을 최대한으로 상정·허여하자는 데 있는 것이고, 50일 기간의 준수 자체가 경영상 해고의 효력요건은 아니기 때문에, 사전통보시기가 해고 실시 50일 이 전이 아니었다는 사정만으로는 경영상 해고가 위법하다고 보기 어렵다고 보고 있다.314)

### 3) 사용자의 우선 재고용의무

근기법 제25조 제1항의 규정 내용과, 자신에게 귀책사유가 없음에도 경영상 이 유에 의하여 직장을 잃은 근로자로 하여금 이전 직장으로 복귀할 수 있는 기회를 보장하여 해고 근로자를 보호하려는 입법 취지 등을 고려하면, 사용자는 근기법 제24조에 따라 근로자를 해고한 날부터 3년 이내의 기간 중에 해고 근로자가 해 고 당시에 담당하였던 업무와 같은 업무를 할 근로자를 채용하려고 한다면, 해고

---

311) 대법원 2002. 7. 9. 선고 2001다29452 판결.
312) 대법원 2012. 5. 24. 선고 2010두15964판결. 2회에 걸쳐 정리해고에 관하여 협의하는 동안 어 느 누구도 노조의 협의권한에 대해 이의제기를 한 바 없는데 이 사건 소 제기 이후 비로소 노조 의 자격 유무를 다투기 시작한 경우임.
313) 대법원 2012. 6. 28. 선고 2010다38007 판결.
314) 대법원 2003. 11. 13. 선고 2003두4119 판결.

근로자가 반대하는 의사를 표시하거나 고용계약을 체결할 것을 기대하기 어려운 객관적인 사유가 있는 등의 특별한 사정이 있는 경우가 아닌 한 해고 근로자를 우선 재고용할 의무가 있다.315) 이때 사용자가 해고 근로자에게 고용계약을 체결할 의사가 있는지 확인하지 않은 채 제3자를 채용하였다면, 마찬가지로 해고 근로자가 고용계약 체결을 원하지 않았을 것이라거나 고용계약을 체결할 것을 기대하기 어려운 객관적인 사유가 있었다는 등의 특별한 사정이 없는 한 근기법 제25조 제1항이 정한 우선 재고용의무를 위반한 것으로 볼 수 있다.316)

근기법 제25조 제1항에 따라 사용자는 해고 근로자를 우선 재고용할 의무가 있으므로 해고 근로자는 사용자가 위와 같은 우선 재고용의무를 이행하지 아니하는 경우 사용자를 상대로 고용의 의사표시를 갈음하는 판결을 구할 사법상의 권리가 있고, 판결이 확정되면 사용자와 해고 근로자 사이에 고용관계가 성립한다.317) 또한 해고 근로자는 사용자가 위 규정을 위반하여 우선 재고용의무를 이행하지 않은 데 대하여, 우선 재고용의무가 발생한 때부터 고용관계가 성립할 때까지의 임금 상당 손해배상금을 청구할 수 있다.318)

### 4) 폐업과 경영상해고

어떤 기업이 경영상 이유로 사업을 여러 개의 부문으로 나누어 경영하다가 그 중 일부를 폐지하기로 하였다 하더라도 이는 원칙적으로 사업 축소에 해당할 뿐 사업전체의 폐지라고 할 수 없으므로, 사용자가 일부 사업을 폐지하면서 그 사업 부문에 속한 근로자를 해고하려면 근기법 제24조에서 정한 경영상 이유에 의한 해고 요건을 갖추어야 하고, 그 요건을 갖추지 못한 해고는 정당한 이유가 없어 무효이다.319) 따라서 사용자가 일부 사업 부문을 폐지하고 그 사업 부문에 속한 근로자를 해고하였는데 그와 같은 해고가 경영상 이유에 의한 해고로서의 요건을 갖추지 못하였지만 폐업으로 인한 통상해고로서 예외적으로 정당하기 위해서는, 일부 사업의 폐지·축소가 사업 전체의 폐지와 같다고 볼 만한 특별한 사정이 인정되어야 하고, 이때 일부 사업의 폐지가 폐업과 같다고 인정할 수 있는지는 해당

---

315) 대법원 2020. 11. 16. 선고 2016다13437 판결.
316) 대법원 2020. 11. 16. 선고 2016다13437 판결.
317) 대법원 2020. 11. 16. 선고 2016다13437 판결.
318) 대법원 2020. 11. 16. 선고 2016다13437 판결.
319) 대법원 2021. 7. 29. 선고 2016두64876 판결.

사업 부문이 인적·물적 조직 및 운영상 독립되어 있는지, 재무 및 회계의 명백한 독립성이 갖추어져 별도의 사업체로 취급할 수 있는지, 폐지되는 사업 부문이 존속하는 다른 사업 부문과 취급하는 업무의 성질이 전혀 달라 다른 사업 부문으로의 전환배치가 사실상 불가능할 정도로 업무 종사의 호환성이 없는지 등 여러 사정을 구체적으로 살펴 종합적으로 판단하여야 한다.[320]

## 5. 해고 예고

| 근기법 | 벌칙 |
|---|---|
| 제26조(해고의 예고) 사용자는 근로자를 해고(경영상 이유에 의한 해고를 포함한다)하려면 적어도 30일 전에 예고를 하여야 하고, 30일 전에 예고를 하지 아니하였을 때에는 30일분 이상의 통상임금을 지급하여야 한다. 다만, 다음 각 호의 어느 하나에 해당하는 경우에는 그러하지 아니하다.<br>1. 근로자가 계속 근로한 기간이 3개월 미만인 경우<br>2. 천재·사변, 그 밖의 부득이한 사유로 사업을 계속하는 것이 불가능한 경우<br>3. 근로자가 고의로 사업에 막대한 지장을 초래하거나 재산상 손해를 끼친 경우로서 고용노동부령으로 정하는 사유에 해당하는 경우 | 2년 이하의 징역 또는 2천만원 이하의 벌금 |

| | 근기법 시행규칙 |
|---|---|
| | 제4조(해고 예고의 예외가 되는 근로자의 귀책사유) 법 제26조 단서에서 "고용노동부령으로 정하는 사유"란 별표와 같다.<br><br>[해고 예고의 예외가 되는 근로자의 귀책사유(제4조 관련)]<br>1. 납품업체로부터 금품이나 향응을 제공받고 불량품을 납품받아 생산에 차질을 가져온 경우<br>2. 영업용 차량을 임의로 타인에게 대리운전하게 하여 교통사고를 일으킨 경우<br>3. 사업의 기밀이나 그 밖의 정보를 경쟁관계에 있는 다른 사업자 등에게 제공하여 사업에 지장을 가져온 경우<br>4. 허위 사실을 날조하여 유포하거나 불법 집단행동을 주도하여 사업에 막대한 지장을 가져온 경우<br>5. 영업용 차량 운송 수입금을 부당하게 착복하는 등 직책을 이용하여 공금을 착복, 장기유용, 횡령 또는 배임한 경우<br>6. 제품 또는 원료 등을 몰래 훔치거나 불법 반출한 경우<br>7. 인사·경리·회계담당 직원이 근로자의 근무상황 실적을 조작하거나 허위 서류 등을 작성하여 사업에 손해를 끼친 경우<br>8. 사업장의 기물을 고의로 파손하여 생산에 막대한 지장을 가져온 경우<br>9. 그 밖에 사회통념상 고의로 사업에 막대한 지장을 가져오거나 재산상 손해를 끼쳤다고 인정되는 경우 |

---

320) 대법원 2021. 7. 29. 선고 2016두64876 판결.

### 1) 해고예고제도의 의미

해고예고제도는 근로조건의 핵심적 부분인 해고와 관련된 사항일 뿐만 아니라, 근로자가 갑자기 직장을 잃어 생활이 곤란해지는 것을 막는 데 목적이 있으므로 근로자의 인간 존엄성을 보장하기 위한 최소한의 근로조건으로서 근로의 권리의 내용에 포함된다.[321]

### 2) 해고예고 및 예고수당없는 해고통지의 효력

해고예고도 없고 예고수당의 지급도 없이 한 해고의 통지가 사법상 무효인지 여부에 대해서는 견해가 대립되는데, 판례는 해고예고의무를 위반한 해고에 대해서는 벌칙이 적용되고 근로자가 예고수당의 지급을 청구할 수는 있지만, 해고의 정당한 이유를 갖추고 있는 한 해고의 사법상의 효력에는 영향이 없다고 본다.[322] 근기법 제26조에서 규정하는 해고예고제도는 근로자로 하여금 해고에 대비하여 새로운 직장을 구할 수 있는 시간적·경제적 여유를 주려는 것이기 때문에, 해고의 효력 자체와는 관계가 없는 제도라고 해석되는 것이다.[323]

### 3) 부당해고시 지급한 해고예고수당의 효력

근기법 제26조 본문에 따라 사용자가 근로자를 해고하면서 30일 전에 예고를 하지 아니하였을 때 근로자에게 지급하는 해고예고수당은 해고가 유효한지 여부와 관계없이 지급되어야 하는 돈이고, 그 해고가 부당해고에 해당하여 효력이 없다고 하더라도 근로자가 해고예고수당을 지급받을 법률상 원인이 없다고 볼 수 없다.[324] 그 이유는 ① 근기법 제26조 본문은 "사용자는 근로자를 해고(경영상 이유에 의한 해고를 포함한다)하려면 적어도 30일 전에 예고를 하여야 하고, 30일 전에 예고를 하지 아니하였을 때에는 30일분 이상의 통상임금을 지급하여야 한다."라고 규정하고 있을 뿐이고, 위 규정상 해고가 유효한 경우에만 해고예고 의무나 해고예고수당 지급 의무가 성립한다고 해석할 근거가 없고, ② 해고예고제도는 해고의 효력 자체와는 관계가 없는 제도이기 때문에 해고가 무효인 경우에도 해

321) 헌법재판소 2015. 12. 23. 2014헌바3 결정.
322) 대법원 1993. 9. 24. 선고 93누4199 판결.
323) 대법원 2018. 9. 13. 선고 2017다16778 판결.
324) 상동

고가 유효한 경우에 비해 해고예고제도를 통해 근로자에게 위와 같은 시간적·경제적 여유를 보장할 필요성이 작다고 할 수 없으며, ③ 사용자가 근로자를 해고하면서 해고예고를 하지 않고 해고예고수당도 지급하지 않은 경우, 그 후 해고가 무효로 판정되어 근로자가 복직을 하고 미지급 임금을 지급받더라도 그것만으로는 해고예고제도를 통하여 해고 과정에서 근로자를 보호하고자 하는 근기법 제26조의 입법 목적이 충분히 달성된다고 보기 어렵고, 해고예고 여부나 해고예고수당 지급 여부가 해고의 사법상(사법상) 효력에 영향을 미치지 않는다는 점을 고려하면, 해고예고제도 자체를 통해 근로자를 보호할 필요성은 더욱 커지기 때문이다.325)

## 6. 해고의 서면통지

| 근기법 | 벌칙 |
|---|---|
| 제27조(해고사유 등의 서면통지) ① 사용자는 근로자를 해고하려면 해고사유와 해고시기를 서면으로 통지하여야 한다.<br>② 근로자에 대한 해고는 제1항에 따라 서면으로 통지하여야 효력이 있다.<br>③ 사용자가 제26조에 따른 해고의 예고를 해고사유와 해고시기를 명시하여 서면으로 한 경우에는 제1항에 따른 통지를 한 것으로 본다. | 없음 |

### 1) 해고사유 및 시기의 서면통지제도의 의미

근기법 제27조는 사용자가 근로자를 해고하려면 해고의 사유와 시기를 서면으로 통지하여야 효력이 있다고 규정하고 있다. 이것은 해고사유 등의 서면통지를 통해 사용자로 하여금 근로자를 해고하는 데 신중을 기하게 함과 아울러, 해고의 존부 및 시기와 그 사유를 명확하게 하여 사후에 이를 둘러싼 분쟁이 적정하고 용이하게 해결될 수 있도록 하고, 근로자에게도 해고에 적절히 대응할 수 있게 하기 위한 취지이다.326)

### 2) 서면통지의 내용

위와 같은 제도의 취지에 따라, 사용자가 해고사유 등을 서면으로 통지할 때는 근로자의 처지에서 해고사유가 무엇인지를 구체적으로 알 수 있어야 하고, 특히

---

325) 대법원 2018. 9. 13. 선고 2017다16778 판결.
326) 대법원 2011. 10. 27. 선고 2011다42324 판결.

징계해고의 경우에는 해고의 실질적 사유가 되는 구체적 사실 또는 비위내용을 기재하여야 하며 징계대상자가 위반한 단체협약이나 취업규칙의 조문만 나열하는 것으로는 충분하다고 볼 수 없다.[327] 사용자가 근로자를 징계해고하면서 인사위원회 출석요구 통보서와 인사위원회 심의결과 통보서, 해고통보서에 근로자의 어떠한 행위가 사규 위반에 해당하여 징계사유와 해고사유가 되는지를 전혀 기재하지 않은 사안에서, 위 해고에는 절차상 근기법 제27조를 위반한 위법이 있다고 판단하였다.

다만, 판례는 해고 대상자가 이미 해고사유가 무엇인지 구체적으로 알고 있고 그에 대해 충분히 대응할 수 있는 상황이었다면 해고통지서에 징계사유를 축약해 기재하는 등 징계사유를 상세하게 기재하지 않았더라도 위 조항에 위반한 해고통지라고 할 수는 없다고 보고 있다.[328] 그렇지만 해고 대상자가 해고사유를 알고 있었다고 하더라도 계약종료통지서에 해고사유를 전혀 기재하지 않았다면 근기법 제27조를 위반한 것이 된다.[329]

### 3) 서면통지의 방식

#### ① 이메일(e-mail)에 의한 해고통지

이메일(e-mail)에 의한 해고통지를 서면에 의한 해고통지로서 유효하다고 볼 수 있는지 여부가 문제되곤 한다. 법원은 '서면'이란 일정한 내용을 적은 문서를 의미하고 이메일 등 전자문서와는 구별되지만, 전자문서 및 전자거래 기본법 제3조는 "이 법은 다른 법률에 특별한 규정이 있는 경우를 제외하고 모든 전자문서 및 전자거래에 적용한다."고 규정하고 있고, 같은 법 제4조 제1항은 "전자문서는 다른 법률에 특별한 규정이 있는 경우를 제외하고는 전자적 형태로 되어 있다는 이유로 문서로서의 효력이 부인되지 아니한다."고 규정하고 있는 점, 출력이 즉시 가능한 상태의 전자문서는 사실상 종이 형태의 서면과 다를 바 없고 저장과 보관에서 지속성이나 정확성이 더 보장될 수도 있는 점, 이메일(e-mail)의 형식과 작성 경위 등에 비추어 사용자의 해고 의사를 명확하게 확인할 수 있고, 이메일에 해고사유와 해고시기에 관한 내용이 구체적으로 기재되어 있으며, 해고에 적절히

---

327) 상동.
328) 대법원 2015. 7. 9. 선고 2014다76434 판결.
329) 대법원 2021. 2. 25. 선고 2017다226605 판결.

대응하는 데 아무런 지장이 없는 등 서면에 의한 해고통지의 역할과 기능을 충분히 수행하고 있다면, 단지 이메일 등 전자문서에 의한 통지라는 이유만으로 서면에 의한 통지가 아니라고 볼 것은 아닌 점 등을 고려하면, 근로자가 이메일을 수신하는 등으로 내용을 알고 있는 이상, 이메일에 의한 해고통지도 해고사유 등을 서면 통지하도록 규정한 근기법 제27조의 입법 취지를 해치지 아니하는 범위 내에서 구체적 사안에 따라 서면에 의한 해고통지로서 유효하다고 보아야 할 경우가 있다.[330]

### ② 회의록 양식에 의한 해고의 서면통지

회의록 양식에 의한 해고의 서면통지효력이 문제된 사건에서 법원은 근로자와 회의를 하면서 업무처리 경위와 후속조치 계획에 관한 사유서를 제출받고 검토 후 퇴사를 명할 수 있다고 경고한 다음 회의를 진행한 결과 해고하기로 결정하고 회의 일시, 장소, 근로자의 업무상 잘못 등 회의 내용을 정리한 회의록을 작성하여 근로자로부터 확인 서명을 받아 사본을 교부하였다면, 그 서면이 회의록 형식이라 하더라도 근로자가 위 서면에 의해 해고통지를 받을 당시 해고사유가 무엇인지 구체적으로 알고 있었고 이에 대해 충분히 대응할 수 있는 상황이었으므로 근기법 제27조를 위반한 것으로 볼 수 없다고 보았다.[331]

### 4) 기간제근로계약이 만료된 근로자에게도 해고서면통지의무가 있는지 여부

기간제 근로계약은 그 기간이 만료됨으로써 당연히 종료하는 것이므로 갱신거절의 존부 및 시기와 그 사유를 명확하게 하여야 할 필요성이 해고의 경우에 견주어 크지 않고, 근기법 제27조의 내용과 취지에 비추어 볼 때 기간제 근로계약이 종료된 후 갱신 거절의 통보를 하는 경우에까지 근기법 제27조를 준수하도록 예정하였다고 보기 어렵다. 따라서, 기간제 근로계약이 종료된 후 사용자가 갱신 거절의 통보를 하는 경우에는 근기법 제27조가 적용되지 않는다.[332]

---

330) 대법원 2015. 9. 10. 선고 2015두41401 판결.
331) 대법원 2021. 7. 29. 선고 2021두36103 판결.
332) 대법원 2021. 10. 28. 선고 2021두45114 판결.

## 7. 부당해고와 민사책임

### 1) 부당해고에 대한 채무불이행책임

부당해고의 경우 사용자는 소급임금지급 의무를 부담한다. 이때 중간수입과 관련한 문제가 있다. 즉, 사용자의 귀책사유로 인하여 해고된 근로자가 해고기간 중에 다른 직장에 종사하여 이익을 얻은 때에는 사용자는 위 근로자에게 해고기간 중의 임금을 지급함에 있어 위의 이익(이른바 중간수입)의 금액을 임금액에서 공제할 수 있는지, 공제할 수 있다면 어느 정도 공제할 수 있는지의 문제이다. 판례는, 해고기간 중 근로자가 얻은 중간수입은 민법 제538조 제2항에서 말하는 채무를 면함으로써 얻은 이익에 해당하기 때문에 사용자는 근로자에게 해고기간 중의 임금을 지급함에 있어 이 중간수입을 임금으로부터 공제할 수 있다고 보고 있다.[333] 다만 근기법상 휴업수당제도와의 관계에서 중간수입의 공제는 휴업수당의 한도를 초과하는 금액에 대해서만 가능하다고 보고 있다.[334]

### 2) 부당해고가 불법행위가 되는 경우

일반적으로 사용자의 근로자에 대한 해고 등의 불이익처분이 정당하지 못하여 무효로 판단되는 경우에 그러한 사유만에 의하여 곧바로 그 해고 등의 불이익처분이 불법행위를 구성하게 된다고 할 수는 없다.[335] 불법행위책임을 물을만한 사용자의 고의 · 과실이 있어야 불법행위 성립한다. 판례에 따르면 사용자가 근로자를 징계해고할 만한 사유가 전혀 없는데도 오로지 근로자를 사업장에서 몰아내려는 의도하에 고의로 어떤 명목상의 해고사유를 만들거나 내세워 징계라는 수단을 동원하여 해고한 경우나(=고의요건 해당 부당해고), 해고의 이유로 된 어느 사실이 취업규칙 등 소정의 해고사유에 해당되지 아니하거나 해고사유로 삼을 수 없는 것임이 객관적으로 명백하고 또 조금만 주의를 기울이면 이와 같은 사정을 쉽게 알아볼 수 있는데도 그것을 이유로 징계해고에 나아간 경우(=과실요건 해당 부당해고) 등 징계권의 남용이 우리의 건전한 사회통념이나 사회상규상 용인될 수 없음

---

333) 대법원 1991. 6. 28. 선고 90다카25277 판결.
334) 상동.
335) 대법원 1996. 4. 23. 선고 95다6823 판결.

이 분명한 경우에 있어서는 그 해고가 근기법에서 말하는 정당성을 갖지 못하여 효력이 부정되는 데 그치는 것이 아니라, 위법하게 상대방에게 정신적 고통을 가하는 것이 되어 근로자에 대한 관계에서 불법행위를 구성한다.336) 또 근로자가 정당한 노조활동을 한 것을 이유로 근로자를 사업장에서 배제하려는 의도 하에 일부러 표면상 해고사유를 내세워 징계해고한 경우, 사용자가 근로자의 의사에 반하여 정당한 이유 없이 근로자의 근로제공을 계속적으로 거부하는 것 등은 불법행위를 구성하는 것으로 본다. 또, 구회사를 실질적으로 운영하는 사주가 구회사를 폐업하고 신설회사를 설립하는 위장폐업의 방법으로 근로자들을 부당해고한 경우에도 회사는 해고기간 중의 임금을 근로자들에게 지급해야 함은 물론이고, 위장폐업에 의한 부당해고는 사회통념이나 사회상규상 용인될 수 없는 것이어서 불법행위를 구성하므로 사용자는 그로 인하여 근로자들이 입게 된 정신적 고통에 대한 위자료를 배상할 책임이 있다.337)

## 8. 해고무효확인의 소의 이익

확인의 소는 현재의 권리 또는 법률상의 지위에 관한 위험이나 불안을 제거하기 위하여 허용되는 것이고, 해고 무효 확인의 소도 그것이 근로계약에 기한 원래의 지위를 회복하거나 해고로 인한 현재의 권리 또는 법률상의 지위에 대한 현존하는 위험이나 불안을 제거하기 위하여 비록 과거의 법률행위에 불과한 해고에

---

336) 대법원 1993. 10. 12. 선고 92다43586 판결, 대법원 1999. 2. 23. 선고 98다12157 판결.
337) 대법원 2011. 3. 10. 선고 2010다13282 판결. 구회사를 실질적으로 운영하는 사주가 쟁의행위로서 정당성을 결여한 직장폐쇄를 감행하여 전 직원을 퇴직처리한 다음 구회사를 폐업하고 새로이 회사를 설립하는 위장폐업의 방법으로 근로자들을 부당해고한 사안에서, 부당해고된 근로자가 해고 무효를 주장하면서 사용자에게 민법 제538조 제1항에 의하여 해고 기간 중의 임금 지급을 청구하는 소는 그 실체가 근로계약에 따른 임금청구권의 행사인 반면, 부당해고가 불법행위를 구성한다는 이유로 임금 상당의 손해배상을 청구하는 것은 그 자체로는 근로계약과 무관한 청구로서 양자는 그 법적 근거와 성질을 달리하고, 부당해고로 인하여 근로자에게 손해가 발생하였는지 여부는 부당해고 피해자인 근로자가 부당해고가 없었더라면 향유하거나 취득할 수 있었던 이익이 부당해고로 말미암아 상실되거나 취득할 수 없게 된 것에 따른 불이익이 발생하였는지 여부에 의하여 판단할 것이지, 부당해고가 존재하지 아니하였을 경우에 취득할 수 있는 법률상 권리인 임금청구권을 유효하게 가지고 있느냐 여부에 따라 그 손해의 발생 여부가 좌우되는 것은 아님에도, 위장폐업에 따른 부당해고는 그 효력이 부정되어 근로자들과 구회사(또는 신설회사) 사이에 여전히 근로관계가 존속하기 때문에 근로자들은 특별한 사정이 없는 한 사용자인 구회사(또는 신설회사)에 대하여 부당해고 기간 중의 임금을 청구할 수 있으므로 임금 상당의 손해가 발생하였다고 볼 수 없다고 하며, 위 해고가 불법행위에 해당함을 이유로 한 손해배상청구는 인정되지 않는다고 본 원심판단을 파기한 사례.

대하여 그 무효 확인 판결을 받는 것이 유효, 적절한 수단이 되는 경우에 한하여 그 확인의 이익이 있다.[338] 또한 해고 무효 확인의 소는 근로계 약상의 지위 회복을 목적으로 하므로 사실심 변론종결 당시 다른 사유로 해당 근로관계가 종료되어 근로자의 지위를 회복하는 것이 불가능한 경우에는, 다른 특별한 사정이 없는 한, 그 무효 확인을 구할 확인의 이익이 없다.[339]

## 9. 근로계약의 무효 내지 취소의 효과

근로계약의 무효 또는 취소를 주장할 수 있다 하더라도 근로계약에 따라 그동안 행하여진 근로자의 노무 제공의 효과를 소급하여 부정하는 것은 타당하지 않으므로 이미 제공된 근로자의 노무를 기초로 형성된 취소 이전의 법률관계까지 효력을 잃는다고 보아서는 아니 되고, 취소의 의사표시 이후 장래에 관하여만 근로계약의 효력이 소멸된다고 보아야 한다.[340]

## 10. 해고와 금반언(禁反言)의 원칙

사용자로부터 해고된 근로자가 퇴직금 등을 수령하면서 아무런 이의의 유보나 조건을 제기하지 않았다면 해고의 효력을 인정하지 아니하고 이를 다투고 있었다고 볼 수 있는 객관적인 사정이 있다거나 그 외에 상당한 이유가 있는 상황하에서 이를 수령하는 등의 특별한 사정이 없는 한 그 해고의 효력을 인정하였다고 할 것이고, 따라서 그로부터 오랜 기간이 지난 후에 그 해고의 효력을 다투는 소를 제기하는 것은 신의칙이나 금반언의 원칙에 위배되어 허용될 수 없다.[341]

## 11. 노동위원회 금품지급명령과 부당해고 구제이익

해고를 당한 근로자가 원직에 복직하는 것이 불가능하더라도, 부당한 해고라는 사실을 확인하여 해고 기간 중의 임금 상당액을 받도록 하는 것도 부당해고 구제

---

338) 대법원 1995. 4. 11. 선고 94다4011 판결.
339) 대법원 2004. 7. 22. 선고 2002다57362 판결.
340) 대법원 2017. 12. 22. 선고 2013다25194(본소), 2013다25200(반소) 판결.
341) 대법원 2000. 4. 25. 선고 99다34475 판결.

명령제도의 목적에 포함된다.[342] 그러므로, 부당해고구제명령제도에 관한 근기법의 규정 내용과 목적 및 취지, 임금 상당액 구제명령의 의의 및 그 법적 효과 등을 종합적으로 고려하면, 근로자가 부당해고구제신청을 하여 해고의 효력을 다투던 중 정년에 이르거나 근로계약기간이 만료하는 등의 사유로 원직에 복직하는 것이 불가능하게 된 경우에도 해고 기간 중의 임금 상당액을 받을 필요가 있다면 임금 상당액 지급의 구제명령을 받을 이익이 유지되므로 구제신청을 기각한 중앙노동위원회의 재심 판정을 다툴 소의 이익이 있다.[343]

## IX. 기업변동과 근로관계

### 1. 사업양도(영업양도)시 근로관계 승계 여부

#### 1) 영업양도의 의의와 효과

영업의 양도라 함은 일정한 영업목적에 의하여 조직화된 업체 즉, 인적·물적

---

342) 대법원 2020. 2. 20. 선고 2019두52386 전원합의체 판결. 부당해고 구제신청 절차가 도입된 지 20여 년이 지난 2007년 근기법에서는 노동위원회의 부당해고 구제명령 시 근로자가 원직복직을 원하지 않는 경우 근로자가 해고 기간 동안 근로를 제공하였더라면 받을 수 있었던 임금 상당액 이상의 금품 지급명령을 하는 금전보상제도가 도입되었다. 금전보상제도는 정당한 이유 없는 해고의 구제방식을 다양화함으로써 권리구제의 실효성을 제고하는 기대 하에서 도입되었는데, 그럼에도 불구하고 이것의 구제명령으로서의 독립성은 인정되지 않았다. 중앙노동위원회의 재심 판정에서 해고가 정당하다고 판정받은 근로자가 법원에 재심 판정 취소의 소를 제기한 후에 계약기간이 만료된 사안에서 법원이 "임기 만료로 구제가 객관적으로 실현 불가능하게 되었기 때문에 소를 각하해야 한다."라고 판단한 이래, 근로관계가 종료하여 원직복직의 가능성이 사라진 경우에는 일관되게 부당해고구제신청의 구제이익이 없다고 판단해 오고 있었다. 법원은 금전보상명령제도가 근기법으로 신설된 이후에도 ① 근기법에서 명백히 임금지급명령을 허용하고 있지는 않고, ② 근기법 제30조 제3항의 금전보상명령제도 또한 원직복직이 가능한 경우만을 전제하고 있으며, ③ 이행강제금제도는 임금지급명령이 원직복직명령에 수반된 경우를 전제하고, ④ 근로관계가 종료하여 구제명령제도를 이용할 수 없는 것은 기간의 정함이 있거나 없거나 마찬가지이므로 근로계약이 종료됨에 따라 원직복직이 불가능한 경우 독립적인 임금지급명령에 대한 구제이익은 긍정할 수 없고, 근기법 제30조 제3항의 금전보상명령제도가 도입되었다고 하여 결론이 달라지지는 않는다는 이유로 입장을 바꾸지 않았다. 대법원 2020. 2. 20. 선고 2019두52386 전원합의체 판결은 "종래 대법원이 근로자가 구제명령을 얻는다고 하더라도 객관적으로 보아 원직에 복직하는 것이 불가능하고, 해고 기간에 받지 못한 임금을 받기 위한 필요가 있더라도 민사소송절차를 통하여 해결할 수 있다는 등의 이유를 들어 소의 이익을 부정하여 왔던 판결들은 금품지급명령을 도입한 근기법 개정 취지에 맞지 않고, 기간제근로자의 실효적이고 직접적인 권리구제를 사실상 부정하는 결과가 되어 부당하다."라고 하면서, 금전보상명령제도의 독립성을 적극적으로 인정한 첫 대법원 판례이다.

343) 대법원 2022. 5. 12. 선고 2020두35592 판결.

조직을 그 동일성은 유지하면서 일체로서 이전하는 것을 의미한다. 영업양도는 영업의 일부만의 양도도 가능하고, 영업양도가 이루어진 경우에는 원칙적으로 해당 근로자들의 근로관계가 양수하는 기업에 포괄적으로 승계된다.[344]

### 2) 영업의 동일성 판단 기준

영업양도시 영업의 동일성 여부는 일반 사회관념에 의하여 결정되어져야 할 사실인정의 문제이기는 하지만, 문제의 행위(양도계약관계)가 영업의 양도로 인정되느냐 안 되느냐는 단지 어떠한 영업재산이 어느 정도로 이전되어 있는가에 의하여 결정되어져야 하는 것이 아니고 거기에 종래의 영업조직이 유지되어 그 조직이 전부 또는 중요한 일부로서 기능할 수 있는가에 의하여 결정되어져야 하는 것이므로, 예컨대 영업재산의 전부를 양도했어도 그 조직을 해체하여 양도했다면 영업의 양도는 되지 않는 반면에 그 일부를 유보한 채 영업시설을 양도했어도 그 양도한 부분만으로도 종래의 조직이 유지되어 있다고 사회관념상 인정되면 영업양도로 본다.[345]

### 3) 영업양도시 근로관계 일부 승계배제특약의 효력

영업이 양도되면 반대의 특약이 없는 한 양도인과 근로자 사이의 근로관계는 원칙적으로 양수인에게 포괄적으로 승계되고, 영업양도 당사자 사이에 근로관계의 일부를 승계의 대상에서 제외하기로 하는 특약이 있는 경우에는 그에 따라 근로관계의 승계가 이루어지지 않을 수 있으나, 그러한 특약은 실질적으로 해고나 다름이 없으므로 근기법 제23조 제1항 소정의 정당한 이유가 있어야 유효하며, 영업양도 그 자체만을 사유로 삼아 근로자를 해고하는 것은 정당한 이유가 있는 경우에 해당한다고 볼 수 없다.[346]

### 4) 근로자의 승계거부권

영업양도에 의하여 양도인과 근로자 사이의 근로관계는 원칙적으로 양수인에게 포괄승계되는 것이지만 근로자가 반대의 의사를 표시함으로써 양수기업에 승

---

344) 대법원 2002. 3. 29. 선고 2000두8455 판결.
345) 상동.
346) 대법원 2002. 3. 29. 선고 2000두8455 판결.

계되는 대신 양도기업에 잔류하거나 양도기업과 양수기업 모두에서 퇴직할 수도 있는 것이고, 영업이 양도되는 과정에서 근로자가 일단 양수기업에의 취업을 희망하는 의사를 표시하였다고 하더라도 그 승계취업이 확정되기 전이라면 취업희망 의사표시를 철회하는 방법으로 위와 같은 반대의사를 표시할 수 있는 것으로 보아야 한다.[347] 근로관계 승계에 반대하는 의사는 근로자가 영업양도가 이루어진 사실을 안 날부터 상당한 기간 내에 양도기업 또는 양수기업에 표시하여야 하고, 상당한 기간 내에 표시하였는지는 양도기업 또는 양수기업이 근로자에게 영업양도 사실, 양도 이유, 양도가 근로자에게 미치는 법적·경제적·사회적 영향, 근로자와 관련하여 예상되는 조치 등을 고지하였는지 여부, 그와 같은 고지가 없었다면 근로자가 그러한 정보를 알았거나 알 수 있었던 시점, 통상적인 근로자라면 그와 같은 정보를 바탕으로 근로관계 승계에 대한 자신의 의사를 결정하는 데 필요한 시간 등 제반 사정을 고려하여 판단하여야 한다.[348]

## 2. 기업변동시 근로조건 승계 여부

기업합병 등에 의하여 근로계약 관계가 포괄적으로 승계된 경우에 근로자의 종전 근로계약상의 지위도 그대로 승계된다.[349] 이때 근로계약상 지위의 승계에 대한 법리는 영업양도시 근로관계에 대한 것과 동일하다.

근로관계 승계 후 퇴직금 규정이 승계 전의 퇴직금규정보다 근로자에게 불리한 경우 취업규칙 불이익변경에 관한 법리가 적용되어야 하는지가 문제된 사례에서, 법원은 승계 후의 퇴직금규정이 승계 전의 퇴직금규정보다 근로자에게 불리하다면 근기법 제94조 제1항 소정의 당해 근로자집단의 집단적인 의사결정 방법에 의한 동의 없이는 승계 후의 퇴직금규정을 적용할 수 없다고 하여 취업규칙 불이익변경의 법리가 그대로 적용되는 것으로 본다.[350] 이때 하나의 사업 내에 퇴직금

---

347) 상동.
348) 대법원 2012. 5. 10. 선고 2011다45217 판결. 甲 병원을 운영하던 乙 학교법인이 丙 의료법인을 새로 설립하여 甲 병원 영업을 양도하면서 甲 병원 근로자들에게 그 사실을 고지하지 않았는데, 나중에 영업양도 사실을 알게 된 丁 등 甲 병원 근로자 일부가 乙 법인을 상대로 퇴직금 지급을 구한 사안에서, 제반 사정에 비추어 乙 법인과 丙 법인 사이에 丁 등에 대한 근로관계 승계가 이루어지지 않았고 乙 법인과 丁 등의 근로관계도 종료되었으므로, 乙 법인은 丁 등에게 퇴직금을 지급할 의무가 있다고 본 사례이다.
349) 대법원 1995. 12. 26. 선고 95다41659 판결.
350) 대법원 1995. 12. 26. 선고 95다41659 판결.

제도의 차등설정을 금지한 근로자퇴직급여보장법 제4조와의 충돌이 문제될 수 있는데, 이것은 하나의 사업 내에서 직종, 직위, 업종별로 퇴직금에 관하여 차별하는 것을 금지하고자 하는 데 그 목적이 있으므로, 근로관계가 포괄적으로 승계된 후의 새로운 퇴직금제도가 기존 근로자의 기득이익을 침해하는 것이어서 그들에게는 그 효력이 미치지 않고 부득이 종전의 퇴직금규정을 적용하지 않을 수 없어서 결과적으로 하나의 사업 내에 별개의 퇴직금제도를 운용하는 것으로 되었다고 하더라도, 이러한 경우까지 근로자퇴직급여보장법 제4조가 금지하는 차등 있는 퇴직금제도를 설정한 경우에 해당한다고는 볼 수 없다.[351]

## 3. 회사분할과 근로관계

상법 제530조의10은 분할로 인하여 설립되는 회사(이하 '신설회사'라고 한다)는 분할하는 회사의 권리와 의무를 분할계획서가 정하는 바에 따라서 승계한다고 규정하고 있으므로, 분할하는 회사의 근로관계도 위 규정에 따른 승계의 대상에 포함될 수 있다. 그런데 헌법이 직업선택의 자유를 보장하고 있고 근기법이 근로자의 보호를 도모하기 위하여 근로조건에 관한 근로자의 자기결정권(근기법 제4조), 강제근로의 금지(근기법 제7조), 사용자의 근로조건 명시의무(근기법 제17조), 부당해고 등의 금지(근기법 제23조) 또는 경영상 이유에 의한 해고의 제한(근기법 제24조) 등을 규정한 취지에 비추어 볼 때, 회사 분할에 따른 근로관계의 승계는 근로자의 이해와 협력을 구하는 절차를 거치는 등 절차적 정당성을 갖춘 경우에 한하여 허용되고, 해고의 제한 등 근로자 보호를 위한 법령 규정을 잠탈하기 위한 방편으로 이용되는 경우라면 그 효력이 부정될 수 있어야 한다. 따라서 둘 이상의 사업을 영위하던 회사의 분할에 따라 일부 사업 부문이 신설회사에 승계되는 경우 분할하는 회사가 분할계획서에 대한 주주총회의 승인을 얻기 전에 미리 노동조합과 근로자들에게 회사 분할의 배경, 목적 및 시기, 승계되는 근로관계의 범위와 내용, 신설회사의 개요 및 업무 내용 등을 설명하고 이해와 협력을 구하는 절차를 거쳤다면 그 승계되는 사업에 관한 근로관계는 해당 근로자의 동의를 받지 못한 경우라도 신설회사에 승계되는 것이 원칙이다. 다만 판례는 회사의 분할이 근기법상

---

351) 상동.

해고의 제한을 회피하면서 해당 근로자를 해고하기 위한 방편으로 이용되는 등의 특별한 사정이 있는 경우에는, 해당 근로자는 근로관계의 승계를 통지받거나 이를 알게 된 때부터 사회통념상 상당한 기간 내에 반대 의사를 표시함으로써 근로관계의 승계를 거부하고 분할하는 회사에 잔류할 수 있다.[352]

### 4. 법률의 제·개정에 따른 공법인 승계

영업양도나 회사분할 등의 경우와 달리, 법률의 제정, 개정 등으로 새로운 특수법인이 설립되어 종전에 동일한 기능을 수행하던 법인 등 종전 단체의 기능을 흡수하면서 그 권리·의무를 승계하는 경우에는, 해산되는 종전 단체에 소속된 직원들과의 근로관계가 승계되는지의 여부에 관하여 별도의 규정을 두지 아니한 채 단순히 종전 단체에 속하였던 모든 재산과 권리·의무는 새로이 설립되는 특수법인이 이를 승계한다는 경과규정만 두고 있다면, 법률에 의하여 종전 단체에 소속된 직원들의 근로관계가 새로이 설립되는 특수법인에 당연히 승계된다고 보지 않는다.[353] 종전 단체는 새로운 법의 시행으로 인하여 사실상 존속하기가 어려워 해산될 수밖에 없는 것이므로 위와 같은 경과규정은 해산되는 단체의 재산상 권리의무를 신설법인이 승계하도록 하여 그 해산에 따른 절차를 용이하게 함으로써 해산되는 종전 단체의 해산 및 청산절차를 특별히 규율할 목적으로 규정된 것일 뿐이기 때문이다.[354] 다만, 종전 단체와의 근로관계가 새로 설립되는 특수법인에 승계되지 않는다고 하더라도 법률의 제정 등에 의하여 종전 단체의 재산과 권리·의무는 포괄적으로 승계되므로, 종전 단체의 해산시까지 발생한 근로자의 임금이나 퇴직금 등 채무도 종전 단체의 의무에 해당하여 근로관계 승계 여부에 관계없이 새로 설립되는 특수법인에 승계된다고 보고 있다.[355]

### 5. 용역업체의 변경과 근로관계

도급업체가 사업장 내 업무의 일부를 기간을 정하여 다른 업체(이하 '용역업체'라

---

352) 대법원 2013. 12. 12. 선고 2011두4282 판결.
353) 대법원 2018. 9. 28. 선고 2018다207588 판결.
354) 상동.
355) 대법원 2018. 9. 28. 선고 2018다207588 판결.

고 한다)에 위탁하고, 용역업체가 위탁받은 용역업무의 수행을 위해 해당 용역계약의 종료 시점까지 기간제근로자를 사용하여 왔는데, 해당 용역업체의 계약기간이 만료되고 새로운 용역업체가 해당 업무를 위탁받아 도급업체와 사이에 용역계약을 체결한 경우, 새로운 용역업체가 종전 용역업체 소속 근로자에 대한 고용을 승계하여 새로운 근로관계가 성립될 것이라는 신뢰관계가 형성되었다면, 특별한 사정이 없는 한 근로자에게는 그에 따라 새로운 용역업체로 고용이 승계되리라는 기대권이 인정된다.[356] 근로자에게 고용승계에 대한 기대권이 인정되는 경우 근로자가 고용승계를 원하였는데도 새로운 용역업체가 합리적 이유 없이 고용승계를 거절하는 것은 부당해고와 마찬가지로 근로자에게 효력이 없다.[357] 이때 근로자에게 고용승계에 대한 기대권이 인정되는지는 새로운 용역업체가 종전 용역업체 소속 근로자에 대한 고용을 승계하기로 하는 조항을 포함하고 있는지 여부를 포함한 구체적인 계약내용, 해당 용역계약의 체결 동기와 경위, 도급업체 사업장에서의 용역업체 변경에 따른 고용승계 관련 기존 관행, 위탁의 대상으로서 근로자가 수행하는 업무의 내용, 새로운 용역업체와 근로자들의 인식 등 근로관계 및 해당 용역계약을 둘러싼 여러 사정을 종합적으로 고려하여 판단하여야 한다.[358]

## 6. 공공 위탁기관의 변경과 고용승계

법에 따라 설치되는 지방자치단체 공공기관의 운영을 제3자에게 위탁하면서 위탁운영주체가 변경되는 경우에는 새 운영주체가 사업 및 근로자 고용관계를 승계할 의무를 위탁계약상 부여하는 경우, 위탁업체에서 발생한 불법행위로 위탁계약이 해지되고 공공기관 운영을 지방자치단체가 직접 하게 되는 경우라도 고용승계 의무는 발생한다.[359]

---

356) 대법원 2021. 4. 29. 선고 2016두57045 판결, 대법원 2021. 6. 3. 선고 2020두45308 판결.
357) 대법원 2021. 4. 29. 선고 2016두57045 판결, 대법원 2021. 6. 3. 선고 2020두45308 판결.
358) 대법원 2021. 4. 29. 선고 2016두57045 판결, 대법원 2021. 6. 3. 선고 2020두45308 판결.
359) 대법원 2021. 11. 11. 선고 2019다280733 판결로 확정된 서울행정법원 2020. 6. 26. 선고 2019구합65078 판결 참조.

## Ⅹ. 비정규직 근로관계

### 1. 비정규직 관련 법리 일반

### 1) 현행법상 비정규직의 의미

| | |
|---|---|
| 기간제법 | 제2조(정의) 이 법에서 사용하는 용어의 정의는 다음과 같다.<br>1. "기간제근로자"라 함은 기간의 정함이 있는 근로계약(이하 "기간제 근로계약"이라 한다)을 체결한 근로자를 말한다.<br>2. "단시간근로자"라 함은 「근로기준법」제2조의 단시간근로자를 말한다. |
| 근기법 | 제2조(정의) ① 이 법에서 사용하는 용어의 뜻은 다음과 같다.<br>9. "단시간근로자"란 1주 동안의 소정근로시간이 그 사업장에서 같은 종류의 업무에 종사하는 통상 근로자의 1주 동안의 소정근로시간에 비하여 짧은 근로자를 말한다. |
| 파견법 | 제2조(정의) 이 법에서 사용하는 용어의 뜻은 다음과 같다.<br>1. "근로자파견"이란 파견사업주가 근로자를 고용한 후 그 고용관계를 유지하면서 근로자파견계약의 내용에 따라 사용사업주의 지휘·명령을 받아 사용사업주를 위한 근로에 종사하게 하는 것을 말한다.<br>3. "파견사업주"란 근로자파견사업을 하는 자를 말한다.<br>4. "사용사업주"란 근로자파견계약에 따라 파견근로자를 사용하는 자를 말한다.<br>5. "파견근로자"란 파견사업주가 고용한 근로자로서 근로자파견의 대상이 되는 사람을 말한다.<br>6. "근로자파견계약"이란 파견사업주와 사용사업주 간에 근로자파견을 약정하는 계약을 말한다. |

현행법상 비정규직 근로자는 기간제근로자, 단시간근로 및 파견근로자가 있다. 기간제근로자는 기간의 정함이 있는 근로계약을 체결한 근로자를 의미한다(기간제법 제2조 제1호).

단시간근로자는 1주 동안의 소정근로시간이 그 사업장에서 같은 종류의 업무에 종사하는 통상 근로자의 1주 동안의 소정근로시간에 비하여 짧은 근로자를 의미한다(근기법 제2조 제1항 제9호).

파견근로자는 파견사업주가 고용한 근로자로서 근로자파견의 대상이 되는 사람을 의미한다(파견법 제2조 제5호). 이때 근로자파견이란 파견사업주가 근로자를 고용한 후 그 고용관계를 유지하면서 근로자파견계약의 내용에 따라 사용사업주의 지휘·명령을 받아 사용사업주를 위한 근로에 종사하게 하는 것을 말한다(파견법 제2조 제1호).

## 2) 차별시정제도 및 확정된 시정명령의 효력확대제도

| 법 | 내용 | 비고 |
|---|---|---|
| 기간<br>제법 | 제2조(정의) 이 법에서 사용하는 용어의 정의는 다음과 같다.<br>3. "차별적 처우"라 함은 다음 각 목의 사항에서 합리적인 이유 없이 불리하게 처우하는 것을 말한다.<br>가. 「근로기준법」 제2조제1항제5호에 따른 임금<br>나. 정기상여금, 명절상여금 등 정기적으로 지급되는 상여금<br>다. 경영성과에 따른 성과금<br>라. 그 밖에 근로조건 및 복리후생 등에 관한 사항<br><br>제8조(차별적 처우의 금지) ① 사용자는 기간제근로자임을 이유로 해당 사업 또는 사업장에서 동종 또는 유사한 업무에 종사하는 기간의 정함이 없는 근로계약을 체결한 근로자에 비하여 차별적 처우를 하여서는 아니 된다.<br>② 사용자는 단시간근로자임을 이유로 해당 사업 또는 사업장의 동종 또는 유사한 업무에 종사하는 통상근로자에 비하여 차별적 처우를 하여서는 아니 된다.<br><br>제9조(차별적 처우의 시정신청) ① 기간제근로자 또는 단시간근로자는 차별적 처우를 받은 경우 「노동위원회법」 제1조의 규정에 따른 노동위원회(이하 "노동위원회"라 한다)에 그 시정을 신청할 수 있다. 다만, 차별적 처우가 있은 날(계속되는 차별적 처우는 그 종료일)부터 6개월이 지난 때에는 그러하지 아니하다.<br>② 기간제근로자 또는 단시간근로자가 제1항의 규정에 따른 시정신청을 하는 때에는 차별적 처우의 내용을 구체적으로 명시하여야 한다.<br>④ 제8조 및 제1항부터 제3항까지의 규정과 관련한 분쟁에서 입증책임은 사용자가 부담한다.<br><br>제15조의2(고용노동부장관의 차별적 처우 시정요구 등) ① 고용노동부장관은 사용자가 제8조를 위반하여 차별적 처우를 한 경우에는 그 시정을 요구할 수 있다.<br><br>제15조의3(확정된 시정명령의 효력 확대) ① 고용노동부장관은 제14조(제15조의2제4항에 따라 준용되는 경우를 포함한다)에 따라 확정된 시정명령을 이행할 의무가 있는 사용자의 사업 또는 사업장에서 해당 시정명령의 효력이 미치는 근로자 이외의 기간제근로자 또는 단시간근로자에 대하여 차별적 처우가 있는지를 조사하여 차별적 처우가 있는 경우에는 그 시정을 요구할 수 있다. | 법 제14조 및 제15조의2 제3항, 제15조의3 제2항에 따른 확정된 시정명령을 정당한 이유없이 이행하지 않는 경우 과태료 1억 |
| 파견<br>법 | 제2조(정의) 이 법에서 사용하는 용어의 뜻은 다음과 같다.<br>7. "차별적 처우"란 다음 각 목의 사항에서 합리적인 이유 없이 불리하게 처우하는 것을 말한다.<br>가. 「근로기준법」 제2조제1항제5호의 임금<br>나. 정기상여금, 명절상여금 등 정기적으로 지급되는 상여금<br>다. 경영성과에 따른 성과금<br>라. 그 밖에 근로조건 및 복리후생 등에 관한 사항 | |

| | |
|---|---|
| 제21조(차별적 처우의 금지 및 시정 등) ① 파견사업주와 사용사업주는 파견근로자라는 이유로 사용사업주의 사업 내의 같은 종류의 업무 또는 유사한 업무를 수행하는 근로자에 비하여 파견근로자에게 차별적 처우를 하여서는 아니 된다.<br>② 파견근로자는 차별적 처우를 받은 경우 「노동위원회법」에 따른 노동위원회(이하 "노동위원회"라 한다)에 그 시정을 신청할 수 있다.<br>③ 제2항에 따른 시정신청, 그 밖의 시정절차 등에 관하여는 「기간제 및 단시간근로자 보호 등에 관한 법률」 제9조부터 제15조까지 및 제16조제2호·제3호를 준용한다. 이 경우 "기간제근로자 또는 단시간근로자"는 "파견근로자"로, "사용자"는 "파견사업주 또는 사용사업주"로 본다.<br>④ 제1항부터 제3항까지의 규정은 사용사업주가 상시 4명 이하의 근로자를 사용하는 경우에는 적용하지 아니한다. | 법 제21조 제3항, 제21조의2 제4항 및 제21조의3 제2항에 따라 준용되는 기간제법 제14조 제2항 또는 제3항에 따라 확정된 시정명령을 정당한 이유없이 이행하지 않는 경우 과태료 1억 |
| 제21조의2(고용노동부장관의 차별적 처우 시정요구 등) ① 고용노동부장관은 파견사업주와 사용사업주가 제21조제1항을 위반하여 차별적 처우를 한 경우에는 그 시정을 요구할 수 있다. | |
| 제21조의3(확정된 시정명령의 효력 확대) ① 고용노동부장관은 제21조제3항 또는 제21조의2제4항에 따라 준용되는 「기간제 및 단시간근로자 보호 등에 관한 법률」 제14조에 따라 확정된 시정명령을 이행할 의무가 있는 파견사업주 또는 사용사업주의 사업 또는 사업장에서 해당 시정명령의 효력이 미치는 근로자 이외의 파견근로자에 대하여 차별적 처우가 있는지를 조사하여 차별적 처우가 있는 경우에는 그 시정을 요구할 수 있다. | |

　기간제근로자, 단시간근로자, 파견근로자는 임금, 상여금, 경영성과금 기타 근로조건 및 복리후생 등에 관하여 비교대상근로자에 비하여 불합리한 차별을 받은 경우 노동위원회에 시정을 신청할 수 있다. 기간제근로자의 비교대상근로자는 "해당 사업 또는 사업장에서 동종 또는 유사한 업무에 종사하는 기간의 정함이 없는 근로계약을 체결한 근로자"(기간제법 제8조 제1항), 단시간근로자의 비교대상근로자는 "해당 사업 또는 사업장의 동종 또는 유사한 업무에 종사하는 통상근로자"(기간제법 제8조 제2항), 파견근로자의 비교대상근로자는 "사용사업주의 사업 내의 같은 종류의 업무 또는 유사한 업무를 수행하는 근로자"(파견법 제21조 제1항)이다. 이때 '동종 또는 유사한 업무'에 해당하는지 여부는, 취업규칙이나 근로계약 등에 명시된 업무 내용이 아니라 근로자가 실제 수행하여 온 업무를 기준으로 판단하되, 이들이 수행하는 업무가 서로 완전히 일치하지 아니하고 업무의 범위나 책임·권한 등에서 다소 차이가 있다고 하더라도 주된 업무의 내용에 본질적인 차이가 없다면, 특별한 사정이 없는 한 이들은 동종 또는 유사한 업무에 종사한다

고 보아야 한다.[360)]

차별시정의 신청은 원칙적으로 차별을 당한 기간제근로자, 단시간근로자, 파견근로자이지만, 예외적으로 고용노동부장관에 의한 차별처우시정신청제도가 있다(기간제법 제15조의2, 파견법 제21조의2).

한편, 고용노동부장관은 확정된 시정명령을 이행할 의무가 있는 사업주의 사업 또는 사업장에서 해당 시정명령의 효력이 미치는 근로자 이외의 기간제근로자, 단시간근로자, 파견근로자에 대하여 차별적 처우가 있는지를 조사하여 차별적 처우가 있는 경우에는 그 시정을 요구할 수 있다(확정된 시정명령의 효력 확대 : 기간제법 제15조의3, 파견법 제21조의3).

### 3) 기간제 및 파견근로계약의 기간

| | |
|---|---|
| 기간제법 | 제4조(기간제근로자의 사용) ① 사용자는 2년을 초과하지 아니하는 범위 안에서 (기간제 근로계약의 반복갱신 등의 경우에는 그 계속근로한 총기간이 2년을 초과하지 아니하는 범위 안에서) 기간제근로자를 사용할 수 있다. 다만, 다음 각 호의 어느 하나에 해당하는 경우에는 2년을 초과하여 기간제근로자로 사용할 수 있다.<br>1. 사업의 완료 또는 특정한 업무의 완성에 필요한 기간을 정한 경우<br>2. 휴직·파견 등으로 결원이 발생하여 해당 근로자가 복귀할 때까지 그 업무를 대신할 필요가 있는 경우<br>3. 근로자가 학업, 직업훈련 등을 이수함에 따라 그 이수에 필요한 기간을 정한 경우<br>4. 「고령자고용촉진법」 제2조제1호의 고령자와 근로계약을 체결하는 경우<br>5. 전문적 지식·기술의 활용이 필요한 경우와 정부의 복지정책·실업대책 등에 따라 일자리를 제공하는 경우로서 대통령령으로 정하는 경우<br>6. 그 밖에 제1호부터 제5호까지에 준하는 합리적인 사유가 있는 경우로서 대통령령으로 정하는 경우<br>② 사용자가 제1항 단서의 사유가 없거나 소멸되었음에도 불구하고 2년을 초과하여 기간제근로자로 사용하는 경우에는 그 기간제근로자는 기간의 정함이 없는 근로계약을 체결한 근로자로 본다. |
| 기간제법 시행령 | |
| | 제3조(기간제근로자 사용기간 제한의 예외) ①법 제4조제1항제5호에서 "전문적 지식·기술의 활용이 필요한 경우로서 대통령령이 정하는 경우"란 다음 각 호의 어느 하나에 해당하는 경우를 말한다.<br>1. 박사 학위(외국에서 수여받은 박사 학위를 포함한다)를 소지하고 해당 분야에 종사하는 경우<br>2. 「국가기술자격법」 제9조제1항제1호에 따른 기술사 등급의 국가기술자격을 소지하고 해당 분야에 종사하는 경우 |

---

360) 대법원 2014. 11. 27. 선고 2011두5391 판결.

|  | 3. 별표 2에서 정한 전문자격을 소지하고 해당 분야에 종사하는 경우<br>② 법 제4조제1항제5호에서 "정부의 복지정책 · 실업대책 등에 의하여 일자리를 제공하는 경우로서 대통령령이 정하는 경우"란 다음 각 호의 어느 하나에 해당하는 경우를 말한다.<br>1. 「고용정책 기본법」, 「고용보험법」 등 다른 법령에 따라 국민의 직업능력 개발, 취업 촉진 및 사회적으로 필요한 서비스 제공 등을 위하여 일자리를 제공하는 경우<br>2. 「제대군인 지원에 관한 법률」 제3조에 따라 제대군인의 고용증진 및 생활안정을 위하여 일자리를 제공하는 경우<br>3. 「국가보훈기본법」 제19조제2항에 따라 국가보훈대상자에 대한 복지증진 및 생활안정을 위하여 보훈도우미 등 복지지원 인력을 운영하는 경우<br>③ 법 제4조제1항제6호에서 "대통령령이 정하는 경우"란 다음 각 호의 어느 하나에 해당하는 경우를 말한다.<br>1. 다른 법령에서 기간제근로자의 사용 기간을 법 제4조제1항과 달리 정하거나 별도의 기간을 정하여 근로계약을 체결할 수 있도록 한 경우<br>2. 국방부장관이 인정하는 군사적 전문적 지식 · 기술을 가지고 관련 직업에 종사하거나 「고등교육법」 제2조제1호에 따른 대학에서 안보 및 군사학 과목을 강의하는 경우<br>3. 특수한 경력을 갖추고 국가안전보장, 국방 · 외교 또는 통일과 관련된 업무에 종사하는 경우<br>4. 「고등교육법」 제2조에 따른 학교(같은 법 제30조에 따른 대학원대학을 포함한다)에서 다음 각 목의 업무에 종사하는 경우<br>가. 「고등교육법」 제14조에 따른 강사, 조교의 업무<br>나. 「고등교육법 시행령」 제7조에 따른 명예교수, 겸임교원, 초빙교원 등의 업무<br>5. 「통계법」 제22조에 따라 고시한 한국표준직업분류의 대분류 1과 대분류 2 직업에 종사하는 자의 「소득세법」 제20조제1항에 따른 근로소득(최근 2년간의 연평균근로소득을 말한다)이 고용노동부장관이 최근 조사한 고용형태별근로실태조사의 한국표준직업분류 대분류 2 직업에 종사하는 자의 근로소득 상위 100분의 25에 해당하는 경우<br>6. 「근로기준법」 제18조제3항에 따른 1주 동안의 소정근로시간이 뚜렷하게 짧은 단시간근로자를 사용하는 경우<br>7. 「국민체육진흥법」 제2조제4호에 따른 선수와 같은 조 제6호에 따른 체육지도자 업무에 종사하는 경우<br>8. 다음 각 목의 연구기관에서 연구업무에 직접 종사하는 경우 또는 실험 · 조사 등을 수행하는 등 연구업무에 직접 관여하여 지원하는 업무에 종사하는 경우<br>가. 국공립연구기관<br>나. 「정부출연연구기관 등의 설립 · 운영 및 육성에 관한 법률」 또는 「과학기술분야 정부출연연구기관 등의 설립 · 운영 및 육성에 관한 법률」에 따라 설립된 정부출연연구기관<br>다. 「특정연구기관 육성법」에 따른 특정연구기관<br>라. 「지방자치단체출연 연구원의 설립 및 운영에 관한 법률」에 따라 설립된 연구기관<br>마. 「공공기관의 운영에 관한 법률」에 따른 공공기관의 부설 연구기관<br>바. 기업 또는 대학의 부설 연구기관<br>사. 「민법」 또는 다른 법률에 따라 설립된 법인인 연구기관 |
| 파견법 | 제6조(파견기간) ① 근로자파견의 기간은 제5조제2항에 해당하는 경우를 제외하고는 1년을 초과하여서는 아니 된다. |

② 제1항에도 불구하고 파견사업주, 사용사업주, 파견근로자 간의 합의가 있는 경우에는 파견기간을 연장할 수 있다. 이 경우 1회를 연장할 때에는 그 연장기간은 1년을 초과하여서는 아니 되며, 연장된 기간을 포함한 총 파견기간은 2년을 초과하여서는 아니 된다.

③ 제2항 후단에도 불구하고「고용상 연령차별금지 및 고령자고용촉진에 관한 법률」제2조제1호의 고령자인 파견근로자에 대하여는 2년을 초과하여 근로자파견기간을 연장할 수 있다.

④ 제5조제2항에 따른 근로자파견의 기간은 다음 각 호의 구분에 따른다.

1. 출산·질병·부상 등 그 사유가 객관적으로 명백한 경우: 해당 사유가 없어지는 데 필요한 기간

2. 일시적·간헐적으로 인력을 확보할 필요가 있는 경우: 3개월 이내의 기간. 다만, 해당 사유가 없어지지 아니하고 파견사업주, 사용사업주, 파견근로자 간의 합의가 있는 경우에는 3개월의 범위에서 한 차례만 그 기간을 연장할 수 있다.

제6조의2(고용의무) ① 사용사업주가 다음 각 호의 어느 하나에 해당하는 경우에는 해당 파견근로자를 직접 고용하여야 한다.

1. 제5조제1항의 근로자파견 대상 업무에 해당하지 아니하는 업무에서 파견근로자를 사용하는 경우(제5조제2항에 따라 근로자파견사업을 한 경우는 제외한다)

2. 제5조제3항을 위반하여 파견근로자를 사용하는 경우

3. 제6조제2항을 위반하여 2년을 초과하여 계속적으로 파견근로자를 사용하는 경우

4. 제6조제4항을 위반하여 파견근로자를 사용하는 경우

5. 제7조제3항을 위반하여 근로자파견의 역무를 제공받은 경우

② 제1항은 해당 파견근로자가 명시적으로 반대의사를 표시하거나 대통령령으로 정하는 정당한 이유가 있는 경우에는 적용하지 아니한다.

③ 제1항에 따라 사용사업주가 파견근로자를 직접 고용하는 경우의 파견근로자의 근로조건은 다음 각 호의 구분에 따른다.

1. 사용사업주의 근로자 중 해당 파견근로자와 같은 종류의 업무 또는 유사한 업무를 수행하는 근로자가 있는 경우 : 해당 근로자에게 적용되는 취업규칙 등에서 정하는 근로조건에 따를 것

2. 사용사업주의 근로자 중 해당 파견근로자와 같은 종류의 업무 또는 유사한 업무를 수행하는 근로자가 없는 경우 : 해당 파견근로자의 기존 근로조건의 수준보다 낮아져서는 아니 될 것

④ 사용사업주는 파견근로자를 사용하고 있는 업무에 근로자를 직접 고용하려는 경우에는 해당 파견근로자를 우선적으로 고용하도록 노력하여야 한다.

### ① 기간제 근로의 기간

사용자는 2년을 초과하지 아니하는 범위 안에서(기간제 근로계약의 반복갱신 등의 경우에는 그 계속근로한 총기간이 2년을 초과하지 아니하는 범위 안에서) 기간제근로자를 사용할 수 있다(기간제법 제4조 제1항 본문). 다만, 사업의 완료 또는 특정한 업무의 완성에 필요한 기간을 정한 경우 등 법이 정하는 사유에 해당하는 경우에는 2년을 초과하여 기간제근로자로 사용할 수 있다(기간제법 제4조 제1항 단서, 시행령

제3조). 제한기간을 초과하여 사용자가 기간제근로자를 사용하는 경우에는 그 기간제근로자는 기간의 정함이 없는 근로계약을 체결한 근로자로 간주된다(기간제법 제4조 제2항). 이에 따라 기간의 정함이 없는 근로계약을 체결한 것으로 간주되는 근로자의 근로조건에 대하여는, 해당 사업 또는 사업장 내 동종 또는 유사한 업무에 종사하는 기간의 정함이 없는 근로계약을 체결한 근로자가 있을 경우 달리 정함이 없는 한 그 근로자에게 적용되는 취업규칙 등이 동일하게 적용된다.361)

### ② 근로자파견의 기간

근로자파견의 기간은 출산·질병·부상 등으로 결원이 생긴 경우 또는 일시적·간헐적으로 인력을 확보하여야 할 필요가 있는 경우를 제외하고 1년을 초과할 수 없다(파견법 제5조 제2항, 제6조 제1항). 다만, 파견사업주, 사용사업주, 파견근로자 간의 합의가 있는 경우에는 파견기간을 연장할 수 있다. 이 경우 1회를 연장할 때에는 그 연장기간은 1년을 초과할 수 없고, 연장된 기간을 포함한 총 파견기간은 고용상 연령차별금지 및 고령자고용촉진에 관한 법률 제2조 제1호의 고령자인 파견근로자를 제외하고는 2년을 초과할 수 없다(파견법 제6조 제2항, 제3항). 제한기간을 초과하여 사용자업주가 계속적으로 파견근로자를 사용하는 경우에는 사용사업주는 파견근로자를 직접 고용하여야 한다(파견법 제6조의2 제1항). 사용사업주가 파견근로자를 직접 고용하는 경우의 파견근로자의 근로조건은 ① 사용사업

---

361) 대법원 2019. 12. 24. 선고 2015다254873 판결. 본문과 같이 보아야 하는 이유로서 법원은 "① 기간제법 제4조 제2항은 사용자가 기간제근로자를 2년을 초과하여 사용한 경우의 효과에 관하여 그 근로계약기간을 정한 것만이 무효로 된다거나, 또는 근로계약기간을 제외한 나머지 기존 근로조건은 여전히 유효하다는 식으로 규정하고 있지 않다. ② 기간제법 제8조 제1항은 "사용자는 기간제근로자임을 이유로 당해 사업 또는 사업장에서 동종 또는 유사한 업무에 종사하는 기간의 정함이 없는 근로계약을 체결한 근로자에 비하여 차별적 처우를 하여서는 아니 된다."라고 정하고 있다. 위 규정이 문언상으로는 기간제근로자에 대한 차별적 처우만을 금지하고 있지만, 규정 취지와 공평의 관념 등을 함께 고려하면, 기간제법 제4조 제2항에 따라 기간의 정함이 없는 근로계약을 체결한 것으로 간주되는 근로자의 근로조건은 다른 특별한 사정이 없는 한 동종 또는 유사 업무에 종사하는 기간의 정함이 없는 근로계약을 체결한 근로자에게 적용되는 근로조건보다 불리하여서는 아니 된다고 해석된다. ③ 기간제근로자의 근로조건 보호를 강화함으로써 노동시장의 건전한 발전에 이바지함을 목적으로 하는 기간제법은 기간제근로자의 사용기한을 원칙적으로 2년으로 제한하고, 그 위반에 대해서는 벌칙 규정을 두는 대신에 기간의 정함이 없는 근로계약을 체결한 근로자로 간주하는 조항을 마련하였다(제1조, 제4조 제1항, 제2항). 이러한 기간제법의 목적, 관련 규정 체계와 취지, 제정 경위 등을 종합하면, 사용자의 사업 또는 사업장 내에 동종 또는 유사한 업무에 종사하는 기간의 정함이 없는 근로계약을 체결한 근로자가 있다면, 다른 특별한 사정이 없는 한 그 근로자에게 적용되는 근로조건이 기간제법 제4조 제2항에 따라 기간의 정함이 없는 근로계약을 체결한 것으로 간주되는 근로자에게도 동일하게 적용된다고 해석함이 타당하다."고 구체적 이유를 밝히고 있다.

주의 근로자 중 해당 파견근로자와 같은 종류의 업무 또는 유사한 업무를 수행하는 근로자가 있는 경우에는 해당 근로자에게 적용되는 취업규칙 등에서 정하는 근로조건에 따라야 하고, ② 사용사업주의 근로자 중 해당 파견근로자와 같은 종류의 업무 또는 유사한 업무를 수행하는 근로자가 없는 경우에는 해당 파견근로자의 기존 근로조건의 수준보다 낮아져서는 안 된다(파견법 제6조의2 제3항).

### 2. 차별처우시정제도

#### 1) 근로계약기간이 만료된 경우 차별처우시정신청의 구제이익

기간제법 및 파견법에 따라 근로계약의 기간이 정해진 근로자가 근로계약 기간이 종료된 후 차별시정을 신청하는 경우 차별처우의 시정을 구할 시정이익이 존재하는지 여부가 문제된다. 판례는 시정신청 당시에 혹은 시정절차 진행 도중에 근로계약기간이 만료하였다는 이유만으로 기간제 근로자가 차별적 처우의 시정을 구할 시정이익이 소멸하지 않는다고 보고 있다.[362] 특히 기간제법 제13조 제2항은 사용자의 명백한 고의가 있거나 반복적인 차별적 처우에 대하여 기간제근로자에게 발생한 손해액을 기준으로 3배를 넘지 아니하는 범위에서 배상을 명령할 수 있는 권한을 노동위원회에 부여하고 있고, 제15조의3은 시정명령이 확정된 경우에 그 효력 확대 차원에서 고용노동부장관이 직권으로 다른 기간제근로자에 대한 차별적 처우를 조사하여 사용자에게 시정을 요구하고 노동위원회에 통보하여 시정절차를 진행할 수 있도록 규정하고 있는 바, 시정명령의 내용 중에서 배상명령은 제재 수단으로서 독자성을 인정할 필요가 있고 중요한 의미를 가진다.[363]

#### 2) 비교대상근로자

기간제 및 단시간근로자 보호 등에 관한 법률(이하 '기간제법'이라고 한다) 제8조 제1항은 "사용자는 기간제 근로자임을 이유로 당해 사업 또는 사업장에서 동종 또는 유사한 업무에 종사하는 기간의 정함이 없는 근로계약을 체결한 근로자에 비하여 차별적 처우를 하여서는 아니 된다."고 정하여, 기간제 근로자에 대하여 차별적 처우가 있었는지를 판단하기 위한 비교 대상 근로자로 '당해 사업 또는

362) 대법원 2016. 12. 1. 선고 2014두43288 판결.
363) 상동.

사업장에서 동종 또는 유사한 업무에 종사하는 기간의 정함이 없는 근로계약을 체결한 근로자'를 들고 있다.

비교 대상 근로자로 선정된 근로자의 업무가 기간제 근로자의 업무와 동종 또는 유사한 업무에 해당하는지 여부는 취업규칙이나 근로계약 등에 명시된 업무 내용이 아니라 근로자가 실제 수행하여 온 업무를 기준으로 판단하되, 이들이 수행하는 업무가 서로 완전히 일치하지 아니하고 업무의 범위 또는 책임과 권한 등에서 다소 차이가 있다고 하더라도 주된 업무의 내용에 본질적인 차이가 없다면, 특별한 사정이 없는 이상 이들은 동종 또는 유사한 업무에 종사한다고 보아야 할 것이다.364)

이때, 비교대상근로자가 당해 사업 또는 사업장에 실제로 근무하고 있을 필요는 없으나 직제에 존재하지 않는 근로자를 비교대상 근로자로 삼을 수는 없다.365)

### 3) 불리한 처우

기간제법 제2조 제3호는 차별적 처우를 "임금 그 밖의 근로조건 등에서 합리적인 이유 없이 불리하게 처우하는 것"으로 정의하고 있다.

여기서 불리한 처우라 함은 사용자가 임금 그 밖의 근로조건 등에서 기간제 근로자와 비교 대상 근로자를 다르게 처우함으로써 기간제 근로자에게 발생하는 불이익 전반을 의미하고, 합리적인 이유가 없는 경우라 함은 기간제 근로자를 달리 처우할 필요성이 인정되지 아니하거나, 달리 처우할 필요성이 인정되는 경우에도 그 방법·정도 등이 적정하지 아니한 경우를 의미한다고 할 것이다. 그리고 합리적인 이유가 있는지 여부는 개별 사안에서 문제가 된 불리한 처우의 내용 및 사용자가 불리한 처우의 사유로 삼은 사정을 기준으로 기간제 근로자의 고용형태, 업무의 내용과 범위·권한·책임, 임금 그 밖의 근로조건 등의 결정요소 등을 종합적으로 고려하여 판단하여야 한다.366)

불리한 처우에 대한 구체적인 합리성 판단은, 원칙적으로는 임금 등 근로조건을 구성하는 세부 항목별로 비교대상 근로자와 비교하여 불리한 처우가 존재하는

---

364) 대법원 2012. 10. 25. 선고 2011두7045 판결.
365) 대법원 2019. 9. 26. 선고 2016두47857 판결.
366) 대법원 2019. 9. 26. 선고 2016두47857 판결.

지를 판단한다. 다만 기간제근로자 등과 비교대상 근로자의 임금이 서로 다른 항목으로 구성되어 있거나, 기간제근로자 등이 특정 항목은 비교대상 근로자보다 불리한 대우를 받은 대신 다른 특정 항목은 유리한 대우를 받은 경우 등과 같이 항목별로 비교하는 것이 곤란하거나 적정하지 않은 특별한 사정이 있는 경우라면, 상호 관련된 항목들을 범주별로 구분하고 각각의 범주별로 기간제근로자가 받은 임금 액수와 비교대상 근로자가 받은 임금 액수를 비교하여 기간제근로자에게 불리한 처우가 존재하는지를 판단하여야 한다. 이러한 경우 임금의 세부 항목이 어떤 범주에 속하는지는, 비교대상 근로자가 받은 항목별 임금의 지급 근거, 대상과 그 성격, 기간제근로자 등이 받은 임금의 세부 항목 구성과 산정 기준, 특정 항목의 임금이 기간제근로자 등에게 지급되지 않거나 적게 지급된 이유나 경위, 임금 지급 관행 등을 종합하여 합리적이고 객관적으로 판단하여야 한다.[367]

## 3. 기간제 근로계약과 갱신기대권

### 1) 갱신기대권의 법리

기간을 정하여 근로계약을 체결한 근로자의 경우 그 기간이 만료됨으로써 근로자로서의 신분관계는 당연히 종료되고 근로계약을 갱신하지 못하면 갱신 거절의 의사표시가 없어도 당연 퇴직되는 것이 원칙이다. 그러나 근로계약, 취업규칙, 단체협약 등에서 기간만료에도 불구하고 일정한 요건이 충족되면 당해 근로계약이 갱신된다는 취지의 규정을 두고 있거나, 그러한 규정이 없더라도 근로계약의 내용과 근로계약이 이루어지게 된 동기 및 경위, 계약 갱신의 기준 등 갱신에 관한 요건이나 절차의 설정 여부 및 그 실태, 근로자가 수행하는 업무의 내용 등 당해 근로관계를 둘러싼 여러 사정을 종합하여 볼 때 근로계약 당사자 사이에 일정한 요건이 충족되면 근로계약이 갱신된다는 신뢰관계가 형성되어 있어 근로자에게 근로계약이 갱신될 수 있으리라는 정당한 기대권이 인정되는 경우에는, 사용자가 이를 위반하여 부당하게 근로계약의 갱신을 거절하는 것은 부당해고와 마찬가지로 아무런 효력이 없고, 이 경우 기간만료 후의 근로관계는 종전의 근로계약이 갱신된 것과 동일하다.[368]

---

367) 상동.
368) 대법원 2011. 4. 14. 선고 2007두1729 판결.

### 2) 기간제 근로계약의 단절과 근로계약의 기간

기간제 및 단시간근로자 보호 등에 관한 법률(이하 '기간제법'이라 한다) 제4조는
제1항 본문에서 "사용자는 2년을 초과하지 아니하는 범위 안에서(기간제 근로계약
의 반복갱신 등의 경우에는 그 계속근로한 총기간이 2년을 초과하지 아니하는 범위 안에서) 기
간제근로자를 사용할 수 있다."라고 정하고, 단서에서 2년을 초과하여 기간제근
로자를 사용할 수 있는 예외를 정하고 있다. 제2항 본문에서는 "제1항 단서의 사
유가 없거나 소멸되었음에도 불구하고 2년을 초과하여 기간제근로자를 사용하는
경우에는 그 기간제근로자는 기간의 정함이 없는 근로계약을 체결한 근로자로 본
다."라고 정하고 있다. 이 규정의 입법 취지는 기간제 근로계약의 남용을 방지함
으로써 근로자의 지위를 보장하려는 데에 있다. 이러한 기간제법 규정의 형식과
내용, 입법 취지에 비추어 볼 때, 반복하여 체결된 기간제 근로계약 사이에 근로
관계가 존재하지 않는 공백기간이 있는 경우에는, 공백기간의 길이와 공백기간을
전후한 총 사용기간 중 공백기간이 차지하는 비중, 공백기간이 발생한 경위, 공백
기간을 전후한 업무내용과 근로조건의 유사성, 사용자가 공백기간 동안 해당 기
간제근로자의 업무를 대체한 방식과 기간제근로자에 대해 취한 조치, 공백기간에
대한 당사자의 의도나 인식, 다른 기간제근로자들에 대한 근로계약 반복·갱신
관행 등을 종합하여 공백기간 전후의 근로관계가 단절 없이 계속되었다고 평가될
수 있는지 여부를 가린 다음, 공백기간 전후의 근로기간을 합산하여 기간제법 제
4조의 계속근로한 총 기간을 산정할 수 있는지 판단하여야 한다.[369]

### 3) 기간제한 예외사유와 기간제한 적용사유가 혼재하는 경우 근로계약의 기간 산정

기간제 및 단시간근로자 보호 등에 관한 법률 제4조 제1항, 제2항의 입법 취지
및 반복하여 체결된 기간제 근로계약 사이에 위 제4조 제1항 단서의 예외사유에
해당하는 기간이 존재하더라도 계약체결의 경위와 당사자의 의사, 근로계약 사이
의 시간적 단절 여부, 업무내용 및 근로조건의 유사성 등에 비추어 예외사유에
해당하는 기간 전후의 근로관계가 단절 없이 계속되었다고 평가되는 경우에는 예

---

369) 대법원 2019. 10. 17. 선고 2016두63705 판결.

외사유에 해당하는 기간을 제외한 전후의 근로기간을 합산하여 기간제법 제4조의 계속근로한 총기간을 산정하는 것이 타당하다.[370] 기간제법상 기간의 제한 등에 관한 규정들의 입법 취지는 기간제 근로계약의 남용을 방지함으로써 기간제근로자의 지위를 보장하려는데 있기 때문이다.

### 4) 정년과 갱신기대권

기간법 제4조 제1항 단서의 예외 사유에 해당하지 않는 한 2년을 초과하여 기간제근로자로 사용하는 경우 기간의 정함이 없는 근로계약을 체결한 것으로 간주하고 있는데, 이때 기간법 제4조 제1항 단서의 예외 사유에 해당하는 경우에는 갱신기대권도 제한되는 것인지에 대한 문제가 있다. 이에 대하여 판례는 기간제법의 입법 취지가 기간제근로자 및 단시간근로자에 대한 불합리한 차별을 시정하고 근로조건 보호를 강화하기 위한 것임을 고려하면, 기간제법 제4조 제1항 단서의 예외 사유에 해당한다는 이유만으로 갱신기대권에 관한 위 법리의 적용이 배제된다고 볼 수는 없다고 본다.[371]

관련하여, 정년이 지난 경우에도 갱신기대권이 인정되는지 여부에 대하여 문제될 수 있는데, 판례는 정년이 지난 상태에서 기간제 근로계약을 체결한 경우에는 해당 직무의 성격에서 요구되는 직무수행 능력과 근로자의 업무수행 적격성, 연령에 따른 작업능률 저하나 위험성 증대의 정도, 해당 사업장에서 정년이 지난 고령자가 근무하는 실태와 계약이 갱신된 사례 등을 종합적으로 고려하여 근로계약 갱신에 관한 정당한 기대권이 인정되는지를 판단하도록 하고 있다.[372]

기간제 근로계약을 체결한 근로자에게 이와 같이 근로계약 갱신에 대한 정당한 기대권을 인정하는 취지는 기간제 근로계약의 남용을 방지함으로써 기간제근로자에 대한 불합리한 차별을 시정하고 기간제근로자의 근로조건 보호를 강화하려는 데에 있다. 그러므로 근로자에게 이미 형성된 갱신에 대한 정당한 기대권이 있는데도 사용자가 이를 배제하고 근로계약의 갱신을 거절한 데에 합리적 이유가 있는지가 문제 될 때에는 사용자의 사업 목적과 성격, 사업장 여건, 근로자의 지위와 담당 직무의 내용, 근로계약 체결 경위, 근로계약의 갱신 요건이나 절차의

---

370) 대법원 2018. 6. 19. 선고 2017두54975 판결.
371) 대법원 2017. 2. 3. 선고 2016두50563 판결.
372) 대법원 2019. 10. 31. 선고 2019두45647 판결.

설정 여부와 운용 실태, 근로자에게 책임 있는 사유가 있는지 등 근로관계를 둘러싼 여러 사정을 종합하여 갱신 거부의 사유와 절차가 사회통념에 비추어 볼 때 객관적이고 합리적이며 공정한지를 기준으로 판단하여야 하고, 그러한 사정에 관한 증명책임은 사용자가 부담한다.373)

### 5) 갱신기대권이 있는 경우 갱신거절의 정당성

특히 사용자가 갱신에 대한 정당한 기대권을 보유한 기간제근로자들에 대하여 사전 동의 절차를 거치거나 가점 부여 등의 구체적인 기준도 마련하지 않은 채 재계약 절차가 아닌 신규채용절차를 통하여 선발되어야만 계약 갱신을 해주겠다고 주장하면서 대규모로 갱신 거절을 한 경우, 이는 근로자의 갱신에 대한 정당한 기대권을 전면적으로 배제하는 것이므로, 사용자로서 그와 같은 조치를 취하지 않으면 안 될 경영상 또는 운영상의 필요가 있는지, 그에 관한 근거 규정이 있는지, 이를 회피하거나 갱신 거절의 범위를 최소화하기 위한 노력을 하였는지, 그 대상자를 합리적이고 공정한 기준에 따라 선정하기 위한 절차를 밟았는지, 그 과정에서 차별적 대우가 있었는지 여부 등을 종합적으로 살펴보아 그 주장의 당부를 판단하여야 한다.374)

### 6) 갱신기대권과 공개채용

갱신기대권이 발생한 근로자들에게 재계약 절차가 아닌 공개채용절차를 통해 선발되어야만 계약 갱신을 해주겠다고 하는 것이 과연 타당한지가 문제될 수 있다. 판례는 사용자인 피고 보조참가인이 기존 직원들의 동의절차를 거치지 않음은 물론 기존 직원들에게 가점을 주는 것에 대하여 구체적인 기준도 마련하지 않은 채, 근로계약 갱신에 대한 정당한 기대권이 인정되는 원고에게 재계약 절차가 아닌 공개채용절차를 통하여 선발되어야만 계약 갱신을 해주겠다고 주장하면서, 공개채용절차에 응시하지 않았다는 이유만으로 원고와의 이 사건 근로계약의 갱신을 거절한 것은 부당하게 근로계약의 갱신을 거절하는 것으로서 부당해고에 해당한다고 보고 있다.375)

---

373) 대법원 2017. 10. 12. 선고 2015두44493 판결.
374) 상동.
375) 대법원 2012. 6. 14. 선고 2010두8225 판결.

### 7) 갱신기대권과 정규직 전환기대권

기간제법 제정에 따라 기간제 근로계약의 사용 기간이 원칙적으로 2년으로 제한됨으로써, 기간제 근로계약의 갱신기대권에 대한 논의는 2년간 기간제로 일한 기간제 근로자의 정규직(무기계약직) 전환기대권에 대한 논의로 연결된다. 즉, 갱신기대권이 있는 기간제근로자에게 정규직전환기대권도 인정되는가하는 것인데, 판례는 근로계약, 취업규칙, 단체협약 등에서 기간제근로자의 계약기간이 만료될 무렵 인사평가 등을 거쳐 일정한 요건이 충족되면 기간의 정함이 없는 근로자로 전환된다는 취지의 규정을 두고 있거나, 그러한 규정이 없더라도 근로계약의 내용과 근로계약이 이루어지게 된 동기와 경위, 기간의 정함이 없는 근로자로의 전환에 관한 기준 등 그에 관한 요건이나 절차의 설정 여부 및 그 실태, 근로자가 수행하는 업무의 내용 등 당해 근로관계를 둘러싼 여러 사정을 종합하여 볼 때, 근로계약 당사자 사이에 일정한 요건이 충족되면 기간의 정함이 없는 근로자로 전환된다는 신뢰관계가 형성되어 있어 근로자에게 기간의 정함이 없는 근로자로 전환될 수 있으리라는 정당한 기대권이 인정되는 경우에는 사용자가 이를 위반하여 합리적 이유 없이 기간의 정함이 없는 근로자로의 전환을 거절하며 근로계약의 종료를 통보하더라도 부당해고와 마찬가지로 효력이 없고, 그 이후의 근로관계는 기간의 정함이 없는 근로자로 전환된 것과 동일하다고 보아야 한다고 보고 있다.[376]

### 4. 파견법 위반과 사용사업주의 직접고용의무

#### 1) 파견과 도급의 구분

'근로자파견'과 민법상 '도급'은 모두 근로자를 사용하는 사업주가 근로자를 직접 고용하지 않은 채 간접고용의 형태로 근로자의 노동력을 활용한다는 점에서 유사한 측면이 있다. 그러나 '근로자파견'은 '파견사업주가 근로자를 고용한 후 그 고용관계를 유지하면서 근로자파견계약의 내용에 따라 사용사업주의 지휘·명령을 받아 사용사업주를 위한 근로에 종사하게 하는 것'(파견법 제2조 제1호)으로서 노무의 제공이 계약의 목적이고 사용사업주가 파견근로자에 대한 구체적인 업무

---

376) 대법원 2016. 11. 10. 선고 2014두45765 판결.

상의 지휘·명령권을 행사할 수 있는 반면, 민법상 '도급'은 '당사자 일방이 어느 일을 완성할 것을 약정하고 상대방이 그 일의 결과에 대하여 보수를 지급할 것을 약정함으로써 그 효력이 생기는 계약'(민법 제664조)으로서 일의 완성이 계약의 목적이며 도급인이 고용관계가 없는 수급인의 근로자에 대하여 지휘·감독을 하지 못한다.377) 그리고 '근로자파견' 사업을 수행하기 위해서는 관할 행정청의 허가를 받아야 하지만(구법 제7조 제1항, 법 제7조 제1항) 민법상 '도급'은 그러한 허가를 요하지 않는다. 따라서 '근로자파견'과 '도급'은 그 계약의 목적이 노동력 자체인지 아니면 노동의 결과인지 여부, 그리고 실제 근로자를 사용하는 사업주의 근로자에 대한 직접적인 지휘, 감독의 가능 여부 등에 따라 구별할 수 있다.378) 한편, 사업주와 고용관계를 맺은 근로자가 제3자의 사업장에서 도급 형식으로 일하는 것을 통상적으로 '사내 하도급'이라 부른다. 이러한 사내 하도급은 제3자와 근로자 사이에 실질적인 고용관계 및 지휘, 명령관계가 있는지 여부에 따라 그 법률관계가 달리 판단될 수 있으나, 기본적으로 사내 하도급은 일의 완성을 목적으로 하고 사용자의 구체적 지휘, 감독을 받지 않는다는 점에서 위에서 말한 도급에 다름 아니고, 따라서 노무의 제공을 목적으로 하며 사용자의 구체적인 지휘, 감독을 받는 '근로자파견'과 구별된다.379)

　파견과 도급의 구별에 관한 대법원의 판단 기준은 2015년 2월 26일 선고된 3개의 판결(대법원 2015. 2. 26. 선고 2010다106436 판결, 대법원 2015. 2. 26. 선고 2010다93707 판결, 대법원 2015. 2. 26. 선고 2011다78316 판결)을 통해 정비되었다. 위 판결들에서 제시된 기준은 이후의 판결에서도 따르고 있는 바,380) 위 판결들 이전과 이후 판례의 파견과 도급 판단 기준을 비교하면 다음 표와 같다.

---

377) 헌법재판소 2013. 7. 25. 선고 2011헌바395 전원재판부.
378) 상동.
379) 상동.
380) 최근의 판결로서 피고회사(자동차히사)의 판매대리점과 판매용역계약을 체결하고 자동차 판매·수금, 채권관리 등의 업무를 수행한 원고들(카마스터)과 피고는 근로자파견관계에 해당하지 않으며 피고가 원고들에 대한 관계에서 사용자 내지 공동사용자 지위에 있다고 보기 부족하다고 본 경우가 있다(대법원 2022. 5. 26. 선고 2021다210621 판결, 대법원 2022. 5. 26. 선고 2021다210102 판결 등 참조).

〈판례상 파견과 도급의 판단 기준〉

| 2015. 2. 26.이전 | 2015. 2. 26.이후 |
|---|---|
| ① 당사자들이 붙인 계약의 명칭이나 형식에 구애받지 않고, | ① 근로자파견에 해당하는지는 당사자가 붙인 계약의 명칭이나 형식에 구애될 것이 아니라 |
| ② 계약의 목적 또는 대상에 특정성, 전문성, 기술성이 있는지 ③ 계약당사자가 기업으로서 실체가 있는지와 사업경영상 독립성을 가지고 있는지 | ③ 당해 근로자가 제3자 소속 근로자와 하나의 작업집단으로 구성되어 직접 공동작업을 하는 등 제3자의 사업에 실질적으로 편입되었다고 볼 수 있는지 ④ 원고용주가 작업에 투입될 근로자의 선발이나 근로자의 수, 교육 및 훈련, 작업·휴게시간, 휴가, 근무태도 점검 등에 관한 결정 권한을 독자적으로 행사하는지 ⑤ 계약의 목적이 구체적으로 범위가 한정된 업무의 이행으로 확정되고 당해 근로자가 맡은 업무가 제3자 소속 근로자의 업무와 구별되며 그러한 업무에 전문성·기술성이 있는지 ⑥ 원고용주가 계약의 목적을 달성하기 위하여 필요한 독립적 기업조직이나 설비를 갖추고 있는지 |
| ④ 계약 이행에서 사용사업주가 지휘·명령권을 보유하고 있는지 여부 | ② 제3자가 당해 근로자에 대하여 직·간접적으로 그 업무 수행 자체에 관한 구속력 있는 지시를 하는 등 상당한 지휘·명령을 하는지 |

## 2) 사용사업주 직접고용의무의 성질

파견법상 사용사업주의 직접고용의무 규정은 사용사업주가 파견기간의 제한을 위반하여 계속적으로 파견근로자를 사용하는 행위에 대하여 행정적 감독이나 처벌과는 별도로 사용사업주와 파견근로자 사이의 사법관계에서도 직접고용관계의 성립을 간주하거나 사용사업주에게 직접고용의무를 부과함으로써 근로자파견의 상용화·장기화를 방지하면서 파견근로자의 고용안정을 도모할 목적에서 사용사업주와 파견근로자 사이에 발생하는 법률관계 및 이에 따른 법적 효과를 설정하는 것이다.[381]

## 3) 사용사업주 직접고용의무의 효과

파견근로자 보호 등에 관한 법률 제6조의2 제1항 각 호에 해당하는 경우 사용사업주는 파견근로자를 직접고용할 의무가 있다. 그럼에도 불구하고 사용사업주가 파견근로자를 직접고용하지 않는 경우 파견근로자의 지위가 문제되는데, 판례

---

381) 대법원 2008. 9. 18. 선고 2007두22320 전원합의체 판결, 대법원 2015. 11. 26. 선고 2013다14965 판결, 대법원 2022. 1. 27. 선고 2018다207847 판결.

는 파견근로자는 사용사업주가 직접고용의무를 이행하지 아니하는 경우 사용사업주를 상대로 고용 의사표시를 갈음하는 판결을 구할 사법상의 권리가 있으며, 판결이 확정되면 사용사업주와 파견근로자 사이에 직접고용관계가 성립한다고 본다.382)

파견근로자는 사용사업주의 직접고용의무 불이행에 대하여 직접고용의무 발생일부터 직접고용관계가 성립할 때까지 사용사업주에게 직접고용되었다면 받았을 임금 상당 손해배상금을 청구할 수 있고, 사용사업주에게 직접고용의무가 발생한 후 파견근로자가 사직하는 등으로 근로 제공을 중단하였다고 하더라도, 특별한 사정이 없는 한 파견근로자는 사용사업주의 직접고용의무 불이행에 대하여 직접고용의무 발생일부터 직접고용관계가 성립할 때까지 사용사업주에게 직접고용되었다면 받았을 임금 상당 손해배상금을 청구할 수 있다.383) 그러나 사용사업주가 직접고용의무를 이행했더라도 파견근로자가 근로를 제공하지 않았을 것이라고 평가할 수 있는 예외적인 경우에는 사용사업주의 채무불이행으로 인하여 파견근로자에게 손해가 발생했다고 볼 수 없으므로, 이와 같은 경우에는 파견근로자가 손해배상을 청구할 수 없다.384)

### 4) 직접고용된 파견근로자의 근로조건

사용사업주가 파견근로자를 직접 고용하는 경우 해당 파견근로자의 근로조건은 ① 사용사업주의 근로자 중 해당 파견근로자와 같은 종류의 업무 또는 유사한 업무를 수행하는 근로자가 있는 경우에는 해당 근로자에게 적용되는 취업규칙 등에서 정하는 근로조건에 따르고, ② 사용사업주의 근로자 중 해당 파견근로자와 같은 종류의 업무 또는 유사한 업무를 수행하는 근로자가 없는 경우에는 해당 파견근로자의 기존 근로조건의 수준보다 낮아져서는 안 된다(파견법 제6조의2 제3항). 따라서, 사용사업주가 직접 고용한 것으로 간주되는 파견근로자의 근로조건은 사용사업주의 근로자 중 해당 파견근로자와 동종 또는 유사업무를 수행하는 근로자가 있을 경우 그 근로자에게 적용되는 취업규칙 등에서 정한 근로조건과 동일하

---

382) 대법원 2020. 5. 14. 선고 2016다239024, 2016다239031(병합), 2016다239048(병합), 2016다 239055(병합), 2016다239062(병합) 판결.

383) 대법원 2020. 5. 14. 선고 2016다239024, 2016다239031(병합), 2016다239048(병합), 2016다 239055(병합), 2016다239062(병합) 판결.

384) 상동.

다고 보는 것이 타당하다.[385]

한편, 구 파견법 하에서 직접고용간주규정에 따라 직접고용간주 규정에 의한 법적 효과가 이미 발생하여 파견근로자와 사용사업주 사이에 직접고용관계가 성립하고 파견근로자가 사용사업주의 근로자와 동일한 근로조건을 적용받을 수 있는 권리를 취득한 뒤에, 노동조합 등의 제3자와 사용사업주가 합의하여 파견근로자의 직접고용 여부를 결정하면서 그 직접고용에 따른 최초 근로조건을 위와 같은 근로조건에 비하여 파견근로자에게 불리하게 설정하는 것은 직접고용간주 규정의 취지에 반할 뿐만 아니라, 파견근로자에게 이미 귀속된 권리를 파견근로자의 개별적인 동의나 수권도 없이 소급적으로 변경하는 것에 해당하므로, 이러한 합의는 효력이 없다.[386]

### 5) 사용사업주의 직접고용의무에 따른 근로계약의 종류

한편, 직접고용의무 규정의 입법취지 및 목적에 비추어 볼 때 특별한 사정이 없는 한 사용사업주는 직접고용의무 규정에 따라 근로계약을 체결할 때 기간을 정하지 않은 근로계약을 체결하여야 함이 원칙이다.[387] 다만, 파견법 제6조의2 제2항에서 파견근로자가 명시적으로 반대의사를 표시하는 경우에는 직접고용의무의 예외가 인정되는 점을 고려할 때 파견근로자가 사용사업주를 상대로 직접고용의무의 이행을 구할 수 있다는 점을 알면서도 기간제 근로계약을 희망하였다거나, 사용사업주의 근로자 중 해당 파견근로자와 같은 종류의 업무 또는 유사한 업무를 수행하는 근로자가 대부분 기간제근로계약을 체결하고 근무하고 있어 파견근로자로서도 애초에 기간을 정하지 않은 근로계약 체결을 기대하기 어려웠던 경우 등과 같이 직접고용관계에 계약기간을 정한 것이 직접고용의무 규정의 입법취지 및 목적을 잠탈한다고 보기 어려운 특별한 사정이 존재하는 경우에는 사용사업주가 파견근로자와 기간제 근로계약을 체결할 수 있을 것이고, 이러한 특별한 사정의 존재에 관하여는 사용사업주가 증명책임을 부담한다.[388]

---

385) 대법원 2016. 1. 28. 선고 2012다17806 판결.
386) 대법원 2016. 6. 23. 선고 2012다108139 판결.
387) 대법원 2022. 1. 27. 선고 2018다207847 판결
388) 대법원 2022. 1. 27. 선고 2018다207847 판결

### 6) 파견기간 중 파견사업주가 변경된 경우

사용사업주의 파견법상 직접고용의무는 사용사업주가 파견기간 제한을 위반하여 계속적으로 파견근로자를 사용하는 행위 등에 대하여 행정적 감독이나 처벌과는 별도로 사용사업주와 파견근로자 사이의 사법관계에서도 사용사업주에게 직접고용의무를 부과함으로써 근로자파견의 상용화·장기화를 방지하면서 파견근로자의 고용안정을 도모할 목적에서 사용사업주와 파견근로자 사이에 발생하는 법률관계 및 이에 따른 법적 효과를 설정하는 것으로서, 내용이 파견사업주와는 직접적인 관련이 없고, 적용 요건으로 파견기간 중 파견사업주의 동일성을 요구하고 있지도 아니하므로, 사용사업주가 파견기간 제한을 위반하여 파견근로자에게 업무를 계속 수행하도록 한 경우에는, 특별한 사정이 없는 한 파견기간 중 파견사업주가 변경되었다는 이유만으로 직접고용간주 규정이나 직접고용의무 규정의 적용을 배제할 수는 없다.[389]

### 7) 사용사업주의 직접고용의무 발생 후 파견근로자가 파견사업주로부터 해고되거나 사직한 경우

파견법상 직접고용의무 규정의 내용과 개정 경과, 입법 목적 등에 비추어 보면, 직접고용의무 규정은 사용사업주와 파견근로자 사이에 발생하는 법률관계와 이에 따른 법적 효과를 설정하는 것으로서 그 내용이 파견사업주와는 직접적인 관련이 없고, 위와 같은 법률관계의 성립이나 법적 효과 발생 후 파견사업주와 파견근로자 사이의 근로관계가 유지되고 있을 것을 효력존속요건으로 요구하고 있다고 할 수도 없다. 따라서 사용사업주와 파견근로자 사이에 직접고용관계의 성립이 간주되거나 사용사업주에게 직접고용의무가 발생한 후 파견근로자가 파견사업주에 대한 관계에서 사직하거나 해고를 당하였다고 하더라도, 이러한 사정은 원칙적으로 사용사업주와 파견근로자 사이의 직접고용간주나 직접고용의무와 관련된 법률관계에 영향을 미치지 않는다.[390]

한편, 파견법 제6조의2 제2항은 '당해 파견근로자가 명시적인 반대의사를 표시

---

389) 대법원 2015. 11. 26. 선고 2013다14965 판결.
390) 대법원 2019. 8. 29. 선고 2017다219072, 2017다219089(병합), 2017다219096(병합), 2017다219102(병합), 2017다219119(병합), 2017다219126(병합), 2017다219133(병합) 판결.

하는 경우'에는 직접고용의무 규정이 적용되지 않는다고 정하고 있다. 직접고용
의무 규정의 입법 목적과 그 규정들이 파견사업주와는 직접적인 관련이 없는 점
등에 비추어 보면 '당해 파견근로자가 명시적인 반대의사를 표시하는 경우'란 근
로자가 사용사업주에게 직접고용되는 것을 명시적으로 반대한 경우를 의미한다.
따라서 파견근로자가 파견사업주와의 근로관계를 종료하고자 하는 의사로 사직
의 의사표시를 하였다고 하더라도 그러한 사정만으로는 '당해 파견근로자가 명시
적인 반대의사를 표시하는 경우'에 해당한다고 단정할 수 없다.[391]

### 8) 사용사업주의 안전배려의무와 손해배상책임

사용자는 고용 또는 근로계약에 수반되는 신의칙상의 부수적 의무로서 피용자
가 노무를 제공하는 과정에서 생명, 신체, 건강을 해치는 일이 없도록 물적 환경
을 정비하는 등 필요한 조치를 마련하여야 할 보호의무 또는 안전배려의무를 부
담하고, 이러한 의무를 위반함으로써 피용자가 손해를 입은 경우 채무불이행으로
인한 손해배상책임을 진다.[392] 그리고 이러한 사용자의 보호의무 또는 안전배려
의무 위반 행위가 불법행위의 요건에 해당하는 경우에는 채무불이행책임과 경합
하여 불법행위로 인한 손해배상책임도 부담하게 된다.[393]

판례는, 건축공사의 일부분을 하도급받은 자가 구체적인 지휘·감독권을 유보한
채 재료와 설비는 자신이 공급하면서 시공 부분만을 시공기술자에게 재하도급하는
경우와 같은 노무도급의 경우에, 그 도급인과 수급인의 관계는 실질적으로 사용자
와 피용자의 관계와 다를 바가 없다고 전제하면서, 그 도급인은 수급인이 노무를
제공하는 과정에서 생명·신체·건강을 해치는 일이 없도록 물적 환경을 정비하고
필요한 조치를 강구할 보호의무를 부담하며, 이러한 보호의무는 실질적인 고용계약
의 특수성을 고려하여 신의칙상 인정되는 부수적 의무로서 사업주의 안전상 조치
의무를 규정한 산업안전보건법 제23조가 적용되지 아니하는 사용자일지라도 마찬
가지로 인정된다고 할 것이고, 만일 실질적인 사용관계에 있는 노무도급인이 고의
또는 과실로 이러한 보호의무를 위반함으로써 그 노무수급인의 생명·신체·건강
을 침해하여 손해를 입힌 경우 그 노무도급인은 노무도급계약상의 채무불이행책임

---

391) 대법원 2019. 8. 29. 선고 2017다219072, 2017다219089(병합), 2017다219096(병합), 2017다
   219102(병합), 2017다219119(병합), 2017다219126(병합), 2017다219133(병합) 판결.
392) 대법원 1999. 2. 23. 선고 97다12082 판결.
393) 대법원 1997. 4. 25. 선고 96다53086 판결.

과 경합하여 불법행위로 인한 손해배상책임을 부담한다고 보고 있다.[394]

위와 같은 법리는 근로자파견관계에도 그대로 적용된다고 할 수 있는 바, 파견법은 이러한 논리를 법제화하여 파견법 제35조 제1항 본문에서 "파견 중인 근로자의 파견근로에 관하여는 사용사업주를 산업안전보건법 제2조 제3호의 규정에 의한 사업주로 보아 동법을 적용한다."고 규정하고 있다. 이를 통해 근로자파견관계에서 산업안전보건법의 규정에 따른 산업재해 예방 및 근로자의 안전과 보건유지·증진 등에 관한 의무를 원칙적으로 사용사업주에게 부과함으로써, 사용사업주가 파견근로자의 생명, 신체, 건강에 대한 위험을 예방하고 파견근로자의 안전을 유지하기 위하여 필요한 조치를 하지 아니할 경우 산업안전보건법 등에서 정한 형사적 또는 행정적 제재를 받을 수 있도록 한 것이다. 따라서 파견사업주가 고용한 근로자를 자신의 작업장에 파견받아 지휘·명령하며 자신을 위한 계속적 근로에 종사하게 하는 사용사업주는 파견근로와 관련하여 그 자신도 직접 파견근로자를 위한 보호의무 또는 안전배려의무를 부담함을 용인하고, 파견사업주는 이를 전제로 사용사업주와 근로자파견계약을 체결하며, 파견근로자 역시 사용사업주가 위와 같은 보호의무 또는 안전배려의무를 부담함을 전제로 사용사업주에게 근로를 제공한다고 봄이 타당하다.[395] 그러므로 근로자파견관계에서 사용사업주와 파견근로자 사이에는 특별한 사정이 없는 한 파견근로와 관련하여 사용사업주가 파견근로자에 대한 보호의무 또는 안전배려의무를 부담한다는 점에 관한 묵시적인 의사의 합치가 있다고 할 것이고, 따라서 사용사업주의 보호의무 또는 안전배려의무 위반으로 손해를 입은 파견근로자는 사용사업주와 직접 고용 또는 근로계약을 체결하지 아니한 경우에도 위와 같은 묵시적 약정에 근거하여 사용사업주에 대하여 보호의무 또는 안전배려의무의 위반을 원인으로 하는 손해배상을 청구할 수 있다고 할 것이다.[396] 그리고 이러한 약정상 의무 위반에 따른 채무불이행책임을 원인으로 하는 손해배상청구권에 대하여는 불법행위책임에 관한 민법 제766조 제1항의 소멸시효 규정이 적용되지 않는다.[397]

---

394) 대법원 1997. 4. 25. 선고 96다53086 판결.
395) 대법원 2013. 11. 28. 선고 2011다60247 판결.
396) 상동.
397) 상동.

## 5. 무기계약 전환근로자와 차별시정제도

기간제 근로자였던 근로자들이 기간의 정함이 없는 근로계약을 체결한 근로자로 전환된 후 기간제법상 차별시정제도를 이용할 수 있는지 여부가 문제될 수 있다. 판례에 따르면, 기간제법 제8조 제1항은 사용자는 기간제근로자임을 이유로 동종 또는 유사한 업무에 종사하는 기간의 정함이 없는 근로계약을 체결한 근로자에 비하여 차별적 처우를 하여서는 아니 된다고 규정하고 있기 때문에 기간제 근로자였던 근로자들이 기간의 정함이 없는 근로계약을 체결한 근로자로 전환된 경우에는 더 이상 기간제 근로자의 신분이 아니기 때문에 기간제법의 적용을 받지 않는다고 보고 있다.[398]

## XI. 업무상 재해

| | |
|---|---|
| 산재<br>보험법 | 제37조(업무상의 재해의 인정 기준) ① 근로자가 다음 각 호의 어느 하나에 해당하는 사유로 부상·질병 또는 장해가 발생하거나 사망하면 업무상의 재해로 본다. 다만, 업무와 재해 사이에 상당인과관계(相當因果關係)가 없는 경우에는 그러하지 아니하다.<br>1. 업무상 사고<br>가. 근로자가 근로계약에 따른 업무나 그에 따르는 행위를 하던 중 발생한 사고<br>나. 사업주가 제공한 시설물 등을 이용하던 중 그 시설물 등의 결함이나 관리소홀로 발생한 사고<br>다. 삭제 <2017. 10. 24.><br>라. 사업주가 주관하거나 사업주의 지시에 따라 참여한 행사나 행사준비 중에 발생한 사고<br>마. 휴게시간 중 사업주의 지배관리하에 있다고 볼 수 있는 행위로 발생한 사고<br>바. 그 밖에 업무와 관련하여 발생한 사고<br>2. 업무상 질병<br>가. 업무수행 과정에서 물리적 인자(因子), 화학물질, 분진, 병원체, 신체에 부담을 주는 업무 등 근로자의 건강에 장해를 일으킬 수 있는 요인을 취급하거나 그에 노출되어 발생한 질병<br>나. 업무상 부상이 원인이 되어 발생한 질병<br>다. 「근로기준법」 제76조의2에 따른 직장 내 괴롭힘, 고객의 폭언 등으로 인한 업무상 정신적 스트레스가 원인이 되어 발생한 질병<br>라. 그 밖에 업무와 관련하여 발생한 질병<br>3. 출퇴근 재해 |

398) 대법원 2015. 10. 29. 선고 2013다1051 판결, 대법원 2016. 1. 14. 선고 2013다74592 판결.

|  | 가. 사업주가 제공한 교통수단이나 그에 준하는 교통수단을 이용하는 등 사업주의 지배관리하에서 출퇴근하는 중 발생한 사고<br>나. 그 밖에 통상적인 경로와 방법으로 출퇴근하는 중 발생한 사고<br>② 근로자의 고의·자해행위나 범죄행위 또는 그것이 원인이 되어 발생한 부상·질병·장해 또는 사망은 업무상의 재해로 보지 아니한다. 다만, 그 부상·질병·장해 또는 사망이 정상적인 인식능력 등이 뚜렷하게 낮아진 상태에서 한 행위로 발생한 경우로서 대통령령으로 정하는 사유가 있으면 업무상의 재해로 본다.<br>③ 제1항제3호나목의 사고 중에서 출퇴근 경로 일탈 또는 중단이 있는 경우에는 해당 일탈 또는 중단 중의 사고 및 그 후의 이동 중의 사고에 대하여는 출퇴근 재해로 보지 아니한다. 다만, 일탈 또는 중단이 일상생활에 필요한 행위로서 대통령령으로 정하는 사유가 있는 경우에는 출퇴근 재해로 본다.<br>④ 출퇴근 경로와 방법이 일정하지 아니한 직종으로 대통령령으로 정하는 경우에는 제1항제3호나목에 따른 출퇴근 재해를 적용하지 아니한다.<br>⑤ 업무상의 재해의 구체적인 인정 기준은 대통령령으로 정한다. |
|---|---|
| 산재<br>보험법<br>시행령 | 제27조(업무수행 중의 사고) ① 근로자가 다음 각 호의 어느 하나에 해당하는 행위를 하던 중에 발생한 사고는 법 제37조제1항제1호가목에 따른 업무상 사고로 본다.<br>1. 근로계약에 따른 업무수행 행위<br>2. 업무수행 과정에서 하는 용변 등 생리적 필요 행위<br>3. 업무를 준비하거나 마무리하는 행위, 그 밖에 업무에 따르는 필요적 부수행위<br>4. 천재지변·화재 등 사업장 내에 발생한 돌발적인 사고에 따른 긴급피난·구조행위 등 사회통념상 예견되는 행위<br>② 근로자가 사업주의 지시를 받아 사업장 밖에서 업무를 수행하던 중에 발생한 사고는 법 제37조제1항제1호가목에 따른 업무상 사고로 본다. 다만, 사업주의 구체적인 지시를 위반한 행위, 근로자의 사적(私的) 행위 또는 정상적인 출장 경로를 벗어났을 때 발생한 사고는 업무상 사고로 보지 않는다.<br>③ 업무의 성질상 업무수행 장소가 정해져 있지 않은 근로자가 최초로 업무수행 장소에 도착하여 업무를 시작한 때부터 최후로 업무를 완수한 후 퇴근하기 전까지 업무와 관련하여 발생한 사고는 법 제37조제1항제1호가목에 따른 업무상 사고로 본다. |
|  | 제28조(시설물 등의 결함 등에 따른 사고) ① 사업주가 제공한 시설물, 장비 또는 차량 등(이하 이 조에서 "시설물등"이라 한다)의 결함이나 사업주의 관리 소홀로 발생한 사고는 법 제37조제1항제1호나목에 따른 업무상 사고로 본다.<br>② 사업주가 제공한 시설물등을 사업주의 구체적인 지시를 위반하여 이용한 행위로 발생한 사고와 그 시설물등의 관리 또는 이용권이 근로자의 전속적 권한에 속하는 경우에 그 관리 또는 이용 중에 발생한 사고는 법 제37조제1항제1호나목에 따른 업무상 사고로 보지 않는다. |
|  | 제30조(행사 중의 사고) 운동경기·야유회·등산대회 등 각종 행사(이하 "행사"라 한다)에 근로자가 참가하는 것이 사회통념상 노무관리 또는 사업운영상 필요하다고 인정되는 경우로서 다음 각 호의 어느 하나에 해당하는 경우에 근로자가 그 행사에 참가(행사 참가를 위한 준비·연습을 포함한다)하여 발생한 사고는 법 제37조제1항제1호라목에 따른 업무상 사고로 본다.<br>1. 사업주가 행사에 참가한 근로자에 대하여 행사에 참가한 시간을 근무한 시간으로 인정하는 경우<br>2. 사업주가 그 근로자에게 행사에 참가하도록 지시한 경우<br>3. 사전에 사업주의 승인을 받아 행사에 참가한 경우<br>4. 그 밖에 제1호부터 제3호까지의 규정에 준하는 경우로서 사업주가 그 근로자의 행사 참가를 통상적·관례적으로 인정한 경우 |

**제31조(특수한 장소에서의 사고)** 사회통념상 근로자가 사업장 내에서 할 수 있다고 인정되는 행위를 하던 중 태풍·홍수·지진·눈사태 등의 천재지변이나 돌발적인 사태로 발생한 사고는 근로자의 사적 행위, 업무 이탈 등 업무와 관계없는 행위를 하던 중에 사고가 발생한 것이 명백한 경우를 제외하고는 법 제37조제1항제1호바목에 따른 업무상 사고로 본다.

**제32조(요양 중의 사고)** 업무상 부상 또는 질병으로 요양을 하고 있는 근로자에게 다음 각 호의 어느 하나에 해당하는 사고가 발생하면 법 제37조제1항제1호바목에 따른 업무상 사고로 본다.
1. 요양급여와 관련하여 발생한 의료사고
2. 요양 중인 산재보험 의료기관(산재보험 의료기관이 아닌 의료기관에서 응급진료 등을 받는 경우에는 그 의료기관을 말한다. 이하 이 조에서 같다) 내에서 업무상 부상 또는 질병의 요양과 관련하여 발생한 사고
3. 업무상 부상 또는 질병의 치료를 위하여 거주지 또는 근무지에서 요양 중인 산재보험 의료기관으로 통원하는 과정에서 발생한 사고

**제33조(제3자의 행위에 따른 사고)** 제3자의 행위로 근로자에게 사고가 발생한 경우에 그 근로자가 담당한 업무가 사회통념상 제3자의 가해행위를 유발할 수 있는 성질의 업무라고 인정되면 그 사고는 법 제37조제1항제1호바목에 따른 업무상 사고로 본다.

**제34조(업무상 질병의 인정기준)** ① 근로자가 「근로기준법 시행령」제44조제1항 및 같은 법 시행령 별표 5의 업무상 질병의 범위에 속하는 질병에 걸린 경우(임신 중인 근로자가 유산·사산 또는 조산한 경우를 포함한다. 이하 이 조에서 같다) 다음 각 호의 요건 모두에 해당하면 법 제37조제1항제2호가목에 따른 업무상 질병으로 본다.
1. 근로자가 업무수행 과정에서 유해·위험요인을 취급하거나 유해·위험요인에 노출된 경력이 있을 것
2. 유해·위험요인을 취급하거나 유해·위험요인에 노출되는 업무시간, 그 업무에 종사한 기간 및 업무 환경 등에 비추어 볼 때 근로자의 질병을 유발할 수 있다고 인정될 것
3. 근로자가 유해·위험요인에 노출되거나 유해·위험요인을 취급한 것이 원인이 되어 그 질병이 발생하였다고 의학적으로 인정될 것
② 업무상 부상을 입은 근로자에게 발생한 질병이 다음 각 호의 요건 모두에 해당하면 법 제37조제1항제2호나목에 따른 업무상 질병으로 본다.
1. 업무상 부상과 질병 사이의 인과관계가 의학적으로 인정될 것
2. 기초질환 또는 기존 질병이 자연발생적으로 나타난 증상이 아닐 것
③ 제1항 및 제2항에 따른 업무상 질병(진폐증은 제외한다)에 대한 구체적인 인정기준은 별표 3과 같다.
④ 공단은 근로자의 업무상 질병 또는 업무상 질병에 따른 사망의 인정 여부를 판정할 때에는 그 근로자의 성별, 연령, 건강 정도 및 체질 등을 고려하여야 한다.

**제35조(출퇴근 중의 사고)** ① 근로자가 출퇴근하던 중에 발생한 사고가 다음 각 호의 요건에 모두 해당하면 법 제37조제1항제3호가목에 따른 출퇴근 재해로 본다.
1. 사업주가 출퇴근용으로 제공한 교통수단이나 사업주가 제공한 것으로 볼 수 있는 교통수단을 이용하던 중에 사고가 발생하였을 것
2. 출퇴근용으로 이용한 교통수단의 관리 또는 이용권이 근로자측의 전속적 권한에 속하지 아니하였을 것
② 법 제37조제3항 단서에서 "일상생활에 필요한 행위로서 대통령령으로 정하는 사유"란 다음 각 호의 어느 하나에 해당하는 경우를 말한다.
1. 일상생활에 필요한 용품을 구입하는 행위

> 2. 「고등교육법」 제2조에 따른 학교 또는 「직업교육훈련 촉진법」 제2조에 따른 직업
>    교육훈련기관에서 직업능력 개발향상에 기여할 수 있는 교육이나 훈련 등을 받는
>    행위
> 3. 선거권이나 국민투표권의 행사
> 4. 근로자가 사실상 보호하고 있는 아동 또는 장애인을 보육기관 또는 교육기관에 데
>    려주거나 해당 기관으로부터 데려오는 행위
> 5. 의료기관 또는 보건소에서 질병의 치료나 예방을 목적으로 진료를 받는 행위
> 6. 근로자의 돌봄이 필요한 가족 중 의료기관 등에서 요양 중인 가족을 돌보는 행위
> 7. 제1호부터 제6호까지의 규정에 준하는 행위로서 고용노동부장관이 일상생활에 필
>    요한 행위라고 인정하는 행위

## 1. 업무상 재해의 의미

'업무상의 재해'란 근로자와 사업주 사이의 근로계약에 터 잡아 사업주의 지
배·관리하에서 당해 근로업무의 수행 또는 그에 수반되는 통상적인 활동을 하는
과정에서 이러한 업무에 기인하여 발생한 재해를 의미한다. 산재보험법에서는 업
무와 재해 사이에 상당인과관계를 요구하고 있다(산재보험법 제37조 제1항).

## 2. 회식 등 회사 밖 행사나 모임에서의 사고

사업주의 지배나 관리를 받는 상태에 있는 회식 과정에서 근로자가 주량을 초
과하여 음주를 한 것이 주된 원인이 되어 부상·질병·신체장해 또는 사망 등의
재해를 입은 경우, 이러한 재해는 상당인과관계가 인정되는 한 업무상 재해로 볼
수 있다. 이때 업무·과음·재해 사이의 상당인과관계는 사업주가 과음행위를 만
류하거나 제지하였는데도 근로자 스스로 독자적이고 자발적으로 과음을 한 것인
지, 재해를 입은 근로자 외에 다른 근로자들이 마신 술의 양은 어느 정도인지,
업무와 관련된 회식 과정에서 통상적으로 따르는 위험의 범위 내에서 재해가 발
생하였다고 볼 수 있는지, 과음으로 인한 심신장애와 무관한 다른 비정상적인 경
로를 거쳐 재해가 발생하였는지 등 여러 사정을 고려하여 판단하여야 한다.[399]

---

399) 대법원 2017. 5. 30. 선고 2016두54589 판결. 갑이 회사 회식에 참가하던 중 2차 회식 장소인
   단란주점 건물 계단에서 추락하는 사고로 뇌경막외출혈 등 진단을 받고 요양급여를 신청하였으
   나 근로복지공단이 '사업주가 주관하거나 사업주의 지시에 따라 참여한 행사 중 사고로 보기 어
   렵다'는 이유로 요양불승인처분을 한 사안에서, 업무와 관련된 회식자리의 음주로 인한 주취상
   태가 직접적인 원인이 되어 사고를 당하였다고 볼 수 있다는 이유로, 위 사고가 업무상 재해에

1차 회식 후 이루어진 2차 회식에서 발생한 사고가 업무상 사고인지 여부와 관련하여, 법원은 1차 회식과 마찬가지로 2차 회식 역시 사용자의 지배나 관리를 받는 상태에 있었다고 볼 수 있는 사정, 특별히 주변에서 만류를 함에도 불구하고 과음을 했다는 사정 등을 고려하면서, 업무와 관련된 회식자리의 음주로 인한 주취상태가 직접적인 원인이 되어 실족사를 한 근로자에 대하여 업무상 재해를 인정한 경우가 있다.[400]

## 3. 직업병

산업재해보상보험법 제5조 제1호가 정하는 업무상의 사유에 따른 질병으로 인정하려면 업무와 질병 사이에 인과관계가 있어야 하고 증명책임은 원칙적으로 근로자 측에 있다. 여기에서 말하는 인과관계는 반드시 의학적·자연과학적으로 명백히 증명되어야 하는 것은 아니고 법적·규범적 관점에서 상당인과관계가 인정되면 증명이 있다고 보아야 한다. 산업재해의 발생원인에 관한 직접적인 증거가 없더라도 근로자의 취업 당시 건강상태, 질병의 원인, 작업장에 발병원인이 될 만한 물질이 있었는지, 발병원인물질이 있는 작업장에서 근무한 기간 등의 여러 사정을 고려하여 경험칙과 사회통념에 따라 합리적인 추론을 통하여 인과관계를 인정할 수 있다. 이때 업무와 질병 사이의 인과관계는 사회 평균인이 아니라 질병이 생긴 근로자의 건강과 신체조건을 기준으로 판단하여야 한다.[401]

---

해당한다고 한 사례이다.
400) 대법원 2017. 5. 30. 선고 2016두54589 판결.
401) 대법원 2017. 8. 29. 선고 2015두3867 판결. 첨단산업분야에서 유해화학물질로 인한 질병에 대해 산업재해보상보험으로 근로자를 보호할 현실적·규범적 이유가 있는 점, 산업재해보상보험제도의 목적과 기능 등을 종합적으로 고려할 때, 근로자에게 발병한 질병이 이른바 '희귀질환' 또는 첨단산업현장에서 새롭게 발생하는 유형의 질환에 해당하고 그에 관한 연구결과가 충분하지 않아 발병원인으로 의심되는 요소들과 근로자의 질병 사이에 인과관계를 명확하게 규명하는 것이 현재의 의학과 자연과학 수준에서 곤란하더라도 그것만으로 인과관계를 쉽사리 부정할 수 없다. 특히, 희귀질환의 평균 유병률이나 연령별 평균 유병률에 비해 특정 산업 종사자 군(群)이나 특정 사업장에서 그 질환의 발병률 또는 일정 연령대의 발병률이 높거나, 사업주의 협조 거부 또는 관련 행정청의 조사 거부나 지연 등으로 그 질환에 영향을 미칠 수 있는 작업환경상 유해요소들의 종류와 노출 정도를 구체적으로 특정할 수 없었다는 등의 특별한 사정이 인정된다면, 이는 상당인과관계를 인정하는 단계에서 근로자에게 유리한 간접사실로 고려할 수 있다고 본 사례이다. 나아가 작업환경에 여러 유해물질이나 유해요소가 존재하는 경우 개별 유해요인들이 특정 질환의 발병이나 악화에 복합적·누적적으로 작용할 가능성을 간과해서는 안 된다고도 하였다.

## 4. 과로사

산업재해보상보험법 제4조 제1호 소정의 업무상 재해라고 함은 근로자의 업무수행 중 그 업무에 기인하여 발생한 질병을 의미하는 것이므로 업무와 사망의 원인이 된 질병 사이에 인과관계가 있어야 하지만, 질병의 주된 발생 원인이 업무수행과 직접적인 관계가 없더라도 적어도 업무상의 과로나 스트레스가 질병의 주된 발생 원인에 겹쳐서 질병을 유발 또는 악화시켰다면 그 사이에 인과관계가 있다고 보아야 할 것이고, 그 인과관계는 반드시 의학적·자연과학적으로 명백히 입증하여야 하는 것은 아니고 제반 사정을 고려할 때 업무와 질병 사이에 상당인과관계가 있다고 추단되는 경우에도 그 입증이 있다고 보아야 하며, 또한 평소에 정상적인 근무가 가능한 기초 질병이나 기존 질병이 직무의 과중 등이 원인이 되어 자연적인 진행 속도 이상으로 급격하게 악화된 때에도 그 입증이 있는 경우에 포함되는 것이며, 업무와 사망과의 인과관계의 유무는 보통평균인이 아니라 당해 근로자의 건강과 신체조건을 기준으로 판단하여야 한다.[402]

## 5. 자살

업무상 재해의 인정에 필요한 인과관계는 이를 주장하는 측에서 증명해야 하지만, 반드시 의학적·자연과학적으로 명백히 증명되어야 하는 것이 아니며 규범적 관점에서 상당인과관계가 인정되는 경우에는 그 증명이 있다고 본다. 따라서 근로자가 극심한 업무상의 스트레스와 그로 인한 정신적인 고통으로 우울증세가 악화되어 정상적인 인식능력이나 행위선택능력, 정신적 억제력이 현저히 저하되어 합리적인 판단을 기대할 수 없을 정도의 상황에 처하여 자살에 이르게 된 것으로 추단할 수 있는 경우라면 망인의 업무와 사망 사이에 상당인과관계가 인정될 수 있고, 비록 그 과정에서 망인의 내성적인 성격 등 개인적인 취약성이 자살을 결의

---

402) 대법원 2004. 9. 3. 선고 2003두12912 판결. 만 46세 2월의 중년 여성으로서 고도 고혈압 등의 기존 질환을 가진 근로자가 과중한 업무에 종사하다가 퇴근길에 급성 심근 경색으로 사망한 경우, 망인의 고혈압은 업무와 관련이 없다 하더라도 업무의 과중으로 인한 과로와 감원 등으로 인한 스트레스가 고혈압을 자연적인 진행 속도 이상으로 악화시켜 급성 심근 경색증을 유발하거나 기존 질환인 고혈압에 겹쳐 급성 심근 경색증을 유발하여 심장마비로 사망에 이르게 하였을 것으로 추단된다는 이유로 망인의 사망이 업무상 재해에 해당한다고 본 사례이다.

하게 된 데에 영향을 미쳤다거나 자살 직전에 환각, 망상, 와해된 언행 등의 정신병적 증상에 이르지 않았다고 하여 달리 보지는 않는다.[403]

---

403) 대법원 2017. 5. 31. 선고 2016두58840 판결. 은행원 갑이 지점장으로 부임한 후 영업실적 등에 관한 업무상 부담과 스트레스로 중증의 우울병 에피소드 등을 진단받고 정신과 치료를 받다가 계속된 업무상 부담으로 중압감을 느낀 나머지 출근하였다가 자살한 사안에서, 갑의 업무와 사망 사이에 상당인과관계를 인정할 수 있고, 개인적인 취약성이 자살을 결의하게 된 데에 일부 영향을 미쳤을 가능성이 있고 자살 직전에 정신병적 증상을 보인 바 없다고 하여 달리 볼 것은 아니라고 한 사례이다.

# 제2장

# 개별적 노동관계법 사례 해설

---

**사례 1** 근기법상 근로자성

---

### [사례 1][1]

A사는 가방을 제조·판매하는 회사로서 백화점을 운영하는 여러 회사들과 거래계약을 체결하여 백화점 내에 A사의 제품을 판매하는 매장을 개설·운영하고 있다. 80개에 달하는 각 매장에는 A사와 체결한 판매용역계약에 따라 A사의 제품을 판매하고 그 대가로 매월 수수료를 지급받는 판매원들이 있고, 이들의 근무기간은 4년 내지 10년이다. 판매용역계약에 따르면, 수수료는 '매장의 월매출액 × 매장수수료율 × 개인수수료율' 산식으로 산출하되, 판매원 직급별월 기준금액(매니저 300만원, 시니어 250만원, 주니어 200만원)의 85%에 미달하거나 130%를 초과하여 지급할 수 없도록 되어 있다.

2013년 3월 위와 같은 판매용역계약을 체결한 甲(주니어 판매원)을 포함한 A사의 모든 판매원들은 백화점 영업시간(10:30 – 20:00)에 맞추어 해당 매장에 출·퇴근하면서 A사가 정한 가격으로 A사 제품을 판매했다. A사는 각 매장과 연결된 전산망을 통해 매장의 판매실적과 근무상황 등을 실시간으로 파악했고, 수시로 업무 관련 지시를 전달했다. 또한 A사 본사 영업부 직원들이 매주 담당 매장을 방문하여 판매원들의 근무실태를 점검했다. 그 과정에서 A사는 매출부진을 이유로 매니저급 판매원과의 판매용역계약을 해지하기도 했다. 판매원들은 출산, 질병 등 특별한 사유가 있거나 할인행사로 일손이 부족할 때, A사의 사전 승낙을 받아 아르바이트 직원을 채용해 판매보조 인력으로 활용했다. A사는 비품, 아르바이트 급여 등 매장운영에 필요한 모든 비용을 부담했다. A사는 본사 직원과 달리 판매원들에게 취업규칙 등을 적용하지 않았고, 사업소득세를 원천징수했으며, 판매원들을 4대 보험에 가입시키지 않았다.

### <질문>

甲은 A회사에게 근기법 제56조 제1항에 따른 가산임금을 청구할 수 있는 근로자에 해당하는지에 대하여 논하시오. (30점)

---

1) 2018년도 제27회 공인노무사시험.

## 해 설

〈질문〉 甲은 A회사에게 근기법 제56조 제1항에 따른 가산임금을 청구할 수 있는 근로자에 해당하는지에 대하여 논하시오.

## Ⅰ. 논점의 정리

甲이 A회사에 근기법 제56조 제1항에 따른 가산임금을 청구할 수 있으려면 甲은 근기법상 근로자에 해당해야 한다. 이 사안의 경우 甲은 A회사와 판매용역계약을 체결하고 매월 판매실적에 따른 수수료를 지급받았는바, 외견상 판매용역계약을 체결한 甲이 근기법상 근로자로 인정될 수 있는지 문제된다.

## Ⅱ. 관련 법리

### 1. 관련 법령

근기법은 근로자를 "직업의 종류와 관계없이 임금을 목적으로 사업이나 사업장에서 근로를 제공하는 자"라고 정의하고 있다(근기법 제2조 제1항 제1호).

### 2. 관련 판례

근기법상의 근로자에 해당하는지 여부는 계약의 형식이 고용계약인지 도급계약인지보다 그 실질에 있어 근로자가 사업 또는 사업장에 임금을 목적으로 종속적인 관계에서 사용자에게 근로를 제공하였는지 여부에 따라 판단해야 한다는 것이 판례의 입장이다.[2]

한편, 판례는 종속적인 관계가 있는지 여부는 ① 업무 내용을 사용자가 정하고 취업규칙 또는 복무(인사)규정 등의 적용을 받으며 업무 수행 과정에서 사용자가 상당한 지휘·감독을 하는지, ② 사용자가 근무시간과 근무장소를 지정하고 근로자가 이에 구속을 받는지, ③ 노무제공자가 스스로 비품·원자재나 작업도구 등을 소유하거나 제3자를 고용하여 업무를 대행케 하는 등 독립하여 자신의 계산으

---

[2] 대법원 2006. 12. 7. 선고 2004다29736 판결.

로 사업을 영위할 수 있는지, ④ 노무 제공을 통한 이윤의 창출과 손실의 초래 등 위험을 스스로 안고 있는지, ⑤ 보수의 성격이 근로 자체의 대상적 성격인지, ⑥ 기본급이나 고정급이 정하여졌는지 및 근로소득세의 원천징수 여부 등 보수에 관한 사항, ⑦ 근로 제공 관계의 계속성과 사용자에 대한 전속성의 유무와 그 정도, ⑧ 사회보장제도에 관한 법령에서 근로자로서 지위를 인정받는지 등의 경제적·사회적 여러 조건을 종합하여 판단하여야 한다고 하면서, 다만 기본급이나 고정급이 정하여졌는지, 근로소득세를 원천징수하였는지, 사회보장제도에 관하여 근로자로 인정받는지 등의 사정은 사용자가 경제적으로 우월한 지위를 이용하여 임의로 정할 여지가 크기 때문에, 그러한 점들이 인정되지 않는다는 것만으로 근로자성을 쉽게 부정하여서는 안 된다는 입장이다.[3]

## Ⅲ. 사안의 적용

### 1. '상당한 지휘·감독'의 존부

이 사안에서 판매원들은 백화점 영업시간에 맞추어 출퇴근을 하였고, A사가 정한 가격으로 제품을 판매하는 형태로 사실상 근무시간과 업무의 내용이 정해져 있었다. 한편, A사는 전산망을 통해 판매원들의 판매실적과 근무상황을 파악하고, 수시로 업무 관련 지시를 전달하였으며, 본사 영업부 직원들이 매장을 방문하여 판매원들의 근무실태를 점검했다는 점, A사가 매출부진을 이유로 매니저급 판매원과 판매용역계약을 해지하여 사실상 징계의 권한을 행사했다는 점을 고려할 때, A사가 甲 등 판매원에게 상당한 지휘·감독을 한 것으로 평가된다.

### 2. 이윤창출과 손실 위험의 귀속 주체인지

甲 등 판매원은 출산, 질병 등 특별한 사유가 있거나 할인 행사로 일손이 부족할 때, A사의 사전 승낙을 받아 아르바이트 직원을 채용했고, A사는 비품과 아르바이트 급여 등 매장 운영에 필요한 모든 비용을 부담했다는 점에서 甲 등 판매원이 스스로 비품·원자재나 작업도구 등을 소유하거나 제3자를 고용하여 업무를 대행하게 하는 등 독립하여 자신의 계산으로 사업을 영위한 것으로 보기는 어렵

---

3) 대법원 2006. 12. 7. 선고 2004다29736 판결.

다. 또한 甲 등 판매원은 매출액에 따른 수수료를 받았지만 수수료의 상한이 정해져 있어 매출액이 증가하더라도 130%를 초과하여 수수료를 지급받을 수 없었고, 매장의 매출이 부진하더라도 85%에 미달되는 수수료를 지급받지 않았다는 점에서 노무제공을 통한 이윤의 창출과 손실의 초래 등 위험을 스스로 안고 있는 사업자의 성격을 가진다고 보기도 어렵다.

### 3. 보수가 근로에 대한 대가성을 갖는지

甲 등 판매원이 매출액에 연동되는 수수료를 지급받았지만 판매원 직급별월 기준금액의 85%를 하한으로 하여 매출액에 따라 최고 45%까지 추가로 지급받는 형태에 불과한 것으로 볼 수 있고, 백화점 운영시간에 맞추어 매일 일정시간 이상 근로를 제공하면서 일정액 이상 보수를 지급받았으므로 수수료는 판매원 근로에 대한 대가로서의 성격을 가지고 있다고 볼 수 있다.

### 4. 계속성과 전속성이 있는지

판매원들은 4년 내지 10년 동안 백화점에서 A회사 제품판매업무를 계속해 왔으며, 백화점 영업시간에 맞추어 제품 판매 외에 다른 업무를 수행하기도 사실상 불가능했다는 점에서 계속성과 전속성이 인정된다.

### 5. 취업규칙 미적용, 사업소득세 원천징수, 4대 보험 미가입한 사정의 판단

판매원에게 A회사의 취업규칙을 적용하지 않고, 근로소득세 대신 사업소득세를 원천징수하고 4대 보험에도 가입하지 않았다는 사정은 A사가 우월한 지위에서 임의로 정할 여지가 큰 부분이므로 근로자성을 부정할 만한 요소로 삼기는 어렵다.

### 6. 소결

위에서 살펴본 사정들을 종합해 보면, 甲 등 판매원은 A회사와 판매용역계약을 체결하였으나 실질적으로는 임금을 목적으로 종속적인 관계에서 근로를 제공하는 근기법상 근로자에 해당한다고 판단된다.[4]

---

4) 대법원 2017. 1. 25. 선고 2015다59146 판결 참조. 다만, 백화점 위탁판매원의 근로자성을 부정한 사례로 대법원 2020. 6. 25. 선고 2020다211184 판결 참조.

## Ⅳ. 결론

A회사는 甲 등 판매원들과 제품 판매에 대해 매월 수수료를 지급하는 판매용역 계약을 체결하였으나, ① A회사가 판매원들에게 상당한 지휘·감독 권한을 행사하였고, ② 판매원이 독립하여 자신의 계산으로 사업을 영위하지 않았으며, 이윤과 손실의 위험을 스스로 안고 있는 독립사업자로 볼 수 없으며, ③ 근로에 대한 대가로 임금이 지급되고, ④ 계속성·전속성을 갖췄다. 한편, ⑤ 취업규칙 미적용과 사업소득세 원천징수, 4대 보험 미가입의 문제가 있으나 이는 사용자가 임의로 정할 여지가 큰 점에서 이러한 사정만으로 판매원의 근로자성을 부정하여서는 안 된다.

따라서 甲은 근기법상 근로자이므로 A회사를 상대로 근기법 제56조 제1항에 따른 가산임금을 청구할 수 있다.

## 사례 2   임원의 근로자성, 해고의 절차(해고의 서면통지, 해고예고)

**[사례 2]**<sup>5)</sup>

공인노무사 甲은 2012. 10. 1.부터 사단법인 A경영컨설팅에서 경영상담사로 근무하였는데, 스스로 특정 기업과의 경영상담 계약을 체결한 적이 없이 오로지 A경영컨설팅의 대표인 乙의 지시에 따라 담당기업을 배정받아 경영자문 및 노무관련 분쟁해결 등의 법률상담 업무를 수행하였다. 그런데 A경영컨설팅은 2015. 4. 30. 이메일을 통해 '후임자가 선정될 때까지 근무하다가 후임자가 정해지면 업무를 인계하도록' 甲에게 지시하였다가, 2015. 5. 31. 오전 '후임자가 선정되었으므로 내일부터 법인으로 출근할 필요가 없음'이라는 문자를 甲의 휴대전화로 보냈다. 이에 甲이 乙에게 전화를 걸어 항의하자, 乙은 '경영상담 실적이 극히 저조할 뿐 아니라 고객으로부터의 항의가 빈발하였음'을 이유로 해고하는 것이라고 설명하였다.

甲은 A경영컨설팅이 자신을 부당하게 해고하였다고 주장하면서 노동위원회에 부당해고 구제를 신청하는 동시에, 재직기간에 상응하는 퇴직금을 지급하여 줄 것을 A경영컨설팅에 청구하였다.

A경영컨설팅은 2013. 1. 28. 甲 등 신임 경영상담사 2명을 법인등기부에 임원으로 등재하면서 이를 당사자들에게 통지하지 아니하였고, 법인의 구성원으로서 이들에게 이익배당을 하거나 손실을 공동 부담케 하지 않았다. 甲 등 신임 경영상담사들에게는 본봉과 이에 기초하여 특정된 몇 가지 수당을 가산하여 지급하면서 갑종근로소득세를 원천징수하였으나, 각자의 경영상담 활동 내역에 따른 급여액의 변동이 없이 매달 일정한 금액을 지급하였다.

**<질 문>**

1. A경영컨설팅은 甲이 사단법인의 임원으로 등기되어 있을 뿐 아니라, 법인의 임원인 경영상담사는 다른 임원의 지휘·감독 없이 자유롭게 업무를 처리하였기 때문에 甲의 퇴직금 청구는 부당하다고 주장한다. 이러한 주장은 타당한가? (40점)
2. A경영컨설팅의 甲에 대한 해고는 절차적 측면에서 정당한가? (40점)

## 해 설

〈질문 1〉 A경영컨설팅은 甲이 사단법인의 임원으로 등기되어 있을 뿐 아니라, 법인의 임원
인 경영상담사는 다른 임원의 지휘·감독 없이 자유롭게 업무를 처리하였기 때문에
甲의 퇴직금 청구는 부당하다고 주장한다. 이러한 주장은 타당한가? (40점)

## Ⅰ. 논점의 정리

'근로자퇴직급여보장법'상 퇴직금은 근기법상 근로자에게 지급된다. 따라서 이
사건에서 甲의 퇴직금 청구가 부당한지 여부를 판단하기 위해서는 甲이 근기법상
근로자에 해당되는지 여부를 검토해야 한다. 특히 甲은 사단법인의 임원으로 등기
되어 있는바, 등기임원이 근기법상 근로자에 해당될 수 있는지 여부가 문제된다.

## Ⅱ. 관련 법리

### 1. 관련 법령

근기법 제2조 제1항 제1호에 따르면 "근로자"란 직업의 종류와 관계없이 임금
을 목적으로 사업이나 사업장에 근로를 제공하는 자를 말한다.

### 2. 관련 판례

#### 1) 근기법상 근로자 여부 판단의 기본원칙

근기법상 근로자에 해당하는지 여부는 계약의 형식이 고용계약인지 도급계약
인지보다 그 실질에 있어 근로자가 사업 또는 사업장에 임금을 목적으로 종속적
인 관계에서 사용자에게 근로를 제공하였는지 여부에 따라 판단하여야 한다. 즉,
계약의 형식보다는 그 실질에 있어 종속관계 여부를 판단한다는 것이다.[6]

#### 2) 종속관계 판단의 요소

판례는 종속적인 관계가 있는지 여부는 ① 업무 내용을 사용자가 정하고 취업

---

규칙 또는 복무(인사)규정 등의 적용을 받으며 업무 수행 과정에서 사용자가 상당한 지휘·감독을 하는지, ② 사용자가 근무시간과 근무장소를 지정하고 근로자가 이에 구속을 받는지, ③ 노무제공자가 스스로 비품·원자재나 작업도구 등을 소유하거나 제3자를 고용하여 업무를 대행케 하는 등 독립하여 자신의 계산으로 사업을 영위할 수 있는지, ④ 노무 제공을 통한 이윤의 창출과 손실의 초래 등 위험을 스스로 안고 있는지, ⑤ 보수의 성격이 근로 자체의 대상적 성격인지, ⑥ 기본급이나 고정급이 정하여졌는지 및 근로소득세의 원천징수 여부 등 보수에 관한 사항, ⑦ 근로 제공 관계의 계속성과 사용자에 대한 전속성의 유무와 그 정도, ⑧ 사회보장제도에 관한 법령에서 근로자로서 지위를 인정받는지 등의 경제적·사회적 여러 조건을 종합하여 판단하여야 한다고 하면서, 다만 기본급이나 고정급이 정하여졌는지, 근로소득세를 원천징수하였는지, 사회보장제도에 관하여 근로자로 인정받는지 등의 사정은 사용자가 경제적으로 우월한 지위를 이용하여 임의로 정할 여지가 크기 때문에, 그러한 점들이 인정되지 않는다는 것만으로 근로자성을 쉽게 부정하여서는 안 된다는 입장이다.[7]

### 3. 임원의 근로자성 판단에 관한 판례의 입장[8]

#### 1) 임원의 법적 지위에 관한 원칙

주식회사의 이사, 감사 등 임원은 회사로부터 일정한 사무처리의 위임을 받고 있는 것이므로, 사용자의 지휘·감독 아래 일정한 근로를 제공하고 소정의 임금을 받는 고용관계에 있는 것이 아니며, 따라서 일정한 보수를 받는 경우에도 이를 근기법 소정의 임금이라 할 수 없고, 회사의 규정에 의하여 이사 등 임원에게 퇴직금을 지급하는 경우에도 그 퇴직금은 근기법 소정의 퇴직금이 아니라 재직중의 직무집행에 대한 대가로 지급되는 보수에 불과하다. 즉 원칙적으로 임원은 고용관계가 아닌 위임관계에 있다고 본다.

#### 2) 임원이 근기법상 근로자로 인정되는 경우

근기법의 적용을 받는 근로자에 해당하는지 여부는 계약의 형식에 관계없이 그 실질에 있어서 임금을 목적으로 종속적 관계에서 사용자에게 근로를 제공하였는

---

7) 대법원 2006. 12. 7. 선고 2004다29736 판결.
8) 대법원 2003. 9. 26. 선고 2002다64681 판결.

지 여부에 따라 판단하여야 할 것이므로, 첫째, 회사의 이사 또는 감사 등 임원이라고 하더라도 그 지위 또는 명칭이 형식적·명목적인 것이고 실제로는 매일 출근하여 업무집행권을 갖는 대표이사나 사용자의 지휘·감독 아래 일정한 근로를 제공하면서 그 대가로 보수를 받는 관계에 있다거나 둘째, 회사로부터 위임받은 사무를 처리하는 외에 대표이사 등의 지휘·감독 아래 일정한 노무를 담당하고 그 대가로 일정한 보수를 지급받아 왔다면 그러한 임원은 근기법상의 근로자에 해당한다 할 것이다. 판례는 회사의 이사로 등기되어 있더라도 종속관계 여부에 따라 근기법상 근로자로 인정될 수 있다고 한다.9) 즉, 임원으로 등기되었는지 여부는 근기법상 근로자성 판단에서 결정적 기준이 아니다.

## Ⅲ. 사안의 적용

이 사안에서 甲은 비록 법인등기부에 임원으로 등재되어 있지만 판례에 따르면 회사의 이사로 등기되어 있더라도 종속관계 여부에 따라 근기법상 근로자로 인정될 수 있다. 따라서 甲은 乙에 대해 종속관계에 있는지 여부를 검토해야 한다.

甲은 스스로 특정 기업과의 경영상담 계약을 체결한 적이 없이 오로지 A경영컨설팅의 대표인 乙의 지시에 따라 담당기업을 배정받아 경영자문 및 노무관련 분쟁해결 등의 법률상담 업무를 수행하였고 A경영컨설팅은 乙에게 본봉과 이에 기초하여 특정된 몇 가지 수당을 가산하여 지급하면서 각자의 경영상담 활동 내역에 따른 급여액의 변동이 없이 매달 일정한 금액을 지급하였다. 이러한 점에 비추어 볼 때 甲은 사용자인 乙의 지휘·감독 아래 일정한 근로를 제공하면서 그 대가로 보수를 받는 관계에 있다고 할 것이다. 한편, A경영컨설팅은 甲에 대해 갑종근로소득세를 원천징수하였는데 이는 근로자성 인정의 부차적 요소로 고려될 수 있다.

또한 乙은 甲을 법인등기부에 임원으로 등재하면서 이를 당사자들에게 통지하지도 아니하였고, 甲에게 이익배당을 하거나 손실을 공동 부담케 하지도 않았다는 점에서 甲은 사실상 임원으로서의 지위에 있다고 보기 어렵다.

요컨대 甲은 사용자 乙의 상당한 지휘·감독을 받으면서 급여를 목적으로 근로를 제공한 자로 근기법상 근로자에 해당된다고 판단된다.

---

9) 대법원 2002. 9. 4. 선고 2002다4429 판결.

## Ⅳ. 결론

甲은 乙의 상당한 지휘·감독을 받으면서 급여를 목적으로 근로를 제공하였으므로 근기법상 근로자에 해당되기 때문에 乙은 甲에 대해 '근로자퇴직급여보장법'상 퇴직금을 지급해야 한다. 따라서 甲의 퇴직금 청구를 부당하다고 하는 乙의 주장은 타당하지 못하다.

〈질문 2〉 A경영컨설팅의 甲에 대한 해고는 절차적 측면에서 정당한가? (40점)

## Ⅰ. 논점의 정리

A경영컨설팅은 2015. 5. 31. 甲에게 내일부터 출근하지 말라고 휴대전화 문자를 통해 해고를 통보하였고, A경영컨설팅 대표 乙은 甲에게 전화를 통해 구두로 해고 이유를 설명하였다. 이와 같이 해고 하루 전에 해고를 통보한 것과 휴대전화 문자 및 구두로 해고를 통보한 것이 해고의 절차적 측면에서 정당성을 인정받을 수 있는지 검토해야 한다.

## Ⅱ. 관련 법리

### 1. 관련 법령

근기법 제26조에 따르면 사용자는 근로자를 해고(경영상 이유에 의한 해고를 포함한다)하려면 적어도 30일 전에 예고를 하여야 하고, 30일 전에 예고를 하지 아니하였을 때에는 30일분 이상의 통상임금을 지급하여야 한다. 다만, 천재·사변, 그 밖의 부득이한 사유로 사업을 계속하는 것이 불가능한 경우 또는 근로자가 고의로 사업에 막대한 지장을 초래하거나 재산상 손해를 끼친 경우로서 고용노동부령으로 정하는 사유에 해당하는 경우에는 그러하지 아니하다.

한편, 근기법 제27조는 해고사유 등의 서면통지에 관하여 규정하고 있는바, 제1항에 따르면 사용자는 근로자를 해고하려면 해고사유와 해고시기를 서면으로 통지하여야 하고, 제2항에 따르면 근로자에 대한 해고는 서면으로 통지하여야 효력이 있다.

## 2. 관련 판례

### 1) 해고예고의무 위반의 효력

근기법 제26조에서 사용자가 근로자를 해고하는 경우 적어도 30일 전에 예고를 하여야 하고, 30일 전에 예고를 하지 아니하였을 때에는 30일분 이상의 통상임금을 지급하도록 규정한 취지는 근로자로 하여금 해고에 대비하여 새로운 직장을 구할 수 있는 시간적 또는 경제적 여유를 주려는 것이므로, 사용자의 해고예고는 일정 시점을 특정하여 하거나 언제 해고되는지를 근로자가 알 수 있는 방법으로 하여야 한다.[10]

사용자가 예고 의무에 위반하여 예고도 없고 예고수당의 지급도 없이 근로자를 해고하면 벌칙이 적용된다. 한편, 예고도 없고 예고수당의 지급도 없이 한 해고의 통지가 사법상 무효인지 여부에 대해서는 견해가 대립된다. 판례에 따르면 해고예고의무 규정은 강행법규가 아니라 단속법규에 지나지 않으므로 그 위반의 해고에 대하여는 벌칙이 적용되고 근로자가 예고수당의 지급을 청구할 수는 있지만 해고의 통지 그 자체는 유효라고 한다. 즉, 판례는 해고예고의무를 위반한 해고라 하더라도 해고의 정당한 이유를 갖추고 있는 한 해고의 사법상의 효력에는 영향이 없어 해고는 유효하다고 한다.[11]

한편, 해고예고수당은 해고가 법적으로 적법·유효한지 여부와 관계없이 지급되어야 하는 돈이라고 해석된다는 것이 판례의 입장이다.[12]

### 2) 해고사유 등의 서면통지의무의 내용 및 효력

근기법 제27조는 사용자가 근로자를 해고하려면 해고사유와 해고시기를 서면으로 통지하여야 그 효력이 있다고 규정하고 있다. 이는 해고사유 등의 서면통지를 통해 사용자로 하여금 근로자를 해고하는 데 신중을 기하게 함과 아울러, 해고의 존부 및 시기와 그 사유를 명확하게 하여 사후에 이를 둘러싼 분쟁이 적정하고

---

10) 대법원 2010. 4. 15. 선고 2009도13833 판결.
11) 대법원 1993. 9. 24. 선고 93누4199 판결.
12) 대법원 2018. 9. 13. 선고 2017다16778 판결.

용이하게 해결될 수 있도록 하고, 근로자에게도 해고에 적절히 대응할 수 있게 하기 위한 취지라고 할 것이다. 따라서 사용자가 해고사유 등을 서면으로 통지할 때는 근로자의 처지에서 해고의 사유가 무엇인지를 구체적으로 알 수 있어야 하고, 특히 징계해고의 경우에는 해고의 실질적 사유가 되는 구체적 사실 또는 비위 내용을 기재하여야 하며 징계대상자가 위반한 단체협약이나 취업규칙의 조문만 나열하는 것으로는 충분하다고 볼 수 없다.[13]

## Ⅲ. 사안의 적용

먼저 해고예고의무와 관련하여, A경영컨설팅은 甲에게 휴대전화 문자로 내일부터 출근하지 말라고 하였고, 乙은 甲에게 '경영상담 실적이 극히 저조할 뿐 아니라 고객으로부터의 항의가 빈발하였음'을 이유로 해고하였다고 구두로 설명하였는바, 이는 근기법 제26조 해고의 예고에 관한 규정에 위반한 것이다. 이 사안은 법에 의해 해고예고 의무가 적용되지 않는 예외적인 경우에도 해당되지 않는다. 다만 판례는 해고예고의무 위반의 해고라 하더라도 정당한 해고의 사유가 있는 경우에는 효력이 인정될 수 있다는 입장이다.

다음으로 해고의 서면통지의무와 관련하여 근기법 제27조에 따르면 해고사유와 해고시기를 서면으로 통지하여야 해고의 효력이 있기 때문에 이 사안에서 A경영컨설팅이 甲에게 해고사유를 전화를 통해 구두로 설명하고, 해고시기를 휴대전화 문자로 알린 것은 근기법 제27조 소정의 서면 통지 의무 위반에 해당되어 해고는 효력이 없다.

## Ⅳ. 결론

A경영컨설팅의 甲에 대한 이 사건 해고는 해고예고의무를 위반하였고, 해고의 서면통지 의무에 위반하여 절차적 측면에서 정당하지 못하다.

---

13) 대법원 2011. 10. 27. 선고 2011다42324 판결.

## 사례 3  묵시적 근로계약, 파견과 도급의 구분

**[사례 3]**[14)]

A공사는 고속국도의 설치·관리 및 통행료 수납업무를 수행하는 공기업이다. 개인사업자 B는 2018. 6. 30. A공사에서 정년퇴직한 자로서, 2018. 12. 31. 수의(隨意)계약 방식으로 A공사와 통행료 수납업무에 관한 용역계약을 체결하였다(계약기간: 2019. 1. 1. ~ 2021. 12. 31.). B는 용역업체의 창업에 소요된 5천만 원 전액을 A공사로부터 연 1%의 이자율로 차입하여 조달하였고, 별도의 사무실을 두지 않았으며, 용역계약에 따라 A공사의 영업소에서 근무할 수납원 외에는 다른 근로자를 채용하지 않았으며, 2020. 8. 15.까지 A공사 이외의 거래처에서 발생한 매출은 없다. B는 용역계약의 이행을 위하여 2019. 1. 1. A공사로부터 소개받은 甲과 기간의 정함이 없는 근로계약을 체결하였다. 甲은 채용과 동시에 A공사가 관리하는 ○○영업소의 통행료 수납원으로 발령받아 계속 근무하고 있다.

한편, C사는 시설관리 등을 사업목적으로 2000. 1. 1. 설립된 회사로서 2020. 8. 15. 현재 자본금은 5억 원이며, 다수의 거래처로부터 시설관리 등의 업무를 도급받아 수행하고 있다. 다만, C사는 근로자파견사업의 허가를 받지는 아니하였다. C사는 2017. 12. 31. 공개입찰 방식으로 2018. 1. 1. ~ 2018. 12. 31.의 1년의 계약기간으로 A공사와 통행료 수납업무 용역계약을 체결하였고, 이후 같은 방식으로 두 차례 계약을 갱신하였다. C사는 기존에 근무하던 수납원이 퇴직하여 결원이 생기자 구직자를 모집하여 2019. 8. 14. 乙과 1년의 계약기간으로 근로계약을 체결하였다. 乙은 채용과 동시에 A공사가 관리하는 △△영업소의 통행료 수납원으로 발령받아 근무하던 중 2020. 8. 13. 계약기간이 만료되어 C사에서 퇴사하였다. C사는 乙에게 기존과 동일한 조건으로 근로계약을 갱신할 것을 제안하였으나, 乙은 "A공사에게 나를 직접 고용하라고 요구하겠다."며 그 제안을 거절하였다.

A공사는 사전에 정해 둔 용역대금 산정기준에 따라 B 및 C사 등 외주업체와 용역계약을 체결하였고, A공사의 영업소는 A공사의 직원인 소장, 과장, 대리, 주임과 외주업체 소속인 수납원으로 구성되어 있다. 수납원들은 A공사의

영업소 사무실로 출근하여 A공사의 로고가 새겨진 근무복과 명찰을 착용한 후 주임으로부터 지시사항을 전달받고 요금소로 이동하여 통행료 수납업무 등을 수행하였다. 또 수납원들은 교대시간 또는 근무시간 종료 후 사무실로 이동하여, 징수한 통행료를 확인한 후 주임에게 입금확인서와 개인별 근무확인서를 작성·제출하였고, 주임은 이러한 개인별 근무확인서의 내용이 A공사의 전산시스템에 자동 저장된 정보와 일치하는지 확인하고 소장의 결재를 받았다. 한편, 외주업체들은 영업소 소장에게 매월 소속 수납원들의 근무편성표, 출퇴근 사항을 보고하였다. A공사는 2018. 1. 1. 통행료 수납업무와 관련하여 고객을 응대할 때의 행동, 표정, 언어, 예절, 자세, 예외적 상황별 고객응대 요령 등이 기재된 매뉴얼을 제작하여 외주업체에 배포하였고, 외주업체 소속 수납원들은 이러한 매뉴얼에 따라 업무를 수행하였다.

### 〈질 문〉

다음 물음에 답하시오. (50점)

물음 1) 甲은 자신이 A공사에 직접 채용된 근로자라고 주장한다. 판례법리에 근거하여 甲의 주장의 타당성에 관하여 논하시오. (20점)

물음 2) 乙은 자신이 A공사에 파견된 근로자였음을 이유로 A공사가 자신을 직접 고용할 의무가 있다고 주장한다. 판례법리에 근거하여 乙의 주장의 타당성을 논하시오. (다만, 파견대상업무에 관한 부분은 논점에서 제외한다.) (30점)

### 해 설

〈질문 1〉 甲은 자신이 A공사에 직접 채용된 근로자라고 주장한다. 판례법리에 근거하여 甲의 주장의 타당성에 관하여 논하시오. (20점)

---

14) 2020년도 제29회 공인노무사시험.

## Ⅰ. 논점의 정리

甲은 A공사와 직접 근로계약을 맺은 사실이 없음에도 자신이 A공사에 직접 채용된 근로자라고 주장하는바, 甲의 이러한 주장이 타당하기 위해서는 甲과 A공사 사이에 '묵시적 근로계약관계'가 성립한 것으로 인정될 수 있어야 한다. 한편, 甲과 직접 근로계약을 체결한 B는 개인사업자이기 때문에 법인기업을 전제로 하는 '법인격부인의 법리'는 검토의 대상에서 제외한다.

## Ⅱ. 관련 법리

판례는 원고용주에게 고용되어 제3자의 사업장에서 제3자의 업무에 종사하는 자를 제3자의 근로자라고 할 수 있으려면, ① 원고용주는 사업주로서의 독자성이 없거나 독립성을 결하여 제3자의 노무대행기관과 동일시 할 수 있는 등 그 존재가 형식적, 명목적인 것에 지나지 아니하고, ② 사실상 당해 피고용인은 제3자와 종속적인 관계에 있으며, ③ 실질적으로 임금을 지급하는 자도 제3자이고, 또 ④ 근로제공의 상대방도 제3자이어서 당해 피고용인과 제3자 간에 묵시적 근로계약관계가 성립되어 있다고 평가될 수 있어야 한다고 하여, 묵시적 근로계약관계 법리를 제시하고 있다.[15]

## Ⅲ. 사안의 적용

### 1. 업무수행의 독자성, 사업경영의 독립성

이 사안의 경우 개인사업자 B가 2018. 6. 30. A공사에서 정년퇴직한 자로서 공개입찰방식이 아닌 수의(隨意)계약 방식으로 A공사와 통행료 수납업무에 관한 용역계약을 체결하였다는 점, B가 용역업체의 창업에 소요된 5천만원 전액을 A공사로부터 연 1%의 이자율의 저리로 차입하여 조달하였는 점, 별도의 사무실을 두지 않았다는 점 및 용역계약에 따라 A공사의 영업소에서 근무할 수납원 외에는

---

15) 대법원 1979. 7. 10. 선고 78다1530 판결; 대법원 1999. 7. 12.자 99마628 결정; 대법원 1999. 11. 12. 선고 97누19946 판결; 대법원 2003. 9. 23. 선고 2003두3420 판결; 대법원 2008. 7. 10. 선고 2005다75088 판결; 대법원 2010. 7. 22. 선고 2008두4367 판결; 대법원 2015. 2. 26. 선고 2010다106436 판결; 대법원 2020. 4. 9. 선고 2019다267013 판결 등.

다른 근로자를 전혀 채용하지 않았다는 점, 2020. 8. 15.까지 A공사 이외의 거래처에서 발생한 매출이 전혀 없다는 점 및 甲 역시 A공사로부터 소개를 받아 채용하였다는 점 등을 종합적으로 고려하여 보면, B는 형식적으로는 A공사와 도급계약을 체결하였으나 실질적으로는 업무수행의 독자성이나 사업경영의 독립성을 갖추지 못한 채 노무대행기관의 역할을 수행한 것에 불과한 것으로 판단된다.

## 2. 甲과 A공사 사이의 종속적인 관계

B가 채용한 수납원들은 A공사의 영업소 사무실로 출근하여 A공사의 근로자인 주임으로부터 지시사항을 전달받아 통행료 수납업무 등을 수행한 점, 교대시간 또는 근무시간 종료 후 사무실로 이동하여 주임에게 입금확인서와 개인별 근무확인서를 제출한 점, B는 영업소 소장에게 매월 소속 수납원들의 근무편성표, 출퇴근 사항을 보고한 점 및 A공사가 2018. 1. 1. 통행료 수납업무와 관련하여 고객을 응대할 때의 행동, 표정, 언어, 예절, 자세, 예외적 상황별 고객응대 요령 등이 기재된 매뉴얼을 제작하여 외주업체에 배포하였고, 외주업체 소속 수납원들은 이러한 매뉴얼에 따라 업무를 수행한 점을 고려할 때, 종속적인 관계에서 근로를 제공받았다고 판단된다. 이러한 사정에 더하여 A공사가 사전에 정해 둔 용역대금 산정기준에 따라 B와 용역계약을 체결하였다는 점을 고려할 때, A공사는 B가 채용한 수납원들의 제반 근로조건을 정하였다고 봄이 상당하다.

## Ⅳ. 결론

B가 형식적으로는 A공사와 도급계약을 체결하고 甲 등 수납원으로부터 노무를 제공받아 자신의 사업을 수행한 것과 같은 외관을 갖추었다고 하더라도, 실질적으로는 업무수행의 독자성이나 사업경영의 독립성을 갖추지 못한 채, A공사의 노무대행기관의 역할을 수행하였을 뿐이고, 오히려 A공사가 甲 등 수납원으로부터 종속적인 관계에서 근로를 제공받고, 임금을 포함한 제반 근로조건을 정하였다고 봄이 상당하므로, 甲과 A공사 사이에는 묵시적인 근로계약관계가 성립된 것으로 판단된다. 따라서, 甲의 주장은 타당하다.

〈질문 2〉 乙은 자신이 A공사에 파견된 근로자였음을 이유로 A공사가 자신을 직접 고용할 의무가 있다고 주장한다. 판례법리에 근거하여 乙의 주장의 타당성을 논하시오. (다만, 파견대상업무에 관한 부분은 논점에서 제외한다.) (30점)

## I. 논점의 정리

乙은 자신이 A공사에 파견된 근로자였음을 이유로 A공사가 자신을 직접 고용할 의무가 있다고 주장하는바, 이러한 주장의 당부를 판단하기 위해서는 첫째, 乙이 A공사에 파견된 근로자인지 여부, 둘째, A공사가 乙을 직접고용할 의무를 부담하는지 여부를 검토해야 한다.

## II. 관련 법리

### 1. 파견과 도급의 구분

파견법 제2조 제1호는 '근로자파견'을 파견사업주가 근로자를 고용한 후 그 고용관계를 유지하면서 근로자파견계약의 내용에 따라 사용사업주의 지휘·명령을 받아 사용사업주를 위한 근로에 종사하게 하는 것으로 정의하고 있다.

한편, 원고용주가 근로자로 하여금 제3자를 위한 업무를 수행하도록 하는 경우, 파견법의 적용을 받는 '근로자파견'에 해당하는지 판단하는 기준에 대하여 판례는 원고용주가 어느 근로자로 하여금 제3자를 위한 업무를 수행하도록 하는 경우 그 법률관계가 위와 같이 파견법의 적용을 받는 근로자파견에 해당하는지는 당사자가 붙인 계약의 명칭이나 형식에 구애될 것이 아니라, ① 제3자가 당해 근로자에 대하여 직·간접적으로 그 업무수행 자체에 관한 구속력 있는 지시를 하는 등 상당한 지휘·명령을 하는지, ② 당해 근로자가 제3자 소속 근로자와 하나의 작업집단으로 구성되어 직접 공동 작업을 하는 등 제3자의 사업에 실질적으로 편입되었다고 볼 수 있는지, ③ 원고용주가 작업에 투입될 근로자의 선발이나 근로자의 수, 교육 및 훈련, 작업·휴게시간, 휴가, 근무태도 점검 등에 관한 결정 권한을 독자적으로 행사하는지, ④ 계약의 목적이 구체적으로 범위가 한정된 업무의 이행으로 확정되고 당해 근로자가 맡은 업무가 제3자 소속 근로자의 업무와 구별되며 그러한 업무에 전문성·기술성이 있는지, ⑤ 원고용주가 계약의 목적을 달성하기 위하여 필요한 독립적 기업조직이나 설비를 갖추고 있는지 등의 요소를 바탕으로 그 근로관계의 실질에 따라 판단하여야 한다는 입장이다.16)

## 2. 파견법상 직접고용의무

파견법 제6조의2 제1항은 사용사업주가 근로자파견 대상 업무에 해당하지 아니하는 업무에서 파견근로자를 사용하거나, 2년을 초과하여 계속적으로 파견근로자를 사용하거나, 근로자파견사업 허가를 받지 않고 근로자파견사업을 하는 자로부터 근로자파견의 역무를 제공받은 경우에는 해당 파견근로자를 직접 고용하여야 한다고 규정하고 있다. 다만, 같은 조 제2항은 해당 파견근로자가 명시적으로 반대의사를 표시하는 경우에는 파견법 제6조의2 제1항을 적용하지 아니한다고 규정하고 있다.

## Ⅲ. 사안의 적용

### 1. 乙이 A공사에 파견된 근로자인지 여부

이 사안의 경우 C사 소속 수납원들은 A공사의 영업소 사무실로 출근하여 A공사의 로고가 새겨진 근무복과 명찰을 착용한 후 A공사의 직원인 주임으로부터 지시사항을 전달받고 요금소로 이동하여 통행료 수납업무 등을 수행하였다는 점, 수납원들은 교대시간 또는 근무시간 종료 후 사무실로 이동하여 징수한 통행료를 확인한 후 주임에게 입금확인서와 개인별 근무확인서를 작성·제출하였다는 점, C사는 영업소 소장에게 매월 소속수납원들의 근무편성표, 출퇴근 사항을 보고하였다는 점, 나아가 A공사는 2018. 1. 1. 통행료 수납업무와 관련하여 고객을 응대할 때의 행동, 표정, 언어, 예절, 자세, 예외적 상황별 고객응대 요령 등이 기재된 매뉴얼을 제작하여 외주업체에 배포하였고, 외주업체 소속 수납원들은 이러한 매뉴얼에 따라 업무를 수행하였다는 점을 종합하여 보면, A공사는 C사 소속 수납원들에게 직·간접적으로 그 업무수행 자체에 관한 구속력 있는 지시를 하는 등 상당한 지휘·명령을 하였음은 물론, 乙 등 C사 소속 수납원들과 A공사의 영업소 관리자는 전체적으로 하나의 작업집단으로서 A공사의 필수적이고 상시적인 업무를 수행하였고, 그 과정에서 C사 소속 수납원들은 A공사의 사업에 실질적으로 편입된

---

16) 대법원 2015. 2. 26. 선고 2010다106436 판결.

것으로 평가할 수 있다. 따라서 乙은 A공사에 파견된 근로자로 봄이 상당하다.

## 2. 파견법상 직접고용의무의 발생 여부

이 사안의 경우 A공사는 근로자파견사업의 허가를 받지 않은 C사로부터 乙 등 수납원을 파견받아 역무를 제공받았다. 따라서 A공사는 파견법 제6조의2 제1항 제5호에 따라 파견법을 위반하여 C사로부터 乙을 파견받아 사용한 2019. 8. 14. 부터 乙을 직접 고용할 의무를 부담한다.

한편, 乙이 직접고용에 대하여 명시적으로 반대의사를 표한 경우에는 파견 법 제6조의2 제1항이 적용되지 않을 것이나, '당해 파견근로자가 명시적인 반 대의사를 표시하는 경우'란 근로자가 사용사업주에게 직접고용되는 것을 명 시적으로 반대한 경우를 의미하므로, 乙이 C사의 근로계약 갱신 청약을 거절 한 것을 '당해 파견근로자가 명시적인 반대의사를 표시하는 경우'에 해당한다 고 보기는 어렵다.17)

## Ⅳ. 결론

A공사는 외견상 C사와 도급계약을 체결하였지만, A공사는 C사 소속 수납원들에 게 상당한 지휘·명령을 하였음은 물론 C사 소속 수납원들은 A공사의 사업에 실질 적으로 편입된 것으로 평가할 수 있으므로 C사는 실질적으로 乙 등 수납원을 A공사 에 파견한 것으로 평가된다. 그런데 C사는 근로자파견사업의 허가를 받지 않았으므 로 A공사는 파견법을 위반하여 C사로부터 乙을 파견받아 사용한 2019. 8. 14.부터 乙을 직접 고용할 의무를 부담한다. 또한, 乙이 C사와의 근로계약의 갱신을 거절한 것을 A공사의 직접고용에 명시적인 반대의사를 표시하는 경우로 볼 수도 없다.

따라서, 자신이 A공사에 파견된 근로자였음을 이유로 A공사가 자신을 직접 고 용할 의무가 있다는 乙의 주장은 타당하다.

---

17) 대법원 2019. 8. 29. 선고 2017다219249 판결 참조.

**사례 4**  중간착취의 배제(취업알선), 사직의 효력

**[사례 4]**[18)]

　A회사는 상시 근로자 500명을 사용하여 가전제품을 제조·판매하는 주식회사이다. A회사에는 A회사의 근로자 350명이 가입한 A노동조합이 있다. 甲은 2003년 3월 A회사에 입사하여 생산부에서 근무하면서 2013년 7월부터 2016년 6월까지 3년 동안 A노동조합의 사무국장을 역임하였고, 그 후에는 A노동조합의 대의원으로 활동하고 있다. 그런데 甲은 2016년 9월부터 2017년 2월까지의 기간 동안 A회사 밖에서 지인 3명으로부터 취업 알선의 부탁을 받고 그 대가로 적게는 500만 원에서 많게는 1,000만 원 등 합계 2,200만 원을 수령하였으나 A회사의 인사담당자나 임원 등에게 취업을 부탁하는 구체적인 소개 또는 알선행위를 하지는 않았다.

　취업청탁을 위해 甲에게 500만 원을 제공한 甲의 지인 乙은 취업이 이루어지지 않자 2017년 5월 중순경 A회사에 甲의 금전 수령 사실을 알렸다. 이러한 제보를 받은 A회사는 甲을 상대로 금전 수령 경위 등을 조사하게 되었고, 그 과정에서 A회사의 인사부장은 甲에게 징계위원회가 열리면 엄중한 징계가 불가피하니 차라리 사직서를 제출하는 것이 좋겠다는 취지의 발언을 수차례 하였다. 甲은 처음에는 가족부양 등을 이유로 사직할 처지가 아니라고 설명하면서 사직의 의사가 없다고 하였다. 그러나 인사부장이 사직을 거부한다면 회사규정에 따른 징계절차를 진행할 수밖에 없다고 거듭하여 말하자 甲은 결국 2017년 5월 말일부로 개인사정상 퇴직하고자 한다는 내용의 사직서를 작성하여 인사부장에게 제출하였다. 甲이 사직서를 제출한 다음 날 A회사는 甲에게 사직서가 수리되었음을 통보하였다.

**〈질 문〉**

1. 甲은 취업 알선의 명목으로 지인들로부터 상당한 금원을 수령하였지만 실제로 취업에 아무런 영향력을 행사한 바가 없기 때문에 자신의 행위가 위법하지 않다고 주장한다. 이러한 주장은 타당한가? (40점)

> 2. **甲**은 사직서 제출이 인사부장의 강요에 의한 것으로 진의 아닌 의사표시에 해당하여 무효이므로 A회사의 사직서 수리는 실질적으로 해고라고 주장한다. 이러한 주장은 타당한가? (40점)

## 해 설

〈질문 1〉 甲은 취업 알선의 명목으로 지인들로부터 상당한 금원을 수령하였지만 실제로 취업에 아무런 영향력을 행사한 바가 없기 때문에 자신의 행위가 위법하지 않다고 주장한다. 이러한 주장은 타당한가? (40점)

## Ⅰ. 논점의 정리

근기법 제9조는 "누구든지 법률에 따르지 아니하고는 영리로 다른 사람의 취업에 개입하거나 중간인으로서 이익을 취득하지 못한다."라고 중간착취의 배제에 관하여 규정하고 있다. 이 사안에서 근로자 甲은 지인들로부터 취업알선 명목으로 금전을 수령했는데 A회사의 인사담당자나 임원 등에게 취업을 부탁하는 구체적인 소개 또는 알선행위를 하지는 않았다. 이 경우 구체적인 소개 또는 알선행위가 없었다 하더라도 근기법 제9조에 위반되는지 여부가 검토되어야 한다.

## Ⅱ. 관련 법리

근기법 제9조는 누구든지 법률에 따르지 아니하고는 영리로 다른 사람의 취업에 개입하거나 중간인으로서 이익을 취득하지 못한다고 규정하고 있는바, 중간착취 금지의 입법취지는 제3자가 타인의 취업에 직·간접으로 관여하여 근로자를 착취하는 행위를 방지하고자 하는 것이다.[19]

판례는 위 조항의 '영리로 타인의 취업에 개입'하는 행위, 즉 제3자가 영리로 타인의 취업을 소개 또는 알선하는 등 근로관계의 성립 또는 갱신에 영향을 주는

---

18) 2017년도 시행 제3회 법학전문대학원협의회 모의시험.
19) 대법원 2008. 9. 25. 선고 2006도7660 판결.

행위에는 취업을 원하는 사람에게 취업을 알선해 주기로 하면서 그 대가로 금품을 수령하는 정도의 행위도 포함된다고 볼 것이고, 반드시 근로관계 성립 또는 갱신에 직접적인 영향을 미칠 정도로 구체적인 소개 또는 알선행위에까지 나아가야만 한다고 볼 것은 아니라고 한다.[20]

## Ⅲ. 사안의 적용

노동조합 간부를 역임하고 대의원으로 활동 중인 甲은 회사의 취업에 사실상 영향력을 미칠 수 있는 지위에 있다고 할 수 있는데 甲은 장기간에 걸쳐 다수의 지인으로부터 취업 알선을 부탁받고 이를 승낙하여 그 대가로 상당한 금원을 교부 받았다. 비록 甲이 A회사의 인사담당자나 임원 등에게 취업을 부탁하는 구체적인 소개 또는 알선행위를 하지는 않았지만 판례에 따르면 구체적인 소개 또는 알선행위가 없었더라도 근기법 제9조 위반에 해당한다.

## Ⅳ. 결론

甲이 장기간에 걸쳐 다수의 지인으로부터 취업 알선을 부탁받고 이를 승낙하여 그 대가로 상당한 금원을 교부 받은 행위는 중간착취 배제를 규정하고 있는 근기법 제9조 위반에 해당하므로 甲의 주장은 타당하지 않다.

〈질문 2〉 甲은 사직서 제출이 인사부장의 강요에 의한 것으로 진의 아닌 의사표시에 해당하여 무효이므로 A회사의 사직서 수리는 실질적으로 해고라고 주장한다. 이러한 주장은 타당한가? (40점)

## Ⅰ. 논점의 정리

A회사의 인사부장이 甲에게 사직을 거부한다면 회사규정에 따른 징계절차를

---

20) 대법원 2008. 9. 25. 선고 2006도7660 판결.

진행할 수밖에 없다고 거듭하여 말하자 甲은 사직서를 제출하여 수리되었는데 甲의 사직서 제출이 민법 제107조에 따른 진의 아닌 의사표시에 해당되는지 여부가 검토되어야 한다.

## Ⅱ. 관련 법리

### 1. 관련 법령

근기법 제23조는 정당한 이유 없는 해고를 제한하고 있지만 근로자의 사직이나 근로자와 사용자간의 합의해지는 노동법상 특별한 제한을 받지 않는다. 그런데 사용자가 근로자에게 사직서 제출을 권유하거나 압박하고 이에 따라 근로자가 사직서를 제출한 후 나중에 사직의 효력을 다투는 경우가 있다. 이 경우 사직의 의사표시는 민법상 하자 있는 의사표시인지 여부가 문제된다.

민법 제107조는 비진의 의사표시의 효력에 관하여 "의사표시는 표의자가 진의 아님을 알고 한 것이라도 그 효력이 있다. 그러나 상대방이 표의자의 진의아님을 알았거나 이를 알 수 있었을 경우에는 무효로 한다."라고 규정하고 있다.

### 2. 관련 판례

판례는 사직의 의사표시가 비진의의사표시인 경우 해고에 해당된다고 한다. 사용자가 사직의 의사 없는 근로자로 하여금 어쩔 수 없이 사직서를 작성·제출하게 한 후 이를 수리하는 이른바 의원면직의 형식을 취하여 근로계약관계를 종료시키는 경우처럼 근로자의 사직서 제출이 진의 아닌 의사표시에 해당하는 등으로 무효이어서 사용자의 그 수리행위를 실질적으로 사용자의 일방적 의사에 의하여 근로계약관계를 종료시키는 해고라고 볼 수 있다고 한다.[21]

이 경우 '진의'란 특정한 의사표시를 하려는 표의자의 생각을 말하므로 근로자가 진정으로 마음속에서 사직하고자 하지 않았더라도 당시의 상황에서는 그것을 최선이라고 판단하여 사직의 의사표시를 했다면 진의가 아니라고 할 수 없다는 것이 판례의 입장이다.[22]

한편, 사용자가 어느 근로자에게 객관적으로 징계해고 사유가 존재하지 않는

---

21) 대법원 2000. 4. 25. 선고 99다34475 판결.
22) 대법원 2000. 4. 25. 선고 99다34475 판결.

것을 알면서도 마치 징계해고 사유가 있는 것처럼 근로자에게 오신하게 하여 사직의 의사표시를 하게 한 경우에는 착오나 사기가 성립되어 근로자가 이를 취소할 수 있다(민법 제109조). 또한 사직의 의사표시가 강박에 따른 경우에는 근로자가 그 의사표시를 취소할 수 있다(민법 제110조).

## Ⅲ. 사안의 적용

이 사안에서는 엄중한 징계가 불가피한 상황에서 이를 면하기 위한 甲의 사직서 제출이 사직이라는 내심의 효과의사가 결여된 진의 아닌 의사표시라고 할 수 있는지 여부가 문제된다. 판례에 따르면 표의자가 의사표시의 내용을 진정으로 마음속에서 바라지는 아니하였다고 하더라도 당시의 상황에서는 그것을 최선이라고 판단하여 그 의사표시를 하였을 경우에는 진의의 의사표시로 인정된다. 이 사안의 경우, 甲에게 징계사유가 있다는 점은 객관적으로 분명하고, "회사규정에 따른 징계절차를 진행할 수밖에 없다."라는 인사부장의 발언으로 인해 甲이 사직서를 제출한 것을 비진의 의사표시로 보기는 어려울 것이다. 따라서 甲의 사직서 제출과 수리에 따른 근로계약관계 종료는 근로계약관계의 합의해지에 해당된다.

## Ⅳ. 결론

甲의 사직서 제출은 비진의 의사표시에 해당한다고 보기 어렵고 해고가 아닌 근로계약관계의 합의해지이므로 甲의 주장은 타당하지 않다.

---

**사례 5** **근로계약 체결 시 근로조건 명시의무, 단체협약상 해고합의조항**

---

[사례 5][23]

근로자 甲은 의류판매 회사인 A사(상시근로자 100명)에 2013. 7. 1.자로 취업하였다. 甲은 취업하기 전에 A사의 인사부장으로부터 다음의 근로조건에 대하여 설명을 듣고 구두로 근로계약을 체결하였다.

- 월 임금은 200만 원을 지급함
- 근로시간은 1일 8시간, 1주 40시간으로 함
- 1주에 1일의 주휴일을 부여함

그러나 甲이 실제로 약 2개월간 근무하였던 동안의 근로조건은 다음과 같았다.

- 월 임금은 150만 원을 지급받았음
- 근로시간은 1주 48시간 근무를 하는 것이 일반적임
- 1주에 1일의 주휴일을 부여받았음

甲은 2013. 9. 2. 오전 출근하여 인사과 사무실을 찾아가 "당초 취업을 결정할 때 들었던 근로조건과 실제로 지급된 임금이나 근로시간이 다르다."라는 취지의 말을 하면서 마침 자리에 있던 인사과장에게 "노동조합 및 변호사와 상담하여 근로기준법에 따른 권리를 행사하겠다."라고 하였다. 甲은 인사과 사무실을 나오면서 "왜 사람을 속이느냐. 이 나쁜 놈들아."라고 큰 소리로 말하면서 인사과장의 책상을 발로 걷어찼고, 이에 대해 인사과장이 甲을 째려보자, 甲은 인사과장의 멱살을 잡고 두 차례 흔들다가 뒤로 밀쳤다. 이로 인해 인사과장은 약 4주간의 치료를 요하는 상해를 입었다. 이를 두고 A사는 甲이 상급자에게 폭언과 폭행을 하였다는 등의 이유로 해고를 하기로 방침을 정하였다. A사의 징계규정에는 '상급자를 폭행하거나 상급자에게 상해를 가한 경우'를 해고사유로 규정하고 있다.

---

23) 2014년도 시행 제3회 변호사시험.

한편, A사에는 X노동조합(이하, 'X노조'라 한다)이 설립되어 있고, X노조가 A사와 체결한 단체협약 제40조에는 "근로자의 해고가 불가피할 때에는 조합과 합의하여 이를 실시한다."라고 규정되어 있다. X노조는 근로자 甲에 대한 해고는 정당한 이유가 없다고 주장하면서 A사의 甲에 대한 해고에 반대하였으며, A사의 계속적인 대화 요구에 대해서도 일절 응하지 아니하고 대화 자체를 거부하였다. 그러자 A사는 징계위원회의 절차를 거쳐 해고처분을 의결하고, 2013. 9. 20.에 해고사유와 해고시기가 기재된 내용증명을 甲에게 보냈다.

### <질 문>

1. 甲이 A사와 체결한 근로계약의 내용 및 효력을 근기법 제17조의 법문에 따라 판단하고, 甲이 2013. 9. 2. 행사하겠다고 말한 '근로기준법상의 권리'에 대하여 설명하시오(50점).

2. A사가 단체협약 제40조를 위반하여 X노동조합과의 합의 없이 행한 해고는 유효한지에 대하여 설명하시오(30점).

## 해 설

〈질문 1〉甲이 A사와 체결한 근로계약의 내용 및 효력을 근기법 제17조의 법문에 따라 판단하고, 甲이 2013. 9. 2. 행사하겠다고 말한 '근로기준법상의 권리'에 대하여 설명하시오.

## Ⅰ. 논점의 정리

이 사안에서는 사용자가 근로자 甲과 근로계약을 체결한 이후에 근로계약 체결 당시 정했던 근로조건에 위반하여 일방적으로 다른 근로조건을 적용한 것이 문제되었다. 근기법 제17조는 사용자의 근로조건 명시의무에 관하여 규정하고 있고, 근기법 제19조는 제17조에 따라 명시된 근로조건이 사실과 다를 경우의 법적 효과에 관하여 규정하고 있는바, 甲이 행사할 수 있는 근기법상의 권리에 대해 설명하기 위해서는 위 조항들에 따라 甲이 A사와 체결한 근로계약의 내용 및 효력을 검토하여야 한다.

## Ⅱ. 관련 법리

### 1. 근로계약 체결 시 사용자의 근로조건 명시 의무

사용자는 근로계약을 체결할 때에 근로자에게 임금, 소정근로시간, 유급주휴일, 연차휴가, 그 밖에 시행령으로 정하는 근로조건[24]을 명시해야 한다(근기법 제17조 제1항). 이 조항에 위반하면 동법 제114조의 형벌이 부과된다. 그리고 사용자는 근기법 제17조 제1항과 관련하여 임금의 구성항목 · 계산방법 · 지급방법 및 소정근로시간, 유급주휴일, 연차휴가의 사항이 명시된 서면을 근로자에게 교부하여야 한다. 이 조항에 위반하는 경우에도 제114조의 형벌이 부과된다.

### 2. 근로계약 체결 시 명시된 근로조건이 사실과 다를 경우

#### 1) 노동위원회에 대한 손해배상청구

근로자는 근로조건 위반을 이유로 손해배상을 청구할 수 있고 그 청구를 노동위원회에 신청할 수 있다(근기법 제19조 제1항, 제2항). 근로조건 위반을 이유로 손해배상청구를 할 수 있다는 것은 민법상 채무불이행의 법리를 확인한 것에 불과하지만 이 규정은 그 손해배상 청구를 민사소송 이외에 노동위원회에도 할 수 있도록 한 것에 의미가 있다.

판례에 따르면 노동위원회에 하는 손해배상 신청의 대상은 사용자가 근로계약 체결 시 명시한 근로조건이 사실과 다른 경우에만 한정된다. 사용자가 근기법의 다른 규정사항을 위반한 경우에는 노동위원회에 손해배상을 신청할 수 없고 노동위원회도 이에 대하여 심리, 결정할 권한이 없다.[25] 한편 판례에 따르면 손해배상청구권의 소멸시효 기간은 임금채권에 준하여 3년이라고 해석된다.[26]

---

24) 취업의 장소와 종사하여야 할 업무에 관한 사항, 근기법 제93조 제1호부터 제12호까지의 취업규칙의 기재사항, 사업장의 부속기숙사에 근로자를 기숙하게 하는 경우에는 기숙사규칙에서 정한 사항이다(근기법 시행령 제8조).
25) 대법원 1989. 2. 28. 선고 87누496 판결.
26) 대법원 1997. 10. 10. 선고 97누5732 판결.

### 2) 근로자의 근로계약 해제 및 사용자의 귀향 여비 지급 의무

명시된 근로조건이 사실과 다를 경우에 근로자는 근로조건 위반을 이유로 즉시 근로계약을 해제할 수 있다(근기법 제19조 제1항). 또한 근로계약이 해제되었을 경우에 사용자는 취업을 목적으로 거주를 변경하는 근로자에게 귀향 여비를 지급해야 한다(근기법 제19조 제2항).

다만 판례에 따르면 취업 후 상당한 기간이 지나면 즉시해제권은 행사할 수 없다고 한다.[27] 이 경우에는 당초 명시한 근로조건을 변경하는 것에 대하여 묵시적 합의가 이루어진 것으로 해석되기 때문이다.

## Ⅲ. 사안의 적용

이 사안에서 A사가 甲과 근로계약을 체결하던 당시에 월 임금은 200만 원 지급, 근로시간은 1일 8시간, 1주 40시간, 1주에 1일의 주휴일을 부여하는 것으로 근로조건을 정하였는데 甲이 실제로 약 2개월간 근무하였던 동안의 근로조건을 보면 계약체결 당시 정한 바와는 달리 월 임금은 150만 원만 지급받았고, 근로시간은 1주 48시간이었다. 이 경우 甲은 근기법 제17조 및 제19조에 따라 근로계약 체결 당시 명시된 근로조건 위반에 대하여 법적 권리를 행사할 수 있다.

먼저 근로계약 체결 시 명시한 근로조건이 사실과 다르기 때문에 甲은 근기법 제19조 제1항에 따라 노동위원회에 손해배상을 청구할 수 있다. 또한 동 조항에 따라 甲은 즉시 근로계약을 해제할 수 있다. 근기법 제19조 제1항 및 제2항에 따르면 근로계약이 해제되었을 경우에 사용자는 취업을 목적으로 거주를 변경한 근로자에게 귀향 여비를 지급해야 하므로 만일 甲이 취업을 목적으로 거주를 변경하였다면 사용자에 대해 귀향 여비를 지급해 달라고 청구할 수 있다.

## Ⅳ. 결론

甲은 근로계약 체결 당시 명시한 근로조건을 위반한 사용자에 대하여 노동위원회에 손해배상을 청구할 수 있고, 근로계약을 즉시 해제할 수 있으며 취업을 목적

---

27) 대법원 1997. 10. 10. 선고 97누5732 판결.

으로 거주를 변경하였다면 귀향 여비를 지급해 달라고 청구할 수 있다.

〈질문 2〉 A사가 단체협약 제40조를 위반하여 X노동조합과의 합의 없이 행한 해고는 유효한
지에 대하여 설명하시오.

## I. 논점의 정리

이 사안에서 X노동조합이 A사와 체결한 단체협약 제40조는 "근로자의 해고가 불가피할 때에는 조합과 합의하여 이를 실시한다."라고 하고 있다. 이와 같이 단체협약상 근로자 해고시 노조와 합의하여야 한다는 이른바 '해고합의조항'이 규정되어 있는 경우 동 조항에 위반하여 노조와의 합의 없이 행한 해고의 효력이 인정되는지 여부를 검토하여야 한다.

## II. 관련 법리

### 1. 단체협약에 해고합의조항을 둔 경우 노조와의 합의를 거치지 않은 해고의 효력

근기법 제23조 제1항에 따르면 사용자는 근로자에 대하여 정당한 이유 없이 해고를 하지 못한다. 판례에 따르면 노사 간의 협상을 통해 사용자가 그 해고 권한을 제한하기로 합의하고 노동조합이 동의할 경우에 한하여 해고권을 행사하겠다는 의미로 해고의 사전 합의 조항을 단체협약에 두었다면, 그러한 절차를 거치지 아니한 해고처분은 원칙적으로 무효라고 한다.[28]

### 2. 노동조합이 동의권을 남용하거나 포기하는 경우

판례에 따르면 근로자를 해고하는 경우 사용자로 하여금 노조와의 사전합의를 거치도록 하는 해고합의조항을 두고 있다면 원칙적으로 그러한 절차를 거치지 아니한 해고처분은 무효이지만 이 경우 사용자가 어떠한 경우를 불문하고 노동조합의 동의가 있어야만 해고 권한을 행사할 수 있다는 것은 아니고, 노동조합이 사전

---

28) 대법원 2007. 9. 6. 선고 2005두8788 판결.

동의권을 남용하거나 스스로 사전동의권을 포기한 것으로 인정되는 경우에는 노동조합의 동의가 없더라도 사용자의 해고권 행사가 가능하다고 하고 있다.[29]

노동조합이 동의권을 남용한 경우라 함은 노동조합 측에 중대한 배신행위가 있고 그로 인하여 사용자측의 절차의 흠결이 초래되었다거나, 피징계자가 사용자인 회사에 대하여 중대한 위법행위를 하여 직접적으로 막대한 손해를 입히고 비위사실이 징계사유에 해당함이 객관적으로 명백하며 회사가 노동조합 측과 사전 합의를 위하여 성실하고 진지한 노력을 다하였음에도 불구하고 노동조합측이 합리적 근거나 이유 제시도 없이 무작정 반대함으로써 사전 합의에 이르지 못하였다는 등의 사정이 있는 경우에 인정된다고 한다. 다만 이러한 경우에 이르지 아니하고 단순히 해고사유에 해당한다거나 실체적으로 정당성 있는 해고로 보인다는 이유만으로는 노동조합이 사전동의권을 남용하여 해고를 반대하고 있다고 단정하여서는 아니 된다.[30]

## Ⅲ. 사안의 적용

이 사안의 경우, A사는 단체협약상 해고합의조항에 따른 노조의 합의를 거치지 아니한 채 甲을 해고하였다. 판례에 따르면 원칙적으로 이러한 해고는 무효가 되는데 다만 X노조가 동의권을 남용하거나 포기하였는지 여부에 대하여 살펴볼 필요가 있다.

해고합의조항에 따른 절차를 거치지 않은 해고의 효력은 원칙적으로 무효이기 때문에 사전 합의 내지 동의 없는 해고처분에 대해 노동조합의 동의권 남용의 법리를 적용하여 해고의 효력을 인정하는 데에는 신중하여야 한다. 해고 사유에 해당함에도 불구하고 노동조합이 해고에 반대한 사실에만 주목하여 노동조합의 동의권 남용을 쉽사리 인정하여서는 아니 되고 해고사유의 중대성, 해고의 객관적 필요성과 합리성, 노동조합 측의 해고 반대의 경위와 이유, 노동조합과의 사전합의 실패의 주된 원인 등 제반 사정을 종합적으로 고려하여 노동조합의 동의권 남용 여부를 판단해야 한다.[31] 대법원 판결 중에는 해고 사유가 중대하여 근로자를

---

29) 대법원 2007. 9. 6. 선고 2005두8788 판결.
30) 대법원 2007. 9. 6. 선고 2005두8788 판결.
31) 조용만·김홍영, 『로스쿨노동법 해설』 제4판, 350쪽.

해고해야 함이 명백한 때에 해당한다고 보기 어렵고, 노조 또한 사전 합의 조항만을 내세워 해고를 무작정 반대하였다고 볼 수 없는 경우 사전동의권을 남용한 것으로 단정할 수 없다고 판단한 사례가 발견된다.[32]

따라서 이 사안에서 甲에 대한 명백한 해고 사유가 존재하는 것인지, X노조가 사전 합의 조항만을 내세워 해고를 무조건 반대한 것인지 등에 대한 검토를 요한다. 이 사안에서 X노조는 甲에 대한 해고의 정당한 사유가 없다고 하면서 A사와의 대화에 일체 응하지 않았다. 그러나 甲은 A사가 계약체결당시 정한 근로조건을 준수하지 않고 그보다 낮은 수준의 근로조건을 일방적으로 적용했기 때문에 이를 항의하는 과정에서 자신을 째려보는 인사과장을 폭행하였고 A사는 이를 해고사유에 해당된다고 본 것이다. 甲이 상급자인 인사과장에게 전치 4주의 상해를 입힌 것은 A사의 징계규정 및 근기법에 비추어 볼 때 정당한 해고사유에 해당된다고 볼 수 있다. 다만 이러한 상황에 이르게 된 데에는 A사가 먼저 근로조건을 위반한 잘못이 있음도 고려되어야 할 것이다.

그렇다면 X노조는 A사가 근로조건을 위반한 잘못이 있다는 등의 사정을 들어 甲에 대한 해고에 반대하는 이유에 관하여 논리적으로 설명하면서 해고에 동의할 수 없다는 의견을 제시하거나 혹은 해고보다 낮은 수준의 징계를 해야 한다는 등의 견해를 밝혔어야 할 것이다. 그러나 X노조는 甲에 대한 해고를 반대하고 일체 대화에 응하지 아니하였다는 점에 비추어 볼 때 동의권을 남용한 것이라고 판단된다. 따라서 A사가 X노동조합과의 합의 없이 행한 해고는 그 효력이 인정될 수 있을 것이다.

## Ⅳ. 결론

A사는 단체협약상 해고합의조항을 위반하여 노조와의 합의 없이 甲을 해고했지만 노조가 해고를 반대하는 이유에 대해 설명하지도 않고 해고에 반대하면서 일체 대화에 응하지 않았다는 등의 사실관계에 비추어 볼 때 노조의 동의권 남용으로 인하여 합의를 거치지 못하게 된 사정이 있으므로 甲에 대한 해고는 유효하다고 보아야 할 것이다.

---

32) 대법원 2007. 9. 6. 선고 2005두8788 판결.

## 사례 6  위약예정금지(연수비 반환), 대기발령 및 당연퇴직

**[사례 6]**[33)]

A회사는 상시 500명의 근로자를 사용하여 소프트웨어를 개발·판매하는 업체인데, 직원의 직무능력 향상을 위해 '해외연수프로그램'을 실시하여 왔다. 연구개발부에 근무하던 甲과 乙은 2012. 4.초 A회사의 해외연수프로그램에 선발되어 2012. 7. 1.부터 2년간 미국 소재 공과대학의 박사과정에서 수학한 후, 2014. 7. 1.부터 연구개발부로 복귀하여 근무하였다.

甲은 업무에 복귀한 지 6개월이 된 2014. 12. 31. 사직원을 제출하고 동종 업계 대기업의 연구부서로 이직하였다. A회사는 2015. 1. 5. 甲의 사직원을 수리하면서, 연수관리규정 제20조 제3항에 따라 월급 및 연수비용의 반환을 청구하였다.

> **A회사 연수관리규정 제20조**
> ① 해외연수 기간 중 회사는 연수직원에 대해 월급 및 학업과 생활에 소요되는 연수비용 일체를 지급한다.
> ② 연수직원은 1년 이상의 해외연수 후 최소 3년간 회사에 근무하여야 한다.
> ③ 연수직원이 제2항의 의무재직기간 내에 회사를 사직하는 경우, 연수직원은 제1항에 따라 회사가 지급한 월급 및 연수비용 합산액을 잔여의무재직기간의 비율로 환산하여 반환해야 한다.

한편, A회사는 2014. 9.초부터 진행한 구조조정의 일환으로 2015. 2. 2.자로 연구개발부를 폐지하고, 소속 연구원들을 그들의 신청에 따라 사무부서나 영업부서로 전보발령을 하였다. 그러나 연구개발부의 존속을 주장한 乙에 대해서는 인사규정 제15조 제1항에 따라 같은 날짜로 3개월의 대기발령을 명하였다. 乙이 계속하여 주장을 굽히지 않자, A회사는 인사규정 제15조 제2항에 따라 2015. 5. 4.자로 乙에게 당연퇴직을 통보하였다.

---

33) 2016년도 시행 제5회 변호사시험.

---

> **A회사 인사규정 제15조**
> ① 회사는 보직을 부여하기 어려운 사정이 있는 경우에는 3개월 이내의 기간을 정해 대기발령을 명할 수 있다.
> ② 대기발령 후 3개월이 경과하도록 보직을 부여받지 못한 직원은 당연퇴직한다.

**〈질 문〉**

1. A회사가 2015. 1. 5. 甲에 대해 월급 및 연수비용의 반환을 청구한 것은 정당한가? (40점)

2. A회사가 乙에게 행한 2015. 2. 2.자 대기발령 및 2015. 5. 4.자 당연퇴직 조치는 정당한가? (40점)

---

**해 설**

---

〈질문 1〉 A회사가 2015. 1. 5. 甲에 대해 월급 및 연수비용의 반환을 청구한 것은 정당한가?

## Ⅰ. 논점의 정리

A회사의 연수관리규정 제20조에 따르면 회사는 연수직원에게 월급 및 연수비용 일체를 지급하되 연수직원은 1년 이상의 해외 연수 후 최소 3년간 회사에 근무하여야 한다. 甲은 위 조항에 따른 근무기간을 채우지 못하여 A회사는 연수관리규정에 따라 甲에게 월급 및 연수비용의 반환을 연수관리규정에 따라 청구했다. 이 경우, 근기법상 위약예정금지 규정과 관련하여 연수관리규정에 따른 청구가 적법한지를 살펴보아야 한다.

## Ⅱ. 관련 법리

### 1. 근기법상 위약예정금지 규정의 의의 및 취지

근기법 제20조는 "사용자는 근로계약 불이행에 대한 위약금 또는 손해배상액을 예정하는 계약을 체결하지 못한다."라고 위약예정금지에 대해 규정하고 있다.

이는 근로자의 근로계약 불이행을 이유로 사용자에게 어떤 손해가 어느 정도 발생하였는지를 묻지 않고 바로 일정 금액을 배상하도록 하는 약정을 미리 함으로써 근로자의 의사에 반하는 계속 근로를 강제하는 것을 방지하고자 하려는 취지가 있다.

## 2. 일정 근무기간 위반 시 소정 금원 지급 약정의 효력

판례에 따르면 근로자가 일정 기간 동안 근무하기로 하면서 이를 위반할 경우에 소정 금원을 사용자에게 지급하기로 약정하는 경우, 그 약정의 취지가 약정한 근무기간 이전에 퇴직하면 그로 인하여 사용자에게 어떤 손해가 어느 정도 발생하였는지 묻지 않고 바로 소정 금액을 사용자에게 지급하기로 하는 것이라면 이는 명백히 위 조항에 반하는 것이어서 효력을 인정할 수 없다. 또, 그 약정이 미리 정한 근무기간 이전에 퇴직하였다는 이유로 마땅히 근로자에게 지급되어야 할 임금을 반환하기로 하는 취지일 때에도, 결과적으로 위 조항의 입법 목적에 반하는 것이어서 역시 그 효력을 인정할 수 없다.[34]

## 3. 약정이 위약예정에 해당하지 않는 경우

사용자가 근로자의 교육훈련 또는 연수를 위한 비용을 우선 지출하고 근로자는 실제 지출된 비용의 전부 또는 일부를 상환하는 의무를 부담하기로 하되 장차 일정 기간 동안 근무하는 경우에는 그 상환의무를 면제해 주기로 하는 취지의 약정은 다음과 같은 경우에 한하여 위약예정금지에 위반되지 않는 것으로 볼 수 있다.[35]

첫째, 그러한 약정의 필요성이 인정되고, 둘째, 주로 사용자의 업무상 필요와 이익을 위하여 원래 사용자가 부담하여야 할 성질의 비용을 지출한 것에 불과한 정도가 아니라 근로자의 자발적 희망과 이익까지 고려하여 근로자가 전적으로 또는 공동으로 부담하여야 할 비용을 사용자가 대신 지출한 것으로 평가되며, 셋째, 약정 근무기간 및 상환해야 할 비용이 합리적이고 타당한 범위 내에서 정해져 있는 등 당해 약정으로 인하여 근로자의 의사에 반하는 계속 근로를 부당하게 강제하는 것으로 평가되지 않아야 한다. 이러한 경우에 해당되는 약정이라면 근기법 제20조에 위반되는 것은 아니다.

---

34) 대법원 2008. 10. 23. 선고 2006다37274 판결.
35) 대법원 2008. 10. 23. 선고 2006다37274 판결.

## Ⅲ. 사안의 적용

甲은 2년간의 박사과정 수학 후 복귀한 뒤 6개월만에 사직하여 3년간 회사에서 근무하여야 한다는 연수관리규정 제20조 제2항을 위반했다. A회사가 甲에게 연수기간 동안의 월급 및 연수비용의 반환을 청구한 것은 연수관리규정 제20조 제3항에 따른 것이다. 이러한 반환 청구가 정당한지 여부에 대해 살펴보면 다음과 같다.

### 1. 월급 반환 청구가 정당한지 여부

연수관리규정 제20조에 따르면 3년간의 의무복무기간 이전에 퇴직하면 연수기간 동안의 월급을 반환하여야 한다. 이는 3년간의 근무기간 이전에 퇴직하였다는 이유로 근로자에게 지급되어야 할 임금을 반환하게 하는 것이므로 판례에 따르면 위약예정금지에 해당하여 그 효력을 인정할 수 없다. 따라서 A회사가 甲에게 월급의 반환을 청구하는 것은 정당하지 않다.

### 2. 연수비용 반환 청구가 정당한지 여부

첫째, 甲에게 A회사가 지급하는 해외연수 기간 중의 학업과 생활에 소요되는 연수비용은 적지 않은 금액이다. 이를 A회사가 지급하는 대신 일정 기간 근무하도록 함으로써 해외연수의 이익을 회사가 얻을 수 있어야 한다는 점에서 그러한 약정은 필요성이 인정될 수 있다.

둘째, A회사는 소프트웨어를 개발·판매하는 업체이고, 직원의 직무능력 향상을 위해 해외연수프로그램이 실시되었다. 甲은 연구개발부에 근무하기 때문에 甲이 미국 공과대학의 박사과정을 수학하는 것은 사용자의 업무상 필요와 이익을 위한 측면이 있다. 그런데 다른 한편으로 甲의 미국 박사과정 수학은 甲과 乙을 회사가 선발하여 이루어졌다는 점을 고려할 때, 이는 근로자의 자발적인 희망에 따른 신청을 받아 선발된 것이라고 볼 수 있을 것이다. 甲이 A회사의 업무 복귀 후 6개월 만에 사직하고 동종 업계 대기업의 연구부서로 이직한 점에 비추어 보더라도 2년간 미국에서의 박사과정 수학은 근로자의 경력에도 이익이 된다. 즉, 2년간 미국에서 박사과정 수학을 하는 것은 甲의 자발적 희망과 이익이 크다고 할 수 있고, 그러한 점을 고려하여 甲이 전적으로 또는 공동으로 부담하여야 할 비용을 A회사가 대신 지출한 것으로 평가할 수 있다.

셋째, 2년간의 연수기간과 비교할 때, 의무적인 근무기간 3년은 과도하다고 보기는 어렵고, 사직의 경우 잔여의무재직기간의 비율로 환산하여 반환액을 정하므로 약정 근무기간 및 상환해야 할 비용이 합리적이고 타당한 범위 내에서 정해져 있다고 할 수 있다. 그러므로 연수관리규정 제20조에 따라 연수비용을 반환하도록 하는 것은 근로자의 의사에 반하는 계속 근로를 부당하게 강제하는 것으로 평가하기는 어렵기 때문에 근기법 제20조에 위반되지 않는다. 따라서 A회사가 甲에 대해 연수비용의 반환을 청구하는 것은 정당하다.

## Ⅳ. 결론

A회사가 甲에 대해 월급의 반환을 청구한 것은 근기법 제20조 위약예정금지 규정에 해당되어 그 청구가 정당하지 않다. 반면, 연수비용 반환을 청구한 것은 근로자의 의사에 반하는 계속 근로를 부당하게 강제하는 것으로 보기 어렵기 때문에 근기법 제20조에 위반되는 것은 아니어서 정당하다.

〈질문 2〉 A회사가 乙에게 행한 2015. 2. 2.자 대기발령 및 2015. 5. 4.자 당연퇴직 조치는 정당한가?

## Ⅰ. 논점의 정리

A회사는 구조조정의 일환으로 연구개발부를 폐지하고, 소속 연구원들을 신청에 따라 사무부서나 영업부서로 전보발령 하였는데, 연구개발부의 존속을 주장한 乙에 대해 인사규정에 따라 3개월간 대기발령을 명하였다가, 乙이 계속 주장을 굽히지 않자 3개월이 경과하도록 보직을 부여받지 못한 경우 당연퇴직한다는 인사규정에 따라 당연퇴직 조치하였다.

근기법 제23조 제1항은 정당한 이유없이 해고, 전직, 휴직, 기타 징벌을 할 수 없다고 규정하고 있다. 따라서 인사규정에 따라 이루어진 A회사의 乙에 대한 대기발령과 당연퇴직 조치가 정당한지 살펴보아야 한다.

## Ⅱ. 관련 법리

### 1. 대기발령의 의의와 정당성 판단

대기발령은 근로자가 장래에 계속 직무를 담당하게 될 경우 예상되는 업무상의 장애 등을 예방하기 위한 잠정적 인사조치이다. 판례에 따르면 대기발령이 근로자의 과거 비행에 대한 징벌적 제재로서의 징계와는 그 성질이 다르고, 업무상 필요한 범위 안에서 사용자에게 상당한 재량을 인정해야 하며 근기법 등에 위반되거나 권리남용에 해당하는 등의 특별한 사정이 없는 한 위법한 것으로 볼 수 없다고 한다.[36]

판례는 대기발령의 정당성 판단기준에 관하여 첫째, 근로자에게 해당 대기발령 사유가 존재하는지 여부나 대기발령에 관한 절차규정의 위반 여부 및 그 정도에 의하여 판단하여야 한다고 판시한 경우와[37] 둘째, 대기발령의 업무상 필요성과 그에 따른 근로자의 생활상 불이익과의 비교교량, 근로자와의 협의 등 대기발령을 하는 과정에서 신의칙상 요구되는 절차를 거쳤는지 여부 등에 의하여 결정되어야 한다고 판시한 경우[38]가 있다. 일반적으로 법원은 대기발령의 정당성을 넓게 인정하는 경향을 보여주고 있다[39]. 학설 중에는 대기발령도 개별 근로자에 대한 인사상 불이익처분인 이상 근기법 제23조 제1항의 적용에 따라 대기발령의 정당한 이유가 있어야 하고 실체적·절차적 정당성에 대한 판단이 모두 이루어져야 한다고 보는 견해가 있다.[40]

대기발령의 사유가 정당하더라도 사회통념상 합리성이 없을 정도로 부당하게 장기간 동안 대기발령 조치를 유지하는 것은 특별한 사정이 없는 한 무효라고 본 사례가 있다.[41] 대기발령이 일시적으로 당해 근로자에게 직위를 부여하지 아니함

---

36) 대법원 2007. 5. 31. 선고 2007두1460 판결. 한편, 대기발령은 실무상으로 직위해제와 혼용되기도 하고, 노동법 관련 문헌에서도 동일한 의미로 사용되고 있는 경우가 많다(임종률·김홍영, 앞의 책, 527쪽).
37) 대법원 2011. 10. 13. 선고 2009다86246 판결.
38) 대법원 2005. 2. 18. 선고 2003다63029 판결.
39) 조용만·김홍영, 앞의 책, 253쪽.
40) 김성진, "대기발령·직위해제의 법리", 『노동판례백선』, 박영사, 2014, 112쪽.
41) 대법원 2007. 2. 23. 선고 2005다3991 판결.

으로써 직무에 종사하지 못하도록 하는 잠정적인 조치이고, 근기법 제23조 제1항에서 사용자는 근로자에 대하여 정당한 이유 없이 전직, 휴직, 기타 징벌을 하지 못한다고 제한하고 있는 취지에 비추어 볼 때, 사용자가 대기발령 근거규정에 의하여 일정한 대기발령 사유의 발생에 따라 근로자에게 대기발령을 한 것이 정당한 경우라고 하더라도 당해 대기발령 규정의 설정 목적과 그 실제 기능, 대기발령 유지의 합리성 여부 및 그로 인하여 근로자가 받게 될 신분상·경제상의 불이익 등 구체적인 사정을 모두 참작하여 그 기간은 합리적인 범위 내에서 이루어져야 하는 것이고, 만일 대기발령을 받은 근로자가 상당한 기간에 걸쳐 근로의 제공을 할 수 없다거나 근로제공을 함이 매우 부적당한 경우가 아닌데도 사회통념상 합리성이 없을 정도로 부당하게 장기간 동안 대기발령 조치를 유지하는 것은 특별한 사정이 없는 한 정당한 이유가 있다고 보기 어려우므로 그와 같은 조치는 무효라고 보아야 할 것이다.

또한 판례에 따르면 취업규칙 등에 대기발령이 징계처분의 하나로 규정되어 있지 아니한 이상 대기발령처분을 함에 있어서 해당 근로자에게 변명의 기회를 부여하는 등의 징계절차를 거칠 필요는 없다고 한다.[42] 다만, 취업규칙 등에 징계절차와는 구분되는 대기발령에 관한 특별한 절차규정이 있는 경우에는 그에 따라야 한다.[43]

## 2. 당연퇴직의 의의와 정당성 판단

인사규정 등에 대기발령 후 일정 기간이 경과하도록 복직발령을 받지 못하거나 직위를 부여받지 못하는 경우에는 당연퇴직된다는 규정을 두는 경우가 있다. 대기발령에 이은 당연퇴직 처리를 일체로서 관찰하면 이는 근로자의 의사에 반하여 사용자의 일방적 의사에 따라 근로계약 관계를 종료시키는 것으로서 실질상 해고에 해당하므로, 사용자가 그 처분을 함에 있어서는 근기법 제23조 제1항 소정의 정당한 이유가 필요하다는 것이 판례의 입장이다.[44]

따라서 일단 대기발령이 인사규정 등에 의하여 정당하게 내려진 경우라도 일정한 기간이 경과한 후의 당연퇴직 처리 그 자체가 인사권 내지 징계권의 남용에

---

42) 대법원 2000. 6. 23. 선고 98다54960 판결.
43) 대법원 1996. 10. 29. 선고 95누15926 판결.
44) 대법원 2007. 5. 31. 선고 2007두1460 판결.

해당하지 아니하는 정당한 처분이 되기 위해서는 대기발령 당시에 이미 사회통념 상 당해 근로자와의 고용관계를 계속할 수 없을 정도의 사유가 존재하였거나 대 기발령 기간 중 그와 같은 해고사유가 확정되어야 할 것이다. 사회통념상 당해 근로자와의 고용관계를 계속할 수 없을 정도인지의 여부는 당해 사용자의 사업의 목적과 성격, 사업장의 여건, 당해 근로자의 지위 및 담당직무의 내용, 비위행위 의 동기와 경위, 이로 인하여 기업의 위계질서가 문란하게 될 위험성 등 기업질서 에 미칠 영향, 과거의 근무태도 등 여러 가지 사정을 종합적으로 검토하여 판단하 여야 한다.45)

## Ⅲ. 사안의 적용

### 1. 乙에 대한 대기발령의 정당성

판례의 경향에 따르면 대기발령은 원칙적으로 근기법 제23조에 따른 징계에 해 당되지는 않는다. 따라서 乙에 대한 대기발령이 정당한지 여부는 업무상 필요한 범위 안에서 A회사에게 인정되는 재량권한의 범위 내인지를 판단하여야 한다. 이 사건에서 A회사는 인사규정 제15조 제1항에 규정된 '보직을 부여하기 어려운 사 정이 있는 경우'에 근거하여 乙을 대기발령했고, A회사가는 구조조정의 일환으로 乙이 근무하였던 연구개발부를 폐지하여 乙이 근무할 부서가 없어지게 되었다. A회사는 연구개발부 소속 연구원들을 그들의 신청에 따라 사무부서나 영업부서 로 전보발령하였는데, 乙은 연구개발부의 존속을 주장하면서 다른 부서로의 전보 발령을 신청하지 않았기 때문에 다른 부서로 전보발령하지 않았다. 따라서 A회사 가 乙에 대해 대기발령조치를 한 것은 업무상 필요한 범위 안에서 A회사에게 인 정되는 재량권한의 범위 내에 있다고 판단된다.

한편, 乙에 대한 대기발령으로 임금의 삭감 등 어떤 생활상의 불이익이 초래되 었는지에 대해서는 사실관계에서 제시되고 있지 않기 때문에 임금 삭감 등은 없 는 것으로 추측되고, 업무상의 필요성과 비교해 볼 때 생활상의 불이익이 중대하 다고 보이지는 않는다.

또한 A회사는 대기발령 조치 이전에 연구개발부 소속 연구원들을 그들의 신청

---

45) 대법원 2003. 7. 8. 선고 2001두8018 판결, 대법원 2008. 7. 10. 선고 2007두22498 판결, 대법원 2017. 5. 17. 선고 2014다13457 판결 등 다수.

에 따라 사무부서나 영업부서로 전보발령하였는데 乙은 연구개발부의 존속을 주
장하였다는 사실에서 보듯이 乙과의 협의 등 신의칙상의 절차는 거친 것으로 보
인다.

乙에 대한 대기발령 기간과 관련하여서는 그 기간이 3개월로 비교적 단기간의
잠정적 조치이며, 구조조정으로 연구개발부가 폐지됨에 따라 보직을 부여하기 어
려운 사정이 인정되어 대기발령 조치를 하게 된 점 등을 고려하면, 3개월의 대기
발령 기간이 사회통념상 합리성이 없을 정도로 부당하게 장기간 동안 대기발령
조치를 유지하는 것이라고 보기는 어렵다. 따라서 대기발령 기간으로 인해 이 사
건 대기발령이 부당하다고 판단되지는 않는다.

이러한 점들을 종합적으로 고려할 때 乙에 대한 대기발령은 A회사의 인사명령
상의 재량권한 범위 내이므로 정당하다고 판단된다.

## 2. 乙에 대한 당연퇴직 조치의 정당성

乙에 대한 당연퇴직 조치는 인사규정 제15조 제2항에 따라 대기발령 후 3개월
이 경과하도록 보직을 부여받지 못한 직원에 해당되기 때문에 그 조치가 이루어
졌다. 그렇지만 당연퇴직 조치도 해고에 해당되므로 근기법 제23조 제1항에 따른
정당한 해고사유가 인정되어야 한다.

乙을 대기발령한 이유는 구조조정으로 연구개발부가 폐지됨에도 불구하고 乙
은 연구개발부의 존속을 주장하여 다른 부서로의 전직을 희망하지 않았기 때문이
다. 다른 부서의 전직을 반대하고 폐지된 연구개발부에서의 근무만을 고집하는
것은 사용자의 인력수급에 대한 고유한 인사권한을 침해하는 행위라고 볼 수 있
다. 또한 3개월의 대기발령 기간을 주었음에도 불구하고 乙은 계속 전직을 거부
하고 계속 연구개발부의 존속이라는 주장을 고집하고 있다. 이로 인해 乙은 대기
발령 후 3개월이 경과하도록 보직을 부여받지 못하였다. 따라서 乙에 대한 대기
발령 당시에 이미 그 대기발령 사유가 중하여 A회사로서는 사회통념상 乙과의 고
용관계를 계속할 수 없을 정도의 책임있는 사유가 있다고 판단된다. 따라서 乙에
대한 3개월간의 대기발령 후 당연퇴직 조치는 정당하다고 판단된다.

## Ⅳ. 결론

乙에 대한 대기발령은 연구개발부의 폐지에 따라 근무부서가 사라짐에도 불구하고 乙이 다른 부서로 전직을 희망하지 않아 이루어진 것으로, 업무상 필요한 범위 내에서 이루어져 A회사의 인사명령상의 재량권한 범위 내이므로 정당하다고 판단된다.

또한 乙에 대한 당연퇴직 조치는 연구개발부가 폐지되었음에도 불구하고 3개월간의 대기발령 이후에도 계속하여 연구개발부 존속 주장만을 고집하고 있어 보직을 부여하지 못하고 있어 취한 조치이므로, 해고의 정당한 이유인 사회통념상 근로관계를 계속할 수 없을 정도로 乙에게 책임이 있는 사유가 인정되어, 정당한 조치라고 판단된다.

| 사례 7 | 취업규칙 불이익변경의 의미, 동의 없이 불리하게 변경된 취업규칙의 적용 범위 |
|---|---|

**[사례 7]**[46]

A회사는 상시 100명의 직원(근로자)을 사용하여 교육서비스업을 영위하는 주식회사이다. 甲은 1985. 1. 1.에 5급 사무직 직원으로, 乙은 2008. 7. 1.에 2급 관리직 직원으로 A회사에 각각 입사하여 근무하고 있었다.

A회사는 직급별로 이원화되어 있던 정년을 일원화하기로 하고 2007. 12. 1. 자로 인사규정 중 정년조항(제10조)을 아래의 표와 같이 개정·시행하여 현재에 이르고 있다.

| 개정 전 | 개정 후 |
|---|---|
| 제10조(정년)<br>① 관리직(1급, 2급) 직원의 정년은 60세로 한다.<br>② 사무직(3급, 4급, 5급) 직원의 정년은 53세로 한다. | 제10조(정년)<br>① 모든 직원(1급부터 5급까지)의 정년은 56세로 한다. 해당 직원의 근로관계는 56세가 되는 해의 12월 31일에 종료한다.<br>② 제1항의 규정에도 불구하고 관리직(1급, 2급) 직원 중 회사에 공헌이 큰 자의 정년은 60세까지 연장할 수 있다. |

A회사는 인사규정 개정에 앞서 2007. 11. 15.부터 같은 달 26.까지 위의 정년조항 개정 내용을 기재한 문서를 모든 직원에게 회람시킨 후, 이에 동의하는 직원은 회사가 나누어준 '인사규정 개정 동의서'에 서명하여 소속 부서장에게 제출하도록 하였다. 그 결과 관리직 직원(20명)과 사무직 직원(80명) 모두가 동의서를 작성·제출하였다. 인사규정 개정 당시 A회사 직원 중 노동조합에 가입한 자는 없었다.

2011년 4월과 5월에 각각 56세가 된 甲과 乙은 2011. 11. 1.에 A회사로부터 "귀하와 우리 회사와의 근로관계는 인사규정 제10조 제1항에 따라 2011. 12. 31. 자로 종료됩니다."라는 취지의 통지서를 받았다. 2011. 11. 1. 당시 甲과 乙은 모두 1급 관리직 직원이었다.

---

[46] 2012년도 시행 제1회 변호사시험.

<질 문>

1. A회사는 "2007. 12. 1. 자 정년조항의 개정은 '취업규칙의 불이익변경'에 해당하지 않는다."라고 주장한다. 이 주장이 정당한지 논하시오(30점).

2. 만약 2007. 12. 1. 자 정년조항의 개정이 '취업규칙의 불이익변경'에 해당한다면, 甲과 乙이 정년에 도달하는 연령이 언제인지 근거를 들어 논하시오(50점).

해 설

〈질문 1〉 A회사는 "2007. 12. 1. 자 정년조항의 개정은 '취업규칙의 불이익변경'에 해당하지 않는다."라고 주장한다. 이 주장이 정당한지 논하시오.

## Ⅰ. 논점의 정리

근기법 제94조 제1항에 따르면 취업규칙을 근로자에게 불리하게 변경하는 경우에는 해당 사업 또는 사업장에 근로자의 과반수로 조직된 노동조합이 있는 경우에는 그 노동조합, 근로자의 과반수로 조직된 노동조합이 없는 경우에는 근로자의 과반수의 동의를 받아야 한다. 따라서 취업규칙의 변경이 이루어지는 경우 근기법 소정의 근로자집단의 동의를 요하는 불리한 변경에 해당되는지 여부에 관한 판단이 필요하다.

이 사안에서는 2007. 12. 1.자 정년조항 개정에 따라 사무직 직원의 경우 53세에서 56세로 정년이 연장된 반면 관리직 직원의 경우 60세에서 56세로 정년이 단축되었다. 이와 같이 일부 직원들에 대해서는 정년이 연장되어 유리한 변경이 이루어진 반면, 일부 직원들에 대해서는 정년이 단축되어 불리한 변경이 이루어진 경우 이는 취업규칙의 불이익변경에 해당되는지 여부에 대하여 검토하여야 한다.

## Ⅱ. 관련 법리

### 1. 취업규칙의 의의

취업규칙은 사용자가 다수 근로자에게 획일적으로 적용하기 위하여 근로조건에 관한 사항과 복무규율을 구체화하여 정한 문서를 말한다. 명칭은 취업규칙이 아닐 수도 있고, 사규, 인사규정, 보수규정, 복무규정 등 다양한 명칭과 형태의 사내 규정이 취업규칙에 해당될 수 있다.[47)]

### 2. 취업규칙의 변경이 일부 근로자에게는 유리하고 일부 근로자에게는 불리한 경우

판례에 따르면 취업규칙의 변경이 일부의 근로자에게는 유리하고 일부의 근로자에게는 불리한 경우, 그러한 변경에 근로자집단의 동의를 요하는지를 판단하는 것은 근로자 전체에 대하여 획일적으로 결정되어야 할 것이고, 또 이러한 경우 취업규칙의 변경이 근로자에게 전체적으로 유리한지 불리한지를 객관적으로 평가하기가 어려우며, 같은 개정에 의하여 근로자 상호간의 이, 불리에 따른 이익이 충돌되는 경우에는 그러한 변경은 근로자에게 불이익한 것으로 취급하여 근로자들 전체의 의사에 따라 결정하게 하는 것이 타당하다고 하고 있다.[48)]

## Ⅲ. 사안의 적용

이 사안에서 문제되는 인사규정상의 정년에 관한 조항은 1급부터 5급까지의 전 직원에 대하여 적용되는 규정으로서 취업규칙에 해당된다.

또한 개정된 인사규정은 개정 전 인사규정과 비교해 볼 때 관리직(1급, 2급)직원의 정년은 기존에 60세였으나 이를 56세로 단축하되 다만 회사에 공헌이 큰 자에 한해서만 60세로 연장할 수 있도록 하고 있기 때문에 불리한 변경에 해당된다고 할 수 있다. 반면 사무직(3급, 4급, 5급) 직원의 정년은 기존의 53세에서 56세로 연장되어 유리하게 변경되었다. 즉, 이 사안의 취업규칙 변경은 관리직 직원에게는

---

47) 임종률·김홍영, 앞의 책, 356쪽.
48) 대법원 1993. 5. 14. 선고 93다1893 판결.

유리하고 사무직 직원에게는 불리하여 취업규칙의 변경이 근로자에게 전체적으로 유리한지 불리한지를 객관적으로 평가하기 어려우며 근로자 상호간의 유리함과 불리함에 따른 이익이 충돌되는 경우라고 할 수 있다.

따라서 앞서 살펴본 판례의 입장에 따르면 이러한 경우 취업규칙의 변경은 근로자에게 불이익한 변경에 해당된다.

## Ⅳ. 결론

이 사안에서 인사규정상의 정년조항의 변경은 관리직 직원에게는 불리하고 사무직 직원에게는 유리한 변경인바, 판례의 입장에 따르면 이러한 경우에는 취업규칙의 불이익변경에 해당된다. 따라서 취업규칙의 불이익변경에 해당되지 않는다는 A회사의 주장은 정당하지 못하다.

〈질문 2〉 만약 2007. 12. 1. 자 정년조항의 개정이 '취업규칙의 불이익변경'에 해당한다면, 甲과 乙이 정년에 도달하는 연령이 언제인지 근거를 들어 논하시오.

## Ⅰ. 논점의 정리

질문 1에서 살펴본 바와 같이 이 사안의 정년조항의 개정은 취업규칙의 불이익변경에 해당된다. 따라서 근기법 제94조 제1항 소정의 근로자의 동의가 있어야 그 효력이 인정될 수 있다.

첫째, 이 사안에서 A사는 정년조항 개정에 앞서 개정 내용을 모든 직원들에게 회람시킨 후, 회사가 나누어준 '인사규정 개정 동의서'에 서명하여 소속 부서장에게 제출하도록 하여 전체 직원들로부터 동의서를 받았다. 이러한 방식으로 동의를 받은 것이 근기법 제94조 제1항 소정의 근로자의 집단적 동의에 해당되는지 여부가 문제된다.

한편, 이 사안에서 甲과 乙은 모두 1급 관리직 직원이기는 하지만 甲은 정년조항의 변경이 이루어지기 이전에 입사한 직원이고, 乙은 정년조항의 변경이 이루어진 이후에 입사한 직원이라는 점에서 차이가 있다. 만일 정년조항의 변경이 근로자의 유효한 집단적 동의를 통해 이루어졌다면 당해 조항은 효력이 인정되고, 따라서 甲과 乙 모두에게 변경된 조항의 적용을 받게 된다. 반면, 정년조항의 변경에 대한 근로자의 집단적 동의의 효력이 인정되지 않는 경우 변경된 정년조항은 무효가 되어 甲과 乙에게 모두 변경 전 정년조항이 적용되는 것인지 문제된다. 이러한 문제와 관련하여서는 乙이 정년조항 변경 이후에 입사한 직원이라는 점을 고려하여 乙에 대해서 변경 전 조항과 변경 후 조항 중 어느 것이 적용되는지 여부를 검토해야 한다.

요컨대, 이 사안에서는 첫째, 취업규칙 불이익변경을 위한 근로자의 동의의 방식과 관련하여 효력 유무가 검토되어야 하고, 둘째, 변경된 취업규칙의 효력이 인정되지 않는다면 취업규칙 변경 이후 입사한 자에게 변경된 취업규칙이 적용되는지, 변경 전 취업규칙이 적용되는지 여부를 검토해야 한다. 이를 통해 甲과 乙의 정년 연령이 언제인지 판단할 수 있다.

## Ⅱ. 관련 법리

### 1. 취업규칙 불이익변경에 있어 유효한 근로자 동의의 방식

근기법 제94조 제1항에 따르면 취업규칙을 근로자에게 불리하게 변경하는 경우에는 해당 사업 또는 사업장에 근로자의 과반수로 조직된 노동조합이 있는 경우에는 그 노동조합, 근로자의 과반수로 조직된 노동조합이 없는 경우에는 근로자의 과반수의 동의를 받아야 한다.

판례에 따르면 취업규칙의 작성·변경이 근로자가 가지고 있는 기득의 권리나 이익을 박탈하여 불이익한 근로조건을 부과하는 내용일 때에는 종전 근로조건 또는 취업규칙의 적용을 받고 있던 근로자의 집단적 의사결정방법에 의한 동의, 즉 당해 사업장에 근로자의 과반수로 조직된 노동조합이 있는 경우에는 노동조합, 근로자의 과반수로 조직된 노동조합이 없는 경우에는 근로자의 과반수의 동의를 요한다.[49]

또한 판례에 따르면 과반수 노동조합이 없는 경우에는 근로자들의 회의방식에 의한 과반수 동의가 이루어져야 한다. 예를 들어 사업 또는 사업장의 기구별 또는

---

49) 대법원 2008. 2. 29. 선고 2007다85997 판결 등 다수.

단위 부서별로 사용자측의 개입이나 간섭이 배제된 상태에서 근로자 상호 의견 교환 및 찬반의견을 집약한 후 취합하는 방식은 유효한 동의로 허용된다. 이 경우, 사용자측 개입이나 간섭이라 함은 근로자들의 자율적·집단적 의사결정을 저해하는 명시적·묵시적인 방법으로 동의를 강요하는 경우 의미하는데 다만 사용자측이 변경될 취업규칙 내용을 설명·홍보하는 경우는 부당한 개입·간섭에 해당되지 않는다고 한다. 반면 개별적인 회람과 서명을 통해서 근로자 과반수의 찬성을 받은 것은 근로자 집단의 동의를 받은 것으로 볼 수 없다.[50]

## 2. 취업규칙이 근로자 집단의 유효한 동의 없이 불리하게 변경된 이후에 입사한 근로자에게 적용되는 취업규칙

사용자가 취업규칙의 불이익변경에 대하여 근기법 소정의 근로자 집단의 동의를 받아야 할 의무를 위반하는 경우 그 변경된 취업규칙은 무효가 된다. 단, 근로자 집단의 동의를 받지 않고 불리하게 변경된 취업규칙이 변경 이후 입사자에게도 무효가 되는지 여부에 대해서는 견해의 대립이 있다.

먼저, 과거 판례[51]와 대법원 전원합의체 판결의 소수의견에 따르면 취업규칙은 그 자체가 법규범으로서 그 효력발생요건을 결한 이상 변경 후 입사자에 대해서도 무효로 보아야 한다고 해석한다(절대적 무효설). 절대적 무효설에 따르면 취업규칙은 그 자체가 법규범으로서 그 효력발생요건을 결한 이상 변경 후 입사자에 대해서도 무효로 보아야 하며 그렇지 않으면 종전 근로자와 변경 후 입사자의 근로조건이 달라짐으로써 취업규칙의 근로조건 획일화의 기능이 상실된다는 문제가 있다고 한다.

반면, 대법원 전원합의체 판결[52] 다수의견에 따르면 사용자가 취업규칙에서 정한 근로조건을 근로자에게 불리하게 변경함에 있어서 근로자의 동의를 얻지 않은 경우에 그 변경으로 기득이익이 침해되는 기존의 근로자에 대한 관계에서는 변경의 효력이 미치지 않게 되어 종전 취업규칙의 효력이 그대로 유지되지만, 변경 후에 변경된 취업규칙에 따른 근로조건을 수용하고 근로관계를 갖게 된 근로자에 대한 관계에서는 당연히 변경된 취업규칙이 적용되어야 한다고 본다. 기득이익의

---

50) 대법원 2010. 1. 28. 선고 2009다32362 판결.
51) 대법원 1992. 12. 22. 선고 91다 45165 전원합의체 판결이 나오기 이전에 내려진 판결들이다(대법원 1990. 4. 27. 선고 89다카7754 판결; 대법원 1990. 7. 10. 선고 89다카31443 판결 등).
52) 대법원 1992. 12. 22. 선고 91다 45165 전원합의체 판결.

침해라는 효력배제사유가 없는 변경 후의 취업근로자에 대해서까지 변경의 효력을 부인하여 종전 취업규칙이 적용되어야 한다고 볼 근거가 없다고 판단한 것이다(상대적 무효설). 즉, 상대적 무효설에 따르면 취업규칙 변경 이후 입사자에 대해서는 근로자의 유효한 동의 없이 변경된 취업규칙이라 하더라도 당해 취업규칙의 적용을 받게 된다. 상대적 무효설에 따르면 변경된 취업규칙만이 현행 취업규칙이지만 기득이익 침해 문제로 그 효력이 종전 근로자에게 미치지 않을 뿐 이 때문에 신·구 취업규칙이 병존한다고 볼 수는 없다고 한다. 이로 인하여 취업규칙의 근로조건 획일화의 기능이 상실되는 것은 아니며 경영상 사정 변화에 대응하여 부득이 불리하게 변경한 취업규칙을 신규채용자에게 적용하는 것은 계약자유의 원칙에 합치된다는 것이다. 대법원 전원합의체 판결이 내려진 이후의 판례들은 대법원 전원합의체 판결의 다수입장을 따르고 있다.[53]

## Ⅲ. 사안의 적용

### 1. 근로자 동의의 유효성 여부

이 사안에서는 노동조합에 가입한 직원이 없기 때문에 근로자들의 회의방식에 의한 과반수 동의가 유효하게 이루어졌는지 여부를 검토해야 한다. A회사는 정년 조항 개정 내용을 기재한 문서를 직원들에게 회람시킨 후 회사가 나누어준 동의서에 서명하여 부서장에게 제출하도록 하였고, 이에 따라 100명의 직원 전원이 모두 동의서를 제출하였다. 판례에 따르면 이러한 개별 회람 및 동의서 제출 방식은 유효한 집단적 동의로 인정되기 어렵다.

이 사안에서는 근로자의 자유로운 의견 교환이 이루어졌다는 정황이 전혀 제시되고 있지 않고, 특히 한 명도 반대나 포기의사를 밝히지 않았다는 점에 비추어 볼 때 취업규칙의 불이익 변경을 위한 유효한 동의가 있었다고 볼 수 없다. 따라서 본 사안에서 문제된 인사규정의 개정은 유효한 근로자 집단의 동의가 없는 취업규칙의 불이익변경에 해당된다.

---

53) 대법원 1993. 1. 15. 선고 92다39778 판결, 대법원 1996. 4. 26. 선고 94다30638 판결 등 다수.
　　학설도 대체적으로 이 입장에 찬성하고 있다.

## 2. 甲과 乙이 정년에 도달하는 연령

이 사안에서 甲은 1985. 1. 1. 입사자로서 인사규정상 정년조항이 변경되기 이전, 즉, 취업규칙이 불리하게 변경되기 이전에 입사하였다. 반면 乙은 정년조항이 불리하게 변경된 이후에 입사하였다. 따라서 甲에 대해서는 개정 전 정년조항이 적용되므로 甲의 정년은 60세가 된다. 반면 乙에 대해서는 개정 전 정년조항이 적용되어야 하는지, 개정 후 정년조항이 적용되어야 하는지 해석상 다툼이 있으나 대법원 전원합의체 판결의 다수의견 및 이후의 판례들의 입장에 따라 해석한다면 정년조항이 변경된 이후에 입사한 乙에 대해서는 변경 후 조항, 즉, 개정된 인사규정상의 정년조항을 적용하여 乙의 정년은 56세가 된다.

## Ⅳ. 결론

이 사안에서 문제된 인사규정의 개정은 동의 방식에 있어 유효한 집단적 동의로 볼 수 없기 때문에 근로자의 유효한 동의 없이 이루어진 취업규칙의 불이익변경에 해당되어 개정된 인사규정은 효력이 없다. 이 경우 인사규정 개정 전에 입사한 甲은 개정 전 인사규정에 따라 60세에 정년에 도달하게 된다. 반면 유효한 동의 없이 취업규칙이 변경된 이후에 입사한 근로자에게는 변경된 취업규칙이 적용된다는 판례의 입장에 따르면 인사규정 개정 후에 입사한 乙은 개정 후 인사규정에 따라 56세에 정년에 도달하게 된다.

## 사례 8 취업규칙 불이익변경의 비조합원에 대한 효력, 임금전액불 원칙

**[사례 8]**[54]

A회사는 ○○광역시에서 상시 50명의 근로자를 사용하여 주류제조업을 영위하는 회사이다.

A회사의 모든 근로자에게 적용되는 종전의 취업규칙에는 정년에 관한 규정이 없었기 때문에 근로자들은 만 60세가 넘더라도 아무런 제한 없이 계속 근무할 수 있었다. 그런데 인사적체가 심화되는 등 문제점이 발생하자, A회사는 2014. 12. 1. 취업규칙을 개정(시행일 2015. 1. 1.)하여 만 60세 정년규정을 신설하였다.

A회사는 위의 취업규칙을 개정하면서 A회사 근로자의 과반수로 조직된 노동조합의 대표자의 동의를 얻었고, 대표자의 동의서를 첨부하여 고용노동부장관에게 취업규칙 변경을 신고하였다. 또한 이를 사내방송을 통해 널리 알리고, 모든 근로자가 자유롭게 열람할 수 있는 장소에도 게시하였다.

근로자 甲은 A회사에 근로계약기간의 정함이 없이 채용되어 사무직으로 근무하다가 2015. 3. 1. 자로 만 60세가 되는 자이다. A회사는 甲에게 변경된 취업규칙을 적용하여 정년에 도달하였다는 점을 통지하고, 퇴직금 지급서류를 작성해 줄 것과 A회사가 甲에게 대차해준 주택자금비용과 甲의 퇴직금을 서로 상계하고 나머지만을 지급할 것임을 통지하였다.

**〈질 문〉**

1. 근로자 甲은 2014. 12. 1. 자로 변경된 취업규칙이 비조합원인 자신에게는 적용되지 않는다고 주장한다. 甲의 주장은 타당한가? (50점)

2. 근로자 甲은, 가사 2014. 12. 1. 자로 개정된 취업규칙이 자신에게 적용된다고 하더라도, A회사가 대차해준 주택자금비용을 자신의 퇴직금에서 일방적으로 공제하는 것은 부당하다고 주장한다. 甲의 주장은 타당한가? (30점)

---

54) 2017년도 시행 제1회 법학전문대학원협의회 모의시험.

## 해 설

〈질문 1〉 근로자 甲은 2014. 12. 1. 자로 변경된 취업규칙이 비조합원인 자신에게는 적용되지
        않는다고 주장한다. 甲의 주장은 타당한가? (50점)

### I. 논점의 정리

근기법 제94조 제1항에 따르면 사용자는 취업규칙의 변경에 관하여 해당 사업
또는 사업장에 근로자의 과반수로 조직된 노동조합이 있는 경우에는 그 노동조
합, 근로자의 과반수로 조직된 노동조합이 없는 경우에는 근로자의 과반수의 의
견을 들어야 하고, 취업규칙을 근로자에게 불리하게 변경하는 경우에는 그 동의
를 받아야 한다.

이 사안에서는 첫째, 정년에 관한 규정이 없었던 회사에서 새로운 정년규정을
신설하는 것은 취업규칙의 불이익변경에 해당되는지 여부, 둘째, 만약 불이익변
경에 해당된다면 근기법에 따른 근로자의 집단적 동의절차를 거쳤는지 여부, 셋
째, 노동조합이 취업규칙 변경에 동의하였는데 그러한 변경의 효력이 비조합원인
甲에게도 미치는지 여부를 살펴보아야 한다.

### II. 관련 법리

#### 1. 불이익한 내용의 신설은 취업규칙 불이익 변경에 해당되는지 여부

판례에 따르면, 취업규칙의 작성·변경의 권한은 원칙적으로 사용자에게 있
으므로 사용자는 그 의사에 따라 취업규칙을 작성·변경할 수 있으나, 취업규
칙의 작성·변경이 근로자가 가지고 있는 기득의 권리나 이익을 박탈하여 불이
익한 근로조건을 부과하는 내용일 때에는 종전 근로조건 또는 취업규칙의 적용
을 받고 있던 근로자의 집단적 의사결정방법에 의한 동의, 즉 당해 사업장에
근로자의 과반수로 조직된 노동조합이 있는 경우에는 노동조합, 근로자의 과반
수로 조직된 노동조합이 없는 경우에는 근로자의 과반수의 동의를 요하고, 이
러한 동의를 얻지 못한 경우에는 사회통념상 합리성이 있다고 인정되지 않는
한 기득 이익이 침해되는 기존의 근로자에 대하여는 변경된 취업규칙이 적용되

지 않는다.55)

불이익변경이란 근로조건을 저하시키거나 복무규율을 강화하는 것을 말하고, 불이익한 내용의 신설도 근로자가 가지는 기득의 권리나 이익을 박탈하는 것은 불이익한 근로조건을 부과하는 것에 해당된다.

예를 들어 취업규칙에 정년규정이 없던 운수회사에서 55세 정년규정을 신설한 경우, 그 운수회사의 근로자들은 정년제 규정이 신설되기 이전에는 만 55세를 넘더라도 아무런 제한 없이 계속 근무할 수 있었으나, 그 정년규정의 신설로 인하여 만 55세로 정년에 이르고, 회사의 심사에 의하여 일정한 경우에만 만 55세를 넘어서 근무할 수 있도록 되었다면 이와 같은 정년제 규정의 신설은 근로자가 가지고 있는 기득의 권리나 이익을 박탈하는 불이익한 근로조건을 부과하는 것에 해당한다.56)

## 2. 과반수노동조합이 있는 경우 동의의 주체

근기법 제94조는 과반수노동조합이 있는 경우에는 그 노동조합의 동의를 요한다고 규정하고 있고, 노동조합의 동의는 노동조합 대표자의 동의로 족하다. 즉, 판례는 근로자 과반수로 조직된 노동조합이 있는 회사에서 취업규칙에 근로자에게 불리한 정년제 규정을 신설하는 경우, 그에 대한 노동조합의 동의를 얻어야 하는데, 이 경우에 있어서도 노동조합의 동의는 법령이나, 단체협약 또는 노동조합의 규약 등에 의하여 조합장의 대표권이 제한되었다고 볼만한 특별한 사정이 없는 한 조합장이 노동조합을 대표하여 하면 되는 것이지 노동조합 소속 근로자의 과반수의 동의를 얻어서 하여야 하는 것은 아니라고 판시하고 있다.57)

## 3. 비조합원 등 개별 근로자의 동의 유무와 불이익변경의 효력

판례에 따르면 기존 취업규칙 개정에 대하여 동의한 노동조합이 그 적용대상인 회사 직원의 과반수로 구성된 것임이 분명한 이상, 각 직원들이 이에 대하여 개별적으로 동의하였는지 여부와 관계없이 취업규칙 개정은 적법·유효하다고 할 것이고, 따라서 그 규정은 당연히 각 직원에게도 적용된다고 한다. 즉 판례는 정년

---

55) 대법원 2000. 9. 29. 선고 99다45376 판결, 대법원 2009. 5. 28. 선고 2009두2238 판결 등 다수.
56) 대법원 1997. 5. 16. 선고 96다2507 판결.
57) 대법원 1997. 5. 16. 선고 96다2507 판결.

을 단축하는 취업규칙 개정에 대하여 그 적용대상 직원의 과반수로 조직된 노동
조합이 동의한 이상 노조가입자격이 없는 직원에게도 그 자의 개별적인 동의 여
부를 불문하고 당연히 개정된 취업규칙이 적용된다고 보았다.58)

취업규칙 불이익변경 동의의 주체인 근로자의 과반수로 조직된 노동조합이란 기
존 취업규칙의 적용을 받고 있던 근로자 중 조합원 자격 유무를 불문한 전체 근로
자의 과반수로 조직된 노동조합을 의미하는 것이다. 즉, 종전 취업규칙의 적용을
받고 있던 근로자 중 조합원 자격을 가진 근로자의 과반수로 조직된 노동조합을
의미하는 것이 아니다. 따라서 정년퇴직 연령을 단축하는 내용으로 취업규칙의
기존 규정을 변경하고 이에 관하여 기존 규정의 적용을 받던 근로자 전체의 과반
수로 구성된 노동조합의 동의를 얻은 경우 그 취업규칙의 변경은 적법·유효하여
일정 직급 이상으로서 노동조합에 가입할 자격은 없지만 기존 규정의 적용을 받
았던 근로자에게도 그 효력이 미친다.59)

## Ⅲ. 사안의 적용

근로자들은 정년제 규정이 신설되기 이전에는 만 60세를 넘더라도 아무런 제한
없이 계속 근무할 수 있었으나, 이와 같은 정년제 규정의 신설은 근로자가 가지고
있는 기득의 권리나 이익을 박탈하는 불이익한 근로조건을 부과하는 것이 되어
취업규칙의 불이익변경에 해당된다.

이 사안에서 조합장의 대표권이 제한되었다고 볼만한 특별한 사정이 없어 노동
조합의 동의가 있었다고 할 수 있고, 노동조합 대표의 유효한 동의가 있었다면
개별 근로자들이 당해 취업규칙 변경에 대해 동의했는지 여부에 관계없이 취업규
칙 변경의 효력은 인정된다. 요컨대 이 사안에서 A회사는 정년제 규정 신설에 관
한 취업규칙의 불이익변경에 대하여 유효한 동의 절차를 거쳤기 때문에 정년제
규정 신설에 동의하지 않는 甲에게도 그 효력이 미친다.

---

58) 대법원 2008. 2. 29. 선고 2007다85997 판결.
59) 대법원 2009. 11. 12. 선고 2009다49377 판결.

## Ⅳ. 결론

정년규정의 신설은 취업규칙 불이익변경에 해당되고, 과반수노동조합의 유효한 동의를 얻었으므로 그 효력은 비조합원인 甲에게도 미친다. 따라서 변경된 취업규칙이 비조합원인 자신에게는 적용되지 않는다고 하는 甲의 주장은 타당하지 않다.

〈질문 2〉 근로자 甲은, 가사 2014. 12. 1. 자로 개정된 취업규칙이 자신에게 적용된다고 하더라도, A회사가 대차해준 주택자금비용을 자신의 퇴직금에서 일방적으로 공제하는 것은 부당하다고 주장한다. 甲의 주장은 타당한가? (30점)

## Ⅰ. 논점의 정리

근기법 제43조 제1항은 "임금은 통화(通貨)로 직접 근로자에게 그 전액을 지급하여야 한다. 다만, 법령 또는 단체협약에 특별한 규정이 있는 경우에는 임금의 일부를 공제하거나 통화 이외의 것으로 지급할 수 있다."라고 임금전액불원칙에 대해 규정하고 있다. 이 사안에서는 A회사가 주택자금비용과 퇴직금을 상계처리하는 경우, 퇴직금이 임금으로서의 성격을 가지는지, 그렇다면 주택자금비용과 퇴직금을 상계처리하는 것이 근기법상 임금전액불 원칙에 위반되는 것인지 여부가 검토되어야 한다.

## Ⅱ. 관련 법리

### 1. 퇴직금의 법적 성격

근로자퇴직급여 보장법 제8조 제1항에 따르면 퇴직금제도를 설정하려는 사용자는 계속근로기간 1년에 대하여 30일분 이상의 평균임금을 퇴직금으로 퇴직 근로자에게 지급할 수 있는 제도를 설정하여야 한다. 퇴직금의 법적 성격에 관해서는 계속근로를 통한 기업에의 공로를 보상하기 위한 급여로 보는 견해(공로보상설), 퇴직 후의 생활안정을 보장하기 위한 급여로 보는 견해(생활보장설), 재직중의 전체 근로에 대하여 퇴직 시에 일시에 지급하는 임금으로 보는 견해(후불임금설) 등이 있는데 퇴직금은 후불적 임금으로서의 성격을 갖는다고 보는 후불임금설이 통설, 판례의 입장이다.[60]

## 2. 임금 전액불 원칙

판례에 따르면 근기법 제43조 제1항 본문에서 임금 전액지급의 원칙을 선언한 취지는 사용자가 일방적으로 임금을 공제하는 것을 금지하여 근로자에게 임금 전액을 확실하게 지급 받게 함으로써 근로자의 경제생활을 위협하는 일이 없도록 그 보호를 도모하려는 데 있으므로, 사용자가 근로자에 대하여 가지는 채권을 가지고 일방적으로 근로자의 임금채권을 상계하는 것은 금지된다.[61]

한편, 근기법 제43조 제1항 단서는 "법령 또는 단체협약에 특별한 규정이 있는 경우에는 임금의 일부를 공제하고 지급가능하다."라고 하여 임금 전액불 원칙의 예외에 관하여 규정하고 있다. 판례는 사용자가 근로자의 동의를 얻어 근로자의 임금채권에 대하여 상계하는 경우에 그 동의가 근로자의 자유로운 의사에 터잡아 이루어진 것이라고 인정할 만한 합리적인 이유가 객관적으로 존재하는 경우에 예외가 인정된다고 하고 있다.[62]

## Ⅲ. 사안의 적용

판례와 통설에 따르면 퇴직금은 후불임금으로서의 성격을 가지기 때문에 퇴직금 지급에 관해서도 근기법상 임금 전액불 원칙 등 임금지급에 관한 원칙이 적용된다.

A회사가 주택자금비용대차금의 상환채권을 근로자에 대해서 가지는 임금채권과 상계할 수 있는 근거에 관해 규정하고 있는 법령 또는 단체협약상 규정은 없다. 또한, A회사가 주택자금비용대차금의 상환채권을 퇴직금에서 상계함에 있어 근로자 甲의 동의는 없었기 때문에 근로자의 자유로운 의사에 터잡아 이루어진 상계라고 할 수 없다. 따라서, A회사는 일방적으로 주택자금비용대차금의 상환채

60) 임종률·김홍영, 앞의 책, 588쪽, 대법원 1995. 10. 12. 선고 94다36186 판결.
61) 대법원 2001. 10. 23. 선고 2001다25184 판결.
62) 대법원 2001. 10. 23. 선고 2001다25184 판결.

권을 甲의 퇴직금채권과 상계하는 것이 허용되지 않는다.

## Ⅳ. 결론

A회사가 주택자금비용과 甲의 퇴직금을 상계처리하는 것은 근기법 제43조 제
1항의 임금전액불 원칙에 위반된다. 따라서 A회사가 甲에게 대차해준 주택자금
비용을 甲의 퇴직금에서 일방적으로 공제하는 것은 부당하다는 甲의 주장은 타
당하다.

## 사례 9 평균임금

**[사례 9]**[63]

A회사는 외제승용차를 수입·판매하는 회사이고, 아래와 같은 '보수규정'에 따라 영업직 근로자들에게 보수를 지급하여 왔다. A회사에는 영업직 근로자를 조합원으로 하는 A노동조합(기업별 노동조합)이 조직되어 있다. A노동조합의 조합원인 근로자 甲은 A회사의 영업직 사원으로 입사하여 약 10년간 근무하여 오다가 개인적 사정을 이유로 2017. 11. 30.자로 사직하였다.

---

**【보수규정】**
제33조(영업직 사원의 급여) ① 영업직 사원의 월 급여는 정액의 기본급과 영업실적에 따라 지급되는 성과급으로 구성한다.
② 기본급은 사원의 근속연수에 따라 차등 지급하며 지급액은 <별표1>의 내용에 따른다.
③ 성과급은 매월 급여산정기간 동안 사원이 판매한 자동차의 수에 비례하여 지급한다.
④ 전항의 성과급 액수는 차량 1대를 판매할 경우 발생하는 순이익의 10%로 한다.

제34조(중식) ① 회사는 영업직 사원에게 근무일 1일에 대하여 5,000원 상당의 중식을 제공할 수 있다.
② 전항의 중식은 구내식당에서 제공하며, 중식을 먹지 않는 사원에게 별도의 중식비를 지급하지 아니한다.

---

**<질 문>**

1. A회사는 甲의 퇴직금을 산정·지급하면서 '보수규정' 제33조의 성과급과 제34조의 중식에 상응하는 금액(5,000원)을 퇴직금 산정의 기초가 되는 평균임금에서 제외하였다. 이러한 A회사의 행위는 적법한가? (50점)

2. 甲은 A노동조합이 2017. 10. 1.부터 같은 해 10. 31.까지 실시한 정당한 파업에 참여하였고, A회사는 甲의 퇴직금을 계산할 때 위 파업기간과 그 기간 중의 임금을 포함하여 평균임금을 산정하였다. 이러한 A회사의 평균임금 산정 방식은 적법한가? (30점)

---

63) 2018년도 시행 제7회 변호사시험.

## 해 설

〈질문 1〉 A회사는 甲의 퇴직금을 산정·지급하면서 '보수규정' 제33조의 성과급과 제34조의 중식에 상응하는 금액(5,000원)을 퇴직금 산정의 기초가 되는 평균임금에서 제외하였다. 이러한 A회사의 행위는 적법한가? (50점)

## Ⅰ. 논점의 정리

이 사안에서 A회사의 보수규정 제33조는 사원이 판매한 자동차의 수에 비례하여 지급하는 성과급에 대해 차량 1대를 판매할 경우 발생하는 순이익의 10%를 성과급 액수로 한다고 규정하고 있고, 같은 규정 제34조는 현물로 지급하는 중식에 대해 중식을 먹지 않는 사원에게 별도의 중식비를 지급하지 아니한다고 규정하고 있다. 이와 같이 근로자의 근무실적에 따라 지급되는 금품과 식사를 하는 근로자에게만 현물로 지급하는 중식이 근기법상 평균임금에 포함되는지 여부에 대해 검토해야 한다.

## Ⅱ. 관련 법리

사용자는 근로자의 계속근로기간 1년에 대하여 30일분 이상의 평균임금을 퇴직금으로 퇴직 근로자에게 지급할 수 있는 제도를 설정하여야 하고(근로자퇴직급여보장법 제8조 제1항), 이 경우 평균임금이라 함은 이를 산정하여야 할 사유가 발생한 날 이전 3개월 동안에 그 근로자에게 지급된 임금의 총액을 그 기간의 총일수로 나눈 금액을 말한다(근기법 제2조 제1항 제6호).

판례에 따르면, 평균임금 산정의 기초가 되는 임금총액에는 사용자가 근로의 대상으로 근로자에게 지급하는 일체의 금품으로서, 근로자에게 계속적·정기적으로 지급되고 그에 관하여 단체협약, 취업규칙 등에 의하여 사용자에게 지급의무가 지워져 있으면 명칭 여하를 불문하고 모두 포함된다. 한편 어떤 금품이 근로의 대상으로 지급된 것인지를 판단할 때에는 금품지급의무의 발생이 근로제공과 직접적으로 관련되거나 그것과 밀접하게 관련된 것으로 볼 수 있어야 하고, 이러한 관련 없이 지급의무의 발생이 개별 근로자의 특수하고 우연한 사정에 의하여 좌

우되는 경우에는 금품의 지급이 단체협약·취업규칙·근로계약 등이나 사용자의
방침 등에 의하여 이루어진 것이라 하더라도 그러한 금품은 근로의 대상으로 지
급된 것으로 볼 수 없다.[64]

근로자의 실적에 따라 지급되는 금품의 평균임금 해당 여부와 관련하여서는
자동차 판매회사가 영업사원들에게 매월 자동차 판매수량에 따른 일징 비율의
인센티브(성과급)를 지급한 것이 퇴직금 산정의 기초가 되는 평균임금에 포함되
는지가 문제된 사안에서, 인센티브 지급규정이나 영업 프로모션 등으로 정한 지
급기준과 지급시기에 따라 인센티브를 지급하여 왔다는 점, 영업사원들이 차량
판매를 위하여 하는 영업활동은 회사에 대하여 제공하는 근로의 일부라 볼 수
있어 인센티브는 근로의 대가로 지급되는 것이라는 점, 인센티브의 지급이 매월
정기적·계속적으로 이루어지고, 지급기준 등 요건에 맞는 실적을 달성하였다면
회사로서는 그 실적에 따른 인센티브의 지급을 거절할 수 없을 것이라는 점, 인
센티브를 일률적으로 임금으로 보지 않을 경우 인센티브만으로 급여를 지급받기
로 한 근로자는 근로를 제공하되 근로의 대상으로서의 임금은 없는 것이 되고
퇴직금도 전혀 받을 수 없게 되는 불합리한 결과가 초래될 것인 점 등에 비추어
위 인센티브는 퇴직금 산정의 기초가 되는 평균임금에 해당한다고 본 대법원 판
결이 있다.[65]

한편, 대법원은 회사가 근로자들에게 현물로 제공된 중식대의 평균임금성이 문
제된 사안에서 식사를 하지 않는 근로자에게 식비에 상응하는 현금이나 다른 물
품을 지급하지 않았거나 지급할 의무가 없는 경우, 이러한 중식대는 근로자의 후
생복지를 위해 제공되는 것으로서 근로의 대가인 임금이라고 볼 수 없고, 따라서
퇴직금 산정의 기초가 되는 평균임금에 포함되지 않는다고 판단했다.[66]

## Ⅲ. 사안의 적용

먼저, 이 사안에서 영업직 사원에게 지급되는 성과급의 경우, 보수규정에서 정
한 지급기준, 지급비율 등에 따라 정기적·계속적으로 지급이 이루어지고, 지급기

---

64) 대법원 2011. 7. 14. 선고 2011다23149 판결.
65) 대법원 2011. 7. 14. 선고 2011다23149 판결.
66) 대법원 2005. 9. 9. 선고 2004다41217 판결.

준 등 요건에 맞는 실적을 달성하였다면 회사로서는 그 실적에 따른 성과급 지급을 거절할 수 없을 것이라는 점에서 평균임금에 포함된다.

다음으로, 역시 보수규정에 근거하여 영업직 사원에게 제공되는 중식의 경우, 구내식당에서 제공하되, 중식을 먹지 않는 사원에게 별도의 중식비를 지급하지 아니하는바, 이는 관련 판례의 입장에 따르면 평균임금에 해당된다고 볼 수 없을 것이다.

## Ⅳ. 결론

보수규정 제33조의 성과급은 평균임금에 해당되지만 같은 규정 제34조의 중식에 상응하는 금액(5,000원)은 평균임금에 해당되지 않는다. 따라서 A회사가 퇴직금 산정의 기초가 되는 평균임금에서 성과급을 제외한 것은 적법하지 않고, 중식에 상응하는 금액을 제외한 것은 적법하다.

〈질문 2〉 甲은 A노동조합이 2017. 10. 1.부터 같은 해 10. 31.까지 실시한 정당한 파업에 참여하였고, A회사는 甲의 퇴직금을 계산할 때 위 파업기간과 그 기간 중의 임금을 포함하여 평균임금을 산정하였다. 이러한 A회사의 평균임금 산정 방식은 적법한가? (30점)

## Ⅰ. 논점의 정리

평균임금이라 함은 이를 산정하여야 할 사유가 발생한 날 이전 3개월 동안에 그 근로자에게 지급된 임금의 총액을 그 기간의 총일수로 나눈 금액을 말한다.(근기법 제2조 제1항 제6호). 이 경우 근로자가 정당한 파업에 참여한 파업기간과 그 기간 중의 임금도 평균임금 산정기간에 포함되는지 여부가 검토되어야 한다.

## Ⅱ. 관련 법리

근기법상 평균임금을 산정하여야 할 사유가 발생한 날 이전 3개월 동안에 그 근로자에게 지급된 임금의 총액을 기준으로 산정되는 평균임금 산정원칙은 평균임금 산정 사유 발생 당시 근로자의 통상적인 생활임금을 가장 정확하게 반영하는 것으로 볼 수 있지만, 산정 원칙을 모든 경우에 획일적으로 적용하게 되면 근로자의 통상적인 생활임금을 사실대로 반영하지 못하거나 근로자에게 가혹한 결과를 초래할 수도 있다.[67]

이러한 점을 고려하여 근기법 시행령 제2조 제1항은 평균임금 산정기간 중에 ① 근로계약을 체결하고 수습 중에 있는 근로자가 수습을 시작한 날부터 3개월 이내의 기간, ② 사용자의 귀책사유로 휴업한 기간, ③ 출산전후휴가 기간, ④ 업무상 부상 또는 질병으로 요양하기 위하여 휴업한 기간, ⑤ 육아휴직 기간, ⑥ 쟁의행위기간, ⑦ 병역법상 병역의무·예비군법상 예비군의무, 민방위기본법상 민방위의무를 휴직하거나 근로하지 못한 기간으로서 임금을 지급받지 못한 기간, ⑧ 업무 외 부상이나 질병, 그 밖의 사유로 사용자의 승인을 받아 휴업한 기간 중 어느 하나에 해당하는 기간이 있는 경우, 그 기간과 그 기간 중에 지급된 임금은 평균임금 산정기준이 되는 기간과 임금의 총액에서 각각 빼도록 하고 있다. 이는 근로자의 정당한 권리행사 또는 근로자에게 책임을 돌리기에 적절하지 않은 사유로 근로자가 평균임금 산정에서 불이익을 입지 않도록 하려는 취지에서 특별히 설정된 규정이다.[68]

한편, 판례에 따르면 위 시행령 규정 상 쟁의행위 기간은 제외기간 규정의 취지에 비추어 볼 때 정당한 쟁의행위 기간만을 의미한다고 해석된다.[69]

## Ⅲ. 사안의 적용

근기법 시행령 제2조 제1항 제6호 및 대법원 판례의 입장을 종합해 보면 근로자가 정당한 쟁의행위에 참가한 기간은 평균임금 산정기준이 되는 기간과 임금의 총액에서 제외된다. 따라서 甲이 2017. 10. 1.부터 같은 해 10. 31.까지 실시된 정당한 파업에 참여한 기간 및 그 기간 중의 임금은 甲의 퇴직금을 계산을 위한 평균임금 산정 시 제외되어야 한다.

---

67) 대법원 2009. 5. 28. 선고 2006다17287 판결.
68) 대법원 2009. 5. 28. 선고 2006다17287 판결, 임종률·김홍영, 앞의 책, 408쪽.
69) 대법원 2009. 5. 28. 선고 2006다17287 판결.

## Ⅳ. 결론

근기법 시행령 제2조 제1항 제6호 및 대법원 판례에 따르면 근로자가 정당한 쟁의행위에 참가한 기간은 평균임금 산정기준이 되는 기간과 임금의 총액에서 제외된다. 따라서 A회사가 甲의 퇴직금을 계산할 때 甲이 정당한 파업에 참여한 기간과 그 기간 중의 임금을 포함하여 평균임금을 산정한 것은 적법하지 못하다.

### 사례 10 통상임금, 취업규칙의 불이익변경

**[사례 10]**[70)]

상시 300명의 근로자를 사용하여 가전제품의 제조 및 판매업을 영위하는 A 회사는 정기상여금에 관해 취업규칙 제40조에서 다음과 같이 규정하고 있다.

제40조(정기상여금) 정기상여금은 다음의 기준에 따라 지급한다.
1. 1년을 4분기로 나누어 매 분기 말(3월, 6월, 9월, 12월)의 임금지급일에 월 기본급의 100% 를 지급한다.
2. 지급대상은 사무직 및 생산직 사원이며, 영업직 사원에 대하여는 별도의 기준에 따라 성과 상여금을 지급한다.
3. 지급대상기간 도중에 퇴직한 근로자에 대하여는 근무일수에 따라 일할계산하여 지급한다.

A회사는 연장근로수당의 계산에 사용되는 통상임금에서는 위의 정기상여금을 제외하였다. 이에 대해 A회사의 사무직 사원인 甲은 A회사의 정기상여금이 정기성, 일률성, 고정성을 갖추어 「근로기준법 시행령」 제6조의 통상임금에 해당하므로 정기상여금을 포함하여 산정한 통상임금을 기준으로 연장근로수당을 지급하여야 한다고 주장한다.

한편 A회사는 종전 취업규칙 제50조에서 연차휴가일수에 관해 다음과 같이 규정하고 있었다.

제50조 (연차휴가일수) 근속연수 1년 이상인 사원에게 연 20일의 기본 연차휴가일수에 근속연수에 따른 휴가일수(3년 이상 근무한 경우 최초 1년을 초과하는 근속연수 매 2년마다 1일)를 더하여 준다.

A회사는 기본 연차휴가일수를 연 20일에서 연 17일로 단축하는 내용으로 2020. 1. 1. 취업규칙을 변경·시행하였다. A회사는 취업규칙을 변경하면서 「근로기준법」 제94조 제1항 단서 규정의 근로자 측 동의를 받지 않았다. 2021. 1. 1.자로 A회사에 입사한 근로자 乙에 대해 A회사는 2023년에 사용할 수 있는 기본 연차휴가일수를 변경된 취업규칙에 따라 17일이라고 통보하였다. 이에 대해 乙은 2020. 1. 1.자 취업규칙 변경은 「근로기준법」 제94조 제1항 단서 규정을 위반하여 무효이므로 자신의 기본 연차휴가일수는 종전 취업규칙에 따

라 20일이라고 주장한다.

> **〈질 문〉**
>
> 1. 甲은 A회사의 정기상여금이 근로기준법령상 통상임금에 해당한다고 주장한다. 甲
>    의 주장은 타당한가? (40점)
> 2. 乙은 자신의 기본 연차휴가일수가 종전 취업규칙에 따라 20일이라고 주장한다. 乙
>    의 주장은 타당한가? (단, 취업규칙의 불이익 변경에 관한 사회통념상 합리성 여부
>    는 논외로 한다.) (40점)

## 해 설

〈질문 1〉 甲은 A회사의 정기상여금이 근로기준법령상 통상임금에 해당한다고 주장한다. 甲
 　　　　 의 주장은 타당한가? (40점)

## Ⅰ. 논점의 정리

A회사의 정기상여금은 매월이 아닌 매 분기에 한 번씩 지급되고, 사무직 및 생산직 사원에 대해 지급되며, 지급대상기간 도중에 퇴직한 근로자에 대하여는 근무일수에 따라 일할계산하여 지급된다. 이러한 정기상여금이 근로기준법령상 통상임금에 해당되는지 여부가 문제된다.

## Ⅱ. 관련 법리

### 1. 근기법상 임금 및 통상임금의 개념

"임금"이란 사용자가 근로의 대가로 근로자에게 임금, 봉급, 그 밖에 어떠한 명칭으로든지 지급하는 모든 금품을 말한다(근기법 제2조 제1항 제5호). 통상임금의 개념에 관해서는 근기법 시행령에서 규정을 두고 있는바, 이에 따르면 "통상임금"이란 근로자에게 정기적이고 일률적으로 소정(所定)근로 또는 총 근로에 대하여

---

70) 2023년도 시행 제12회 변호사시험.

지급하기로 정한 시간급 금액, 일급 금액, 주급 금액, 월급 금액 또는 도급 금액을 말한다(근기법 시행령 제6조 제1항).

## 2. 통상임금 해당성 판단기준

대법원 전원합의체 판결에 따르면, 어떠한 임금이 통상임금에 속하는지 여부는 그 임금이 소정근로의 대가로 근로자에게 지급되는 금품으로서 정기적·일률적·고정적으로 지급되는 것인지를 기준으로 객관적인 성질에 따라 판단하여야 하고, 임금의 명칭이나 지급주기의 장단 등 형식적 기준에 의해 정할 것이 아니다. 여기서 소정근로의 대가라 함은 근로자가 소정근로시간에 통상적으로 제공하기로 정한 근로에 관하여 사용자와 근로자가 지급하기로 약정한 금품을 말한다. 근로자가 소정근로시간을 초과하여 근로를 제공하거나 근로계약에서 제공하기로 정한 근로 외의 근로를 특별히 제공함으로써 사용자로부터 추가로 지급받는 임금이나 소정근로시간의 근로와는 관련 없이 지급받는 임금은 소정근로의 대가라 할 수 없으므로 통상임금에 속하지 아니한다. 위와 같이 소정근로의 대가가 무엇인지는 근로자와 사용자가 소정근로시간에 통상적으로 제공하기로 정한 근로자의 근로의 가치를 어떻게 평가하고 그에 대하여 얼마의 금품을 지급하기로 정하였는지를 기준으로 전체적으로 판단하여야 하고, 그 금품이 소정근로시간에 근무한 직후나 그로부터 가까운 시일 내에 지급되지 아니하였다고 하여 그러한 사정만으로 소정근로의 대가가 아니라고 할 수는 없다.[71]

1개월을 초과하는 기간마다 지급되는 임금도 그것이 정기적·일률적·고정적으로 지급되는 것이면 통상임금에 포함될 수 있다. 어떤 임금이 통상임금에 속하기 위해서 정기성을 갖추어야 한다는 것은 임금이 일정한 간격을 두고 계속적으로 지급되어야 함을 의미한다. 그리고 어떤 임금이 통상임금에 속하기 위해서는 그것이 일률적으로 지급되는 성질을 갖추어야 한다. '일률적'으로 지급되는 것에는 '모든 근로자'에게 지급되는 것뿐만 아니라 '일정한 조건 또는 기준에 달한 모든 근로자'에게 지급되는 것도 포함된다. 또한, 어떤 임금이 통상임금에 속하기 위해서는 그것이 고정적으로 지급되어야 한다. '고정성'이라 함은 '근로자가 제공한 근로에 대하여 업적, 성과 기타의 추가적인 조건과 관계없이 당연히 지급될

---

71) 대법원 2013. 12. 18. 선고 2012다94643 전원합의체 판결.

것이 확정되어 있는 성질'을 말한다.

## Ⅲ. 사안의 적용

A회사의 정기상여금이 통상임금에 해당되는지 여부에 관해 판단하기 위해 정기성, 일률성, 고정성이 인정되는지 살펴본다.

### 1. 정기성

A회사의 정기상여금은 매 분기 말(3월, 6월, 9월, 12월)의 임금지급일에 월 기본급의 100%씩 지급되므로 정기성이 인정된다. 단지 그 지급주기가 1개월을 넘는다는 사정만으로 정기성을 상실하지 않는다.

### 2. 일률성

A회사의 정기상여금은 사무직 및 생산직 사원을 대상으로 지급되므로 일률성이 인정된다. 모든 근로자에게 지급되는 것뿐 아니라 고정적인 일정한 조건 또는 기준에 달한 모든 근로자에게 지급되는 것도 일률성이 인정된다. 따라서 영업직 사원에 대해서는 별도 기준에 따라 성과상여금을 지급한다는 점 때문에 일률성이 부정되는 것은 아니다.

### 3. 고정성

A회사의 정기상여금은 추가적인 조건과 관계없이 지급되므로 고정성이 인정된다. 다만, 지급 대상기간 도중에 퇴직한 근로자에 대해서는 근무일수에 따라 일할계산하여 지급되는데, 근무일수에 따라 일할계산하여 지급되는 임금은 고정적 임금에 해당된다.

## Ⅳ. 결론

A회사의 정기상여금은 정기성, 일률성, 고정성이 인정되어 통상임금에 해당된다. 따라서 정기상여금이 통상임금에 해당된다는 甲의 주장은 타당하다.

〈질문 2〉乙은 자신의 기본 연차휴가일수가 종전 취업규칙에 따라 20일이라고 주장한다. 乙
　　　　의 주장은 타당한가? (단, 취업규칙의 불이익 변경에 관한 사회통념상 합리성 여부
　　　　는 논외로 한다.) (40점)

## Ⅰ. 논점의 정리

　A회사는 기본 연차휴가일수를 연 20일에서 연 17일로 단축하는 내용으로 취업
규칙을 변경·시행하였는바, 취업규칙을 변경하면서 근로기준법에 따른 근로자
측 동의를 받지 않았다. 이와 같이 근로자 측 동의 없이 취업규칙의 불이익변경이
이루어진 경우 취업규칙의 효력은 어떻게 되는지, 취업규칙이 변경된 이후에 신
규 입사한 근로자에 대해서는 변경 전 취업규칙과 변경 후 취업규칙 중 어느 것이
적용되는지 문제된다.

## Ⅱ. 관련 법리

### 1. 관련 법규정

　근기법 제94조 제1항에 따르면 사용자는 취업규칙의 작성 또는 변경에 관하여
해당 사업 또는 사업장에 근로자의 과반수로 조직된 노동조합이 있는 경우에는
그 노동조합, 근로자의 과반수로 조직된 노동조합이 없는 경우에는 근로자의 과
반수의 의견을 들어야 하고, 취업규칙을 근로자에게 불리하게 변경하는 경우에는
그 동의를 받아야 한다.

### 2. 관련 판례

　취업규칙의 불이익변경에 대하여 근로자 집단의 동의를 받을 의무를 위반하는
경우 그 변경된 취업규칙은 무효가 된다. 단, 근로자 집단의 동의를 받지 않고
불이익변경된 취업규칙이 변경 이후 입사자에게도 무효가 되는지 여부에 관해서
대법원 전원합의체 판결은 이른바 상대적 무효설을 취하고 있다.[72] 즉, 사용자가
취업규칙에서 정한 근로조건을 근로자에게 불리하게 변경하면서 근로자의 동의

---

72) 대법원 1992. 12. 22. 선고 91다45165 판결.

를 얻지 않은 경우에 그 변경으로 기득이익이 침해되는 기존의 근로자에 대한 관계에서는 변경의 효력이 미치지 않게 되어 종전 취업규칙의 효력이 그대로 유지되지만, 변경 후에 변경된 취업규칙에 따른 근로조건을 수용하고 근로관계를 갖게 된 근로자에 대한 관계에서는 당연히 변경된 취업규칙이 적용되어야 한다는 것이다. 기득이익의 침해라는 효력배제사유가 없는 변경 후의 취업근로자에 대해서까지 변경의 효력을 부인하여 종전 취업규칙이 적용되어야 한다고 볼 근거가 없다고 한다.

## Ⅲ. 사안의 적용

A회사가 기본 연차휴가일수를 연 20일에서 연 17일로 단축하는 내용으로 2020. 1. 1. 취업규칙을 변경한 것은 취업규칙 불이익변경에 해당된다. 따라서 A회사는 취업규칙을 변경하면서 근기법 제94조 제1항 단서 규정의 근로자 측 동의를 받았어야 했으나 받지 않았다. 근로자 乙은 취업규칙이 위와 같이 변경된 이후인 2021. 1. 1.자로 A회사에 입사했다. 대법원 전원합의체 판결에 따르면, 근로자 乙에 대해서는 2020. 1. 1.자로 변경된 취업규칙이 적용된다. 따라서 乙이 2023년에 사용할 수 있는 기본 연차휴가일수는 변경된 취업규칙에 따라 17일이 된다.

## Ⅳ. 결론

乙에게는 변경된 취업규칙에 따른 기본 연차휴가일수가 적용된다. 따라서 자신의 기본 연차휴가일수가 종전 취업규칙에 따라 20일이라는 乙의 주장은 타당하지 않다.

## 사례 11　포괄임금계약, 연차유급휴가

**[사례 11]**[73)]

甲은 상시 근로자 100명을 고용하여 대중음식점을 운영하는 A회사에 근무하는 조리사이다. 甲은 취업규칙상 정해진 출퇴근 시간이 있음에도 불구하고 A회사의 지시에 따라 연장근로를 수시로 수행하였는데, 甲이 실제로 근무한 시간을 계산함에는 아무런 어려움이 없었다. 甲이 실제 근무한 연장근로시간을 기초로 근기법에 따라 계산한 연장근로수당은 근로계약서에 약정된 정액의 연장근로수당을 초과하였지만, A회사는 甲에게 근로계약서에 약정된 정액의 연장근로수당만 매월 지급하였다.

임금 및 근로시간에 관한 甲의 근로계약서 내용은 다음과 같다.

---

1. 기본급: 매월 4,000,000원 지급
2. 연장근로: 회사의 업무상 필요에 따라 1주 12시간 이내 수행
3. 연장근로수당: 실근무시간과 무관하게 포괄적으로 계산하여 매월 정액 800,000원 지급

---

한편 乙과 丙은 2019. 1. 1. 입사하여 A회사에 근무하는 근로자이다. 乙은 2020년 1년 중 3개월간의 정직처분을 받고 해당 기간 동안 근무하지 않았다(정직처분은 정당하다고 전제함). 또한 丙은 업무상 질병을 인정받아 2020년 1년 중 4개월간 휴업하였다. 乙과 丙은 이를 제외한 나머지 소정의 근로일에는 모두 출근하였다. 2021년이 되어 A회사는, 乙과 丙이 2020년 1년 동안 80% 이상 출근한 경우가 아니므로 乙과 丙에게 2021년에 근기법에 규정된 15일의 연차 유급휴가를 줄 수 없다고 통지하였다. 연차 유급휴가 일수의 산정에 대하여 A회사의 취업규칙은 "정직 기간은 소정근로일수에 포함시키되, 출근일수에서 제외한다."라고 규정하고 있지만, 업무상 질병으로 인한 휴업 기간에 대하여는 규정하고 있지 않다.

---

73) 2021년도 시행 제10회 변호사시험.

**〈질 문〉**

1. 甲은 근로계약서상 연장근로수당에 관한 포괄임금제 약정이 근기법을 위반하여 무효이므로, 실제 근무한 시간으로 근기법에 따라 계산된 연장근로수당과 자신이 받은 정액의 연장근로수당 사이의 차액을 A회사가 지급할 의무가 있다고 주장한다. 甲의 주장은 타당한가? (40점)
2. 乙과 丙에게 15일의 연차 유급휴가를 줄 수 없다는 A회사의 주장은 근기법상 적법한가? 乙과 丙의 경우를 각각 검토하여 서술하시오. (40점)

**해 설**

〈질문 1〉甲은 근로계약서상 연장근로수당에 관한 포괄임금제 약정이 근기법을 위반하여 무효이므로, 실제 근무한 시간으로 근기법에 따라 계산된 연장근로수당과 자신이 받은 정액의 연장근로수당 사이의 차액을 A회사가 지급할 의무가 있다고 주장한다. 甲의 주장은 타당한가? (40점)

## Ⅰ. 논점의 정리

근기법 제56조에 따르면 사용자는 연장근로나 휴일근로에 대하여는 통상임금의 100분의 50 이상을 가산하여 지급하여야 한다. A회사와 甲의 근로계약서에 따르면 "실근무시간과 무관하게 포괄적으로 계산하여 매월 정액 800,000원 지급"하도록 하고 있고, A회사는 甲에게 근로계약서에 약정된 정액의 연장근로수당만 매월 지급하였다. 그러나 甲은 A회사의 지시에 따라 연장근로를 수시로 수행하였고, 甲이 실제로 근무한 시간을 계산함에는 아무런 어려움이 없었으며, 甲이 실제 근무한 연장근로시간을 기초로 근기법에 따라 계산한 연장근로수당은 근로계약서에 약정된 정액의 연장근로수당을 초과하였다. 이 경우 甲에 대한 정액의 연장근로수당 지급이 근로계약에 근거하고 있음에도 불구하고 A회사는 실제 연장근로시간에 따라 계산되는 근기법상의 연장근로수당을 지급할 의무가 있는지 여부를 검토해야 한다.

## Ⅱ. 관련 법리

### 1. 임금 산정·지급의 원칙

근기법 제17조는 사용자는 근로계약을 체결할 때에는 임금, 소정근로시간, 주휴일 등을 명시하도록 하고 있고, 같은 법 제56조는 사용자는 연장근로(제53조·제59조 및 제69조 단서에 따라 연장된 시간의 근로)나 휴일근로에 대하여는 통상임금의 100분의 50 이상을 가산하여 지급하여야 한다고 규정하고 있다. 이러한 규정들과 통상임금에 관하여 정하고 있는 근기법 시행령 제6조의 규정 등에 의하면, 사용자는 근로계약을 체결함에 있어서 기본임금을 결정하고 이를 기초로 하여 근로자가 실제로 근무한 근로시간에 따라 시간외근로·야간근로·휴일근로 등이 있으면 그에 상응하는 시간외근로수당·야간근로수당·휴일근로수당 등의 법정수당을 산정하여 지급함이 원칙이다.

### 2. 포괄임금계약(포괄임금제에 의한 임금 지급계약)의 유효요건

근기법상 원칙적인 임금지급방법은 근로시간 수의 산정을 전제로 한 것이다. 판례도 사용자가 근로계약을 체결할 때에는 근로자에 대하여 기본임금을 결정하고 이를 기초로 각종 수당을 가산하여 합산 지급하는 것이 원칙이라고 한다. 그렇지만 예외적으로 감시단속적 근로 등과 같이 근로시간, 근로형태와 업무의 성질을 고려할 때 근로 시간의 산정이 어려운 것으로 인정되는 경우가 있을 수 있고, 이러한 경우에는 사용자와 근로자 사이에 기본임금을 미리 산정하지 아니한 채 법정수당까지 포함된 금액을 월급여액이나 일당임금으로 정하거나 기본임금을 미리 산정하면서도 법정 제 수당을 구분하지 아니한 채 일정액을 법정 제 수당으로 정하여 이를 근로시간 수에 상관없이 지급하기로 약정하는 내용의 이른바 포괄임금제에 의한 임금 지급계약을 체결하더라도 그것이 달리 근로자에게 불이익이 없고 여러 사정에 비추어 정당하다고 인정될 때에는 유효하다고 본다.[74]

---

74) 대법원 2014. 6. 26. 선고 2011도12114 판결; 대법원 2020. 2. 6. 선고 2015다233579·233586 판결 등.

### 3. 포괄임금계약을 무효로 볼 수 있는 경우

근로시간의 산정이 어려운 경우가 아니라면 달리 근기법상의 근로시간에 관한 규정을 그대로 적용할 수 없다고 볼 만한 특별한 사정이 없는 한 앞서 본 바와 같은 근기법상의 근로시간에 따른 임금지급의 원칙이 적용되어야 할 것이므로, 이러한 경우에도 근로시간 수에 상관없이 일정액을 법정수당으로 지급하는 내용의 포괄임금제 방식의 임금지급계약을 체결하는 것은 그것이 근기법이 정한 근로시간에 관한 규제를 위반하는 이상 허용될 수 없다는 것이 판례의 입장이다.[75]

### 4. 포괄임금계약 무효의 부분과 효과

근기법 제15조는 근기법에 정한 기준에 미치지 못하는 근로조건을 정한 근로계약은 그 부분에 한하여 무효로 하면서(근기법의 강행성) 그 무효로 된 부분은 근기법이 정한 기준에 의하도록 정하고 있으므로(근기법의 보충성), 근로시간의 산정이 어려운 등의 사정이 없음에도 포괄임금제 방식으로 약정된 경우 그 포괄임금에 포함된 정액의 법정수당이 근기법이 정한 기준에 따라 산정된 법정수당에 미달하는 때에는 그에 해당하는 포괄임금제에 의한 임금지급계약 부분은 근로자에게 불이익하여 무효라 할 것이고, 사용자는 근기법의 강행성과 보충성 원칙에 의해 근로자에게 그 미달되는 법정수당을 지급할 의무가 있다.[76]

## Ⅲ. 사안의 적용

이 사안에서 甲은 취업규칙상 정해진 출퇴근 시간이 있음에도 불구하고 A회사의 지시에 따라 연장근로를 수시로 수행하였는데, 甲이 실제로 근무한 시간을 계산함에는 아무런 어려움이 없었다. 그런데 甲이 실제 근무한 연장근로시간을 기초로 근기법에 따라 계산한 연장근로수당은 근로계약서에 약정된 정액의 연장근로수당보다 많았다. 그럼에도 A회사는 甲에게 근로계약서에 약정된 정액의 연장근로수당만 매월 지급하였다.

따라서 이 사안의 경우, 근기법상 근로시간의 산정이 어려운 경우가 아니라는

---

75) 대법원 2010. 5. 13. 선고 2008다6052 판결.
76) 대법원 2010. 5. 13. 선고 2008다6052 판결.

점, A회사와 甲이 체결한 근로계약에 따른 정액의 연장근로수당 지급은 근기법에 정한 기준에 미치지 못하여 甲에게 불이익이 있다는 점에 비추어 볼 때 근로계약서상 연장근로수당에 관한 포괄임금제 약정은 무효가 된다. 이 경우 근기법 제15조에 따라 A회사는 甲이 실제 근무한 시간으로 근기법에 따라 계산된 연장근로수당과 甲이 받은 정액의 연장근로수당 사이의 차액을 지급할 의무가 있다.

## Ⅳ. 결론

甲이 실제 근무한 시간을 계산함에는 아무런 어려움이 없음에도 A회사는 甲에게 정액의 연장근로수당만을 지급하는 포괄임금계약을 체결했고, 이러한 정액의 연장근로수당은 甲이 실제 근무한 연장근로시간을 기초로 근기법에 따라 계산한 연장근로수당에 미달했다. 따라서 이 사안에서 문제된 포괄임금제 약정은 무효가 되고, A회사는 甲이 실제 근무한 시간으로 근기법에 따라 계산된 연장근로수당과 甲이 받은 정액의 연장근로수당 사이의 차액을 甲에게 지급할 의무가 있다는 甲의 주장은 타당하다.

〈질문 2〉 乙과 丙에게 15일의 연차 유급휴가를 줄 수 없다는 A회사의 주장은 근기법상 적법한가? 乙과 丙의 경우를 각각 검토하여 서술하시오. (40점)

## Ⅰ. 논점의 정리

사용자는 1년간 80퍼센트 이상 출근한 근로자에게 15일의 유급휴가를 주어야 한다(근기법 제60조 제1항). 이와 같이 근기법상 연차 유급휴가는 일정한 출근율을 전제로 부여된다. 이 사안에서 乙은 2020년 1년 중 3개월간의 정직처분을 받고 해당 기간 동안 근무하지 않았고, 丙은 업무상 질병을 인정받아 2020년 1년 중 4개월간 휴업하였는데, A회사는 乙과 丙이 2020년 1년 동안 80% 이상 출근한 경우가 아니므로 2021년에 15일의 연차 유급휴가를 줄 수 없다고 한다. 따라서 근기법상 연차 유급휴가 부여를 위한 출근율 산정에서 乙의 정직기간과 丙의 업무상 질병으로 인한 휴업기간을 어떻게 처리해야 하는지 여부가 검토되어야 한다.

## Ⅱ. 관련 법리

### 1. 연차유급휴가제도의 의의 및 취지

사용자는 1년간 80퍼센트 이상 출근한 근로자에게 15일의 유급휴가를 주어야 한다(근기법 제60조 제1항). 또한 사용자는 3년 이상 계속하여 근로한 근로자에게는 제1항에 따른 휴가에 최초 1년을 초과하는 계속 근로 연수 매 2년에 대하여 1일을 가산한 유급휴가를 주어야 한다. 가산휴가를 포함한 총 휴가 일수는 25일을 한도로 한다(동조 제4항).[77] 이러한 연차유급휴가는 근로자에게 일정기간 근로의무를 면제함으로써 정신적·육체적 휴양의 기회를 제공하고 문화적 생활의 향상을 기하려는 데에 그 의의가 있다고 한다.[78]

### 2. 출근율 계산에서 문제되는 기간에 대한 처리

근기법상 연차 유급휴가는 근로자가 일정 비율 이상 출근하는 것으로 전제로 부여되기 때문에 특정 기간을 출근한 기간으로 볼 것인지 여부가 문제되는 경우가 있다. 이러한 문제와 관련하여, 근기법은 첫째, 근로자가 업무상의 부상 또는 질병으로 휴업한 기간, 둘째, 임신 중의 여성이 근기법 제74조 제1항부터 제3항까지의 규정에 따른 휴가로 휴업한 기간(출산전후휴가 및 유산·사산휴가 기간), 셋째, 남녀고용평등과 일·가정 양립 지원에 관한 법률 제19조 제1항에 따른 육아휴직으로 휴업한 기간은 출근한 것으로 본다고 규정하고 있다(근기법 제60조 제6항 제1호 내지 제3호).

한편, 근로자의 정직기간이나 직위해제 기간, 정당한 쟁의행위에 참가한 기간, 정당한 직장폐쇄 기간 등에는 근로자가 근무를 하지 않게 되는데 이러한 기간을 연차 유급휴가 부여를 위한 출근율 산정시 어떻게 처리해야 하는지에 대해 법에서는 정하고 있지 않아 문제가 된다. 이에 관하여 판례는 다음과 같은 입장을 취하고 있다.

먼저, 정직이나 직위해제 등의 징계를 받은 근로자는 징계기간 중 근로자의 신

---

[77] 근속년수에 따른 휴가일수를 표로 정리해 보면 다음과 같다.

| 근속년수 | 1~2 | 3~4 | 5~6 | 7~8 | 9~10 | 11~12 | 13~14 | 15~16 | 17~18 | 19~20 | 21~ |
|---|---|---|---|---|---|---|---|---|---|---|---|
| 휴가일수 | 15 | 16 | 17 | 18 | 19 | 20 | 21 | 22 | 23 | 24 | 25 |

[78] 대법원 1996. 6. 11. 선고 95누6649 판결 등 참조.

분을 보유하면서도 근로의무가 면제되므로, 사용자는 취업규칙에서 근로자의 정직 또는 직위해제 기간을 소정 근로일수에 포함시키되 그 기간 중 근로의무가 면제되었다는 점을 참작하여 연차유급휴가 부여에 필요한 출근일수에는 포함되지 않는 것으로 규정할 수도 있고, 이러한 취업규칙의 규정은 근기법에 위반되는 것이 아니라고 한다. 이에 따라 연차 유급휴가기간을 산정함에 있어 정직 및 직위해제 기간을 소정 근로일수에 포함시키되 출근일수에서 제외하도록 규정한 취업규칙은 법적으로 유효한 것으로 인정된다.[79]

다음으로, 근로자의 정당한 쟁의행위 참여기간에 관해서는 연간 소정근로일수에서 쟁의행위 기간이 차지하는 일수를 제외한 나머지 일수를 기준으로 근로자의 출근율을 산정하여 연차유급휴가 취득 요건의 충족 여부를 판단한다는 입장이다. 다만, 그 요건이 충족된 경우에는 본래 평상적인 근로관계에서 8할의 출근율을 충족할 경우 산출되었을 연차유급휴가일수에 대하여 '연간 소정근로일수에서 쟁의행위 등 기간이 차지하는 일수를 제외한 나머지 일수'를 '연간 소정근로일수'로 나눈 비율을 곱하여 산출된 연차유급휴가일수를 근로자에게 부여함이 합리적이라고 한다.[80] 또한, 판례는 정당한 직장폐쇄로 근로자가 출근하지 못한 기간 역시 원칙적으로 소정근로일수에서 제외되어야 한다고 보고 있다.[81]

## Ⅲ. 사안의 적용

乙과 丙는 2019. 1. 1. 입사하였으므로, 2021년에 근속년수가 2년이 되어 특별한 사정이 없다면 근기법에 따라 15일의 연차 유급휴가를 받을 수 있다. 그런데 乙은 2020년에 3개월의 정직처분을 받아 출근하지 못했고, 丙은 업무상 질병으로 인해

---

79) 대법원 2008. 10. 9. 선고 2008다41666 판결.
80) 대법원 2013. 12. 26. 선고 2011다4629 판결. 판례의 입장은 정당한 파업에 참가한 기간에 대해 소정근로일수에서 제외하고 출근일수에서도 제외하여 출근율을 산정하되, 휴가일수는 그 출근율에 따라 산정된 휴가일수에 '소정근로일수에서 문제의 기간을 제외한 일수'를 '소정근로일수'로 나눈 비율을 곱하여 휴가일수를 정하는 이른바 '비례적 삭감' 방식이다. 이러한 판례의 입장에 따를 때 구체적으로 휴가일수가 어떻게 산정되는지에 관한 예를 보면, 1년간 소정근로일수가 256일이고, 정당한 파업에 참가한 기간이 45일, 개인사정으로 결근한 날이 24일인 경우, 출근율 및 기본휴가일수는 다음과 같이 산정된다고 한다(임종률·김홍영, 앞의 책, 472쪽).

| 45일의 처리 | 출근율 | 기본휴가일수 |
|---|---|---|
| 소정근로일 제외 | $0.89 = (256-45-24) \div (256-45)$ | 15일 |
| 비례적 삭감 | 위와 같음 | $12.36$일 $= 15 \times \{(256-45) \div 256\}$ |

81) 대법원 2017. 7. 11. 선고 2013도7896 판결, 대법원 2019. 2. 14. 선고 2015다66052 판결.

4개월간 휴업했기 때문에 각각 정직 기간 및 휴업 기간을 연차 유급휴가 부여를 위한 출근율 계산 시 어떻게 처리해야 하는지 살펴보아야 한다. A회사의 취업규칙은 "정직 기간은 소정근로일수에 포함시키되, 출근일수에서 제외한다."라고 규정하고 있지만, 업무상 질병으로 인한 휴업 기간에 대하여는 규정하고 있지 않다.

먼저, 판례에 따르면 정직 기간에 대해 A회사의 취업규칙과 같이 정하는 것은 근기법에 위반되는 것이 아니다. A회사가 乙의 정직처분 기간을 모두 출근하지 않은 것으로 처리한 것은 법적으로 유효한 취업규칙 규정에 근거한 것으로 허용된다. 이 사안에서 A회사의 연간 소정근로일수가 며칠인지는 제시되어 있지 않지만 1년 중 3개월간 전혀 출근하지 않았다면 출근율은 75%를 넘을 수 없을 것이다. 따라서 2020년 1년 동안 80% 이상 출근한 경우가 아니므로 A회사는 乙에게 15일의 연차 유급휴가를 부여할 의무가 없다. 다만, 근기법 제60조 제2항 규정에 따라 1년간 80퍼센트 미만 출근한 근로자에게 1개월 개근 시 1일의 유급휴가를 주어야 한다는 규정이 적용될 것이다.

다음으로, 근기법 제60조 제6항 제1호에 따르면 "근로자가 업무상의 부상 또는 질병으로 휴업한 기간"은 출근한 것으로 간주된다. 따라서 丙이 업무상 질병을 인정받아 2020년 1년 중 4개월간 휴업한 기간은 모두 출근한 것으로 보아야 한다. 즉, 丙의 출근율은 100%가 되므로 丙은 근기법에 규정된 15일의 연차 유급휴가를 부여받을 수 있다.

## Ⅳ. 결론

먼저, 정직 기간은 소정근로일수에 포함시키되, 출근일수에서 제외한다고 규정하고 있는 A회사의 취업규칙은 판례에 따르면 근기법에 위반되지 않아 효력이 인정된다. 따라서 정직처분으로 인해 2020년에 3개월 동안 출근하지 않은 乙에게 2021년에 15일의 연차유급휴가를 줄 수 없다는 A회사의 주장은 타당하다.

다음으로, 근기법에 따르면 "근로자가 업무상의 부상 또는 질병으로 휴업한 기간"은 출근한 것으로 본다. 따라서 2020년에 丙이 업무상 질병으로 인해 휴업한 4개월은 모두 출근한 것으로 간주되고 丙은 2021년에 15일의 연차 유급휴가를 부여받을 수 있다. 그러므로 丙에게 2021년에 15일의 연차유급휴가를 줄 수 없다는 A회사의 주장은 타당하지 않다.

## 사례 12  전직의 정당성, 해고절차의 정당성

**[사례 12]**[82)]

A회사는 상시 근로자 300명을 고용하여 사무용품의 판매업을 영위하는 회사로서, 서울에 본점이 있고 대전·부산·제주에 지점을 두고 있다. 甲은 A회사의 서울본점에서 영업부 과장으로 근무하고 있었다.

甲의 근로계약서에는 근무장소가 기재되어 있지 않으며, A회사의 취업규칙에는 회사는 업무상 필요한 경우 직원을 본사 및 지점에 근무할 것을 명할 수 있다고 규정되어 있다. 또한 위 취업규칙에는 과장이 차장으로 승진하기 위한 요건으로 서울 이외의 지점에서 1년 이상 근무할 것이 규정되어 있다.

A회사는 대전지점의 영업부 과장 乙이 사직을 하자 차장 승진이 유력한 甲이 가장 적합하다고 판단하여 甲의 의사는 묻지 않고 甲을 대전지점의 영업부 과장으로 전근을 명령하였다. 위 취업규칙에는 연고가 없는 지역에 근무하는 직원에 대해서는 회사의 비용으로 사택을 제공하고 매월 기본급의 100%에 해당하는 지역근무수당을 추가하여 지급한다고 규정되어 있다. 그러나 甲은 자신은 서울에서만 살았고 대전에는 연고가 전혀 없으며 사진 동호회의 정기 모임이 매월 첫째 주 일요일에 서울에서 열리는데 자신이 동호회의 회장이라는 이유로 대전에서 근무할 수 없다고 하소연하면서 대전지점에 부임하지 않고 1개월간 출근을 거부하였다.

A회사는 甲이 계속 출근을 거부하자 위 취업규칙상 10일 이상 무단결근을 하는 때 또는 정당한 업무 명령을 거부하는 때에는 징계를 할 수 있다는 규정에 근거하여 甲을 적법하게 구성된 징계위원회에 회부하였다. 한편, 위 취업규칙에는 징계위원회 개최일 5일 전까지 징계대상자에게 징계사유와 징계위원회 개최 일시를 통보하고 소명의 기회를 주어야 한다고 규정되어 있다. 그러나 A회사는 甲의 징계사유가 명백하다고 판단하여 甲에게 징계위원회 개최사실을 알리지 아니하였고, 소명의 기회도 부여하지 아니하였다. 징계위원회는 甲의 전근명령 거부 및 무단결근을 사유로 하여 징계해고처분을 결정하였다.

---

82) 2013년도 시행 제2회 변호사시험.

이에 A회사의 대표이사는 2012년 11월 4일 甲을 직접 불러 전근명령 거부 및 무단결근을 이유로 2012년 12월 5일자로 징계해고될 것임을 구두로 통보하였고, 이에 따라 甲은 2012년 12월 5일에 해고되었다.

> **〈질 문〉**
>
> 1. A회사의 甲에 대한 전근명령은 정당한가? (40점)
> 2. 甲은 자신에 대한 징계해고사유가 인정되더라도 (1) 징계절차에 하자가 있어 해고가 무효이고, (2) 해고통지가 위법하여 해고가 무효라고 주장하고 있다. 이러한 甲의 (1)과 (2)의 각 주장은 타당한가? (40점)

## 해 설

〈질문 1〉 A회사의 甲에 대한 전근명령은 정당한가? (40점)

## Ⅰ. 논점의 정리

사용자는 근로자에게 정당한 이유 없이 전직을 할 수 없다(근기법 제23조 제1항). 전직은 일반적으로 근로자의 직무내용이나 근무지를 변경하는 인사처분을 말하고, 전직, 전근, 전보 등의 용어는 혼용되는 경우가 많다.[83] 전직 또는 전근명령은 정당하게 이루어져야 법적 효력이 인정된다.

이 사안에서 甲의 근로계약서에는 근무장소가 기재되어 있지 않고, A회사의 취업규칙에는 회사는 업무상 필요한 경우 직원을 본사 및 지점에 근무할 것을 명할 수 있다고 규정되어 있는바, 甲에 대한 전근명령의 정당성 여부가 검토되어야 한다.

## Ⅱ. 관련 법리

판례에 따르면 근로자에 대한 전보나 전직은 원칙적으로 인사권자인 사용자의

---

[83] 임종률·김홍영, 앞의 책, 517쪽.

권한에 속하므로 업무상 필요한 범위 내에서는 사용자는 상당한 재량을 가지며 그것이 근기법에 위반되거나 권리남용에 해당되는 등의 특별한 사정이 없는 한 유효하다.[84)]

또한 전보처분이 권리남용에 해당하는지 여부는 전보처분 등의 업무상의 필요성과 전보 등에 따른 근로자의 생활상의 불이익을 비교·교량하여 결정되어야 할 것이고, 업무상의 필요에 의한 전보 등에 따른 생활상의 불이익이 근로자가 통상 감수하여야 할 정도를 현저하게 벗어난 것이 아니라면 이는 정당한 인사권의 범위 내에 속하는 것으로서 권리남용에 해당하지 않는다고 한다. 한편, 전보 등에 따른 근로자의 생활상의 불이익의 정도를 판단할 때에는 통근차량이나 숙소제공, 수당지급, 직급 상향 조정 등 불이익을 완화하기 위한 조치를 했는지 여부도 고려된다.[85)]

다만, 이 경우 전보처분 등을 함에 있어서 근로자 본인과 성실한 협의절차를 거쳤는지 여부는 정당한 인사권의 행사인지 여부를 판단하는 하나의 요소라고는 할 수 있으나 그러한 절차를 거치지 아니하였다는 사정만으로 전보처분 등이 권리남용에 해당하여 당연히 무효가 된다고는 할 수 없다고 본다.

한편, 근로계약상 근로의 장소가 특정되어 있는 경우에 사용자가 이를 변경하는 전직이나 전보명령을 하려면 근로자의 동의가 있어야 한다.[86)]

## Ⅲ. 사안의 적용

이 사안에서 甲의 근로계약서에는 근무장소가 특정되어 있지 않다. 따라서 A회사가 甲에 대하여 내린 대전지점으로의 전근명령이 정당, 유효하기 위해서 甲의 동의를 필요로 하는 것은 아니다.

A회사의 취업규칙에 따르면 회사는 업무상 필요한 경우 직원을 본사 및 지점에 근무할 것을 명할 수 있다고 규정되어 있기는 하나 이와 같이 취업규칙에 따른 전근명령은 근기법 제23조 제1항에 따라 그 정당성 여부를 검토하여야 한다. 앞서 살펴본 판례 법리에 근거하여 이 사안에서 문제된 전근명령의 정당성 여부를 살펴보면 다음과 같다.

---

84) 대법원 1995. 10. 13. 선고 94다52928 판결.
85) 대법원 1997. 7. 22. 선고 97다18165, 18172 판결.
86) 대법원 1992. 1. 21. 선고 91누5204 판결.

첫째, 전근명령의 업무상 필요성과 관련하여, A회사의 취업규칙에는 회사는 업무상 필요한 경우 직원을 본사 및 지점에 근무할 것을 명할 수 있다고 규정되어 있고, A회사는 대전지점의 영업부 과장 乙이 사직을 하여 그 자리의 보충이 필요한 상황이다. 또한 甲은 지방지점에서 근무한 경험이 없는 상황인데, 취업규칙에는 과장이 차장으로 승진하기 위한 요건으로 서울 이외의 지점에서 1년 이상 근무할 것이 규정되어 있는 점과 관련하여 A회사가 차장 승진이 유력한 甲이 대전지점의 영업부 과장에 가장 적합하다고 판단한 것이다. 이러한 점을 종합하여 볼 때 A회사가 甲에 대해 내린 대전지점으로의 전근명령은 업무상의 필요성이 인정된다고 할 것이다.

둘째, 甲의 생활상 불이익과 관련하여, 甲은 자신은 서울에서만 살았고 대전에는 연고가 전혀 없는 점, 사진 동호회의 정기 모임이 매월 첫째주 일요일에 서울에서 열리는데 자신이 동호회의 회장이라는 점 등을 전근명령의 거부 이유로 들고 있고, 이러한 점들은 생활상의 불이익이라고 볼 수 있을 것이다. 그러나 취업규칙에는 연고가 없는 지역에 근무하는 직원에 대해서 회사의 비용으로 사택을 제공하고 매월 기본급의 100%에 해당하는 지역근무수당을 추가하여 지급한다고 규정되어 있는 점, 사진 동호회의 정기모임이 1월에 1회에 불과하며 휴일에 열린다는 점, 대전과 서울은 비교적 단시간에 이동할 수 있는 대도시인 점 등을 고려한다면 甲이 대전지점으로의 전근으로 인해 입게 되는 생활상의 불이익이 근로자가 통상 감수하여야 할 정도를 현저하게 벗어난 것으로 볼 수는 없을 것이다.

따라서 이 사안에서의 전근명령의 업무상 필요성과 전근에 따른 甲의 생활상 불이익을 비교·교량하여 볼 때, 甲에 대한 전근명령은 정당한 인사권의 범위 내에 속하는 것으로서 권리남용에 해당하지 않는다.

한편, A회사는 甲의 의사는 묻지 않고 대전지점으로의 전근명령을 내렸으므로 전근명령을 함에 있어 甲과 성실한 협의절차는 거치지 않았다. 그러나 판례에 따르면 근로자와의 협의절차를 거치지 아니하였다는 사정만으로 전보처분 등이 권리남용에 해당하여 당연히 무효가 되는 것은 아니다.

## Ⅳ. 결론

이 사안에서 A회사의 甲에 대한 전근명령은 업무상 필요성이 인정되며, 甲이

전근으로 인하여 입게 되는 생활상의 불이익이 있기는 하지만 甲에게 주어지는 불이익 완화조치(사택제공 및 지역근무수당의 지급)를 고려하여 전근명령의 업무상 필요성과 전근에 따른 생활상 불이익을 비교·교량하여 보면, 甲이 주장하는 생활상의 불이익은 근로자가 통상 감수하여야 할 정도를 현저하게 벗어나지 않는다. 비록 A회사가 甲과 전근에 대해 협의하지는 않았지만, 그러한 사정만으로 이 사건 전보처분이 인사권의 남용이라고 할 수는 없다. 따라서 A회사의 甲에 대한 전근명령은 정당하다.

〈질문 2〉甲은 자신에 대한 징계해고사유가 인정되더라도 (1) 징계절차에 하자가 있어 해고가 무효이고, (2) 해고통지가 위법하여 해고가 무효라고 주장하고 있다. 이러한 甲의 (1)과 (2)의 각 주장은 타당한가? (40점)

## Ⅰ. 논점의 정리

### 1. 주장 (1) 관련

A회사의 취업규칙에는 징계위원회 개최일 5일 전까지 징계대상자에게 징계사유와 징계위원회 개최 일시를 통보하고 소명의 기회를 주어야 한다고 규정되어 있다. 그러나 A회사는 甲의 징계사유가 명백하다고 판단하여 甲에게 징계위원회 개최사실을 알리지 아니하였고, 소명의 기회도 부여하지 아니하였다. 이와 같은 징계절차상의 하자를 이유로 甲에 대한 해고가 무효인지 여부가 검토되어야 한다.

### 2. 주장 (2) 관련

A회사의 대표이사는 2012년 11월 4일 甲을 직접 불러 전근명령 거부 및 무단결근을 이유로 2012년 12월 5일자로 징계해고될 것임을 구두로 통보하였는데, 이와 같이 구두로 해고통지가 이루어진 경우 해고는 무효인지 여부를 검토하여야 한다.

## Ⅱ. 관련 법리

### 1. 단체협약 또는 취업규칙에 징계절차가 규정되어 있는 경우

근기법상 징계절차와 관련하여 특별히 규정하고 있는 바는 없다. 다만 판례에 따르면 단체협약이나 취업규칙에서 징계절차를 규정한 것은 징계권의 공정한 행사를 확보하고 징계제도의 합리적인 운영을 도모하기 위한 것으로서 중요한 의미를 갖는 것인 바, 징계규정에서 징계대상자에게 징계위원회에 출석하여 변명과 소명자료를 제출할 기회를 부여하도록 되어 있음에도 불구하고 이러한 징계절차를 위배하여 징계해고를 하였다면 이러한 징계권의 행사는 징계사유가 인정되는지 여부에 관계없이 절차에 있어서의 정의에 반하는 처사로서 무효라고 본다.[87]

다만, 판례는 단체협약이나 취업규칙 등에 징계절차에 관한 규정이 없는 경우에는 사용자가 징계절차에서 소명의 기회를 부여하지 않거나 징계절차를 사전에 통고하지 않은 채 징계처분을 하였다고 하더라도 그 징계처분을 무효라고 볼 수 없다고 한다.[88]

### 2. 해고통지의 형식

근기법 제27조 제1항에 따르면 사용자는 근로자를 해고하려면 해고사유와 해고시기를 서면으로 통지하여야 한다. 또한 동조 제2항에서는 근로자에 대한 해고는 동조 제1항에 따라 서면으로 통지하여야 효력이 있다고 규정하고 있다. 따라서 해고사유와 해고시기를 서면으로 통지하지 않은 해고는 무효이다.

## Ⅲ. 사안의 적용

### 1. 주장 (1) 관련

A회사의 취업규칙에는 징계위원회 개최일 5일 전까지 징계대상자에게 징계사유와 징계위원회 개최 일시를 통보하고 소명의 기회를 주어야 한다고 규정되어 있다. 그러나 A회사는 甲의 징계사유가 명백하다고 판단하여 甲에게 징계위원회 개최사실을 알리지 아니하였고, 소명의 기회도 부여하지 아니하였다. 앞서 살펴

---

87) 대법원 1991. 7. 9. 선고 90다8077 판결.
88) 대법원 1992. 4. 14. 선고 91다4775 판결.

본 판례에 따르면 취업규칙상의 징계절차를 위배하여 징계해고를 한 경우 이러한 징계권의 행사는 무효이다. 따라서 甲에 대한 징계해고는 무효가 된다.

### 2. 주장 (2) 관련

A회사의 대표이사는 2012년 11월 4일 甲을 직접 불러 전근명령 거부 및 무단 결근을 이유로 2012년 12월 5일자로 징계해고될 것임을 구두로 통보하였다. 근기법 제27조 제1항에 따르면 해고의 통지는 서면으로 하여야 하는데 甲에 대한 해고는 구두로 통보하여 동 조항의 위반에 해당된다. 또한, 근기법 제27조 제2항에서는 적법한 해고통지를 하여야 해고의 효력이 있다고 규정하고 있는데, 甲에 대해 서면에 의한 해고통지가 없으므로 해고는 무효가 된다.

### Ⅳ. 결론

주장 (1)의 경우, A회사는 甲을 징계해고함에 있어 甲에게 징계위원회 개최사실을 알리지 아니하고 소명의 기회도 부여하지 아니하여 취업규칙상의 징계절차를 위반한 것으로 그러한 징계해고는 무효이다. 따라서 징계절차에 하자가 있어 해고가 무효라는 甲의 주장은 타당하다.

주장 (2)의 경우, A회사의 대표이사는 해고통보를 구두로 하여 서면으로 통지하여야 한다는 근기법 제27조 제1항을 위반하였으므로 동조 제2항에 따라 甲에 대한 해고는 효력이 없다. 따라서 해고통지가 위법하여 해고가 무효라는 甲의 주장은 타당하다.

## 사례 13  해고사유(근무성적 불량)의 정당성, 징계절차의 정당성

**[사례 13]**[89)]

A회사는 상시 근로자 500명을 고용하여 주식, 채권, 파생상품 등의 거래 중개를 업으로 하는 증권회사이다. A회사는 2013년부터 매년 2회 전체 근로자들을 대상으로 성과평가를 실시하고 있으며, 팀장, 부서장 및 본부장의 3단계 평가를 통해 자의적인 성과평가를 방지하고 있고, 절대평가 방식을 채택하면서도 이로 인한 불합리를 방지하기 위하여 평가자 3명이 협의하여 최저 등급인 D등급을 부여하지 않을 수도 있도록 하고 있다. 성과평가의 공정성을 위하여 평가의 기준이나 항목을 소속 근로자들에게 공개하고 있고, 성과평가 결과에 대한 이의제기 절차를 마련하여 근로자들에게 안내하고 있다.

2021. 12. 31. 당시 A회사 채권영업부 과장으로 근무하고 있던 근로자 甲은 2018년부터 2021년까지 4년 연속 최저 등급인 D등급으로 평가되었으나, 이러한 평가에 이의를 제기한 바는 없다. A회사는 하위 5% 이내에 해당하는 저조한 직무성과를 보인 과장급 이상 직원 10명을 대상으로 2022. 1. 2.부터 2022. 6. 30.까지 직무역량 향상과 직무 재배치를 위한 직무교육을 실시하였다. 甲은 이 직무교육을 받은 이후 2022. 7. 1. 과장직급자 중 저성과자들 5명과 함께 영업지원부서에 재배치되었으나 이후 실시된 2022년 12월과 2023년 6월의 성과평가에서도 모두 D등급을 받았다. 특히 2023년 6월의 성과평가에서 평가자 전원은 甲에 대해 '업무능력 및 실적이 향후에도 개선될 가능성이 희박하다'는 의견을 제시하였다. A회사는 2023. 9. 1. 인사위원회를 개최하여 "근무성적 또는 능력이 현저하게 불량하여 직무를 수행할 수 없다고 인정되었을 때"를 해고 사유로 규정하고 있는 취업규칙에 따라 甲을 해고하였다.

한편, A회사 소속 근로자 乙은 고객에게 파생상품을 판매하면서 그 실명을 불성실하게 한 불완전판매 행위와 C주식에 관한 시세조종 행위에 가담한 행위로 징계위원회에 회부되었다. A회사의 취업규칙은 징계 대상자에게 징계위원회에 출석하여 소명할 수 있는 기회를 부여하도록 하고 있으나, 그 통보의 시기와 방법에 대해 별도로 규정하고 있지는 않다. A회사는 2023. 9. 12. 10:30에 징계위원회를 개최하기로 하고, 2023. 9. 11. 퇴근 시간이 임박한 오후 5시경에 乙에게 사내 이메일을 보내 징계위원회에 출석하여 소명할 것을 통보하였다. 乙은 징계위원회에 참석하였지만 징계사유에 관하여 충분히 소명하지 못하였고, 징계위원회는 乙에 대해 징계해고를 의결하였다.

### 〈질 문〉

1. A회사가 취업규칙에 따라 甲에게 행한 2023. 9. 1.자 해고는 정당한가? (절차에 관한 논의는 제외함) (40점)
2. 乙은 2023. 9. 12. A회사의 징계위원회에서 의결한 자신에 대한 징계해고는 징계절차에 반하여 부당하다고 주장한다. 乙의 주장은 타당한가? (40점)

## 해 설

〈질문 1〉 A회사가 취업규칙에 따라 甲에게 행한 2023. 9. 1.자 해고는 정당한가? (절차에 관한 논의는 제외함) (40점)

## Ⅰ. 논점의 정리

근기법 제23조 제1항에 따르면 사용자는 근로자에게 정당한 이유 없이 해고하지 못한다. 그런데 A회사는 "근무성적 또는 능력이 현저하게 불량하여 직무를 수행할 수 없다고 인정되었을 때"를 해고 사유로 규정하고 있는 취업규칙에 따라 甲을 해고하였다. 따라서 이 사안에서는 이른바 근무성적 불량이 해고의 정당한 사유가 되는지 여부가 문제된다.

## Ⅱ. 관련 법리

판례에 따르면 해고는 사회통념상 고용관계를 계속할 수 없을 정도로 근로자에

---

89) 2024년도 제13회 변호사시험.

게 책임 있는 사유가 있는 경우에 행하여져야 그 정당성이 인정되는 것이고, 사회
통념상 당해 근로자와의 고용관계를 계속할 수 없을 정도인지의 여부는 당해 사
용자의 사업의 목적과 성격, 사업장의 여건, 당해 근로자의 지위 및 담당직무의
내용, 비위행위의 동기와 경위, 이로 인하여 기업의 위계질서가 문란하게 될 위험
성 등 기업질서에 미칠 영향, 과거의 근무태도 등 여러 가지 사정을 종합적으로
검토하여 판단하여야 한다.[90]

해고사유의 정당성과 관련하여, 사용자가 근무성적이나 근무능력이 불량하여
직무를 수행할 수 없는 경우에 해고할 수 있다고 정한 취업규칙 등에 따라 근로자
를 해고한 경우 정당성 판단이 문제된다. 대법원 판례에 따르면 사용자가 근로자
의 근무성적이나 근무능력이 불량하다고 판단한 근거가 되는 평가가 공정하고 객
관적인 기준에 따라 이루어진 것이어야 할 뿐 아니라, 근로자의 근무성적이나 근
무능력이 다른 근로자에 비하여 상대적으로 낮은 정도를 넘어 상당한 기간 동안
일반적으로 기대되는 최소한에도 미치지 못하고 향후에도 개선될 가능성을 인정
하기 어렵다는 등 사회통념상 고용관계를 계속할 수 없을 정도인 경우에 한하여
해고의 정당성이 인정된다.[91] 그리고, 이 때 사회통념상 고용관계를 계속할 수
없을 정도인지는 근로자의 지위와 담당 업무의 내용, 그에 따라 요구되는 성과나
전문성의 정도, 근로자의 근무성적이나 근무능력이 부진한 정도와 기간, 사용자
가 교육과 전환배치 등 근무성적이나 근무능력 개선을 위한 기회를 부여하였는지
여부, 개선의 기회가 부여된 이후 근로자의 근무성적이나 근무능력의 개선 여부,
근로자의 태도, 사업장의 여건 등 여러 사정을 종합적으로 고려하여 합리적으로
판단하여야 한다.[92]


## Ⅲ. 사안의 적용

甲에 대한 해고는 "근무성적 또는 능력이 현저하게 불량하여 직무를 수행할 수
없다고 인정되었을 때"를 해고 사유로 규정하고 있는 취업규칙에 따른 것이다.
이러한 취업규칙에 따른 甲에 대한 해고 사유의 정당성을 판단하기 위해서는 사

---

90) 대법원 2003. 7. 8. 선고 2001두8018 판결 등.
91) 대법원 2021. 2. 25. 선고 2018다253680 판결, 대법원 2023. 12. 28. 선고 2021두33470 판결.
92) 대법원 2021. 2. 25. 선고 2018다253680 판결, 대법원 2023. 12. 28. 선고 2021두33470 판결.

회통념상 고용관계를 계속할 수 없을 정도인지에 대한 검토가 필요하다.

첫째, 甲의 근무성적이나 근무능력이 불량하다고 판단한 근거가 되는 평가가 공정하고 객관적인 기준에 따라 이루어진 것인지 살펴보면, 팀장, 부서장 및 본부장의 3단계 평가를 통해 자의적인 성과평가를 방지하고 있는 점, 절대평가 방식을 채택하면서도 이로 인한 불합리를 방지하기 위하여 평가자 3명이 협의하여 최저 등급인 D등급을 부여하지 않을 수도 있도록 하고 있는 점, 성과평가의 공정성을 위하여 평가의 기준이나 항목을 소속 근로자들에게 공개하고 있는 점, 성과평가 결과에 대한 이의제기 절차를 마련하여 근로자들에게 안내하고 있는 점 등에 비추어 볼 때 인사평가가 공정하고 객관적인 기준에 따라 이루어졌다고 볼 수 있다.

둘째, 甲은 2018년부터 2021년까지 4년 연속 최저 등급인 D등급으로 평가되었는바, 甲의 근무성적이나 근무능력이 다른 근로자에 비하여 상대적으로 낮은 정도를 넘어 상당한 기간 동안 일반적으로 기대되는 최소한에도 미치지 못하는 것이라 할 수 있다.

셋째, 甲의 근무성적이나 근무능력이 향후에 개선될 가능성을 인정할 수 있는지 살펴보면, 甲은 A회사의 하위 5% 이내에 해당하는 저조한 직무성과를 보인 과장급 이상 직원 10명을 대상으로 실시된 직무역량 향상과 직무 재배치를 위한 직무교육을 받은 이후, 과장직급자 중 저성과자들 5명과 함께 영업지원부서에 재배치되었으나 이후 실시된 두 번의 성과평가에서도 모두 D등급을 받았다는 점, 특히 2023년 6월의 성과평가에서 평가자 전원은 甲에 대해 '업무능력 및 실적이 향후에도 개선될 가능성이 희박하다'는 의견을 제시했다는 점에 비추어 볼 때 향후에도 개선될 가능성을 인정하기 어렵다고 할 수 있다.

또한, 채권영업부 과장이라는 甲의 담당업무와 지위에 비추어 볼 때 A회사와 甲의 고용관계 유지를 위해 甲의 근무성적이 중요한 의미를 갖는다는 점도 고려되어야 한다.

요컨대 甲이 4년 연속 최저 등급인 D등급 평가를 받고 직무교육을 받은 이후 직무 재배치가 된 후에도 두 번의 성과평가에서 D등급을 받은 것은 근무성적이나 근무능력이 일정 기간 계속하여 부진한 데 그치지 않고, 다른 근로자에 비하여 상대적으로 낮은 정도를 넘어 상당한 기간 동안 일반적으로 기대되는 최소한에도 미치지 못한 것이라 할 수 있다. 또한 교육과 재배치를 통해 개선의 기회가 부여되었으나 그 이후에도 최저 등급으로 평가된 점 등을 고려하면 사회통념상 고용관계를 계속할 수 없다고 판단할 수 있다.

## Ⅳ. 결론

A회사가 "근무성적 또는 능력이 현저하게 불량하여 직무를 수행할 수 없다고 인정되었을 때"를 해고 사유로 규정하고 있는 취업규칙에 따라 甲에게 행한 2023. 9. 1.자 해고는 사유의 정당성이 인정된다.

〈질문 2〉 乙은 2023. 9. 12. A회사의 징계위원회에서 의결한 자신에 대한 징계해고는 징계절차에 반하여 부당하다고 주장한다. 乙의 주장은 타당한가? (40점)

## Ⅰ. 논점의 정리

이 사안에서는 징계(해고) 절차와 관련하여, 취업규칙에서 징계대상자에게 소명기회를 부여하도록 하고 있는 경우, 징계대상자에게 징계위원회 출석·소명 통보가 촉박하게 이루어진 것이 절차상 적법하다고 볼 수 있는지 여부가 문제된다.

## Ⅱ. 관련 법리

근기법 등 법령에서는 징계 또는 해고 대상 근로자에 대한 소명기회 부여에 관한 규정은 두고 있지 않다. 대법원 판례에 따르면 단체협약, 취업규칙 또는 징계규정에서 징계대상자에게 징계위원회에 출석하여 변명과 소명자료를 제출할 수 있는 기회를 부여한 경우 그 통보의 시기와 방법에 관하여 특별히 규정한 바가 없다고 하여도 변명과 소명자료를 준비할 만한 상당한 기간을 두고 개최일시와 상소를 통보하여야 한다. 그런데 이러한 변명과 소명자료를 준비할 만한 시간적 여유를 주지 않고 촉박하게 이루어진 통보는 실질적으로 변명과 소명자료 제출의 기회를 박탈하는 것과 다를 바 없어 부적법하다고 보아야 할 것이고, 설사 징계대상자가 그 징계위원회에 출석하여 진술을 하였다 하여도 스스로 징계에 순응하는 것이 아닌 한 그 징계위원회의 의결에 터잡은 징계해고는 징계절차에 위배한 부적법한 징계권의 행사라고 한다.[93]

## Ⅲ. 사안의 적용

A회사의 취업규칙은 징계 대상자에게 징계위원회에 출석하여 소명할 수 있는 기회를 부여하도록 하고 있다. 乙에 대해 징계를 하기 위해서는 취업규칙에 규정된 절차상 징계위원회 출석과 소명기회 부여 규정이 준수되어야 한다. 이 경우 징계위원회 출석의 통보 시기와 방법에 특별히 규정이 없더라도 소명을 준비하기 위한 상당한 기간을 두고 일시와 장소가 통보되어야 한다.

그런데 A회사는 2023. 9. 12. 10:30에 징계위원회를 개최하기로 하면서 바로 전날인 2023. 9. 11. 퇴근 시간이 임박한 오후 5시경에 乙에게 사내 이메일을 보내 징계위원회에 출석하여 소명할 것을 통보하였다. 결국 乙은 징계위원회에 참석하였지만 징계사유에 관하여 충분히 소명하지 못했다. 이와 같은 통보는 준비를 위한 여유 없이 촉박하게 이루어진 것으로 소명 기회 박탈과 다를 바 없으므로 이러한 징계위원회 의결은 그 절차 면에서 부적법하다.

## Ⅳ. 결론

A회사의 乙에 대한 징계위원회 출석·소명 통보는 촉박하게 이루어진 것으로 소명 기회 박탈과 다를 바 없어 부적법하므로 乙의 주장은 타당하다.

---

93) 대법원 2004. 6. 25. 선고 2003두15317 판결.

**사례 14** 영업양도와 고용승계, 징계해고 사유의 정당성

**[사례 14]**[94)]

A회사는 상시 500명의 근로자를 사용하여 각종 전자부품을 제조·판매하는 회사이고, B회사는 상시 100명의 근로자를 사용하여 자동차용 오디오를 제조·판매하는 회사이다. A회사는 2014. 3.경부터 자동차용 전자장비 생산부를 확장하기로 하고, 그 일환으로 B회사를 양수하기로 결정하였다.

두 회사가 2014. 5. 1. 체결한 영업양도계약 제25조는 "① B회사는 2014. 7. 31.자로 A회사에 그 건물과 시설 및 설비 등 영업에 필요한 재산 일체를 양도한다. ② A회사는 2014. 8. 1.자로 B회사 근로자들의 고용을 모두 승계한다. 다만, 근로 연수 20년 이상인 근로자의 고용은 승계하지 않을 수 있다."라고 규정하고 있다. B회사의 모든 근로자들은 영업양도 절차에 협조하기 위하여 A회사의 요청에 따라 B회사에 사직서와 A회사로의 재취업신청서를 함께 제출하였다. 그러나 A회사는 2014. 8. 1. B회사의 근로 연수 20년 이상인 근로자 10명 중에서 인사고과 점수가 낮은 甲 등 5명의 고용을 승계하지 않았다.

한편, A회사의 근로자 乙은 2014. 5. 6.부터 2주 동안 두 회사 사이의 영업양도계약의 부당성과 A회사를 비방하는 취지의 다수 문건을 A회사 홈페이지에 게시하였다. A회사는 전체 근로자들에게 영업양수의 필요성을 홍보하는 한편, 乙에게도 공문이나 인사부장과의 면담 등을 통해 회사에 대한 비방을 중단하지 않으면 징계할 수 있음을 여러 차례 경고하였다. 그러나 그후에도 乙은 자신의 행위는 회사의 발전을 위한 것으로 비방이 아니라면서 동일한 행위를 계속하였다. 이에 A회사는 乙의 행위가 취업규칙 제12조(징계해고의 사유) 제5호 '고의적이거나 계속적으로 회사를 비방하는 행위'에 해당한다고 판단하여 필요한 모든 징계절차를 거쳐 2014. 8. 15. 乙을 징계해고하였다.

**<질 문>**

1. A회사가 2014. 8. 1.자로 甲 등 5명의 고용을 승계하지 않은 행위는 정당한가?
2. A회사가 2014. 8. 15.자로 乙을 징계해고한 것은 정당한가?

---

94) 2015년도 시행 제4회 변호사시험.

**해 설**

〈질문 1〉 A회사가 2014. 8. 1.자로 甲 등 5명의 고용을 승계하지 않은 행위는 정당한가?

## I. 논점의 정리

이 사안에서는 먼저 A회사와 B회사 간에 2014. 5. 1. 체결된 영업양도계약에 따라 그 법적 효과로서 B회사 근로자들의 근로관계가 모두 A회사로 승계되는지 여부를 검토하여야 한다. 다음으로 위 영업양도계약에서 A회사는 근로 연수 20년 이상인 근로자의 고용을 승계하지 않을 수 있다는 조항을 두고 있는바, 이러한 조항에 근거하여 A회사가 근로 연수 20년 이상이면서 인사고과 점수가 낮은 甲 등 5명의 고용을 승계하지 않은 것이 정당한지 여부를 검토하여야 한다. 또한 B 회사의 모든 근로자들은 영업양도 절차에 협조하기 위하여 A회사의 요청에 따라 B회사에 사직서와 A회사로의 재취업신청서를 제출하였는바, 이는 근로자들이 B 회사를 퇴직하거나 A회사로의 인수를 거부한다는 의사로 해석될 수 있는지 여부 도 검토하여야 한다.

## II. 관련 법리

### 1. 영업양도의 의의와 근로관계의 승계

현행법은 영업양도가 이루어지는 경우 양도기업 근로자들의 근로관계가 양수 기업에 승계되는지 여부에 관하여 규정하고 있지 않다.

그러나 판례에 따르면 영업의 양도라 함은 일정한 영업목적에 의하여 조직화된 업체, 즉 인적·물적 조직을 그 동일성은 유지하면서 일체로서 이전하는 것으로 서 영업의 일부만의 양도도 가능하고, 이러한 영업양도가 이루어진 경우에는 반 대의 특약이 없는 한 양도인과 해당 근로자들의 근로관계가 양수하는 기업에 포 괄적으로 승계된다고 한다.[95]

---

95) 대법원 2002. 3. 29. 선고 2000두8455 판결. 한편, 판례에 따르면 영업양도에 의하여 근로계약 관계가 포괄적으로 승계된 경우에 근로자의 종전 근로계약상의 지위도 그대로 승계되는 것이 다. 예를 들어 근로관계 승계 후의 취업규칙상 퇴직금규정이 승계 전의 취업규칙상 퇴직금규정 보다 근로자에게 불리한 경우, 해당 근로자집단의 동의가 없다면 승계 전의 유리한 퇴직금규정

　여기서 영업의 동일성 여부는 일반 사회관념에 의하여 결정되어져야 할 사실인 정의 문제이기는 하지만, 문제의 행위(양도계약관계)가 영업의 양도로 인정되느냐 안 되느냐는 단지 어떠한 영업재산이 어느 정도로 이전되어 있는가에 의하여 결정되어져야 하는 것이 아니고 거기에 종래의 영업조직이 유지되어 그 조직이 전부 또는 중요한 일부로서 기능할 수 있는가에 의하여 결정되어져야 하는 것이므로, 예컨대 영업재산의 전부를 양도했어도 그 조직을 해체하여 양도했다면 영업의 양도는 되지 않는 반면에 그 일부를 유보한 채 영업시설을 양도했어도 그 양도한 부분만으로도 종래의 조직이 유지되어 있다고 사회관념상 인정되면 그것을 영업의 양도로 볼 것이라고 한다.96)

## 2. 영업양도 시 근로관계의 일부를 승계 대상에서 제외하는 특약의 효력

　판례는 영업양도 당사자 사이에 근로관계의 일부를 승계의 대상에서 제외하기로 하는 특약이 있는 경우에는 그에 따라 근로관계의 승계가 이루어지지 않을 수 있지만 그러한 특약은 실질적으로 해고나 다름이 없으므로 근기법 제23조 제1항 소정의 정당한 이유가 있어야 유효하며, 영업양도 그 자체만을 사유로 삼아 근로자를 해고하는 것은 정당한 이유가 있는 경우에 해당한다고 볼 수 없다고 한다.97) 즉, 정당한 해고사유가 있는 근로자의 경우에 한하여 양도 당사자 사이의 특약으로 그 근로관계의 승계를 제외할 수 있는 것이다. 정당한 해고사유가 없는 근로자의 근로관계는 양수인의 의사에 관계없이 양수인에게 승계되어야 한다.

## 3. 영업양도에 있어 승계거부 또는 퇴직의 의사표시

　판례에 따르면 영업양도에 의하여 양도인과 근로자 사이의 근로관계는 원칙적으로 양수인에게 포괄승계되는 것이지만 근로자가 반대의 의사를 표시함으로써 양수기업에 승계되는 대신 양도기업에 잔류하거나 양도기업과 양수기업 모두에

---

　이 그대로 적용되고 이는 퇴직금차등제도 설정 금지의 원칙에 위배되지 않는다고 보았다. 따라서, 근로관계 승계 이후 근로조건을 단일화하는 유효한 변경이나 조정이 없는 한 종전 근로조건은 그대로 통신과 같이 유시되는 것이다. 근로조건을 변경하는 경우에 종전 근로조건보다 불리하게 변경된다면 근로기준법 제94조 제1항에 따라 해당 사업 또는 사업장에 근로자의 과반수로 조직된 노동조합이 있는 경우에는 그 노동조합, 근로자의 과반수로 조직된 노동조합이 없는 경우에는 근로자의 과반수의 동의를 받아야 한다(대법원 1995. 12. 26. 선고 95다41659 판결).
96) 대법원 2002. 3. 29. 선고 2000두8455 판결.
97) 대법원 2002. 3. 29. 선고 2000두8455 판결.

서 퇴직할 수도 있는 것이라고 한다. 또한, 영업이 양도되는 과정에서 근로자가 일단 양수기업에의 취업을 희망하는 의사를 표시하였다고 하더라도 그 승계취업이 확정되기 전이라면 취업희망 의사표시를 철회하는 방법으로 위와 같은 반대의 사를 표시할 수 있는 것으로 보아야 할 것이라고 한다.[98)]

### 4. 근무성적 불량을 이유로 하는 해고의 정당성

판례에 따르면 근무성적이나 근무능력 불량을 이유로 하는 해고의 정당성이 문제되는 경우, 사용자가 근로자의 근무성적이나 근무능력이 불량하다고 판단한 근거가 되는 평가가 공정하고 객관적인 기준에 따라 이루어진 것이어야 할 뿐 아니라, 근로자의 근무성적이나 근무능력이 다른 근로자에 비하여 상대적으로 낮은 정도를 넘어 상당한 기간 동안 일반적으로 기대되는 최소한에도 미치지 못하고 향후에도 개선될 가능성을 인정하기 어렵다는 등 사회통념상 고용관계를 계속할 수 없을 정도인 경우에 한하여 해고의 정당성이 인정된다.[99)] 그리고 이때 사회통념상 고용관계를 계속할 수 없을 정도인지는 근로자의 지위와 담당 업무의 내용, 그에 따라 요구되는 성과나 전문성의 정도, 근로자의 근무성적이나 근무능력이 부진한 정도와 기간, 사용자가 교육과 전환배치 등 근무성적이나 근무능력 개선을 위한 기회를 부여하였는지 여부, 개선의 기회가 부여된 이후 근로자의 근무성적이나 근무능력의 개선 여부, 근로자의 태도, 사업장의 여건 등 여러 사정을 종합적으로 고려하여 합리적으로 판단하여야 한다.[100)]

## Ⅲ. 사안의 적용

### 1. 이 사안의 계약이 근로관계 승계의 효과가 발생되는 영업양도 계약에 해당되는지 여부

이 사안에서 A회사와 B회사가 체결한 영업양도계약 제25조 제1항에서는 B회사는 A회사에 그 건물과 시설 및 설비 등 영업에 필요한 재산 일체를 양도한다고 하고 있고, 동조 제2항 본문에서는 A회사는 B회사 근로자들의 고용을 모두 승계

---

98) 대법원 2002. 3. 29. 선고 2000두8455 판결.
99) 대법원 2021. 2. 25. 선고 2018다253680 판결, 대법원 2023. 12. 28. 선고 2021두33470 판결.
100) 대법원 2021. 2. 25. 선고 2018다253680 판결, 대법원 2023. 12. 28. 선고 2021두33470 판결.

한다고 하고 있다. 따라서 두 회사 간의 계약은 판례에서 말하는 인적·물적 조직을 그 동일성은 유지하면서 일체로서 이전하는 영업양도 계약에 해당된다고 판단된다. 따라서 B회사 근로자들의 근로관계는 원칙적으로 A회사에 포괄적으로 승계된다.

## 2. A회사가 甲 등 5명의 고용을 승계하지 않은 것이 정당한지 여부

이 사안에서 A회사와 B회사 간에 체결된 영업양도계약 제25조 제2항 단서에 따르면 근로 연수 20년 이상인 근로자의 고용은 승계하지 않을 수 있다고 하여 근로관계 일부를 승계 대상에서 제외할 수 있도록 하는 특약을 하고 있다. 그리고 실제로는 근로 연수 20년 이상인 근로자 10명 중에서 인사고과 점수가 낮은 甲 등 5명의 고용을 승계하지 않았다.

앞서 살펴본 바와 같이 판례에 따르면 영업양도 당사자 사이에 근로관계의 일부를 승계의 대상에서 제외하기로 하는 특약은 실질적으로 해고나 다름없기 때문에 근기법 제23조 제1항 소정의 정당한 이유가 있어야 한다. 甲 등 5명에 대한 해고 사유는 근로 연수가 20년 이상인 근로자 중에서 인사고과 점수가 낮다는 것이었다. 따라서 이러한 사유가 해고의 정당한 사유가 되는지 여부에 대해 검토해 보아야 한다.

먼저 근로 연수가 일정 기간 이상이라는 것은 정당한 해고 사유가 될 수 없다. 다음으로 인사고과 점수가 낮다는 것이 정당한 해고 사유가 되는지 여부가 문제된다.

이 사안에서 甲 등 5명이 고용승계 대상에서 제외된 이유는 근속 연수 20년 이상인 근로자로서 인사고과 점수가 낮은 것이라고만 하고 있을 뿐 이들의 인사고과가 어떠한 기준에 따라 이루어진 것인지, 이들의 직위, 보수, 근무경력, 다른 근로자의 전반적인 근로성적 등은 어떠한지, 이들은 근로자로서 최소한도의 직무수행능력이 결여되어 있는 것인지 등에 관해서는 알 수 없다. 따라서 甲 등 5명의 고용승계를 거부한 것은 정당한 사유가 없는 해고로서 부당해고에 해당된다고 판단된다.

## 3. 甲 등의 근로자들이 고용승계거부 또는 퇴직의 의사표시를 하였는지 여부

甲 등 5명의 근로자들은 B회사의 모든 근로자들과 마찬가지로 영업양도 절차에

협조하기 위하여 A회사의 요청에 따라 B회사에 사직서와 A회사로의 재취업신청서를 제출하였을 뿐, 스스로 고용승계거부나 퇴직을 희망한 것이라고 볼 수 없다.

## Ⅳ. 결론

이 사안의 A회사와 B회사 간의 계약은 근로관계 승계의 효과가 발생되는 영업양도 계약에 해당되고 따라서 원칙적으로 B회사 근로자들의 근로관계는 A회사에 포괄적으로 승계된다. 다만 두 회사 간의 특약을 통해 A회사는 甲 등 5명이 근로연수 20년 이상인 근로자로서 인사고과 점수가 낮다는 이유로 고용승계를 거부하였는데 이는 실질적으로 정당한 사유가 없는 부당해고에 해당된다. 따라서 A회사가 甲 등 5명의 고용을 승계하지 않은 행위는 정당하지 못하다.

〈질문 2〉 A회사가 2014. 8. 15.자로 乙을 징계해고한 것은 정당한가?

## Ⅰ. 논점의 정리

A회사의 근로자 乙은 두 회사 사이의 영업양도계약의 부당성과 A회사를 비방하는 취지의 다수 문건을 A회사 홈페이지에 게시한 것을 이유로 해고되었다. 이러한 乙의 행위가 정당한 징계해고 사유가 되는지, 징계양정이 적정한지 여부가 검토되어야 한다. 한편, 징계해고를 함에 있어 징계에 필요한 모든 절차를 거쳤다고 하고 있으므로 이 사안에서 징계 절차의 정당성은 문제되지 않는다.

## Ⅱ. 관련 법리

### 1. 징계해고의 정당성 판단 법리

근기법 제23조 제1항에 따르면 사용자는 근로자에게 정당한 이유 없이 해고하지 못한다.

판례에 따르면 해고는 사회통념상 고용관계를 계속할 수 없을 정도로 근로자에게 책임 있는 사유가 있는 경우에 행하여져야 그 정당성이 인정된다. 이 경우,

사회통념상 당해 근로자와의 고용관계를 계속할 수 없을 정도인지 여부는 당해 사용자의 사업의 목적과 성격, 사업장의 여건, 당해 근로자의 지위 및 담당직무의 내용, 비위행위의 동기와 경위, 이로 인하여 기업의 위계질서가 문란하게 될 위험성 등 기업질서에 미칠 영향, 과거의 근무태도 등 여러 가지 사정을 종합적으로 검토하여 판단하여야 한다.[101]

또한 근로자에게 징계사유가 있어 징계처분을 하는 경우 어떠한 처분을 할 것인가는 원칙적으로 징계권자의 재량에 맡겨져 있는 것이므로, 그 징계처분이 위법하다고 하기 위하여서는 징계권자가 재량권을 행사하여 한 징계처분이 사회통념상 현저하게 타당성을 잃어 징계권자에게 맡겨진 재량권을 남용한 것이라고 인정되는 경우에 한하고, 그 징계처분이 사회통념상 현저하게 타당성을 잃은 처분이라고 하려면 구체적인 사례에 따라 직무의 특성, 징계의 사유가 된 비위사실의 내용과 성질 및 징계에 의하여 달하려는 목적과 그에 수반되는 제반 사정을 참작하여 객관적으로 명백히 부당하다고 인정되는 경우라야 한다.[102]

## 2. 근로자가 회사를 비판하는 글을 게시하는 행위가 징계사유에 해당되는지 여부

근로자가 회사의 정책 등을 비판하는 글을 사내 게시판 등에 게시하는 행위와 관련하여, 판례는 사내 전자게시판에 게시된 문서에 기재되어 있는 문언에 의하여 타인의 인격, 신용, 명예 등이 훼손 또는 실추되거나 그렇게 될 염려가 있고, 또 문서에 기재되어 있는 사실관계 일부가 허위이거나 표현에 다소 과장되거나 왜곡된 점이 있다고 하더라도, 문서를 배포한 목적이 타인의 권리나 이익을 침해하려는 것이 아니라 근로조건의 유지·개선과 근로자의 복지증진 기타 경제적·사회적 지위의 향상을 도모하기 위한 것으로서 문서 내용이 전체적으로 보아 진실한 것이라면 이는 근로자의 정당한 활동범위에 속한다고 한다.[103]

다만, 판례는 근로자가 회사의 방침에 불만이 있을 경우에는 회사가 정한 정당한 절차에 따라 이의를 제기해야 하는 것인데 근로자가 저속한 표현을 쓰면서 근

---

101) 대법원 2006. 11. 23. 선고 2006다48069 판결, 대법원 2008. 7. 10. 선고 2007두22498 판결 등.
102) 대법원 2000. 10. 13. 선고 98두8858 판결; 대법원 2002. 9. 24. 선고 2002두4860 판결; 대법원 2008. 7. 10. 선고 2007두22498 판결 등.
103) 대법원 2012. 1. 27. 선고 2010다100919 판결. 이 사례의 주요 참조 판례인 대법원 2012. 1. 27. 선고 2010다100919 판결에서 제시된 판단기준은 본래 근로자의 유인물 배포행위가 근로자 내지 노동조합의 정당한 활동범위에 속하는지 여부가 문제된 사안들에서 판시되었던 기준들이다(대법원 1997. 12. 23. 선고 96누11778 판결 등 다수).

거 없이 회사의 방침을 비판하는 내용의 게시글을 사내 전자게시판에 게시한 경우 이는 징계사유에 해당된다고 한다.[104]

## Ⅲ. 사안의 적용

이 사안에서 A회사는 乙이 영업양도계약의 부당성과 A회사를 비방하는 취지의 다수 문건을 회사 홈페이지에 게시한 행위에 대해 비방을 중단하지 않으면 징계할 수 있음을 수 차례 경고하였으나 乙은 자신의 행위가 회사의 발전을 위한 것이라고 하면서 동일한 행위를 계속하였고, A회사는 乙의 행위가 취업규칙 소정의 징계해고 사유인 '고의적이거나 계속적으로 회사를 비방하는 행위'에 해당된다고 보아 乙을 징계해고 하였다.

앞서 살펴본 판례에 따르면 설령 乙이 게시한 글에 기재되어 있는 내용에 의해 회사의 신용이나 명예 등이 훼손 또는 실추되거나 그렇게 될 염려가 있고, 내용 중 일부가 허위이거나 표현이 다소 과장되거나 왜곡된 점이 있다고 하더라도, 그 목적이 단지 타인의 권리나 이익을 침해하려는 것이 아니라 영업양도계약의 부당성을 알려 근로조건의 유지·개선 등을 도모하기 위한 것이고 그 내용이 전체적으로 진실한 것이라면 이는 정당한 근로자의 활동으로 보호되어야 한다.

영업양도계약은 근로자들의 고용 및 근로조건과 밀접한 관련이 있고, 질문 1에서 살펴본 바와 같이 영업양도계약과 관련하여 부당한 해고가 이루어졌다는 점 등에 비추어볼 때 乙이 이 사건 영업양도계약의 부당성을 알리고자 회사 홈페이지에 글을 게시한 행위는 정당한 징계해고 사유에 해당되지 않는다고 판단된다. 乙의 행위는 전체적으로 근로자들의 고용 및 근로조건과 관련된 영업양도계약에 관하여 이의를 제기하고 비판하는 근로자의 정당한 활동으로 판단되므로 이를 이유로 하는 징계해고는 정당하지 못하다.

다만, 근로자가 회사의 방침에 불만이 있다면 회사가 정한 정당한 절차에 따라 이의를 제기해야 할 것인데 만일 乙이 근거 없이 회사의 방침을 비방하기만 한 것이라면 이는 A회사 취업규칙 제12조 제5호 소정의 징계해고 사유인 '고의적이거나 계속적으로 회사를 비방하는 행위'에 해당될 수 있다. 그렇지만 전체적으로

---

104) 대법원 2012. 1. 27. 선고 2010다100919 판결.

보아 영업양도와 관련하여 진실한 글을 게시한 것이라면 이를 이유로 징계해고처분을 내리는 것은 사회통념상 현저하게 타당성을 잃어 징계권자에게 맡겨진 재량권을 남용한 것이라고 할 것이다.

## Ⅳ. 결론

乙이 영업양도계약의 부당성과 A회사를 비방하는 취지의 글을 회사 홈페이지에 게시한 것은 전체적으로 근로자들의 고용 및 근로조건과 관련된 영업양도계약에 관하여 이의를 제기하고 비판하는 근로자의 정당한 활동범위에 속하는 것으로 판단되므로 이를 이유로 하는 징계해고는 정당하지 못하다고 판단된다. 만약 乙이 회사를 비방한 취지의 글을 게시한 것을 문제삼는 것이라고 하더라도 전체적으로 보아 영업양도와 관련하여 진실한 글을 게시한 것이라면 이를 이유로 징계해고처분을 내리는 것은 사회통념상 현저하게 타당성을 잃어 징계권자에게 맡겨진 재량권을 남용한 것이라고 할 것이다.

## 사례 15  회사분할과 근로관계의 승계

**[사례 15]**[105]

A회사에는 상시 근로자 500명이 근무하고, 근로자 과반수가 조합원으로 가입한 노동조합이 있다. A회사는 경영상 필요성에 의해 회사분할을 하기로 결정하고 1개월 동안 노동조합에게 이해와 협력을 구했으나 노동조합은 회사분할 자체를 반대하였다. 그러자 A회사는 상법상 회사분할(존속회사와 신설회사) 절차를 마친 후 분할된 업무에 종사하던 근로자 甲을 포함한 100명에게 신설회사(B회사)로 근로관계가 승계되었다며 B회사에서 근무하도록 서면으로 통보하였다.

**〈질 문〉**

근로자 甲이 B회사로 근로관계의 승계를 거부할 수 있는지 여부를 설명하시오. (25점)

**해 설**

〈질문〉 근로자 甲이 B회사로 근로관계의 승계를 거부할 수 있는지 여부를 설명하시오. (25점)

## I. 논점의 정리

A회사는 상법상 회사분할 절차를 마친 후 분할된 업무에 종사하던 甲에게 신설회사(B회사)로 근로관계가 승계되었다며 B회사에서 근무하도록 통보했다. 이러한 상황에서 甲이 B회사로의 근로관계의 승계를 거부할 수 있는지 여부를 판단하기 위해서는 (i) 회사분할시 근로관계의 승계의 요건 및 (ii) 근로관계의 승계에 대한 거부권의 인정요건을 검토해야 한다.

## II. 관련 법리

상법상 회사분할 제도는 기업의 조직재편을 원활히 하기 위하여 1998년 상법

---

105) 2015년도 제24회 공인노무사시험.

개정을 통하여 도입되었으나, 회사분할시 근로관계의 승계에 대해서는 특별한 입법이 이루어지지 않았다. 한편, 판례는 회사분할시 근로관계도 상법의 규정에 따라 승계되며, 근로자의 거부권은 예외적으로만 인정된다는 입장이다.[106)]

## 1. 근로관계 승계의 요건

판례에 따르면 상법 제530조의10은 분할신설회사는 분할하는 회사의 권리와 의무를 분할계획서가 정하는 바에 따라서 승계한다고 규정하고 있으므로, 분할하는 회사의 근로관계도 위 규정에 따른 승계의 대상에 포함될 수 있다고 하면서도, 회사 분할에 따른 근로관계의 승계는 근로자의 이해와 협력을 구하는 절차를 거치는 등 절차적 정당성을 갖춘 경우에 한하여 허용된다는 입장이다. 구체적으로 판례는 회사분할에 따라 일부 사업 부문이 신설회사에 승계되는 경우 분할하는 회사가 분할계획서에 대한 주주총회의 승인을 얻기 전에 미리 '노동조합'과 '근로자들'에게 회사 분할의 배경, 목적 및 시기, 승계되는 근로관계의 범위와 내용, 신설회사의 개요 및 업무 내용 등을 설명하고 이해와 협력을 구하는 절차를 거쳤다면 그 승계되는 사업에 관한 근로관계는 해당 근로자의 동의를 받지 못한 경우라도 신설회사에 승계되는 것이 원칙이라는 입장이다.

## 2. 근로관계 승계 거부권의 요건

판례에 의하면 회사의 분할이 근기법상 해고의 제한을 회피하면서 해당 근로자를 해고하기 위한 방편으로 이용되는 등의 특별한 사정이 있는 경우에는, 해당 근로자는 근로관계의 승계를 통지받거나 이를 알게 된 때부터 사회통념상 상당한 기간 내에 반대 의사를 표시함으로써 근로관계의 승계를 거부하고 분할하는 회사에 잔류할 수 있다.

## Ⅲ. 사안의 적용

### 1. 근로관계 승계의 요건 충족 여부

판례에 의하면 회사분할시 근로자의 동의 없이 근로관계의 승계가 인정되기 위

---

106) 대법원 2013. 12. 12. 선고 2011두4282 판결.

해서는 분할하는 회사가 분할계획서에 대한 주주총회의 승인을 얻기 전에 미리 '노동조합'과 '근로자들'에게 회사 분할의 배경, 목적 및 시기, 승계되는 근로관계의 범위와 내용, 신설회사의 개요 및 업무 내용 등을 설명하고 이해와 협력을 구하는 절차를 거쳐야만 한다. 따라서, A회사가 이러한 요건을 갖추지 못한 경우에는 甲의 동의 없이는 근로관계가 신설회사로 승계되지 않는다.

그런데 이 사안의 경우 A회사는 '과반 노조'에게 회사 분할 절차를 마치기 이전 1개월 동안 노동조합에게 이해와 협력을 구했을 뿐, 개별 근로자에게 이해와 협력을 구하는 절차를 거친 사정은 보이지 않는다. 따라서 A회사가 甲에게 이해와 협력의 절차를 거치지 않았다면 甲의 동의 없이는 甲의 근로관계가 B회사로 승계되지 않는다고 보아야 할 것이다. 이 경우 甲의 동의 없이는 甲의 근로관계가 B회사로 승계되지 않으므로 甲의 입장에서 근로관계의 승계를 전제로 하여 그러한 근로관계의 승계에 대한 '거부권'을 행사할 필요가 없다. 다만, 근로관계의 승계에 대하여 '동의'하지 않는다는 취지의 의사를 표하는 것을 넓게 '거부권'의 행사로 볼 수는 있을 것이다.

### 2. 근로관계 승계 거부권의 요건

만일 A회사가 甲에게 이해와 협력의 절차를 거치지 않았다면 甲의 근로관계는 원칙적으로 B회사로 승계된다. 다만, 이러한 경우에도 회사의 분할이 근기법상 해고의 제한을 회피하면서 해당 근로자를 해고하기 위한 방편으로 이용되는 등의 특별한 사정이 있는 경우에는 근로관계의 승계를 거부할 수 있다. 그런데, 이 사안에서는 A회사의 회사분할이 해당 근로자를 해고하기 위한 방편으로 이용되었다고 볼만한 구체적 사정은 제시되지 않았다.

## Ⅳ. 결론

甲은 A회사가 甲에게 이해와 협력의 절차를 거치지 않았거나, A회사의 회사분할이 甲을 해고하기 위한 방편으로 이용되었다는 사정이 인정되는 경우 B회사로 근로관계의 승계를 거부할 수 있다.

## 사례 16   징계해고의 사유·양정·절차의 정당성, 해고의 서면통지의무

### [사례 16][107]

A회사는 상시 500명의 근로자를 고용하여 자동차 부품 제조업을 영위하는 회사이고, 근로자 甲은 A회사의 생산직 사원으로 근무하고 있다. 甲은 A회사에 입사 후 10년 동안 징계 없이 성실하게 근무하였고, 대표이사로부터 모범사원 표창을 3회 받은 바 있다. 甲은 친구들과 저녁 모임을 하던 중 옆 테이블에 앉은 손님 2명과 싸움을 한 것 때문에 폭행죄 혐의로 불구속 상태로 기소되었고, 법원으로부터 150만 원의 벌금형을 선고받아 그 판결이 확정되었다.

이를 알게 된 A회사는 甲이 형사판결을 받은 것과 관련하여 징계위원회를 소집하기로 하고, 2016. 10. 4. 甲에게 '개최일시 : 2016. 10. 6., 징계사유 : 사규위반'이라고 기재된 통보서를 발송하였다. 甲은 소명을 준비할 시간이 매우 부족하다는 것을 이유로 징계위원회에 참석하지 않았다. 징계위원회는 甲이 출석하지 않은 상태에서 2016. 10. 31.자로 甲을 징계해고하기로 의결하였다.

A회사의 취업규칙인 [인사 및 징계규정] 중 관련 조항은 다음과 같고, 징계절차에 관하여는 별도의 규정이 없다.

---

제20조(징계해고사유) 회사는 다음 각 호의 경우에 근로자를 징계해고할 수 있다.
  5. 형사상 유죄의 확정판결을 받은 경우

제21조(징계양정) 회사는 다음 각 호의 경우에 근로자에 대한 징계를 감경할 수 있다.
  1. 모범사원 표창을 2회 이상 받은 경력이 있는 자

---

A회사에서는 위 제20조 제5호 징계해고사유와 관련하여, 과거 5년 내에 '회사 자금 300만 원을 횡령'한 행위로 벌금 300만 원의 형이 확정된 근로자 乙에게는 정직 6개월의 징계처분을, '회사에서 다른 부서 상급자를 폭행'한 행위로 벌금 200만 원의 형이 확정된 근로자 丙에게는 정직 5개월의 징계처분을 한 석이 있다. 乙과 丙은 모범사원 표창을 받은 경력이 없었다.

---

107) 2017년도 시행 제6회 변호사시험.

A회사는 2016. 10. 7. 징계위원회가 甲을 해고하기로 결정한 내용의 해고 예고 통지서를 내용증명우편으로 甲에게 발송하였고, 甲은 2016. 10. 8. 이를 수령하였다.

징계해고 예고 통지서
- 대 상 자: 甲
- 징계내용: 해고
- 해고일자: 2016. 10. 31.
- 징계사유: 인사 및 징계규정 제20조 제5호

**〈질 문〉**

1. A회사가 근로자 甲을 징계해고하기로 한 것은 그 징계사유와 징계양정, 징계절차 (서면통지의무는 아래 문항에서 별도로 논함)의 측면에서 정당한가? (50점)
2. A회사가 근로자 甲에게 한 징계해고 통지는 유효한가? (30점)

## 해 설

〈질문1〉 A회사가 근로자 甲을 징계해고하기로 한 것은 그 징계사유와 징계양정, 징계절차 (서면통지의무는 아래 문항에서 별도로 논함)의 측면에서 정당한가? (50점)

## Ⅰ. 논점의 정리

甲은 사생활에서의 싸움이 문제된 범죄행위로 벌금형을 선고받아 그 판결이 확정되었고, 이에 대해 A회사는 취업규칙 제20조 제5호상의 징계해고사유인 "형사상 유죄의 확정판결을 받은 경우"에 해당되었음을 이유로 甲을 징계해고 하였다.

근기법 제23조 제1항은 "사용자는 근로자에게 정당한 이유 없이 해고, 휴직, 정직, 전직, 감봉, 그 밖의 징벌을 하지 못한다."고 규정하고 있는바, 甲의 사생활에서의 범죄행위가 징계사유로서 정당한지, 징계사유에 해당한다면 징계양정의 측면에서 정당한지 검토하여야 한다. 또한 이 사안에서는 甲이 소명을 준비할 시간의 부족함을 이유로 징계위원회에 불출석한 상태에서 징계위원회가 甲에 대한 징계해고를 의결하였는데, 이 경우 징계절차의 정당성이 인정될 수 있는지 검토하여야 한다.

## Ⅱ. 관련 법리

### 1. 징계해고의 정당성 판단의 기본원칙

판례에 따르면 취업규칙상 징계해고사유에 해당한다 하더라도 이에 따라 이루어진 해고처분이 당연히 정당한 것으로 되는 것은 아니고, 사회통념상 고용관계를 계속할 수 없을 정도로 근로자에게 책임있는 사유가 있는 경우에 정당성이 인정될 수 있다.[108]

### 2. 징계사유의 정당성 판단 : 근로자의 사생활상의 비행

근로자의 사생활상의 비행은 원칙적으로 정당한 해고사유가 되지 않는다. 그러나 유죄판결을 받아 법률이나 취업규칙으로 규정한 종업원 결격사유에 해당하게 된 경우, 구속이나 수형 때문에 장기간 근로제공이 불가능하게 된 경우나 범죄행위나 비행으로 기업의 사회적 평가를 훼손한 경우에는 정당한 해고사유가 될 수 있다. 판례에 따르면, 사용자가 근로자에 대하여 징계권을 행사할 수 있는 것은 사업활동을 원활하게 수행하는 데 필요한 범위 내에서 규율과 질서를 유지하기 위한 데에 그 근거가 있다고 할 것이므로, 근로자의 사생활에서의 비행은 사업활동에 직접 관련이 있거나 기업의 사회적 평가를 훼손할 염려가 있는 것에 한하여 정당한 징계사유가 될 수 있다.[109]

### 3. 징계양정의 정당성 판단

징계사유에 비하여 지나치게 가혹한 징계를 하는 경우 징계양정의 정당성이 부정된다. 판례에 따르면 근로자에게 징계사유가 있어 징계처분을 하는 경우에 어떠한 처분을 할 것인지는 원칙적으로 징계권자의 재량에 맡겨져 있으므로, 그 징계처분이 위법하다고 하기 위하여서는 징계처분이 사회통념상 현저하게 타당성을 잃어 징계권자에게 맡겨진 재량권을 남용한 것이라고 인정되는 경우에 한하고, 징계처분이 사회통념상 현저하게 타당성을 잃은 처분이라고 하려면 구체적인 사례에 따라 직무의 특성, 징계사유가 된 비위사실의 내용과 성질 및 징계에 의하여 달성하려는 목적과 그에 수반되는 제반 사정을 참작하여 객관적으로 명백히

---

108) 대법원 2006. 11. 23. 선고 2006다48069 판결.
109) 대법원 1994. 12. 13. 선고 93누23275 판결.

부당하다고 인정되는 경우라야 한다.[110]

또한 징계해고를 하는 경우 판례에 따르면, 해고는 사회통념상 고용관계를 계속할 수 없을 정도로 근로자에게 책임 있는 사유가 있는 경우에 행하여져야 그 정당성이 인정되는 것이고, 사회통념상 당해 근로자와의 고용관계를 계속할 수 없을 정도인지의 여부는 당해 사용자의 사업의 목적과 성격, 사업장의 여건, 당해 근로자의 지위 및 담당직무의 내용, 비위행위의 동기와 경위, 이로 인하여 기업의 위계질서가 문란하게 될 위험성 등 기업질서에 미칠 영향, 과거의 근무태도 등 여러 가지 사정을 종합적으로 검토하여 판단하여야 한다.[111]

### 4. 징계절차의 정당성

단체협약이나 취업규칙 등에서 징계대상 근로자에게 소명의 기회를 부여하도록 절차를 규정하고 있다면 그 절차는 징계의 유효요건이고, 이 경우 소명의 기회를 주지 않고 행한 징계처분은 징계절차를 위반한 부적법한 징계권의 행사로서 무효이다.[112]

그러나 단체협약이나 취업규칙 등에 징계절차에서 피징계자에게 사전에 통고하거나 변명의 기회를 부여할 것을 명한 규정이 없는 이상, 징계절차에서 그와 같은 절차를 거치지 않았다고 하더라도 징계처분을 무효라고 할 수 없다.[113]

### Ⅲ. 사안의 적용

### 1. 징계 사유의 정당성 여부

甲은 친구들과 저녁 모임을 하던 중 옆 테이블에 앉은 손님 2명과 싸움을 한 것 때문에 폭행죄로 법원으로부터 150만 원의 벌금형을 선고받아 그 판결이 확정되었다. 이는 '인사 및 징계규정' 제20조(징계해고사유) "5. 형사상 유죄의 확정판결을 받은 경우"에 해당한다.

그러나 앞서 살펴본 판례에 따르면, 취업규칙상 징계사유에 해당된다 하더라도 반드시 징계사유의 정당성이 인정되는 것은 아니고, 특히 근로자의 사생활에서의

---

110) 대법원 2012. 9. 27. 선고 2010다99279 판결; 대법원 2014. 11. 27. 선고 2011다41420 판결 등.
111) 대법원 2011. 3. 24. 선고 2010다21962 판결; 대법원 2014. 11. 27. 선고 2011다41420 판결 등.
112) 대법원 2004. 6. 25. 선고 2003두15317 판결.
113) 대법원 1991. 7. 9. 선고 90다8077 판결; 대법원 1991. 4. 9. 선고 90다카27042 판결.

비행은 사업활동에 직접 관련이 있거나 기업의 사회적 평가를 훼손할 염려가 있는 것에 한하여 정당한 징계사유가 될 수 있다. 甲이 폭행죄로 처벌받은 비위행위는 친구들과 저녁 모임을 하던 중 옆 테이블에 앉은 손님 2명과 싸움을 한 행위인데 이는 A회사의 사업활동과 관련이 있는 것이 아니다. 또한 A회사는 자동차 부품 제조업을 영위하는 회사이기 때문에 사생활에서의 비위행위가 기업의 사회적 평가에 있어 특별히 문제될 수 있는 공공기관이나 공익적인 사업목적을 수행하는 회사 등에 해당되지도 않는다. 따라서 甲이 폭행죄 확정판결을 받은 사생활에서의 비행은 정당한 징계사유가 될 수 없고, 甲에 대한 징계해고는 징계사유의 정당성이 인정되지 않는다.

## 2. 징계양정의 정당성 여부

甲이 폭행죄 확정 판결을 받은 사실이 A회사의 '인사 및 징계규정' 상 징계사유에 해당한다 하더라도, 징계로서 해고를 하는 것이 징계양정의 측면에서 정당한지를 살펴보아야 한다.

A회사는 자동차 부품 제조업을 영위하는 회사이기 때문에 사생활에서의 비위행위가 기업의 사회적 평가 등에서 특별히 문제될 수 있는 공익적인 사업목적을 수행하는 회사가 아닌 점, 500만원의 벌금형을 받은 행위가 중대한 범죄행위라고 보기는 어려운 점, A회사는 상시 500명의 근로자를 사용하고 있고, 甲은 생산직 사원이라는 점을 고려할 때 甲이 사생활에서의 비위행위로 인해 유죄 확정 판결을 받은 것 때문에 기업의 위계질서를 문란하게 할 위험성이 있다고 보기는 어렵다는 점, 甲은 A회사에 입사 후 10년 동안 징계 없이 성실하게 근무하였고, 대표이사로부터 모범사원 표창을 3회 받은 바 있는 점, A회사의 취업규칙인 '인사 및 징계규정' 제21조 제1호에서는 모범사원 표창을 2회 이상 받은 경력이 있는 자인 경우 징계를 감경할 수 있다고 규정하고 있어 해고가 아닌 다른 징계처분으로 감경될 수 있는 점, 과거 5년 내에 '회사 자금 300만 원을 횡령'한 행위로 벌금 300만 원의 형이 확정된 근로자 乙에게는 정직 6개월의 징계처분이 내려졌고, '회사에서 다른 부서 상급자를 폭행'한 행위로 벌금 200만 원의 형이 확정된 근로자 丙에게는 정직 5개월의 징계처분이 내려졌는데 乙과 丙의 비위행위인 범죄행위는 A회사의 업무수행과 직접 관련되어 있어 甲에 비해 중대한 비위행위이고, 乙과 丙은 모범사원 표창을 받은 경력이 없었는데도 정직처분을 했던 점에 비추어

볼 때 다른 근로자들의 비위행위에 대한 징계양정과 비교하여 형평성의 문제가 있는 점 등을 종합적으로 고려하면, 甲에 대한 징계사유가 인정된다 하더라도 甲을 해고할만한 사유라고는 판단되지 않는다. 따라서 甲을 징계해고를 하는 것은 징계양정의 측면에서 정당하지 않다.

### 3. 징계 절차의 정당성 여부

甲은 징계위원회가 2016. 10. 6.에 개최된다는 사정을 그 개최 2일 전인 2016. 10. 4.에 통보받았다. 甲은 소명을 준비할 시간이 매우 부족하다는 것을 이유로 징계위원회에 참석하지 않았고, 징계위원회는 甲이 출석하지 않은 상태에서 징계해고하기로 의결하였다. 2일간의 기간은 소명을 준비하기에 시간이 부족할 수도 있다는 점에서 소명의 기회가 충분히 부여된 것이 아니라고 볼 여지도 있다.

그러나 A회사의 취업규칙인 '인사 및 징계규정' 중에는 징계절차에 관하여는 별도의 규정이 없다. 판례에 따르면, 징계절차에서 피징계자에게 사전에 통고하거나 변명의 기회를 부여할 것을 명한 규정이 없는 이상, 징계절차에서 그와 같은 절차를 거치지 않았다고 하더라도 징계처분을 무효라고 할 수 없다. 따라서 비록 甲에게 변명의 기회를 충분히 부여하지 않았다고 하더라도 甲에 대한 징계해고의 절차적 정당성이 부정되지는 않는다.

### Ⅳ. 결론

甲이 사생활에서의 싸움으로 인해 폭행죄 확정판결을 받은 것은 A회사의 사업 활동에 직접 관련이 있다거나 A회사의 사회적 평가를 훼손할 염려가 있다고 볼 수 없으므로, 甲에 대한 징계해고사유는 정당하지 않다. 가사 甲이 폭행죄 확정판결을 받은 사실이 징계사유에 해당한다 하더라도, 그러한 비위행위가 사회통념 상 고용관계를 계속할 수 없을 정도로 甲에게 책임 있는 사유로는 판단되지 않으므로, 甲을 징계해고 하는 것은 과도한 징계로서 징계양정의 정당성을 인정할 수 없다. 또한 甲에게 변명의 기회를 충분히 부여하지 않았다고 하더라도, A회사의 취업규칙인 '인사 및 징계규정' 중에는 징계절차에 관한 별도의 규정이 없기 때문에 징계절차의 측면에서는 부당하지 않다.

〈질문2〉 A회사가 근로자 甲에게 한 징계해고 통지는 유효한가? (30점)

## Ⅰ. 논점의 정리

근기법 제27조에 따르면, 사용자는 근로자를 해고하려면 해고사유와 해고시기를 서면으로 통지하여야 하며, 이를 위반한 해고는 무효이다. A회사는 징계해고 예고 통지서를 발송하여 甲이 이를 수령하였다. 이러한 징계해고 예고 통지서가 적법한 해고 통지로 인정될 수 있는지가 검토되어야 한다. 또한, 징계사유에 대해서는 "인사 및 징계규정 제20조 제5호"라고만 기재하고 있는 것이 적법한 것인지 검토되어야 한다.

## Ⅱ. 관련 법리

### 1. 해고통지 관련 법규정

근기법 제27조 제1항은 사용자는 근로자를 해고하려면 해고사유와 해고시기를 서면으로 통지하여야 한다고 규정하고 있고, 동조 제2항에서는 근로자에 대한 해고는 동조 제1항에 따라 서면으로 통지하여야 효력이 있다고 규정하고 있다.

또한 동조 제3항에서는 "사용자가 제26조에 따른 해고의 예고를 해고사유와 해고시기를 명시하여 서면으로 한 경우에는 제1항에 따른 통지를 한 것으로 본다."고 규정하고 있다. 따라서 해고예고통지서에 해고사유와 해고시기가 명시되어 있다면 해고통지서로서 유효하다.

### 2. 해고사유를 기재하지 않은 해고통보의 효력 유무

근기법 제27조는 사용자가 근로자를 해고하려면 해고사유와 해고시기를 서면으로 통지하여야 그 효력이 있다고 규정하고 있는데, 이는 해고사유 등의 서면통지를 통해 사용자로 하여금 근로자를 해고하는 데 신중을 기하게 함과 아울러, 해고의 존부 및 시기와 그 사유를 명확하게 하여 사후에 이를 둘러싼 분쟁이 적정하고 용이하게 해결될 수 있도록 하고, 근로자에게도 해고에 적절히 대응할 수 있게 하기 위한 취지라고 할 것이다.[114]

---

114) 대법원 2011. 10. 27. 선고 2011다42324 판결.

따라서 판례에 따르면, 사용자가 해고사유 등을 서면으로 통지할 때는 근로자의 처지에서 해고의 사유가 무엇인지를 구체적으로 알 수 있어야 하고, 특히 징계해고의 경우에는 해고의 실질적 사유가 되는 구체적 사실 또는 비위내용을 기재하여야 하며 징계대상자가 위반한 단체협약이나 취업규칙의 조문만 나열하는 것으로는 충분하다고 볼 수 없다고 한다.

### Ⅲ. 사안의 적용

甲이 2016. 10. 8. 수령한 징계해고 예고 통지서에는 "해고일자: 2016. 10. 31.", "징계사유: 인사 및 징계규정 제20조 제5호"라고 기재되어 있다.

해고사유에 관해 "인사 및 징계규정 제20조 제5호"라고 취업규칙의 조문만 기재되어 있을 뿐 해고의 실질적 사유가 되는 구체적 사실 또는 비위내용이 기재되어 있지 않으며, 징계위원회에 출석을 요구하면서 보낸 통보서에서 "징계사유: 사규위반"이라고만 기재되어 있을 뿐이다. 따라서 구체적으로 甲의 어떠한 행위가 사규위반에 해당하여 징계사유와 해고사유가 되는지에 관한 내용이 전혀 기재되어 있지 아니하므로, A회사의 甲에 대한 징계해고 예고 통지는 적법한 해고통지로 인정되지 않는다.

### Ⅳ. 결론

甲이 2016. 10. 8. 수령한 징계해고 예고 통지서를 근기법 제27조 제3항에 따라 해고통지서로 볼 수 있다 하더라도, 이 징계해고 예고 통지서에는 해고사유에 관해 취업규칙의 조문만 기재되어 있을 뿐이고, 해고의 실질적 사유가 되는 구체적 사실 또는 비위내용이 기재되어 있지 않아, 근기법 제27조에 따른 적법한 해고통지가 아니다. 따라서 A회사가 근로자 甲에게 한 징계해고 통지는 유효하지 않다.

## 사례 17 징계해고의 사유(경력 허위기재), 문자메시지에 의한 해고 통지

**[사례 17]**115)

상시 근로자 500명을 사용하여 자동차 부품을 제조하는 A회사는 사업 분야를 확장하기로 하였다. 이 과정에서 발생할 수 있는 법률 문제에 대응하기 위하여 A회사는 사내 법무팀에서 일할 근로자를 추가 채용하기로 하고 채용 공고를 냈다. 그 주요 내용은 다음과 같다.

---

(1) 인원 : 2명 이내 (단, 적격자가 없는 경우 채용하지 않을 수 있음)
(2) 자격 요건 : 변호사 자격 소지자로서 3년 이상 법무법인에서 근무한 경력이 있는 자
(3) 배치 예정 부서 : 사내 법무팀
(4) 근로 조건 : (이하 생략)

---

乙은 상기 A회사 채용 공고를 보고 지원하면서 변호사자격증은 위조하여 제출하였고, 입사지원서에는 법무법인 K에서 6년 동안 변호사로 활동한 것으로 허위 기재하여 제출하였다. 이후 乙은 A회사로부터 최종 합격 통지를 받았고, A회사 법무팀에 배치되었다. 근무를 시작한 乙은, 당시 외국 자동차사와의 부품 공급 계약서에 법적 문제가 있음을 적절히 제기함으로써 법적 분쟁을 예방하는 성과를 거두었다. 나아가 회사 자산 처분 과정에서 발생한 법률분쟁 해소에도 상당히 기여하였다. 그 결과 乙은 입사한 지 2년 만에 특별 승진 대상자로 선정되었다.

A회사 인사팀이 乙의 승진 절차에 필요한 인사 기록을 검토하던 중 乙이 입사 당시 제출했던 변호사자격증이 위조된 것이며, 법무법인 K에서의 근무 경력도 허위임을 확인하였다. 이러한 사실을 보고받은 A회사 대표자 사장 甲은 회사 취업규칙에 따라 乙을 징계위원회에 회부하였다. 징계위원회는 乙의 소명을 듣는 절차를 거치는 등 취업규칙에 정해진 제반 징계절차를 적법하게 진행한 이후 최종적으로 A회사 취업규칙 제7조에 따라 乙을 징계해고하기로 의결하고, 이러한 사실을 甲에게 통보하였다.

---

115) 2020년도 시행 제9회 변호사시험.

> A회사 취업규칙
> 제7조 : 근로자가 채용 과정에서 허위로 경력 또는 학력을 기재하거나, 자격증을 위조하여 제출한 경우 사용자는 해당 근로자를 해고할 수 있다.

甲은 즉시 자신의 휴대전화를 꺼내 乙에게 다음과 같은 내용의 문자메시지를 보내었다.

"오늘 징계위원회에서 자네를 해고하기로 의결하였네. 이에 따라 아쉽지만 나는 자네를 2015년 5월 2일자로 해고하고자 하네. 당장 내일(2015년 3월 27일)부터 회사에 출근할 필요가 없네. 그 대신 90일분의 통상임금을 오늘 자네 임금계좌로 지급하였네. 2015년 3월 26일 사장 甲 드림"

甲이 상기의 문자메시지를 보낸 이후에 甲 또는 A회사가 乙에게 징계해고에 관한 통지를 추가로 하지는 않았다.

**〈질 문〉**

1. 乙은 비록 변호사자격증을 위조하고 관련 경력을 허위로 기재하였지만, 회사를 위해서 변호사 자격 소지자보다 훨씬 더 큰 성과를 내 왔다는 점을 감안해야 한다는 점에서, 자신에 대한 징계는 정당하지 않다고 항변하였다. 乙의 주장에 대한 당부를 논하라(다만 징계절차에 관한 쟁점은 논외로 함). (50점)

2. 甲이 2015년 3월 26일 乙에게 보낸 문자메시지가 해고통지로서 유효한지에 대해 논하시오. (30점)

## 해 설

〈질문 1〉 乙은 비록 변호사자격증을 위조하고 관련 경력을 허위로 기재하였지만, 회사를 위해서 변호사 자격 소지자보다 훨씬 더 큰 성과를 내 왔다는 점을 감안해야 한다는 점에서, 자신에 대한 징계는 정당하지 않다고 항변하였다. 乙의 주장에 대한 당부를 논하라(다만 징계절차에 관한 쟁점은 논외로 함). (50점)

## Ⅰ. 논점의 정리

이 사안에서 A회사는 사내 법무팀에서 일할 근로자를 채용하기 위한 채용 공고에서 "자격 요건 : 변호사 자격 소지자로서 3년 이상 법무법인에서 근무한 경력이 있는 자"라고 명시하였는데, 乙은 변호사자격증을 위조하고 관련 경력을 허위로 기재하여 A회사는 채용되었다. 따라서 乙이 변호사자격증을 위조하고 경력을 허위로 기재한 것이 정당한 징계사유에 해당되는지, A회사가 징계처분을 함에 있어 乙의 주장처럼 변호사 자격 소지자보다 훨씬 더 큰 성과를 내 왔다는 점을 감안해야 하는지 검토되어야 한다.

## Ⅱ. 관련 법리

### 1. 이력서에 경력 기재를 요구하는 목적

판례에 따르면 사용자가 이력서에 근로자의 학력, 경력 등의 기재를 요구하는 것은 근로능력 평가 외에 근로자의 진정성과 정직성, 당해 기업의 근로환경에 대한 적응성 등을 판단하기 위한 자료를 확보하고 나아가 노사간 신뢰관계 형성과 안정적인 경영환경 유지 등을 도모하고자 하는 데에도 목적이 있는 것이다.[116]

### 2. 경력 허위 기재를 이유로 한 징계해고의 정당성

근기법 제23조 제1항은 사용자는 근로자에게 정당한 이유 없이 해고하지 못한다고 하여 해고를 제한하고 있으므로 징계해고사유가 인정된다고 하더라도 사회통념상 고용관계를 계속할 수 없을 정도로 근로자에게 책임 있는 사유가 있는 경우에 한하여 해고의 정당성이 인정된다.

이는 근로자가 입사 당시 제출한 이력서 등에 학력 등을 허위로 기재한 행위를 이유로 징계해고를 하는 경우에도 마찬가지이다. 판례에 따르면 그러한 경우 사회통념상 고용관계를 계속할 수 없을 정도인지는 사용자가 사전에 그 허위 기재 사실을 알았더라면 근로계약을 체결하지 아니하였거나 적어도 동일 조건으로는 계약을 체결하지 않았으리라는 등 고용 당시의 사정뿐 아니라, 고용 이후 해고에

---

116) 대법원 2013. 9. 12. 선고 2013두11031 판결.

이르기까지 그 근로자가 종사한 근로의 내용과 기간, 허위기재를 한 학력 등이 종사한 근로의 정상적인 제공에 지장을 초래하는지 여부, 사용자가 학력 등의 허위 기재 사실을 알게 된 경위, 알고 난 이후 당해 근로자의 태도 및 사용자의 조치 내용, 학력 등이 종전에 알고 있던 것과 다르다는 사정이 드러남으로써 노사간 및 근로자 상호간 신뢰관계의 유지와 안정적인 기업경영과 질서유지에 미치는 영향 기타 여러 사정을 종합적으로 고려하여 판단해야 한다.[117]

판례에 따르면 예를 들어 입사할 당시 이력서에 대학졸업 사실을 기재하지 않은 근로자를 학력 등의 허위기재를 징계해고사유로 규정한 취업규칙에 근거하여 해고하는 경우, 고용 당시에 사용자가 근로자의 실제 학력 등을 알았더라면 어떻게 하였을지에 대하여 추단하는 이른바 가정적 인과관계의 요소뿐 아니라 고용 이후 해고 시점까지의 제반사정을 보태어 보더라도 그 해고가 사회통념상 현저히 부당한 것은 아니라고 인정이 되어야만 정당성이 인정될 수 있다고 판단하고 있다.

따라서 취업규칙에서 근로자가 고용 당시 제출한 이력서 등에 학력, 경력 등을 허위로 기재한 행위를 징계해고사유로 명시하고 있는 경우에 이를 이유로 해고하는 것은, 고용 당시 및 그 이후 제반 사정에 비추어 보더라도 사회통념상 현저히 부당하지 않다면 정당성이 인정된다.

## Ⅲ. 사안의 적용

이 사안에서 A회사 취업규칙 제7조는 "근로자가 채용 과정에서 허위로 경력 또는 학력을 기재하거나, 자격증을 위조하여 제출한 경우 사용자는 해당 근로자를 해고할 수 있다."고 규정하고 있다. 이에 근거하여 乙을 해고함에 있어 A회사는 사전에 乙의 변호사자격증 위조 및 경력 허위기재 사실을 알았더라면 근로계약을 체결하지 아니하였거나 적어도 동일 조건으로는 계약을 체결하지 않았으리라는 등 고용 당시의 사정에 대한 검토가 이루어져야 한다. 아울러 乙을 고용한 이후 해고에 이르기까지 乙이 종사한 근로의 내용과 기간, 자격증 위조 및 경력 허위기재가 종사한 근로의 정상적인 제공에 지장을 초래하는지 여부, 사용자가

---

117) 대법원 2012. 7. 5. 선고 2009두16763 판결.

자격증 위조 및 경력 허위기재 사실을 알게 된 경위, 알고 난 이후 당해 乙의 태도 및 사용자의 조치 내용, 자격 및 경력 등이 종전에 알고 있던 것과 다르다는 사정이 드러남으로써 노사간 및 근로자 상호간 신뢰관계의 유지와 안정적인 기업경영과 질서유지에 미치는 영향 등을 종합적으로 고려해서 판단해야 한다.

A회사는 채용공고에서 "자격 요건 : 변호사 자격 소지자로서 3년 이상 법무법인에서 근무한 경력이 있는 자"라고 명시했고, 적격자가 없는 경우 채용하지 않을 수 있다는 점도 명시하고 있으므로 A회사가 사전에 乙의 변호사자격증 위조 및 경력 허위기재 사실을 알았더라면 근로계약을 체결하지 아니하였으리라는 점은 충분히 인정될 수 있다는 점, A회사로서는 乙이 변호사라는 점을 전제로 업무를 수행하게 한 것인데 결국 변호사자격이 없는 乙은 근로의 정상적인 제공에 지장을 초래하게 될 수밖에 없을 것임을 예상할 수 있다는 점, 인사팀이 乙의 승진 절차에 필요한 인사 기록을 검토하던 중 乙의 위조된 자격과 허위 경력 기재를 알게 되었지만 乙은 자신의 잘못을 반성하는 태도는 보이지 않는 것으로 파악된다는 점, 乙이 변호사자격증이라는 공문서 위조에 해당되는 범죄행위를 하였고 채용시 중요한 조건이 되었던 변호사 활동 경력을 허위로 기재했다는 점은 노사간 신뢰관계 뿐 아니라 다른 근로자들과의 신뢰관계 및 기업질서 유지에 대단히 부정적인 영향을 끼친다는 점 등을 종합하여 볼 때, 비록 乙이 외국 자동차사와의 법적 분쟁을 예방하는 성과를 거두었고, 회사 자산 처분 과정에서 발생한 법률분쟁 해소에도 상당히 기여하는 등의 업무성과를 보여 입사한 지 2년 만에 특별 승진 대상자로 선정되는 등 상당기간 성실하게 근무하였다는 점이 인정된다 하더라도 사회통념상 고용관계를 계속할 수 없을 정도로 乙에게 책임 있는 사유가 있다고 판단된다.

## Ⅳ. 결론

乙이 2년간 상당한 업무성과를 보였다는 점을 감안하더라도 乙의 변호사자격증 위조 및 변호사 활동 경력 허위기재는 사회통념상 고용관계를 계속할 수 없을 정도로 乙에게 책임 있는 사유에 해당되어 乙에 대한 징계해고는 사유의 정당성이 인정된다고 판단된다. 따라서 乙의 주장은 타당하지 않다.

〈질문 2〉 甲이 2015년 3월 26일 乙에게 보낸 문자메시지가 해고통지로서 유효한지에 대해 논하시오. (30점)

## Ⅰ. 논점의 정리

이 사안에서 A회사의 대표자 사장 甲은 자신의 휴대전화를 꺼내 乙에게 다음과 같은 내용의 문자메시지로 乙에게 해고를 통지하였을 뿐 甲 또는 A회사는 乙에게 징계해고에 관한 통지를 추가로 하지 않았다. 근기법 제27조에 따르면 사용자는 근로자를 해고하려면 해고사유와 해고시기를 서면으로 통지하여야 하며, 이를 위반한 해고는 무효이다. 따라서 문자메시지에 의한 해고통지가 근기법 제27조 소정의 해고통지로서 효력이 인정되는지 여부가 검토되어야 한다.

## Ⅱ. 관련 법리

근기법 제27조는 해고사유 및 해고시기를 서면으로 통지하도록 규정하고 있는 바, 이 경우 '서면'에 문자메시지, 이메일 등도 포함될 수 있는지 문제된다. 대법원 판례는 이메일에 의한 해고통지의 유효성이 문제된 사안에서 '서면'이란 일정한 내용을 적은 문서를 의미하고 이메일 등 전자문서와는 구별되지만, 전자문서 및 전자거래 기본법 제3조는 "이 법은 다른 법률에 특별한 규정이 있는 경우를 제외하고 모든 전자문서 및 전자거래에 적용한다."고 규정하고 있고, 같은 법 제4조 제1항은 "전자문서는 다른 법률에 특별한 규정이 있는 경우를 제외하고는 전자적 형태로 되어 있다는 이유로 문서로서의 효력이 부인되지 아니한다."고 규정하고 있는 점, 출력이 즉시 가능한 상태의 전자문서는 사실상 종이 형태의 서면과 다를 바 없고 저장과 보관에서 지속성이나 정확성이 더 보장될 수도 있는 점, 이메일의 형식과 작성 경위 등에 비추어 사용자의 해고 의사를 명확하게 확인할 수 있고, 이메일에 해고사유와 해고시기에 관한 내용이 구체적으로 기재되어 있으며, 해고에 적절히 대응하는 데 아무런 지장이 없는 등 서면에 의한 해고통지의 역할과 기능을 충분히 수행하고 있다면, 이메일 등 전자문서에 의한 통지도 일정한 조건하에서 서면에 의한 통지로 인정될 수 있다고 판시한바 있다.[118]

## Ⅲ. 사안의 적용

이 사안에서 甲은 乙에게 "오늘 징계위원회에서 자네를 해고하기로 의결하였네. 이에 따라 아쉽지만 나는 자네를 2015년 5월 2일자로 해고하고자 하네. 당장 내일(2015년 3월 27일)부터 회사에 출근할 필요가 없네. 그 대신 90일분의 통상임금을 오늘 자네 임금계좌로 지급하였네."라고 기재한 문자메시지만 보냈을 뿐 별도의 서면에 의한 해고통지를 하지 않지 않았다. 문자메시지는 서면에 해당되지 않는다. 아울러, 일정한 조건 하에서 이메일에 의한 해고통지의 유효성을 인정한 판례 법리를 고려하더라도 이메일에 해고사유와 해고시기에 관한 내용이 구체적으로 기재되어 있어야 하는데 甲이 乙에게 보낸 문자메시지에는 해고사유가 기재되어 있지 않다. 따라서 甲이 2015년 3월 26일 乙에게 보낸 문자메시지가 해고통지로서 유효하지 않다.

## Ⅳ. 결론

甲이 2015년 3월 26일 乙에게 보낸 문자메시지는 근기법 제27조 소정의 서면통지로 인정할 수 없을뿐 아니라 해고사유도 기재되어 있지 않기 때문에 해고통지로서 유효하지 않다.

---

118) 대법원 2015. 9. 10. 선고 2015두41401 판결.

## 사례 18 경영상 이유에 의한 해고, 취업규칙의 불이익변경

### [사례 18]<sup>119)</sup>

A회사는 레저사업을 운영하는 법인으로 서울사업부와 강릉사업부를 두고, 상시 근로자 240명을 고용하고 있다.

A회사는 서울사업부에서 2019회계연도에 약 18억 원, 2020회계연도에 약 20억 원 등 2년간 상당한 금액의 영업손실이 발생하여 서울사업부를 구조조정하기로 결정하였다. 같은 기간 A회사 전체로는 2019회계연도에 약 37억 원, 2020회계연도에 약 45억 원의 영업이익이 발생하였으며, A회사의 신용등급과 현금흐름등급은 신용평가회사의 2020년 평가에서 최상위 등급으로 평가되었다. A회사의 재무제표는 법인 전체를 기준으로 작성되고, A회사 전체의 인사와 재무를 담당하는 부서에서 각 사업부 소속 근로자의 근로조건을 통합적으로 관리하였다.

A회사는 경영합리화를 목적으로 전체 근로자의 과반수로 조직된 A노동조합(이하 'A노조')과 협의하여 서울사업부 근로자를 대상으로 '통상임금 12개월분의 위로금 지급을 조건으로 하는 희망퇴직 실시 방안'을 공고하였다. 2021년 7월 구조조정 대상 근로자 24명 중 20명은 희망퇴직에 동의하였고, 희망퇴직을 거부한 甲 등 4명은 「근로기준법」 제24조에 따라 해고되었다.

한편 A회사는 임금체계 개선을 목적으로 3급 이상 관리직에게 지급되던 직책급(기본급의 15% 상당)을 삭감하는 내용으로 취업규칙인 「직원보수규정」을 A노조의 동의를 얻어 변경하였다. A회사의 「직원보수규정」은 모든 근로자에게 적용된다. 또한 A회사는 일정기간 근속과 업무성과로 관리직 승진이 되는 일원화된 근로조건 체계를 운영하고 있으며, 3급 이상 관리직은 A노조 조합원 자격이 인정되지 않는다.

### <질 문>

1. 甲은 자신이 소속한 서울사업부에는 영업손실이 발생하였더라도 법인 전체로는 영업이익이 발생하였으므로 '긴박한 경영상의 필요'가 인정되지 않는다고 주장한다. 甲의 주장은 정당한지 논하시오. (40점)

> 2. 3급 관리직 乙은 "A노조에 가입할 수 없는 3급 이상 관리직들의 동의를 받지 않고
>    변경된 「직원보수규정」은 무효이다."라고 주장한다. 乙의 주장은 정당한지 논하시
>    오. (40점)

## 해 설

〈질문 1〉 甲은 자신이 소속한 서울사업부에는 영업손실이 발생하였더라도 법인 전체로는 영
          업이익이 발생하였으므로 '긴박한 경영상의 필요'가 인정되지 않는다고 주장한다.
          甲의 주장은 정당한지 논하시오. (40점)

## Ⅰ. 논점의 정리

이 사안에서 A회사에는 서울사업부와 강릉사업부가 있는데, 서울사업부에는
영업손실이 발생하였지만 회사 전체로는 영업이익이 발생하였는바, 정리해고의
요건 중 '긴박한 경영상의 필요'가 있는지를 판단함에 있어 영업손실이 발생한 서
울사업부를 기준으로 판단해야 하는지, 아니면 A회사 전체를 기준으로 판단해야
하는지 문제되고 있다. 즉, 하나의 회사 내에 복수의 사업부가 있는 경우, 정리해
고의 요건 중 '긴박한 경영상의 필요'가 있는지를 판단할 때 법인의 일부 사업부
의 수지만을 기준으로 판단할 수 있는지 여부를 검토해야 한다.

## Ⅱ. 관련 법리

경영상 이유에 의한 해고의 제한에 대해 규정하고 있는 근기법 제24조 제1항에
따르면 사용자가 경영상 이유에 의하여 근로자를 해고하려면 긴박한 경영상의 필
요가 있어야 한다.

대법원 판례에 따르면 정리해고의 요건 중 '긴박한 경영상의 필요'란 반드시
기업의 도산을 회피하기 위한 경우에 한정되지 아니하고, 장래에 올 수도 있는
위기에 미리 대처하기 위하여 인원삭감이 필요한 경우도 포함되지만, 그러한 인

---

119) 2022년도 제11회 변호사시험.

원삭감은 객관적으로 보아 합리성이 있다고 인정되어야 한다. 그리고 '긴박한 경영상의 필요'가 있는지를 판단할 때에는 법인의 어느 사업부문이 다른 사업부문과 인적·물적·장소적으로 분리·독립되어 있고 재무 및 회계가 분리되어 있으며 경영여건도 서로 달리하는 예외적인 경우가 아니라면 법인의 일부 사업부문 내지 사업소의 수지만을 기준으로 할 것이 아니라 법인 전체의 경영사정을 종합적으로 검토하여 결정하여야 한다.[120)]

## Ⅲ. 사안의 적용

A회사는 서울사업부에서 2019회계연도에 약 18억 원, 2020회계연도에 약 20억 원 등 2년간 상당한 금액의 영업손실이 발생하였다. 그렇지만 같은 기간 A회사 전체로는 2019회계연도에 약 37억 원, 2020회계연도에 약 45억 원의 영업이익이 발생하였으며, A회사의 신용등급과 현금흐름등급은 신용평가회사의 2020년 평가에서 최상위 등급으로 평가되었다. 즉, 서울사업부에서는 영업손실이 발생했지만 A회사 전체적으로는 영업이익이 발생하였다.

판례에 따르면 '긴박한 경영상의 필요'가 있는지를 판단할 때에는 법인의 어느 사업부문이 다른 사업부문과 인적·물적·장소적으로 분리·독립되어 있고 재무 및 회계가 분리되어 있으며 경영여건도 서로 달리하는 예외적인 경우에만 당해 사업부문만을 기준으로 긴박한 경영상의 필요가 있는지를 판단하는 것이고, 그렇지 않다면 법인 전체의 경영사정을 종합적으로 검토하여 판단해야 한다. 그런데 A회사의 재무제표는 법인 전체를 기준으로 작성되고, A회사 전체의 인사와 재무를 담당하는 부서에서 각 사업부 소속 근로자의 근로조건을 통합적으로 관리하였다. 그렇다면 A회사의 서울사업부만을 기준으로 긴박한 경영상의 필요를 판단할 것이 아니라 A회사 전체를 기준으로 긴박한 경영상의 필요를 판단해야 할 것이다.

## Ⅳ. 결론

A회사의 서울사업부만을 기준으로 긴박한 경영상의 필요를 판단할 것이 아니

---

120) 대법원 2015. 5. 28. 선고 2012두25873 판결.

라 A회사 전체를 기준으로 긴박한 경영상의 필요를 판단해야 할 것이다. 따라서 자신이 소속한 서울사업부에는 영업손실이 발생하였더라도 법인 전체로는 영업이익이 발생하였으므로 '긴박한 경영상의 필요'가 인정되지 않는다는 甲의 주장은 타당하다.

〈질문 2〉 3급 관리직 乙은 "A노조에 가입할 수 없는 3급 이상 관리직들의 동의를 받지 않고 변경된 「직원보수규정」은 무효이다."라고 주장한다. 乙의 주장은 정당한지 논하시오. (40점)

## Ⅰ. 논점의 정리

A회사는 전체근로자의 과반수로 조직된 A노조의 동의를 얻어 3급 이상 관리직에게 지급되던 직책급을 삭감하는 내용으로 취업규칙인 「직원보수규정」을 변경하였다. 근기법 제94조 제1항에 따르면 사용자는 취업규칙을 근로자에게 불리하게 변경하는 경우에, 해당 사업 또는 사업장에 근로자의 과반수로 조직된 노동조합이 있는 경우에는 그 노동조합, 근로자의 과반수로 조직된 노동조합이 없는 경우에는 근로자의 과반수의 동의를 받아야 한다. A회사는 근로자 과반수로 조직된 A노조의 동의는 얻었지만, 불리하게 변경된 「직원보수규정」을 적용받게 되는 3급 이상 관리직들의 동의를 받지 않았고, 3급 이상 관리직들은 노동조합 가입 자격이 없는데, 이러한 경우 변경된 「직원보수규정」의 효력이 인정될 수 있는지 여부가 문제된다.

## Ⅱ. 관련 법리

사용자는 취업규칙의 작성 또는 변경에 관하여 해당 사업 또는 사업장에 근로자의 과반수로 조직된 노동조합이 있는 경우에는 그 노동조합, 근로자의 과반수로 조직된 노동조합이 없는 경우에는 근로자의 과반수의 의견을 들어야 한다. 다만, 취업규칙을 근로자에게 불리하게 변경하는 경우에는 그 동의를 받아야 한다(근로기준법 제94조 제1항).

이와 관련하여, 일부 근로자 집단에 대해서만 취업규칙의 불이익변경이 이루어지는 경우, 동의의 주체가 되는 근로자 집단은 당해 일부 근로자 집단인지 아니면 전체 근로자 집단인지 문제된다. 판례에 따르면 여러 근로자 집단이 하나의 근로조건 체계 내에 있어 비록 취업규칙의 불이익변경 시점에는 어느 근로자 집단만이 직접적인 불이익을 받더라도 다른 근로자 집단에게도 변경된 취업규칙의 적용이 예상되는 경우에는 일부 근로자 집단은 물론 장래 변경된 취업규칙 규정의 적용이 예상되는 근로자 집단을 포함한 근로자 집단이 동의주체가 되고, 그렇지 않고 근로조건이 이원화되어 있어 변경된 취업규칙이 적용되어 직접적으로 불이익을 받게 되는 근로자 집단 이외에 변경된 취업규칙의 적용이 예상되는 근로자 집단이 없는 경우에는 변경된 취업규칙이 적용되어 불이익을 받는 근로자 집단만이 동의 주체가 된다.[121]

## Ⅲ. 사안의 적용

A회사의 「직원보수규정」은 모든 근로자에게 적용된다. 또한 A회사는 일정기간 근속과 업무성과로 관리직 승진이 되는 일원화된 근로조건 체계를 운영하고 있다. 이는 판례에 따르면 여러 근로자 집단이 하나의 근로조건 체계 내에 있어 비록 취업규칙의 불이익변경 시점에는 어느 근로자 집단만이 직접적인 불이익을 받더라도 다른 근로자 집단에게도 변경된 취업규칙의 적용이 예상되는 경우라고 할 수 있다. 이러한 경우에는 불이익변경 시점에 직접적인 불이익을 받는 일부 근로자 집단뿐 아니라 장래 변경된 취업규칙 규정의 적용이 예상되는 근로자 집단을 포함한 근로자 집단 전체가 동의주체가 된다. 따라서 이 사안에서는 비록 「직원보수규정」 변경 당시 직접적 불이익을 받는 집단은 3급 이상 관리직들이라 하더라도 3급 이상 관리직들뿐 아니라 장래 변경된 취업규칙 규정의 적용이 예상되는 다른 모든 근로자들을 포함한 근로자 집단 전체의 과반수로 조직된 노동조합의 동의가 있으면 변경은 유효하다고 보아야 한다.

---

121) 대법원 2009. 5. 28. 선고 2009두2238 판결.

## Ⅳ. 결론

전체 근로자 과반수로 조직된 노동조합의 동의를 받아 변경된 「직원보수규정」
은 유효하다. 따라서 乙의 주장은 타당하지 않다.

---

**사례 19**  경영상 이유에 의한 해고, 사이닝보너스 반환약정

---

### [사례 19]122)

상시 근로자 100명을 고용하여 자동차부품을 생산하는 A회사는 최근 판매 실적의 부진을 이유로 다음과 같은 해고의 기준을 가지고 甲을 포함한 생산 직 근로자 12명을 선정하여 2017년 1월 2일에 정리해고를 단행하였다.

[A회사가 정한 해고 대상자 선정 기준(합계 : 100점)]

근무태도평가(근무태도는 기본품성, 동료의식, 책임감, 자기계발로 구성) : 40점
징계 : 10점, 근태 : 5점, 경미 사고 : 5점, 포상 : 10점
근속기간 : 15점, 부양가족 : 15점

그런데, 해고된 근로자 甲 등 12명 중 甲을 포함하여 10명은 징계, 근태, 경미 사고, 포상 평가에서는 최상위권 점수를 받았으나 근무태도평가에서는 최하위권 점수를 받은 반면, 정리해고 되지 않은 잔존근로자 88명 중 12명은 근무태도평가에서 만점을 받았으나 징계, 근태, 경미 사고, 포상 평가에서는 최하위권 점수를 받았다.

한편 A회사는 최근 판매부진의 실적을 만회하기 위해 자동차부품판매의 유경험자로서 다른 회사에서 좋은 판매영업성과를 올리고 있던 근로자 乙을 채용하면서 연봉 1억 원과 별도로 사이닝보너스(signing bonus)로 1억 원을 지급하고 7년간 고용을 보장하기로 하는 내용의 채용합의서를 작성하였다. A회사는 乙에게 약정한 사이닝보너스를 지급하였고, 乙은 2017년 2월 16일부터 A회사의 판매사업 부문 담당 사업부장으로 재직하다가 2018년 4월 15일 개인사유를 이유로 사직하였다. 그리고 다음과 같은 사실이 인정된다.

① 채용합의서에는 7년간의 전속근무를 조건으로 사이닝보너스를 지급한다거나 乙이 약정근무기간 7년을 채우지 못하였을 경우 이를 반환하여야 한다는 등의 내용은 기재되어 있지 아니하다.

---

122) 2019년도 제28회 공인노무사시험.

② 채용합의서만으로는 약정근무기간과 고용보장기간을 각 7년으로 약정한 특별한 이유나 동기를 찾기 어렵다.

③ A회사는 채용합의 과정에서 乙에게 장기간 근무의 필요성이나 근무기간이 7년이어야 하는 구체적인 이유는 설명하지 아니하였다.

④ A회사는 채용합의 당시 乙에게 약정근무기간을 채우지 못할 경우 사이닝보너스를 반환하여야 한다는 사실은 고지하지 아니하였다.

**〈질문〉** 다음 물음에 답하시오. (50점)

물음 1) 甲은 위와 같은 해고대상자 선정기준을 가지고 정리해고한 것은 위법하다고 주장한다. 甲의 주장의 타당성에 관하여 논하시오. (단, 나머지 정리해고의 유효요건은 논하지 아니함) (25점)

물음 2) A회사는 乙의 사직을 이유로 乙에게 지급한 사이닝보너스를 반환할 것을 청구하였다. A회사의 청구의 타당성에 관하여 논하시오. (25점)

## 해 설

〈질문 1〉 甲은 위와 같은 해고 대상자 선정기준을 가지고 정리해고한 것은 위법하다고 주장한다. 甲의 주장의 타당성에 관하여 논하시오. (단, 나머지 정리해고의 유효요건은 논하지 아니함) (25점)

## Ⅰ. 논점의 정리

甲은 A회사가 설정한 해고 대상자 선정기준을 가지고 정리해고한 것은 위법하다고 주장하는바, 이러한 주장의 당부를 판단하기 위해서는 먼저 첫째, A회사가 설정한 해고 대상자 기준자체가 합리적이고 공정한지 문제되고, 또한 둘째, A회사가 자신이 설정한 기준을 실질적으로 공정하게 적용하여 해고대상자를 선정했는지 문제가 된다.

## Ⅱ. 관련 법리

경영상 이유에 의한 해고 대상자 선정기준에 관하여 근기법 제24조 제2항은 합리적이고 공정한 해고의 기준을 정하고 이에 따라 그 대상자를 선정하여야 한다고 규정하고 있다.

판례에 따르면 근기법 제24조의 경영상 이유에 의한 해고 요건 중 합리적이고 공정한 해고의 기준은 확정적·고정적인 것은 아니고 당해 사용자가 직면한 경영위기의 강도와 해고를 실시하여야 하는 경영상의 이유, 해고를 실시한 사업 부문의 내용과 근로자의 구성, 해고 실시 당시의 사회경제적 상황 등에 따라 달라지는 것이지만, 객관적 합리성과 사회적 상당성을 가진 구체적인 기준을 실질적으로 공정하게 적용하여 정당한 해고대상자의 선정이 이루어져야 한다. 따라서 해고대상자 선정기준은 단체협약이나 취업규칙 등에 정해져 있는 경우라면 특별한 사정이 없는 한 그에 따라야 하고, 만약 그러한 기준이 사전에 정해져 있지 않다면 근로자의 건강상태, 부양의무의 유무, 재취업 가능성 등 근로자 각자의 주관적 사정과 업무능력, 근무성적, 징계 전력, 임금 수준 등 사용자의 이익 측면을 적절히 조화시키되, 근로자에게 귀책사유가 없는 해고임을 감안하여 사회적·경제적 보호의 필요성이 높은 근로자들을 배려할 수 있는 합리적이고 공정한 기준을 설정하여야 한다. 경영상 이유에 의한 해고에 앞서 전환배치를 실시하는 경우 전환배치대상자 선정기준은 최종적으로 이루어지는 해고대상자 선정에도 영향을 미치게 되므로, 전환배치 기준은 해고대상자 선정기준에 준하여 합리성과 공정성을 갖추어야 하고, 이에 관한 증명책임 역시 이를 주장하는 사용자가 부담한다.[123)]

## Ⅲ. 사안의 적용

### 1. 해고대상자 선정기준의 합리성, 공정성

A회사가 설정한 해고대상자 선정기준은 ① '기본품성, 동료의식, 책임감, 자기계발'로 구성된 근무태도평가가 40점, ② 징계, 근태, 경미 사고, 포상이 30점, ③ 근속기간, 부양가족이 30점으로 구성되어 있다. 이러한 위 기준들을 보면 근무태도에 대한 주관적, 정성적 평가항목인 '① 기본품성, 동료의식, 책임감, 자기계발'

---

123) 대법원 2021. 7. 29. 선고 2016두64876 판결.

이 40점으로 가장 큰 비중을 차지하는 반면, 먼저 근로자측의 사정에 해당하는 '③ 근속기간, 부양가족'은 30점에 불과하다. 해고대상자 선정기준이 근로자의 주관적 사정과 사용자의 이익을 적절히 조화시켰는지 여부, 사회적·경제적 보호의 필요성이 높은 근로자들을 배려하고 있는지 여부와 관련하여 다툼의 소지가 있는데, A회사가 설정한 해고대상자 선정기준은 그 판단에 있어서 사용자의 자의성이 개입될 여지가 큰 '기본품성, 동료의식'이라는 다소 모호한 기준에 가장 높은 비중을 두었고 근속기간, 부양가족에는 낮은 비중을 두었다는 점에서 객관적 합리성과 사회적 상당성이 있다고 보기 어렵다.

### 2. 해고대상자 선정기준의 공정한 적용

A회사가 설정한 해고대상자 선정기준 자체의 합리성과 공정성에 대한 평가와는 별개로, A회사는 이러한 선정기준을 적용함에 있어서도 해당 기준을 실질적으로 공정하게 적용하여 해고대상자를 선정해야 한다. 그런데, 해고된 근로자 甲 등 12명 중 甲을 포함하여 10명은 징계, 근태, 경미 사고, 포상 평가에서는 최상위권 점수를 받았으나 근무태도평가에서는 최하위권 점수를 받은 반면, 해고대상자로 선정되지 않는 근로자 88명 중 12명은 근무태도평가에서 만점을 받았으나 징계, 근태, 경미 사고, 포상 평가에서는 최하위권 점수를 받았는바, 이러한 사정은 A회사가 자의적으로 평가할 수 있는 '기본품성, 동료의식, 책임감, 자기계발' 평가항목에서의 평가점수의 차이로 해고대상자가 선정되었음을 보여준다. 이러한 사정을 고려할 때 A회사가 '징계, 근태, 경미 사고, 포상 평가'에서 최상위권 점수를 받은 甲 등에게 근무태도평가에서는 최하위권 점수를 사정하여 이들을 해고대상자로 선정한 것은 해고대상자 선정기준을 공정하게 적용한 것으로 보기 어렵다고 판단된다.

## Ⅳ. 결론

A회사가 설정한 해고대상자 선정기준은 사용자의 자의성이 개입될 여지가 큰 '기본품성, 동료의식'이라는 모호한 요소에 가장 높은 비중을 두고, 근속기간, 부양가족에는 낮은 비중을 두었다는 점에서 객관적 합리성의 측면에서 문제가 있음은 물론 이러한 선정기준을 적용함에 있어서도 해고대상자 선정기준을 공정하게

적용한 것으로 보기 어렵다. 따라서 이러한 해고대상자 선정기준을 가지고 정리해고한 것은 위법하다는 甲의 주장은 타당하다.

〈질문 2〉 A회사는 乙의 사직을 이유로 乙에게 지급한 사이닝보너스를 반환할 것을 청구하였다. A회사의 청구의 타당성에 관하여 논하시오. (25점)

## Ⅰ. 논점의 정리

이 사안에서 A회사는 乙의 사직을 이유로 乙에게 지급한 사이닝보너스를 반환할 것을 청구하였는바, 이러한 청구의 타당성은 A회사가 乙에게 사이닝보너스 명목으로 지급한 금원의 법적 성격을 어떻게 보아야 하는가에 따라 달라질 것이다.

## Ⅱ. 관련 법리

'사이닝보너스'란 기업이 우수한 인재를 채용하기 위하여 근로계약을 체결함과 동시에 근로자에게 일시불로 지급하는 금원을 의미한다.

판례는 이러한 사이닝보너스가 이직에 따른 보상이나 근로계약 등의 체결에 대한 대가로서의 성격만 가지는지, 아니면 의무근무기간 동안의 이직금지 내지 전속근무 약속에 대한 대가 및 임금 선급으로서의 성격도 함께 가지는지는 ① 해당 계약이 체결된 동기 및 경위, ② 당사자가 계약에 의하여 달성하려고 하는 목적과 진정한 의사, ③ 계약서에 특정 기간 동안의 전속근무를 조건으로 사이닝보너스를 지급한다거나 그 기간의 중간에 퇴직하거나 이직할 경우 이를 반환한다는 등의 문언이 기재되어 있는지 및 거래의 관행 등을 종합적으로 고려하여 판단하여야 한다는 입장이다.[124]

한편, 판례는 사이닝보너스가 '이직에 따른 보상이나 근로계약 등의 체결에 대한 대가'로서의 성격에 그칠 뿐이라면 계약 당사자 사이에 근로계약 등이 실제로 체결된 이상 근로자 등이 약정근무기간을 준수하지 아니하였더라도 사이닝보너스가 예

---

124) 대법원 2015. 6. 11. 선고 2012다55518 판결.

정하는 대가적 관계에 있는 반대급부는 이행된 것으로 볼 수 있다고 보았다.[125]

## Ⅲ. 사안의 적용

이 사안에서 乙이 A회사에 사이닝보너스를 반환할 의무를 부담하는지 여부는 기본적으로 사이닝보너스의 지급에 관한 처분문서인 '채용합의서'의 해석에 달려 있다.

그런데, 이 사안의 경우 A회사는 乙에게 사이닝보너스를 지급하면서 ① 채용합의서에는 7년간의 전속근무를 조건으로 사이닝보너스를 지급한다거나 乙이 약정 근무기간 7년을 채우지 못하였을 경우 이를 반환하여야 한다는 등의 내용이 기재되어 있지 않았고, ② 채용합의서만으로는 약정근무기간과 고용보장기간을 각 7년으로 약정한 특별한 이유나 동기를 찾기 어려우며, ③ A회사는 채용합의 과정에서 乙에게 장기간 근무의 필요성이나 근무기간이 7년이어야 하는 구체적인 이유는 설명하지 아니하였고, ④ A회사는 채용합의 당시 乙에게 약정근무기간을 채우지 못할 경우 사이닝보너스를 반환하여야 한다는 사실은 고지하지 않았다.

이러한 사실을 종합적으로 고려해 보면, 이 사건 채용합의서는 A회사가 乙에게 7년의 고용기간을 '보장'하는 취지로 작성된 것으로 해석될 수 있을 뿐이지, 더 나아가 乙이 7년 동안 의무적으로 A회사에서 근무할 것을 조건으로 사이닝보너스를 지급한다거나 나아가 乙이 이러한 기간을 충족하지 않고 퇴사할 경우 사이닝보너스를 반환한다는 취지의 약정으로 해석하기는 어렵다. 따라서, 이 사건 사이닝보너스는 '이직에 따른 보상이나 근로계약 등의 체결에 대한 대가'로서의 성격을 가질 뿐이므로 乙이 A회사와 근로계약을 실제로 체결한 이상 乙이 7년의 고용보장기간이 도과하기 전에 퇴사하였더라도 이 사건 사이닝보너스가 예정하는 대가적 관계에 있는 반대급부는 이행된 것으로 평가해야 할 것이다.

## Ⅳ. 결론

이 사건 사이닝보너스는 '이직에 따른 보상이나 근로계약 등의 체결에 대한 대가'의 성격만 갖기 때문에, 乙이 7년의 고용보장기간 도중에 사직했다 하더라도

---

125) 상동.

A회사는 乙에게 지급한 사이닝보너스의 반환을 청구할 수 없다. 따라서 A회사의 청구는 부당하다.

| 사례 20 | 기간의 정함이 있는 근로계약에서의 갱신기대권, 시용근로자 본채용 거부 |
|---|---|

**[사례 20]**[126)]

甲은 2018. 1. 1. A회사의 연구·개발부서에 연구직 근로자로 입사하였다. 근로계약서에는 근로계약 기간이 1년으로 정해져 있다. A회사의 취업규칙에 따르면, ① 연구직 근로자는 1년 계약기간의 계약제로 고용하되, ② 계약기간 만료 전에 근무성적을 평가하여 재계약 여부를 결정하며, ③ 3명의 평가위원이 작성한 평가심사표의 점수를 평균하여 70점 이상이면 재계약을 체결한다고 규정하고 있다.

그간에 중한 징계처분을 받아 평가 점수를 낮게 받은 극히 예외적인 몇몇 근로자들을 제외하고, 대부분의 연구직 근로자들은 재계약이 체결되었다.

甲은 징계를 받은 적도 없고 평소에 근무태도에 대해 별다른 지적을 받은 적도 없었다. 그런데 甲의 재계약 체결을 위한 근무성적 평가심사에서, 연구·개발부서에 근무하는 평가위원 2명은 높은 점수를 부여하였으나, 평소 甲과 사이가 좋지 않은 총무부장이 평가위원으로 이례적으로 낮은 점수인 25점을 부여하여 甲의 평균 점수는 68점이 되었다. A회사는 2018. 12. 31. 甲에게 재계약 체결을 거부한다는 통지를 하였다. A회사는 ① 甲의 근로계약 기간이 만료되어 당연히 퇴직되었을 뿐이며, ② 근무성적평가 점수도 70점 미달이고, ③ 재계약 체결 여부는 회사가 자유로이 판단하여 결정할 수 있다고 주장한다.

한편 乙은 2018. 9. 1. A회사의 사무직 근로자로 입사하였다. A회사의 취업규칙에 따르면, 사무직 근로자는 3개월의 시용 과정을 거쳐 본채용 여부를 결정하게 되어 있다. 이 내용은 乙의 근로계약서에도 기재되어 있다. 乙의 동료들은 乙이 시용 기간 동안 지각이나 결근 없이 상급자가 지시한 업무들을 성실하게 수행하였다고 인정하였다. 그러나 상급자 丙은 乙이 적극성이 부족하여 발전가능성이 적다고 평가하였고, A회사는 본채용 여부는 회사의 재량이라 여겨 乙의 본채용 여부를 결정하였다. A회사는 2018. 11. 29. 乙에게 역량 미흡을 이유로 본채용을 거부한다고 서면으로 통지하였으나, A회사에는 乙의 역량 미흡에 대한 객관적인 자료가 없다.

<질 문>

1. 甲은 근로계약이 갱신되리라 기대하고 있었으며, A회사가 재계약 체결을 거부한 것은 부당하다고 한다. 甲의 주장은 타당한가? (50점)

2. 乙은 A회사의 본채용 거부는 부당하다고 주장한다. 乙의 주장은 타당한가? (30점)

## 해 설

〈질문 1〉 甲은 근로계약이 갱신되리라 기대하고 있었으며, A회사가 재계약 체결을 거부한 것은 부당하다고 한다. 甲의 주장은 타당한가? (50점)

## I. 논점의 정리

기간을 정하여 근로계약을 체결한 근로자의 경우 그 기간이 만료됨으로써 근로자로서의 신분관계는 당연히 종료되고 근로계약을 갱신하지 못하면 갱신거절의 의사표시가 없어도 그 근로자는 당연 퇴직되는 것이 원칙이다. 그러나 판례는 일정한 조건 하에서 근로자의 정당한 기대권이 인정되는 경우에는 사용자가 이에 위반하여 부당하게 근로계약의 갱신을 거절하는 것은 부당해고와 마찬가지로 효력이 없다는 입장을 취하고 있다. 이 사안에서는 근로계약 기간이 1년으로 정해져 있는 甲에게 근로계약의 갱신기대권이 인정될 수 있는지, 甲에게 갱신기대권이 인정되는 경우 A회사의 갱신 거절의 정당성이 인정될 수 있는지 검토되어야 한다.

## II. 관련 법리

근기법 제23조에 따르면 해고의 정당한 이유가 있어야 하지만 기간을 정하여 근로계약을 체결한 근로자의 경우 그 기간이 만료됨으로써 근로자로서의 신분관계는 당연히 종료되고 근로계약을 갱신하지 못하면 갱신거절의 의사표시가 없어도 그 근로자는 당연 퇴직되는 것이 원칙이다.

그러나 판례 법리에 따르면 근로계약, 취업규칙, 단체협약 등에서 기간만료에

---
126) 2019년도 시행 제8회 변호사시험.

도 불구하고 일정한 요건이 충족되면 당해 근로계약이 갱신된다는 취지의 규정을 두고 있거나, 그러한 규정이 없더라도 근로계약의 내용과 근로계약이 이루어지게 된 동기 및 경위, 계약 갱신의 기준 등 갱신에 관한 요건이나 절차의 설정 여부 및 그 실태, 근로자가 수행하는 업무의 내용 등 당해 근로관계를 둘러싼 여러 사정을 종합하여 볼 때 근로계약 당사자 사이에 일정한 요건이 충족되면 근로계약이 갱신된다는 신뢰관계가 형성되어 있어 근로자에게 그에 따라 근로계약이 갱신될 수 있으리라는 정당한 기대권이 인정되는 경우에는 사용자가 이에 위반하여 부당하게 근로계약의 갱신을 거절하는 것은 부당해고와 마찬가지로 아무런 효력이 없고, 이 경우 기간만료 후의 근로관계는 종전의 근로계약이 갱신된 것과 동일하다고 할 것이다.[127]

## Ⅲ. 사안의 적용

먼저, 甲의 갱신기대권이 인정되는지 여부와 관련하여 살펴보면, 첫째, A회사의 취업규칙에 따르면, ① 연구직 근로자는 1년 계약기간의 계약제로 고용하되, ② 계약기간 만료 전에 근무성적을 평가하여 재계약 여부를 결정하며, ③ 3명의 평가위원이 작성한 평가심사표의 점수를 평균하여 70점 이상이면 재계약을 체결한다고 규정하고 있다는 점, 둘째, 그간에 중한 징계처분을 받아 평가점수를 낮게 받은 극히 예외적인 몇몇 근로자들을 제외하고, 대부분의 연구직 근로자들이 재계약을 체결한 점에 비추어 甲에게 갱신기대권이 인정된다고 볼 수 있다.

다음으로 A회사의 甲에 대한 갱신 거절의 정당성 인정 여부와 관련하여 살펴보면, 甲은 징계를 받은 적도 없고 평소에 근무태도에 대해 별다른 지적을 받은 적도 없었는데 甲의 재계약 체결을 위한 근무성적 평가심사에서, 연구·개발부서에 근무하는 평가위원 2명은 높은 점수를 부여하였으나, 평소 甲과 사이가 좋지 않은 총무부장이 평가위원으로 이례적으로 낮은 점수인 25점을 부여하여 甲의 평균점수는 68점이 되었다는 점에 비추어 볼 때 A회사는 공정성 및 객관성이 결여된 심사과정을 거쳐 甲에 대하여 갱신 기준 점수 미만을 부여했다고 할 수 있다. 따라서 A회사가 甲의 근로계약의 갱신을 거절한 것은 정당하지 못하다.

---

127) 대법원 2011. 4. 14. 선고 2007두1729 판결.

## Ⅳ. 결론

A회사 취업규칙에 일정한 요건이 충족되면 당해 근로계약이 갱신된다는 취지의 규정이 있고, 극히 예외적인 몇몇 근로자들을 제외하고, 대부분의 연구직 근로자들이 재계약을 체결한 점에 비추어 甲에게 갱신기대권이 인정된다. 그런데 A회사는 공정성 및 객관성이 결여된 심사과정을 통해 甲에 대하여 갱신 기준 점수 미만을 부여했다. 따라서 A회사가 甲의 근로계약의 갱신을 거절한 것은 부당하다는 甲의 주장은 타당하다.

〈질문 2〉 乙은 A회사의 본채용 거부는 부당하다고 주장한다. 乙의 주장은 타당한가? (30점)

## Ⅰ. 논점의 정리

A회사는 시용근로자인 乙에게 역량 미흡을 이유로 본채용을 거부한다고 서면으로 통지하였으나, A회사에는 乙의 역량 미흡에 대한 객관적인 자료가 없다. 이러한 본채용 거부가 정당한지 여부가 검토되어야 한다.

## Ⅱ. 관련 법리

### 1. 시용계약의 의미와 취지

시용이라 함은 본채용 직전의 일정한 기간 동안 정규 종업원으로서의 적격성 유무 및 본채용 가부를 판정하기 위하여 시험적으로 사용하는 것이다. 시용계약의 법적 성질은 시용기간 중 또는 시용기간 종료시에 합리적 사유에 근거하여 해약할 수 있는 권리가 사용자에게 유보되어 있는 근로계약이다.

### 2. 시용계약 만료시 본채용 거부의 정당성

판례에 따르면 시용근로자의 직업적 능력, 자질, 인품, 성실성 등 업무적격성을 관찰·판단하고 평가하려는 시용제도의 취지·목적에 비추어 볼 때, 사용자가 시용기간 만료 시 본 근로계약 체결을 거부하는 것은 일반적인 해고보다 넓게 인정될 수 있으나, 그 경우에도 객관적으로 합리적인 이유가 존재하여 사회통념상 상당성이 있어야 한다.[128]

또한, 시용근로관계에서 사용자가 본 근로계약 체결을 거부하는 경우에는 해당 근로자로 하여금 그 거부사유를 파악하여 대처할 수 있도록 구체적·실질적인 거부사유를 서면으로 통지하여야 한다.[129]

## Ⅲ. 사안의 적용

이 사안에서 乙의 상급자 丙은 乙이 적극성이 부족하여 발전가능성이 적다고 평가하였고, A회사는 본채용 여부는 회사의 재량이라 여겨 乙의 본채용 거부를 결정하였다. A회사는 2018. 11. 29. 乙에게 역량 미흡을 이유로 본채용을 거부한다고 서면으로 통지하였으나, A회사에는 乙의 역량 미흡에 대한 객관적인 자료가 없다. 그러나 오히려 乙의 동료들은 乙이 시용 기간 동안 지각이나 결근 없이 상급자가 지시한 업무들을 성실하게 수행하였다고 인정하였다. 따라서 A회사가 乙의 본채용을 거부한 것은 객관적으로 합리적인 이유가 존재하여 사회통념상 상당성이 있다고 보기 어렵다.

## Ⅳ. 결론

A회사는 乙에게 역량 미흡을 이유로 본채용을 거부하였지만 乙의 역량미흡에 대한 객관적인 자료가 없고, 오히려 동료들은 乙이 성실하게 업무 수행을 하였다고 인정한 점에 비추어 볼 때 A회사가 乙의 본채용을 거부한 것은 객관적으로 합리적인 이유가 없다. 따라서 A회사의 본채용 거부는 부당하다는 乙의 주장은 타당하다.

---

128) 대법원 2015. 11. 27. 선고 2015두48136 판결.
129) 상동.

## 사례 21  업무상 재해

**[사례 21]**[130)]

근로자 甲은 A회사의 상담팀에 소속된 상담원으로서, 2019. 7. 5. 오후 7시부터 같은 날 오후 9시까지 음식점에서 상담팀 책임자인 실장을 포함하여 30명의 직원과 함께 1차 회식을 하였다. 1차 회식에서 실장이 참석 직원들에게 술잔을 돌리거나 술을 권하지 않았다. 甲이 1차 회식에서 자신의 평소 주량보다 많은 술을 급하게 마시자 실장이 이를 만류하였으나, 甲은 실장의 만류에도 불구하고 계속 술을 마셔 1차 회식이 끝날 당시 이미 만취한 상태였다. 1차 회식이 마무리되던 즈음 실장이 "회사로부터 사용을 허락받은 회식비가 남았으니 노래연습장에 가서 2차를 하자"고 제안하였다. 이에 같은 날 오후 9시 15분 경 실장과 근로자 甲을 포함한 12명이 바로 옆 건물 4층에 있는 노래연습장으로 자리를 옮겨 2차 회식을 하였다.

甲은 노래연습장으로 옮기고 얼마 지나지 않아 화장실을 찾기 위해 노래연습장에서 나왔다. 같은 층에 있는 비상구 문을 열고 들어가 화장실을 찾던 중 건물 밖으로 나 있는 커다란 창문을 화장실 문으로 오인하여 밑에 놓여있는 발판을 밟고 올라가 창문을 열고 나갔다가 건물 밖으로 추락하여 골반골절 등의 부상을 입었다.

**〈질문〉**

이 사건 재해가 산업재해보상보험법상 요양급여의 대상이 되는지 설명하시오. (25점)

## 해 설

〈질문〉이 사건 재해가 산업재해보상보험법상 요양급여의 대상이 되는지 설명하시오. (25점)

---

130) 2020년도 제29회 공인노무사시험.

## Ⅰ. 논점의 정리

이 사건 재해가 산재보험법상 요양급여의 대상이 되는지 여부는 이 사건 재해가 '업무상 재해'에 해당하는가에 따라 달라진다. 그런데 이 사건 재해는 회식 중에 발생한 부상으로 소위 '행사 중의 사고'에 해당한다. 따라서 이 사건 재해가 업무상 재해로 인정되는가를 판단하기 위해서는 행사 중의 사고의 업무상 재해의 인정요건에 관한 산재보험법 제37조, 동법 시행령 제30조 규정 관련 판례법리를 검토할 필요가 있다.

## Ⅱ. 관련 법리

### 1. 사업주가 주관하거나 사업주의 지시에 따라 참여한 행사인지 여부

산재보험법 제37조 제1항 제1호 라목은 "사업주가 주관하거나 사업주의 지시에 따라 참여한 행사나 행사준비 중에 발생한 사고"로 부상·질병 또는 장해가 발생하거나 사망하면 업무상의 재해로 본다고 규정한다. 한편, 같은 조 제5항은 업무상의 재해의 구체적인 인정 기준은 대통령령으로 정한다고 규정하고 있고, 이를 받아 동법 시행령 제30조는 각종 행사에 근로자가 참가하는 것이 사회통념상 노무관리 또는 사업운영상 필요하다고 인정되는 경우로서 ① 사업주가 행사에 참가한 근로자에 대하여 행사에 참가한 시간을 근무한 시간으로 인정하는 경우, ② 사업주가 그 근로자에게 행사에 참가하도록 지시한 경우, ③ 사전에 사업주의 승인을 받아 행사에 참가한 경우 또는 ④ 이에 준하는 경우로서 사업주가 그 근로자의 행사 참가를 통상적·관례적으로 인정한 경우에 근로자가 그 행사에 참가하여 발생한 사고는 법 제37조제1항제1호라목에 따른 업무상 사고로 본다고 규정하고 있다.

한편, 판례는 근로자가 회사 밖의 행사나 모임에 참가하던 중 재해를 입은 경우에 그 행사나 모임의 주최자, 목적, 내용, 참가인원과 그 강제성 여부, 운영방법, 비용부담 등의 사정에 비추어, 사회통념상 그 행사나 모임의 전반적인 과정이 사용자의 지배나 관리를 받는 상태에 있고 또한 근로자가 그와 같은 행사나 모임의 순리적인 경로를 벗어나지 않은 상태에 있다고 인정되는 경우 산업재해보상보험법에서 정한 업무상 재해에 해당한다고 볼 수 있다는 입장이다.[131]

### 2. 상당인과관계의 존부

산재보험법 제37조 제1항 단서는 업무와 재해 사이에 상당인과관계가 없는 경우에는 업무상의 재해로 보지 아니한다고 규정하고 있다. 따라서 사업주의 지배나 관리를 받는 상태에 있는 회식 과정에서 근로자가 주량을 초과하여 음주를 한 것이 주된 원인이 되어 부상·질병·신체장해 또는 사망 등의 재해를 입은 경우, 이러한 재해는 상당인과관계가 인정되는 경우에 한하여 업무상 재해로 볼 수 있다.132)

이때 업무·과음·재해 사이의 상당인과관계는 사업주가 과음행위를 만류하거나 제지하였는데도 근로자 스스로 독자적이고 자발적으로 과음을 한 것인지, 재해를 입은 근로자 외에 다른 근로자들이 마신 술의 양은 어느 정도인지, 업무와 관련된 회식 과정에서 통상적으로 따르는 위험의 범위 내에서 재해가 발생하였다고 볼 수 있는지, 과음으로 인한 심신장애와 무관한 다른 비정상적인 경로를 거쳐 재해가 발생하였는지 등 여러 사정을 고려하여 판단하여야 한다.133)

### Ⅲ. 사안의 적용

### 1. 2차 회식이 사용자의 지배나 관리를 받는 상태인지 여부

이 사안에서 근로자 甲은 음식점에서 상담팀 책임자인 실장을 포함하여 30명의 직원과 함께 1차 회식을 하였는데, 1차 회식이 마무리되던 즈음 실장이 "회사로부터 사용을 허락받은 회식비가 남았으니 노래연습장에 가서 2차를 하자"고 제안하였고, 실제 2차에 참여한 인원은 甲을 포함한 12명이나 되었다. 따라서 기본적으로 2차 회식을 사업주가 주관하거나 사업주의 지시에 따라 참여한 행사로 볼 수는 있을 것으로 보인다.

### 2. 업무·과음·재해 사이에 상당인과관계가 있는지 여부

비록 원고가 참여한 회식이 사업주 측의 주최로 이루어진 것이라고 하더라도, 1차 회식에서 실장이 참석 직원들에게 술잔을 돌리거나 술을 권하지 않았음은 물

---

131) 대법원 2007. 11. 15. 선고 2007두6717 판결.
132) 대법원 2015. 11. 12. 선고 2013두25276 판결.
133) 대법원 2017. 5. 30. 선고 2016두54589 판결.

론 甲이 평소 주량보다 많은 술을 급하게 마시자 실장이 이를 만류하였음에도 불구하고 甲이 계속 술을 마셔 만취에 이르게 되었고, 2차 회식 도중 건물 밖으로 난 창문을 화장실 문으로 오인하여 창문을 열고 나가 건물 밖으로 추락하는 비정상적인 경로를 거쳐 부상이 발생한 점 등을 고려할 때, 업무·과음·재해 사이에 상당인과관계가 있다고 보기는 어려워 보인다.

## Ⅳ. 결론

이 사건 2차 회식은 사업주가 주관하거나 사업주의 지시에 따라 참여한 행사에 해당할 여지가 있으나, 이 사건 업무·과음·재해 사이의 상당인과관계가 인정되기는 어렵다고 판단된다. 따라서 이 사건 재해가 산재보험법상 요양급여의 대상이 되지 않는다.

# 제2부

# 집단적 노동관계법

# 제1장

# 집단적 노동관계법 주요 내용 및 쟁점

## Ⅰ. 근로3권의 의미와 법적 성격

헌법 제33조 제1항은 "근로자는 근로조건의 향상을 위하여 자주적인 단결권, 단체교섭권, 단체행동권을 가진다"고 규정하여 근로자에게 "단결권, 단체교섭권, 단체행동권"을 기본권으로 보장하고 있다. 헌법이 이와 같은 권리를 보장하는 의미는, 근로자가 사용자와 대등한 지위에서 단체교섭을 통하여 자율적으로 임금 등 근로조건에 관한 단체협약을 체결할 수 있도록 하기 위한 것이다.[1] 따라서 명시되어 있지는 않지만 근로조건의 향상을 위한 근로자 및 그 단체의 본질적인 활동의 자유인 '단체교섭권'에는 단체협약체결권이 포함되어 있다고 본다.

근로3권은 국가공권력에 대하여 근로자의 단결권의 방어를 일차적인 목표로 하지만, 근로3권의 보다 큰 헌법적 의미는 근로자단체라는 사회적 반대세력의 창출을 가능하게 함으로써 노사관계의 형성에 있어서 사회적 균형을 이루어 근로조건에 관한 노사 간의 실질적인 자치를 보장하려는데 있다. 근로자는 노동조합과 같은 근로자단체의 결성을 통하여 집단으로 사용자에 대항함으로써 사용자와 대등한 세력을 이루어 근로조건의 형성에 영향을 미칠 수 있는 기회를 갖게 되므로 이러한 의미에서 근로3권은 '사회적 보호기능을 담당하는 자유권' 또는 '사회권적 성격을 띤 자유권'이라고 말할 수 있다.[2]

헌법상 근로3권은 모든 근로자의 권리이다. 다만, 공무원인 근로자는 법률이 정하는 자에 한하여 단결권 · 단체교섭권 및 단체행동권을 갖고(헌법 제33조 제2항), 법률이 정하는 주요방위산업체에 종사하는 근로자의 단체행동권은 법률이 정하는 바에 의하여 이를 제한하거나 인정하지 아니할 수 있다(헌법 제33조 제3항). 공무원이 아니지만 법률상 공무원에 관한 규정을 준용함으로써 헌법상 근로3권을 제한할 수 있는지가 문제된 사례가 있다. 즉, 구 청원경찰법(2018. 9. 18. 법률 제15765호에 의한 개정 이전의 법) 제5조 제4항에서는 청원경찰의 복무에 관하여 국가공무원법 제66조 제1항을 준용함으로써 청원경찰의 노동운동을 금지하는 규정을 두었다. 청원경찰로 복무하고 있던 근로자들이 이 조항의 위헌성을 문제삼아 헌법소원을 제기하였는데, 이 사건에서 헌법재판소는 우선 청원경찰의 근로3권을 제한

---

1) 헌법재판소 1998. 2. 27. 선고 94헌바13 · 26,95헌바44(병합) 전원재판부.
2) 상동.

하는 규정이 청원경찰이 관리하는 중요시설의 안전을 도모하려는 것이므로 목적의 정당성이 인정될 수 있고, 근로3권의 제한은 위와 같은 목적달성에 기여할 수 있으므로 수단의 적합성도 인정될 수 있지만, 공무원이 아닌 청원경찰은 법률이 정하는 바에 따라 근로3권이 제한적으로만 인정되는 헌법 제33조 제2항의 공무원으로 볼 수는 없는 이상, 일반 근로자인 청원경찰에게는 기본적으로 헌법 제33조 제1항에 따라 근로3권이 보장되어야 하고, 단결권과 단체교섭권을 인정하더라도 시설의 안전유지에 지장이 된다고 단정할 수 없으며, 청원경찰의 업무가 가지는 공공성이나 사회적 파급력은 군인이나 경찰과 비교하여 견주기 어려움에도 모든 청원경찰의 근로3권을 전면적으로 제한하는 것은 과잉금지원칙을 위반하여 청원경찰의 근로3권을 침해하는 것이라는 취지에서 헌법불합치결정을 내린 바 있다.[3]

## II. 노동조합 및 노동관계조정법상 근로자 개념

### 1. 노동조합 및 노동관계조정법상 근로자

#### 1) 노동조합 및 노동관계조정법상 근로자의 개념

노동조합 및 노동관계조정법(이하 "노동조합법"이라 한다)상 근로자는 직업의 종류를 불문하고 임금·급료 기타 이에 준하는 수입에 의하여 생활하는 자이다(노동조합법 제2조 제1호).

판례는, 노동조합법 제2조 제1호 및 제4호 (라)목 본문에서 말하는 '근로자'에는 특정한 사용자에게 고용되어 현실적으로 취업하고 있는 자뿐만 아니라, 일시적으로 실업 상태에 있는 자나 구직 중인 자도 노동3권을 보장할 필요성이 있는 한 그 범위에 포함된다고 보고 있다.[4] 특히 노동조합의 조합원인 근로자는 일정한 사용자에 대한 종속관계를 조합원의 자격요건으로 하는 기업별 노동조합의 경우와는 달리 산업별·직종별·지역별 노동조합 등의 경우에는 원래부터 일정한 사용자에 대한 종속관계를 조합원의 자격요건으로 하는 것이 아니다.[5]

3) 헌법재판소 2017. 9. 28. 선고 2015헌마653 결정.
4) 대법원 2004. 2. 27. 선고 2001두8568 판결.
5) 상동.

### 2) 골프장 캐디의 노동조합법상 근로자성

법원은 오래전부터 골프장 캐디의 노동조합법상 근로자성을 인정하였다. 즉, 노동조합법상 근로자란 타인과의 사용종속관계 하에서 노무에 종사하고 그 대가로 임금 등을 받아 생활하는 자를 말한다고 할 것이고, 타인과 사용종속관계가 있는 한 당해 노무공급계약의 형태가 고용, 도급, 위임, 무명계약 등 어느 형태이든 상관없다고 보아야 할 것이며, 그 사용종속관계는 사용자와 노무제공자 사이에 지휘 감독관계의 여부, 보수의 노무대가성 여부, 노무의 성질과 내용 등 그 노무의 실질관계에 의하여 결정된다 할 것이고, 그 사용종속관계가 인정되는 한 노동조합법상의 근로자로 보아도 무방할 것이라는 원칙에 서서, 골프장 캐디의 캐디피가 "노동조합법 제4조 소정의 '기타 이에 준하는 수입'으로 못 볼 바도 아니라고 보여 지는 점" 등을 이유로 캐디의 노동조합법상 근로자성을 긍정한 것이다.[6]

최근의 판례에서도 법원은 골프장이 캐디들의 근무내용, 근무시간 및 근무장소에 대하여 상당한 정도의 지휘·감독을 하고 있다고 볼 수 있는 점, 캐디들은 경기보조업무 수행 과정에서 필요한 작업도구를 피고로부터 제공받아 사용하며 노무 이외에 자신의 자본을 투여하는 일이 없고, 그 업무 내용이 단순 노무제공의 측면이 강하며, 피고가 지정한 순번에 따라 출장의 기회를 제공받으므로 이용객을 임의로 선택하거나 교체를 요구할 수 없고, 캐디 피의 액수도 캐디들이 이용객과 사이에 임의로 정할 수 있는 것이 아니어서 캐디들 스스로 노무제공을 통한 이윤의 창출과 손실의 위험을 부담하는 독립사업자로 볼 수 없는 점, 이 사건 골프장의 캐디들은 출장일수가 적지 않고, 피고가 정하는 출장순번에 따라 출장하는데 자신의 출장순번이 언제 돌아올지 정확히 예측할 수 없어 실제로 이 사건 골프장 외의 다른 골프장에서 경기보조업무를 수행하는 것은 사실상 불가능하므로 피고에 전속되어 계속적인 경기보조업무를 수행하는 것으로 보아야 하는 점, 피고와 이 사건 노동조합 상호 간에 상대방을 노동조합법상 사용자 또는 노동조합으로 인정하여 단체협약과 별도의 합의나 노동쟁의 조정절차 등을 거쳐 왔고 원고들은 이 사건 노동조합 소속 조합원들로 활동하여 온 점 등에 비추어 이 사건 골프장의 캐디들에 대하여는 노동조합법상의 근로자성을 인정할 수 있다고 판단

---

6) 대법원 1993. 5. 25. 선고 90누1731 판결

하였다.7) 과거의 판례와 달라진 점은 골프장 캐디의 노동조합법상 근로자성을 판단할 때의 징표를 임금의 종속성 판단 요소보다는 사용자의 지휘·감독의 정도 및 근로자가 독립하여 자신의 위험과 계산으로 사업을 영위할 수 있는지 등의 주로 '업무의 종속성 및 독립사업자성'을 판단하는 평가요소로 삼아야 한다고 본 것이다.

### 3) 구직자의 노동조합법상 근로자성

구직자의 노동조합법상 근로자성이 다투어졌던 사례에서 법원은 근기법과 노동조합법의 입법 목적이 다르다는 점을 확인하였다. 즉 근기법은 '현실적으로 근로를 제공하는 자에 대하여 국가의 관리·감독에 의한 직접적인 보호의 필요성이 있는가'라는 관점에서 개별적 노사관계를 규율할 목적으로 제정된 것인 반면에, 노동조합법은 '노무공급자들 사이의 단결권 등을 보장해 줄 필요성이 있는가'라는 관점에서 집단적 노사관계를 규율할 목적으로 제정되었다는 것이다. 각각의 입법목적에 따라 양 법은 근로자의 개념을 상이하게 정의하고 있는 점, 일정한 사용자에 대한 종속관계를 조합원의 자격요건으로 하는 기업별 노동조합의 경우와는 달리 산업별·직종별·지역별 노동조합 등의 경우에는 원래부터 일정한 사용자에 대한 종속관계를 조합원의 자격요건으로 하는 것이 아닌 점에 비추어 노동조합법상의 근로자에는 특정한 사용자에게 고용되어 현실적으로 취업하고 있는 자뿐만 아니라, 일시적으로 실업 상태에 있는 자나 구직 중인 자도 노동3권을 보장할 필요성이 있는 한 그 범위에 포함되고, 따라서 "지역별 노동조합의 성격을 가진 원고가 그 구성원으로 '구직 중인 여성 노동자'를 포함시키고 있다 하더

---

7) 대법원 2014. 2. 13. 선고 2011다78804 판결. 골프장캐디의 노조법상 근로자성을 인정하는데 고려의 대상이 된 사정은 다음과 같다 : ① 회사가 캐디들의 근무내용, 근무시간 및 근무장소에 대하여 상당한 정도의 지휘·감독을 하고 있다고 볼 수 있는 점, ② 캐디들은 경기보조업무 수행 과정에서 필요한 작업도구를 회사로부터 제공받아 사용하며 노무 이외에 자신의 자본을 투여하는 일이 없고, 그 업무내용이 단순 노무제공의 측면이 강하며, 회사가 지정한 순번에 따라 출장의 기회를 제공받으므로 이용객을 임의로 선택하거나 교체를 요구할 수 없고, 캐디 피의 액수도 캐디들이 이용객과 사이에 임의로 정할 수 있는 것이 아니어서 캐디들 스스로 노무제공을 통한 이윤의 창출과 손실의 위험을 부담하는 독립사업자로 볼 수 없는 점, ③ 이 사건 골프장의 캐디들은 출장일수가 적지 않고, 회사가 정하는 출장순번에 따라 출장하는데 자신의 출장순번이 언제 돌아올지 정확히 예측할 수 없어 실제로 이 사건 골프장 외의 다른 골프장에서 경기보조업무를 수행하는 것은 사실상 불가능하므로 회사에 전속되어 계속적인 경기보조업무를 수행하는 것으로 보아야 하는 점, ④ 회사와 이 사건 노동조합 상호 간에 상대방을 노조법상 사용자 또는 노동조합으로 인정하여 단체협약과 별도의 합의나 노동쟁의 조정절차 등을 거쳐 왔고 원고들은 이 사건 노동조합 소속 조합원들로 활동하여 온 점 등.

라도, '구직 중인 여성 노동자' 역시 노동조합법상의 근로자로서 노동조합의 조합원이 될 수 있다고 보았다.[8]

### 4) 학습지 교사의 노동조합법상 근로자성

학습지 교사의 노동조합법상 근로자성이 문제된 사례에서 법원은, 노동조합법상 근로자에 해당하는지는, 노무제공자의 소득이 특정 사업자에게 주로 의존하고 있는지, 노무를 제공받는 특정 사업자가 보수를 비롯하여 노무제공자와 체결하는 계약 내용을 일방적으로 결정하는지, 노무제공자가 특정 사업자의 사업 수행에 필수적인 노무를 제공함으로써 특정 사업자의 사업을 통해서 시장에 접근하는지, 노무제공자와 특정 사업자의 법률관계가 상당한 정도로 지속적·전속적인지, 사용자와 노무제공자 사이에 어느 정도 지휘·감독관계가 존재하는지, 노무제공자가 특정 사업자로부터 받는 임금·급료 등 수입이 노무 제공의 대가인지 등을 종합적으로 고려하여 판단하여야 한다고 보면서, 학습지 교사의 노동조합법상 근로자성을 인정하였다.[9]

---

8) 대법원 2004. 2. 27. 선고 2001두8568 판결.
9) 대법원 2018. 6. 15. 선고 2014두12598, 2014두12604(병합) 판결. 학습지교사의 노조법상 근로자성을 인정하는데 고려의 대상이 된 사정은 다음과 같다 : ① 업무 내용, 업무 준비 및 업무 수행에 필요한 시간 등에 비추어 볼 때 학습지교사들이 겸업을 하는 것은 현실적으로 어려워 보여, 회사로부터 받는 수수료가 원고 학습지교사들의 주된 소득원이었을 것으로 보인다는 점, ② 회사는 불특정다수의 학습지교사들을 상대로 미리 마련한 정형화된 형식으로 위탁사업계약을 체결하였으므로, 보수를 비롯하여 위탁사업계약의 주요 내용이 회사에 의하여 일방적으로 결정되었다고 볼 수 있다는 점, ③ 학습지교사들이 제공한 노무는 회사의 학습지 관련 사업 수행에 필수적인 것이었고, 학습지교사들은 회사의 사업을 통해 학습지 개발 및 학습지 회원에 대한 관리·교육 등에 관한 시장에 접근하였다는 점, ④ 학습지교사들은 회사와 일반적으로 1년 단위로 위탁사업계약을 체결하고 계약기간을 자동연장하여 왔으므로 그 위탁사업계약관계는 지속적이었고, 회사에게 상당한 정도로 전속되어 있었던 것으로 보인다는 점, ⑤ 회사는 신규 학습지교사들을 상대로 입사실무교육을 실시하고, 사무국장 및 단위조직장을 통하여 신규 학습지교사들을 특정 단위조직에 배정한 후 관리회원을 배정하였으며, 일반 직원에게 적용되는 취업규칙과는 구별되지만 원고 학습지교사들에게 적용되는 업무처리지침 등이 존재하였고, 회사는 학습지교사들에게 학습지도서를 제작, 배부하고 표준필수업무를 시달하였고. 학습지교사들은 매월 말일 지국장에게 회원 리스트와 회비 납부 여부 등을 확인한 자료를 제출하고 정기적으로 회사의 홈페이지에 로그인하여 회원들의 진도상황과 진단평가결과 및 회비수납 상황 등을 입력하며, 2~3달에 1회 정도 집필시험을 치렀고, 또한 회사는 회원관리카드 및 관리현황을 보유하면서 때때로 원고 학습지교사들에게 일정한 지시를 하고, 주 3회 오전에 원고 학습지교사들을 참여시켜 지국장 주재 조회와 능력향상과정을 진행하기도 하였으므로, 이러한 사정에 비추어 보면 원고 학습지교사들은 비록 근로기준법상 근로자에 해당한다고 볼 정도는 아니지만 어느 정도 회사의 지휘·감독을 받았던 것으로 볼 수 있다는 점, ⑥ 학습지교사들은 회사로부터 학습지회원에 대한 관리·교육, 기존 회원의 유지, 회원모집 등 자신이 제공한 노무에 대한 대가 명목으로 수수료를 지급받았다는 점, ⑦ 비록 근로기준법이 정하는 근로자로 인정되지 않는다 하더라도, 특정 사업자에 대한 소속을 전제로 하지 아니할 뿐만 아니라 '고용 이외의 계약 유형'에 의한 노무제공자

## 5) 방송연기자의 노동조합법상 근로자성

방송연기자의 노동조합법상 근로자성이 문제된 사례에서 법원은, 근로자는 타
인과의 사용종속관계하에서 노무에 종사하고 대가로 임금 기타 수입을 받아 생활
하는 자를 말하고, 타인과 사용종속관계가 있는 한 당해 노무공급계약의 형태가
고용, 도급, 위임, 무명계약 등 어느 형태이든 상관없다고 전제하면서, 학습지 교
사에 대한 노동조합법상 근로자성 판단기준례에 따라 방송연기자의 노동조합법
상 근로자성을 인정하였다.[10]

## 6) 카마스터의 노동조합법상 근로자성

자동차 판매대리점의 카마스터의 노동조합법상 근로자성이 문제된 사례에서
법원은, 카마스터들의 노무제공 실태를 살피면서 카마스터는 판매대리점주의 지
휘감독을 받아 왔고, 자신이 제공한 노무인 차량 판매행위의 대가로서 판매수당
이나 인센티브를 받았으며, 다른 회사 자동차도 판매하는 등 독립사업장의 성격
을 갖고 있기는 하지만 판매대리점주와 경제적·조직적 종속관계가 있는 이상,
카마스터들에게 대등한 지위에서 노무제공계약의 내용을 결정할 수 있도록 노동

까지도 포함할 수 있도록 규정한 노동조합법의 근로자 정의 규정과 대등한 교섭력의 확보를 통
해 근로자를 보호하고자 하는 노동조합법의 입법취지를 고려할 때, 회사의 사업에 필수적인 노
무를 제공함으로써 회사와 경제적·조직적 종속관계를 이루고 있는 학습지교사들을 노동조합법
상 근로자로 인정할 필요성이 있고, 또한 경제적 약자의 지위에서 회사에게 노무를 제공하는 원
고 학습지교사들에게 일정한 경우 집단적으로 단결함으로써 노무를 제공받는 특정 사업자인 회
사와 대등한 위치에서 노무제공조건 등을 교섭할 수 권리 등 노동3권을 보장하는 것이 헌법 제
33조의 취지에도 부합한다는 점.

10) 대법원 2018. 10. 12. 선고 2015두38092 판결. 방송연기자의 노조법상 근로자성을 인정하는데
고려의 대상이 된 사정은 다음과 같다 : ① 방송사가 보수를 비롯하여 방송연기자와 체결하는
계약 내용을 일방적으로 결정한다는 점, ② 방송연기자가 제공하는 노무인 방송연기는 방송사의
방송사업 수행을 위한 필수적 요소 중 하나이이고, 방송연기자는 방송사업자의 방송사업을 통해
서만 방송연기시장에 접근할 수 있다는 점, ③ 방송연기자 업무의 기본적인 내용은 방송사가 지
정하는 역할과 대본 등으로 결정되고, 방송연기자의 연기는 방송사가 결정한 시간과 장소에서
이루어지고 연출감독이나 현장진행자의 개별적이고 직접적인 지시를 받으며 진행되며, 연출감
독은 대본 연습 단계부터 연기자의 연기에 관여하고, 최종적으로 연기의 적합성이나 완성도 등
을 판단하여 이에 적합하지 않을 경우 연기의 수정을 요구할 수도 있는 등 방송사가 방송연기자
들의 업무 수행과정에서 구체적이고 개별적인 지휘·감독을 하고 있다는 점, ④ 방송연기자가
받는 출연료는 실연료 등 저작인접권의 대가가 일부 포함되어 있기는 하나 기본적으로는 방송
연기라는 노무 제공의 대가에 해당한다는 점, ⑤ 그 동안 방송연기자가 노동조합법상 근로자이
고 원고가 노동조합법상 노동조합에 해당함을 전제로 단체교섭을 통해 단체협약을 체결하여 왔
다는 점, ⑥ 방송연기자와 방송사 사이의 노무제공관계의 실질에 비추어 보면, 방송연기자로 하
여금 노동조합을 통해 방송사업자와 대등한 위치에서 노무제공조건 등을 교섭할 수 있도록 할
필요성이 크다는 점 등.

3권을 보장할 필요가 있는 점 등을 종합하여 카마스터의 노동조합법상 근로자성을 인정하였다.[11]

### 7) 철도역 매점운영자의 노동조합법상 근로자성

철도역 내 매장에 관한 용역계약을 체결하고 매점 등을 관리하며 물품을 판매한 매점운영자들의 노동조합법상 근로자성이 문제된 사례에서 법원은 여러 가지 사정에 비추어 보면 매점운영자들은 어느 정도는 원청회사의 지휘·감독을 받았던 것으로 평가할 수 있는 바, 특정 사업자에 대한 소속을 전제로 하지 않을 뿐만 아니라 '고용 이외의 계약 유형'에 의한 노무제공자까지도 포함할 수 있도록 규정한 노동조합법의 근로자 정의 규정과, 대등한 교섭력의 확보를 통해 근로자를 보호하고자 하는 노동조합법의 입법취지 등을 고려하면, 원청회사의 사업에 필수적인 노무를 제공함으로써 원청회사와 경제적·조직적 종속관계를 이루고 있는 매점운영자들을 노동조합법상 근로자로 인정할 필요성이 있다고 보았다.[12]

---

11) 대법원 2019. 6. 13. 선고 2019두33712 판결. 카마스터의 노조법상 근로자성을 인정하는데 고려의 대상이 된 사정은 다음과 같다 : ① 카마스터들의 주된 소득원이 현대자동차로부터 받은 판매수당과 인센티브이고, 카마스터들은 자동차 판매용역계약서에 따라 현대자동차가 정한 판매조건을 성실히 수행해야 하며, 판매대리점계약서에서는 다른 회사 자동차 판매행위, 현대자동차의 영업과 동종 영업을 목적으로 하는 업체에 이중 등록하는 행위 등을 금지행위로 정하고 있다는 점, ② 현대자동차는 미리 마련한 정형화된 형식의 자동차 판매용역계약서를 이용하여 카마스터들과 자동차 판매용역계약을 체결하였는데, 카마스터들의 주된 소득원인 판매수당이 판매수수료에서 차지하는 비율, 인센티브 금액과 그 지급 조건 등도 회사가 일방적으로 결정하였다는 점, ③ 카마스터들이 제공하는 노무는 현대자동차 판매대리점을 운영하는 데 필수적인 것이고 카마스터들은 회사를 통해서만 자동차판매시장에 접근할 수 있다는 점, ④ 전속적·지속적으로 자동차 판매용역계약을 체결해 왔다는 점, ⑤ 카마스터들은 직급체계가 현대자동차 직영점 근로자들과 유사하게 되어 있고, 회사는 일정한 출퇴근 관리, 조회, 당직 등을 통해 카마스터들에 대한 근태관리를 하는데다 표준업무지침 하달, 판매목표 설정, 영업 관련 지시나 교육 등이 이루어진 사정을 종합하면, 회사는 카마스터들을 지휘·감독해 왔다고 평가할 수 있다는 점, ⑥ 카마스터들이 회사로부터 받은 판매수당이나 인센티브는 카마스터들이 회사에게 제공한 노무인 차량 판매행위의 대가라고 볼 수 있다는 점, ⑦ 카마스터들이 현대자동차 이외의 다른 회사 자동차도 판매하는 등으로 독립사업자의 성격을 가지고 있다고 하더라도, 위에서 살펴 본 바와 같이 회사와 경제적·조직적 종속관계가 있는 이상, 카마스터들에게 대등한 지위에서 노무제공계약의 내용을 결정할 수 있도록 노동3권을 보장할 필요가 있다는 점 등.

12) 대법원 2019. 2. 14. 선고 2016두41361 판결. 철도역 매점운영자의 노조법상 근로자성을 인정하는데 고려의 대상이 된 사정은 다음과 같다 : ① 보수 등 용역계약의 주요 내용이 대부분 일방적으로 결정되었다는 점, ② 매점운영자들이 제공한 노무가 용역을 준 원청회사의 사업 수행에 필수적인 것이고, ③ 매점운영자들은 원청업체의 사업을 통해 상품 판매 시장에 접근하였다는 점, ④ 매점운영자들은 원청업체와 2년 이상의 기간 동안 용역계약을 체결하고 일정한 경우 재계약하는 등 용역관계가 지속적이었고, 상당한 정도로 전속적이었다는 점, ⑤ 매점운영자들의 기본적인 업무는 용역계약에서 정한 특정 매점에서 물품을 판매하는 것으로, 용역계약에 의해 업무내용과 업무시간이 결정되었고, 원청회사가 정한 가격에 상품을 판매해야 하고, 판매현황을 실시간으로 포스 단말기에 등록해야 했으며, 휴점을 하려변 별도로 신청을 하여 허가를 받아야

### 8) 취업자격 없는 외국인 근로자의 노동조합법상 근로자성

취업자격 없는 외국인 근로자(소위 '불법체류 외국인근로자')의 노동조합법상 근로자성이 문제된 사례에서 법원은, 출입국관리 법령에서 외국인고용제한규정을 두고 있는 것은 취업활동을 할 수 있는 체류자격(이하 '취업자격') 없는 외국인의 고용이라는 사실적 행위 자체를 금지하고자 하는 것뿐이지, 나아가 취업자격 없는 외국인이 사실상 제공한 근로에 따른 권리나 이미 형성된 근로관계에서 근로자로서의 신분에 따른 노동관계법상의 제반 권리 등의 법률효과까지 금지하려는 것으로 보기는 어렵기 때문에, 타인과의 사용종속관계하에서 근로를 제공하고 그 대가로 임금 등을 받아 생활하는 사람은 노동조합법상 근로자에 해당하고, 노동조합법상의 근로자성이 인정되는 한, 그러한 근로자가 외국인인지 여부나 취업자격의 유무에 따라 노동조합법상 근로자의 범위에 포함되지 아니한다고 볼 수는 없다고 보았다.[13]


## Ⅲ. 노동조합 설립 요건

| 노동조합법 | 벌칙 |
|---|---|
| 제2조(정의) 이 법에서 사용하는 용어의 정의는 다음과 같다. <br> 4. "노동조합"이라 함은 근로자가 주체가 되어 자주적으로 단결하여 근로조건의 유지·개선 기타 근로자의 경제적·사회적 지위의 향상을 도모함을 목적으로 조직하는 단체 또는 그 연합단체를 말한다. 다만, 다음 각목의 1에 해당하는 경우에는 노동조합으로 보지 아니한다. <br> 가. 사용자 또는 항상 그의 이익을 대표하여 행동하는 자의 참가를 허용하는 경우 <br> 나. 경비의 주된 부분을 사용자로부터 원조받는 경우 <br> 다. 공제·수양 기타 복리사업만을 목적으로 하는 경우 <br> 라. 근로자가 아닌 자의 가입을 허용하는 경우 <br> 마. 주로 정치운동을 목적으로 하는 경우 <br> 제5조(노동조합의 조직·가입) ① 근로자는 자유로이 노동조합을 조직하거나 이에 가입할 수 있다. 다만, 공무원과 교원에 대하여는 따로 법률로 정한다. | |

---

하고, 원청회사가 실시하는 교육 및 연수를 받아야 하며, 정당한 사유가 없는 한 원청회사가 실시하는 회의에 참석해야 했고, 원청회사 자신의 비용으로 매장 내 웹카메라를 설치·운영하였고, 매점운영자들을 상대로 정기 또는 수시로 영업지도 및 재고조사 등을 하였으며, 매점운영자들이 용역계약을 위반하거나 매점의 운영에 문제를 발생시킨 경우 등에는 경고를 하거나 계약을 해지할 수 있었던 점 등.

13) 대법원 2015. 6. 25. 선고 2007두4995 전원합의체 판결.

| | |
|---|---|
| ② 사업 또는 사업장에 종사하는 근로자(이하 "종사근로자"라 한다)가 아닌 노동조합의 조합원은 사용자의 효율적인 사업 운영에 지장을 주지 아니하는 범위에서 사업 또는 사업장 내에서 노동조합 활동을 할 수 있다.<br>③ 종사근로자인 조합원이 해고되어 노동위원회에 부당노동행위의 구제신청을 한 경우에는 중앙노동위원회의 재심판정이 있을 때까지는 종사근로자로 본다. | |
| 제7조(노동조합의 보호요건) ① 이 법에 의하여 설립된 노동조합이 아니면 노동위원회에 노동쟁의의 조정 및 부당노동행위의 구제를 신청할 수 없다.<br>② 제1항의 규정은 제81조제1항제1호·제2호 및 제5호의 규정에 의한 근로자의 보호를 부인하는 취지로 해석되어서는 아니된다.<br>③ 이 법에 의하여 설립된 노동조합이 아니면 노동조합이라는 명칭을 사용할 수 없다. | 500만원 이하의 벌금(제3항 위반) |
| 제10조(설립의 신고) ① 노동조합을 설립하고자 하는 자는 다음 각호의 사항을 기재한 신고서에 제11조의 규정에 의한 규약을 첨부하여 연합단체인 노동조합과 2 이상의 특별시·광역시·특별자치시·도·특별자치도에 걸치는 단위노동조합은 고용노동부장관에게, 2 이상의 시·군·구(자치구를 말한다)에 걸치는 단위노동조합은 특별시장·광역시장·도지사에게, 그 외의 노동조합은 특별자치시장·특별자치도지사·시장·군수·구청장(자치구의 구청장을 말한다. 이하 제12조제1항에서 같다)에게 제출하여야 한다.<br>1. 명칭<br>2. 주된 사무소의 소재지<br>3. 조합원수<br>4. 임원의 성명과 주소<br>5. 소속된 연합단체가 있는 경우에는 그 명칭<br>6. 연합단체인 노동조합에 있어서는 그 구성노동단체의 명칭, 조합원수, 주된 사무소의 소재지 및 임원의 성명·주소<br>② 제1항의 규정에 의한 연합단체인 노동조합은 동종산업의 단위노동조합을 구성원으로 하는 산업별 연합단체와 산업별 연합단체 또는 전국규모의 산업별 단위노동조합을 구성원으로 하는 총연합단체를 말한다. | |

| 노동조합법 시행령 |
|---|
| 제7조(산하조직의 신고) 근로조건의 결정권이 있는 독립된 사업 또는 사업장에 조직된 노동단체는 지부·분회 등 명칭여하에 불구하고 법 제10조제1항의 규정에 의한 노동조합의 설립신고를 할 수 있다. |

| | |
|---|---|
| 제12조(신고증의 교부) ① 고용노동부장관, 특별시장·광역시장·특별자치시장·도지사·특별자치도지사 또는 시장·군수·구청장(이하 "행정관청"이라 한다)은 제10조제1항의 규정에 의한 설립신고서를 접수한 때에는 제2항 전단 및 제3항의 경우를 제외하고는 3일 이내에 신고증을 교부하여야 한다.<br>② 행정관청은 설립신고서 또는 규약이 기재사항의 누락등으로 보완이 필요한 경우에는 대통령령이 정하는 바에 따라 20일 이내의 기간을 정하여 보완을 요구하여야 한다. 이 경우 보완된 설립신고서 또는 규약을 접수한 때에는 3일 이내에 신고증을 교부하여야 한다.<br>③ 행정관청은 설립하고자 하는 노동조합이 다음 각호의 1에 해당하는 경우에는 설립신고서를 반려하여야 한다.<br>1. 제2조제4호 각목의 1에 해당하는 경우<br>2. 제2항의 규정에 의하여 보완을 요구하였음에도 불구하고 그 기간내에 보완을 하지 아니하는 경우 | |

④ 노동조합이 신고증을 교부받은 경우에는 설립신고서가 접수된 때에 설립된 것
으로 본다.

| 노동조합법 시행령 |
| --- |
| 제9조(설립신고서의 보완요구 등) ① 고용노동부장관, 특별시장·광역시장·도지사·특별자치도지사, 시장·군수 또는 자치구의 구청장(이하 "행정관청"이라 한다)은 법 제12조제2항에 따라 노동조합의 설립신고가 다음 각 호의 어느 하나에 해당하는 경우에는 보완을 요구하여야 한다.<br>1. 설립신고서에 규약이 첨부되어 있지 아니하거나 설립신고서 또는 규약의 기재사항 중 누락 또는 허위사실이 있는 경우<br>2. 임원의 선거 또는 규약의 제정절차가 법 제16조제2항부터 제4항까지 또는 법 제23조제1항에 위반되는 경우<br>② 노동조합이 설립신고증을 교부받은 후 법 제12조제3항제1호에 해당하는 설립신고서의 반려사유가 발생한 경우에는 행정관청은 30일의 기간을 정하여 시정을 요구할 수 있다. <개정 1998.4.27, 2021.6.29><br>③ 행정관청은 노동조합에 설립신고증을 교부하거나 제2항의 규정에 의한 통보를 한 때에는 지체없이 그 사실을 관할 노동위원회와 당해 사업 또는 사업장의 사용자나 사용자단체에 통보하여야 한다. |

## 1. 노동조합 설립 자유의 원칙

노조설립 자유 원칙에 따라 근로자는 자유로이 노동조합을 조직하거나 이에 가입할 수 있다(노동조합법 제5조). 그리고 노동조합은 조직형태, 조직범위를 자유롭게 결정할 수 있다. 다만, 노동조합법상 노조(소위, '법내노조')이기 위해서는 설립신고 절차를 거쳐 설립신고증을 받아야 한다. 노동조합법에 의하여 설립된 노조가 아니면 노동조합이라는 명칭을 사용할 수 없다(노동조합법 제7조 제3항).

## 2. 노동조합 설립신고제도

### 1) 노조설립신고제도

노동조합을 설립하고자 하는 자는 노동조합의 명칭 등을 적은 신고서에 노동조합 규약(노동조합법 제11조)을 첨부하여 관할 관청에 설립신고서를 제출하여야 한다(노동조합법 제10조). 노동조합이 설립신고증을 교부받은 경우에는 설립신고서가 접수된 때에 노동조합이 설립된 것으로 본다(노동조합법 제12조 제4항). 행정관청은 설립신고서 또는 규약이 기재사항의 누락 등으로 보완이 필요한 경우에는 시행령이

정하는 바에 따라 20일 이내의 기간을 정하여 보완을 요구해야 하고, 보완된 설립신고서 또는 규약을 접수한 때에는 3일 이내에 신고증을 교부하여야 한다(노동조합법 제12조 제2항). 그러나 ① 노동조합의 소극적 요건(노동조합법 제2조 제4호 각목의 1)에 해당하는 경우 또는 ② 설립신고서 보완을 요구하였음에도 불구하고 그 기간 내에 보완을 하지 않은 경우에는 설립신고서를 반려하여야 한다(노동조합법 제12조 제3항).

이와 같이 노동조합법이 노동조합의 설립에 관하여 신고주의를 택하고 있는 것은 소관 행정당국으로 하여금 노동조합의 조직체계에 대한 효율적인 정비·관리를 통하여 노동조합이 자주성과 민주성을 갖춘 조직으로 존속할 수 있도록 보호·육성하고 그 지도·감독에 철저를 기하기 위한 노동정책적인 고려에 그 취지가 있다고 설명하고 있다.[14] 노동조합 설립신고에 대한 심사도 단순히 행정관청에 신고하는 것만으로 성립을 허용할 경우 민주성 및 자주성이라는 실질적인 요건조차 갖추지 못한 노동조합이 난립하는 것을 허용함으로써 노동조합이 어용조합이 되거나 조합 내부의 민주성을 침해할 우려가 있으므로 이를 방지하고 근로자들이 자주적이고 민주적인 단결권 등을 행사하도록 하는 데 그 취지가 있다.[15] 따라서 행정관청은 설립신고를 한 단체가 노동조합법 제2조 제4호 각 목에 해당하는지 여부를 실질적으로 심사할 수 있다고 판례는 보고 있다.[16]

다만 행정관청에 광범위한 심사권한을 인정할 경우 행정관청의 심사가 자의적으로 이루어져 신고제가 사실상 허가제로 변질될 우려가 있는 점, 노동조합법은 설립신고 당시 제출하여야 할 서류로 설립신고서와 규약만을 정하고 있고(제10조 제1항), 행정관청으로 하여금 보완사유나 반려사유가 있는 경우를 제외하고는 설립신고서를 접수받은 때로부터 3일 이내에 신고증을 교부하도록 정한 점(제12조 제1항) 등을 고려하면, 행정관청은 일단 제출된 설립신고서와 규약의 내용을 기준으로 노동조합법 제2조 제4호 각 목의 해당 여부를 심사하되, 설립신고서를 접수할 당시 그 해당 여부가 문제된다고 볼 만한 객관적인 사정이 있는 경우에 한하여 설립신고서와 규약 내용 외의 사항에 대하여 실질적인 심사를 거쳐 반려 여부를

---

14) 헌법재판소 2008. 7. 31. 선고 2004헌바9 전원재판부.
15) 상동.
16) 대법원 2014. 4. 10. 선고 2011두6998 판결. 공무원노동조합과 관련하여 노동조합법 제2조 제4호 (라)목에 규정된 '근로자'는 원칙적으로 '공무원 자격을 유지하고 있는 자'로 한정되고, 면직·파면 또는 해임된 공무원은 노동위원회에 부당노동행위 구제신청을 한 경우를 제외하고는 '근로자가 아닌 자'에 해당하는 것으로 보아야 한다고 본 사례.

결정할 수 있다.[17)]

## 2) 설립신고증 교부기간을 도과한 경우

법에 따라 행정관청은 노동조합의 설립신고서를 접수한 때에는 3일 이내에 설립신고증을 교부하여야 하고, 설립신고서에 보완이 필요한 경우에도 그 보완된 설립신고서를 접수한 때에는 역시 3일 이내 설립신고증을 교부하여야 한다. 설립신고증 교부기간 내에 설립신고증이 교부되지 않을 경우, 노동조합이 성립된 것으로 간주하는지와 관련하여, 판례는 행정관청이 노동조합 설립신고서를 접수한 때에는 3일 이내에 설립신고증을 교부하도록 되어 있다 하여 그 기간 내에 설립신고서의 반려 또는 보완지시가 없는 경우에는 설립신고증의 교부가 없어도 노동조합이 성립된 것으로 본다는 취지는 아니라고 보고 있다.[18)] 따라서 행정관청은 그 기간 경과 후에도 설립신고서에 대하여 보완지시 또는 반려처분을 할 수 있다.

## 3) 법외노조 통보제도

구 노동조합법 시행령(2023. 9. 26. 대통령령 제33758호에 의한 개정 이전의 것) 제9조 제2항은 "노동조합이 설립신고증을 교부받은 후 노동조합법 제12조 제3항 제1호에 해당하는 설립신고서의 반려사유가 발생한 경우에는 행정관청은 30일의 기간을 정하여 시정을 요구하고 그 기간 내에 이를 이행하지 아니하는 경우 해당 노동조합에 대하여 노동조합법에 의한 노동조합으로 보지 아니함을 통보하여야 한다."라고 규정하고 있다. 최근의 판례에 따르면, 구 노동조합법 시행령 제9조 제2항에 따른 행정관청의 노동조합으로 보지 아니한다는 통보(이하, '법외노조 통보')는 적법하게 설립된 노동조합의 법적 지위를 박탈하는 중대한 침익적 처분으로서 원칙적으로 국민의 대표자인 입법자가 스스로 형식적 법률로써 규정하여야 할 사항이고, 행정입법으로 이를 규정하기 위하여는 반드시 법률의 명시적이고 구체적인 위임이 있어야 하는데, 위 조항은 법률의 위임 없이 법률이 정하지 아니한 법외노조 통보에 관하여 규정함으로써 헌법상 노동3권을 본질적으로 제한하고 있으므로 그 자체로 무효라고 보았다.[19)] 구체적인 이유는, ① 법외노조 통보는 적법하

---

17) 대법원 2014. 4. 10. 선고 2011두6998 판결.
18) 대법원 1990. 10. 23. 선고 89누3243 판결.
19) 대법원 2020. 9. 3. 선고 2016두32992 전원합의체 판결.

게 설립되어 활동 중인 노동조합에 대하여 행정관청이 더 이상 노동조합법상 노동조합이 아님을 고권적으로 확정하는 행정처분으로서, 단순히 법률에 의하여 이미 법외노조가 된 것을 사후적으로 고지하거나 확인하는 행위가 아니라 그 통보로써 법외노조가 되도록 하는 형성적 행위라는 점, ② 법외노조 통보를 받은 노동조합은 더 이상 노동조합이라는 명칭을 사용할 수 없고, 사용자가 단체교섭을 거부하는 등 부당노동행위를 하더라도 적절히 대응할 수 없게 되는 등 노동조합으로서의 활동에 지장받게 되는 바, 결국 법외노조 통보는 형식적으로는 노동조합법에 의한 특별한 보호만을 제거하는 것처럼 보이지만 실질적으로는 헌법이 보장하는 노동3권을 본질적으로 제약하는 결과를 초래한다는 점, ③ 이처럼 강력한 기본권 관련성을 가지는 법외노조 통보에 관하여는 법률에 분명한 근거가 있어야 한다고 보는 것이 헌법상 법률유보원칙에 부합함에도 노동조합법에서는 그 제정 당시부터 현재까지 설립신고서 반려에 관하여는 이를 직접 규정하면서도 그보다 더 침익적인 법외노조 통보에 관하여는 아무런 규정을 두고 있지 않고, 이를 시행령에서 규정하도록 위임하고 있지도 않다는 점,[20] ④ 법외노조 통보는 이미 법률에 의하여 법외노조가 된 것을 사후적으로 고지하거나 확인하는 행위가 아니라 그 통보로써 비로소 법외노조가 되도록 하는 형성적 행정처분임에도 법률이 정하고 있지 아니한 사항에 관하여, 법률의 구체적이고 명시적인 위임도 없이 헌법이 보장하는 노동3권에 대한 본질적인 제한을 규정한 것으로서 법률유보원칙에 반한다는 것이다. 위 대법원 판결의 취지를 반영하여 2023년 노동조합법 시행령 제9조 제2항이 개정되어 동 조항 중 법외노조 통보 조항 관련 부분이 삭제되었다.

### 4) 노동조합의 신설합병과 설립신고

노동조합법 제28조 제1항 제2호는 합병을 노동조합의 해산사유로 규정하고 있는데, 판례에 의하면 둘 이상의 노동조합이 소멸하고 새로운 노동조합이 설립되는 형태인 신설합병의 경우, 노동조합법이 새로운 노동조합의 설립신고를 합병의 효력 발생 요건으로 정하고 있지 않은 점이나 앞서 본 설립신고의 취지 또는 법적 의미 등을 고려하면, 합병에 의하여 설립되는 근로자단체가 노동조합법 제2조 제

---

20) 특히 이 점과 관련하여 법원은 법외노조 통보 제도는 본래 법률에 규정되어 있던 것으로서 국민의 대표자인 입법자의 결단에 따라 폐지된 노동조합 해산명령 제도를 행정부가 법률상 근거 내지 위임 없이 행정입법으로 부활시킨 것이라고 보았다.

4호에서 정한 노동조합의 실질적 요건을 갖추어 노동기본권의 향유 주체로 인정될 수 있는 때에 합병이 완료되어 기존 노동조합은 소멸한다고 보아야 하고, 이와 달리 신고증을 교부받아야만 합병의 효력이 발생하는 것은 아니지만, 그 근로자단체가 노동조합법상 노동조합으로 일정한 보호를 받기 위해서는 신고증을 교부받아야 한다.[21]

## 3. 노동조합의 실질적 요건

"노동조합"이라 함은 근로자가 주체가 되어 자주적으로 단결하여 근로조건의 유지·개선 기타 근로자의 경제적·사회적 지위의 향상을 도모함을 목적으로 조직하는 단체 또는 그 연합단체를 의미한다(노동조합법 제2조 제4호). 따라서 노동조합법상의 노동조합이라고 하려면 근로자가 주체가 되어 자주적으로 조직한 단체이고 또한 근로조건의 유지·개선과 근로자의 복지증진, 기타 경제적·사회적 지위 향상을 도모함을 목적으로 하는 단체이어야 한다.[22] 설사 설립신고증을 교부받았더라도, 노동조합이 그 실질적 요건을 갖추지 못한 경우에는 노동조합법상 노동조합이 아니라고 해야 하는데, 노동조합이 형식적 요건을 갖추어 설립신고증을 받기는 하였지만 조합원의 숫자조차 불분명하여 실체가 확실하지 아니하고, 그 설립 이래 조합비의 징수, 총회의 개최, 단체교섭 등의 노조활동을 한 실적이 없는 경우에는 노동조합법상의 노동조합으로 볼 수 없다고 본 경우가 있다.[23]

## 4. 노동조합의 소극적 요건

노동조합법에서는 노동조합이 될 수 없는 5가지의 결격 요건을 다음과 같이 규정하고 있다(노동조합법 제2조 제4호 단서 각목).

---

[21] 대법원 2016. 12. 27. 선고 2011두921 판결. 다만, 이 사안은 일반 노동조합이 아닌 공무원 노동조합의 신설합병에 관한 것이었고, 판례는 본문과 같은 신설합병의 효력이 공무원노동조합에도 그대로 적용될 수는 없다고 하였다. 즉, 기존 공무원노동조합은 합병결의 및 새로운 공무원노동조합 설립을 위한 결성·조직행위가 있었다는 사정만으로 당연히 소멸하는 것이 아니라, 공무원노동조합의 실체를 갖추어 공무원노조법에 따른 설립신고를 마침으로써 새로운 공무원노동조합으로 설립되는 때에 비로소 합병의 효력이 발생하여 소멸하게 된다고 보았다.
[22] 대법원 1996. 6. 28. 선고 93도855 판결.
[23] 상동.

① 사용자 또는 항상 그의 이익을 대표하여 행동하는 자의 참가를 허용하는 경우(제2조 제4호 단서 가목)

② 경비의 주된 부분을 사용자로부터 원조받는 경우(제2조 제4호 단서 나목)

③ 공제·수양 기타 복리사업만을 목적으로 하는 경우(제2조 제4호 단서 다목)

④ 근로자가 아닌 자의 가입을 허용하는 경우(제2조 제4호 라목) <개정 2021.1.5>

⑤ 주로 정치운동을 목적으로 하는 경우(제2조 제4호 마목)

### 1) 사용자 개념과 '항상 사용자의 이익을 대표하여 행동하는 자'의 의미

노동조합의 소극적 요건 중 ①과 사용자 개념에 속하는 '그 사업의 근로자에 관한 사항에 대하여 사업주를 위하여 행동하는 자'의 구분이 문제될 수 있다.

판례에 따르면, '그 사업의 근로자에 관한 사항에 대하여 사업주를 위하여 행동하는 자'라 함은 근로자의 인사, 급여, 후생, 노무관리 등 근로조건의 결정 또는 업무상의 명령이나 지휘감독을 하는 등의 사항에 대하여 사업주로부터 일정한 권한과 책임을 부여받은 자를 말하고, '항상 사용자의 이익을 대표하여 행동하는 자'라 함은 근로자에 대한 인사, 급여, 징계, 감사, 노무관리 등 근로관계 결정에 직접 참여하거나 사용자의 근로관계에 대한 계획과 방침에 관한 기밀사항 업무를 취급할 권한이 있는 등과 같이 그 직무상의 의무와 책임이 조합원으로서의 의무와 책임에 직접적으로 저촉되는 위치에 있는 자를 의미하므로, 이러한 자에 해당하는지 여부는 일정한 직급이나 직책 등에 의하여 일률적으로 결정되어서는 아니되며, 그 업무의 내용이 단순히 보조적·조언적인 것에 불과하여 그 업무의 수행과 조합원으로서의 활동 사이에 실질적인 충돌이 발생할 여지가 없는 자도 이에 해당하지 않는다고 할 것이다. 실질적인 담당 업무의 내용 및 직무권한 등에 비추어 볼 때 그 직무상의 의무와 책임이 노동조합원으로서의 의무와 책임에 저촉되는 것으로 평가할 수 있을 때에만 '항상 사용자의 이익을 대표하여 행동하는 자'에 해당한다고 보고 있다.[24]

---

24) 대법원 2011. 9. 8. 선고 2008두13873 판결. 사립대학교를 설치·운영하는 甲 학교법인이 직책상 노동조합에 참가할 수 없는 자라고 판단한 소속 직원 48명에게 전국대학노동조합 지부 탈퇴를 요구한 행위에 대하여, 전국대학노동조합이 이는 '노동조합의 조직·운영에 대한 지배·개입'에 해당하는 행위라며 부당노동행위 구제신청을 하였으나 중앙노동위원회가 이를 기각하는 재심판정을 한 사안에서, 탈퇴를 요구한 과장급 이상의 직원들은 소속 직원의 업무분장·근태관리 등에 관하여 전결권을 부여받은 자들로서 '근로자에 관한 사항에 대하여 사업주를 위하여 행동하는 자'에 해당하지만, 주임급 이하의 직원들은 인사, 노무, 예산, 경리 등 업무를 담당한다거

## 2) 근로자가 아닌 자의 가입을 허용하는 경우

판례 가운데에는 노동조합의 소극적 요건 중 ④ '근로자가 아닌 자의 가입을 허용하는 경우'에서 '근로자'의 의미를 특별한 사정이 없는 한 특정한 사용자에게 고용되어 현실적으로 취업하고 있는 자에 한정하는 것이 원칙이라고 보는 경우가 있다.[25] 그러나 노동조합법상 근로자 개념에서 확인한 바와 같이 노동조합법은 헌법에 의한 근로자의 노동3권 보장을 통해 근로조건의 유지·개선과 근로자의 경제적·사회적 지위 향상 등을 목적으로 제정되었고, 노동조합법의 입법목적과 근로자에 대한 정의 규정을 고려하였을 때 ④의 '근로자'는 노무제공관계의 실질에 비추어 노동3권을 보장할 필요성이 있는 노동조합법상의 근로자를 의미하고, 반드시 현실적으로 취업하고 있는 자에 국한되는 것은 아니다.[26]

## 5. 설립신고를 하지 않은 법외조합

노동조합 설립신고를 하지 않았거나, 설립신고가 반려됨으로써 설립신고증을 받지 못한 경우 해당 노동조합은 노동조합이라는 명칭을 사용하지 못하는 등 노동조합법상 노동조합으로서의 보호를 받지 못한다. 그러나 법외 노동조합이라고 해서 그 단결체가 전혀 아무런 활동을 할 수 없는 것은 아니고, 어느 정도의 단체교섭이나 협약체결 능력은 보유한다.[27]

한편, 판례에 따르면, 노동조합의 하부단체인 지부나 분회가 노동조합법 시행령 제7조의 규정에 따라 설립신고를 하지 않았더라도 독자적 규약 및 집행기관을 가지고 독립된 조직체로서 활동을 하는 경우, 당해 조직이나 그 조합원에 고유한 사항에 대하여는 독자적으로 단체교섭하고 단체협약을 체결할 수 있고, 쟁의행위

---

나 총장 비서 또는 전속 운전기사, 수위 등으로 근무한다고 하여 곧바로 '항상 사용자의 이익을 대표하여 행동하는 자'에 해당한다고 할 수 없으므로, 이들이 실제 담당하는 업무 내용 및 직무권한 등을 확인하여 '항상 사용자의 이익을 대표하여 행동하는 자'에 해당하는지를 심리해야 하고, 또한 조합원 가입 자격 유무에 따라 부당노동행위의사가 있었는지를 판단할 것이 아니라 그 밖에 이를 추정할 수 있는 사정이 있는지 더 심리한 후 부당노동행위 해당 여부를 판단했어야 한다는 이유로, 주임급 이하 직원 전부 또는 대부분이 조합원 자격이 없는 '항상 사용자의 이익을 대표하여 행동하는 자'에 해당한다며 이들에게 노동조합 탈퇴를 요구한 행위가 부당노동행위에 해당하지 않는다고 본 원심판결에 법리오해 등 위법이 있다고 한 사례.

25) 대법원 2011. 3. 24. 선고 2007두4483 판결.
26) 대법원 2018. 6. 15. 선고 2014두12598, 2014두12604(병합) 판결 참조.
27) 헌법재판소 2008. 7. 31. 선고 2004헌바9 참조.

를 예정하고 있는 당해 지부나 분회 소속 조합원의 과반수 찬성이 있으면 쟁의행
위는 절차적으로 적법하다고 본다.[28)]

## 6. 종사근로자가 아닌 조합원의 사업장 내 조합활동

2021년 개정으로 노동조합법 제5조 제2항에 "사업 또는 사업장에 종사하는 근
로자(이하 "종사근로자"라 한다)가 아닌 노동조합의 조합원은 사용자의 효율적인 사
업 운영에 지장을 주지 아니하는 범위에서 사업 또는 사업장 내에서 노동조합 활
동을 할 수 있다."라는 규정이 신설되었다.

한편, 이러한 개정 이전에도 산업별 노동조합의 노동안전보건실장 등 특정 기
업의 근로자가 아닌 조합원이 산업안전보건법 위반 사실의 증거수집, 조합원교육
등을 위하여 사용자의 승낙 없이 공장 안으로 들어간 행위가 공동주거침입을 구
성하는지 여부가 문제된 사안에서 "피고인들은 이 사건 공장의 시설이나 설비를
작동시키지 않은 채 단지 그 상태를 눈으로 살펴보았을 뿐으로 그 시간도 30분
내지 40분 정도에 그친 점, 피고인들이 이러한 현장순회 과정에서 회사 측을 폭
행·협박하거나 강제적인 물리력을 행사한 바 없고, 근무 중인 근로자들의 업무
를 방해하거나 소란을 피운 사실도 없었던 점 등에 비추어 볼 때, 피고인들의 행
위는 근로조건의 유지·개선을 위한 조합활동으로서의 필요성이 인정되고, 그러
한 활동으로 인하여 회사 측의 시설관리권의 본질적인 부분을 침해하였다고 볼
수 없다"고 판시한 바 있다.[29)]

---

28) 대법원 2001. 2. 23. 선고 2000도4299 판결, 대법원 2011. 5. 26. 선고 2011다1842,1859,1866,1873
   판결 등.
29) 대법원 2020. 7. 29. 선고 2017도2478 판결.

# Ⅳ. 노동조합의 운영과 관리

## 1. 유니언숍 협정(조직강제)

### 1) 유니온숍 협정의 의미

| 노동조합법 |
| --- |
| 제81조(부당노동행위) ① 사용자는 다음 각 호의 어느 하나에 해당하는 행위(이하 "不當勞動行爲"라 한다)를 할 수 없다.<br>2. 근로자가 어느 노동조합에 가입하지 아니할 것 또는 탈퇴할 것을 고용조건으로 하거나 특정한 노동조합의 조합원이 될 것을 고용조건으로 하는 행위. 다만, 노동조합이 당해 사업장에 종사하는 근로자의 3분의 2 이상을 대표하고 있을 때에는 근로자가 그 노동조합의 조합원이 될 것을 고용조건으로 하는 단체협약의 체결은 예외로 하며, 이 경우 사용자는 근로자가 그 노동조합에서 제명된 것 또는 그 노동조합을 탈퇴하여 새로 노동조합을 조직하거나 다른 노동조합에 가입한 것을 이유로 근로자에게 신분상 불이익한 행위를 할 수 없다. |

유니온숍 협정이란 단체협약에 신규입사자의 경우 입사와 동시에 유니온숍 협정을 체결한 노동조합의 조합원이 되는 것을 고용조건으로 하는 것으로서, 노동조합이 그 조직을 유지·강화하기 위하여 조합원지위의 취득과 유지를 강제하는 대표적인 조직강제 수단의 하나에 해당한다.[30] 유니온숍 협정은 원칙적으로 금지되지만(노동조합법 제81조 제1항 제2호 본문의 부당노동행위에 해당), 다만 노동조합이 당해 사업장에 종사하는 근로자의 3분의 2 이상을 대표하고 있을 때에는 근로자가 그 노동조합의 조합원이 될 것을 고용조건으로 하는 유니온숍 협정의 체결이 가능하다(노동조합법 제81조 제2항 단서). 이때 사용자는 근로자가 그 노동조합에서 제명된 것 또는 그 노동조합을 탈퇴하여 새로 노동조합을 조직하거나 다른 노동조합에 가입한 것을 이유로 근로자에게 신분상 불이익한 행위를 할 수 없다.

헌법재판소는 헌법 제33조 제1항의 단결권에는 단결할 자유만이 포함되고, 단결하지 아니할 자유 즉 소극적 단결권은 포함되지 않는다고 보기 때문에, 유니온숍 협정은 위헌이 아니라고 보고 있다.[31] 즉, 단결하지 아니할 자유와 적극적 단결권이 충돌하게 되더라도, 근로자에게 보장되는 적극적 단결권이 단결하지 아니

---

30) 헌법재판소 2005. 11. 24. 선고 2002헌바95,96,2003헌바9(병합), 서울중앙지방법원 2020. 2. 6. 선고 2016가합524550, 2016가합553442(병합) 판결 참조.
31) 헌법재판소 1999. 11. 25. 선고 98헌마141.

할 자유보다 특별한 의미를 갖고 있다고 볼 수 있고, 노동조합의 조직강제권도 이른바 자유권을 수정하는 의미의 생존권(사회권)적 성격을 함께 가지는 만큼 근로자 개인의 자유권에 비하여 보다 특별한 가치로 보장되는 점 등을 고려하면, 노동조합의 적극적 단결권은 근로자 개인의 단결하지 않을 자유보다 중시된다고 할 것이어서 노동조합에 적극적 단결권(조직강제권)을 부여한다고 하여 이를 두고 곧바로 근로자의 단결하지 아니할 자유의 본질적인 내용을 침해하는 것으로 단정할 수는 없다는 것이다.[32]

### 2) 유니온숍 협정의 효력

일반적으로 노동조합이 사용자와 유니언 샵 협정을 체결하는 경우 조합규약에 의해 조합원 자격이 있는 근로자는 원칙적으로 당해 노동조합에 가입하여야 하며, 고용된 근로자가 일정한 기간 내에 노동조합에 가입하지 않거나 또는 가입한 노동조합으로부터 탈퇴하거나 제명되는 때에는 사용자는 협정상의 의무로서 그 근로자를 해고해야 할 의무를 부담한다.[33] 대법원도 "이른바 유니언 샵 협정은 노동조합의 단결력을 강화하기 위한 강제의 한 수단으로서 근로자가 대표성을 갖춘 노동조합의 조합원이 될 것을 '고용조건'으로 하고 있는 것이므로 단체협약에 유니언 샵 협정에 따라 근로자는 노동조합의 조합원이어야만 된다는 규정이 있는 경우에는 다른 명문의 규정이 없더라도 사용자는 노동조합에서 탈퇴한 근로자를 해고할 의무가 있다"고 판시하고 있다.[34] 다만, 단체협약상의 유니온숍 협정에 의하여 사용자가 노동조합을 탈퇴한 근로자를 해고할 의무는 단체협약상의 채무일 뿐이고, 이러한 채무의 불이행 자체가 바로 노동조합법상 노동조합에 대한 지배·개입의 부당노동행위에 해당한다고 단정할 수 없다고 한다.[35]

### 3) 유니언숍 협정이 있는 경우 노동조합 분회장 선거결과에 불만을 품고 노조를 탈퇴한 조합원에 대해 노조가 재가입을 거부하거나 제한할 수 있는지 여부

판례에 따르면, 노동조합이 조합원의 자격을 갖추고 있는 근로자의 조합 가입을 함부로 거부하는 것은 허용되지 아니하고, 특히 유니언 샵 협정에 의한 가입강

---

32) 헌법재판소 2005. 11. 24. 선고 2002헌바95,96,2003헌바9(병합).
33) 상동.
34) 대법원 1998. 3. 24. 선고 96누16070 판결.
35) 상동.

제가 있는 경우에는 단체협약에 명문 규정이 없더라도 노동조합의 요구가 있으면 사용자는 노동조합에서 탈퇴한 근로자를 해고할 수 있기 때문에 조합측에서 근로자의 조합 가입을 거부하게 되면 이는 곧바로 해고로 직결될 수 있으므로 조합은 노조가입 신청인에게 제명에 해당하는 사유가 있다는 등의 특단의 사정이 없는 한 그 가입에 대하여 승인을 거부할 수 없고, 따라서 조합 가입에 조합원의 사전 동의를 받아야 한다거나 탈퇴 조합원이 재가입하려면 대의원대회와 조합원총회에서 각 3분의 2 이상의 찬성을 얻어야만 된다는 조합 가입에 관한 제약은 그 자체가 위법 부당하므로, 특별한 사정이 없는 경우에까지 그와 같은 제약을 가하는 것은 기존 조합원으로서의 권리남용 내지 신의칙 위반에 해당된다.[36) 따라서, 유니언 숍 협정이 있는 사업장의 일부 조합원이 노동조합에 불만을 품고 탈퇴하였다가 다시 재가입 신청을 하였으나 그들 중 일부만의 가입을 승인하고 나머지에 대하여는 승인을 거부한 것은 권리남용 내지 신의칙 위반에 해당된다. 노동조합이, 노조를 탈퇴한 근로자 11명이 노조탈퇴의사를 철회하고 노조에 다시 가입하기 위한 노력을 하였음에도 불구하고 그중 일부에 대하여는 노조탈퇴의사 철회를 받아들여 노조원의 자격을 유지하게 하고도 나머지 3명에 대하여서만 이를 받아들이지 않고 회사에 대하여 해고를 요구하여 결국 회사가 이들을 해고한 경우, 노조탈퇴의사를 철회하고 노조에 다시 가입하려는 근로자에 대하여 이를 거부하고 해고되게 한 것은 노조 자체가 단결권의 정신을 저버리고 실질상 제명과 같은 효과를 발생시킨 것으로서 유니온숍 협정에 기한 해고의 목적범위를 일탈한 것이고, 또한 11명의 탈퇴자 중 3명에 대하여서만 탈퇴의사 철회를 거부하고 해고되게 한 것은 다른 탈퇴근로자들과의 형평에도 반하여 무효라고 본 사례가 있다.[37)

### 4) 유니언숍 협정이 있는 경우 조합을 임의 탈퇴한 근로자를 해고할 사용자의 의무

판례는, 단체협약에 유니언 숍 협정에 따라 근로자는 노동조합의 조합원이어야만 된다는 규정이 있는 경우에는 다른 명문 규정이 없더라도 사용자는 노조에서 탈퇴한 근로자를 해고할 의무가 있다고 본다.[38) 다만, 유니언 숍 협정이 체결되어

---

36) 대법원 1996. 10. 29. 선고 96다28899 판결. 유니언 숍 협정이 있는 사업장의 일부 조합원이 노동조합에 불만을 품고 탈퇴하였다가 다시 재가입 신청을 하였으나 그들 중 일부만의 가입을 승인하고 나머지에 대하여는 승인을 거부한 것은 권리남용 내지 신의칙 위반이라고 본 사례이다.

37) 대법원 1995. 2. 28. 선고 94다15363 판결.

있는 노조에서 탈퇴하여 새로운 노조의 조직이나 다른 노조에의 가입을 하고자 하는 근로자에 대해서는 해고 등 신분상 불이익한 행위를 할 수 없다(노동조합법 제81조 제1항 제2호 단서).

### 5) 유니온 숍 협정에 체결된 사업장에서 신규 입사하여 소수노동조합에 가입한 근로자를 해고할 수 있는지

유니온 숍 협정이 가진 목적의 정당성을 인정하더라도, 근로자의 노동조합 선택의 자유 및 지배적 노동조합이 아닌 노동조합의 단결권이 침해되는 경우에까지 지배적 노동조합이 사용자와 체결한 유니온 숍 협정의 효력을 그대로 인정할 수는 없으므로, 유니온 숍 협정의 효력은 근로자의 노동조합 선택의 자유 및 지배적 노동조합이 아닌 노동조합의 단결권이 영향을 받지 아니하는 근로자, 즉 어느 노동조합에도 가입하지 아니한 근로자에게만 미친다. 따라서 신규로 입사한 근로자가 노동조합 선택의 자유를 행사하여 지배적 노동조합이 아닌 노동조합에 이미 가입한 경우에는 유니온 숍 협정의 효력이 해당 근로자에게까지 미친다고 볼 수 없으므로, 지배적 노동조합에 대한 가입 및 탈퇴 절차를 별도로 경유하지 아니하였더라도 사용자가 유니온 숍 협정을 들어 신규 입사 근로자를 해고하는 것은 정당한 이유가 없는 해고로서 무효로 보아야 한다.[39]

## 2. 노동조합의 민주적 운영

| 노동조합법 |
| --- |
| 제16조(총회의 의결사항) ① 다음 각호의 사항은 총회의 의결을 거쳐야 한다.<br>1. 규약의 제정과 변경에 관한 사항<br>2. 임원의 선거와 해임에 관한 사항<br>3. 단체협약에 관한 사항<br>4. 예산·결산에 관한 사항<br>5. 기금의 설치·관리 또는 처분에 관한 사항<br>6. 연합단체의 설립·가입 또는 탈퇴에 관한 사항<br>7. 합병·분할 또는 해산에 관한 사항<br>8. 조직형태의 변경에 관한 사항 |

---

38) 대법원 1998. 3. 24. 선고 96누16070 판결.
39) 대법원 2019. 11. 28. 선고 2019두47377 판결.

9. 기타 중요한 사항
② 총회는 재적조합원 과반수의 출석과 출석조합원 과반수의 찬성으로 의결한다. 다만, 규약의 제정·변경, 임원의 해임, 합병·분할·해산 및 조직형태의 변경에 관한 사항은 재적조합원 과반수의 출석과 출석조합원 3분의 2 이상의 찬성이 있어야 한다.
③ 임원의 선거에 있어서 출석조합원 과반수의 찬성을 얻은 자가 없는 경우에는 제2항 본문의 규정에 불구하고 규약이 정하는 바에 따라 결선투표를 실시하여 다수의 찬성을 얻은 자를 임원으로 선출할 수 있다.
④ 규약의 제정·변경과 임원의 선거·해임에 관한 사항은 조합원의 직접·비밀·무기명투표에 의하여야 한다.
제17조(대의원회) ① 노동조합은 규약으로 총회에 갈음할 대의원회를 둘 수 있다.
② 대의원은 조합원의 직접·비밀·무기명투표에 의하여 선출되어야 한다.
③ 하나의 사업 또는 사업장을 대상으로 조직된 노동조합의 대의원은 그 사업 또는 사업장에 종사하는 조합원 중에서 선출하여야 한다. <신설 2021. 1. 5.>
④ 대의원의 임기는 규약으로 정하되 3년을 초과할 수 없다. <개정 2021. 1. 5.>
⑤ 대의원회를 둔 때에는 총회에 관한 규정은 대의원회에 이를 준용한다. <개정 2021. 1. 5.>

### 1) 규약의 개정을 대의원회 의결사항으로 정한 경우 총회의 규약개정권한

노동조합법 제16조 제1항, 제2항, 제17조 제1항에 따라 노동조합이 규약에서 총회와는 별도로 총회에 갈음할 대의원회를 두고 총회의 의결사항과 대의원회의 의결사항을 명확히 구분하여 정하고 있는 경우, 특별한 사정이 없는 이상 총회가 대의원회의 의결사항으로 정해진 사항을 곧바로 의결하는 것은 규약에 반한다.[40] 다만 규약의 제정은 총회의 의결사항으로서(노조법 제16조 제1항 제1호) 규약의 제·개정권한은 조합원 전원으로 구성되는 총회의 근원적·본질적 권한이라는 점, 대의원회는 그 규약에 의하여 비로소 설립되는 것으로서(노조법 제17조 제1항) 대의원회의 존재와 권한은 총회의 규약에 관한 결의로부터 유래된다는 점 등에 비추어 볼 때, 총회가 규약의 제·개정결의를 통하여 총회에 갈음할 대의원회를 두고 '규약의 개정에 관한 사항'을 대의원회의 의결사항으로 정한 경우라도 이로써 총회의 규약개정권한이 소멸된다고 볼 수 없고, 총회는 여전히 노조법 제16조 제2항 단서에 정해진 재적조합원 과반수의 출석과 출석조합원 3분의 2 이상의 찬성으로 '규약의 개정에 관한 사항'을 의결할 수 있다고 본다.[41]

### 2) 대의원을 간접선출할 수 있도록 정한 규정의 효력

노동조합법 제17조는 노동조합의 최고의결기관인 총회에 갈음할 대의원회의

---

40) 대법원 2014. 8. 26. 선고 2012두6063 판결.
41) 상동.

대의원을 조합원의 직접·비밀·무기명투표로 선출하도록 하고 있다. 여기에서 전국 대의원의 간접선출을 규정한 노조 규약이 노동조합법 위 조항에 위반되는지 여부가 문제된 사례에서 법원은, 노동조합법 제17조가 노동조합의 최고의결기관인 총회에 갈음할 대의원회의 대의원을 조합원의 직접·비밀·무기명투표에 의하여 선출하도록 규정하고 있는 취지는, 노동조합의 구성원인 조합원이 그 조합의 조직과 운영에 관한 의사결정에 관여할 수 있도록 함으로써 조합 내 민주주의, 즉 조합의 민주성을 실현하기 위함에 있고 이는 강행규정이라고 할 것이므로, 다른 특별한 사정이 없는 한 위 법 조항에 위반하여 조합원이 대의원의 선출에 직접 관여하지 못하도록 간접적인 선출방법을 정한 규약이나 선거관리규정 등은 무효라고 판단하였다.42)

## 3. 노동조합의 통제권 행사

헌법 제33조 제1항에 의하여 단결권을 보장받고 있는 노동조합은 그 조직을 유지하고 목적을 달성하기 위하여는 조합의 내부질서가 확립되고 강고한 단결력이 유지되지 않으면 안되고 따라서 노동조합은 단결권을 확보하기 위하여 필요하고도 합리적인 범위 내에서 조합원에 대하여 일정한 규제와 강제를 행사하는 내부통제권을 가진다고 해석한다.43) 그러나 노동조합이 그 내부통제권을 행사함에 있어서는 구성원인 조합원이 일반 국민으로서 가지는 헌법상의 기본적 권리의 본질적인 내용이나 다른 헌법적 가치를 침해하지 않아야 할 내재적 한계가 존재하는 것이고, 특히 대의민주주의를 기본으로 하는 현대의 자유민주주의 정치체제 아래에서 선거는 주권자인 국민의 민주적 정치참여를 위한 가장 기본적이고도 본질적인 수단이므로 국민의 주권행사를 의미하는 선거과정에의 참여행위, 그 중에서도 어느 정당이나 후보자를 지지할 것인지에 관한 정치적 의사의 결정은 다른 어떠한 이유에 의해서도 방해받거나 제한될 수 없는 선거권의 본질적 내용이라고 할 수 있으므로, 정치활동을 고유의 목적으로 삼는 정치적 결사체도 아닌 노동조합이 비록 공직선거법 제87조에 의하여 총회의 결의 등을 거쳐 지지하거나 반대하는 정당이나 후보자를 결정하고 그 명의로 선거운동을 할 수 있다고 하더라도 그

---

42) 대법원 2000. 1. 14. 선고 97다41349 판결.
43) 대법원 2005. 1. 28. 선고 2004도227 판결.

구성원인 조합원 개개인에 대하여 노동조합의 결의 내용에 따르도록 권고하거나 설득하는 정도를 넘어서 이를 강제하는 것은 허용되지 아니한다.[44)]

## 4. 노동조합 전임자와 근로시간면제자(노동조합법 제24조 관련)

| 노동조합법 | 벌칙 |
|---|---|
| 제24조(근로시간 면제 등) ① 근로자는 단체협약으로 정하거나 사용자의 동의가 있는 경우에는 사용자 또는 노동조합으로부터 급여를 지급받으면서 근로계약 소정의 근로를 제공하지 아니하고 노동조합의 업무에 종사할 수 있다. <개정 2021. 1. 5.><br>② 제1항에 따라 사용자로부터 급여를 지급받는 근로자(이하 "근로시간면제자" 라 한다)는 사업 또는 사업장별로 종사근로인 조합원 수 등을 고려하여 제24조의2에 따라 결정된 근로시간 면제 한도(이하 "근로시간 면제 한도"라 한다)를 초과하지 아니하는 범위에서 임금의 손실 없이 사용자와의 협의·교섭, 고충처리, 산업안전 활동 등 이 법 또는 다른 법률에서 정하는 업무와 건전한 노사관계 발전을 위한 노동조합의 유지·관리업무를 할 수 있다. <개정 2021. 1. 5.><br>③ 사용자는 제1항에 따라 노동조합의 업무에 종사하는 근로자의 정당한 노동조합 활동을 제한해서는 아니 된다. <신설 2010. 1. 1., 2021. 1. 5.><br>④ 제2항을 위반하여 근로시간 면제 한도를 초과하는 내용을 정한 단체협약 또는 사용자의 동의는 그 부분에 한정하여 무효로 한다. <개정 2021. 1. 5.> | |
| 제81조(부당노동행위) ① 사용자는 다음 각 호의 어느 하나에 해당하는 행위(이하 "不當勞動行爲"라 한다)를 할 수 없다.<br>4. 근로자가 노동조합을 조직 또는 운영하는 것을 지배하거나 이에 개입하는 행위와 근로시간 면제한도를 초과하여 급여를 지급하거나 노동조합의 운영비를 원조하는 행위. 다만, 근로자가 근로시간 중에 제24조제2항에 따른 활동을 하는 것을 사용자가 허용함은 무방하며, 또한 근로자의 후생자금 또는 경제상의 불행 그 밖에 재해의 방지와 구제 등을 위한 기금의 기부와 최소한의 규모의 노동조합사무소의 제공 및 그 밖에 이에 준하여 노동조합의 자주적인 운영 또는 활동을 침해할 위험이 없는 범위에서의 운영비 원조행위는 예외로 한다.<br>② 제1항제4호단서에 따른 "노동조합의 자주적 운영 또는 활동을 침해할 위험" 여부를 판단할 때에는 다음 각 호의 사항을 고려하여야 한다.<br>1. 운영비 원조의 목적과 경위<br>2. 원조된 운영비 횟수와 기간<br>3. 원조된 운영비 금액과 원조방법<br>4. 원조된 운영비가 노동조합의 총수입에서 차지하는 비율<br>5. 원조된 운영비의 관리방법 및 사용처 등 | 2년 이하의 징역 또는 2천만원 이하의 벌금 |

---

44) 상동.

### 1) 노조전임자와 근로시간면제자의 의미

구 노동조합법(법률 제17864호, 2021. 1. 5, 일부개정) 제24조 제1항은 "근로자는 단체협약으로 정하거나 사용자의 동의가 있는 경우에는 근로계약 소정의 근로를 제공하지 아니하고 노동조합의 업무에만 종사할 수 있다."라고 규정하고, 동조 제2항은 위 규정에 따라 노동조합의 업무에만 종사하는 자를 '전임자(專任者)'로 부르면서, 이러한 전임자는 그 전임기간동안 사용자로부터 어떠한 급여도 지급받아서는 아니된다고 규정하고 있었다. 그런데, 2021년 노동조합법 개정으로 노동조합법 제24조의 제목(표제)을 '노동조합의 전임자'에서 '근로시간 면제 등'으로 개정하는 한편, 동조 제1항에서 "근로자는 단체협약으로 정하거나 사용자의 동의가 있는 경우에는 사용자 또는 노동조합으로부터 급여를 지급받으면서 근로계약 소정의 근로를 제공하지 아니하고 노동조합의 업무에 종사할 수 있다."라고 규정하고, 동조 제2항에서는 "제1항에 따라 사용자로부터 급여를 지급받는 근로자"를 '근로시간면제자'로 부르고 있다. 이러한 개정 연혁을 고려하면, 노조전임자란 단체협약이나 사용자의 동의에 근거하여 근로계약 소정의 근로를 제공하지 아니하고 노동조합의 업무에'만' 종사하는 자를 말하며, 근로시간면제자란 단체협약이나 사용자의 동의에 근거하여 근로계약 소정의 근로를 제공하지 아니하고 노동조합의 업무에 종사하는 자 중 사용자로부터 급여를 지급받는 근로자를 말한다고 할 것이다. 2021년 개정으로 노동조합법의 법문에서 '전임자'라는 용어가 사라졌지만, 현행 노동조합법 제24조 제1항·제2항의 취지상 종래 인정되어 왔던 노조전임자는 여전히 허용되며, 따라서 2021년 노동조합법 개정 이전의 노조전임자에 대한 판례법리는 2021년 개정법과 모순되지 않는 범위에서 여전히 유효하다고 할 것이다.

### 2) 노조전임자의 지위와 출근의무

노동조합 전임자(즉, 단체협약이나 사용자의 동의에 근거하여 근로계약 소정의 근로를 제공하지 아니하고 노동조합의 업무에'만' 종사하는 자)는 사용자와의 사이에 기본적 노사관계는 유지되고 근로자로서의 신분도 그대로 가지지만 근로제공의무가 면제되고 원칙적으로 그에 대한 사용자의 임금지급의무도 면제된다는 점에서 휴직상태에 있는 근로자와 유사하다.[45] 그러나 노조전임자라 할지라도 사용자와의 사이에 기본적 근로관계는 유지되는 것으로서 취업규칙이나 사규의 적용이 전면적으로 배제되는 것이 아니므로, 노조전임자에 관하여 단체협약상의 특별한 규정이나 특별한 관행이 없는 한 출·퇴근에 관한 취업규칙이나 사규의 적용을 받으며, 근로계약 소정의 본래 업무를 면하고 노동조합의 업무를 전임하는 노조전임자의 경우 출근은 통상적인 조합업무가 수행되는 노조사무실에서 조합업무에 착수할 수 있는 상태에 임해야 한다고 본다.[46] 노조전임자가 노조업무와 무관한 개인적 범죄로 도피하느라고 회사에 사전 통보나 승인없이 약 10일간 결근한 사건에서 무단결근으로 인한 징계해고가 정당하다고 판단한 경우가 있다.[47]

### 3) 원직복귀 명령에 불응한 노조 전임자에 대한 해고

판례는 노조전임제의 근거규정인 단체협약이 유효기간 만료로 효력을 상실한 경우 원직복귀명령에 불응한 노조전임자에 대한 해고는 부당노동행위에 해당되지 않는다고 보고 있다.[48] 반면 전임자의 쟁의행위 등 정당한 조합활동을 혐오하여 이를 곤란케 할 목적으로 원직복귀명령을 하였다면 이는 불이익취급 및 지배개입의 부당노동행위에 해당한다.

### 4) 노조전임자가 입은 재해가 업무상 재해인지 여부

판례에 따르면, 노조전임자의 노조업무가 그 성질상 회사의 업무로 볼 수 있을 정도로 회사의 노무관리업무와 밀접한 관련을 갖는 것이라면 그 업무의 수행 중 입은 재해는 업무상 재해에 해당된다.[49] 그러나 사용자의 사업과 무관한 상부 또는 연합관계에 있는 노동단체와 관련된 활동, 불법적인 노동조합활동, 사용자와 대립관계로 되는 쟁의단계에 들어간 이후의 활동은 그 성질상 업무상 재해가 인정되는 노조업무에 해당되지 않는다.[50] 노동조합업무 전임자가 아닌 노동조합 간

---

45) 대법원 1995. 11. 10. 선고 94다54566 판결, 대법원 1998. 4. 24. 선고 97다54727 판결, 대법원 2013. 11. 28. 선고 2011다39946 판결 등.
46) 대법원 1995. 4. 11. 선고 94다58087 판결, 대법원 1997. 3. 11. 선고 95다46715 판결.
47) 상동,
48) 대법원 1997. 6. 13. 선고 96누17738 판결.
49) 대법원 1994. 2. 22. 선고 92누14502 판결.
50) 대법원 2007. 3. 29. 선고 2005두11418 판결 참조. 이 사례에서 법원은 산업별 노동조합은 기업별 노동조합과 마찬가지로, 동종 산업에 종사하는 근로자들이 직접 가입하고 원칙적으로 소속 단위사업장인 개별 기업에서 단체교섭 및 단체협약체결권과 조정신청 및 쟁의권 등을 갖는 단일조직의 노동조합이라 할 것이므로, 산업별 노조의 노동조합 업무를 사용자의 사업과 무관한 상부 또는 연합관계에 있는 노동단체와 관련된 활동으로 볼 수는 없다고 보았다.

부가 사용자인 회사의 승낙에 의하여 노동조합업무를 수행하거나 이에 수반하는 통상적인 활동을 하는 과정에서 그 업무에 기인하여 발생한 재해의 경우에도 같은 법리가 적용된다.[51]

### 5) 노조의 전임운용권 행사가 권리남용에 해당되는 경우

노동조합의 전임자 통지가 사용자의 인사명령을 거부하기 위한 수단으로 이용된 것으로 보아, 이러한 경우의 노동조합 전임운용권의 행사는 '권리남용'에 해당한다고 본 경우가 있다. 법원은 노동조합 전임운용권이 노동조합에 있는 경우에도 그 행사가 법령의 규정 및 단체협약에 위배되거나 권리남용에 해당하는 등 특별한 사정이 있는 경우에는 그 내재적 제한을 위반한 것으로서 무효라고 보아야 하고, 노동조합 전임운용권의 행사가 권리남용에 해당하는지 여부는 전임운용권 행사에 관한 단체협약의 내용, 그러한 단체협약을 체결하게 된 경위와 당시의 상황, 노조원의 수 및 노조 업무의 분량, 그로 인하여 사용자에게 발생하는 경제적 부담, 비슷한 규모의 다른 노동조합의 전임자 운용 실태 등 제반 사정을 종합적으로 검토하여 판단하여야 한다.[52]

### 6) 노조전임자에게 지급한 금품의 성격

노동조합 전임자는 사용자와의 사이에 기본적 노사관계는 유지되고 근로자로서의 신분도 그대로 가지는 것이지만 근로제공의무가 면제되고 사용자의 임금지급의무도 면제된다는 점에서 휴직상태에 있는 근로자와 유사하고, 사용자가 단체협약 등에 따라 노동조합 전임자에게 일정한 금원을 지급한다고 하더라도 이를 근로의 대가인 임금의 성격을 갖는다고 할 수 없음이 원칙이다.[53]

---

51) 대법원 2014. 5. 29. 선고 2014두35232 판결.
52) 대법원 2009. 12. 24. 선고 2009도9347 판결.
53) 대법원 2003. 9. 2. 선고 2003다4815,4822,4839 판결. 회사와 노동조합 사이에 체결된 단체협약이 노동조합 전임자의 대우에 관하여 '회사는 전임을 이유로 일체의 불이익처우를 하지 않는다.', '노조전임간부의 전임기간은 계속 근무로 간주하며 전임기간 중의 급여, 기타 후생복지에 관한 제 대우는 일반조합원에 준한다.'고 각 규정하고 있는 것은, 노동조합 전임자를 근로계약상 본래의 근로제공업무에 종사하는 일반조합원보다 불리한 처우를 받지 않도록 하는 범위 안에서 노동조합 전임자에게 일정한 급여를 지급하기로 한 것이라고 할 것이므로, 노동조합 전임자를 일반조합원보다 더욱 유리하게 처우하는 것은 위와 같은 단체협약의 규정을 둔 목적이나 취지에 비추어 볼 때 노사 쌍방이 당초 의도한 바와 합치하지 아니한다고 할 것이고, 또 파업으로 인하여 일반조합원들이 무노동 무임금 원칙에 따라 임금을 지급받지 못하게 된 마당에 그 조합원들로 구성된 노동조합의 간부라고 할 수 있는 노동조합 전임자들이 자신들의 급여만은 지

그러나 노동조합법 제24조 제2항이 허용하고 있는 근로시간면제제도에 기초하여 근로시간 면제 대상으로 지정된 근로자(즉, '근로시간면제자')는 고시된 근로시간 면제 한도를 초과하지 아니하는 범위에서 임금의 손실 없이 사용자와의 협의·교섭, 고충처리, 산업안전 활동 등의 일정한 업무와 건전한 노사관계의 발전을 위한 노동조합의 유지·관리업무를 할 수 있다. 이러한 근로시간면제제도는 노동조합이 사용자에게 경제적으로 의존하는 것을 막고 노동조합의 자주성을 확보하기 위하여 노조전임자 급여 지원 행위를 금지하는 대신, 사용자의 노무관리업무를 대행하는 노조전임자 제도의 순기능도 고려하여 일정한 한도 내에서 근로시간 면제 방식으로 노동조합 활동을 계속 보장하기 위한 것이다. 근로시간 면제 제도의 규정 내용, 취지, 관련 규정 등을 고려하면, 근로시간 면제 대상으로 지정된 근로자에 대한 급여는 근로시간 면제자로 지정되지 아니하고 일반 근로자로 근로하였다면 해당 사업장에서 동종 혹은 유사 업무에 종사하는 동일 또는 유사 직급·호봉의 일반 근로자의 통상 근로시간과 근로조건 등을 기준으로 받을 수 있는 급여 수준이나 지급 기준과 비교하여 사회통념상 수긍할 만한 합리적인 범위를 초과할 정도로 과다하지 않은 한 근로시간 면제에 따라 사용자에 대한 관계에서 제공한 것으로 간주되는 근로의 대가로서, 그 성질상 임금에 해당하는 것으로 본다.[54]

## 7) 노조전임제의 변경 가능성

노조전임제는 노동조합에 대한 편의제공의 한 형태로서 전임제를 인정할 것인지 여부는 물론 노동조합 전임자의 선임 및 해임절차, 전임기간, 전임자 수, 전임자에 대한 대우 등 구체적인 제도 운용에 관하여도 기본적으로 사용자의 동의에 기초한 노사합의에 의하여 유지되는 것이므로, 전임제 시행 이후 경제적·사회적 여건의 변화, 회사 경영 상태의 변동, 노사관계의 추이 등 여러 사정들에 비추어 합리적 이유가 있는 경우에는 사용자는 노동조합과의 합의, 적정한 유예기간의

---

급받겠다고 하는 것은 일반조합원들에 대한 관계에 있어서도 결코 정당성이 인정될 수 없는바, 위 단체협약 각 규정은 일반조합원들이 무노동 무임금의 원칙에 따라 사용자로부터 파업기간 중의 임금을 지급받지 못하는 경우에는 노동조합 전임자도 일반조합원과 마찬가지로 사용자에게 급여를 청구할 수 없다는 내용으로 해석함이 상당하다고 본 사례.

54) 대법원 2018. 4. 26. 선고 2012다8239 판결. 원심판결은 근로시간 면제자가 받은 급여가 근로의 대가인 임금이라고 할 수 없다고 보고, 근로시간 면제자의 퇴직금 산정을 위한 평균임금을 동일 직급 및 호봉의 근로자들의 평균임금을 기준으로 하였는데, 대법원은 이러한 원심판결이 노동조합법 제24조 제4항에서 정한 근로시간 면 제자가 수령하는 급여의 성격 및 평균임금 산정 방법에 관한 법리를 오해하여 필요한 심리를 다하지 않은 잘못이 있다고 판단하였다.

설정 등 공정한 절차를 거쳐 노조전임제의 존속 여부 및 구체적 운용방법을 변경할 수 있다고 보아야 한다.[55]

### 8) 근로시간면제자

근로시간면제자, 즉 단체협약이나 사용자의 동의의 근거하여 사용자로부터 급여를 지급받으면서 근로계약 소정의 근로를 제공하지 아니하고 노동조합의 업무에 종사하는 자는 사업 또는 사업장별로 종사근로자인 조합원 수 등을 고려하여 노동조합법 제24조의2에 따라 결정된 '근로시간 면제 한도'를 초과하지 아니하는 범위에서 임금의 손실 없이 사용자와의 협의·교섭, 고충처리, 산업안전 활동 등 노동조합법 또는 다른 법률에서 정하는 업무와 건전한 노사관계 발전을 위한 노동조합의 유지·관리업무를 할 수 있다(노동조합법 제24조 제1항·제2항). 이러한 '근로시간 면제 한도'를 초과하는 내용을 정한 단체협약 또는 사용자의 동의는 그 부분에 한정하여 무효로 한다(노동조합법 제24조 제4항). 또한, 사용자가 '근로시간 면제한도'를 초과하여 급여를 지급하는 행위는 부당노동행위를 구성한다(노동조합법 제81조 제1항 제4호 본문). 한편, 사용자는 노동조합법 제24조 제1항에 따라 단체협약이나 사용자의 동의의 근거하여 사용자 또는 노동조합으로부터 급여를 지급받으면서 근로계약 소정의 근로를 제공하지 아니하고 노동조합의 업무에 종사하는 근로자의 정당한 노동조합 활동을 제한해서는 아니 된다(노동조합법 제24조 제3항).

## 5. 산별노조 하부조직(지부, 분회 등)의 조직형태 변경

| 노동조합법 |
| --- |
| 제16조(총회의 의결사항) ① 다음 각호의 사항은 총회의 의결을 거쳐야 한다.<br>1. 규약의 제정과 변경에 관한 사항 |

---

55) 대법원 2011. 8. 18. 선고 2010다106054 판결. 甲이 乙 주식회사에 입사한 후 乙 회사 노동조합의 상급단체에서 전임근무를 하였는데 이후 乙 회사와 노동조합의 단체협약으로 甲에 대한 급여 지급을 중단하기로 한 사안에서, 乙 회사가 경영위기를 타개하기 위하여 명예퇴직, 상여금 반납 등 다각적인 조치를 취해 왔고 그 일환으로 노조전임제의 규모나 전임자에 대한 대우 등도 적정한 수준으로 조정할 필요성이 있었기에, 노동조합과 단체협약을 체결하여 사업장 내 노동조합 전임자의 경우는 규모를 축소하고, 甲의 경우와 같이 상급단체에서 노동조합 전임자로 종사해 온 조합원의 경우는 향후 대우를 무급으로 변경하기로 합의하였다고 인정하기에 충분하고, 乙 회사가 노조전임제의 운용방법을 변경할 만한 합리적 이유가 있는 상황에서 노동조합과 합의를 거쳐 甲에게 급여 지급을 중단한 것은 유효하다고 한 사례.

2. 임원의 선거와 해임에 관한 사항
3. 단체협약에 관한 사항
4. 예산·결산에 관한 사항
5. 기금의 설치·관리 또는 처분에 관한 사항
6. 연합단체의 설립·가입 또는 탈퇴에 관한 사항
7. 합병·분할 또는 해산에 관한 사항
8. 조직형태의 변경에 관한 사항
9. 기타 중요한 사항
② 총회는 재적조합원 과반수의 출석과 출석조합원 과반수의 찬성으로 의결한다. 다만, 규약의 제정·변경, 임원의 해임, 합병·분할·해산 및 조직형태의 변경에 관한 사항은 재적조합원 과반수의 출석과 출석조합원 3분의 2 이상의 찬성이 있어야 한다.
③ 임원의 선거에 있어서 출석조합원 과반수의 찬성을 얻은 자가 없는 경우에는 제2항 본문의 규정에 불구하고 규약이 정하는 바에 따라 결선투표를 실시하여 다수의 찬성을 얻은 자를 임원으로 선출할 수 있다.
④ 규약의 제정·변경과 임원의 선거·해임에 관한 사항은 조합원의 직접·비밀·무기명투표에 의하여야 한다.

판례에 따르면, 노동조합법의 규정들과 재산상 권리·의무나 단체협약의 효력 등의 법률관계를 유지하기 위한 조직형태의 변경 제도의 취지와 아울러 개별적 내지 집단적 단결권의 보장 필요성, 산업별로 구성된 단위노동조합(이하 '산업별 노동조합'이라 한다)의 지부·분회·지회 등의 하부조직(이하 '지회 등'이라 한다)의 독립한 단체성 및 독자적인 노동조합으로서의 실질에 관한 사정 등을 종합하면, 산업별 노동조합의 지회 등이더라도, 실질적으로 하나의 기업 소속 근로자를 조직대상으로 하여 구성되어 독자적인 규약과 집행기관을 가지고 독립한 단체로서 활동하면서 조직이나 조합원에 고유한 사항에 관하여 독자적인 단체교섭 및 단체협약 체결 능력이 있어 기업별로 구성된 노동조합에 준하는 실질을 가지고 있는 경우에는, 산업별 연합단체에 속한 기업별 노동조합의 경우와 실질적인 차이가 없다고 한다.[56] 이러한 판례의 취지에 따르면 산업별 노동조합의 지부나 분회 등 하부조직이라도 노동조합법 제16조 제1항 제8호 및 제2항에서 정한 결의 요건을 갖춘 소속 조합원의 의사 결정을 통하여 산업별 노동조합에 속한 지회 등의 지위에서 벗어나 독립한 기업별 노동조합으로 전환함으로써 조직형태를 변경할 수 있다고 말할 수 있다.[57] 또한 산업별 노동조합의 지회 등이 독자적으로 단체교섭을 진행하고 단체협약을 체결하지는 못하더라도, 법인 아닌 사단의 실질을 가지고

---

56) 대법원 2016. 2. 19. 선고 2012다96120 전원합의체 판결(다수의견).
57) 대법원 2016. 2. 19. 선고 2012다96120 전원합의체 판결(다수의견).

있어 기업별 노동조합과 유사한 근로자단체로서 독립성이 인정되는 경우에, 지회 등은 스스로 고유한 사항에 관하여 산업별 노동조합과 독립하여 의사를 결정할 수 있는 능력을 가지고 있는 것으로도 볼 수 있다.[58] 의사 결정 능력을 갖춘 이상, 지회 등은 소속 근로자로 구성된 총회에 의한 자주적·민주적인 결의를 거쳐 지회 등의 목적 및 조직을 선택하고 변경할 수 있으며, 나아가 단결권의 행사 차원에서 정관이나 규약 개정 등을 통하여 단체의 목적에 근로조건의 유지·개선 기타 근로자의 경제적·사회적 지위의 향상을 추가함으로써 노동조합의 실체를 갖추고 활동할 수 있다. 그리고 지회 등이 기업별 노동조합과 유사한 독립한 근로자단체로서의 실체를 유지하면서 산업별 노동조합에 소속된 지회 등의 지위에서 이탈하여 기업별 노동조합으로 전환할 필요성이 있다는 측면에서는, 단체교섭 및 단체협약체결 능력을 갖추고 있어 기업별 노동조합에 준하는 실질을 가지고 있는 산업별 노동조합의 지회 등의 경우와 차이가 없다. 이와 같은 법리와 사정들에 비추어 보면, 기업별 노동조합과 유사한 근로자단체로서 법인 아닌 사단의 실질을 가지고 있는 지회 등의 경우에도 기업별 노동조합에 준하는 실질을 가지고 있는 경우와 마찬가지로 노동조합법 제16조 제1항 제8호 및 제2항에서 정한 결의 요건을 갖춘 소속 근로자의 의사 결정을 통하여 종전의 산업별 노동조합의 지회 등이라는 외형에서 벗어나 독립한 기업별 노동조합으로 전환할 수 있다.[59]

한편, 기업별 노동조합에 준하는 실질이나 기업별 노동조합과 유사한 근로자단체로서 법인 아닌 사단의 실질을 갖추지 못한 산업별 노동조합의 지회 등은 조직형태를 변경할 수 없음에도 결의를 통해 산업별 노동조합을 탈퇴하고 조합비 등

---

58) 상동.
59) 상동. 다만 이 전원합의체 판결의 반대의견에서는 "산업별 노동조합 내에서 산업별 노동조합의 지회 등이 차지하는 위치 내지 산업별 노동조합과의 관계, 근로자와의 조합원관계, 독자적인 단체교섭 및 단체협약체결 능력 등 노동조합으로서의 실질에 관한 여러 사정에 비추어 보면, 산업별 노동조합에서 조직형태의 변경을 결의할 수 있는 주체는 단위노동조합인 산업별 노동조합일 뿐이고, 하부조직에 불과한 산업별 노동조합의 지회 등이 산업별 노동조합의 통제를 무시한 채 독자적으로 조직형태의 변경을 결의하는 것은 원칙적으로 불가능하다. 그러한 결의는 개별 조합원들의 산업별 노동조합 탈퇴의 의사표시에 불과하거나 새로운 노동조합의 설립 결의일 뿐이어서, 여기에 노동조합의 조직형태의 변경이나 그에 준하는 법적 효과를 부여할 수는 없다."고 보았다. 다만 "산업별 노동조합의 지회 등이 ... 노동조합으로서의 실질이 있는 경우에는, 산업별 노동조합은 외형과 달리 개별 노동조합과 다름없는 지회 등의 연합단체로서의 성격이 혼합되어 있다고 할 수 있는 만큼, 산업별 노동조합의 지회 등은 자체 결의를 통하여 연합단체에서 탈퇴할 수 있고, 그것이 조직형태의 변경 결의 형식으로 이루어졌더라도 탈퇴의 효과가 발생한다고 해석할 여지는 있다."고 하면서 "근로자와 조합원관계를 형성하고 지회 등이나 조합원의 고유한 사항에 관하여 독자적으로 단체교섭을 진행하여 단체협약을 체결할 능력이 있다는 점이 증명되지 아니하는 산업별 노동조합의 지회 등은 조직형태의 변경 주체가 될 수 없다."고 하였다.

기존 재산 전부를 새로 설립한 기업별 노동조합으로 포괄적으로 이전한 사례에서, 법원은 이러한 조직형태변경을 허용한다면 조직형태 변경의 주체가 될 수 없는 지회 등이 우회적인 방법으로 사실상 조직형태를 변경하는 것과 마찬가지의 결과에 이를 수 있게 되어 조직형태 변경 제도의 취지가 잠탈될 수 있으므로, 기업별 노동조합에 준하는 실질 등을 갖추지 못한 산업별 노동조합의 지회 등이 총회 등을 통해 기업별 노동조합으로 조직형태를 변경하면서 이를 전제로 조합비 등 기존 재산 전부를 새로운 기업별 노동조합에 포괄적으로 이전하는 결의를 하더라도 그러한 결의는 조직형태 변경 결의로서 뿐만 아니라 재산을 이전하는 결의로서도 효력이 없다고 보았다.[60]

## V. 단체교섭

### 1. 단체교섭의 당사자

| 노동조합법 |
| --- |
| 제29조(교섭 및 체결권한) ① 노동조합의 대표자는 그 노동조합 또는 조합원을 위하여 사용자나 사용자단체와 교섭하고 단체협약을 체결할 권한을 가진다.<br>② 제29조의2에 따라 결정된 교섭대표노동조합(이하 "교섭대표노동조합"이라 한다)의 대표자는 교섭을 요구한 모든 노동조합 또는 조합원을 위하여 사용자와 교섭하고 단체협약을 체결할 권한을 가진다.<br>③ 노동조합과 사용자 또는 사용자단체로부터 교섭 또는 단체협약의 체결에 관한 권한을 위임받은 자는 그 노동조합과 사용자 또는 사용자단체를 위하여 위임받은 범위안에서 그 권한을 행사할 수 있다.<br>④ 노동조합과 사용자 또는 사용자단체는 제3항에 따라 교섭 또는 단체협약의 체결에 관한 권한을 위임한 때에는 그 사실을 상대방에게 통보하여야 한다. |
| 노동조합법 시행령 |
| 제7조(산하조직의 신고) 산하조직 중 근로조건의 결정권이 있는 독립된 사업 또는 사업장에 조직된 노동단체는 지부·분회 등 명칭이 무엇이든 상관없이 법 제10조제1항에 따른 노동조합의 설립신고를 할 수 있다. <개정 2021. 6. 29., 2023. 9. 26.><br>제14조(교섭권한 등의 위임통보) ① 노동조합과 사용자 또는 사용자단체(이하 "노동관계당사자"라 한다)는 법 제29조제3항에 따라 교섭 또는 단체협약의 체결에 관한 권한을 위임하는 경우에는 교섭사항과 권한범위를 정하여 위임하여야 한다.<br>② 노동관계당사자는 법 제29조제4항에 따라 상대방에게 위임사실을 통보하는 경우에 다음 각호의 사항을 포함하여 통보하여야 한다.<br>1. 위임을 받은 자의 성명(위임을 받은 자가 단체인 경우에는 그 명칭 및 대표자의 성명)<br>2. 교섭사항과 권한범위 등 위임의 내용 |

---

60) 대법원 2018. 1. 24. 선고 2014다203045 판결

### 1) 노동조합의 대표자

노동조합의 대표자는 그 노동조합 또는 조합원을 위하여 사용자나 사용자단체와 교섭하고 단체협약을 체결할 권한을 가진다(노동조합법 제29조 제1항). 복수노조의 경우에는 노동조합법 제29조의2에 따른 교섭창구단일화 절차를 거쳐 선정된 교섭대표노동조합의 대표자가 교섭을 요구한 모든 노동조합 또는 조합원을 위하여 사용자와 교섭하고 단체협약을 체결할 권한을 가진다(노동조합법 제29조 제2항).

### 2) 산별노조의 지부나 분회 등의 단체교섭 당사자성

노동단체로서의 실질을 갖춘 초기업별 노동조합의 지부나 분회 등 산하조직이 단체교섭을 독자적으로 할 수 있는지 여부가 문제되는데, 법원은 ① 노동조합의 하부단체인 분회나 지부가 독자적인 규약 및 집행기관을 가지고 독립된 조직체로서 활동을 하는 경우 당해 조직이나 그 조합원에 고유한 사항에 대하여는 독자적으로 단체교섭하고 단체협약을 체결할 수 있고, ② 이는 그 분회나 지부가 노동조합법시행령 제7조의 규정에 따라 그 설립신고를 하였는지 여부에 영향받지 아니한다고 보고 있다.[61]

### 3) 단체교섭권의 위임

노동조합법 제29조 제3항은 "노동조합과 사용자 또는 사용자단체로부터 교섭 또는 단체협약의 체결에 관한 권한을 위임받은 자는 그 노동조합과 사용자 또는 사용자단체를 위하여 위임받은 범위안에서 그 권한을 행사할 수 있다."라고 규정하고 있다. 따라서 단체교섭권의 위임은 가능한데, 이때 단체교섭권의 위임은 노동조합이 그 조직상의 대표자 이외의 자에게 그 조합 또는 조합원을 위하여, 그 조합의 입장에서 사용자 측과 사이에 단체교섭을 하는 사무처리를 맡기는 것을 뜻하고, 그 위임 후 이를 해지하는 등의 별도의 의사표시가 없더라도 그 노동조합의 단체교섭권한은 여전히 그 수임자의 단체교섭권한과 중복하여 경합적으로 남아 있다고 해석된다.[62] 단위노동조합이 당해 노동조합이 가입한 상부단체인 연합단체에 그러한 권한을 위임한 경우에도 마찬가지이다.[63]

---

61) 대법원 2001. 2. 23. 선고 2000도4299 판결.
62) 대법원 1998. 11. 13. 선고 98다20790 판결.

## 2. 단체교섭의 담당자

### 1) 인준투표제의 적법 여부

인준투표제란 노동조합이 조합원들의 의사를 반영하고 대표자의 단체교섭 및 단체협약 체결 업무 수행에 대한 적절한 통제를 위하여 규약 등에서 내부 절차를 거치도록 하는 등 대표자의 단체협약체결권한의 행사를 절차적으로 제한하는 것을 의미한다.

인준투표제(단체교섭의 결과에 따라 사용자와 단체협약의 내용을 합의한 후에 다시 그 협약안의 가부에 관하여 조합원 총회의 결의를 요구하는 것)의 적법성에 관한 판결례 중에는 우선 ① 교섭권한에는 협약체결권한이 포함된다는 점, ② 협약체결권한 없는 교섭권한은 무의미하다는 점, ③ 조합원 총회의 협약인준제는 협약체결권한에 대한 전면적·포괄적 제한으로서 단체협약체결권한을 형해화하여 명목에 불과한 것으로 만든다는 점을 이유로, 그것이 위법하다고 판단한 경우가 있다.[64]

그러나, 단체협약은 노동조합의 개개 조합원의 근로조건 기타 근로자의 대우에 관한 기준을 직접 결정하는 규범적 효력을 가지는 것이므로 단체협약의 실질적인

---

63) 상동.
64) 대법원 1993. 4. 27. 선고 91누12257 판결. 이 판결의 다수의견은 인준투표제가 위법하다고 보았지만, ① 근로자의 권익을 보장하려는 헌법규정과 노동조합법이 지향하는 노동조합의 자주성, 민주성 및 특수성을 고려하고 노동조합법 제33조 제1항이 대표자 등에게 사실행위로서의 단체교섭권만 주고 있는 점과 같은 법 제19조 제1항 제3호가 총회의 의결사항으로 단체협약에 관한 사항을 두고 있는 점, 같은 법 제22조가 노동조합의 조합원은 균등하게 노동조합의 모든 문제에 참여할 권리와 의무가 있다고 규정하고 있는 점, 그 밖에 노사간의 원만한 관계 유지를 통한 국민경제의 발전이라는 측면을 함께 보면 노동조합은 총회의 결의로 단체협약을 체결할 권한을 가진 자를 정하고 그들로 하여금 단체협약을 체결하기 전후에 노동조합총회의 결의에 따르도록 하는 것이 옳다고 보는 의견(반대의견 1), ② (가)노동조합법 제33조 제1항이 단체협약의 교섭권한을 규정한 것은 노동조합의 대표자 등에게 일반적 추상적으로 단체협약의 교섭·체결권한이 있음을 규정한 것뿐이고, 어떠한 절차와 방법으로 단체교섭을 하고 단체협약을 체결하며, 노동조합의 규약이나 총회의 결정에 의하여 노동조합 대표자 등의 권한을 제한할 수 있는 것인지, 어느 범위까지 제한이 가능한지, 이 제한으로써 사용자나 사용자단체에 대항할 수 있는 것인지, 제한에 위반하여 체결된 단체협약의 효력은 어떻게 되는 것인지, 단체협약으로 노동조합의 대표자 등의 권한을 제한하는 협약을 체결할 수 있는 것인지 여부는 별도로 따져 보아야 할 문제이지, 위 규정이 노동조합의 대표자 등에게 어떠한 형태의 단체협약체결권한을 제한하는 것도 금지하는 강행규정은 아니라는 것, (나)노동조합측이 노동조합의 대표자나 노동조합으로부터 위임을 받은 자의 단체협약 교섭 체결권한을 일방적으로 제한하거나 전면적이고 포괄적으로 제한하는 것은 원칙적으로 허용될 수 없다고 볼 것이나 그렇지 아니한 경우에는 노동조합 대표자 등의 단체협약체결 절차나 권한을 위 (가)의 규정취지에 어긋나지 않는 범위 안에서 제한할 수 있다고 보는 의견(반대의견2)이 있었다.

귀속주체는 근로자이고, 따라서 단체협약은 조합원들이 관여하여 형성한 노동조
합의 의사에 기초하여 체결되어야 하는 것이 단체교섭의 기본적 요청인 점, 노동
조합법 제16조 제1항 제3호는 단체협약에 관한 사항을 총회의 의결사항으로 정하
여 노동조합 대표자가 단체교섭 개시 전에 총회를 통하여 교섭안을 마련하거나
단체교섭 과정에서 조합원의 총의를 계속 수렴할 수 있도록 규정하고 있는 점 등
에 비추어 보면, 노동조합이 조합원들의 의사를 반영하고 대표자의 단체교섭 및
단체협약 체결 업무 수행에 대한 적절한 통제를 위하여 규약 등에서 내부 절차를
거치도록 하는 등 대표자의 단체협약체결권한의 행사를 절차적으로 제한하는 것
은, 그것이 단체협약체결권한을 전면적·포괄적으로 제한하는 것이 아닌 이상 허
용된다고 보아야 한다고 본 경우도 있다.[65] 특히 최근의 판례에서는 조합 규약에
"본 조합은 단체교섭의 당사자이며, 본 조합이 교섭대표 노조가 되는 경우 위원
장은 단체교섭 및 체결권은 있으나 조합원 총회의 의결을 거친 후 체결하여야 한
다"라는 내용의 규정(이러한 규정은 사용자와 합의한 단체협약안의 가부에 관한
결의를 요구하는 것은 아니라는 점에서 전술한 인준투표제와는 차이가 있음)에도
불구하고 총회의 의결을 통해 조합원들의 의견을 수렴하는 절차를 전혀 거치지
않은 채 특별명예퇴직 및 임금피크제 시행, 복지제도변경 등을 내용으로 하는 단
체협약을 체결한 노동조합 대표자의 행위가 헌법과 법률에 의하여 보호되는 조합
원의 단결권 또는 노동조합의 의사 형성 과정에 참여할 수 있는 권리를 침해하는
불법행위에 해당한다고 보았다.[66]

### 2) 인준투표제를 이유로 하는 사용자의 단체교섭 거부

노동조합의 대표자 또는 수임자가 단체교섭의 결과에 따라 사용자와 단체협약
의 내용을 합의한 후 다시 협약안의 가부에 관하여 조합원 총회의 의결을 거친
후에만 단체협약을 체결할 것임을 명백히 하였다면(엄격한 의미에서의 인준투표제),
노사 쌍방간의 타협과 양보의 결과로 임금이나 그 밖의 근로조건 등에 대하여 합
의를 도출하더라도 노동조합의 조합원 총회에서 그 단체협약안을 받아들이기를
거부하여 단체교섭의 성과를 무로 돌릴 위험성이 있으므로 사용자측으로서는 최
종적인 결정 권한이 없는 교섭대표와의 교섭 내지 협상을 회피하거나 설령 교섭

---

65) 대법원 2014. 4. 24. 선고 2010다24534 판결, 대법원 2018. 7. 26. 선고 2016다205908 판결.
66) 대법원 2018. 7. 26. 선고 2016다205908 판결.

에 임한다 하더라도 성실한 자세로 최후의 양보안을 제출하는 것을 꺼리게 될 것이고, 그와 같은 사용자측의 단체교섭 회피 또는 해태를 정당한 이유가 없는 것이라고 비난하기도 어렵다 할 것이므로, 사용자측의 단체교섭 회피가 노동조합법 81조 3호가 정하는 부당노동행위에 해당한다고 보기도 어렵다는 취지의 판결이 있다.[67]

### 3) 근로조건을 불이익하게 변경하는 단체협약 체결 시 조합 대표자의 권한

판례에 따르면[68] ① 단체협약은 노동조합이 사용자 또는 사용자단체와 근로조건 기타 노사관계에서 발생하는 사항에 관하여 체결하는 협정으로서, 협약자치의 원칙상 노동조합은 사용자와 사이에 근로조건을 유리하게 변경하는 내용의 단체협약뿐만 아니라 근로조건을 불리하게 변경하는 내용의 단체협약을 체결할 수 있으므로, 근로조건을 불리하게 변경하는 내용의 단체협약이 현저히 합리성을 결하여 노동조합의 목적을 벗어난 것으로 볼 수 있는 경우와 같은 특별한 사정이 없는 한 그러한 노사간의 합의를 무효라고 볼 수는 없고, 노동조합으로서는 그러한 합의를 위하여 사전에 근로자들로부터 개별적인 동의나 수권을 받을 필요가 없다. ② 노동조합의 대표자 또는 수임자가 단체교섭의 결과에 따라 사용자와 단체협약의 내용을 합의한 후 다시 협약안의 가부에 관하여 조합원총회의 의결을 거쳐야 한다는 것은 대표자의 단체협약체결권한을 전면적·포괄적으로 제한함으로써 사실상 단체협약체결권한을 형해화하여 명목에 불과한 것으로 만드는 것이어서 노동조합법 제29조 제1항의 취지에 위반된다.

### 3. 복수노조의 단체교섭 : 교섭창구 단일화 절차

| 노동조합법 |
| --- |
| 제29조의2(교섭창구 단일화 절차) ① 하나의 사업 또는 사업장에서 조직형태에 관계없이 근로자가 설립하거나 가입한 노동조합이 2개 이상인 경우 노동조합은 교섭대표노동조합(2개 이상의 노동조합 조합원을 구성원으로 하는 교섭대표기구를 포함한다. 이하 같다)을 정하여 교섭을 요구하여야 한다. 다만, 제3항에 따라 교섭대표노동조합을 자율적으로 결정하는 기한 내에 사용자가 이 조에서 정하는 교섭창구 단일화 절차를 거치지 아니하기로 동의한 경우에는 그러하지 아니하다. ② 제1항 단서에 해당하는 경우 사용자는 교섭을 요구한 모든 노동조합과 성실히 교섭하여야 하고, 차별적으로 대우해서는 아니 된다. |

---

67) 대법원 1998. 1. 20. 선고 97도588 판결.
68) 대법원 2002. 11. 26. 선고 2001다36504 판결.

③ 교섭대표노동조합 결정 절차(이하 "교섭창구 단일화 절차"라 한다)에 참여한 모든 노동조합은 대통령령으로 정하는 기한 내에 자율적으로 교섭대표노동조합을 정한다.

④ 제3항에 따른 기한까지 교섭대표노동조합을 정하지 못하고 제1항 단서에 따른 사용자의 동의를 얻지 못한 경우에는 교섭창구 단일화 절차에 참여한 노동조합의 전체 조합원 과반수로 조직된 노동조합(2개 이상의 노동조합이 위임 또는 연합 등의 방법으로 교섭창구 단일화 절차에 참여한 노동조합 전체 조합원의 과반수가 되는 경우를 포함한다)이 교섭대표노동조합이 된다.

⑤ 제3항 및 제4항에 따라 교섭대표노동조합을 결정하지 못한 경우에는 교섭창구 단일화 절차에 참여한 모든 노동조합은 공동으로 교섭대표단(이하 이 조에서 "공동교섭대표단"이라 한다)을 구성하여 사용자와 교섭하여야 한다. 이 때 공동교섭대표단에 참여할 수 있는 노동조합은 그 조합원 수가 교섭창구 단일화 절차에 참여한 노동조합의 전체 조합원 100분의 10 이상인 노동조합으로 한다.

⑥ 제5항에 따른 공동교섭대표단의 구성에 합의하지 못할 경우에 노동위원회는 해당 노동조합의 신청에 따라 조합원 비율을 고려하여 이를 결정할 수 있다.

⑦ 제1항 및 제3항부터 제5항까지에 따른 교섭대표노동조합을 결정함에 있어 교섭요구 사실, 조합원 수 등에 대한 이의가 있는 때에는 노동위원회는 대통령령으로 정하는 바에 따라 노동조합의 신청을 받아 그 이의에 대한 결정을 할 수 있다.

⑧ 제6항 및 제7항에 따른 노동위원회의 결정에 대한 불복절차 및 효력은 제69조와 제70조제2항을 준용한다.

⑨ 노동조합의 교섭요구ㆍ참여 방법, 교섭대표노동조합 결정을 위한 조합원 수 산정 기준 등 교섭창구 단일화 절차와 교섭비용 증가 방지 등에 관하여 필요한 사항은 대통령령으로 정한다.

⑩ 제4항부터 제7항까지 및 제9항의 조합원 수 산정은 종사근로자인 조합원을 기준으로 한다.

제29조의3(교섭단위 결정) ① 제29조의2에 따라 교섭대표노동조합을 결정하여야 하는 단위(이하 "교섭단위"라 한다)는 하나의 사업 또는 사업장으로 한다.

② 제1항에도 불구하고 하나의 사업 또는 사업장에서 현격한 근로조건의 차이, 고용형태, 교섭 관행 등을 고려하여 교섭단위를 분리하거나 분리된 교섭단위를 통합할 필요가 있다고 인정되는 경우에 노동위원회는 노동관계 당사자의 양쪽 또는 어느 한쪽의 신청을 받아 교섭단위를 분리하거나 분리된 교섭단위를 통합하는 결정을 할 수 있다.

③ 제2항에 따른 노동위원회의 결정에 대한 불복절차 및 효력은 제69조와 제70조제2항을 준용한다.

④ 교섭단위를 분리하거나 분리된 교섭단위를 통합하기 위한 신청 및 노동위원회의 결정 기준ㆍ절차 등에 관하여 필요한 사항은 대통령령으로 정한다.

| 노동조합법 시행령 |
| --- |
| 제14조의2(노동조합의 교섭 요구 시기 및 방법) ① 노동조합은 해당 사업 또는 사업장에 단체협약이 있는 경우에는 법 제29조제1항 또는 제29조의2제1항에 따라 그 유효기간 만료일 이전 3개월이 되는 날부터 사용자에게 교섭을 요구할 수 있다. 다만, 단체협약이 2개 이상 있는 경우에는 먼저 이르는 단체협약의 유효기간 만료일 이전 3개월이 되는 날부터 사용자에게 교섭을 요구할 수 있다.<br>② 노동조합은 제1항에 따라 사용자에게 교섭을 요구하는 때에는 노동조합의 명칭, 그 교섭을 요구한 날 현재의 종사근로자인 조합원 수 등 고용노동부령으로 정하는 사항을 적은 서면으로 해야 한다. |
| 제14조의3(노동조합 교섭요구 사실의 공고) ① 사용자는 노동조합으로부터 제14조의2에 따라 교섭 요구를 받은 때에는 그 요구를 받은 날부터 7일간 그 교섭을 요구한 노동조합의 명칭 등 고용노동부령으로 정하는 사항을 해당 사업 또는 사업장의 게시판 등에 공고하여 다른 노동조합과 근로자가 알 수 있도록 하여야 한다.<br>② 노동조합은 사용자가 제1항에 따른 교섭요구 사실의 공고를 하지 아니하거나 다르게 공고하는 경우에는 고용노동부령으로 정하는 바에 따라 노동위원회에 시정을 요청할 수 있다.<br>③ 노동위원회는 제2항에 따라 시정 요청을 받은 때에는 그 요청을 받은 날부터 10일 이내에 |

그에 대한 결정을 하여야 한다.

**제14조의4(다른 노동조합의 교섭 요구 시기 및 방법)** 제14조의2에 따라 사용자에게 교섭을 요구한 노동조합이 있는 경우에 사용자와 교섭하려는 다른 노동조합은 제14조의3제1항에 따른 공고기간 내에 제14조의2제2항에 따른 사항을 적은 서면으로 사용자에게 교섭을 요구하여야 한다.

**제14조의5(교섭 요구 노동조합의 확정)** ① 사용자는 제14조의3제1항에 따른 공고기간이 끝난 다음 날에 제14조의2 및 제14조의4에 따라 교섭을 요구한 노동조합을 확정하여 통지하고, 그 교섭을 요구한 노동조합의 명칭, 그 교섭을 요구한 날 현재의 종사근로자인 조합원 수 등 고용노동부령으로 정하는 사항을 5일간 공고해야 한다.

② 제14조의2 및 제14조의4에 따라 교섭을 요구한 노동조합은 제1항에 따른 노동조합의 공고 내용이 자신이 제출한 내용과 다르게 공고되거나 공고되지 아니한 것으로 판단되는 경우에는 제1항에 따른 공고기간 중에 사용자에게 이의를 신청할 수 있다.

③ 사용자는 제2항에 따른 이의 신청의 내용이 타당하다고 인정되는 경우 신청한 내용대로 제1항에 따른 공고기간이 끝난 날부터 5일간 공고하고 그 이의를 제기한 노동조합에 통지하여야 한다.

④ 사용자가 제2항에 따른 이의 신청에 대하여 다음 각 호의 구분에 따른 조치를 한 경우에는 해당 노동조합은 해당 호에서 정한 날부터 5일 이내에 고용노동부령으로 정하는 바에 따라 노동위원회에 시정을 요청할 수 있다.

1. 사용자가 제3항에 따른 공고를 하지 아니한 경우: 제1항에 따른 공고기간이 끝난 다음날
2. 사용자가 해당 노동조합이 신청한 내용과 다르게 제3항에 따른 공고를 한 경우: 제3항에 따른 공고기간이 끝난 날

⑤ 노동위원회는 제4항에 따른 시정 요청을 받은 때에는 그 요청을 받은 날부터 10일 이내에 그에 대한 결정을 하여야 한다.

**제14조의6(자율적 교섭대표노동조합의 결정 등)** ① 제14조의5에 따라 교섭을 요구한 노동조합으로 확정 또는 결정된 노동조합은 법 제29조의2제3항에 따라 자율적으로 교섭대표노동조합을 정하려는 경우에는 제14조의5에 따라 확정 또는 결정된 날부터 14일이 되는 날을 기한으로 하여 그 교섭대표노동조합의 대표자, 교섭위원 등을 연명으로 서명 또는 날인하여 사용자에게 통지해야 한다.

② 사용자에게 제1항에 따른 교섭대표노동조합의 통지가 있는 이후에는 그 교섭대표노동조합의 결정 절차에 참여한 노동조합 중 일부 노동조합이 그 이후의 절차에 참여하지 않더라도 법 제29조제2항에 따른 교섭대표노동조합의 지위는 유지된다.

**제14조의7(과반수 노동조합의 교섭대표노동조합 확정 등)** ① 법 제29조의2제3항 및 이 영 제14조의6에 따른 교섭대표노동조합이 결정되지 못한 경우에는 법 제29조의2제3항에 따른 교섭창구 단일화 절차(이하 "교섭창구단일화절차"라 한다)에 참여한 모든 노동조합의 전체 종사근로자인 조합원 과반수로 조직된 노동조합(둘 이상의 노동조합이 위임 또는 연합 등의 방법으로 교섭창구단일화절차에 참여하는 노동조합 전체 종사근로자인 조합원의 과반수가 되는 경우를 포함한다. 이하 "과반수노동조합"이라 한다)은 제14조의6제1항에 따른 기한이 끝난 날부터 5일 이내에 사용자에게 노동조합의 명칭, 대표자 및 과반수노동조합이라는 사실 등을 통지해야 한다.

② 사용자가 제1항에 따라 과반수노동조합임을 통지받은 때에는 그 통지를 받은 날부터 5일간 그 내용을 공고하여 다른 노동조합과 근로자가 알 수 있도록 해야 한다.

③ 다음 각 호의 사유로 이의를 제기하려는 노동조합은 제2항에 따른 공고기간 내에 고용노동부령으로 정하는 바에 따라 노동위원회에 이의신청을 해야 한다.

1. 사용자가 제2항에 따른 공고를 하지 않은 경우
2. 공고된 과반수노동조합에 대하여 그 과반수 여부에 이의가 있는 경우

④ 노동조합이 제2항에 따른 공고기간 내에 이의신청을 하지 않은 경우에는 같은 항에 따라 공고된 과반수노동조합이 교섭대표노동조합으로 확정된다.

⑤ 노동위원회는 제3항에 따른 이의신청을 받은 때에는 교섭창구단일화절차에 참여한 모든 노동조합과 사용자에게 통지하고, 조합원 명부(종사근로자인 조합원의 서명 또는 날인이 있는 것으로 한정한다) 등 고용노동부령으로 정하는 서류를 제출하게 하거나 출석하게 하는 등의 방법으로 종사근로자인 조합원 수에 대하여 조사·확인해야 한다.

⑥ 제5항에 따라 종사근로자인 조합원 수를 확인하는 경우의 기준일은 제14조의5제1항에 따라 교섭을 요구한 노동조합의 명칭 등을 공고한 날로 한다.

⑦ 노동위원회는 제5항에 따라 종사근로자인 조합원 수를 확인하는 경우 둘 이상의 노동조합에 가입한 종사근로자인 조합원에 대해서는 그 종사근로자인 조합원 1명별로 다음 각 호의 구분에 따른 방법으로 종사근로자인 조합원 수를 산정한다.

1. 조합비를 납부하는 노동조합이 하나인 경우: 조합비를 납부하는 노동조합의 종사근로자인 조합원 수에 숫자 1을 더할 것

2. 조합비를 납부하는 노동조합이 둘 이상인 경우: 숫자 1을 조합비를 납부하는 노동조합의 수로 나눈 후에 그 산출된 숫자를 그 조합비를 납부하는 노동조합의 종사근로자인 조합원 수에 각각 더할 것

3. 조합비를 납부하는 노동조합이 하나도 없는 경우: 숫자 1을 종사근로자인 조합원이 가입한 노동조합의 수로 나눈 후에 그 산출된 숫자를 그 가입한 노동조합의 종사근로자인 조합원 수에 각각 더할 것

⑧ 노동위원회는 노동조합 또는 사용자가 제5항에 따른 서류 제출 요구 등 필요한 조사에 따르지 않은 경우에 고용노동부령으로 정하는 기준에 따라 종사근로자인 조합원 수를 계산하여 확인한다.

⑨ 노동위원회는 제5항부터 제8항까지의 규정에 따라 조사·확인한 결과 과반수노동조합이 있다고 인정하는 경우에는 그 이의신청을 받은 날부터 10일 이내에 그 과반수노동조합을 교섭대표노동조합으로 결정하여 교섭창구단일화절차에 참여한 모든 노동조합과 사용자에게 통지해야 한다. 다만, 그 기간 이내에 종사근로자인 조합원 수를 확인하기 어려운 경우에는 한 차례에 한정하여 10일의 범위에서 그 기간을 연장할 수 있다.

제14조의8(자율적 공동교섭대표단 구성 및 통지) ① 법 제29조의2제3항 및 제4항에 따라 교섭대표노동조합이 결정되지 못한 경우에, 같은 조 제5항에 따라 공동교섭대표단에 참여할 수 있는 노동조합은 사용자와 교섭하기 위하여 다음 각 호의 구분에 따른 기간 이내에 공동교섭대표단의 대표자, 교섭위원 등 공동교섭대표단을 구성하여 연명으로 서명 또는 날인하여 사용자에게 통지해야 한다.

1. 과반수노동조합이 없어서 제14조의7제1항에 따른 통지 및 같은 조 제2항에 따른 공고가 없는 경우: 제14조의6제1항에 따른 기한이 만료된 날부터 10일간

2. 제14조의7제9항에 따라 과반수노동조합이 없다고 노동위원회가 결정하는 경우: 제14조의7제9항에 따른 노동위원회 결정의 통지가 있은 날부터 5일간

② 사용자에게 제1항에 따른 공동교섭대표단의 통지가 있은 이후에는 그 공동교섭대표단 결정절차에 참여한 노동조합 중 일부 노동조합이 그 이후의 절차에 참여하지 않더라도 법 제29조제2항에 따른 교섭대표노동조합의 지위는 유지된다.

제14조의9(노동위원회 결정에 의한 공동교섭대표단의 구성) ① 법 제29조의2제5항 및 이 영 제14조의8제1항에 따른 공동교섭대표단의 구성에 합의하지 못한 경우에 공동교섭대표단 구성에 참여할 수 있는 노동조합의 일부 또는 전부는 노동위원회에 법 제29조의2제6항에 따라 공동교섭대표단 구성에 관한 결정 신청을 해야 한다.

② 노동위원회는 제1항에 따른 공동교섭대표단 구성에 관한 결정 신청을 받은 때에는 그 신청을 받은 날부터 10일 이내에 총 10명 이내에서 각 노동조합의 종사근로자인 조합원 수에 따른 비율을 고려하여 노동조합별 공동교섭대표단에 참여하는 인원 수를 결정하여 그 노동조합과

사용자에게 통지해야 한다. 다만, 그 기간 이내에 결정하기 어려운 경우에는 한 차례에 한정하여 10일의 범위에서 그 기간을 연장할 수 있다.

③ 제2항에 따른 공동교섭대표단 결정은 공동교섭대표단에 참여할 수 있는 모든 노동조합이 제출한 종사근로자인 조합원 수에 따른 비율을 기준으로 한다.

④ 제3항에 따른 종사근로자인 조합원 수 및 비율에 대하여 그 노동조합 중 일부 또는 전부가 이의를 제기하는 경우 종사근로자인 조합원 수의 조사·확인에 관하여는 제14조의7제5항부터 제8항까지의 규정을 준용한다.

⑤ 공동교섭대표단 구성에 참여하는 노동조합은 사용자와 교섭하기 위하여 제2항에 따라 노동위원회가 결정한 인원 수에 해당하는 교섭위원을 각각 선정하여 사용자에게 통지하여야 한다.

⑥ 제5항에 따라 공동교섭대표단을 구성할 때에 그 공동교섭대표단의 대표자는 공동교섭대표단에 참여하는 노동조합이 합의하여 정한다. 다만, 합의되지 않은 경우에는 종사근로자인 조합원 수가 가장 많은 노동조합의 대표자로 한다.

**제14조의10(교섭대표노동조합의 지위 유지기간 등)** ① 법 제29조의2제3항부터 제6항까지의 규정에 따라 결정된 교섭대표노동조합은 그 결정이 있은 후 사용자와 체결한 첫 번째 단체협약의 효력이 발생한 날을 기준으로 2년이 되는 날까지 그 교섭대표노동조합의 지위를 유지하되, 새로운 교섭대표노동조합이 결정된 경우에는 그 결정된 때까지 교섭대표노동조합의 지위를 유지한다.

② 제1항에 따른 교섭대표노동조합의 지위 유지기간이 만료되었음에도 불구하고 새로운 교섭대표노동조합이 결정되지 못할 경우 기존 교섭대표노동조합은 새로운 교섭대표노동조합이 결정될 때까지 기존 단체협약의 이행과 관련해서는 교섭대표노동조합의 지위를 유지한다.

③ 법 제29조의2에 따라 결정된 교섭대표노동조합이 그 결정된 날부터 1년 동안 단체협약을 체결하지 못한 경우에는 어느 노동조합이든지 사용자에게 교섭을 요구할 수 있다. 이 경우 제14조의2제2항 및 제14조의3부터 제14조의9까지의 규정을 적용한다.

**제14조의11(교섭단위 분리의 결정)** ① 노동조합 또는 사용자는 법 제29조의3제2항에 따라 교섭단위를 분리하거나 분리된 교섭단위를 통합하여 교섭하려는 경우에는 다음 각 호에 해당하는 기간에 노동위원회에 교섭단위를 분리하거나 분리된 교섭단위를 통합하는 결정을 신청할 수 있다.

1. 제14조의3에 따라 사용자가 교섭요구 사실을 공고하기 전
2. 제14조의3에 따라 사용자가 교섭요구 사실을 공고한 경우에는 법 제29조의2에 따른 교섭대표노동조합이 결정된 날 이후

② 제1항에 따른 신청을 받은 노동위원회는 해당 사업 또는 사업장의 모든 노동조합과 사용자에게 그 내용을 통지해야 하며, 그 노동조합과 사용자는 노동위원회가 지정하는 기간까지 의견을 제출할 수 있다.

③ 노동위원회는 제1항에 따른 신청을 받은 날부터 30일 이내에 교섭단위를 분리하거나 분리된 교섭단위를 통합하는 결정을 하고 해당 사업 또는 사업장의 모든 노동조합과 사용자에게 통지해야 한다.

④ 제3항에 따른 통지를 받은 노동조합이 사용자와 교섭하려는 경우 자신이 속한 교섭단위에 단체협약이 있는 때에는 그 단체협약의 유효기간 만료일 이전 3개월이 되는 날부터 제14조의2제2항에 따라 필요한 사항을 적은 서면으로 교섭을 요구할 수 있다.

⑤ 제1항에 따른 신청에 대한 노동위원회의 결정이 있기 전에 제14조의2에 따른 교섭 요구가 있는 때에는 교섭단위를 분리하거나 분리된 교섭단위를 통합하는 결정이 있을 때까지 제14조의3에 따른 교섭요구 사실의 공고 등 교섭창구단일화절차의 진행은 정지된다.

⑥ 제1항부터 제5항까지에서 규정한 사항 외에 교섭단위를 분리하거나 분리된 교섭단위를 통합하는 결정 신청 및 그 신청에 대한 결정 등에 관하여 필요한 사항은 고용노동부령으로 정한다.

## 1) 교섭창구 단일화 절차

노동조합법은 하나의 사업 또는 사업장에서 조직형태에 관계없이 근로자가 설립하거나 가입한 노동조합이 2개 이상인 경우 교섭대표노동조합을 정하여 교섭을 요구하도록 하고 있다(노조법 제29조의2 제1항 본문). 이러한 노조법상의 교섭창구단일화제도는 하나의 사업 또는 사업장에 2개 이상의 노동조합이 병존하는 경우 야기될 수 있는 현실적인 문제, 즉 복수의 노동조합이 각각 독자적인 교섭권을 행사할 수 있도록 할 경우 발생할 수 있는 노동조합과 노동조합 상호간의 반목 및 노동조합과 사용자 사이의 갈등, 동일한 사항에 대해 같은 내용의 교섭을 반복하는 데서 비롯되는 교섭효율성의 저하와 교섭비용의 증가, 복수의 단체협약이 체결되는 경우 발생할 수 있는 노무관리상의 어려움, 동일하거나 유사한 내용의 근로를 제공함에도 불구하고 노동조합 소속에 따라 상이한 근로조건의 적용을 받는 데서 발생하는 불합리성 등의 문제를 효과적으로 해결하는 데 그 취지가 있다.[69)]

노동조합법상 교섭창구단일화는 다음 4단계로 진행된다.[70)]

먼저 복수 노동조합 사이의 자율적 단일화 단계로, 교섭을 희망하는 노동조합이 교섭대표결정 절차에 참여하여 자율적으로 교섭대표를 정하게 된다(노조법 제29조의2 제1항, 제2항). 사용자는 노동조합으로부터 교섭요구를 받은 경우 그 요구를 받은 날부터 7일간 교섭을 요구한 노동조합의 명칭 등을 해당 사업 또는 사업장의 게시판 등에 공고하여야 하며(노조법 시행령 제14조의3), 공고기간이 끝난 다음 교섭을 요구한 노동조합을 확정하여 통지하고, 그 교섭을 요구한 노동조합의 명칭, 조합원 수 등을 5일간 공고하여야 한다(노조법 시행령 제14조의5 제1항). 자율적 교섭대표 결정은 위 공고기간이 지난 후 14일 이내에 하고, 결정된 교섭대표는 그 교섭대표노동조합의 대표자, 교섭위원 등을 연명으로 서명 또는 날인하여 사용자에게 통지하여야 한다(노조법 시행령 제14조의6 제1항).

위 1단계가 무산되면, 단일화과정에 참여한 노동조합의 전체 조합원 과반수로 조직된 노동조합을 교섭대표로 하게 된다(노조법 제29조의2 제3항). 2개 이상의 노동조합이 위임 또는 연합 등의 방법으로 창구단일화절차에 참여한 노동조합 전체

---

69) 헌법재판소 2012. 4. 24. 선고 2011헌마338 전원재판부. 교섭창구단일화제도에 대해서는 위헌의 논란이 있는데, 헌법재판소는 노동조합법상 교섭창구 단일화 절차가 목적의 정당성과 수단의 적절성, 최소침해성, 법익균형성 측면에서 위헌이 아니라고 보았다.
70) 아래의 절차는 헌법재판소 2012. 4. 24. 선고 2011헌마338 전원재판부 결정의 내용이다.

조합원 과반수가 되는 경우에도 과반수 노동조합이 되어 교섭대표가 된다.

한편, 위 두 가지 방법에 의해서도 교섭대표가 정해지지 않으면 교섭창구단일화절차에 참여한 노동조합 중 조합원 100분의 10 미만의 노동조합을 제외한 노동조합으로 구성되는 공동교섭대표단이 교섭대표가 된다. 공동교섭대표단의 구성은 참여 노동조합의 자율에 맡겨져 있다(노조법 제29조의2 제4항).

마지막으로, 위 3단계에서 노동조합들이 공동대표단 구성에 합의하지 못하면 해당 노동조합의 신청에 따라 노동위원회가 조합원 비율을 고려하여 교섭대표를 결정한다(노조법 제29조의2 제5항). 이로써 교섭창구단일화 과정은 마무리된다.

한편, 노조법은 위와 같이 복수의 노동조합이 존재하는 경우에는 교섭창구를 단일화하도록 하면서도, 사용자가 교섭창구 단일화 절차를 거치지 않는 데 동의하는 경우에는 단일화 의무를 면제하고 있다. 이 경우 모든 노동조합은 사용자와 자율 교섭을 할 수 있게 된다(노조법 제29조의2 제1항 단서).

또한, 노조법은 하나의 사업 또는 사업장에서 현격한 근로조건의 차이, 고용형태, 교섭 관행 등을 고려하여 교섭단위를 분리하거나 분리된 교섭단위를 통합할 필요가 있다고 인정되는 경우에 노동위원회는 노동관계 당사자의 양쪽 또는 어느 한쪽의 신청을 받아 교섭단위를 분리하거나 분리된 교섭단위를 통합하는 결정을 할 수 있도록 하고 있다(노조법 제29조의3 제2항). 분리 또는 통합을 원하는 당사자는 사용자가 교섭요구 사실을 공고하기 전 또는 교섭요구 사실을 공고한 경우에는 교섭대표가 결정된 날 이후에 분리 또는 통합 신청을 할 수 있고(노조법 시행령 제14조의11 제1항), 신청을 받은 노동위원회는 신청을 받은 날부터 30일 이내에 교섭단위 분리 또는 통합에 관한 결정을 한다(노조법 시행령 제14조의11 제3항). 분리 또는 통합 신청에 대한 노동위원회의 결정이 있기 전에 노조의 교섭요구가 있을 때에는 그 결정이 있을 때까지 교섭창구 단일화 절차의 진행은 정지된다(노조법 시행령 제14조의11 제5항).

## 2) 유일노조의 교섭대표노동조합 지위

교섭창구 단일화 제도는 특별한 사정이 없는 한 복수 노동조합이 교섭요구노동조합으로 확정되고 그중에서 다시 모든 교섭요구노동조합을 대표할 노동조합이 선정될 필요가 있는 경우를 예정하여 설계된 체계이다. 노동조합법 규정에 의하면, 교섭창구 단일화 절차를 통하여 결정된 교섭대표노동조합의 대표자는 모든 교섭요구노동조합 또는 그 조합원을 위하여 사용자와 단체교섭을 진행하고 단체 협약을 체결할 권한이 있다(제29조 제2항). 그런데 해당 노동조합 이외의 노동조합 이 존재하지 않아 다른 노동조합의 의사를 반영할 만한 여지가 처음부터 전혀 없 었던 경우에는 이러한 교섭대표노동조합의 개념이 무의미해질 뿐만 아니라 달리 그 고유한 의의(意義)를 찾기도 어렵게 된다. 결국 교섭창구 단일화 제도의 취지 내지 목적, 교섭창구 단일화 제도의 체계 내지 관련 규정의 내용, 교섭대표노동조 합의 개념 등을 종합하여 보면, 하나의 사업 또는 사업장 단위에서 유일하게 존재 하는 노동조합은, 설령 노동조합법 및 그 시행령이 정한 절차를 형식적으로 거쳤 다고 하더라도, 교섭대표노동조합의 지위를 취득할 수 없다고 해석된다.[71]

### 3) 교섭단위의 분리

판례에 따르면 노동조합법 제29조의3 제2항에서 규정하고 있는 '교섭단위를 분리할 필요가 있다고 인정되는 경우'란 하나의 사업 또는 사업장에서 별도로 분 리된 교섭단위에 의하여 단체교섭을 진행하는 것을 정당화할 만한 현격한 근로조 건의 차이, 고용형태, 교섭 관행 등의 사정이 있고, 이로 인하여 교섭대표노동조 합을 통하여 교섭창구를 단일화하는 것이 오히려 근로조건의 통일적 형성을 통해 안정적인 교섭체계를 구축하고자 하는 교섭창구 단일화 제도의 취지에도 부합하 지 않는 결과를 발생시킬 수 있는 예외적인 경우를 의미한다.[72]

## 4. 단체교섭사항

### 1) 단체교섭사항 해당성 판단의 기본 원칙

단체교섭의 대상이 되는 단체교섭사항에 해당하는지 여부는 헌법 제33조 제1항 과 노동조합법 제29조에서 근로자에게 단체교섭권을 보장한 취지에 비추어 판단하 여야 하므로 일반적으로 구성원인 근로자의 노동조건 기타 근로자의 대우 또는 당 해 단체적 노사관계의 운영에 관한 사항으로 사용자가 처분할 수 있는 사항은 단 체교섭의 대상인 단체교섭사항에 해당한다고 봄이 상당하다. 징계·해고 등 인사 의 기준이나 절차, 근로조건, 노동조합의 활동, 노동조합에 대한 편의제공, 단체교

---

71) 대법원 2017. 10. 31. 선고 2016두36956 판결.
72) 대법원 2018. 9. 13. 선고 2015두39361 판결.

섭의 절차와 쟁의행위에 관한 절차 등에 관한 사항은 단체교섭사항에 해당된다.[73]

## 2) 경영사항

판례는 경영의사 결정 자체는 단체교섭의 대상이 될 수 없다고 하고 다만 경영상 결정에 관한 단체교섭을 요구하더라도 그 진의가 근로조건 개선과 관련될 때에는 단체교섭의 대상이 될 수 있다고 한다. 따라서 정리해고, 사업조직의 통폐합, 공기업의 민영화 등 기업의 구조조정의 실시 여부는 경영주체에 의한 고도의 경영상 결단에 속하는 사항으로서 단체교섭의 대상이 될 수 없다고 한다.[74] 그러므로 노동조합이 실질적으로 그 실시 자체를 반대하기 위하여 단체교섭을 요청한다면 비록 그 실시로 인하여 근로자들의 지위나 근로조건의 변경이 필연적으로 수반된다 하더라도 기업이 위 단체교섭의 요청을 거부하거나 해태하였다고 하여 정당한 이유가 없다고 할 수 없다고 본다.[75]

## 5. 공정대표의무(노동조합법 제29조의4)

| 노동조합법 |
| --- |
| 제29조의4(공정대표의무 등) ① 교섭대표노동조합과 사용자는 교섭창구 단일화 절차에 참여한 노동조합 또는 그 조합원 간에 합리적 이유 없이 차별을 하여서는 아니 된다.<br>② 노동조합은 교섭대표노동조합과 사용자가 제1항을 위반하여 차별한 경우에는 그 행위가 있은 날(단체협약의 내용의 일부 또는 전부가 제1항에 위반되는 경우에는 단체협약 체결일을 말한다)부터 3개월 이내에 대통령령으로 정하는 방법과 절차에 따라 노동위원회에 그 시정을 요청할 수 있다.<br>③ 노동위원회는 제2항에 따른 신청에 대하여 합리적 이유 없이 차별하였다고 인정한 때에는 그 시정에 필요한 명령을 하여야 한다.<br>④ 제3항에 따른 노동위원회의 명령 또는 결정에 대한 불복절차 등에 관하여는 제85조 및 제86조를 준용한다. |

| 노동조합법 시행령 |
| --- |
| 제14조의12(공정대표의무 위반에 대한 시정) ① 노동조합은 법 제29조의2에 따라 결정된 교섭대표노동조합과 사용자가 법 제29조의4제1항을 위반하여 차별한 경우에는 고용노동부령으로 정하는 바에 따라 노동위원회에 공정대표의무 위반에 대한 시정을 신청할 수 있다. |

---

73) 대법원 2003. 12. 26. 선고 2003두8906 판결.
74) 대법원 1994. 3. 25. 선고 93다30242 판결, 대법원 2002. 2. 26. 선고 99도5380 판결, 대법원 2003. 2. 11. 선고 2000도4169 판결, 대법원 2003. 7. 22. 선고 2002도7225 판결, 대법원 2010. 11. 11. 선고 2009도4558 판결 등 다수 판결.
75) 대법원 2010. 11. 11. 선고 2009도4558 판결.

> ② 노동위원회는 제1항에 따른 공정대표의무 위반의 시정 신청을 받은 때에는 지체 없이 필요한 조사와 관계 당사자에 대한 심문(審問)을 하여야 한다.
> ③ 노동위원회는 제2항에 따른 심문을 할 때에는 관계 당사자의 신청이나 직권으로 증인을 출석하게 하여 필요한 사항을 질문할 수 있다.
> ④ 노동위원회는 제2항에 따른 심문을 할 때에는 관계 당사자에게 증거의 제출과 증인에 대한 반대심문을 할 수 있는 충분한 기회를 주어야 한다.
> ⑤ 노동위원회는 제1항에 따른 공정대표의무 위반의 시정 신청에 대한 명령이나 결정을 서면으로 하여야 하며, 그 서면을 교섭대표노동조합, 사용자 및 그 시정을 신청한 노동조합에 각각 통지하여야 한다.
> ⑥ 노동위원회의 제1항에 따른 공정대표의무 위반의 시정 신청에 대한 조사와 심문에 관한 세부절차는 중앙노동위원회가 따로 정한다.

교섭대표노동조합과 사용자는 교섭창구 단일화 절차에 참여한 노동조합 또는 그 조합원 간에 합리적 이유 없이 차별해서는 안 된다(노동조합법 제29조의4 제1항). 이러한 공정대표의무는 교섭창구 단일화 제도하에서 교섭대표노동조합이 되지 못한 노동조합은 독자적으로 단체교섭권을 행사할 수 없으므로, 노동조합법은 교섭대표노동조합이 되지 못한 노동조합을 보호하기 위해 사용자와 교섭대표노동조합에게 교섭창구 단일화 절차에 참여한 노동조합 또는 그 조합원을 합리적 이유 없이 차별하지 못하도록 하기 이하여 부과된 것이다.[76] 또한, 공정대표의무는 헌법이 보장하는 단체교섭권의 본질적 내용이 침해되지 않도록 하기 위한 제도적 장치로 기능하고, 교섭대표노동조합과 사용자가 체결한 단체협약의 효력이 교섭창구 단일화 절차에 참여한 다른 노동조합에게도 미치는 것을 정당화하는 근거가 된다.[77]

법원은 이러한 공정대표의무의 취지와 기능에 근거하여, 공정대표의무는 단체교섭의 과정이나 그 결과물인 단체협약의 내용뿐만 아니라 단체협약의 이행과정에서도 준수되어야 하고, 교섭대표노동조합이나 사용자가 교섭창구 단일화 절차에 참여한 다른 노동조합 또는 그 조합원을 차별한 것으로 인정되는 경우, 그와 같은 차별에 합리적인 이유가 있다는 점은 교섭대표노동조합이나 사용자에게 주장·증명책임이 있다고 본다.[78]

---

76) 대법원 2018. 8. 30. 선고 2017다218642 판결.
77) 상동.
78) 상동. 이 사안에서 법원은 노동조합의 존립과 발전에 필요한 일상적인 업무가 이루어지는 공간으로서 노동조합 사무실이 가지는 중요성을 고려하면, 사용자가 단체협약 등에 따라 교섭대표노동조합에 상시적으로 사용할 수 있는 노동조합 사무실을 제공한 이상, 특별한 사정이 없는 한 교섭창구 단일화 절차에 참여한 다른 노동조합에도 반드시 일률적이거나 비례적이지는 않더라도 상시적으로 사용할 수 있는 일정한 공간을 노동조합 사무실로 제공하여야 한다고 한다고 보았다.

다만, 법원은 교섭대표노동조합이 단체교섭 과정에서 소수노동조합을 동등하게 취급하고 공정대표의무를 절차적으로 적정하게 이행하기 위해서는 기본적으로 단체교섭 및 단체협약 체결에 관한 정보를 소수노동조합에 적절히 제공하고 그 의견을 수렴하여야 한다고 하면서도, "단체교섭 과정의 동적인 성격 및 실제 현실 속에서 구현되는 모습, 노동조합법에 따라 인정되는 대표권에 기초하여 교섭대표노동조합 대표자가 단체교섭 과정에서 어느 정도의 재량권 등을 가지는 점 등을 고려하면, 교섭대표노동조합의 소수노동조합에 대한 이러한 정보제공 및 의견 수렴의무는 일정한 한계가 있을 수밖에 없다. 그러므로 교섭대표노동조합이 단체교섭 과정의 모든 단계에 있어서 소수노동조합에 일체의 정보를 제공하거나 그 의견을 수렴하는 절차를 완벽하게 거치지 아니하였다고 하여 곧바로 공정대표의무를 위반하였다고 단정할 것은 아니고, 이때 절차적 공정대표의무를 위반한 것으로 보기 위해서는 단체교섭의 전 과정을 전체적·종합적으로 고찰하여 기본적이고 중요한 사항에 관한 정보 제공 및 의견수렴 절차를 누락하거나 충분히 거치지 아니한 경우 등과 같이 교섭대표노동조합이 가지는 재량권을 일탈·남용함으로써 소수노동조합을 합리적 이유 없이 차별하였다고 평가할 수 있는 정도에 이르러야 한다."라고 판시하여, 절차적 공정대표의무 위반을 엄격하게 판단하는 태도를 취하고 있다.[79]

## 6. 단체교섭의 방법과 절차(노동조합법 제30조, 제81조 제1항 제3호 관련)

| 노동조합법 | 벌칙 |
|---|---|
| 제30조(교섭등의 원칙) ① 노동조합과 사용자 또는 사용자단체는 신의에 따라 성실히 교섭하고 단체협약을 체결하여야 하며 그 권한을 남용하여서는 아니 된다.<br>② 노동조합과 사용자 또는 사용자단체는 정당한 이유없이 교섭 또는 단체협약의 체결을 거부하거나 해태하여서는 아니된다.<br>③ 국가 및 지방자치단체는 기업·산업·지역별 교섭 등 다양한 교섭방식을 노동관계 당사자가 자율적으로 선택할 수 있도록 지원하고 이에 따른 단체교섭이 활성화될 수 있도록 노력하여야 한다. | |

79) 대법원 2020. 10. 29. 선고 2017다263192 판결. 교섭대표노동조합이 사용자와 단체교섭 과정에서 마련한 단체협약 잠정합의안에 대하여 조합원 총회 또는 총회에 갈음할 대의원회의 찬반투표 절차를 거치는 경우, 교섭창구 단일화 절차에 참여한 다른 노동조합의 조합원들에게 절차에 참여할 기회를 부여하지 않거나 그들의 찬반의사를 고려 또는 채택하지 않았다는 사정만으로 절차적 공정대표의무를 위반하였는지가 문제된 사안임.

| 제81조(부당노동행위) ① 사용자는 다음 각 호의 어느 하나에 해당하는 행위 (이하 "不當勞動行爲"라 한다)를 할 수 없다.<br>3. 노동조합의 대표자 또는 노동조합으로부터 위임을 받은 자와의 단체협약체결 기타의 단체교섭을 정당한 이유없이 거부하거나 해태하는 행위 | 2년 이하의 징역 또는 2천만원 이하의 벌금 |
| --- | --- |

### 1) 성실교섭의무

노동조합과 사용자 또는 사용자단체는 신의에 따라 성실히 교섭하고 단체협약을 체결하여야 하며 그 권한을 남용하여서는 아니된다(노동조합법 제30조 제1항). 노동조합과 사용자 또는 사용자단체는 정당한 이유없이 교섭 또는 단체협약의 체결을 거부하거나 해태하여서는 아니된다(동조 제2항). 성실교섭의무는 당사자 쌍방에 부과된 것이고 일방이 이에 위반하는 것은 상대방이 교섭을 거부할 수 있는 정당한 이유가 된다. 특히 사용자측의 위반은 부당노동행위가 된다(제81조 제1항 제3호).

### 2) 사용자의 단체교섭 거부나 해태의 정당한 이유가 있는지 여부

사용자의 단체교섭 거부나 해태의 정당한 이유가 있는 여부에 관하여 일반적, 구체적 판단기준을 제시하고 있는 판례의 주요 내용을 정리하면 다음과 같다.[80]

① 단체교섭에 대한 사용자의 거부나 해태에 정당한 이유가 있는지 여부는 노동조합측의 교섭권자, 노동조합측이 요구하는 교섭시간, 교섭장소, 교섭사항 및 그의 교섭태도 등을 종합하여 사회통념상 사용자에게 단체교섭의무의 이행을 기대하는 것이 어렵다고 인정되는지 여부에 따라 판단하여야 한다.

② 쟁의행위는 단체교섭을 촉진하기 위한 수단으로서의 성질을 가지므로 쟁의기간 중이라는 사정이 사용자가 단체교섭을 거부할 만한 정당한 이유가 될 수 없다.

③ 당사자가 성의 있는 교섭을 계속하였음에도 단체교섭이 교착상태에 빠져 교섭의 진전이 더 이상 기대될 수 없는 상황이라면 사용자가 단체교섭을 거부하더라도 그 거부에 정당한 이유가 있다고 할 것이지만, 위와 같은 경우에도 노동조합측으로부터 새로운 타협안이 제시되는 등 교섭재개가 의미 있을 것으로 기대할 만한 사정변경이 생긴 경우에는 사용자로서는 다시 단체교섭에 응하여야 하므로, 위와 같은 사정변경에도 불구하고 사용자가 단체교섭을 거부하는 경우에는 그 거

---

80) 대법원 2006. 2. 24. 선고 2005도8606 판결. 사용자인 피고인이 노동조합측이 정한 단체교섭 일시의 변경을 구할 만한 합리적 이유가 있었다고 보이지 아니하고, 위 교섭일시 전에 노동조합측에 교섭일시의 변경을 구하는 등 교섭일시에 관한 어떠한 의사도 표명한 적이 없었던 경우, 피고인이 노동조합측이 정한 일시에 단체교섭에 응하지 아니한 것에 정당한 이유가 없다고 본 사례이다.

부에 정당한 이유가 있다고 할 수 없다.

④ 단체교섭의 일시를 정하는 데에 관하여 노사간에 합의된 절차나 관행이 있는 경우에는 그에 따라 단체교섭 일시를 정하여야 할 것이나, 그와 같은 절차나 관행이 없는 경우, 노동조합측이 어느 일시(이하 '노조제안 일시'라 한다)를 특정하여 사용자에게 단체교섭을 요구하더라도 사용자가 교섭사항 등의 검토와 준비를 위하여 필요하다는 등 합리적 이유가 있는 때에는 노동조합측에 교섭일시의 변경을 구할 수 있고, 이와 같은 경우에는 노동조합측이 사용자의 교섭일시 변경요구를 수용하였는지 여부에 관계없이 사용자가 노조제안 일시에 단체교섭에 응하지 아니하였다 하더라도 사용자의 단체교섭 거부에 정당한 이유가 있다고 할 것이나, 사용자가 합리적인 이유 없이 노조제안 일시의 변경을 구하다가 노동조합측이 이를 수용하지 아니하였음에도 노조제안 일시에 단체교섭에 응하지 아니하였거나 사용자가 위 일시에 이르기까지 노조제안 일시에 대하여 노동조합측에 아무런 의사표명도 하지 아니한 채 노조제안 일시에 단체교섭에 응하지 아니한 경우에는 사용자가 신의에 따라 성실하게 교섭에 응한 것으로 볼 수 없으므로, 사용자의 단체교섭 거부에 정당한 이유가 있다고 할 수 없다.

한편, 판례는 사용자가 단체교섭을 거부할 정당한 이유가 있다거나 단체교섭에 성실히 응하였다고 믿었더라도 객관적으로 정당한 이유가 없고 불성실한 단체교섭으로 판정되는 경우에는 부당노동행위가 성립된다고 보고 있다.[81] 즉, 단체교섭 거부나 해태의 부당노동행위 성립 여부는 사용자의 주관적 해석이나 믿음에 좌우되는 것이 아니라 객관적으로 판단되어야 한다.

## 7. 단체교섭 거부와 손해배상

판례에 따르면, 사용자가 노동조합과의 단체교섭을 정당한 이유 없이 거부하였다고 하여 그 단체교섭 거부행위가 바로 위법한 행위로 평가되어 불법행위의 요건을 충족하게 되는 것은 아니지만, 그 단체교섭 거부행위가 그 원인과 목적, 그 과정과 행위태양, 그로 인한 결과 등에 비추어 건전한 사회통념이나 사회상규상 용인될 수 없는 정도에 이른 것으로 인정되는 경우에는 그 단체교섭 거부행위는

---

81) 대법원 1998. 5. 22. 선고 97누8076 판결.

부당노동행위로서 단체교섭권을 침해하는 위법한 행위로 평가되어 불법행위의 요건을 충족하게 된다.[82] 그래서 사용자가 노동조합과의 단체교섭을 정당한 이유 없이 거부하다가 법원으로부터 노동조합과의 단체교섭을 거부하여서는 아니 된 다는 취지의 집행력 있는 판결이나 가처분결정을 받고서도 이를 위반하여 노동조 합과의 단체교섭을 거부하였다면, 그 단체교섭 거부행위는 건전한 사회통념이나 사회상규상 용인될 수 없는 정도에 이른 행위로서 헌법이 보장하고 있는 노동조 합의 단체교섭권을 침해하는 위법한 행위라고 할 것이므로, 그 단체교섭 거부행 위는 노동조합에 대하여 불법행위를 구성한다고 판단한다.[83]

## Ⅵ. 단체협약

### 1. 단체협약의 성립(노동조합법 제31조 관련)

| 노동조합법 | 벌칙 |
|---|---|
| 제31조(단체협약의 작성) ① 단체협약은 서면으로 작성하여 당사자 쌍방이 서명 또는 날인하여야 한다.<br>② 단체협약의 당사자는 단체협약의 체결 일부터 15일 이내에 이를 행정관청에게 신고하여야 한다.<br>③ 행정관청은 단체협약중 위법한 내용이 있는 경우에는 노동위원회의 의결을 얻어 그 시정을 명할 수 있다. | 제31조 제1항의 규정에 의하여 체결된 단체협약의 내용 중 다음 각 목의 1에 해당하는 사항을 위반한 경우, 1천만원 이하의 벌금.<br>가. 임금·복리후생비, 퇴직금에 관한 사항<br>나. 근로 및 휴게시간, 휴일, 휴가에 관한 사항<br>다. 징계 및 해고의 사유와 중요한 절차에 관한 사항<br>라. 안전보건 및 재해부조에 관한 사항<br>마. 시설·편의제공 및 근무시간중 회의참석에 관한 사항<br>바. 쟁의행위에 관한 사항 |
| 노동조합법 시행령 | |
| 제15조(단체협약의 신고) 법 제31조제2항의 규정에 의한 단체협약의 신고는 당사자 쌍방이 연명으로 하여야 한다. | |

노동조합과 사이에 체결한 단체협약이 유효하게 성립하려면 단체협약을 체결 할 능력이 있는 사용자가 그 상대방 당사자로서 체결하여야 하고 나아가 서면으 로 작성하여 당사자 쌍방이 서명날인함으로써 노동조합법 제31조 제1항 소정의

---

82) 대법원 2006. 10. 26. 선고 2004다11070 판결.
83) 상동.

방식을 갖추어야 하며 이러한 요건을 갖추지 못한 단체협약은 조합원 등에 대하여 그 규범적 효력이 미치지 아니한다.[84] 따라서, 예를 들어 문서에 노조 위원장의 기명날인만 있고 회사 대표이사의 기명날인이 되어 있지 아니한 경우 그 내용이 단체협약으로서의 효력을 갖는지 여부와 관련하여, 판례는 그 효력을 부인하고 있다.[85] 회사정리개시결정이 있는 경우 회사사업의 경영과 재산의 관리 및 처분을 하는 권한이 관리인에게 전속되는데, 정리회사의 대표이사가 노조와 단체협약을 체결하는 경우에는 단체협약을 체결한 능력이 없는 자가 체결한 것이기 때문에 단체협약으로서의 효력이 부인된다.[86]

한편, 노조법 제31조 제1항은 단체협약의 서면작성의무를 명시하고 있다. 단체협약에 있어서 합의내용을 서면화할 것을 요구하는 것은 단체협약의 내용을 명확히 함으로써 장래의 분쟁을 방지하려는 것이고, 서명날인절차를 거치도록 한 것은 체결당사자를 명확히 함과 아울러 그의 최종적 의사를 확인함으로써 단체협약의 진정성을 확보하고자 하는 것으로서, 기명 옆에 서명만 하였다 하더라도 이를 무효라고 할 것은 아니다. 또한, 단체협약은 노동조합이 사용자 또는 사용자단체와 근로조건 기타 노사관계에서 발생하는 사항에 관한 협정(합의)을 문서로 작성하여 당사자 쌍방이 서명날인함으로써 성립하는 것이고, 그 협정(합의)이 반드시 정식의 단체교섭절차를 거쳐서 이루어져야만 하는 것은 아니다.[87] 따라서, 노사의 합의가 정식의 단체교섭 절차가 아닌 노사협의회 협의를 거쳐 성립되었다고 하더라도 단체협약의 실질적 요건(협약 당사자 쌍방의 합의)과 형식적 요건(서면 작성 및 당사자 쌍방 대표자의 서명날인)을 충족한 것이라면 단체협약으로서의 효력이 인정된다.[88] 근로기준법상 근로자대표인 노동조합이 근로시간에 관한 특례합의를 한 경우, 이것은 단체협약을 체결할 능력이 있는 노동조합이 사용자와 근로시간이라는 근로조건에 관한 사항에 대하여 합의를 하고 이를 문서로 작성하여 쌍방이 날인함으로써 성립한 것이므로, 노동조합법상 단체협약에 해당한다고 본다.[89]

---

84) 대법원 2001. 1. 19. 선고 99다72422 판결.
85) 상동.
86) 상동.
87) 대법원 2022. 5. 12. 선고 2021다263052 판결의 원심 대구고법 2021. 7. 21. 선고 2019나25043 판결.
88) 대법원 2005. 3. 11. 선고 2003다27429 판결.
89) 대법원 2021. 4. 15. 선고 2020다299474 판결.

## 2. 단체협약의 해석

단체협약의 해석에 있어, 단체협약상 명문의 규정을 근로자에게 불리하게 해석할 수 있는지 여부가 문제된 사례가 있다. 예를 들어, 단체협약상 부당해고와 같은 사유로 해고되었다가 원직복직되는 경우 "임금 미지급분에 대해서는 출근 시 당연히 받아야 할 임금은 물론 평균임금의 100%를 가산 지급한다."라고 규정하고 있었는데 이 가산보상금 규정의 해석을 둘러싸고 '평균임금의 100%'가 1개월분의 평균임금만을 의미하는지 아니면 근로자가 부당해고일로부터 원직복직에 이르기까지의 전 기간에 걸쳐 지급받지 못한 임금을 의미하는지가 문제된 것이다. 이에 대하여 법원은 단체협약을 처분문서로 보면서, 처분문서는 그 진정성립이 인정되면 특별한 사정이 없는 한 그 처분문서에 기재되어 있는 문언의 내용에 따라 당사자의 의사표시가 있었던 것으로 객관적으로 해석하여야 하나, 당사자 사이에 계약의 해석을 둘러싸고 이견이 있어 처분문서에 나타난 당사자의 의사해석이 문제되는 경우에는 문언의 내용, 그와 같은 약정이 이루어진 동기와 경위, 약정에 의하여 달성하려는 목적, 당사자의 진정한 의사 등을 종합적으로 고찰하여 논리와 경험칙에 따라 합리적으로 해석해야 한다고 하였다.[90] 그리고 단체협약과 같은 처분문서를 해석함에 있어서는, 단체협약이 근로자의 근로조건을 유지·개선하고 복지를 증진하여 그 경제적·사회적 지위를 향상시킬 목적으로 근로자의 자주적 단체인 노동조합과 사용자 사이에 단체교섭을 통하여 이루어지는 것이므로, 그 명문의 규정을 근로자에게 불리하게 변형 해석할 수 없다고 판단하였다.[91]

## 3. 단체협약과 근로조건의 변경

| 노동조합법 |
| --- |
| 제33조(기준의 효력) ① 단체협약에 정한 근로조건 기타 근로자의 대우에 관한 기준에 위반하는 취업규칙 또는 근로계약의 부분은 무효로 한다. |

---

90) 대법원 2017. 3. 22. 선고 2016다26532 판결.
91) 대법원 2007. 5. 10. 선고 2005다72249 판결, 대법원 2011. 10. 13. 선고 2009다102452 판결, 대법원 2020. 1. 22. 선고 2015다73067 전원합의체 판결 등.

> ② 근로계약에 규정되지 아니한 사항 또는 제1항의 규정에 의하여 무효로 된 부분은 단체협약에
> 정한 기준에 의한다.

### 1) 단체협약에 의한 근로조건의 불이익한 변경

협약자치의 원칙상 노동조합은 사용자와 사이에 근로조건을 유리하게 변경하는 내용의 단체협약뿐만 아니라 근로조건을 불리하게 변경하는 내용의 단체협약을 체결할 수 있다. 따라서, 근로조건을 불리하게 변경하는 내용의 단체협약이 현저히 합리성을 결하여 노동조합의 목적을 벗어난 것으로 볼 수 있는 경우와 같은 특별한 사정이 없는 한 그러한 노사간의 합의를 무효라고 볼 수는 없고, 노동조합으로서는 그러한 합의를 위하여 사전에 근로자들로부터 개별적인 동의나 수권을 받을 필요가 없으며, 단체협약이 현저히 합리성을 결하였는지 여부는 단체협약의 내용과 그 체결경위, 당시 사용자측의 경영상태 등 여러 사정에 비추어 판단해야 한다.[92] 특히 단체협약의 개정에도 불구하고 종전의 단체협약과 동일한 내용의 취업규칙이 그대로 적용된다면 단체협약의 개정은 그 목적을 달성할 수 없으므로 개정된 단체협약에는 당연히 취업규칙상의 유리한 조건의 적용을 배제하고 개정된 단체협약이 우선적으로 적용된다는 내용의 합의가 포함된 것이라고 봄이 당사자의 의사에 합치한다고 본다.[93]

지급청구권이 이미 발생한 임금이나 퇴직금을 포기하거나 지급유예하는 단체협약 체결이 가능한지와 관련하여 법원은, 이미 구체적으로 그 지급청구권이 발생한 임금(상여금 포함)이나 퇴직금은 근로자의 사적 재산영역으로 옮겨져 근로자의 처분에 맡겨진 것이기 때문에 노동조합이 근로자들로부터 개별적인 동의나 수권을 받지 않는 이상, 사용자와 사이의 단체협약만으로 이에 대한 포기나 지급유예와 같은 처분행위를 할 수는 없다고 보았다.[94] 또 일정 연령 이상의 근로자들을 정년 단축의 방법으로 일시에 조기 퇴직시킴으로써 사실상 정리해고의 효과를 도모하기 위하여 마련된 노사간의 단체협약은 모든 근로자들을 대상으로 하는 객관적·일반적 기준이 아닌 연령만으로 조합원을 차별하는 것이어서 합리적 근거가 있다고 보기 어렵다고 보았다.[95]

---

92) 대법원 2000. 9. 29. 선고 99다67536 판결.
93) 대법원 2002. 12. 27. 선고 2002두9063 판결.
94) 상동.

## 2) 소급적으로 유리하게 변경된 단체협약의 효력

원래 단체협약이란 노동조합이 사용자 또는 사용자단체와 근로조건 기타 노사관계에서 발생하는 사항에 관하여 체결하는 협정으로서, 노동조합이 사용자 측과 기존의 임금·근로시간·퇴직금 등 근로조건을 결정하는 기준에 관하여 소급적으로 동의하거나 이를 승인하는 내용의 단체협약을 체결한 경우에 그 동의나 승인의 효력은 단체협약이 시행된 이후에 그 사업체에 종사하면서 그 협약의 적용을 받게 될 노동조합원이나 근로자들에 대해서만 생기고 단체협약 체결 이전에 이미 퇴직한 근로자에게는 위와 같은 효력이 생길 여지가 없으며, 근로조건이 근로자에게 유리하게 변경된 경우라 하더라도 다를 바 없다.[96] 따라서 회사를 퇴직하면서 그 퇴직 당시에 효력을 가지고 있던 근로계약, 단체협약 및 보수규정에 따라 적법하게 산정된 임금 및 퇴직금 전액을 지급받은 근로자들은 특별한 사정이 없는 한 더 이상의 임금이나 퇴직금의 지급을 청구할 수 없는 것이 원칙이라고 할 것이다.[97]

## 4. 단체협약의 기간과 평화의무

| 노동조합법 |
| --- |
| 제32조(단체협약의 유효기간) ① 단체협약의 유효기간은 3년을 초과하지 않는 범위에서 노사가 합의하여 정할 수 있다.<br>② 단체협약에 그 유효기간을 정하지 아니한 경우 또는 제1항의 기간을 초과하는 유효기간을 정한 경우에 그 유효기간은 3년으로 한다.<br>③ 단체협약의 유효기간이 만료되는 때를 전후하여 당사자 쌍방이 새로운 단체협약을 체결하고자 단체교섭을 계속하였음에도 불구하고 새로운 단체협약이 체결되지 아니한 경우에는 별도의 약정이 있는 경우를 제외하고는 종전의 단체협약은 그 효력만료일부터 3월까지 계속 효력을 갖는다. 다만, 단체협약에 그 유효기간이 경과한 후에도 새로운 단체협약이 체결되지 아니한 때에는 새로운 단체협약이 체결될 때까지 종전 단체협약의 효력을 존속시킨다는 취지의 별도의 약정이 있는 경우에는 그에 따르되, 당사자 일방은 해지하고자 하는 날의 6월전까지 상대방에게 통고함으로써 종전의 단체협약을 해지할 수 있다. |

---

95) 대법원 2011. 7. 28. 선고 2009두7790 판결.
96) 대법원 2002. 4. 23. 선고 2000다50701 판결. 사용자가 이미 퇴직한 근로자들에게 퇴직 이후에 체결된 단체협약에 의한 임금인상분 및 퇴직금인상분 차액을 추가 지급한 관행이 있었으나 그것은 노동조합 또는 근로자집단과 사용자 사이의 규범의식이 있는 노사관행으로는 볼 수 없다고 한 사례이다.
97) 대법원 2002. 4. 23. 선고 2000다50701 판결.

### 1) 단체협약의 기간

단체협약에는 3년의 범위 내에서 유효기간을 정할 수 있다(노동조합법 제32조 제1항).[98] 단체협약에 유효기간을 정하지 않았거나 또는 3년을 넘는 유효기간을 정한 경우, 그 유효기간은 3년이 된다(노동조합법 제32조 제2항). 이와 같이 노동조합법이 단체협약의 유효기간을 3년으로 제한한 것은, 단체협약의 유효기간을 너무 길게 하면 사회적·경제적 여건의 변화에 적응하지 못하여 당사자를 부당하게 구속하는 결과에 이를 수 있어 단체협약을 통하여 적절한 근로조건을 유지하고 노사관계의 안정을 도모하려는 목적에 어긋나게 되므로, 유효기간을 일정한 범위로 제한함으로써 단체협약의 내용을 시의에 맞고 구체적인 타당성이 있게 조정해 나가도록 하자는 데에 뜻이 있다.[99] 따라서 단체협약의 당사자인 노동조합과 사용자가 3년을 초과하는 단체협약의 유효기간을 정하더라도, 단체협약의 유효기간은 노동조합법 제32조 제1항, 제2항의 제한을 받아 3년으로 단축되는 것이 원칙이다.

### 2) 단체협약 유효기간 만료 후 단체협약의 효력이 지속되는 경우

노동조합법 제32조 제3항 단서는 '단체협약에 그 유효기간이 경과한 후에도 새로운 단체협약이 체결되지 아니한 때에는 새로운 단체협약이 체결될 때까지 종전 단체협약의 효력을 존속시킨다는 취지의 별도의 약정이 있는 경우에는 그에 따르되, 당사자 일방은 해지하고자 하는 날의 6월 전까지 상대방에게 통고함으로써 종전의 단체협약을 해지할 수 있다.'라고 규정하여, 단체협약이 그 유효기간 경과 후에도 불확정기한부 자동연장조항에 따라 계속 효력을 가지게 된 경우에는 당사자 일방이 해지하고자 하는 날의 6개월 전까지 상대방에게 통고하여 종전의 단체협약을 해지할 수 있도록 정하고 있다. 이는 노동조합법 제32조 제1항 및 제2항에도 불구하고 단체협약 자치의 원칙을 어느 정도 존중하면서 단체협약 공백 상태의 발생을 가급적 피하려는 목적에서, 사전에 불확정기한부 자동연장조항에 의하여 일정한 기한 제한을 두지 아니하고 유효기간이 경과한 단체협약의 효력을 새로운 단체협약 체결 시까지 연장하기로 약정하는 것을 허용하되, 위와 같이 단체협약의 유효기간을 제한한 입법 취지가 훼손됨을 방지하고 당사자로 하여금 장

---

98) '2년'으로 규정하고 있었던 것을, 2020년 12월 9일의 법 개정에 따라 '3년'으로 변경되었다.
99) 대법원 2015. 10. 29. 선고 2012다71138 판결.

기간의 구속에서 벗어날 수 있도록 하고 아울러 새로운 단체협약의 체결을 촉진하기 위하여, 6개월의 기간을 둔 해지권의 행사로 언제든지 불확정기한부 자동연장조항에 따라 효력이 연장된 단체협약을 실효시킬 수 있게 한 것으로 해석된다.[100] 이러한 노동조합법 각 규정의 내용과 상호관계, 입법 목적 등을 종합하여 보면, 단체협약이 노동조합법 제32조 제1항, 제2항의 제한을 받는 본래의 유효기간이 경과한 후에 불확정기한부 자동연장조항에 따라 계속 효력을 유지하게 된 경우에, 그 효력이 유지된 단체협약의 유효기간은 노동조합법 제32조 제1항, 제2항에 의하여 일률적으로 2년(현행법상으로는 3년)으로 제한되지는 않는다고 본다.[101]

### 3) 단체협약 유효기간 및 해지권에 관한 규정 적용 배제 합의의 효력

단체협약의 유효기간을 제한한 노동조합법 제32조 제1항, 제2항이나 단체협약의 해지권을 정한 노동조합법 제32조 제3항 단서는 모두 성질상 강행규정이어서, 당사자 사이의 합의에 의하더라도 단체협약의 해지권을 행사하지 못하도록 하는 등 적용을 배제하는 것은 허용되지 않는다.[102]

### 4) 단체협약 자동갱신조항의 유효성

단체협약의 만료시 일정한 기간 내에 협약의 개정이나 폐기의 통고가 없으면 자동갱신되는 것으로 미리 규정하는 것도 당사자의 유효기간 만료 후의 단체협약 체결권을 미리 제한하거나 박탈하는 것이 아니므로 유효하다.[103]

### 5) 단체협약의 실효와 근로조건

단체협약이 실효되었다고 하더라도 임금, 퇴직금이나 노동시간, 그 밖에 개별적인 노동조건에 관한 부분은 그 단체협약의 적용을 받고 있던 근로자의 근로계약의 내용이 되어 그것을 변경하는 새로운 단체협약, 취업규칙이 체결·작성되거나 또는 개별적인 근로자의 동의를 얻지 아니하는 한 개별적인 근로자의 근로계약의 내용으로서 여전히 남아 있어 사용자와 근로자를 규율하게 된다.[104] 단체협

---

100) 대법원 2015. 10. 29. 선고 2012다71138 판결.
101) 상동.
102) 대법원 2016. 3. 10. 선고 2013두3160 판결.
103) 대법원 1993. 2. 9. 선고 92다27102 판결.
104) 대법원 2009. 2. 12. 선고 2008다70336 판결.

약 중 해고사유 및 해고의 절차에 관한 부분에 대하여도 이와 같은 법리가 그대로 적용된다.[105)

### 6) 평화의무

노동조합은 단체협약의 유효기간 중에 단체협약에서 정한 근로조건 등에 관한 내용의 변경이나 폐지를 요구하는 쟁의행위를 행하지 아니하여야 할 이른바 평화의무를 부담한다. 이는 노사관계의 안정과 단체협약의 질서형성적 기능을 담보하는 것으로서, 단체협약이 체결된 직후 노동조합의 조합원들이 자신들에게 불리하다는 이유만으로 위 단체협약의 무효화를 주장할 수는 없다.[106) 법원은 평화의무를 위반하여 이루어진 쟁의행위에 대하여 노사관계를 평화적·자주적으로 규율하기 위한 단체협약의 본질적 기능을 해치는 것일 뿐 아니라 노사관계에서 요구되는 신의성실의 원칙에도 반하는 것이므로 정당성이 없다고 보고 있다.[107)

## 5. 단체협약의 일반적 구속력

| 노동조합법 |
| --- |
| 제35조(일반적 구속력) 하나의 사업 또는 사업장에 상시 사용되는 동종의 근로자 반수 이상이 하나의 단체협약의 적용을 받게 된 때에는 당해 사업 또는 사업장에 사용되는 다른 동종의 근로자에 대하여도 당해 단체협약이 적용된다. |

하나의 사업 또는 사업장에 상시 사용되는 동종의 근로자 반수 이상이 하나의 단체협약의 적용을 받게 된 때에는 당해 사업 또는 사업장에 사용되는 다른 동종의 근로자에 대하여도 당해 단체협약이 적용된다(노동조합법 제35조). 이때 '동종의 근로자'란 당해 단체협약의 규정에 의하여 그 협약의 적용이 예상되는 자를 의미한다. 따라서, 사업장 단위로 체결되는 단체협약의 적용 범위가 특정되지 않았거나 협약 조항이 모든 직종에 걸쳐서 공통적으로 적용되는 경우에는 직종의 구분 없이 사업장 내의 모든 근로자가 동종의 근로자에 해당된다.[108) 만약 단체협약

---

105) 대법원 2000. 6. 9. 선고 98다13747 판결, 대법원 2007. 12. 27. 선고 2007다51758 판결 등.
106) 대법원 2007. 5. 11. 선고 2005도8005 판결.
107) 대법원 1994. 9. 30. 선고 94다4042 판결.
108) 대법원 1999. 12. 10. 선고 99두6927 판결.

규정상 사용자에 해당하지 않는 한 기능직·일반직 등 직종의 구분 없이 사업장 내의 모든 근로자가 노동조합의 조합원으로 가입하여 단체협약의 적용을 받을 수 있도록 되어 있다면 일반직 근로자도 기능직 근로자와 함께 동종의 근로자에 해당하게 된다.[109)]

반면, 노동조합법 제35조의 규정에 따라 단체협약의 일반적 구속력으로서 그 적용을 받게 되는 '동종의 근로자'라 함은 당해 단체협약의 규정에 의하여 그 협약의 적용이 예상되는 자를 가리키며, 단체협약의 규정에 의하여 조합원의 자격이 없는 자는 단체협약의 적용이 예상된다고 할 수 없어 단체협약의 적용을 받지 아니한다.[110)] 또한, 노동조합 규약상 일반직 사원은 조합원의 범위에서 제외하도록 규정하고 있는 경우에도 이러한 일반직 사원은 조합원 가입자격이 없기 때문에 단체협약의 일반적 구속력이 미치지 않는다.[111)]

일반적 구속력의 효과로서 그 효력이 확대 적용되는 것은 단체협약 중 규범적 부분에 한정된다.

## 6. 단체협약의 지역적 구속력

| 노동조합법 |
| --- |
| 제36조(지역적 구속력) ① 하나의 지역에 있어서 종업하는 동종의 근로자 3분의 2 이상이 하나의 단체협약의 적용을 받게 된 때에는 행정관청은 당해 단체협약의 당사자의 쌍방 또는 일방의 신청에 의하거나 그 직권으로 노동위원회의 의결을 얻어 당해 지역에서 종업하는 다른 동종의 근로자와 그 사용자에 대하여도 당해 단체협약을 적용한다는 결정을 할 수 있다.<br>② 행정관청이 제1항의 규정에 의한 결정을 한 때에는 지체없이 이를 공고하여야 한다. |

하나의 지역에 있어서 종업하는 동종의 근로자 3분의 2 이상이 하나의 단체협약의 적용을 받게 된 때에는 행정관청은 당해 단체협약의 당사자의 쌍방 또는 일방의 신청에 의하거나 그 직권으로 노동위원회의 의결을 얻어 당해 지역에서 종업하는 다른 동종의 근로자와 그 사용자에 대하여도 당해 단체협약을 적용한다는 결정을 할 수 있다(노동조합법 제36조 제1항).

---

109) 상동.
110) 대법원 2004. 1. 29. 선고 2001다5142 판결, 대법원 2003. 12. 26. 선고 2001두10264 판결.
111) 대법원 2004. 2. 12. 선고 2001다63599 판결.

단체협약의 지역적 구속력이 인정되는 경우 당해 지역에서 종업하는 다른 동종의 근로자와 그 사용자 모두에 대하여 단체협약의 효력이 미치게 되지만, 교섭권한을 위임하거나 협약체결에 관여하지 아니한 협약 외의 노동조합이 독자적으로 단체교섭권을 행사하여 이미 별도의 단체협약을 체결한 경우에는 그 협약이 유효하게 존속하고 있는 한 지역적 구속력 결정의 효력은 그 노동조합이나 그 구성원인 근로자에게는 미치지 않는다고 해석된다.112) 또 협약 외의 노동조합이 별도로 체결하여 적용받고 있는 단체협약의 갱신체결이나 보다 나은 근로조건을 얻기 위한 단체교섭이나 단체행동을 하는 것 자체를 금지하거나 제한할 수는 없다고 보아야 한다.113)

## 7. 고용안정협약의 규범적 효력

단체협약의 내용 가운데 경영상 해고를 실시하지 않기로 하는 등 고용보장에 관한 확약을 담는 경우가 있다. 이러한 고용안정협약에 규범적 효력이 있는지, 나아가 고용안정협약에도 불구하고 경영상 해고를 실시함으로써 고용안정협약을 위반한 경우 경영상 해고가 무효임을 주장할 수 있는지와 같은 문제가 있다. 특히 경영상 해고나 사업조직의 통폐합 등 기업의 구조조정의 실시 여부는 경영주체에 의한 고도의 경영상 결단에 속하는 사항으로서 원칙적으로 단체교섭의 대상이 될 수 없다는 것이 현행 판례의 태도인 바, 이에 기초하여 설사 고용안정협약을 체결했다고 하더라고 그것은 규범력이 없다는 주장도 있을 수 있다.

이와 관련하여 법원은 사용자가 노동조합과의 협상에 따라 경영상 해고를 제한하기로 하는 내용의 단체협약을 체결하였다면 특별한 사정이 없는 한 단체협약이 강행법규나 사회질서에 위배된다고 볼 수 없고, 나아가 이는 근로조건 기타 근로자에 대한 대우에 관하여 정한 것으로서 그에 반하여 이루어지는 경영상 해고는 원칙적으로 정당한 해고라고 볼 수 없다고 본다.114) 즉 고용안정협약은 단체협약의 규범적 부분에 해당하는 것으로 보는 것이다. 다만, 경영상 해고의 실시를 제한하는 단체협약을 두고 있더라도, 단체협약을 체결할 당시의 사정이 현저하게

---

112) 대법원 1993. 12. 21. 선고 92도2247 판결.
113) 상동.
114) 대법원 2014. 3. 27. 선고 2011두20406 판결.

변경되어 사용자에게 단체협약의 이행을 강요한다면 객관적으로 명백하게 부당한 결과에 이르는 경우에는 사용자가 단체협약에 의한 제한에서 벗어나 경영상 해고를 할 수 있다고도 말하고 있다.[115]

## Ⅶ. 쟁의행위

### 1. 개념

| 노동조합법 |
| --- |
| 제2조(정의) 이 법에서 사용하는 용어의 정의는 다음과 같다.<br>6. "쟁의행위"라 함은 파업·태업·직장폐쇄 기타 노동관계 당사자가 그 주장을 관철할 목적으로 행하는 행위와 이에 대항하는 행위로서 업무의 정상적인 운영을 저해하는 행위를 말한다. |

노동조합법상 '쟁의행위'는 파업·태업·직장폐쇄, 그 밖에 노동관계 당사자가 그 주장을 관철할 목적으로 하는 행위와 이에 대항하는 행위로서 업무의 정상적인 운영을 저해하는 행위를 말한다(노동조합법 제2조 제6호). 판례는 쟁의행위가 정당성을 가지려면 ① 그 주체가 단체교섭의 주체가 될 수 있는 자이어야 하고, ② 그 목적이 근로조건의 향상을 위한 노사간의 자치적 교섭을 조성하기 위한 것이어야 하며, ③ 그 시기는 사용자가 근로자의 근로조건 개선에 관한 구체적인 요구에 대하여 단체교섭을 거부하거나 단체교섭의 자리에서 그러한 요구를 거부하는 회답을 했을 때 시작하되 특별한 사정이 없는 한 조합원의 찬성결정을 법령으로 정하는 절차를 밟아야 하고 ④ 그 수단과 방법이 사용자의 재산권과 조화를 이루어야 함은 물론 폭력의 행사에 해당되지 않아야 한다고 판시하고 있다.[116]

---

115) 상동.
116) 대법원 2001. 10. 25. 선고 99도4837 전원합의체 판결

## ※ 쟁의행위의 정당성과 노동조합법상 규율

| 쟁의행위 정당성 | | | 노동조합법상 규율 |
|---|---|---|---|
| 쟁의행위가 정당한 경우 민사책임(손해배상), 형사책임(업무방해죄), 징계책임(해고 등 징계) 등 면제 / 쟁의행위가 정당하지 않은 경우 앞의 책임들 인정 | | | 쟁의행위 관련 규정 위반시 노동조합법 벌칙 적용. |
| 구분 | 판례의 일반적 기준 | 문제 영역 | 쟁의행위의 기본원칙(제37조 제1항, 제3항) |
| 주체 | 단체교섭의 주체로 될 수 있는 자여야 함. | | 공무원노동조합법(제11조), 교원노동조합법(제8조), 방산물자 생산종사자(제41조 제2항) |
| | | 쟁의단 | |
| | | 비공인파업 | 비공인파업 금지(제37조 제2항) |
| | | 지부·분회 | |
| 목적 | 근로조건의 향상을 위한 노사간의 자치적 교섭을 조성하는 데에 있어야 함. | | 쟁의기간 중 임금지급 관철 금지(제44조 제2항) |
| | | 정치파업 | |
| | | 동정파업 | |
| | | 교섭대상성 (특히 경영사항) | |
| 시기, 절차 | 사용자가 근로자의 근로조건 개선에 관한 구체적인 요구에 대하여 단체교섭을 거부하였을 때 개시하되 특별한 사정이 없는 한 조합원의 찬성결정 등 법령이 규정한 절차를 거쳐야 함. | 최후수단성 | |
| | | 조정절차와의 관계 | 조정전치(제45조 제2항), 중재시 쟁의금지(제63조), 긴급조정시 쟁의중지(제77조), 조정서 해석 기간 쟁의금지(제60조 제5항) |
| | | 찬반투표 | 찬반투표(제41조 제1항) |
| 수단, 방법 | 사용자의 재산권과 조화를 이루어야 하고 폭력의 행사에 해당되지 아니하여야 함. | | 폭력·파괴 금지(제42조 제1항) |
| | | | 안전보호시설 관련 금지(제42조 제2항) |
| | | 직장점거 | 직장점거 제한(제42조 제1항) |
| | | 파업감시 | 파업감시 제한(제38조 제1항) |

출처: 조용만·김홍영, 『로스쿨 노동법 해설』 제4판, 2019, 632쪽.

형식상 쟁의행위에 해당하지 않더라도 그 실질이 쟁의행위에 해당하게 되는 경우가 있을 수 있다. 예를 들어, 당사자의 합의로 통상적으로 해 오던 연장근로·야간근로·휴일근로를 집단적으로 거부함으로써 회사운영의 정상운영을 저해하는 것(소위 '준법투쟁'이라고 한다)도 쟁의행위에 해당할 수 있다.[117)]

---

117) 대법원 1996. 7. 30. 선고 96누587 판결 등 참조.

## 2. 쟁의행위의 주체와 절차(노동조합법 제37조, 제41조 관련)

| 노동조합법 | 벌칙 |
|---|---|
| 제37조(쟁의행위의 기본원칙) ① 쟁의행위는 그 목적·방법 및 절차에 있어서 법령 기타 사회질서에 위반되어서는 아니된다. | |
| ② 조합원은 노동조합에 의하여 주도되지 아니한 쟁의행위를 하여서는 아니된다. | 3년 이하의 징역 또는 3천만원 이하의 벌금 |
| ③ 노동조합은 사용자의 점유를 배제하여 조업을 방해하는 형태로 쟁의행위를 해서는 아니 된다. | |
| 제41조(쟁의행위의 제한과 금지) ① 노동조합의 쟁의행위는 그 조합원(제29조의2에 따라 교섭대표노동조합이 결정된 경우에는 그 절차에 참여한 노동조합의 전체 조합원)의 직접·비밀·무기명투표에 의한 조합원 과반수의 찬성으로 결정하지 아니하면 이를 행할 수 없다. 이 경우 조합원 수 산정은 종사근로자인 조합원으로 한다. | 1년 이하의 징역 또는 1천만원 이하의 벌금 |
| ② 「방위사업법」에 의하여 지정된 주요방위산업체에 종사하는 근로자중 전력, 용수 및 주로 방산물자를 생산하는 업무에 종사하는 자는 쟁의행위를 할 수 없으며 주로 방산물자를 생산하는 업무에 종사하는 자의 범위는 대통령령으로 정한다. | |
| 노동조합법 시행령 | |
| 제20조(방산물자 생산업무 종사자의 범위) 법 제41조제2항에서 "주로 방산물자를 생산하는 업무에 종사하는 자"라 함은 방산물자의 완성에 필요한 제조·가공·조립·정비·재생·개량·성능검사·열처리·도장·가스취급 등의 업무에 종사하는 자를 말한다. | |

### 1) 노동조합 지부·분회가 쟁의행위의 주체가 될 수 있는지 여부

쟁의행위는 노동조합에 의하여 주도되어야 한다(노동조합법 제37조 제2항). 이때 산별노조의 지부나 분회가 쟁의행위의 정당한 주체가 될 수 있는지 여부가 문제되는 바, 판례에 따르면 노동조합의 하부단체인 분회나 지부가 독자적인 규약 및 집행기관을 가지고 독립된 조직체로서 활동을 하는 경우 당해 조직이나 그 조합원에 고유한 사항에 대하여는 독자적으로 단체교섭하고 단체협약을 체결할 수 있고, 이는 그 분회나 지부가 노조법 시행령 제7조의 규정에 따라 그 설립신고를 하였는지 여부에 영향받지 아니한다.[118] 이러한 판례의 입장에 따르면 지부나 분

---

118) 대법원 2001. 2. 23. 선고 2000도4299 판결.

회도 쟁의행위의 정당한 주체가 될 수 있다고 본다.

## 2) 초기업노조의 하부단체인 기업지부 조합원 과반수로 쟁의행위를 개시할 수 있는지 여부

근로자의 쟁의행위가 형법상 정당행위가 되기 위한 절차적 요건으로서, 쟁의행위를 함에 있어 조합원의 직접·비밀·무기명투표에 의한 찬성결정이라는 절차를 거치도록 한 노동조합법 제41조 제1항은 노동조합의 자주적이고 민주적인 운영을 도모함과 아울러 쟁의행위에 참가한 근로자들이 사후에 그 쟁의행위의 정당성 유무와 관련하여 어떠한 불이익을 당하지 않도록 그 개시에 관한 조합의사의 결정에 보다 신중을 기하기 위하여 마련된 규정이다.[119]

판례는 지역별·산업별·업종별 노동조합의 경우에는 총파업이 아닌 이상 쟁의행위를 예정하고 있는 당해 지부나 분회소속 조합원의 과반수의 찬성이 있으면 쟁의행위는 절차적으로 적법하다고 보고, 쟁의행위와 무관한 지부나 분회의 조합원을 포함한 전체 조합원의 과반수 이상의 찬성을 요하는 것은 아니라고 한다.[120] 물론 초기업 노조가 조합 전체 차원에서 총파업을 행할 경우에는 직접·비밀·무기명투표에 의한 해당 노조 전체 조합원 과반수의 찬성이 있어야 한다.

## 3) 법외노조가 쟁의행위의 정당한 주체가 될 수 있는지 여부

헌법 제33조 제1항은 "근로자는 근로조건의 향상을 위하여 자주적인 단결권·단체교섭권 및 단체행동권을 가진다."라고 규정함으로써 노동3권을 기본권으로 보장하고 있다. 노동3권은 법률의 제정이라는 국가의 개입을 통하여 비로소 실현될 수 있는 권리가 아니라, 법률이 없더라도 헌법의 규정만으로 직접 법규범으로서 효력을 발휘할 수 있는 구체적 권리라고 보아야 한다.[121]

## 4) 찬반투표절차를 거치지 않은 쟁의행위의 정당성

쟁의행위를 함에 있어 조합원의 직접·비밀·무기명투표에 의한 찬성결정이라는 절차를 거쳐야 한다는 노동조합법 제41조 제1항의 규정은 노동조합의 자주적

---

119) 대법원 2004. 9. 24. 선고 2004도4641 판결.
120) 상동.
121) 대법원 2020. 9. 3. 선고 2016두32992 전원합의체 판결.

이고 민주적인 운영을 도모함과 아울러 쟁의행위에 참가한 근로자들이 사후에 그 쟁의행위의 정당성 유무와 관련하여 어떠한 불이익을 당하지 않도록 그 개시에 관한 조합의사의 결정에 보다 신중을 기하기 위하여 마련된 규정이므로 위의 절차를 위반한 쟁의행위는 그 절차를 따를 수 없는 객관적인 사정이 인정되지 아니하는 한 정당성이 상실된다.[122]

### 5) 쟁의행위가 개시된 후 밀접하게 관련된 새로운 쟁의사항이 부가된 경우 쟁의행위의 절차

근로조건에 관한 노동관계 당사자 간의 주장의 불일치로 인하여 근로자들이 조정전치절차 및 찬반투표절차를 거쳐 정당한 쟁의행위를 개시한 후 그 쟁의사항과 밀접하게 관련된 새로운 쟁의사항이 부가된 경우에는, 근로자들이 새로이 부가된 사항에 대하여 쟁의행위를 위한 별도의 조정절차 및 찬반투표절차를 거쳐야 할 의무가 있다고 할 수 없다.[123]

## 3. 쟁의행위의 목적

| 노동조합법 | 벌칙 |
|---|---|
| 제44조(쟁의행위 기간중의 임금지급 요구의 금지) ①사용자는 쟁의행위에 참가하여 근로를 제공하지 아니한 근로자에 대하여는 그 기간중의 임금을 지급할 의무가 없다. | |
| ② 노동조합은 쟁의행위 기간에 대한 임금의 지급을 요구하여 이를 관철 | 2년 이하의 징역 또는 |

---

122) 대법원 2001. 10. 25. 선고 99도4837 전원합의체 판결. 이 판결에 따라 "노동조합법 제41조 제1항을 위반하여 조합원의 직접·비밀·무기명 투표에 의한 과반수의 찬성결정을 거치지 아니하고 쟁의행위에 나아간 경우에도 조합원의 민주적 의사결정이 실질적으로 확보된 경우에는 위와 같은 투표절차를 거치지 아니하였다는 사정만으로 쟁의행위가 정당성을 상실한다고 볼 수 없다"는 취지로 판결한 대법원 2000. 5. 26. 선고 99도4836 판결의 내용은 위 전원합의체 판결과 어긋나는 부분에 한하여 변경되었다.

123) 대법원 2012. 1. 27. 선고 2009도8917 판결. 피고인들이 甲 생명보험회사의 노조원들과 공모하여 파업의 주된 목적인 '성과급제 도입 반대나 철회'에 관하여 쟁의 조정절차 및 쟁의행위 찬반투표를 거치지 아니한 채 파업에 돌입하였다고 하여 구 노동조합법(2010. 1. 1. 법률 제9930호로 개정되기 전의 것) 위반으로 기소된 사안에서, 피고인들이 주도한 파업의 목적은 이전에 정당하게 개시된 쟁의행위의 목적인 단체협약의 갱신과 단절되고 관련 없는 것이라고 보기 어려워 노동조합이 파업을 위하여 새로이 조정절차나 찬반투표를 거칠 필요가 없으므로, 위 행위가 같은 법 제91조, 제41조 제1항, 제45조 제2항 본문에 해당하지 아니한다고 보아 무죄를 선고한 원심판결을 수긍한 사례이다.

| 할 목적으로 쟁의행위를 하여서는 아니된다. | 2천만원 이하의 벌금 |
|---|---|
| 제24조(노동조합의 전임자)<br>⑤ 노동조합은 제2항과 제4항을 위반하는 급여 지급을 요구하고 이를 관철할 목적으로 쟁의행위를 하여서는 아니 된다. | 1천만원 이하의 벌금 |

## 1) 경영사항

판례에 따르면 경영상 해고나 사업조직의 통폐합, 공기업의 민영화 등 기업의 구조조정의 실시 여부는 경영주체에 의한 고도의 경영상 결단에 속하는 사항으로서 이는 원칙적으로 단체교섭의 대상이 될 수 없고, 그것이 긴박한 경영상의 필요나 합리적인 이유 없이 불순한 의도로 추진되는 등의 특별한 사정이 없는 한, 노동조합이 '실질적으로' 그 실시를 반대하기 위하여 쟁의행위에 나아간다면, 비록 그 실시로 인하여 근로자들의 지위나 근로조건의 변경이 필연적으로 수반된다 하더라도 그 쟁의행위는 목적의 정당성을 인정할 수 없다고 하고 있다.[124] 여기서 노동조합이 '실질적으로' 그 실시를 반대한다고 함은 비록 형식적으로는 민영화 등 구조조정을 수용한다고 하면서도 결과적으로 구조조정의 목적을 달성할 수 없게 하는 요구조건을 내세움으로써 실질적으로 구조조정의 반대와 같이 볼 수 있는 경우도 포함한다.[125]

한편, 과거의 판례 중에는 정리해고에 대한 노조와의 사전합의 조항을 협의의 의미로 해석해야 한다고 본 판례가 있다. 즉 정리해고 실시는 사용자의 경영권의 본질에 속하여 단체교섭의 대상이 될 수 없는데 이러한 사항에 관하여 노동조합과 합의하도록 하는 단협 조항이 있는 경우, 이로 인해 사용자의 경영권의 일부포기나 중대한 제한을 인정하여서는 안되므로 이 경우 합의는 협의로 해석해야 한다는 것이다.[126] 그러나 최근 판례에 따르면 정리해고시 노사가 사전에 합의하도록 단협에서 정하고 있는 경우 정리해고 실시 여부가 경영주체에 의한 고도의 경영상 결단에 속하는 사항이라는 사정을 들어 이를 사전협의로 해석할 수는 없고 사전합의로 해석하여야 한다고 보고 있다.[127] 다만 노조측에서 정리해고를 거절

---

124) 대법원 2006. 5. 12. 선고 2002도3450 판결
125) 상동.
126) 대법원 2002. 2. 26. 선고 99도5380 판결
127) 대법원 2012. 6. 28. 선고 2010다38007 판결. 甲 주식회사의 단체협약에서 노동조합간부에 대한 임면, 이동, 교육 등 인사에 관하여는 조합과 사전에 '합의'하여야 한다고 규정하고 있음에도

할만한 합리적 근거나 이유가 있다고 보기 어려운 점 등 여러 사정을 종합·참작할 때 정리해고의 필요성과 합리성이 객관적으로 명백하고 사용자가 노조측과 정리해고에 관한 합의 도출을 위해 성실하고 진지한 노력을 다하였는데도 노조측이 합리적 근거나 이유제시 없이 정리해고 자체를 반대하며 불법적 쟁의행위로 나아갔다면 이는 사전합의권 남용이니 포기에 해당된다고 본다.128)

### 2) 복수의 목적을 관철하려는 경우/노동조합 요구가 과다하거나 무리한 경우

판례에 따르면, 쟁의행위에서 추구되는 목적이 여러 가지이고 그 중 일부가 정당하지 못한 경우에는 주된 목적 내지 진정한 목적의 당부에 의하여 그 쟁의목적의 당부를 판단하여야 할 것이고, 부당한 요구사항을 뺐더라면 쟁의행위를 하지 않았을 것이라고 인정되는 경우에는 그 쟁의행위 전체가 정당성을 갖지 못한다고 본다.129) 예를 들어, 쟁의행위의 목적 가운데 경영상 해고의 실시 여부에 대한 내용이 포함되어 있지만, 그것이 여러 목적 가운데 주된 목적이 아닌 경우에는 쟁의행위의 목적에 있어서의 정당성이 인정되고,130) 노조가 원고 회사와의 특별단체교섭과정에서 10년간 회사의 매각 금지 및 해고의 금지 등 회사의 구조조정의 실시와 관련하여 경영주체에 의한 고도의 경영상 결단에 속하는 사항이라고 볼 여지가 있는 사항을 단체교섭의 대상으로 포함시키고 있다 하더라도 쟁의행위의 진정한 목적은 회사의 매각에 따른 고용안정이나 임금인상 등 근로조건의 유지와 향상에 있는 경우에는 쟁의행위의 목적의 정당성이 인정된다.131)

---

甲 회사가 노동조합과 사전 합의를 하지 않고 노동조합간부인 근로자 乙에게 정리해고 통보를 한 사안에서, 위 단체협약 규정은 노동조합간부에 대한 인사 중 임면, 이동, 교육에 관한 사항을 특정하여 이에 관하여는 특별히 甲 회사의 자의적인 인사권 행사로 노동조합의 정상적인 활동이 저해되는 것을 방지하기 위하여 노동조합과 사전에 합의하여야 한다는 취지를 규정한 것으로 해석되고, 여기서 말하는 '임면' 중 '면직'은 통상해고, 징계해고, 정리해고 등 甲 회사가 조합간부와 근로계약을 종료시키는 인사처분을 의미한다고 해석하여야 하므로, 甲 회사가 乙을 정리해고하면서 노동조합과 사전 합의를 하지 아니한 것은 적법한 해고절차를 갖추었다고 볼 수 없지만, 제반 사정에 비추어 위 정리해고는 필요성과 합리성이 객관적으로 명백하고 甲 회사가 노동조합 측과 정리해고에 관한 합의 도출을 위하여 성실하고 진지한 노력을 다하였는데도 노동조합 측이 합리적 근거나 이유제시 없이 정리해고 자체를 반대하고 불법적인 쟁의행위에 나아감으로써 합의에 이르지 못하였으므로, 이는 노동조합이 사전합의권을 남용하거나 스스로 사전합의권 행사를 포기한 경우에 해당한다는 이유로 甲 회사의 乙에 대한 정리해고를 무효라고 볼 수 없다고 한 사례이다.

128) 상동.
129) 대법원 1992. 1. 21. 선고 91누5204 판결, 대법원 2001. 6. 26. 선고 2000도2871 판결, 대법원 2003. 2. 28. 선고 2002도5881 판결, 대법원 2007. 5. 11. 선고 2006도9478 판결, 대법원 2013. 2. 15. 선고 2010두20362 판결, 대법원 2017. 4. 7. 선고 2013두16418 판결 등.
130) 대법원 2001. 6. 26. 선고 2000도2871 판결.

## 4. 쟁의행위의 수단·방법

| 노동조합법 | 벌칙 |
|---|---|
| 제38조(노동조합의 지도와 책임) ① 쟁의행위는 그 쟁의행위와 관계 없는 자 또는 근로를 제공하고자 하는 자의 출입·조업 기타 정상적인 업무를 방해하는 방법으로 행하여져서는 아니되며 쟁의행위의 참가를 호소하거나 설득하는 행위로서 폭행·협박을 사용하여서는 아니된다. | 3년 이하의 징역 또는 3천만원 이하의 벌금 |
| ② 작업시설의 손상이나 원료·제품의 변질 또는 부패를 방지하기 위한 작업은 쟁의행위 기간 중에도 정상적으로 수행되어야 한다. | 1년 이하의 징역 또는 1천만원 이하의 벌금 |
| ③ 노동조합은 쟁의행위가 적법하게 수행될 수 있도록 지도·관리·통제할 책임이 있다. | |
| 제42조(폭력행위등의 금지) ① 쟁의행위는 폭력이나 파괴행위 또는 생산 기타 주요업무에 관련되는 시설과 이에 준하는 시설로서 대통령령이 정하는 시설을 점거하는 형태로 이를 행할 수 없다. | 3년 이하의 징역 또는 3천만원 이하의 벌금 |
| ② 사업장의 안전보호시설에 대하여 정상적인 유지·운영을 정지·폐지 또는 방해하는 행위는 쟁의행위로서 이를 행할 수 없다. | 3년 이하의 징역 또는 3천만원 이하의 벌금 |
| ③ 행정관청은 쟁의행위가 제2항의 행위에 해당한다고 인정하는 경우에는 노동위원회의 의결을 얻어 그 행위를 중지할 것을 통보하여야 한다. 다만, 사태가 급박하여 노동위원회의 의결을 얻을 시간적 여유가 없을 때에는 그 의결을 얻지 아니하고 즉시 그 행위를 중지할 것을 통보할 수 있다. | |
| ④ 제3항 단서의 경우에 행정관청은 지체없이 노동위원회의 사후승인을 얻어야 하며 그 승인을 얻지 못한 때에는 그 통보는 그때부터 효력을 상실한다. | |

| | 노동조합법 시행령 |
|---|---|
| | 제21조(점거가 금지되는 시설) 법 제42조제1항에서 "이에 준하는 시설로서 대통령령이 정하는 시설"이라 함은 다음 각호의 1에 해당하는 시설을 말한다.<br>1. 전기·전산 또는 통신시설<br>2. 철도(도시철도를 포함한다)의 차량 또는 선로<br>3. 건조·수리 또는 정박중인 선박. 다만, 「선원법」에 의한 선원이 당해 선박에 승선하는 경우를 제외한다.<br>4. 항공기·항행안전시설 또는 항공기의 이·착륙이나 여객·화물의 운송을 위한 시설<br>5. 화약·폭약 등 폭발위험이 있는 물질 또는 「화학물질관리법」 제2조제2호에 따른 유독물질을 보관·저장하는 장소<br>6. 기타 점거될 경우 생산 기타 주요업무의 정지 또는 폐지를 가져오거나 공익상 중대한 위해를 초래할 우려가 있는 시설로서 고용노동부장관이 관계중앙행정기관의 장과 협의하여 정하는 시설<br>제22조(중지통보) 행정관청은 법 제42조제3항에 따라 쟁의행위를 중지할 것을 통보하는 경우에는 서면으로 하여야 한다. 다만, 사태가 급박하다고 인정하는 경우에는 구두로 할 수 있다. |

131) 대법원 2013. 2. 15. 선고 2010두20362 판결.

### 1) 부분적·병존적 직장점거의 정당성

판례에 따르면, 직장 또는 사업장시설의 점거는 적극적인 쟁의행위의 한 형태로서 그 점거의 범위가 직장 또는 사업장시설의 일부분이고 사용자측의 출입이나 관리지배를 배제하지 않는 병존적인 점거에 지나지 않을 때에는 정당한 쟁의행위로 볼 수 있다. 그러나 직장 또는 사업장시설을 전면적, 배타적으로 점거하여 조합원 이외의 자의 출입을 저지하거나 사용자측의 관리지배를 배제하여 업무의 중단 또는 혼란을 야기케 하는 것과 같은 행위는 이미 정당성의 한계를 벗어난 것이라고 본다.[132] 이러한 판례법리는 2021년 개정 노동조합법 제37조 제2항에 "노동조합은 사용자의 점유를 배제하여 조업을 방해하는 형태로 쟁의행위를 해서는 아니 된다."라는 조항으로 조문화되었다.

### 2) 피케팅의 정당성

평화적 설득, 언어적 설득의 범위 내에서 정당성 인정. 실력적 저지나 물리적 강제의 피케팅은 정당성 부인된다. 판례에 따르면 '피케팅'은 파업에 가담하지 않고 조업을 계속하려는 자에 대하여 평화적 설득, 구두와 문서에 의한 언어적 설득의 범위 내에서 정당성이 인정되는 것이 원칙이고, 폭행, 협박 또는 위력에 의한 실력적 저지나 물리적 강제는 정당화될 수 없다.[133]

### 3) 태업 기간 중의 임금

쟁의행위 기간 중에는 쟁의행위 시의 임금 지급에 관하여 단체협약이나 취업규칙 등에서 이를 규정하거나 그 지급에 관한 당사자 사이의 약정이나 관행이 있다고 인정되지 아니하는 한, 근로자의 근로제공의무 등의 주된 권리·의무가 정지되어 근로자가 근로를 제공하지 아니한 쟁의행위 기간 동안에는 근로제공의무와 대가관계에 있는 근로자의 주된 권리로서의 임금청구권은 발생하지 않는 것이 원칙이다.[134] 근로를 불완전하게 제공하는 형태의 쟁의행위인 태업(怠業)도 근로제공이 일부 정지되는 것이라고 할 수 있으므로, 여기에도 이러한 무노동 무임금

---

132) 대법원 2007. 12. 28. 선고 2007도5204 판결, 대법원 2012. 5. 24. 선고 2010도9963 판결 등.
133) 대법원 1992. 7. 14. 선고 91다43800 판결.
134) 대법원 1995. 12. 21. 선고 94다26721 전원합의체 판결, 대법원 2013. 11. 28. 선고 2011다
    39946 판결.

원칙이 적용된다.[135]

### 4) 쟁의행위가 금지되는 안전보호시설의 의미

사업장의 안전보호시설에 대하여 정상적인 유지·운영을 정지·폐지 또는 방해하는 행위는 쟁의행위로서 이를 행할 수 없다(노동조합법 제42조 제2항). 이때 '안전보호시설'이라 함은 사람의 생명이나 신체의 위험을 예방하기 위해서나 위생상 필요한 시설을 말하고, 이에 해당하는지 여부는 당해 사업장의 성질, 당해 시설의 기능, 당해 시설의 정상적인 유지·운영이 되지 아니할 경우에 일어날 수 있는 위험 등 제반 사정을 구체적·종합적으로 고려하여 판단하여야 한다.[136]

### 5) 수급인 소속 근로자의 쟁의행위가 도급인의 사업장에서 일어난 경우

단체행동권은 헌법 제33조 제1항에서 보장하는 기본권으로서 최대한 보장되어야 하지만 헌법 제37조 제2항에 의하여 국가안전보장·질서유지 또는 공공복리 등의 공익상의 이유로 제한될 수 있고 그 권리의 행사가 정당한 것이어야 한다는 내재적인 한계가 있다.[137] 이에 따라 쟁의행위가 정당행위로 위법성이 조각되는 것은 사용자에 대한 관계에서 인정되는 것이므로, 제3자의 법익을 침해한 경우에는 원칙적으로 정당성이 인정되지 않는다.[138] 이에 따라, 수급인 소속 근로자의 쟁의행위가 해당 근로자들의 사용자가 아닌 도급인의 사업장에서 일어나 도급인의 형법상 보호되는 법익을 침해한 경우에는 사용자인 수급인에 대한 관계에서 쟁의행위의 정당성을 갖추었다는 사정만으로 사용자가 아닌 도급인에 대한 관계에서까지 법령에 의한 정당한 행위로서 법익 침해의 위법성이 조각된다고 볼 수는 없는 것이 원칙이다.[139]

그러나 수급인 소속 근로자들이 집결하여 함께 근로를 제공하는 장소로서 도급인의 사업장은 수급인 소속 근로자들의 삶의 터전이 되는 곳이고, 쟁의행위의 주요

---

135) 대법원 2013. 11. 28. 선고 2011다39946 판결. 사용자인 甲 주식회사가 태업을 이유로 근로자의 임금과 노동조합 전임자의 급여를 삭감하여 지급한 사안에서, 甲 회사가 각 근로자별로 측정된 태업시간 전부를 비율적으로 계산하여 임금에서 공제한 것이 불합리하다고 할 수 없고, 노동조합 전임자 역시 그에 상응하는 비율에 따른 급여의 감액을 피할 수 없는데 그 감액수준은 전체 조합원들의 평균 태업시간을 기준으로 산정함이 타당하다고 본 원심판단을 수긍한 사례이다.
136) 대법원 2005. 9. 30. 선고 2002두7425 판결, 대법원 2006. 5. 12. 선고 2002도3450 판결.
137) 대법원 2011. 3. 17. 선고 2007도482 전원합의체 판결.
138) 대법원 2020. 9. 3. 선고 2015도1927 판결.
139) 상동.

수단 중 하나인 파업이나 태업은 도급인의 사업장에서 이루어질 수밖에 없다.[140] 또한 도급인은 비록 수급인 소속 근로자와 직접적인 근로계약관계를 맺고 있지는 않지만, 수급인 소속 근로자가 제공하는 근로에 의하여 일정한 이익을 누리고, 그러한 이익을 향수하기 위하여 수급인 소속 근로자에게 사업장을 근로의 장소로 제공하였으므로 그 사업장에서 발생하는 쟁의행위로 인하여 일정 부분 법익이 침해되더라도 사회통념상 이를 용인하여야 하는 경우가 있을 수 있다.[141] 따라서 사용자인 수급인에 대한 정당성을 갖춘 쟁의행위가 도급인의 사업장에서 이루어져 형법상 보호되는 도급인의 법익을 침해한 경우, 그것이 항상 위법하다고 볼 것은 아니고, 법질서 전체의 정신이나 그 배후에 놓여있는 사회윤리 내지 사회통념에 비추어 용인될 수 있는 행위에 해당하는 경우에는 형법 제20조의 '사회상규에 위배되지 아니하는 행위'로서 위법성이 조각된다.[142] 이러한 경우에 해당하는지 여부는 쟁의행위의 목적과 경위, 쟁의행위의 방식·기간과 행위 태양, 해당 사업장에서 수행되는 업무의 성격과 사업장의 규모, 쟁의행위에 참여하는 근로자의 수와 이들이 쟁의행위를 행한 장소 또는 시설의 규모·특성과 종래 이용관계, 쟁의행위로 인해 도급인의 시설관리나 업무수행이 제한되는 정도, 도급인 사업장 내에서의 노동조합 활동 관행 등 여러 사정을 종합적으로 고려하여 판단하여야 한다.[143]

## 5. 쟁의행위와 민사책임

| 노동조합법 |
| --- |
| 제3조(손해배상 청구의 제한) 사용자는 이 법에 의한 단체교섭 또는 쟁의행위로 인하여 손해를 입은 경우에 노동조합 또는 근로자에 대하여 그 배상을 청구할 수 없다. |

### 1) 쟁의행위의 민사책임의 면제

사용자는 노동조합법에 의한 단체교섭 또는 쟁의행위로 인하여 손해를 입은 경우에 노동조합 또는 근로자에 대하여 그 배상을 청구할 수 없다(노동조합법 제3조). 이때 민사상 그 배상책임이 면제되는 손해는 정당한 쟁의행위로 인한 손해에 국

---

140) 상동.
141) 대법원 2020. 9. 3. 선고 2015도1927 판결.
142) 상동.
143) 상동.

한되고, 판례는 정당성이 없는 쟁의행위는 불법행위를 구성하고 이로 말미암아 손해를 입은 사용자는 노동조합이나 근로자에 대하여 그 손해배상을 청구할 수 있다고 보고 있다.[144]

### 2) 노동조합과 조합 간부의 손해배상책임

정당성이 없는 쟁의행위는 불법행위를 구성하는 바, 판례는 노동조합의 간부들이 불법쟁의행위를 기획, 지시, 지도하는 등으로 주도한 경우에 이와 같은 간부들의 행위는 조합의 집행기관으로서의 행위라 할 것이므로 이러한 경우 민법 제35조 제1항의 유추적용에 의하여 노동조합은 그 불법쟁의행위로 인하여 사용자가 입은 손해를 배상할 책임이 있다고 본다.[145] 대법원 판례에 따르면 노동조합이라는 단체에 의하여 결정·주도되고 조합원의 행위가 노동조합에 의하여 집단적으로 결합하여 실행되는 쟁의행위의 성격에 비추어, 단체인 노동조합이 쟁의행위에 따른 책임의 원칙적인 귀속주체가 된다고 한다.[146]

또한 판례는 조합간부들의 행위는 일면에 있어서는 노동조합 단체로서의 행위라고 할 수 있는 외에 개인의 행위라는 측면도 아울러 지니고 있고, 일반적으로 쟁의행위가 개개 근로자의 노무정지를 조직하고 집단화하여 이루어지는 집단적 투쟁행위라는 그 본질적 특징을 고려하여 볼 때 노동조합의 책임 외에 불법쟁의행위를 기획, 지시, 지도하는 등으로 주도한 조합의 간부들 개인에 대하여도 책임을 지울 수 있다고 보고 있다.[147]

이때 배상해야 하는 손해는 "그 불법쟁의행위로 인하여 사용자가 입은 손해"에 국한되어야 할 것인데, 제조업체가 불법쟁의행위로 인하여 조업을 하지 못함으로써 입은 손해배상액을 산정함에 있어 판례는 조업 중단으로 제품을 생산하지 못함으로써 생산할 수 있었던 제품의 판매로 얻을 수 있는 매출이익을 얻지 못한 손해와 조업중단의 여부와 관계없이 고정적으로 지출되는 비용(차임, 제세공과금, 감가상각비, 보험료 등)을 무용하게 지출함으로써 입은 손해와 같은 것들이 포함된다고 보고 있다.[148] 손해액에 대한 입증책임은 손해배상을 청구하는 측, 즉 사용자

---

144) 대법원 1994. 3. 25. 선고 93다32828, 32835 판결.
145) 대법원 1994. 3. 25. 선고 93다32828, 32835 판결.
146) 대법원 2023. 6. 15. 선고 2017다46274 판결.
147) 상동.
148) 대법원 2018. 11. 29. 선고 2016다12748 판결.

에게 있고, 사용자는 불법휴무로 인하여 일정량의 제품을 생산하지 못하였다는 점뿐만 아니라, 생산되었을 제품이 판매될 수 있다는 점까지 증명하여야 한다.[149] 이 과정에서 판매가격이 생산원가에 미달하는 소위 적자제품이라거나 조업 중단 당시 불황 등과 같은 특별한 사정이 있어서 장기간에 걸쳐 당해 제품이 판매될 가능성이 없다거나, 당해 제품에 결함이 있어서 판매가 제대로 이루어지지 않는다는 등의 특별한 사정에 대한 간접반증이 없는 한 당해 제품이 생산되었다면 그 후 판매되어 당해 업체가 이로 인한 매출이익을 얻고 또 그 생산에 지출된 고정비용을 매출원가의 일부로 회수할 수 있다고 추정한다.[150]

한편 불법행위로 인한 손해배상사건에서 불법행위의 발생경위나 진행경과, 그 밖의 제반 사정을 종합하여 피고의 책임비율을 제한하는 것은 그것이 형평의 원칙에 비추어 현저히 불합리하다고 인정되지 않는 한 사실심의 전권사항에 속하는 바,[151] 노사의 교섭과정과 상황, 파업으로 인한 손해를 최소화하기 위한 노사의 노력 정도, 파업 철회 이후 쌍방의 합의내용 등의 사정을 고려하여 손해에 대한 책임 비율을 법원이 정할 수 있는 것으로 판단하고 있다.[152]

### 3) 일반조합원의 손해배상책임

판례에 따르면, 일반 조합원이 불법쟁의행위시 노동조합 등의 지시에 따라 단순히 노무를 정지한 것만으로는 노동조합 또는 조합 간부들과 함께 공동불법행위 책임을 진다고 할 수 없다.[153] 또한, 대법원은 위법한 피케팅·직장점거의 쟁의행위로 공동불법행위자로서 연대책임을 지는 경우에도 단체행동권 보장의 취지를 고려하여 개인의 책임은 제한되며, 이 때 책임제한의 정도는 여러 사정을 고려하여 개별적으로 판단해야 한다고 밝힌 바 있다.[154]

다만, 근로자의 근로내용 및 공정의 특수성과 관련하여 그 노무를 정지할 때에 발생할 수 있는 위험 또는 손해 등을 예방하기 위하여 그가 노무를 정지할 때에 준수하여야 할 사항 등이 정하여져 있고, 근로자가 이를 준수함이 없이 노무를

---

149) 대법원 1993. 12. 10. 선고 93다24735 판결, 대법원 2018. 11. 29. 선고 2016다12748 판결.
150) 상동.
151) 대법원 2000. 1. 21. 선고 98다50586 판결, 대법원 2006. 2. 10. 선고 2005다57707 판결, 대법원 2011. 3. 24. 선고 2009다29366 판결 등
152) 상동.
153) 대법원 2006. 9. 22. 선고 2005다30610 판결.
154) 대법원 2023. 6. 15. 선고 2017다46274 판결.

정지함으로써 그로 인하여 손해가 발생하였거나 확대되었다면, 그 근로자가 일반 조합원이라고 할지라도 그와 상당인과관계에 있는 손해를 배상할 책임이 있다.[155]

## 6. 쟁의행위와 형사책임

| 노동조합법 |
| --- |
| 제4조(정당행위) 형법 제20조의 규정은 노동조합이 단체교섭·쟁의행위 기타의 행위로서 제1조의 목적을 달성하기 위하여 한 정당한 행위에 대하여 적용된다. 다만, 어떠한 경우에도 폭력이나 파괴행위는 정당한 행위로 해석되어서는 아니된다. |
| 제39조(근로자의 구속제한) 근로자는 쟁의행위 기간중에는 현행범외에는 이 법 위반을 이유로 구속되지 아니한다. |

| 형법 |
| --- |
| 제20조(정당행위) 법령에 의한 행위 또는 업무로 인한 행위 기타 사회상규에 위배되지 아니하는 행위는 벌하지 아니한다. |

### 1) 쟁의행위와 업무방해죄

노동조합이 단체교섭·쟁의행위 기타의 행위로서 노동조합법의 목적을 달성하기 위하여 한 정당한 행위에 대해서는 형법상 정당행위로서 위법성이 조각되어 형사처벌이 되지 않는다(노동조합법 제4조). 그러나 노동조합법에 따른 정당한 쟁의행위로서 위법성이 조각되는 경우가 아닌 한, 불법쟁의행위는 다중의 위력으로써 타인의 업무를 방해하는 행위에 해당하여 업무방해죄를 구성할 수 있다.[156] 다만, 업무방해죄의 해당성은 근로자들이 헌법상 기본권으로서 근로조건 향상을 위한 자주적인 단결권·단체교섭권 및 단체행동권을 갖는다는 것을 전제해야 한다. 따라서 근로자들의 쟁의행위로서의 파업이 언제나 업무방해죄에 해당하는 것으로 보아서는 안되고 전후 사정과 경위 등에 비추어 사용자가 예측할 수 없는 시기에 전격적으로 이루어져 사용자의 사업운영에 심대한 혼란 내지 막대한 손해를 초래하는 등으로 사용자의 사업계속에 관한 자유의사가 제압·혼란될 수 있다고 평가할 수 있는 경우에 비로소 그 집단적 노무제공의 거부가 위력에 해당하여 업무방해죄가 성립한다고 보아야 한다.[157]

---

155) 상동.
156) 대법원 1991. 1. 23. 선고 90도2852 판결, 대법원 1991. 4. 23. 선고 90도2771 판결, 대법원 1991. 11. 8. 선고 91도326 판결, 대법원 2004. 5. 27. 선고 2004도689 판결, 대법원 2006. 5. 12. 선고 2002도3450 판결, 대법원 2006. 5. 25. 선고 2002도5577 판결 등.
157) 대법원 2011. 3. 17. 선고 2007도482 전원합의체 판결. 이 전원합의체 판결에 따라, 근로자들이

## 2) 쟁의행위와 제3자의 업무방해방조죄

쟁의행위가 업무방해죄에 해당하는 경우 제3자가 그러한 정을 알면서 쟁의행위의 실행을 용이하게 한 경우에는 업무방해방조죄가 성립할 수 있다. 다만, 헌법제33조 제1항이 규정하고 있는 노동3권을 실질적으로 보장하기 위해서는 근로자나 노동조합이 노동3권을 행사할 때 제3자의 조력을 폭넓게 받을 수 있도록 할필요가 있고, 나아가 근로자나 노동조합에 조력하는 제3자도 헌법 제21조에 따른표현의 자유나 헌법 제10조에 내재된 일반적 행동의 자유를 가지고 있으므로, 위법한 쟁의행위에 대한 조력행위가 업무방해방조에 해당하는지 판단할 때는 헌법이 보장하는 위와 같은 기본권이 위축되지 않도록 업무방해방조죄의 성립 범위를신중하게 판단하여야 한다.158)

## 7. 대체근로금지(노동조합법 제43조 관련)

| 노동조합법 | 벌칙 |
|---|---|
| 제43조(사용자의 채용제한) ① 사용자는 쟁의행위 기간중 그 쟁의행위로 중단된 업무의 수행을 위하여 당해 사업과 관계없는 자를 채용 또는 대체할 수 없다. | 1년 이하의 징역 또는 1천만원 이하의 벌금 |
| ② 사용자는 쟁의행위기간중 그 쟁의행위로 중단된 업무를 도급 또는 하도급 줄 수 없다. | 1년 이하의 징역 또는 1천만원 이하의 벌금 |
| ③ 제1항 및 제2항의 규정은 필수공익사업의 사용자가 쟁의행위 기간 중에 한하여 당해 사업과 관계없는 자를 채용 또는 대체하거나 그 업무를 도급 또는 하도급 주는 경우에는 적용하지 아니한다. | |

---

집단적으로 근로의 제공을 거부하여 사용자의 정상적인 업무운영을 저해하고 손해를 발생하게한 행위가 당연히 위력에 해당함을 전제로 하여 노동관계 법령에 따른 정당한 쟁의행위로서 위법성이 조각되는 경우가 아닌 한 업무방해죄를 구성한다는 취지로 판시한 대법원 1991. 4. 23.선고 90도2771 판결, 대법원 1991. 11. 8. 선고 91도326 판결, 대법원 2004. 5. 27. 선고 2004도689 판결, 대법원 2006. 5. 12. 선고 2002도3450 판결, 대법원 2006. 5. 25. 선고 2002도5577 판결 등은 이 판결의 견해에 배치되는 범위 내에서 변경되었다.

158) 대법원 2021. 9. 16. 선고 2015도12632 판결. 산별노조 지회의 쟁의행위에 산별노조 간부가 개입하여 농성현장 독려행위 및 집회 참가, 산별노조의 공문 전달 등을 한 것이 업무방해방조죄에해당하는지 여부가 다투어진 사건으로서, 법원은 피고인의 농성현장 독려행위는 정범의 범행을유지·강화시킨 행위에 해당하여 업무방해방조로 인정할 수 있으나, 집회 참가 및 공문전달 행위는 업무방해 정범의 실현행위에 해당하는 생산라인 점거로 인한 범죄실현과 밀접한 관련성이있다고 단정하기 어려워 방조범의 성립을 인정할 정도로 업무방해행위와 인과관계가 있다고 보기 어려움에도 피고인의 위 행위들을 모두 업무방해방조로 인정한 원심을 파기환송한 사건.

| ④ 제3항의 경우 사용자는 당해 사업 또는 사업장 파업참가자의 100분의 50을 초과하지 않는 범위 안에서 채용 또는 대체하거나 도급 또는 하도급 줄 수 있다. 이 경우 파업참가자 수의 산정 방법 등은 대통령령으로 정한다. | 1년 이하의 징역 또는 1천만원 이하의 벌금 |
|---|---|

| 노동조합법 시행령 |
|---|
| 제22조의4(파업참가자 수의 산정방법) ① 법 제43조제4항 후단에 따른 파업참가자 수는 근로의무가 있는 근로시간 중 파업 참가를 이유로 근로의 일부 또는 전부를 제공하지 아니한 자의 수를 1일 단위로 산정한다.<br>② 사용자는 제1항에 따른 파업참가자 수 산정을 위하여 필요한 경우 노동조합에 협조를 요청할 수 있다. |

사용자는 쟁의행위 기간 중 그 쟁의행위로 중단된 업무의 수행을 위하여 당해 사업과 관계없는 자를 채용 또는 대체할 수 없고, 쟁의행위기간 중 그 쟁의행위로 중단된 업무를 도급 또는 하도급 줄 수 없다(노동조합법 제43조 제1항, 제2항). 다만, 필수공익사업의 사용자가 쟁의행위 기간 중에 한하여 당해 사업과 관계없는 자를 채용 또는 대체하거나 그 업무를 도급 또는 하도급 주는 경우에는 그러하지 아니하고, 이때 사용자는 당해 사업 또는 사업장 파업참가자의 100분의 50을 초과하지 않는 범위 안에서 채용 또는 대체하거나 도급 또는 하도급 줄 수 있다(노동조합법 제3항, 제4항).

노동조합법상 대체근로금지 규정은 노동조합의 쟁의행위권을 보장하기 위한 규정으로서 사용자가 노동조합의 쟁의행위기간 중 당해 사업 내의 비노동조합원이나 쟁의행위에 참가하지 아니한 노동조합원 등 기존의 근로자를 제외한 자를 새로 채용 또는 대체할 수 없다는 의미이다.[159) 판례에 따르면, 사용자가 노동조합이 쟁의행위에 들어가기 전에 근로자를 새로 채용하였다 하더라도 쟁의행위기간 중 쟁의행위에 참가한 근로자들의 업무를 수행케 하기 위하여 그 채용이 이루어졌고 그 채용한 근로자들로 하여금 쟁의행위기간 중 쟁의행위에 참가한 근로자들의 업무를 수행케 하였다면 벌칙의 적용을 받게 된다.[160)

다만, 위 대체근로금지 규정은 노동조합의 쟁의행위권을 보장하기 위한 것으로서 쟁의행위권의 침해를 목적으로 하지 않는 사용자의 정당한 인사권 행사까지 제한하는 것은 아니므로, 자연감소에 따른 인원충원 등 쟁의행위와 무관하게 이

---

159) 대법원 2000. 11. 28. 선고 99도317 판결.
160) 상동.

루어지는 신규채용은 쟁의행위 기간 중이라 하더라도 가능하다고 본다. 이때 결원충원을 위한 신규채용 등이 대체근로금지조항 위반인지 여부는 표면상의 이유만으로 판단할 것이 아니라 종래의 인력충원 과정·절차 및 시기, 인력부족 규모, 결원 발생시기 및 그 이후 조치내용, 쟁의행위기간 중 채용의 필요성, 신규채용 인력의 투입시기 등을 종합적으로 고려하여 판단하여야 한다.[161]

## 8. 직장폐쇄(노동조합법 제46조 제1항 관련)

| 노동조합법 | 벌칙 |
|---|---|
| 제46조(직장폐쇄의 요건) ① 사용자는 노동조합이 쟁의행위를 개시한 이후에만 직장폐쇄를 할 수 있다. | 1년 이하의 징역 또는 1천만원 이하의 벌금 |
| ② 사용자는 제1항의 규정에 의한 직장폐쇄를 할 경우에는 미리 행정관청 및 노동위원회에 각각 신고하여야 한다. | |

노동조합법 제46조에서 규정하는 사용자의 직장폐쇄는 사용자와 근로자의 교섭태도와 교섭과정, 근로자의 쟁의행위의 목적과 방법 및 그로 인하여 사용자가 받는 타격의 정도 등 구체적인 사정에 비추어 근로자의 쟁의행위에 대한 방어수단으로서 상당성이 있어야만 사용자의 정당한 쟁의행위로 인정될 수 있는데, 노동조합의 쟁의행위에 대한 방어적인 목적을 벗어나 적극적으로 노동조합의 조직력을 약화시키기 위한 목적 등을 갖는 선제적, 공격적 직장폐쇄에 해당하는 경우에는 그 정당성이 인정될 수 없다 할 것이고, 그 직장폐쇄가 정당한 쟁의행위로 평가받지 못하는 경우에는 사용자는 직장폐쇄 기간 동안의 대상 근로자에 대한 임금지불의무를 면할 수 없다.[162] 즉, 직장폐쇄가 정당한 쟁의행위로 평가받는 경우에만 사용자의 사업장에 대한 물권적 지배권이 전면적으로 회복되므로 사용자는 직장폐쇄의 효과로서 사업장의 출입을 제한할 수 있다.[163] 그리고 그 직장폐쇄가 정당한 쟁의행위로 평가받는 경우 사용자는 직장폐쇄 기간 동안의 대상

161) 대법원 2008. 11. 13. 선고 2008도4831 판결. 사용자가 쟁의기간 중 쟁의행위로 중단된 업무를 수행하기 위해 당해 사업과 관계있는 자인 비노동조합원이나 쟁의행위에 참가하지 아니한 노동조합원 등 당해 사업의 근로자로 대체하였는데 대체한 근로자마저 사직함에 따라 사용자가 신규채용하게 되었다면, 이는 사용자의 정당한 인사권 행사에 속하는 자연감소에 따른 인원충원에 불과하고 노동조합법 제43조 제1항 위반죄를 구성하지 않는다고 본 사례이다.
162) 대법원 2016. 5. 24. 선고 2012다85335 판결.
163) 대법원 2010. 6. 10. 선고 2009도12180 판결.

근로자에 대한 임금지불의무를 면한다.164)

### 1) 직장폐쇄와 노동조합의 시설이용권

직장폐쇄의 경우에도 사업장 내의 노조사무실 등 정상적인 노조활동에 필요한 시설, 기숙사 등 기본적인 생활근거지에 대한 출입은 허용되어야 한다. 다만 쟁의 및 직장폐쇄와 그 후의 상황전개에 비추어 노조가 노조사무실 자체를 쟁의장소로 활용하는 등 노조사무실을 쟁의행위와 무관한 정상적인 노조활동의 장소로 활용할 의사나 필요성이 없음이 객관적으로 인정되거나, 노조사무실과 생산시설이 장소적·구조적으로 분리될 수 없는 관계에 있어 일방의 출입 혹은 이용이 타방의 출입 혹은 이용을 직접적으로 수반하게 되는 경우로서 생산시설에 대한 노조의 접근 및 점거가능성이 합리적으로 예상되고, 사용자가 노조의 생산시설에 대한 접근, 점거 등의 우려에서 노조사무실 대체장소를 제공하고 그것이 원래 장소에서의 정상적인 노조활동과 견주어 합리적 대안으로 인정된다면, 합리적인 범위 내에서 노조사무실의 출입을 제한할 수 있다고 보아야 한다.165)

### 2) 근로자들의 업무복귀의사표시에도 불구하고 직장폐쇄를 유지하는 경우

직장폐쇄의 개시 자체는 정당하더라도 이후 근로자가 쟁의행위를 중단하고 진정으로 업무에 복귀할 의사를 표시하였음에도 사용자가 직장폐쇄를 계속 유지함으로써 근로자의 쟁의행위에 대한 방어적인 목적에서 벗어나 공격적 직장폐쇄로 성격이 변질된 경우에는, 근로자들의 업무복귀의사 표시 후 직장폐쇄는 정당성을 상실하고, 그 기간 중 임금에 대해서 사용자는 지불의무를 면할 수 없다.166)

한편, 위와 같은 경우 직장폐쇄가 위법하여 근로자들이 임금을 청구할 수 있는 시점은 그 직장폐쇄의 위법성이 객관적으로 확인되는 시점이라고 볼 수 있다. 예

164) 대법원 2000. 5. 26. 선고 98다34331 판결. 평균임금이 도내 택시회사 중 가장 높은 수준임에도 노동조합이 최고 수준의 임금인상을 요구하여 임금협상이 결렬되었으나 노동조합이 준법투쟁에 돌입한 지 3일 만에 전격적으로 단행한 사용자의 직장폐쇄는 정당성을 결여하였다고 본 사례이다.
165) 대법원 2010. 6. 10. 선고 2009도12180 판결. 직장폐쇄를 단행하면서 '조합원들은 회사 사업장 전체의 출입을 금지한다'는 내용의 출입금지 안내문을 현관과 사업장 내에 부착한 다음, 사전에 통보한 조합원 3명에 한하여 노조사무실 출입을 허용한 사안에서, 조합원들의 회사 진입과정 등에서 기물파손행위 등이 있었지만 그 밖에 생산시설에 대한 노조의 접근 및 점거가능성이 합리적으로 예상된다고 볼 수 없고, 회사가 노조사무실 대체장소를 제공하는 등의 방법을 전혀 고려하지 않았다면, 회사가 위와 같이 출입을 제한하는 것은 허용되지 않는다고 한 원심판단을 수긍한 사례이다.
166) 대법원 2016. 5. 24. 선고 2012다85335 판결.

를 들어, ① 근로자들이 여러 차례 업무복귀 의사를 표명하는 서면을 보내고, ② 근로제공 확약서를 발송하였으며, ③ 노동위원회에 쟁의행위 철회신고를 제출하고, ④ 이에 따라 지방고용노동청이 노동조합과의 면담 등을 통해 근로복귀 의사에 진정성이 없다고 단정하기 곤란함을 이유로 사용자에게 '직장폐쇄의 지속 여부에 대한 재검토 및 성실한 교섭을 촉구'하는 서면을 발송한 사례에서 법원은 ① 내지 ③의 시점이 아닌 ④의 시점부터 직장폐쇄를 계속 유지한 것은 쟁의행위에 대한 방어수단으로서 상당성이 있다고 할 수 없어 위법한 직장폐쇄라고 판단하였다.167)

## 9. 준법투쟁

준법투쟁이 쟁의행위에 해당되는지 여부에 관하여 판례는 이를 긍정하고 있다. 예를 들어, 근로자들이 주장을 관철시킬 목적으로 종래 통상적으로 실시해 오던 휴일근무를 집단적으로 거부하였다면, 이는 회사업무의 정상적인 운영을 저해하는 것으로서 노동조합법상 쟁의행위에 해당한다고 판단한다.168)

한편, 헌법재판소는 연장근로 거부, 정시출근, 집단적 휴가사용의 경우와 같이 일면 근로자의 권리행사로서의 성격을 갖는 준법투쟁에 대해서는 업무방해죄 적용을 제한해야 한다는 취지의 판시를 한 바 있다. 쟁의행위의 정당성 판단기준이 반드시 명백한 것이 아닌데다가 특히 쟁의행위의 당사자로서 법률의 문외한이라고 할 수 있는 근로자 입장에서 보면 그 정당성을 판단하기가 더욱 어려울 것인데 연장근로의 거부 등과 같은 경우에도 위법성이 조각되지 않는다 하여 업무방해죄 성립을 긍정한다면 이는 결국 근로자로 하여금 혹시 있을지 모를 형사처벌을 감

---

167) 대법원 2017. 4. 7. 선고 2013다101425 판결. 갑 주식회사가 노동조합의 쟁의행위가 불법파업에 해당한다는 이유로 조합원 전원에 대하여 직장폐쇄를 실시하자, 노동조합이 직장폐쇄가 이루어진 다음 날부터 갑 회사에 여러 차례 근로복귀 의사를 표명하는 서면을 보내고, 을 등을 포함한 조합원 일부의 근로제공 확약서를 발송하였으며, 그 후 지방노동위원회에 쟁의행위 철회신고를 제출하여 지방고용노동청이 갑 회사에 '직장폐쇄의 지속 여부에 대한 재검토 및 성실한 교섭을 촉구'하는 서면을 발송하였고, 갑 회사가 같은 날 위 서면을 확인하였는데, 그로부터 22일 후 직장폐쇄가 종료되자, 을 등이 갑 회사를 상대로 직장폐쇄 기간 동안 미지급 임금의 지급을 구한 사안에서, 갑 회사가 지방고용노동청으로부터 '직장폐쇄의 지속 여부에 대한 재검토 및 성실한 교섭을 촉구'하는 서면을 받은 시점에는 노동조합이 쟁의행위 철회신고서를 제출한 사실 및 을 등을 포함한 조합원들의 근로복귀 의사의 진정성을 확인하였다고 보이므로, 갑 회사가 그로부터 22일간 직장폐쇄를 계속 유지한 것은 쟁의행위에 대한 방어수단으로서 상당성이 있다고 할 수 없어 위법한 직장폐쇄에 해당한다는 이유로 그 기간 동안 갑 회사의 을 등에 대한 임금지불의무를 인정한 원심판단을 수긍한 사례이다.

168) 대법원 1994. 2. 22. 선고 92누11176 판결.

수하고라도 쟁의행위에 나아가도록 하는 것을 주저하게 만들 것이고 따라서 단체행동권 행사는 사실상 제약을 받게 될 것이기 때문이다.169)

## 10. 무노동무임금 관련

사용자는 쟁의행위에 참가하여 근로를 제공하지 않은 근로자에 대하여는 그 기간 중의 임금을 지급할 의무가 없다(노동조합법 제44조 제1항). 따라서, 쟁의행위 시의 임금 지급에 관하여 단체협약이나 취업규칙 등에서 이를 규정하거나 그 지급에 관한 당사자 사이의 약정이나 관행이 있다고 인정되지 아니하는 한, 근로자의 근로제공의무 등의 주된 권리·의무가 정지되어 근로자가 근로를 제공하지 아니한 쟁의행위 기간 동안에는 근로제공의무와 대가관계에 있는 근로자의 주된 권리로서의 임금청구권은 발생하지 않는다.170) 근로를 불완전하게 제공하는 형태의 쟁의행위인 태업(怠業)도 근로제공이 일부 정지되는 것이라고 할 수 있으므로 여기에도 이러한 무노동 무임금 원칙이 적용된다. 사용자가 태업을 이유로 각 근로자별로 측정된 태업시간 전부를 비율적으로 계산하여 임금에서 공제한 사안에서, 법원은 이러한 기준이 특별히 불합리한 것은 아니라고 본 경우가 있다.171)

## Ⅷ. 노동쟁의의 조정

| 노동조합법 | |
|---|---|
| 제2조(정의) 이 법에서 사용하는 용어의 정의는 다음과 같다.<br>5. "노동쟁의"라 함은 노동조합과 사용자 또는 사용자단체(이하 "勞動關係 當事者"라 한다)간에 임금·근로시간·복지·해고 기타 대우등 근로조건의 결정에 관한 주장의 불일치로 인하여 발생한 분쟁상태를 말한다. 이 경우 주장의 불일치라 함은 당사자간에 합의를 위한 노력을 계속하여도 더이상 자주적 교섭에 의한 합의의 여지가 없는 경우를 말한다. | |
| 제45조(조정의 전치) ①노동관계 당사자는 노동쟁의가 발생한 때에는 어느 일방이 이를 상대방에게 서면으로 통보하여야 한다. | |

169) 헌법재판소 1998. 7. 16. 선고 97헌바23 전원재판부.
170) 대법원 2013. 11. 28. 선고 2011다39946 판결.
171) 상동.

| 노동조합법 | |
|---|---|
| ② 쟁의행위는 제5장 제2절 내지 제4절의 규정에 의한 조정절차(제61조의2의 규정에 따른 조정종료 결정 후의 조정절차를 제외한다)를 거치지 아니하면 이를 행할 수 없다. 다만, 제54조의 규정에 의한 기간내에 조정이 종료되지 아니하거나 제63조의 규정에 의한 기간내에 중재재정이 이루어지지 아니한 경우에는 그러하지 아니하다. | 1년 이하의 징역 또는 1천만원 이하의 벌금 |
| 제53조(조정의 개시) ①노동위원회는 관계 당사자의 일방이 노동쟁의의 조정을 신청한 때에는 지체없이 조정을 개시하여야 하며 관계 당사자 쌍방은 이에 성실히 임하여야 한다.<br>② 노동위원회는 제1항의 규정에 따른 조정신청 전이라도 원활한 조정을 위하여 교섭을 주선하는 등 관계 당사자의 자주적인 분쟁 해결을 지원할 수 있다. | |
| 제62조(중재의 개시) 노동위원회는 다음 각 호의 어느 하나에 해당하는 때에는 중재를 행한다.<br>1. 관계 당사자의 쌍방이 함께 중재를 신청한 때<br>2. 관계 당사자의 일방이 단체협약에 의하여 중재를 신청한 때 | |
| 제63조(중재시의 쟁의행위의 금지) 노동쟁의가 중재에 회부된 때에는 그 날부터 15일간은 쟁의행위를 할 수 없다. | 1년 이하의 징역 또는 1천만원 이하의 벌금 |

## 1. 중재의 대상

중재절차는 원칙적으로 노동쟁의가 발생한 경우에 노동쟁의의 대상이 된 사항에 대하여 행하여지는 것이고, 노동조합법 제2조 제5호에서는 노동쟁의를 '노동조합과 사용자 또는 사용자 단체 간에 임금·근로시간·복지·해고 기타 대우 등 근로조건의 결정에 관한 주장의 불일치로 인하여 발생한 분쟁상태'라고 규정하고 있으므로 근로조건 이외의 사항에 관한 노동관계 당사자 사이의 주장의 불일치로 인한 분쟁상태는 근로조건의 결정에 관한 분쟁이 아니어서 현행법상의 노동쟁의라고 할 수 없고, 특별한 사정이 없는 한 이러한 사항은 중재재정의 대상으로 할 수 없다.[172] 다만, 중재절차는 노동쟁의의 자주적 해결과 신속한 처리를 위한 광의의 노동쟁의조정절차의 일부분이므로, 법원은 노사관계 당사자 쌍방이 합의하여 단체협약의 대상이 될 수 있는 사항에 대하여 중재를 해 줄 것을 신청한 경우이거나 이와 동일시할 수 있는 사정이 있는 경우에는 근로조건 이외의 사항에 대

---

172) 대법원 1992. 6. 23. 선고 91다19210 판결, 대법원 1996. 2. 23. 선고 94누9177 판결, 대법원 2003. 7. 25. 선고 2001두4818 판결 등.

하여도 중재재정을 할 수 있다고 본다.[173)

## 2. 조정전치제도의 의미

쟁의행위는 노동조합법의 규정에 의한 조정절차를 거치지 아니하면 이를 행할
수 없다(노조법 제45조 제2항). 이 규정의 취지는 분쟁을 사전 조정하여 쟁의행위 발
생을 회피하는 기회를 주려는 데에 있는 것이지 쟁의행위 자체를 금지하려는 데
에 있는 것이 아니므로, 쟁의행위가 조정전치의 규정에 따른 절차를 거치지 않았
더라도 무조건 정당성을 결여한 쟁의행위가 되는 것은 아니다.[174) 따라서 쟁의행
위에 대한 조합원 찬반투표 당시 노동쟁의 조정절차를 거쳤는지 여부를 기준으로
쟁의행위의 정당성을 판단할 것은 아니다.[175) 또한 노동조합이 노동위원회에 노
동쟁의 조정신청을 하여 조정절차가 마쳐지거나 조정이 종료되지 아니한 채 조정
기간이 끝나면 노동조합은 쟁의행위를 할 수 있는 것으로 노동위원회가 반드시
조정결정을 한 뒤에 쟁의행위를 하여야지 그 절차가 정당한 것은 아니다.[176)

## IX. 부당노동행위

| 노동조합법 | |
|---|---|
| 제81조(부당노동행위) ① 사용자는 다음 각 호의 어느 하나에 해당하는 행위 (이하 "不當勞動行爲"라 한다)를 할 수 없다.<br>1. 근로자가 노동조합에 가입 또는 가입하려고 하였거나 노동조합을 조직하려고 하였거나 기타 노동조합의 업무를 위한 정당한 행위를 한 것을 이유로 그 근로자를 해고하거나 그 근로자에게 불이익을 주는 행위<br>2. 근로자가 어느 노동조합에 가입하지 아니할 것 또는 탈퇴할 것을 고용조건으로 하거나 특정한 노동조합의 조합원이 될 것을 고용조건으로 하는 행위. 다만, 노동조합이 당해 사업장에 종사하는 근로자의 3분의 2 이상을 대표하고 있을 때에는 근로자가 그 노동조합의 조합원이 될 것을 고용조건으로 하는 단체협약의 체결은 예외로 하며, 이 경우 사용자는 근로자가 그 노동조합에서 제명된 것 또는 그 노동조합을 탈퇴하여 새로 노동조합을 조직하거나 다른 노동조합에 가입한 것을 이유로 근로자에게 신분상 불이익한 행위를 할 수 없다. | 2년 이하의 징역 또는 2천만원 이하의 벌금 |

---

173) 대법원 2003. 7. 25. 선고 2001두4818 판결.
174) 대법원 2000. 10. 13. 선고 99도4812 판결, 대법원 2020. 10. 15. 선고 2019두40345 판결.
175) 대법원 2020. 10. 15. 선고 2019두40345 판결.
176) 대법원 2001. 6. 26. 선고 2000도2871 판결.

| 노동조합법 | |
|---|---|
| 3. 노동조합의 대표자 또는 노동조합으로부터 위임을 받은 자와의 단체협약체결 기타의 단체교섭을 정당한 이유없이 거부하거나 해태하는 행위<br>4. 근로자가 노동조합을 조직 또는 운영하는 것을 지배하거나 이에 개입하는 행위와 근로시간 면제한도를 초과하여 급여를 지급하거나 노동조합의 운영비를 원조하는 행위. 다만, 근로자가 근로시간 중에 제24조제2항에 따른 활동을 하는 것을 사용자가 허용함은 무방하며, 또한 근로자의 후생자금 또는 경제상의 불행 그 밖에 재해의 방지와 구제 등을 위한 기금의 기부와 최소한의 규모의 노동조합사무소의 제공 및 그 밖에 이에 준하여 노동조합의 자주적인 운영 또는 활동을 침해할 위험이 없는 범위에서의 운영비 원조행위는 예외로 한다.<br>5. 근로자가 정당한 단체행위에 참가한 것을 이유로 하거나 또는 노동위원회에 대하여 사용자가 이 조의 규정에 위반한 것을 신고하거나 그에 관한 증언을 하거나 기타 행정관청에 증거를 제출한 것을 이유로 그 근로자를 해고하거나 그 근로자에게 불이익을 주는 행위 | |
| ② 제1항제4호단서에 따른 "노동조합의 자주적 운영 또는 활동을 침해할 위험" 여부를 판단할 때에는 다음 각 호의 사항을 고려하여야 한다.<br>1. 운영비 원조의 목적과 경위<br>2. 원조된 운영비 횟수와 기간<br>3. 원조된 운영비 금액과 원조방법<br>4. 원조된 운영비가 노동조합의 총수입에서 차지하는 비율<br>5. 원조된 운영비의 관리방법 및 사용처 등 | |

## 1. 부당노동행위 주체

사용자는 부당노동행위를 해서는 안 된다(노동조합법 제81조). 즉 부당노동행위의 주체는 사용자이고, 이때 사용자는 노동조합법상 사용자를 의미하므로, 근로계약관계가 없는 사업주도 부당노동행위의 주체가 될 수 있다. 판례는 원청업체가 하청업체 노동자의 노동조건 등에 실질적인 지배력을 행사하고 있다면 원청업체도 부당노동행위에서의 사용자라고 보고 있다.177) 그 이유는 다음과 같다.

---

177) 대법원 2010. 3. 25. 선고 2007두8881 판결. 이 사건에서 원고 회사는 사내 하청업체 소속 근로자들의 작업 내용, 시간, 일정을 관리, 통제하고 작업의 진행방법, 휴식, 야간근로 등에 관해서도 실질적으로 지휘감독하였다. 사내 하청업체 소속 근로자들은 원고 회사가 계획한 작업질서에 편입되어 원고 회사의 근로자들과 함께 업무에 종사하였고, 사내 하청업체 대부분은 원고 회사의 업무만 수행하였다. 원고회사는 유인물을 배포한 사내하청 근로자의 업체에 대해 도급계약 해지 등을 경고하였고, 노조 간부가 소속된 하청업체들은 경영상 폐업할 사정이 없음에도 노조 설립 직후 폐업을 결정하였으며, 폐업된 하청업체의 근로자와 하도급업무는 신설업체 내지 타업체로 이전되었다.

① 부당노동행위의 예방·제거는 노동위원회의 구제명령을 통해서 이루어지는 것이므로, 구제명령을 이행할 수 있는 법률적 또는 사실적인 권한이나 능력을 가지는 지위에 있는 한 그 한도 내에서는 부당노동행위의 주체로서 구제명령의 대상자인 사용자에 해당한다고 볼 수 있다.

② 노동조합법 제81조 제1항 제4호는 '근로자가 노동조합을 조직 또는 운영하는 것을 지배하거나 이에 개입하는 행위'등을 부당노동행위로 규정하고 있고, 이는 단결권을 침해하는 행위를 부당노동행위로서 배제·시정하여 정상적인 노사관계를 회복하는 것을 목적으로 하고 있으므로, 그 지배·개입 주체로서의 사용자인지 여부도 당해 구제신청의 내용, 그 사용자가 근로관계에 관여하고 있는 구체적 형태, 근로관계에 미치는 실질적인 영향력 내지 지배력의 유무 및 행사의 정도 등을 종합하여 결정하여야 한다.

③ 따라서 근로자의 기본적인 노동조건 등에 관하여 그 근로자를 고용한 사업주로서의 권한과 책임을 일정 부분 담당하고 있다고 볼 정도로 실질적이고 구체적으로 지배·결정할 수 있는 지위에 있는 자가, 노동조합을 조직 또는 운영하는 것을 지배하거나 이에 개입하는 등으로 노동조합법 제81조 제1항 제4호 소정의 행위를 하였다면, 그 시정을 명하는 구제명령을 이행하여야 할 사용자에 해당한다.

사업주 이외 그 사업의 근로자에 관한 사항에 대하여 사업주를 위하여 행동하는 사람도 부당노동행위의 주체가 될 수 있다.[178] 노동조합법 제81조에 따라 부당노동행위를 하는 것이 금지되는 '사용자'에는 사업주뿐만 아니라 사업의 경영담당자, 그 사업의 근로자에 관한 사항에 대하여 사업주를 위하여 행동하는 사람이 모두 포함되기 때문이다. 노동조합법이 같은 법 각 조항에 대한 준수의무자로서의 사용자를 사업주에 한정하지 아니하고 사업의 경영담당자 또는 그 사업의 근로자에 관한 사항에 대하여 사업주를 위하여 행동하는 자로 확대한 이유는 노동현장에서 노동조합법의 각 조항에 대한 실효성을 확보하기 위한 정책적 배려에 있다고 볼 수 있다.[179] 부당노동행위에 대한 구제제도는 집단적 노사관계의 질서를 침해하는 사용자의 행위를 예방·제거함으로써 근로자의 단결권·단체교섭권 및 단체행동권을 확보하여 노사관계의 질서를 신속하게 정상화하는 것에 그 목적이 있는바, 현실적으로 발생하는 부당노동행위의 유형이 다양하고 노사관계의 변

---

178) 대법원 2022. 5. 12. 선고 2017두54005 판결.
179) 대법원 2022. 5. 12. 선고 2017두54005 판결.

화에 따라 그 영향도 다각적이어서 부당노동행위의 예방·제거를 위한 구제명령
의 방법과 내용은 유연하고 탄력적일 필요가 있으므로, 구제명령을 발령할 상대
방도 구제명령의 내용이나 그 이행 방법, 구제명령을 실효적으로 이행할 수 있는
법률적 또는 사실적인 권한이나 능력을 가지는지 여부 등을 고려하여 결정하여야
하고, 그 상대방이 사업주인 사용자에 한정된다고 볼 수 없는 것이다.[100]

## 2. 취업시간 중 조합활동

노동조합의 활동이 정당하다고 하기 위하여는 행위의 성질상 노동조합의 활동
으로 볼 수 있거나 노동조합의 묵시적인 수권 또는 승인을 받았다고 볼 수 있는
것으로서 근로조건의 유지 개선과 근로자의 경제적 지위의 향상을 도모하기 위하
여 필요하고 근로자들의 단결강화에 도움이 되는 행위이어야 하며, 취업규칙이나
단체협약에 별도의 허용규정이 있거나 관행 또는 사용자의 승낙이 있는 경우 외
에는 취업시간 외에 행하여져야 하고, 사업장 내의 조합활동에 있어서는 사용자
의 시설관리권에 바탕을 둔 합리적인 규율이나 제약에 따라야 하며, 폭력과 파괴
행위 등의 방법에 의하지 않는 것이어야 한다.[181] 따라서 노동조합의 조합활동은
취업규칙이나 단체협약에 별도의 허용규정이 있거나 관행 또는 사용자의 승낙이
있는 경우를 제외하고는 업무시간 외에, 사업장 밖에서 이루어질 것을 원칙으로
하되, 사업장 내에서 조합활동이 이루어지는 경우에는 사용자의 시설관리권에 바
탕을 둔 합리적인 규율이나 제약에 따라야 하고, 폭력과 파괴행위 등이 수반되어
서는 안 된다.

근무시간 중 열린 노동조합 임시총회가 정당한 조합활동의 범위에 속하는지 여
부가 문제된 사례에서 법원은 해당 임시총회가 비록 근무시간 중에 열리기는 했
고, 4시간의 총회시간 중 쟁의행위를 위해 필수적 요건은 조합원 찬반투표를 실
시한 후 남은 1시간을 여흥에 사용하기는 하였지만 조합원 찬반투표가 2회에 걸
친 서면통보를 거쳐 개최되어 회사가 이에 대비할 여유가 충분히 있었고, 일부
조합원들이 야간근무를 하는 회사의 근무형태 때문에 전체 조합원이 총회에 참석
할 수 있게 하려면 비록 근무시간 중이기는 하지만 야간근무가 끝나고 주간근무

---

180) 대법원 2022. 5. 12. 선고 2017두54005 판결.
181) 대법원 1994. 2. 22. 선고 93도613 판결.

가 시작되는 교대시간에 총회를 소집하는 것이 필요하였으며, 쟁의행위에 들어갈 것인지 여부를 결정하기 위하여는 의견교환등도 필요하였을 것이라는 사정 등과 위 조합원의 수 등에 비추어 총회가 근무시간중에 열렸다는 사정만으로 위법하다고 할 수 없다고 판단한 경우가 있다.[182]

## 3. 조합원의 자발적 활동

판례에 따르면 조합원이 조합의 결의나 조합의 구체적인 지시에 따라서 한 노동조합의 조직적인 활동 그 자체가 아닐지라도 그 행위의 성질상 노동조합의 활동으로 볼 수 있거나, 노동조합의 묵시적인 수권 혹은 승인을 받았다고 볼 수 있을 때에는 노동조합의 업무를 위한 행위로 보아야 한다.[183] 그러므로 근로자가 노동조합의 위원장으로 출마한 행위는 노동조합의 업무를 위한 정당한 행위에 해당함이 분명하고, 다수의 노동조합위원장 입후보자 중 일부만 사퇴하고 복수 이상의 후보자가 남았는데 그 중 한 사람이 사퇴자의 사퇴이유를 왜곡하여 그의 선거운동에 이용하는 경우, 당해 사퇴자가 그의 사퇴이유를 유인물 배포로 조합원에게 알리는 행위를 하는 것도 조합의 업무를 위한 행위에 포함되는 것으로 해석하는 것이 상당하고, 후보자가 한 사람만 남아 가·부의 투표를 하게 되는 경우에도 마찬가지이다.[184]

취업시간 아닌 주간의 휴게시간 중의 유인물 배포는 다른 근로자의 취업에 나쁜 영향을 미치거나 휴게시간의 자유로운 이용을 방해하거나 구체적으로 직장질서를 문란하게 하는 것이 아닌 한 허가를 얻지 아니하였다는 이유만으로 정당성을 잃는다고 할 수 없다.[185]

또한, 회사가 취업규칙에서 여론조사나 유인물의 배포에 관하여 회사의 사전 승인을 얻도록 하고 있다고 할지라도 근로자들의 근로조건의 유지·향상이나 복지 증진을 위한 정당한 행위까지 금지할 수는 없는 것이므로 그 행위가 정당한가 아닌가는 회사의 승인 여부만을 가지고 판단할 것은 아니고, 그 유인물의 내용, 매수, 배포의 시기, 대상, 방법, 이로 인한 기업이나 업무에의 영향 등을 기준으로

---

182) 대법원 1994. 2. 22. 선고 93도613 판결.
183) 대법원 1991. 11. 12. 선고 91누4164 판결.
184) 상동.
185) 대법원 1991. 11. 12. 선고 91누4164 판결.

하여야 한다.[186] 유인물로 배포된 문서에 기재되어 있는 문언에 의하여 타인의 인격, 신용, 명예 등이 훼손 또는 실추되거나 그렇게 될 염려가 있고, 또 그 문서에 기재되어 있는 사실관계의 일부가 허위이거나 그 표현에 다소 과장되거나 왜곡된 점이 있다고 하더라도 그 문서를 배포한 목적이 타인의 권리나 이익을 침해하려는 것이 아니라 근로조건의 유지·개선과 근로자의 복지 증진 기타 경제적·사회적 지위의 향상을 도모하기 위한 것으로서 그 문서의 내용이 전체적으로 보아 진실한 것이라면 이는 근로자들의 정당한 활동범위에 속한다.[187]

## 4. 불이익취급의 부당노동행위

### 1) 불이익취급의 의의와 내용

노동조합법은 근로자가 노동조합에 가입 또는 가입하려고 하였거나 노동조합을 조직하려고 하였거나 기타 노동조합의 업무를 위한 정당한 행위를 한 것을 이유로 그 근로자를 해고하거나 그 근로자에게 불이익을 주는 행위 및 근로자가 정당한 단체행위에 참가한 것을 이유로 하거나 또는 노동위원회에 대하여 사용자가 이 조의 규정에 위반한 것을 신고하거나 그에 관한 증언을 하거나 기타 행정관청에 증거를 제출한 것을 이유로 그 근로자를 해고하거나 그 근로자에게 불이익을 주는 행위를 금지하고 있다(노동조합법 제81조 제1항 제1호, 제5호).

금지되는 불이익은 조합활동상의 불이익(조합활동에 대한 혐오·방해의 승진이나 배치전환 내지는 노조전임자 원직복귀 명령), 신분·인사상의 불이익(해고, 계약갱신 거부, 승진탈락, 강등), 경제적 불이익(연장근로 거부, 감봉, 차별적인 임금 및 복리후생), 생활상의 불이익(별거가 수반되는 배치전환) 등을 포함한다. 근로장소가 특정되어 있는 조합원을 노동쟁의가 한창인 무렵에 다른 곳으로 전직시키는 것, 특정근로자가 파업에 참가하였거나 노조활동에 적극적이라는 이유로 해당 근로자에게 연장근로를 거부하는 것도 불이익을 주는 행위에 포함될 수 있다.

불이익취급의 부당노동행위 해당 여부가 문제된 경우로, 근로자에 대한 인사고과가 상여금의 지급기준이 되는 사업장에서 사용자가 특정 노동조합의 조합원이라는 이유로 다른 노동조합의 조합원 또는 비조합원보다 불리하게 인사고과를 하

---

186) 대법원 1997. 12. 23. 선고 96누11778 판결, 대법원 2017. 8. 18. 선고 2017다227325 판결.
187) 상동.

여 상여금을 적게 지급하는 불이익을 준 행위는 부당노동행위에 해당된다고 판단한 사례가 있다.188) 대법원은 "이 경우 사용자의 행위가 부당노동행위에 해당하는지 여부는, 특정 노동조합의 조합원 집단과 다른 노동조합의 조합원 또는 비조합원 집단을 전체적으로 비교하여 양 집단이 서로 동질의 균등한 근로자 집단임에도 불구하고 인사고과에 양 집단 사이에 통계적으로 유의미한 격차가 있었는지, 인사고과의 그러한 격차가 특정 노동조합의 조합원임을 이유로 불이익취급을 하려는 사용자의 반조합적 의사에 기인한다고 볼 수 있는 객관적인 사정이 있었는지, 인사고과에서의 그러한 차별이 없었더라도 동등한 수준의 상여금이 지급되었을 것은 아닌지 등을 심리하여 판단하여야 한다."고 판시했다.189)

### 2) 표면적인 사유와 달리 실질적인 부당노동행위에 해당하는 경우

사용자가 근로자를 해고함에 있어서 표면적으로 내세우는 해고사유와는 달리 실질적으로는 근로자의 정당한 노동조합 활동을 이유로 해고한 것으로 인정되는 경우에 있어서는 그 해고는 부당노동행위라고 보아야 할 것이고, 근로자의 노동조합 업무를 위한 정당한 행위를 실질적인 해고사유로 한 것인지의 여부는 사용자 측이 내세우는 해고사유와 근로자가 한 노동조합 업무를 위한 정당한 행위의 내용, 해고를 한 시기, 사용자와 노동조합과의 관계, 동종의 사례에 있어서 조합원과 비조합원에 대한 제재의 불균형 여부, 종래의 관행에 부합 여부, 사용자의 조합원에 대한 언동이나 태도, 기타 부당노동행위 의사의 존재를 추정할 수 있는 제반 사정 등을 비교 검토하여 판단하여야 한다.190)

---

188) 대법원 2018. 12. 27. 선고 2017두37031 판결.
189) 대법원 2018. 12. 27. 선고 2017두37031 판결. 대법원은 경영상 이유에 의한 해고 대상자 선정이 불이익취급의 부당노동행위에 해당되는지 여부가 문제된 사건에서도 이와 같은 판단 법리를 제시한 바 있다. 즉, 사용자가 어느 근로자에 대하여 노동조합의 조합원이라는 이유로 비조합원보다 불리하게 인사고과를 하고 그 인사고과가 경영상 이유에 의한 해고 대상자 선정기준이 됨에 따라 그 조합원인 근로자가 해고되기에 이르렀다고 하여 그러한 사용자의 행위를 부당노동행위라고 주장하는 경우, 그것이 부당노동행위에 해당하는지 여부는, "조합원 집단과 비조합원 집단을 전체적으로 비교하여 양 집단이 서로 동질의 균등한 근로자 집단임에도 불구하고, 인사고과에 있어서 양 집단 사이에 통계적으로 유의미한 격차가 있었는지, 인사고과에 있어서의 그러한 격차가 노동조합의 조합원임을 이유로 하여 비조합원에 비하여 불이익취급을 하려는 사용자의 반조합적 의사에 기인하는 것, 즉 사용자의 부당노동행위 의사의 존재를 추정할 수 있는 객관적인 사정이 있었는지, 인사고과에 있어서의 그러한 차별이 없었더라면 해고 대상자 선정기준에 의할 때 해고대상자로 선정되지 않았을 것인지 등을 심리하여 판단하여야 한다."고 판시했다(대법원 2009. 3. 26. 선고 2007두25695 판결).
190) 대법원 1999. 11. 9. 선고 99두4273 판결. 택시회사의 근로자가 운행중인 택시기사들에게 무선호출마이크로 상무의 도박 등의 비행을 폭로하는 방송을 하고, 이를 징계하려는 이사들에게 폭

### 3) 승진이 부당노동행위에 해당하는지 여부

판례에 따르면, 사용자가 근로자의 노동조합활동을 혐오하거나 노동조합활동을 방해하려는 의사로 노동조합의 간부이거나 노동조합활동에 적극적으로 관여하는 근로자를 승진시켜 조합원 자격을 잃게 한 경우에는 노동조합활동을 하는 근로자에게 불이익을 주는 행위로서 부당노동행위가 성립될 수 있을 것인바, 이 경우에 근로자의 승진이 사용자의 부당노동행위 의사에 의하여 이루어진 것인지의 여부는 승진의 시기와 조합활동과의 관련성, 업무상 필요성, 능력의 적격성과 인선의 합리성 등의 유무와 당해 근로자의 승진이 조합활동에 미치는 영향 등 제반 사정을 고려하여 판단하여야 한다.191)

## 5. 반조합계약의 부당노동행위

근로자가 어느 노동조합에 가입하지 아니할 것 또는 탈퇴할 것을 고용조건으로 하거나 특정한 노동조합의 조합원이 될 것을 고용조건으로 하는 행위는 사용자의 부당노동행위로서 금지된다(노동조합법 제81조 제1항 제2호 본문). 다만, 노동조합이 당해 사업장에 종사하는 근로자의 3분의 2 이상을 대표하고 있을 때에는 근로자가 그 노동조합의 조합원이 될 것을 고용조건으로 하는 단체협약의 체결은 예외로 하며, 이 경우 사용자는 근로자가 그 노동조합에서 제명된 것 또는 그 노동조합을 탈퇴하여 새로 노동조합을 조직하거나 다른 노동조합에 가입한 것을 이유로 근로자에게 신분상 불이익한 행위를 할 수 없다(노동조합법 제81조 제1항 제2호 단서 : 유니언숍 협정의 의미 부분 참조).

유니언숍(Union Shop) 협정은 노동조합의 단결력을 강화하기 위한 강제의 한 수단으로서 근로자가 대표성을 갖춘 노동조합의 조합원이 될 것을 '고용조건'으로

---

언하고, '교통사고합의 과정에 관여한 상무가 가해자들로부터 받은 합의금 일부를 횡령하였다.'는 취지로 회사의 상무이사를 고소한 데 이어 이 사실을 신문에 제보하는 한편 노동조합 휴게실의 흑판에 조합장의 무선호출기 설치사업에 관련된 자금지출내역의 공개를 요구하는 글을 쓰고, 게시판에 '대기기사 수입이 지나치게 적어 생계에 지장이 있으므로 회사가 이를 시정하여 달라'는 취지의 서면을 부착한 사안에서 휴게실에 위와 같은 글을 쓰고 서면을 부착한 행위는 근로자의 정당한 활동범위에 속하고, 다른 비위행위는 그 경위 등에 비추어 근로관계를 계속할 수 없을 정도의 중대한 사유로 보기 어렵다는 이유로 그에 대한 해고처분이 징계재량권을 일탈하여 위법하다고 한 사례이다.
191) 대법원 1998. 12. 23. 선고 97누18035 판결.

하고 있는 것이므로 단체협약에 유니언숍 협정에 따라 근로자는 노동조합의 조합
원이어야만 된다는 규정이 있는 경우에는 다른 명문의 규정이 없더라도 사용자는
노동조합에서 탈퇴한 근로자를 해고할 의무가 있고, 이것은 노동조합법 제81조
제1항 제2호 본문에서 금지하는 부당노동행위에 해당하지 않는다.[192] 다만 단체
협약상의 유니언숍 협정에 의하여 사용자가 노동조합을 탈퇴한 근로자를 해고할
의무는 단체협약상의 채무일 뿐이고, 이러한 채무불이행 자체가 곧 노동조합에
대한 지배·개입의 부당노동행위에 해당한다고 단정할 수는 없다.[193]

## 6. 지배개입의 부당노동행위

### 1) 지배개입의 부당노동행위의 금지

근로자가 노동조합을 조직 또는 운영하는 것을 지배하거나 이에 개입하는 행위
와 노동조합의 전임자에게 급여를 지원하거나 노동조합의 운영비를 원조하는 행
위는 금지된다(노동조합법 제81조 제1항 제4호 본문). 다만, 근로자가 근로시간 중에
제24조 제4항에 따른 활동을 하는 것을 사용자가 허용함은 무방하며, 또한 근로
자의 후생자금 또는 경제상의 불행 그 밖에 재해의 방지와 구제 등을 위한 기금의
기부와 최소한의 규모의 노동조합사무소의 제공 및 그 밖에 이에 준하여 노동조
합의 자주적인 운영 또는 활동을 침해할 위험이 없는 범위에서의 운영비 원조행
위는 예외로 한다(노동조합법 제81조 제1항 제4호 단서). 이때 "노동조합의 자주적 운
영 또는 활동을 침해할 위험" 여부를 판단할 때에는 운영비 원조의 목적과 경위,
원조된 운영비 횟수와 기간, 원조된 운영비 금액과 원조방법, 원조된 운영비가 노
동조합의 총수입에서 차지하는 비율, 원조된 운영비의 관리방법 및 사용처 등을
고려하여야 한다(노동조합법 제81조 제2항).[194]

판례에 따르면 위에서 금지되는 지배개입의 부당노동행위가 성립되기 위해 반
드시 근로자의 단결권 침해라는 결과가 발생할 것이 요구되지는 않는다.[195] 그리
고 실제 지배개입의 부당노동행위가 성립한다고 본 경우로는, 해고되었으나 조합

---

192) 대법원 1998. 3. 24. 선고 96누16070 판결.
193) 상동.
194) 노동조합법 제81조 제2항은 노동조합법 제81조 제1항 제4호 본문에 대한 헌법불합치결정(헌법
   재판소 2018. 5. 31. 2012헌바90 결정)에 따라 2020년 6월 9일 신설되었다.
195) 대법원 1997. 5. 7. 선고 96누2057 판결, 대법원 2013. 1. 10. 선고 2011도15497 판결 등.

원자격을 유지하게 된 노조대표자의 조합장 복귀와 그 명의의 조합비 일괄공제요
청 등에 대해 사용자가 거부한 경우,196) 쟁의행위 등 정당한 조합활동을 혐오한
나머지 조합활동을 곤란하게 할 목적으로 원직복귀명령을 내린 경우,197) 조합의
결의로 준법운행을 하고 있는 조합원들을 모아서 준법운행에 참여하게 된 경위를
묻고 준법운행에 반대하여 종전과 같은 방식으로 근무할 것을 종용하는 등의 행
위를 하고 그 결과 일부 조합원들이 준법운행을 반대하고 종전과 같은 방식으로
근무할 것을 결의하는 등의 행위를 한 경우198) 등이 있다.

### 2) 사용자의 언론과 부당노동행위의 관계

판례에 따르면, 사용자가 연설, 사내방송, 게시문, 서한 등을 통하여 의견을 표
명할 수 있는 언론의 자유를 가지고 있음은 당연하나, 그것이 행하여진 상황, 장
소, 그 내용, 방법, 노동조합의 운영이나 활동에 미친 영향 등을 종합하여 노동조
합의 조직이나 운영을 지배하거나 이에 개입하는 의사가 인정되는 경우에는 부당
노동행위가 성립한다.199) 공식 석상에서 전직원을 상대로 노조를 부인하고 신분
상 불이익이 있을 수 있다는 취지로 발언한 경우 지배개입의 부당노동행위는 성
립할 수 있다. 지배개입에 해당하는 사용자의 의견표명이 노조활동에 전혀 영향
을 미치지 못하였다고 하더라도 부당노동행위는 성립할 수 있다.

다만 대법원 판례 중 '노동조합의 활동에 대하여 단순히 비판적 견해를 표명하
는 행위 또는 파업의 정당성과 적법성 여부 및 파업이 회사나 근로자에 미치는
영향 등을 설명하는 행위는 거기에 징계 등 불이익의 위협 또는 이익제공의 약속
등이 포함되어 있지 않는 한 사용자에게 지배개입의사가 있다고 가볍게 단정할
것은 아니라고 판시한 경우가 있다.200)

---

196) 대법원 1997. 5. 7. 선고 96누2057 판결. 회사가 해고를 다투는 조합장의 조합장 복귀 통지문
   을 반려하고 조합장이 아닌 다른 조합원 명의로 조합비 등의 일괄공제 요구를 할 것을 요청한
   것은 조합장의 노동조합활동을 방해하려는 의도에서 이루어진 것으로서 비록 이로 인하여 근로
   자의 단결권 침해라는 결과가 발생하지 아니하였다고 하더라도 지배·개입으로서의 부당노동행
   위에 해당한다고 한 사례이다.
197) 대법원 1991. 5. 28. 선고 90누6392 판결.
198) 대법원 1991. 12. 10. 선고 91누636 판결.
199) 대법원 1998. 5. 22. 선고 97누8076 판결, 대법원 2006. 9. 8. 선고 2006도388 판결 등.
200) 대법원 2013. 1. 10. 선고 2011도15497 판결. 전국철도노동조합이 한국철도공사와 단체교섭 결
   렬을 이유로 파업을 예고한 상태에서 파업 예정일 하루 전에 사용자 측 교섭위원인 甲이 직원들
   을 상대로 설명회를 개최하려고 지역 사업소에 도착하자, 노동조합 간부인 피고인들 등이 청사
   안으로 들어가지 못하게 몸으로 가로막는 등 위력으로 甲의 업무를 방해하였다는 내용으로 기

### 3) 개별 교섭 절차 진행 중 특정 노조에게만 금품을 지급한 경우

개별 교섭 절차가 진행되던 중에 사용자가 특정 노동조합과 체결한 단체협약의 내용에 따라 해당 노동조합의 조합원에게만 금품을 지급한 경우, 사용자의 이러한 금품 지급 행위가 다른 노동조합의 조직이나 운영을 지배하거나 이에 개입하는 의사에 따른 것이라면 부당노동행위에 해당할 수 있다.[201] 이 경우 사용자의 행위가 부당 노동행위에 해당하는지 여부는, 금품을 지급하게 된 배경과 명목, 금품 지급에 부가된 조건, 지급된 금품의 액수, 금품 지급의 시기나 방법, 다른 노동조합과의 교섭 경위와 내용, 다른 노동조합의 조직이나 운영에 미치거나 미칠 수 있는 영향 등을 종합적으로 고려하여 판단하여야 한다.[202]

### 4) 근로시간 면제자에 대한 급여지급

근로자는 단체협약으로 정하거나 사용자의 동의가 있는 경우에는 사용자 또는 노동조합으로부터 급여를 지급받으면서 근로계약 소정의 근로를 제공하지 아니하고 노동조합의 업무에 종사할 수 있다(노동조합법 제24조 제1항). 이에 따라 사용자로부터 급여를 지급받는 근로자(이하 "근로시간면제자"라 한다)는 사업 또는 사업장별로 종사근로자인 조합원 수 등을 고려하여 결정된 근로시간 면제 한도(이하 "근로시간 면제 한도"라 한다)를 초과하지 아니하는 범위에서 임금의 손실 없이 사용자와의 협의·교섭, 고충처리, 산업안전 활동 등 이 법 또는 다른 법률에서 정하는 업무와 건전한 노사관계 발전을 위한 노동조합의 유지·관리업무를 할 수 있다(노동조합법 제24조 제2항). 사용자는 근로지간 면제 한도를 초과하지 아니하는 범위에서 근로시간면제자에게 급여를 지급할 수 있다.

이는 노동조합이 사용자에게 경제적으로 의존하는 것을 막아 노동조합의 자주성을 확보하기 위하여 노조전임자 급여 지원 행위를 금지하는 대신, 사용자의 노무관리업무를 대행하는 노조전임자 제도의 순기능을 고려하여 일정한 한도 내에서 근로시간 면제 방식으로 노동조합 활동을 계속 보장하려는 데에 그 입법목적

---

소된 사안에서, 설명회 개최가 노동조합 운영에 대한 지배·개입의 부당노동행위로서 업무방해죄의 보호법익인 '업무'에 해당하지 않는다는 등의 이유로 피고인들에게 무죄를 선고한 원심판결에 법리오해 등 위법이 있다고 한 사례이다.

201) 대법원 2019. 4. 25. 선고 2017두33510 판결.

202) 상동.

이 있다.203)

그리고 사용자의 부당노동행위를 규제하는 노동조합법 제81조는 이러한 내용을 반영하여 제4호 본문에서 '근로자가 노동조합을 조직 또는 운영하는 것을 지배하거나 이에 개입하는 행위와 노조전임자에게 급여를 지원하거나 노동조합의 운영비를 원조하는 행위'를 부당노동행위로 금지하되, 그 단서에서 '근로시간 면제자가 근로시간 중에 노동조합법 제24조 제4항에 따른 활동을 하는 것을 허용하는 행위'는 부당노동행위에 해당하지 않는 것으로 정하고 있다. 따라서 단순히 노조전임자에 불과할 뿐 근로시간 면제자로 지정된 바 없는 근로자에게 급여를 지원하는 행위는 그 자체로 부당노동행위가 되지만, 근로시간 면제자에게 급여를 지급하는 행위는 특별한 사정이 없는 한 부당노동행위가 되지 않는 것이 원칙이라고 할 수 있다.204)

다만, 근로시간 면제자로 하여금 근로제공의무가 있는 근로시간을 면제받아 경제적인 손실 없이 노동조합 활동을 할 수 있게 하려는 근로시간 면제 제도 본연의 취지에 비추어 볼 때, 근로시간 면제자에게 지급하는 급여는 근로제공의무가 면제되는 근로시간에 상응하는 것이어야 한다.205) 그러므로 단체협약 등 노사 간 합의에 의한 경우라도 타당한 근거 없이 과다하게 책정된 급여를 근로시간 면제자에게 지급하는 사용자의 행위는 노동조합법 제81조 제1항 제4호 단서에서 허용하는 범위를 벗어나는 것으로서 노조전임자 급여 지원 행위나 노동조합 운영비 원조 행위에 해당하는 부당노동행위가 될 수 있다.206) 여기서 근로시간 면제자에 대한 급여 지급이 과다하여 부당노동행위에 해당하는지는 근로시간 면제자가 받은 급여 수준이나 지급 기준이 그가 근로시간 면제자로 지정되지 아니하고 일반 근로자로 근로하였다면 해당 사업장에서 동종 혹은 유사업무에 종사하는 동일 또는 유사 직급·호봉의 일반 근로자의 통상 근로시간과 근로조건 등을 기준으로 받을 수 있는 급여 수준이나 지급 기준을 사회통념상 수긍할 만한 합리적인 범위를 초과할 정도로 과다한지 등의 사정을 살펴서 판단하여야 한다.207)

---

203) 헌법재판소 2014. 5. 29. 선고 2010헌마606 결정.
204) 대법원 2016. 4. 28. 선고 2014두11137 판결.
205) 대법원 2018. 5. 15. 선고 2018두33050 판결.
206) 상동.
207) 상동.

#### 5) 직장폐쇄와 부당노동행위

사용자에 의한 직장폐쇄 상황에서 근로자들이 업무복귀의사를 표명하였고, 이것이 객관적으로 확인된 상황에서도 직장폐쇄가 이어지는 것은 부당노동행위에 해당할 수 있다.[208] (직장폐쇄 부분 참조)

#### 6) 복수 노동조합 하의 부당노동행위

사용자가 복수 노동조합 하의 각 노동조합에 동일한 내용의 조건을 제시하였고, 또 그 내용이 합리적·합목적적이라면 원칙적으로 부당노동행위의 문제는 발생하지 않지만, 예외적으로 사용자가 복수 노동조합 중 한 노동조합의 약체화를 꾀하기 위하여 해당 노동조합의 입장에서 받아들이기 어려울 것으로 예상되는 전제조건을 제안하고 이를 고수함으로써 다른 노동조합은 그 전제조건을 받아들여 단체교섭이 타결되었으나 해당 노동조합은 그 전제조건을 거절하여 단체교섭이 결렬되었고, 그와 같은 전제조건을 합리적·합목적적이라고 평가할 수 없는 경우와 같이 다른 복수 노동조합과의 단체교섭을 조작하여 해당 노동조합 또는 그 조합원의 불이익을 초래하였다고 인정되는 특별한 사정이 있는 경우에는 사용자의 중립유지의무 위반으로서 해당 노동조합에 대한 불이익취급의 부당노동행위 내지는 지배·개입의 부당노동행위가 성립한다. 그리고 위와 같은 특별한 사정은 전제조건의 합리성, 근로조건 등의 연관성, 전제조건이 각 노동조합에 미치는 영향, 조건 제안의 사정, 교섭과정, 사용자의 노동조합에 대한 현재 및 과거의 태도 등을 종합적으로 고려하여 판단하여야 한다.[209]

### 7. 징계해고와 부당노동행위의 경합

사용자가 근로자를 해고함에 있어서 표면상의 해고사유와는 달리 실질적으로는 근로자가 노동조합업무를 위한 정당한 행위를 한 것을 이유로 해고한 것으로 인정되는 경우에는 부당노동행위라고 보아야 할 것이고, 근로자의 노동조합업무를 위한 정당한 행위를 실질적인 해고사유로 한 것인지의 여부는 사용자측이 내

---

208) 대법원 2017. 7. 11. 선고 2013도7896 판결.
209) 대법원 2021. 8. 19. 선고 2019다200386 판결.

세우는 해고사유와 근로자가 한 노동조합업무를 위한 정당한 행위의 내용, 해고
를 한 시기, 사용자와 노동조합과의 관계, 동종의 사례에 있어서 조합원과 비조합
원에 대한 제재의 불균형 여부, 징계절차의 준수 여부, 징계재량의 남용 여부 기
타 부당노동행위의사의 존재를 추정할 수 있는 제반사정을 비교, 검토하여 종합
적으로 판단하여야 한다.210)

판례는 적법한 징계해고사유가 있어 징계해고한 이상 사용자가 근로자의 노동
조합활동을 못마땅하게 여긴 흔적이 있거나 사용자에게 반노동조합의사가 추정
된다고 하더라도 그 해고사유가 단순히 표면상의 구실에 불과하다고는 할 수 없
기 때문에, 그 징계해고가 불이익취급의 부당노동행위에 해당하는 것으로 단정할
수는 없다고 하였다.211)

## 8. 부당노동행위 구제제도와 부당해고 구제제도

노동조합법에 의한 부당노동행위구제제도는 집단적 노사관계질서를 파괴하는
사용자의 행위를 예방·제거함으로써 근로자의 단결권·단체교섭권 및 단체행동
권을 확보하여 노사관계의 질서를 신속하게 정상화하고자 함에 그 목적이 있는
반면, 근로기준법에 의한 부당해고등구제제도는 개별적 근로계약관계에 있어서
근로자에 대한 권리침해를 구제하기 위함에 그 목적이 있는 것으로, 이는 그 목
적과 요건에 있어서 뿐만 아니라 그 구제명령의 내용 및 효력 등에 있어서도 서
로 다른 별개의 제도이다.212) 그러므로 사용자로부터 해고된 근로자는 그 해고처

---

210) 대법원 1999. 11. 9. 선고 99두4273 판결.
211) 대법원 1996. 4. 23. 선고 95누6151 판결. 병원에 근무하는 직원인 노동조합원들이 병원의 승
인 없이 조합원들로 하여금 모든 직원이 착용하도록 되어 있는 위생복 위에 구호가 적힌 주황색
셔츠를 근무중에도 착용하게 함으로써 병원의 환자들에게 불안감을 주는 등으로 병원 내의 정
숙과 안정을 해치는 행위를 계속하였고, 아울러 병원이 노동조합의 정당한 홍보활동을 보장하기
위하여 노동조합의 전용 게시판을 설치하여 이를 이용하도록 통보하였음에도 조합원들이 주동
이 되어 임의로 벽보 등을 지정 장소 외의 곳에 부착하였고, 또한 노동조합이나 병원과는 직접
적인 관련이 없는 전국병원노련위원장의 구속을 즉각 철회하라는 내용의 현수막을 병원 현관
앞 외벽에 임의로 각 설치한 후 병원의 거듭된 자진철거요구에 불응한 사실이 인정된다면, 조합
원들의 이와 같은 행위는 병원의 인사규정 제51조 제1호 소정의 징계사유인 "직원이 법령 및 제
규정에 위배하였을 때"에 해당하거나 제4호 소정의 징계사유인 "직무상의 의무를 위반 및 태만
히 하거나 직무상의 정당한 명령에 복종하지 아니한 경우"에 해당할 뿐만 아니라, 조합원들이
점심시간을 이용하여 집단행동을 하였더라도 그러한 집단행동이 병원의 질서와 규율을 문란하
게 한 경우에는 복무규정을 위반한 것이 되어 역시 위 인사규정 제51조 제1호 소정의 징계사유
에 해당한다고 본 사례이다.
212) 대법원 1998. 5. 8. 선고 97누7448 판결.

분이 구 노동조합법상 부당노동행위에 해당됨을 이유로 같은 법에 의한 부당노동행위구제신청을 하면서 그와는 별도로 그 해고처분이 구 근로기준법상 부당해고에 해당됨을 이유로 같은 법에 의한 부당해고구제신청을 할 수 있는 것이고, 근로자가 이와 같은 두 개의 구제신청을 모두 한 경우에 부당해고구제절차에서 부당해고에 해당함을 이유로 구제명령이 발하여졌다고 하여도 그 구제명령은 근로자에 대한 해고처분이 부당노동행위에 해당함을 전제로 이루어진 것이라고 할 수 없으므로, 그와 같은 부당해고에 대한 구제명령이 있었다는 사정만으로 부당노동행위구제신청에 대한 구제이익 또는 그 구제신청을 받아들이지 않은 중앙노동위원회의 재심판정에 대한 취소소송에서의 소의 이익마저도 없게 되었다고 할 수 없다.213)

---

213) 상동.

# 제2장

# 집단적 노동관계법 사례 해설

---

사례 1   노동조합법상 근로자 개념, 부당노동행위(운영비원조)

---

**[사례 1]**1)

A회사는 초등학생용 학습지 개발 및 교육 사업을 영위하고 있으며, 학습지
교사들과 학습지 회원의 관리 및 교육에 관한 위탁사업계약을 체결하고 있다.

학습지교사의 업무와 관련된 주요 내용은 다음과 같다.

① A회사는 위탁사업 수행의 대가로 학습지교사에게 수수료를 지급하였고,
학습지교사가 계약상 의무를 이행하려면 겸업을 하는 것은 사실상 어려웠다.

② 보수 등 계약의 주요 내용은 A회사가 일방적으로 정한 계약서의 내용에
따라 정해졌다.

③ 학습지교사가 제공하는 노무는 A회사의 사업수행에 필수적인 것이었
고, 학습지교사는 A회사를 통해 학습지 회원에 대한 교육시장에 접근하였으
며, A회사에 상당한 정도로 전속되어 있다.

④ A회사는 신규 학습지교사를 대상으로 기초실무교육을 실시한 다음, 지
역조직에 배치하고 관리·교육할 학습지 회원을 배정하였다.

⑤ A회사의 관리직원에게 적용되는 취업규칙과는 별도로 '학습지교사 업
무처리지침'이 적용되었고, A회사는 학습지교사에게 학습지도서 및 '표준필
수업무'라는 업무매뉴얼을 제작·배부하였다.

⑥ 학습지교사는 매월 지역본부장에게 회원명부와 회비수납 자료를 제출
하였고, 매주 회원들의 진도 상황과 진단평가 결과 및 회비수납 상황 등을 A
회사의 홈페이지에 입력하였다.

A회사와 위탁사업계약을 체결한 학습지교사 87명은 B노동조합(이하 'B노
조')을 결성하고, 2019. 5. 10. 설립신고증을 교부받았다. B노조는 2019. 5.
15. A회사를 상대로 단체교섭을 요구하였다. A회사는 B노조의 단체교섭 요
구에 대하여, "학습지교사는 위탁사업계약을 체결한 개인사업자일 뿐 「노동
조합 및 노동관계조정법」상 근로자가 아니다."라는 이유로 단체교섭을 거부
하였다.

한편 A회사의 상용근로자인 관리직원 30명은 C노동조합(이하 'C노조')에 가입하고 있다. A회사와 C노조 사이에 2019년에 체결된 단체협약에는 "A회사는 C노조에게 조합사무실 및 사무용 집기와 해당 사무실의 전기료 등 관리유지비를 부담한다."라는 조항이 있다. 그런데 2021년 4월 단체협약 갱신 과정에서 A회사는 "C노조에게 최소 규모의 조합사무실은 계속 제공하겠지만, 그 외에 사무용 집기 및 사무실 관리유지비를 제공하는 것은 운영비 원조의 부당노동행위에 해당하기 때문에 더 이상 제공하지 않겠다."라고 주장하면서 해당 조항의 개정을 요구하였다.

### 〈질문〉

1. A회사가 B노조의 단체교섭 요구를 거부하는 이유가 정당한지 논하시오. (50점)
2. A회사가 C노조에게 해당 단체협약 조항의 개정을 요구하는 이유가 정당한지 논하시오. (30점)

## 해 설

〈질문 1〉 A회사가 B노조의 단체교섭 요구를 거부하는 이유가 정당한지 논하시오. (50점)

## Ⅰ. 논점의 정리

A회사는 B노조의 단체교섭 요구에 대하여, 학습지교사는 위탁사업계약을 체결한 개인사업자일 뿐 노동조합법상 근로자가 아니라는 이유로 단체교섭을 거부하였다. 노동조합법상 "근로자"라 함은 직업의 종류를 불문하고 임금·급료 기타 이에 준하는 수입에 의하여 생활하는 자를 말하고, 노동조합법상 노동조합은 근로자가 주체가 되어 조직하는 단체이며, 근로자가 아닌 자의 가입을 허용하는 경우에는 노동조합으로 보지 아니한다. 학습지교사가 노동조합법상 근로자에 해당되지 않는다면 A회사의 단체교섭 거부는 정당한 이유가 있다고 인정할 수 있겠지만 반대로 근로자에 해당된다면 A회사가 단체교섭을 거부하는 이유는 정당하지 못

---

1) 2022년도 제11회 변호사시험.

하게 된다. 따라서 이 사안에서는 학습지교사가 노동조합법상 근로자인지 여부가 검토되어야 한다.

## II. 관련 법리

### 1. 관련 법령

노동조합법상 '근로자'라 함은 직업의 종류를 불문하고 임금·급료 기타 이에 준하는 수입에 의하여 생활하는 자를 말한다(제2조 제1호). '임금'은 근로기준법상 임금을 의미하고, '급료'는 임금과 같은 뜻을 가진 용어라고 볼 수 있으며 '기타 이에 준하는 수입'이란 근로기준법상 임금은 아니지만 이와 비슷한 노무를 공급 하는 등의 대가로 얻는 수입을 의미한다고 볼 수 있다.

'노동조합'이라 함은 근로자가 주체가 되어 자주적으로 단결하여 근로조건의 유지·개선 기타 근로자의 경제적·사회적 지위의 향상을 도모함을 목적으로 조 직하는 단체 또는 그 연합단체를 말한다. 다만, 근로자가 아닌 자의 가입을 허용 하는 경우에는 노동조합으로 보지 아니한다(노동조합법 제2조 제4호 라목).

### 2. 관련 판례

판례에 따르면 노동조합법은 개별적 근로관계를 규율하기 위해 제정된 근로기 준법과 달리, 헌법에 의한 근로자의 노동3권 보장을 통해 근로조건의 유지·개선 과 근로자의 경제적·사회적 지위 향상 등을 목적으로 제정되었고, 이러한 노동 조합법의 입법 목적과 근로자에 대한 정의 규정 등을 고려하면, 노동조합법상 근 로자에 해당하는지는 노무제공관계의 실질에 비추어 노동3권을 보장할 필요성이 있는지의 관점에서 판단하여야 하고, 반드시 근기법상 근로자에 한정된다고 할 것은 아니라고 한다.[2] 판례는 근기법상 근로자 개념과 노동조합법상 근로자 개념 이 서로 구별되는 개념이라고 밝히면서 노동조합법상 근로자에는 특정한 사용자 에게 고용되어 현실적으로 취업하고 있는 자뿐만 아니라 일시적으로 실업 상태에 있는 자나 구직중인 자도 노동3권 보장 필요성이 있는 이상 포함된다고 보았다(대

---

2) 대법원 2011. 3. 24. 선고 2007두4483 판결, 대법원 2014. 2. 13. 선고 2011다78804 판결, 대법 원 2015. 6. 26. 선고 2007두4995 전원합의체 판결, 대법원 2018. 6. 15. 선고 2014두12598, 12604 판결 등.

법원 2004. 2. 27. 선고 2001두8568 판결).

대법원은 학습지교사가 노동조합법상 근로자에 해당되는지 문제된 사안에서 노동조합법상 근로자성 판단 기준에 대해 설시했다. 즉, 노동조합법상 근로자는 타인과의 사용종속관계 하에서 노무에 종사하고 대가로 임금 기타 수입을 받아 생활하는 자를 말하고, 구체적으로 노동조합법상 근로자에 해당하는지는, ① 노무제공자의 소득이 특정 사업자에게 주로 의존하고 있는지, ② 노무를 제공 받는 특정 사업자가 보수를 비롯하여 노무제공자와 체결하는 계약 내용을 일방적으로 결정하는지, ③ 노무제공자가 특정 사업자의 사업 수행에 필수적인 노무를 제공함으로써 특정 사업자의 사업을 통해서 시장에 접근하는지, ④ 노무제공자와 특정 사업자의 법률관계가 상당한 정도로 지속적·전속적인지, ⑤ 사용자와 노무제공자 사이에 어느 정도 지휘·감독관계가 존재하는지, ⑥ 노무제공자가 특정 사업자로부터 받는 임금·급료 등 수입이 노무 제공의 대가인지 등을 종합적으로 고려하여 판단하여야 한다.

## Ⅲ. 사안의 적용

판례의 판단기준에 따라 사실관계에서 제시된 다음의 사정들을 종합적으로 고려하여 볼 때, 이 사안에서 학습지교사들은 A회사와의 사용종속관계하에서 노무에 종사하고 대가로 수수료를 받아 생활하는 자이어서 노동조합법상의 근로자로 판단된다.

① 주된 소득 의존성: 학습지교사들은 현실적으로 겸업이 곤란하여, A회사로부터 받는 수수료가 학습지교사들의 주된 소득원으로 보인다.

② 계약내용 일방 결정성: 보수 등 계약의 주요 내용은 A회사가 일방적으로 정한 계약서의 내용에 따라 정해졌다.

③ 필수적 노무제공 및 시장접근성: 학습지교사가 제공하는 노무는 A회사의 사업수행에 필수적인 것이었고, 학습지교사는 A회사를 통해 학습지 회원에 대한 교육시장에 접근하였다.

④ 계약관계의 지속·전속성: 학습지교사들은 A회사에 상당한 정도로 전속되어 있다.

⑤ 지휘·감독관계성: A회사는 신규 학습지교사를 대상으로 기초실무교육을

실시한 다음, 지역조직에 배치하고 관리 · 교육할 학습지 회원을 배정하였다. 또한, A회사의 관리직원에게 적용되는 취업규칙과는 별도로 '학습지교사 업무처리지침'이 적용되었고, A회사는 학습지교사에게 학습지도서 및 '표준필수업무'라는 업무매뉴얼을 제작 · 배부하였으며, 학습지교사는 매월 지역본부장에게 회원명부와 회비수납 지료를 제출히였고, 매주 회원들의 진도 상황과 진단평가 결과 및 회비수납 상황 등을 A회사의 홈페이지에 입력하였다. 이러한 사정에 비추어 보면 학습지교사들은 비록 근기법상 근로자에 해당한다고 볼 정도는 아니지만 어느 정도 회사의 지휘 · 감독을 받았던 것으로 볼 수 있다.

⑥ 노무제공 대가성: A회사는 학습지교사들의 노무 제공의 대가로 수수료를 지급한다.

⑦ 노동3권 보장 필요성: A회사의 사업에 필수적인 노무를 제공함으로써 회사와 경제적 · 조직적 종속관계를 이루고 있는 학습지교사들을 노동조합법상 근로자로 인정할 필요성이 있다.

따라서, A회사가 학습지교사들이 노동조합법상 근로자가 아니라는 이유로 B노조의 단체교섭을 거부하는 것은 단체교섭 거부의 정당한 이유가 되지 못한다.

## Ⅳ. 결론

이 사건 학습지교사들은 노동조합법상 근로자에 해당되므로 학습지교사들이 근로자가 아니라고 하는 것은 단체교섭 거부의 정당한 이유가 되지 못한다.


〈질문 2〉 A회사가 C노조에게 해당 단체협약 조항의 개정을 요구하는 이유가 정당한지 논하시오. (30점)


## Ⅰ. 논점의 정리

노동조합법 제81조 제1항 제4호에 따르면 근로자가 노동조합을 조직 또는 운영하는 것을 지배하거나 이에 개입하는 행위와 근로시간 면제한도를 초과하여 급여를 지급하거나 노동조합의 운영비를 원조하는 행위는 부당노동행위로 금지되지만, 최소한의 규모의 노동조합사무소의 제공 및 그 밖에 이에 준하여 노동조합의 자주적인 운영 또는 활동을 침해할 위험이 없는 범위에서의 운영비 원조행위는 부당노동행위에 해당되지 않는다. 이 사안에서 A회사는 "C노조에게 최소 규모의 조합사무실은 계속 제공하겠지만, 그 외에 사무용 집기 및 사무실 관리유지비를 제공하는 것은 운영비 원조의 부당노동행위에 해당하기 때문에 더 이상 제공하지 않겠다."라고 주장하면서 해당 조항의 개정을 요구하였는바, 사무용 집기 및 사무실 관리유지비를 제공하는 것이 위의 노동조합법 제81조 제1항 제4호에서 말하는 "노동조합의 자주적인 운영 또는 활동을 침해할 위험이 없는 범위에서의 운영비 원조행위"에 해당되는지 여부를 판단하여야 한다.

## Ⅱ. 관련 법리

### 1. 관련 법령

노동조합법 제81조 제1항 제4호에 따르면 사용자는 근로자가 노동조합을 조직 또는 운영하는 것을 지배하거나 이에 개입하는 행위와 근로시간 면제한도를 초과하여 급여를 지급하거나 노동조합의 운영비를 원조하는 행위를 해서는 안 된다(본문). 다만, 근로자가 근로시간 중에 노동조합법 제24조 제2항에 따른 활동을 하는 것을 사용자가 허용함은 무방하며, 또한 근로자의 후생자금 또는 경제상의 불행 그 밖에 재해의 방지와 구제 등을 위한 기금의 기부와 최소한의 규모의 노동조합사무소의 제공 및 그 밖에 이에 준하여 노동조합의 자주적인 운영 또는 활동을 침해할 위험이 없는 범위에서의 운영비 원조행위는 예외로 한다(단서). 그리고, 위 단서에 따른 "노동조합의 자주적 운영 또는 활동을 침해할 위험" 여부를 판단할 때에는 다음 각 호의 사항을 고려하여야 한다(노동조합법 제2항).

1. 운영비 원조의 목적과 경위
2. 원조된 운영비 횟수와 기간
3. 원조된 운영비 금액과 원조방법
4. 원조된 운영비가 노동조합의 총수입에서 차지하는 비율
5. 원조된 운영비의 관리방법 및 사용처 등

## 2. 관련 판례

종래 대법원 판례는 구노동조합법 제81조 제4호에 따른 운영비 원조 금지조항을 엄격하게 해석하여 단서에서 정한 두 가지 예외에 해당하는 행위나 그와 동일시할 수 있는 성질의 것이라고 평가될 수 있는 행위만 허용될 뿐, 노동조합이 사용자로부터 통신비, 사무실유지비, 사무용품 등을 지급받는 것은 모두 부당노동행위에 해당하여 금지된다고 판단했었다.[3] 즉, 종래 대법원 판례에 따르면 구노동조합법상 허용되는 '최소한의 규모의 노동조합사무소 제공'을 매우 제한적으로 해석하여 최소 규모의 조합사무실과 통상적으로 비치되는 책상, 의자, 전기시설 정도만 허용하고, 이를 초과하는 운영비 지원은 부당노동행위에 해당된다는 입장이었다.

그러나 헌법재판소는 2018. 5. 31. 사용자가 노동조합의 운영비를 원조하는 행위를 부당노동행위로 금지하는 구노동조합법[4] 제81조 제4호 중 '노동조합의 운영비를 원조하는 행위'에 관한 부분은 헌법에 합치되지 아니하고 위 법률조항은 2019. 12. 31.을 시한으로 개정될 때까지 계속된다는 헌법불합치 결정을 내린 바 있다.[5] 헌법재판소 결정 요지는 다음과 같다.

① 근로3권의 실질적 보장이라는 대상 조항의 입법 목적은 정당하다.

② 대상 조항은 노동조합의 자주성을 저해할 위험이 없는 경우까지 금지하고 있으므로 입법목적 달성을 위한 적합한 수단이라고 볼 수 없다. 운영비 원조 행위가 노동조합의 자주성을 저해할 위험이 없는 경우에는 이를 금지하더라도 노동조합의 자주성을 확보하고자 하는 입법목적의 달성에 아무런 도움이 되지 않는다. 운영비원조 금지조항은 단서에서 정한 두 가지 예외를 제외한 일체의 운영비 원조 행위를 금지한다. 노동조합의 자주성을 저해할 위험이 없는 경우까지 금지하고 있으므로, 입법목적 달성을 위한 적합한 수

---

3) 대법원 2016. 1. 28. 선고 2012두12457 판결, 대법원 2017. 1. 23. 선고 2011두13392 판결 등,
4) 2020. 6. 9. 일부개정되기 이전의 법
5) 이 사건에서 산업별 노동조합인 청구인이 7개 회사와 체결한 단체협약에는 "회사는 조합사무실과 집기, 비품, 관리유지비(전기료, 수도료, 냉난방비, 영선비) 기타 일체를 부담한다. 회사는 노동조합에 차량을 제공한다(주유비, 각종 세금 및 수리비용을 지급한다)."라는 조항이 있었다. 고용노동부가 위 조항이 노동조합법 제81조 제4호에 위반된다는 이유로 시정명령을 내리자 청구인은 시정명령취소소송을 제기하고 대상 조항에 대한 위헌법률심판제청신청을 했으나 법원이 이를 각하하자 2012. 3. 7. 헌법소원심판을 청구했다.

단이라고 볼 수 없다.

③ 대상 조항 단서의 예외를 제외한 운영비 원조 행위를 일률적으로 부당노동
행위로 간주하여 금지하는 것은 침해의 최소성에 반한다.

④ 노동조합의 자주성을 저해하거나 저해할 위험이 현저하지 않은 운영비 원조
행위를 부당노동행위로 규제하는 것은 노동조합의 자주성을 확보함으로써
실질적인 근로3권의 행사를 보장하는 데에 기여하는 바가 전혀 없는 반면,
대상 조항으로 인하여 노동조합은 사용자로부터 운영비를 원조받을 수 없
을 뿐만 아니라 궁극적으로 노사자치의 원칙을 실현할 수 없게 되므로, 법
익의 균형성에도 반한다. 노동조합의 운영에 필요한 경비를 어떻게 마련할
것인지는 원칙적으로 노동조합이 스스로 결정할 문제이다. 사용자의 노동조
합에 대한 운영비 원조에 관한 사항은 대등한 지위에 있는 노사가 자율적으
로 협의하여 정하는 것이 노동3권을 보장하는 취지에 가장 부합한다. 운영
비원조 금지조항이 운영비 원조 행위에 제한을 가하는 이유는 노동조합의
자주성을 저해하는 것을 막기 위한 것이다. 그러므로 그 제한은 실질적으로
노동조합의 자주성이 저해되었거나 저해될 위험이 현저한 경우에 한하여
이루어져야 한다. 운영비 원조 행위로 인하여 노동조합의 자주성이 저해되
거나 저해될 현저한 위험이 있는지 여부는 그 목적과 경위, 원조된 운영비
의 내용, 금액, 원조 방법, 원조된 운영비가 노동조합의 총수입에서 차지하
는 비율, 원조된 운영비의 관리 방법 및 사용처 등에 따라 달리 판단될 수
있다. 그럼에도 불구하고 운영비원조 금지조항은 단서에서 정한 두 가지 예
외를 제외한 일체의 운영비 원조 행위를 금지함으로써 노동조합의 자주성
이 저해되거나 저해될 위험이 현저하지 않은 경우까지도 금지하고 있다. 그
러므로 그 입법목적 달성을 위해서 필요한 범위를 넘어서 노동조합의 단체
교섭권을 과도하게 제한하고 있다. 노동조합이 노동3권을 실현하는 활동을
하는 데 도움이 되는 운영비 원조 행위를 금지하는 것은 오히려 노동조합의
활동을 위축시킬 수 있다. 협력적 노사자치의 일환으로 이루어지는 운영비
원조 행위를 금지하는 것은 노사의 자율적인 단체교섭에 맡길 사항까지 국
가가 지나치게 개입하여 노동조합의 자주적인 활동의 성과를 감소시키는
것에 불과하다. 따라서 노동조합의 자주성을 저해하거나 저해할 현저한 위
험을 야기하지 않는 운영비 원조 행위를 금지하는 것은 노사 간 힘의 균형

을 확보해 줌으로써 집단적 노사자치를 실현하고자 하는 노동3권의 취지에
도 반하는 결과를 초래한다.

⑤ 단, 단순위헌결정을 하면, 노동조합의 자주성을 저해하거나 저해할 현저한
위험이 있는 운영비 원조 행위를 부당노동행위로 규제할 수 있는 근거조항
자체가 사라지게 되는 법적 공백상태가 발생하므로 헌법불합치 결정을 선
고하되 입법자의 개선입법이 이루어질 때까지 계속 적용을 명한다.

이후 헌법재판소 결정 내용을 반영하여 현행 노동조합법 제81조 제2항이 신설
되었다.

## Ⅲ. 사안의 적용

A회사와 C노조 사이에 2019년에 체결된 단체협약에는 "A회사는 C노조에게 조
합사무실 및 사무용 집기와 해당 사무실의 전기료 등 관리유지비를 부담한다."라
는 조항이 있는데 2021년 4월 단체협약 갱신 과정에서 A회사는 "C노조에게 최소
규모의 조합사무실은 계속 제공하겠지만, 그 외에 사무용 집기 및 사무실 관리유
지비를 제공하는 것은 운영비 원조의 부당노동행위에 해당하기 때문에 더 이상
제공하지 않겠다."라고 주장하면서 해당 조항의 개정을 요구하였다.

노동조합법 제81조 제2항 및 앞서 살펴본 헌법재판소 결정에 따르면 운영비 원
조 행위로 인하여 노동조합의 자주성을 저해하거나 저해할 위험이 현저하지 않은
운영비 원조행위는 부당노동행위에 해당되지 않는다고 할 수 있기 때문에 이 사
안에서도 A회사가 C노조에게 사무용 집기 및 사무실 관리유지비를 제공하는 것
이 노조의 자주성을 저해하거나 저해할 위험이 있는지 여부를 살펴보아야 한다.

특히 헌법재판소는 "운영비 원조행위가 노조의 적극적인 요구에 의해 이뤄진
경우나 노조가 사용자의 노무관리업무를 대행하는 것을 지원하기 위해 이뤄진 경
우 등에는 노조의 자주성을 저해할 위험이 있다고 보기 어렵다. 또 기업별 노조는
그 활동을 위해 필요한 시설을 기업 내에 마련할 수밖에 없으므로 사용자의 시설
을 이용하는 것이 불가피한 측면이 있고, 노조의 재정자립도가 높지 않은 현실에
비춰볼 때 소규모 사업장의 노조는 그 운영을 위한 경제적 기반을 확보하기 위해
서 사용자로부터 일정한 정도의 지원을 받는 것이 필요할 수 있다."라고 하였다.

따라서 A회사와 C노조가 합의에 의해 사무용 집기 및 사무실 관리유지비 제공

을 단체협약에서 규정하였다는 점, C노조가 기업별노조인지 여부는 사실관계에 명확하게 나타나고 있지는 않지만 A회사의 관리직원 30명이 가입하고 있다는 점에 비추어 볼 때 노조의 재정상황이 넉넉하지는 않을 것으로 보이는 점 등에 비추어 볼 때 C노조의 자주성이 저해되거나 저해될 위험이 현저하다고 단정하기 어려운 점 등을 고려한다면 단체협약 제10조가 노동조합법 제81조 제2항 제4호에 위반된다고 단정할 수 없고, 특히 노동조합법 제81조 제2항에 따라 사무용 집기 및 사무실 관리유지비 제공의 목적과 경위, 제공 횟수와 기간, 제공된 금액, 제공된 금액이 노동조합의 총수입에서 차지하는 비율 등을 고려하여 판단해야 할 것이다.

## Ⅳ. 결론

A회사가 C노조에 대해 사무용 집기 및 사무실 관리유지비를 제공하는 것은 운영비 원조의 부당노동행위에 해당한다는 이유로 단체협약 조항의 개정을 요구하는 것은 정당하지 못하다.

## 사례 2  노동조합법상 사용자의 개념, 단결강제

**[사례 2]**[6]

철강제품의 제조 및 판매업을 영위하는 A회사의 사업장에는 A회사와 근로계약을 체결한 근로자 5,000여 명과 A회사로부터 기계·설비의 수리와 청소 등을 도급받은 사내 하청업체들과 근로계약을 체결한 근로자(이하 '하청 근로자'라 한다) 300여 명이 함께 근무하고 있다. A회사와 하청 근로자 사이에는 법적으로 묵시적 근로계약관계나 근로자파견관계는 없었지만, A회사는 개별 도급계약이나 A회사의 관리자를 통하여 하청 근로자의 주요 작업 내용을 직접 관리하였고 작업 환경, 작업 일시와 시간, 연장 근로와 휴식 시간 등을 실질적이고 구체적으로 결정하였다. A회사는 사내 하청업체에 대하여 도급계약의 해지권한 등을 통해 우월적 지위를 가졌다.

하청 근로자들은 2020. 6. 25. A회사하청노동조합(이하 '하청노조'라 한다)을 설립하여 관할 행정관청으로부터 노동조합 설립신고증을 교부받았다. 그 직후 A회사는 사내 하청업체들에게 하청노조가 노동조합활동으로 A회사의 사업 운영을 방해하면 도급계약을 해지하겠다고 경고하였다. 하청노조 위원장인 甲이 소속된 B기업과 같은 노조 사무국장인 乙이 소속된 C기업은 하청노조로부터 단체교섭을 요구받자 폐업할 별다른 사정이 없었는데도 2020. 7. 5. 폐업하였다.

한편 A회사의 근로자들로 구성된 기업별 노동조합인 D노동조합과 A회사는 2021. 3. 1. 체결한 단체협약(유효기간 2021. 3. 1.~2023. 2. 28.) 제3조에서 유니온 숍에 관해 다음과 같이 규정하고 있다.

---

**제3조(유니온 숍)**

① 근로자는 A회사에 입사 후 1개월 이내에 D노동조합의 조합원이 된다.

② A회사는 제1항을 위반하여 D노동조합에 가입하지 않거나 D노동조합으로부터 탈퇴한 근로자를 지체 없이 해고한다.

---

전국 단위 산업별 노동조합인 E노동조합이 2021. 9. 1. A회사에 E노동조합 A지회를 설치함으로써 A회사에는 두 개의 노동조합이 존재하게 되었다. D노동조합은 위의 단체협약을 체결할 당시부터 현재까지 A회사의 사업장에 종사하는 근로자의 3분의 2 이상을 대표하고 있다. 2021. 10. 1. A회사에 입사한 근로자 丙은 D노동조합에 가입하지 않고 곧바로 E노동조합 A지회에 가입하였다. A회사는 위의 단체협약에 따라 2021. 12. 3. 丙을 해고하였다.

**〈질문〉**

1. 하청노조는 A회사가 노동조합법 제81조 제1항 제4호 소정의 지배·개입의 부당노동행위를 하였다는 이유로 2020. 7. 20. 관할 노동위원회에 구제신청을 하였다. A회사는 지배·개입의 부당노동행위가 금지되는 사용자에 해당하는가? (단, 묵시적 근로계약관계나 근로자파견관계는 논외로 한다.) (40점)
2. 丙은 위의 유니온 숍 협정(단체협약 제3조)에 따라 이루어진 자신에 대한 해고가 부당하다고 주장한다. 丙의 주장은 타당한가? (40점)

## 해 설

〈질문 1〉 하청노조는 A회사가 노동조합법 제81조 제1항 제4호 소정의 지배·개입의 부당노동행위를 하였다는 이유로 2020. 7. 20. 관할 노동위원회에 구제신청을 하였다. A회사는 지배·개입의 부당노동행위가 금지되는 사용자에 해당하는가? (단, 묵시적 근로계약관계나 근로자파견관계는 논외로 한다.) (40점)

## Ⅰ. 논점의 정리

A회사와의 사이에 근로계약 관계가 없는 사내 하청업체 소속 근로자들로 조직된 노동조합에 대해 A회사는 노동조합법상 부당노동행위의 주체가 될 수 있는지 여부가 문제된다.

---

6) 2023년도 제12회 변호사시험.

## Ⅱ. 관련 법리

### 1. 관련 법 규정

노동조합법상 "사용자"라 함은 사업주, 사업의 경영담당자 또는 그 사업의 근로자에 관한 사항에 대하여 사업주를 위하여 행동하는 자를 말한다(노동조합법 제2조 제2호).

부당노동행위에 대해 규정하고 있는 노동조합법 제81조 제1항에서는 "사용자는 다음 각 호의 어느 하나에 해당하는 행위를 할 수 없다"라고 하면서 같은 조 같은 항 제4호에서는 "근로자가 노동조합을 조직 또는 운영하는 것을 지배하거나 이에 개입하는 행위"를 부당노동행위의 한 유형으로 규정하고 있다.

### 2. 관련 판례

대법원은 원청업체가 하청업체 근로자의 노동조건 등에 실질적인 지배력을 행사하고 있다면 원청업체도 부당노동행위에서의 사용자라고 판단한 바 있다.[7] 이 사건에서 원고 회사는 사내 하청업체 소속 근로자들의 작업 내용, 시간, 일정을 관리, 통제하고 작업의 진행방법, 휴식, 야간근로 등에 관해서도 실질적으로 지휘 감독했다. 사내 하청업체 소속 근로자들은 원고 회사가 계획한 작업질서에 편입되어 원고 회사의 근로자들과 함께 업무에 종사했으며 사내 하청업체 대부분은 원고 회사의 업무만 수행했다. 그런데 원고회사는 유인물을 배포한 사내하청 근로자의 업체에 대해 도급계약해지 등을 경고했고, 노조 간부가 소속된 하청업체들은 경영상 폐업할 사정이 없음에도 노조 설립 직후 폐업을 결정했는데, 폐업된 하청업체의 근로자와 하도급업무는 신설업체 내지 타 업체로 이전되었다.

이 사건 대법원 판결의 주요 내용을 살펴보면 다음과 같다.

① 부당노동행위의 예방 · 제거는 노동위원회의 구제명령을 통해서 이루어지는 것이므로, 구제명령을 이행할 수 있는 법률적 또는 사실적인 권한이나 능력을 가지는 지위에 있는 한 그 한도 내에서는 부당노동행위의 주체로서 구제명령의 대상자인 사용자에 해당한다고 볼 수 있을 것이다.

---

7) 대법원 2010. 3. 25. 선고 2007두8881 판결.

② 노동조합법 제81조 제1항 제4호는 '근로자가 노동조합을 조직 또는 운영하는 것을 지배하거나 이에 개입하는 행위'등을 부당노동행위로 규정하고 있고, 이는 단결권을 침해하는 행위를 부당노동행위로서 배제·시정하여 정상적인 노사관계를 회복하는 것을 목적으로 하고 있으므로, 그 지배·개입 주체로서의 사용자인지 여부도 당해 구제신청의 내용, 그 사용자가 근로관계에 관여하고 있는 구체적 형태, 근로관계에 미치는 실질적인 영향력 내지 지배력의 유무 및 행사의 정도 등을 종합하여 결정하여야 할 것이다.

③ 따라서 근로자의 기본적인 노동조건 등에 관하여 그 근로자를 고용한 사업주로서의 권한과 책임을 일정 부분 담당하고 있다고 볼 정도로 실질적이고 구체적으로 지배·결정할 수 있는 지위에 있는 자가, 노동조합을 조직 또는 운영하는 것을 지배하거나 이에 개입하는 등으로 법 제81조 제1항 제4호 소정의 행위를 하였다면, 그 시정을 명하는 구제명령을 이행하여야 할 사용자에 해당한다.

## Ⅲ. 사안의 적용

A회사와 하청 근로자 사이에는 법적으로 묵시적 근로계약관계나 근로자파견관계는 없었지만, A회사는 개별 도급계약이나 A회사의 관리자를 통하여 하청 근로자의 주요 작업 내용을 직접 관리하였고, 작업 환경, 작업 일시와 시간, 연장 근로와 휴식 시간 등을 실질적이고 구체적으로 결정하였다. A회사는 사내 하청업체에 대하여 도급계약의 해지권한 등을 통해 우월적 지위를 가졌다. 따라서 A회사는 하청 근로자의 기본적인 노동조건 등에 관하여 그 근로자를 고용한 사업주로서의 권한과 책임을 일정 부분 담당하고 있다고 볼 정도로 실질적이고 구체적으로 지배·결정할 수 있는 지위에 있는 자라고 할 수 있다.

그러므로 A회사는 부당노동행위의 시정을 명하는 구제명령을 이행하여야 할 사용자에 해당한다. A회사는 사내 하청업체들에게 하청노조가 노동조합활동으로 A회사의 사업 운영을 방해하면 도급계약을 해지하겠다고 경고했다는 점, 하청노조 위원장인 甲이 소속된 B기업과 같은 노조 사무국장인 乙이 소속된 C기업은 하청노조로부터 단체교섭을 요구받자 폐업할 별다른 사정이 없었는데도 폐업했다는 점 등에 비추어 볼 때 A회사는 하청노조의 조직 또는 운영을 지배하거나 이에 개입하는 등으로 법 제81조 제1항 제4호 소정의 지배·개입의 부당노동행위를 했다고 판단된다.

## Ⅳ. 결론

A회사는 하청 근로자의 기본적인 노동조건 등에 관하여 그 근로자를 고용한 사업주로서의 권한과 책임을 일정 부분 담당하고 있다고 볼 정도로 실질적이고 구체적으로 지배·결정할 수 있는 지위에 있는 자이므로 지배·개입의 부당노동행위가 금지되는 사용자에 해당된다.


〈질문 2〉 丙은 위의 유니온 숍 협정(단체협약 제3조)에 따라 이루어진 자신에 대한 해고가 부당하다고 주장한다. 丙의 주장은 타당한가? (40점)


## Ⅰ. 논점의 정리

A회사의 근로자들로 구성된 기업별 노동조합인 D노동조합과 A회사는 2021. 3. 1. 체결한 단체협약에서 유니온 숍에 관해 규정하고 있는데, 근로자 丙은 D노동조합에 가입하지 않고 E노동조합 A지회에 가입하였다. 이와 같이 근로자가 유니온 숍 협정을 체결하고 있는 노동조합이 아닌 다른 노동조합에 가입한 경우 사용자는 단체협약에 따라 당해 근로자를 해고해야 할 의무가 있는지 문제된다.

## Ⅱ. 관련 법리

### 1. 관련 법령

노동조합법 제81조 제1항 제2호에 따르면 근로자가 어느 노동조합에 가입하지 아니할 것 또는 탈퇴할 것을 고용조건으로 하거나 특정한 노동조합의 조합원이 될 것을 고용조건으로 하는 사용자의 행위는 부당노동행위로서 금지된다. 다만, 노동조합이 당해 사업장에 종사하는 근로자의 3분의 2 이상을 대표하고 있을 때에는 근로자가 그 노동조합의 조합원이 될 것을 고용조건으로 하는 단체협약의 체결은 예외로 하며, 이 경우 사용자는 근로자가 그 노동조합에서 제명된 것 또는 그 노동조합을 탈퇴하여 새로 노동조합을 조직하거나 다른 노동조합에 가입한 것을 이유로 근로자에게 신분상 불이익한 행위를 할 수 없다.

## 2. 관련 판례

대법원 판례에 따르면 근로자에게는 단결권 행사를 위해 가입할 노동조합을 스스로 선택할 자유가 헌법상 기본권으로 보장되고, 나아가 근로자가 지배적 노동조합에 가입하지 않거나 그 조합원 지위를 상실하는 경우 사용자로 하여금 그 근로자와의 근로관계를 종료시키도록 하는 내용의 유니온 숍 협정이 체결되었더라도 지배적 노동조합이 가진 단결권과 마찬가지로 유니온 숍 협정을 체결하지 않은 다른 노동조합의 단결권도 동등하게 존중되어야 한다. 유니온 숍 협정이 가진 목적의 정당성을 인정하더라도, 지배적 노동조합이 체결한 유니온 숍 협정은 사용자를 매개로 한 해고의 위협을 통해 지배적 노동조합에 가입하도록 강제한다는 점에서 허용 범위가 제한적일 수밖에 없다. 이러한 점들을 종합적으로 고려하면, 근로자의 노동조합 선택의 자유 및 지배적 노동조합이 아닌 노동조합의 단결권이 침해되는 경우에까지 지배적 노동조합이 사용자와 체결한 유니온 숍 협정의 효력을 그대로 인정할 수는 없고, 유니온 숍 협정의 효력은 근로자의 노동조합 선택의 자유 및 지배적 노동조합이 아닌 노동조합의 단결권이 영향을 받지 아니하는 근로자, 즉 어느 노동조합에도 가입하지 아니한 근로자에게만 미친다.[8] 따라서 신규로 입사한 근로자가 노동조합 선택의 자유를 행사하여 지배적 노동조합이 아닌 노동조합에 이미 가입한 경우에는 유니온 숍 협정의 효력이 해당 근로자에게까지 미친다고 볼 수 없고, 비록 지배적 노동조합에 대한 가입 및 탈퇴 절차를 별도로 경유하지 아니하였더라도 사용자가 유니온 숍 협정을 들어 신규 입사 근로자를 해고하는 것은 정당한 이유가 없는 해고로서 무효로 보아야 한다.[9]

## Ⅲ. 사안의 적용

근로자 丙은 D노동조합에 가입하지 않고 E노동조합 A지회에 가입하였다. 노동조합법 제81조 제1항 제2호 단서에 따르면 사용자와 어느 노동조합이 유니온 숍

---

8) 대법원 2019. 11. 28. 선고 2019두47377 판결.
9) 대법원 2019. 11. 28. 선고 2019두47377 판결.

협정을 체결하고 있다 하더라도 근로자가 노동조합을 탈퇴하여 새로 노동조합을 조직하거나 다른 노동조합에 가입한 것을 이유로 근로자에게 신분상 불이익한 행위를 할 수 없다. 또한 판례에 따르면 신규로 입사한 근로자가 노동조합 선택의 자유를 행사하여 지배적 노동조합이 아닌 노동조합에 이미 가입한 경우에는 유니온 숍 협정의 효력이 해당 근로자에게까지 미친다고 볼 수 없고, 비록 유니온 숍 협정을 체결하고 있는 노동조합에 대한 가입 및 탈퇴 절차를 별도로 경유하지 아니하였더라도 사용자가 유니온 숍 협정을 들어 신규 입사 근로자를 해고하는 것은 정당한 이유가 없는 해고로서 무효로 보아야 한다. 따라서 단체협약 제3조를 근거로 丙을 해고한 것은 부당하다고 판단된다.

## Ⅳ. 결론

신규 입사한 근로자가 지배적 노동조합이 아닌 노동조합에 가입한 경우에는 유니온 숍 협정의 효력이 해당 근로자에게 미친다고 볼 수 없으므로 유니온 숍 협정에 따라 이루어진 해고가 부당하다고 하는 丙의 주장은 타당하다.

## 사례 3  노동조합의 요건, 부당노동행위(단체교섭거부, 지배개입)

### [사례 3]<sup>10)</sup>

A금융회사(이하, 'A회사'라 한다)에는 근로자 약 1,500명이 근무하고, A회사의 직급체계(부장, 차장, 과장, 대리, 사원)는 사무직 및 기능직을 포함하여 단일하게 구성되어 있다. A회사에는 금융산업에 종사하는 근로자를 조직대상으로 하는 전국금융산업노조(甲)의 지부(이하, 'B지부'라 한다)가 설치되어 있으며, 과장급에서 사원까지 약 900명이 조합원으로 가입해 있다. 조합원 중에는 해당 부서에서 예산, 경리 또는 기획조정 업무를 담당하거나 사장의 비서 내지 전속 운전기사 등 직무에 종사하는 자 약 10명(이하, 'C그룹'이라 한다)도 포함되어 있다.

B지부에서 사무국장으로 활동하던 D는 A회사의 경영방침을 왜곡하고 과장된 글을 직원들에게 보내고 관련 자료를 외부단체에 유출한 사유로 징계해고를 당하였다. D는 노동위원회에 부당해고 및 부당노동행위 구제를 신청하였다가 모두 기각 당하였고, 그에 불복하여 제기한 행정소송에서 패소하였으나 계속하여 B지부에서 활동하고 있다.

B지부(판례상 독자적인 단체교섭을 요구할 지위는 인정됨)는 A회사에 조합원들의 복지확대와 D의 복직을 주요 내용으로 하는 단체교섭을 요청하였다. 그러나 A회사는 노동조합법상 노동조합에 가입이 허용되지 않는 C그룹과 D가 B지부에 가입하여 활동한다는 이유로 단체교섭을 거부하였다. 또한 A회사는 B지부와 C그룹 및 D에게 노동조합의 탈퇴를 요청하는 이메일을 3회 보내고, 특히 C그룹에 대해서 1개월 이내에 B지부를 탈퇴하지 않으면 징계절차를 진행하겠다는 전화를 몇 차례 하였다.

### <질 문>

1. C그룹과 D가 B지부에 가입·활동하는 것이 노동조합법 제2조 제4호에 위반되는지를 판단하시오. (30점)
2. 단체교섭을 거부하고 B지부에서 탈퇴를 요청하는 등 A회사의 행위가 노동조합법상 부당노동행위에 해당하는지를 설명하시오. (50점)

**｜ 해 설**

〈질문 1〉 C그룹과 D가 B지부에 가입·활동하는 것이 노동조합법 제2조 제4호에 위반되는지
　　　　를 판단하시오. (30점)


## Ⅰ. 논점의 정리

노동조합법 제2조 제4호 각목은 노동조합의 소극적 요건을 규정하고 있는바, 각목의 1에 해당하는 경우에는 노동조합으로 보지 아니한다. 그 중 가목에 따르면 "사용자 또는 항상 그의 이익을 대표하여 행동하는 자의 참가를 허용하는 경우"에는 노동조합으로 보지 아니하고, 라목에 따르면 "근로자가 아닌 자의 가입을 허용하는 경우"에는 노동조합으로 보지 아니한다고 규정하고 있다.[11]

C그룹과 D가 B지부에 가입·활동하는 것이 노동조합법 제2조 제4호에 위반되는지를 판단하기 위해서는 첫째, 예산, 경리 또는 기획조정 업무를 담당하거나 사장의 비서 내지 전속 운전기사 등 직무에 종사하는 자들인 C그룹이 사용자 또는 항상 그의 이익을 대표하여 행동하는 자에 해당되는지 여부, 즉, 노동조합법 제2조 제4호 가목에 위반되는 것인지 여부가 검토되어야 하고, 둘째, 회사에서 해고된 자인 D의 경우 노동조합법 제2조 제4호 라목에 위반되는지 여부가 검토되어야 한다.


## Ⅱ. 관련 법리

### 1. 노동조합법상 사용자 또는 사용자이익대표자의 범위

노동조합법 제2조 제2호, 제4호 가목에 의하면, 노동조합법상 사용자에 해당하

---

10) 2014년도 시행 제3회 변호사시험 제2문
11) 2021. 1. 5. 개정되기 전 노동조합법 제2조 제4호 라목 단서에서는 "해고된 자가 노동위원회에
　　부당노동행위 구제신청을 한 경우에는 재심판정이 있을 때까지는 근로자가 아닌 자로 해석해서
　　는 안 된다."라고 규정하고 있었다. 그러나 2021. 1. 5. 개정, 2021. 7. 6. 시행 노동조합법 제2조
　　제4호 라목은 "라. 근로자가 아닌 자의 가입을 허용하는 경우"라고만 규정하여 단서는 삭제되었
　　고, 제5조 제3항에서 "종사근로자인 조합원이 해고되어 노동위원회에 부당노동행위의 구제신청
　　을 한 경우에는 중앙노동위원회의 재심판정이 있을 때까지는 종사근로자로 본다."라는 내용을
　　신설하였다.

는 사업주, 사업의 경영담당자 또는 그 사업의 근로자에 관한 사항에 대하여 사업주를 위하여 행동하는 자와 항상 사용자의 이익을 대표하여 행동하는 자는 노동조합에의 참가가 금지된다. 판례에 따르면 이와 같은 입법의 취지는 노동조합의 자주성을 확보하려는 데 있다.12)

판례는 '그 사업의 근로자에 관한 사항에 대하여 사업주를 위하여 행동하는 자'라 함은 근로자의 인사, 급여, 후생, 노무관리 등 근로조건의 결정 또는 업무상의 명령이나 지휘감독을 하는 등의 사항에 대하여 사업주로부터 일정한 권한과 책임을 부여받은 자를 말한다고 한다. 또한 '항상 사용자의 이익을 대표하여 행동하는 자'라 함은 근로자에 대한 인사, 급여, 징계, 감사, 노무관리 등 근로관계 결정에 직접 참여하거나 사용자의 근로관계에 대한 계획과 방침에 관한 기밀사항 업무를 취급할 권한이 있는 등과 같이 그 직무상의 의무와 책임이 조합원으로서의 의무와 책임에 직접적으로 저촉되는 위치에 있는 자를 의미한다고 한다. 다만 이러한 자에 해당하는지 여부는 일정한 직급이나 직책 등에 의하여 일률적으로 결정되어서는 아니 되며, 그 업무의 내용이 단순히 보조적·조언적인 것에 불과하여 그 업무의 수행과 조합원으로서의 활동 사이에 실질적인 충돌이 발생할 여지가 없는 자는 이에 해당하지 않는다고 하고 있다.13)

## 2. 노동조합법상 해고자의 지위

노동조합법 제2조 제4호 라목에 따르면 "근로자가 아닌 자의 가입을 허용하는 경우"에는 노동조합으로 보지 아니한다.

노동조합법이 근로자가 아닌 자의 노조가입을 허용하지 않는 것은 노동조합이 그 인적 구성 측면에서 근로자가 주체가 되어야 하므로 근로자 아닌 자를 배제하기 위한 것이다. 이 경우 근로자라 함은 "직업의 종류를 불문하고 임금·급료 기타 이에 준하는 수입에 의하여 생활하는 자"를 말한다(노동조합법 제2조 제1호).

판례는 실업자 내지 구직자의 경우 초기업단위노조에 가입할 수 있다고 보았다. 이는 일정한 사용자에의 종속관계를 조합원의 자격요건으로 하는 기업별 노동조합의 경우와 달리 산업별·직종별·지역별 노조의 경우, 원래부터 일정한 사용자에의 종속관계를 조합원의 자격요건으로 하는 것이 아니기 때문이라고

12) 대법원 2011. 9. 8. 선고 2008두13873 판결.
13) 대법원 2011. 9. 8. 선고 2008두13873 판결.

한다.14)

## Ⅲ. 사안의 적용

### 1. C그룹의 경우

이 사안과 유사한 사실관계가 문제되었던 판례에서 대학교의 사무직 직원들이 처장, 부처장, 과장, 주임, 담당 등으로 구분되어 있고 과장급 이상 직원은 일반사무 및 소속 직원의 업무분장, 근태관리 등에 관한 전결권을 부여받고 있는 경우, 이들은 '근로자에 관한 사항에 대하여 사업주를 위하여 행동하는 자'에 해당한다고 본 것은 정당하다고 판단된바 있다.15) 그러나 여기서 주임급 이하의 직원들의 경우 그들이 인사, 노무, 예산, 경리 등의 업무를 담당한다거나 총장의 비서 내지 전속 운전기사, 수위 등으로 근무한다는 사정만으로 그들이 곧바로 '항상 사용자의 이익을 대표하여 행동하는 자'에 해당한다고 단정할 수 없고, 실질적인 담당 업무의 내용 및 직무권한 등에 비추어 볼 때 그 직무상의 의무와 책임이 노동조합원으로서의 의무와 책임에 저촉되는 것으로 평가할 수 있을 때에만 '항상 사용자의 이익을 대표하여 행동하는 자'에 해당한다고 할 수 있다고 판단하였다.16) 해당 직원들이 실제 담당하는 업무의 내용 및 직무권한 등을 확인하여 이들이 '항상 사용자의 이익을 대표하여 행동하는 자'에 해당하는지 여부를 심리하여야 한다고 본 것이다.

이 사안에서 B지부에는 과장급에서 사원까지 약 900명이 조합원으로 가입해 있고 C그룹은 해당 부서에서 예산, 경리 또는 기획조정 업무를 담당하거나 사장의 비서 내지 전속 운전기사 등 직무에 종사하는 자는 약 10명이다. 그런데 C그룹 내에 소속 직원의 업무분장, 근태관리 등에 관한 전결권을 부여받고 있는 자가 있는지, 실질적인 담당 업무의 내용 및 직무권한 등에 비추어 볼 때 그 직무상의 의무와 책임이 노동조합원으로서의 의무와 책임에 저촉되는 것으로 평가할 수 있는지 등을 알 수 있는 요소는 사실관계상 전혀 나타나고 있지 않다. 따라서 앞서 살펴본 판례의 입장을 고려할 때 예산, 경리 또는 기획조정 업무를 담당하거나

---

14) 대법원 2004. 2. 27. 선고 2001두8568 판결.
15) 대법원 2011. 9. 8. 선고 2008두13873 판결.
16) 대법원 2011. 9. 8. 선고 2008두13873 판결.

사장의 비서 내지 전속 운전기사 등 직무에 종사하는 자라는 이유만으로 C그룹 전체가 노동조합법 제2조 제4호 단서 가목에 따라 사용자 또는 항상 사용자의 이익을 대표하여 행동하는 자라고 단정하기는 어렵다. 따라서 C그룹의 노조 가입 및 활동이 노동조합법 제2조 제4호 단서 가목에 위반된다고 할 수 없다.

## 2. D의 경우

판례에 따르면 해고자, 구직자, 실업자 등도 초기업 노조의 조합원으로 가입하여 활동할 수 있다고 해석된다. 따라서 D가 산업별 노조인 이 사건 노조에 가입, 활동하는 것은 노동조합법 제2조 제4호 라목에 위반되지 않는다.[17]

## Ⅳ. 결론

C그룹 전체가 노동조합법 제2조 제4호 가목에 따라 사용자 또는 항상 사용자의 이익을 대표하여 행동하는 자라고 단정할 수 없고, 해고된 D는 초기업 노조인 전국금융산업노조 B지부에 조합원으로 가입하여 활동할 수 있다. 따라서 C그룹과 D가 B지부에 가입·활동하는 것이 노동조합법 제2조 제4호에 위반된다고 할 수 없다.

---

[17] 노동조합법이 2021. 1. 5. 개정되기 전에 "해고된 자가 노동위원회에 부당노동행위 구제신청을 한 경우에는 재심판정이 있을 때까지는 근로자가 아닌 자로 해석해서는 안 된다."라고 규정하고 있던 노동조합법 제2조 제4호 라목 단서 해석과 관련하여 대법원 판례는 이 규정은 기업별 노동조합의 조합원이 사용자로부터 해고됨으로써 근로자성이 부인될 경우에 대비하여 마련된 규정으로서 이와 같은 경우에만 한정적으로 적용되고, 원래부터 일정한 사용자에의 종속관계를 필요로 하지 않는 산업별, 직종별, 지역별 노동조합 등의 경우에까지 적용되는 것은 아니라고 하였다(대법원 2004. 2. 27. 선고 2001두8568 판결). 이러한 판례에 따르면 2021년 노동조합법 개정 이전에도 D가 금융산업에 종사하는 근로자를 조직대상으로 하는 전국금융산업노조(즉, 산업별 노조)에 가입, 활동하는 것은 노동조합법 제2조 제4호 단서 라목에 위반되지 않는다.

〈질문 2〉 단체교섭을 거부하고 B지부에서 탈퇴를 요청하는 등 A회사의 행위가 노동조합법
　　　　상 부당노동행위에 해당하는지를 설명하시오.

## Ⅰ. 논점의 정리

이 사안에서 A회사의 행위는 두 가지 점에서 문제된다. 첫째, A회사는 노동조합법상 노동조합에 가입이 허용되지 않는 C그룹과 D가 B지부에 가입하여 활동한다는 이유로 단체교섭을 거부하였다. 노동조합법 제81조 제1항 제3호에 따르면 노동조합이 대표자 또는 노동조합으로부터 위임을 받은 자와의 단체협약체결 기타의 단체교섭을 정당한 이유 없이 거부하거나 해태하는 행위는 부당노동행위에 해당된다. 따라서 A회사의 단체교섭 거부 이유가 정당한 것으로 인정되지 않는 한 A회사의 단체교섭거부는 부당노동행위에 해당된다. A회사의 단체교섭거부가 부당노동행위에 해당되는지 여부를 판단하기 위해서는 A회사가 C그룹과 D의 조합원 자격을 문제 삼아 단체교섭을 거부하는 것이 정당한 이유가 있는 것인지 검토해야 한다.

둘째, A회사는 B지부와 C그룹 및 D에게 노동조합의 탈퇴를 요청하는 이메일을 3회 보내고, 특히 C그룹에 대해서 1개월 이내에 B지부를 탈퇴하지 않으면 징계절차를 진행하겠다는 전화를 몇 차례 하였다. 노동조합법 제81조 제1항 제4호 본문에 따르면 근로자가 노동조합을 조직 또는 운영하는 것을 지배하거나 이에 개입하는 행위 역시 부당노동행위에 해당된다. 따라서 A회사가 C그룹과 D의 노조탈퇴를 요청하고 노조에 탈퇴하지 않으면 징계절차를 진행하겠다고 한 것은 지배개입의 부당노동행위에 해당되는지 여부가 검토되어야 한다.

## Ⅱ. 관련 법리

### 1. 사용자가 조합원자격을 문제 삼아 단체교섭을 거부하는 경우 부당노동행위 해당 여부

판례에 따르면 단체교섭 거부의 이유가 정당한 이유인지의 여부는 노동조합측의 교섭권자, 노동조합측이 요구하는 교섭시간, 교섭장소, 교섭사항 및 그의 교섭태도 등을 종합하여 사회통념상 사용자에게 단체교섭의무의 이행을 기대하는 것

이 어렵다고 인정되는지 여부에 따라 판단한다. 사용자가 아무런 이유 없이 단체교섭을 거부 또는 해태하는 경우는 물론이고 사용자가 단체교섭을 거부할 정당한 이유가 있다거나 단체교섭에 성실히 응하였다고 믿었더라도 객관적으로 정당한 이유가 없고 불성실한 단체교섭으로 판단되는 경우에도 부당노동행위가 성립된다.[18]

판례는 사용자가 노조 대표자의 조합원자격을 문제 삼아 단체교섭을 거부한 사건에서 당해 노조 대표자가 사용자 또는 항상 그의 이익을 대표하여 행동하는 자에 해당되지 아니한다고 하면서 노조대표자가 조합원자격이 없다는 이유로 단체교섭요구에 응하지 아니하는 것은 단체교섭 거부의 정당한 이유가 없어 부당노동행위에 해당된다고 판단하였다.[19]

### 2. 노조탈퇴를 종용하는 경우 부당노동행위 해당 여부

지배개입의 부당노동행위는 사용자가 '근로자가 노동조합을 조직하거나 운영하는 것을 지배하거나 이에 개입하는 행위를 함으로써 성립한다. 지배개입이란 사용자의 간섭, 방해행위 전반을 의미한다. 판례에 따르면 지배개입의 부당노동행위가 성립하기 위하여 근로자의 단결권 침해의 결과 발생을 요하는 것은 아니다.[20] 사용자가 근로자들에게 노동조합 탈퇴나 불가입을 종용하는 것은 노동조합의 조직, 운영에 대한 지배개입에 해당된다.

### Ⅲ. 사안의 적용

질문1에서 살펴본 바와 같이 C그룹과 D는 노동조합법상 노동조합에 가입하고 활동할 수 있는 자격이 인정될 수 있는데 사용자가 조합원자격을 문제 삼아 단체교섭을 거부하는 것은 단체교섭 거부의 정당한 이유가 없는 것이고 따라서 부당노동행위에 해당된다.

---

18) 대법원 1998. 5. 22. 선고 97누8076 판결.
19) 대법원 1998. 5. 22. 선고 97누8076 판결. 이 사건에서 문제된 노조 대표자는 부하직원을 지휘하고 그 휘하의 직원에 대한 1차적 평가를 하기는 하지만 부장이 2차평정권자로서 평정의 권한과 책임은 궁극적으로 부장에게 귀속되고 부하직원의 지휘도 부장을 보조하는데 지나지 아니하며 인사, 급여, 후생, 노무관리 등 근로조건의 결정에 관한 권한과 책임을 사용자로부터 위임받은 사실이 없기 때문에 사용자 또는 항상 그의 이익을 대표하여 행동하는 자에 해당되지 않는다고 판단되었다.
20) 대법원 1997. 5. 7. 선고 96누2057 판결.

438 제2부 집단적 노동관계법

또한, A회사가 B지부와 C그룹 및 D에게 노동조합의 탈퇴를 요청하는 이메일을 3회 보내고, 특히 C그룹에 대해서 1개월 이내에 B지부를 탈퇴하지 않으면 징계절차를 진행하겠다는 전화를 몇 차례 하는 등 노조 탈퇴를 종용한 것은 노조활동을 방해하려는 의도에서 이루어진 것이라고 판단된다. 비록 이로 인하여 근로자가 실제로 노조를 탈퇴하는 등의 단결권 침해 결과가 발생하지 아니하였다고 하더라도 지배개입으로서의 부당노동행위에 해당된다.

## Ⅳ. 결론

A회사가 조합원 자격을 문제 삼아 단체교섭을 거부하는 것은 정당한 이유가 없어 단체교섭거부의 부당노동행위에 해당된다. 또한 C그룹과 D에게 노조 탈퇴를 요청하고 탈퇴하지 않는 경우 징계하겠다고 알린 A회사의 행위는 지배개입의 부당노동행위에 해당된다.

## 사례 4 법외노조(부당노동행위 구제신청 관련), 조합활동의 정당성

**[사례 4]**[21]

B회사는 상시 근로자 100명을 고용하여 반도체 부품을 생산·판매하는 회사이다. B회사에 근무하는 근로자 30명은 근로조건의 개선을 목적으로 하는 'B노동자연대'라는 단체를 적법한 절차를 거쳐 설립하였으나 아직 행정관청에 설립신고를 하지는 아니하였다. 그러자 B회사는 인사부 주도로 또 다른 C노동조합의 설립을 추진하는 한편 B노동자연대의 평조합원을 대상으로 B노동자연대를 탈퇴하고 C노동조합에 가입할 것을 종용하였다.

B노동자연대의 丁을 포함한 조합원 10여 명은 점심시간 중 B회사 내 공터에서 집회를 개최하며 "어용노조 물러가라. 노조탄압 분쇄하자."라는 구호를 약 20분간 외치고, 구내식당 안에서 식사를 하던 B회사 근로자 약 50여 명에게 "B회사가 설립을 주도하는 C노동조합은 어용노조로서 B노동자연대를 무력화하려는 것이다. B노동자연대는 B회사의 처사에 단호하게 대처할 것이다."라는 취지의 유인물을 배포하였다. 그러자 현장에 있던 B회사의 대표이사는 丁 등 조합원들에게 "당신들은 회사의 암적 존재로 반드시 그 대가를 치르게 하겠다."라고 발언하며 관리직 근로자들에게 유인물을 회수하도록 지시하였다.

이후 B회사는 丁을 해고하면서 그 근거로 '회사의 사전승인을 받지 아니하고 무단으로 사내에서 유인물을 배포하거나 집회를 개최하는 행위'를 징계사유로 규정한 취업규칙 제35조 제1항 제1호를 제시하였다.

**<질 문>**

1. B노동자연대와 丁은 관할 지방노동위원회에 丁에 대한 해고가 불이익취급 또는 지배·개입의 부당노동행위에 해당된다고 주장하면서 구제신청을 하였다. B노동자연대와 丁은 정당한 신청 당사자가 될 수 있는가? (30점)

2. 丁은 사내집회와 유인물배포가 정당한 조합활동이므로 자신을 해고한 것은 불이익취급의 부당노동행위라고 주장한다. B회사는 취업규칙에 따른 정당한 징계해고라고 주장한다. 각 주장은 타당한가? (50점)

---

21) 2017년도 시행 제6회 변호사시험.

> **해 설**

〈질문 1〉 B노동자연대와 丁은 관할 지방노동위원회에 丁에 대한 해고가 불이익취급 또는
지배·개입의 부당노동행위에 해당된다고 주장하면서 구제신청을 하였다. B노동자
연대와 丁은 정당한 신청 당사자가 될 수 있는가? (30점)

## Ⅰ. 논점의 정리

노동조합법 제82조 제1항은 사용자의 부당노동행위로 인하여 그 권리를 침해
당한 근로자 또는 노동조합은 노동위원회에 그 구제를 신청할 수 있다고 규정
하고 있다. 따라서 근로자와 노동조합은 부당노동행위의 정당한 신청 당사자가
된다.

B노동자연대는 적법한 절차를 거쳐 단체를 설립하였으나 아직 행정관청에 설
립신고를 하지는 아니하였다는 점에서 노동조합법상의 노동조합에 해당되는지
문제된다. B노동자연대가 노동조합법상 노동조합이 아닌 경우에 부당노동행위
구제신청의 정당한 신청권자가 될 수 있는지 검토해야 하고, 근로자인 丁도 정당
한 신청권자가 되는지 검토하여야 한다.

## Ⅱ. 관련 법리

### 1. 노동조합법상 노동조합의 설립

노동조합법상의 노동조합은 근로자가 주체가 되어 자주적으로 단결하여 근로
조건의 유지·개선 기타 근로자의 경제적·사회적 지위의 향상을 도모함을 목적
으로 조직하는 단체 또는 그 연합단체를 말하며, 각목의 결격요건에 해당되지 않
아야 한다(노동조합법 제2조 제4호).

또한 노동조합법은 노동조합을 설립하고자 하는 자는 제10조의 규정에 따라 노동
조합 설립신고를 하여야 한다고 규정한다. 노동조합법 제12조 제4항은 노동조합이
신고증을 교부받은 경우에는 설립신고서가 접수된 때에 설립된 것으로 본다고 규정
한다. 따라서 신고증을 교부받지 않은 경우에는 노동조합법상 노동조합으로 설립된
것이 아니다.

제2장 집단적 노동관계법 사례 해설

판례는 노동조합법상의 노동조합이 설립되려면 노동조합법 제2조 제4호의 실질적 요건 이외에 노동조합법 제11조 소정의 규약을 갖추고 노동조합법 제10조 제1항의 설립신고를 마치는 등의 형식적인 요건을 구비하여야 할 것이며, 행정관청으로부터 설립신고증을 교부받음으로써만 성립할 수 있다고 본다.[22]

## 2. 노동조합법상 노동조합에 대한 보호

노동조합법 제7조 제1항은 "이 법에 의하여 설립된 노동조합이 아니면 노동위원회에 노동쟁의의 조정 및 부당노동행위의 구제를 신청할 수 없다."라고 규정하고 있다. 즉 노동조합법상 설립된 노동조합이 아니면 부당노동행위의 구제를 신청하는 정당한 당사자가 될 수 없다.

또한 동조 제2항은 "제1항의 규정은 제81조 제1항 제1호·제2호 및 제5호의 규정에 의한 근로자의 보호를 부인하는 취지로 해석되어서는 아니된다."라고 규정한다. 따라서 노동조합법상 설립된 노동조합이 아니어도 근로자가 불이익취급의 부당노동행위(제81조 제1항 제1호 및 제5호)나 반조합계약의 부당노동행위(제81조 제1항 제2호)에 대해 구제를 신청하는 경우에는 정당한 당사자가 될 수 있다. 반면 근로자가 단체교섭거부의 부당노동행위(제81조 제1항 제3호)나 지배개입의 부당노동행위(제81조 제1항 제4호)에 대해 구제를 신청하는 경우에는 정당한 당사자가 될 수 없다.

## Ⅲ. 사안의 적용

### 1. B노동자연대가 노동조합법상 노동조합으로 설립되었는지 여부

B노동자연대는 B회사에 근무하는 근로자 30명의 근로자가 근로조건의 개선을 목적으로 하여 적법한 절차를 거쳐 설립한 단체이므로 노동조합법 제2조 제4호 소정의 노동조합의 요건을 갖추었다. 그러나 아직 행정관청에 설립신고를 하지는 아니하였으므로 노동조합법 제10조 및 제12조 제4항에 따라 노동조합법상의 노동조합으로 설립된 것으로 인정되지 않는다.

---

22) 대법원 1996. 6. 28. 선고 93도855 판결.

## 2. B노동자연대가 부당노동행위의 정당한 신청 당사자인지 여부

B노동자연대는 노동조합법에 의하여 설립된 노동조합이 아니므로 노동조합법 제7조 제1항에 따라 노동위원회에 부당노동행위 구제를 신청할 수 없다. 불이익취급 및 지배개입의 부당노동행위 모두에 대해 정당한 신청 당사자가 되지 않는다.

## 3. 丁이 부당노동행위 구제의 정당한 신청 당사자인지 여부

비록 B노동자연대가 부당노동행위 구제를 신청할 수 없어도, 丁은 노동조합법 제7조 제2항에 따라 불이익취급의 부당노동행위에 대해 구제를 신청할 수 있어 정당한 신청 당사자이다. 그러나 지배·개입의 부당노동행위에 대해 구제를 신청하는 경우에는 정당한 신청 당사자가 아니다.

## Ⅳ. 결론

B노동자연대는 노동조합법에 의하여 설립된 노동조합이 아니므로 노동조합법 제7조 제1항에 따라 불이익취급 및 지배개입의 부당노동행위에 대해 정당한 신청 당사자가 되지 않는다. 丁은 노동조합법 제7조 제2항에 따라 불이익취급의 부당노동행위에 대해 정당한 신청 당사자이지만 지배개입의 부당노동행위에 대해 정당한 신청 당사자가 아니다.

〈질문2〉 丁은 사내집회와 유인물배포가 정당한 조합활동이므로 자신을 해고한 것은 불이익취급의 부당노동행위라고 주장한다. B회사는 취업규칙에 따른 정당한 징계해고라고 주장한다. 각 주장은 타당한가? (50점)

## Ⅰ. 논점의 정리

불이익취급의 부당노동행위란 노동조합법 제81조 제1항 제1호 및 제5호에서 금지하는 사용자의 행위를 말한다. 불이익취급의 부당노동행위는 노동조합의 업무를 위한 정당한 행위, 즉 정당한 조합활동을 한 것을 이유로 그 근로자를 해고하는 것이므로, 부당노동행위의 성립요건으로서, 첫째, 정당한 조합활동, 둘째, 사용자의 불이익한 처분, 셋째, 사용자의 부당노동행위 의사의 존재가 인정되어야 한다.

이 사안에서는 丁의 사내집회와 유인물배포가 정당한 조합활동인지를 검토하여야 한다. 특히 유인물배포는 회사의 승인을 받지 않았다는 점에서 회사의 직장규율에 위반된 점이 문제될 수 있다. B회사는 丁에 대한 해고가 취업규칙에 따른 정당한 징계해고라고 주장하고 있는데, 이 경우 사용자가 丁을 해고한 것에 부당노동행위 의사가 인정되는지를 검토하여야 한다.

## Ⅱ. 관련 법리

### 1. 조합활동의 정당성

판례는 노동조합의 활동이 정당하다고 하기 위하여는 i) 행위의 성질상 노동조합의 활동으로 볼 수 있거나 노동조합의 묵시적인 수권 또는 승인을 받았다고 볼 수 있는 것으로서, ii) 근로조건의 유지 개선과 근로자의 경제적 지위의 향상을 도모하기 위하여 필요하고 근로자들의 단결강화에 도움이 되는 행위이어야 하며, iii) 취업규칙이나 단체협약에 별도의 허용규정이 있거나 관행 또는 사용자의 승낙이 있는 경우 외에는 취업시간 외에 행하여져야 하고, iv) 사업장내의 조합활동에 있어서는 사용자의 시설관리권에 바탕을 둔 합리적인 규율이나 제약에 따라야 하며, v) 폭력과 파괴행위 등의 방법에 의하지 않는 것이어야 한다고 보고 있다.[23]

판례는 회사의 승인 없는 유인물 배포의 정당성이 문제된 사안에서 회사가 취업규칙에서 유인물의 배포에 관하여 회사의 사전 승인을 얻도록 하고 있다고 할지라도 근로자들의 근로조건의 유지·향상이나 복지 증진을 위한 정당한 행위까지 금지할 수는 없는 것이므로 그 행위가 정당한가 아닌가는 회사의 승인 여부만을 가지고 판단할 것은 아니고, 그 유인물의 내용, 매수, 배포의 시기, 대상, 방법, 이로 인한 기업이나 업무에의 영향 등을 기준으로 하여야 한다고 보고 있다.[24]

또한 휴게시간 중의 유인물 배포는 다른 근로자의 취업에 나쁜 영향을 미치거

---

23) 대법원 1994. 2. 22. 선고 93도613 판결.
24) 대법원 1997. 12. 23. 선고 96누11778 판결.

나 휴게시간의 자유로운 이용을 방해하거나 구체적으로 직장질서를 문란하게 하
는 것이 아닌 한 허가를 얻지 아니 하였다는 이유만으로 정당성을 잃는다고 할
수 없다는 것이 판례의 입장이다.[25]

## 2. 사용자의 부당노동행위의사 존부의 판단

판례는 사용자가 근로자를 해고함에 있어서 표면적으로 내세우는 해고사유와
는 달리 실질적으로는 근로자의 정당한 노동조합 활동을 이유로 해고한 것으로
인정되는 경우에 있어서는 그 해고는 부당노동행위라고 보아야 한다는 것이 일관
된 입장이다.

또한 근로자의 노동조합 업무를 위한 정당한 행위를 실질적인 해고사유로 한
것인지의 여부는 사용자측이 내세우는 해고사유와 근로자가 한 노동조합 업무를
위한 정당한 행위의 내용, 해고를 한 시기, 사용자와 노동조합과의 관계, 동종의
사례에 있어서 조합원과 비조합원에 대한 제재의 불균형 여부, 종래의 관행에의
부합 여부, 사용자의 조합원에 대한 언동이나 태도, 기타 부당노동행위 의사의 존
재를 추정할 수 있는 제반 사정 등을 비교 검토하여 판단한다.

## Ⅲ. 사안의 적용

### 1. 丁의 행위가 정당한 조합활동에 해당되는지 여부

이 사안에서 丁을 포함한 조합원 10여 명은 점심시간 중 B회사 내 공터에서
집회를 개최하며 "어용노조 물러가라. 노조탄압 분쇄하자."라는 구호를 약 20분
간 외치고, 구내식당 안에서 식사를 하던 B회사 근로자 약 50여 명에게 "B회사가
설립을 주도하는 C노동조합은 어용노조로서 B노동자연대를 무력화하려는 것이
다. B노동자연대는 B회사의 처사에 단호하게 대처할 것이다."라는 취지의 유인물
을 배포했다.

위와 같은 행위가 B노동자연대의 지시에 따른 노동조합의 행위인지는 불분명
하지만, B회사가 인사부 주도로 또 다른 C노동조합의 설립을 추진하는 한편 B노
동자연대의 평조합원을 대상으로 B노동자연대를 탈퇴하고 C노동조합에 가입할

---

25) 대법원 1991. 11. 12. 선고 91누4164 판결.

것을 종용하여, 이에 대항하기 위한 행위라는 점, B노동자연대의 조합원 30명 중 丁 등 10명이 행한 행위라는 점 등을 고려하면, 성질상 노동조합의 행위라고 볼 수 있거나 또는 노동조합의 묵시적 수권이나 승인을 받았다고 볼 수 있을 것이다. 또한 그러한 행위들은 근로조건의 유지 개선과 근로자의 경제적 지위의 향상을 도모하기 위하여 필요하고 근로자들의 단결강화에 도움이 되는 행위로서 조합활동의 목적도 정당하다. 丁의 사내집회와 유인물배포는 취업시간이 아닌 점심시간 중에 행해졌다는 점도 정당한 조합활동 인정 근거중 하나가 된다.

丁의 사내집회는 丁을 포함한 조합원 10여 명이 점심시간 중 B회사 내 공터에서 집회를 개최하여 구호를 약 20분간 외친 것이다. 이는 사용자의 시설관리권에 바탕을 둔 합리적인 규율이나 제약에 따른 것으로 인정되며, 폭력과 파괴행위 등의 방법에 의하지 않았다. 따라서 사내집회는 사용자의 시설관리권과의 관계에서도 정당한 조합활동으로 인정된다.

丁의 유인물배포는 구내식당 안에서 식사를 하던 B회사 근로자 약 50여 명에게 "B회사가 설립을 주도하는 C노동조합은 어용노조로서 B노동자연대를 무력화하려는 것이다. B노동자연대는 B회사의 처사에 단호하게 대처할 것이다."라는 취지의 유인물을 배포한 행위이다.

유인물을 배포함에 있어 B회사의 승인을 받지 않고 무단으로 배포하였지만, 그 유인물의 내용은 B회사의 노동조합 탄압과 어용노조 가입종용에 항의하기 위한 것인 점, 구내식당 안에서 식사를 하던 B회사 근로자 약 50여 명에게 배포한 것인 점, 다른 근로자의 취업에 나쁜 영향을 미치거나 휴게시간의 자유로운 이용을 방해하거나 구체적으로 직장질서를 문란하게 하는 등의 사정은 보이지 않는 점 등을 종합적으로 고려하면, 유인물 배포가 회사의 승인을 받지 않고 무단으로 배포하였다는 이유만으로 정당성을 잃는다고 할 수 없다.

## 2. 사용자의 부당노동행위의사가 있는지 여부

B회사는 丁을 해고하면서 그 근거로 '회사의 사전승인을 받지 아니하고 무단으로 사내에서 유인물을 배포하거나 집회를 개최하는 행위'를 징계사유로 규정한 취업규칙 제35조 제1항 제1호를 제시하였다.

그러나 앞서 살펴본 바와 같이 丁의 사내집회 및 유인물배포는 정당한 조합활동에 해당되며 징계의 정당한 이유가 될 수 없는 점, 丁의 사내집회 및 유인물배포는 B회사가 인사부 주도로 또 다른 C노동조합의 설립을 추진하는 한편 B노동자연대의 평조합원을 대상으로 B노동자연대를 탈퇴하고 C노동조합에 가입할 것을 종용하는 부당노동행위에 대항하기 위한 행위라는 점, 현장에 있던 B회사의 대표이사가 丁 등 조합원들에게 "당신들은 회사의 암적 존재로 반드시 그 대가를 치르게 하겠다."라고 보복의 위협을 담은 반조합적인 발언을 하고 관리직 근로자들에게 유인물을 회수하도록 지시하여 조합활동을 방해한 점 등을 고려하면, B회사가 丁을 해고함에 있어서 내세운 해고사유인 무단 유인물 배포 및 집회 개최는 표면적인 것이며, 이와 달리 실질적으로는 근로자의 정당한 노동조합 활동을 이유로 해고한 것으로 인정된다. 따라서 丁에 대한 해고는 불이익취급의 부당노동행위에 해당한다.

## Ⅳ. 결론

丁의 사내집회와 유인물배포는 비록 B회사의 승인없이 이루어졌지만 그 행위의 성질상 노동조합의 활동으로서 목적이 정당하며 사용자의 노무지휘권을 침해하지 않고 시설관리권의 합리적인 제약에 따른 것으로 정당한 조합활동으로 인정된다. B회사는 취업규칙상의 징계사유에 해당한다고 丁을 징계해고했지만, B회사가 丁을 해고함에 있어서 표면적으로 내세우는 해고사유와는 달리 실질적으로는 근로자의 정당한 노동조합 활동을 이유로 해고한 것으로 인정된다. 따라서 사내집회와 유인물배포가 정당한 조합활동이므로 자신을 해고한 것은 불이익취급의 부당노동행위라고 하는 丁의 주장은 타당하다. 반면 취업규칙에 따른 정당한 징계해고라고 하는 B회사의 주장은 타당하지 않다.

## 사례 5 ┃ 비종사자의 사업장내 조합활동의 정당성, 단체협약의 불이익변경

### [사례 5][26]

타이어를 제조·판매하는 A회사에는 산업별 노동조합인 B노동조합이 조직되어 있고 다른 노동조합은 없다. 甲은 A회사의 근로자가 아닌 B노동조합의 조합간부이고, 乙은 A회사의 재직 근로자로서 B노동조합의 조합원이다.

甲은 2021년 10월 22일 소속 조합원이 근무하는 사업장인 A회사의 사업장에 노동관계법령 준수 여부를 확인하기 위해 A회사의 승낙 없이 출입하였다. A회사 소속이 아닌 B노동조합의 간부들은 이전에도 회사의 별다른 제지 없이 현장순회를 하였다. 甲은 대략 30분 정도 A회사의 시설·설비의 상태를 눈으로 확인하는 방법으로 현장순회를 하였다. 이 과정 중에 甲이 A회사 직원에 대한 폭행·협박이나 강제적인 물리력을 행사하거나 업무를 방해한 바는 없었다.

한편, 2015년 이후 경영 악화에 따른 적자로 인해 2022년 1월 A회사에 대한 워크아웃이 개시되었다. 이에 따라 A회사는 채권금융기관협의회의 요청으로 경영정상화계획 이행약정을 체결할 필요가 있었는데, 그 전제조건으로 B노동조합과 2022년 단체협약 체결이 요구되는 상황이었다. 이에 A회사는 2022년 2월부터 B노동조합과 단체교섭을 시작하였고, 노사 양측은 워크아웃의 조기종료를 위해서 반드시 필요하다는 인식 하에 2022년 4월 6일 임금 및 단체협약을 체결하였다. 단체협약에서는 다음과 같은 사항이 명시되었다.

---

1. 협약체결 이후 워크아웃 기간 동안 기본급 15% 삭감
2. 협약체결 이후 워크아웃 기간 동안 상여금 600% 중 200% 삭감

---

### <질 문>

1. A회사는 甲의 현장순회 행위는 정당하지 않은 조합활동이라고 주장한다. A회사의 주장은 정당한가?(40점)

2. 乙은 2022년 4월 6일에 체결된 단체협약은 기존 근로조건을 저하시키는 것이며 개별 조합원의 동의도 없어 무효라고 주장한다. 乙의 주장은 정당한가?(40점)

---

26) 2022년도 시행 제2회 법학전문대학원협의회 모의시험.

**│ 해 설**

〈질문 1〉 A회사는 甲의 현장순회 행위는 정당하지 않은 조합활동이라고 주장한다. A회사의
주장은 정당한가? (40점)

## Ⅰ. 논점의 정리

이 사안에서는 회사에 소속되어 있지 않은 산별 노동조합의 간부, 이른바 비종
사자가 소속 조합원의 사업장에 출입한 것이 정당한 조합활동에 해당하는지 여부
가 문제된다.

## Ⅱ. 관련 법리

### 1. 관련 법령

노동조합법 제4조에 따르면, 형법 제20조의 규정은 노동조합이 단체교섭·쟁의
행위 기타의 행위로서 제1조의 목적을 달성하기 위하여 한 정당한 행위에 대하여
적용된다. 다만, 어떠한 경우에도 폭력이나 파괴행위는 정당한 행위로 해석되어
서는 아니된다. 한편, 비종사자의 노동조합의 활동에 관하여 노동조합법 제5조
제2항에서는 "사업 또는 사업장에 종사하는 근로자(이하 "종사근로자"라 한다)가 아
닌 노동조합의 조합원은 사용자의 효율적인 사업 운영에 지장을 주지 아니하는
범위에서 사업 또는 사업장 내에서 노동조합 활동을 할 수 있다."라고 규정하고
있다.

### 2. 관련 판례

판례에 따르면 노동조합의 활동이 정당하다고 하려면, 첫째 주체의 측면에서
행위의 성질상 노동조합의 활동으로 볼 수 있거나 노동조합의 묵시적인 수권 혹
은 승인을 받았다고 볼 수 있는 것이어야 하고, 둘째 목적의 측면에서 근로조건의
유지·개선과 근로자의 경제적 지위의 향상을 도모하기 위하여 필요하고 근로자
들의 단결 강화에 도움이 되는 행위이어야 하며, 셋째 시기의 측면에서 취업규칙

이나 단체협약에 별도의 허용규정이 있거나 관행이나 사용자의 승낙이 있는 경우 외에는 원칙적으로 근무시간 외에 행하여져야 하고, 넷째 수단·방법의 측면에서 사업장 내 조합활동에서는 사용자의 시설관리권에 바탕을 둔 합리적인 규율이나 제약에 따라야 하며 폭력과 파괴행위 등의 방법에 의하지 않는 것이어야 한다.

이 중에서 시기·수단·방법 등에 관한 요건은 조합활동과 사용자의 노무지휘권·시설관리권 등이 충돌할 경우에 그 정당성을 어떠한 기준으로 정할 것인지 하는 문제이므로, 위 요건을 갖추었는지 여부를 판단할 때에는 조합활동의 필요성과 긴급성, 조합활동으로 행해진 개별 행위의 경위와 구체적 태양, 사용자의 노무지휘권·시설관리권 등의 침해 여부와 정도, 그 밖에 근로관계의 여러 사정을 종합하여 충돌되는 가치를 객관적으로 비교·형량하여 실질적인 관점에서 판단하여야 한다.

비종사자인 노조 간부들의 사업장 내 조합활동의 정당성이 문제된 사안에서 대법원은 산업안전보건법 위반 사실의 증거수집 등을 할 목적으로 공장에 들어간 것이고 그 이전에도 노조 간부들이 같은 목적으로 공장을 방문하여 관리자 측의 별다른 제지 없이 현장순회를 해왔으며, 공장의 시설이나 설비를 작동시키지 않은 채 단지 그 상태를 눈으로 살펴보았을 뿐으로 그 시간도 30분 내지 40분 정도에 그쳤고 회사 측을 폭행·협박하거나 강제적인 물리력을 행사한 바 없으며 근무 중인 근로자들의 업무를 방해하거나 소란을 피운 사실도 없었다면, 비종사자인 노조 간부들의 행위는 근로조건의 유지·개선을 위한 조합활동으로서의 필요성이 인정되고, 그러한 활동으로 인하여 회사 측의 시설관리권의 본질적인 부분을 침해하였다고 볼 수 없다고 판단한 바 있다.

## Ⅲ. 사안의 적용

먼저, 비종사자인 산별노조 간부가 소속 조합원의 사업장에 출입하는 행위는 주체의 측면에서 성질상 노동조합의 활동으로 볼 수 있다.

다음으로 목적의 측면에서 소속 조합원이 근무하는 사업장의 노동관계법령 준수 여부를 확인하기 위한 순회방문은 정당한 조합활동으로 볼 수 있다.

보다 구체적으로는 이전에도 A회사에 재직하고 있지 않은 B노동조합 간부들은 A회사를 출입하여 별다른 제지 없이 현장순회를 하여 왔다는 점, 현장순회는 시설·설비를 눈으로 확인하는 방법으로 실시되었고, 그 시간은 대략 30분 정도에 그쳤다는 점, 현장순회를 하는 과정에서 A회사 직원에 대한 폭행·협박이나 강제적인 물리력 행사는 없었고, 업무를 방해한 사실이 없었다는 등의 사정을 종합적으로 고려할 때 시기·수단·방법의 측면에서 정당한 조합활동으로 볼 수 있다.

## Ⅳ. 결론

산별 노조의 간부인 甲이 소속 조합원의 사업장에 출입한 것은 정당한 조합활동에 해당하므로 A회사의 주장은 타당하지 않다.

.

〈질문 2〉 乙은 2022년 4월 6일에 체결된 단체협약은 기존 근로조건을 저하시키는 것이며 개별 조합원의 동의도 없어 무효라고 주장한다. 乙의 주장은 정당한가? (40점)

## Ⅰ. 논점의 정리

노동조합이 사용자와의 사이에 근로조건을 불리하게 변경하는 내용의 단체협약을 체결한 경우, 그 합의가 무효인지 여부, 그리고 그 합의를 위하여 노동조합이 근로자들로부터 개별적인 동의나 수권을 받을 필요가 있는지 여부가 검토되어야 한다. 또한, 단체협약이 무효라고 하기 위해서는 단체협약의 효력이 부정될 정도로 단체협약이 현저히 합리성을 결하여야 하는데, 단체협약이 현저히 합리성을 결하였는지 여부에 대한 판단기준을 살펴보아야 한다.

## Ⅱ. 관련 법리

### 1. 관련 법령

노동조합법상 "노동조합"이라 함은 근로자가 주체가 되어 자주적으로 단결하여 근로조건의 유지·개선 기타 근로자의 경제적·사회적 지위의 향상을 도모함을 목적으로 조직하는 단체 또는 그 연합단체를 말하고(제2조 제4호), 노동조합의 대표자는 그 노동조합 또는 조합원을 위하여 사용자나 사용자단체와 교섭하고 단체협약을 체결할 권한을 가진다(제29조 제1항).

## 2. 관련 판례

판례에 따르면 협약자치의 원칙상 노동조합은 사용자와 사이에 근로조건을 유리하게 변경하는 내용의 단체협약뿐만 아니라 근로조건을 불리하게 변경하는 내용의 단체협약을 체결할 수 있으므로, 근로조건을 불리하게 변경하는 내용의 단체협약이 현저히 합리성을 결하여 노동조합의 목적을 벗어난 것으로 볼 수 있는 경우와 같은 특별한 사정이 없는 한 그러한 노사 간의 합의를 무효라고 볼 수는 없고, 노동조합으로서는 그러한 합의를 위하여 사전에 근로자들로부터 개별적인 동의나 수권을 받을 필요가 없으며, 단체협약이 현저히 합리성을 결하였는지 여부는 단체협약의 내용과 그 체결 경위, 당시 사용자 측의 경영상태 등 여러 사정에 비추어 판단해야 할 것이다.

## Ⅲ. 사안의 적용

2022년 임금 및 단체협약이 협약체결 이후 워크아웃 기간 동안 기본급 15%를 삭감하고 상여금 600% 중 200%를 삭감하도록 합의한 것은 근로조건을 불리하게 변경한 것에 해당한다. 그렇지만 협약자치의 원칙상 노동조합은 장래에 근로조건을 불리하게 변경하는 단체협약을 체결할 수 있고, 이에 대해 근로자의 개별적인 동의나 수권을 받을 필요는 없다.

한편, B노동조합이 회사와 협약체결 이후 워크아웃 기간 동안 기본급 15%와 상여금 200%를 삭감하도록 근로조건을 불리하게 변경한 것은 A회사에 대한 워크아웃이 개시되고, 단체협약은 워크아웃의 조기 종료를 위해 반드시 필요하다는 노사의 합의 하에 체결된 것이라는 점에 비추어 노동조합의 목적에 비추어 현저히 합리성을 결한 것이라 볼 수 없다.

## Ⅳ. 결론

B노동조합이 체결한 단체협약은 장래의 근로조건을 불리하게 변경하는 것이기

는 하지만 현저히 합리성을 결한 것이라 볼 수 없어 무효라 할 수 없고, 개별 근로자의 동의나 수권을 받을 필요도 없으므로, 단체협약이 무효라는 甲의 주장은 타당하지 않다.

## 사례 6 산별노조 지부의 조직형태 변경, 고용안정협약의 효력

**[사례 6]**[27]

　A회사는 상시 근로자 300명을 고용하여 자동차부품을 제조하는 회사이다. A회사에는 과거 기업별 노동조합인 B노동조합이 설립되어 있었다. B노동조합은 2015년에 산업별 노동조합인 C노동조합의 D지회로 조직형태를 변경하였다. D지회는 2020년 9월에 지회 총회에서 기업별 노동조합인 E노동조합으로 다시 조직형태의 변경을 결의하여, 행정관청에 설립신고까지 완료하였다.

　D지회는 A회사 소속 근로자를 조직대상으로 하여 구성된 기업별 지회로, 지회였던 기간 중에도 독자적인 규약과 집행기관을 가지고 독립된 단체로서 활동하면서, 조직이나 소속 조합원과 관련된 고유한 사항에 대하여 독자적으로 A회사와 단체교섭을 진행하고 단체협약을 체결하여 왔다.

　한편 A회사는 2020년에 인력 구조조정을 단행하고자 하였으나, E노동조합의 강한 반대로 2020년 10월 말에 다음과 같은 내용의 단체협약을 체결하였다(E노동조합은 단체협약 체결의 적법한 주체임을 전제함).

> 1. 임금은 종전 단체협약 수준으로 동결한다.
> 2. 이 단체협약의 유효기간 중에는 경영상 이유에 의한 해고 등 인위적인 인력 구조조정은 실시하지 않는다.

　그러나 단체협약 체결 후에 취임한 A회사의 신임 대표이사 甲은 '사용자의 경영권에 속하는 사항을 단체협약으로 체결할 수 없고, 인력 구조조정을 실시하지 않는다는 내용은 단체협약으로서의 효력이 없다'고 주장하였다. A회사는 조합원 乙 등 30명에 대하여 경영상 이유에 의한 해고를 단행하였다. A회사의 경영상황은 객관적으로 볼 때 단체협약을 체결한 후 해고 시까지 특별히 악화되지는 않았지만 크게 호전되지도 않았다.

---

27) 2021년도 시행 제10회 변호사시험.

**〈질 문〉**

1. C노동조합은 산별 노조 총회를 거치지 않은 D지회만의 조직형태 변경 결의가 노동조합법 위반으로 무효라고 주장한다. C노동조합의 주장은 타당한가? (40점)
2. 乙은 경영상 이유에 의한 해고가 단체협약을 위반하여 부당하다고 주장한다. 乙의 주장은 타당한가? (근기법 제24조에 따른 검토는 제외함) (40점)

**해 설**

〈질문 1〉 C노동조합은 산별 노조 총회를 거치지 않은 D지회만의 조직형태 변경 결의가 노동조합법 위반으로 무효라고 주장한다. C노동조합의 주장은 타당한가? (40점)

## I. 논점의 정리

노동조합법 제16조 제1항 제8호는 노동조합의 조직형태의 변경에 관한 사항은 노동조합 총회의 의결을 거쳐야 한다고 규정하고 있다. 이 경우 재적조합원 과반수의 출석과 출석조합원 3분의 2 이상의 찬성이 있어야 한다(노동조합법 제16조 제2항).

이 사안에서는 산업별 노동조합인 C노동조합의 기업별 지회인 D지회가 C노동조합의 총회를 거치지 않고 D지회만의 결의를 통해 조직형태를 변경했다. 그러나 노동조합법은 조직형태 변경 주체를 노동조합으로 규정하고 있고, 기업별 지회는 그 자체로서는 노동조합이 아니므로 조직형태 변경의 주체가 될 수 있는지 여부가 문제되는바, D지회의 결의만으로 조직형태 변경을 한 것이 노동조합법상 효력이 있는지 여부가 검토되어야 한다.

## II. 관련 법리

노동조합의 조직형태 변경이 적법하게 이루어지는 경우에 변경 후의 노동조합은 변경 전의 노동조합과 동일성이 인정되어 변경 전 노동조합의 단체협약과 재산을 그대로 승계하게 된다. 판례는 조직형태 변경제도의 취지가 노조의 재산상 권리·

의무나 단체협약의 효력 등의 법률관계를 유지하기 위한 것이라고 보고 있다.[28]

노동조합이 아닌 산업별 노동조합의 지회가 조직형태 변경의 주체가 될 수 있는지에 관하여 판례는 이를 긍정하고 있다.[29] 즉, 산업별 노동조합의 지회 등이더라도, 외형과 달리 독자적인 노동조합 또는 노동조합 유사의 독립한 근로자단체로서 법인 아닌 사단에 해당하는 경우에는, 자주적·민주적인 총회의 결의를 통하여 소속을 변경하고 독립한 기업별 노동조합으로 전환할 수 있다는 것이 판례의 입장이다.

판례에 따르면 노동조합법 제16조 제1항 제8호 및 제2항은 노동조합법에 의하여 설립된 노동조합을 대상으로 삼고 있어 노동조합의 단순한 내부적인 조직이나 기구에 대하여는 적용되지 아니하지만, 산업별 노동조합의 지회 등이더라도, 실질적으로 하나의 기업 소속 근로자를 조직대상으로 하여 구성되어 독자적인 규약과 집행기관을 가지고 독립한 단체로서 활동하면서 조직이나 조합원에 고유한 사항에 관하여 독자적인 단체교섭 및 단체협약체결 능력이 있어 기업별로 구성된 노동조합(이하 '기업별 노동조합'이라 한다)에 준하는 실질을 가지고 있는 경우에는, 산업별 연합단체에 속한 기업별 노동조합의 경우와 실질적인 차이가 없으므로, 노동조합법 제16조 제1항 제8호 및 제2항에서 정한 결의 요건을 갖춘 소속 조합원의 의사 결정을 통하여 산업별 노동조합에 속한 지회 등의 지위에서 벗어나 독립한 기업별 노동조합으로 전환함으로써 조직형태를 변경할 수 있다.

또한 판례에 따르면 산업별 노동조합의 지회 등이 독자적으로 단체교섭을 진행하고 단체협약을 체결하지는 못하더라도, 법인 아닌 사단의 실질을 가지고 있어 기업별 노동조합과 유사한 근로자단체로서 독립성이 인정되는 경우에, 지회 등은 스스로 고유한 사항에 관하여 산업별 노동조합과 독립하여 의사를 결정할 수 있는 능력을 가지고 있다. 의사 결정 능력을 갖춘 이상, 지회 등은 소속 근로자로 구성된 총회에 의한 자주적·민주적인 결의를 거쳐 지회 등의 목적 및 조직을 선택하고 변경할 수 있으며, 나아가 단결권의 행사 차원에서 정관이나 규약 개정 등을 통하여 단체의 목적에 근로조건의 유지·개선 기타 근로자의 경제적·사회적 지위의 향상을 추가함으로써 노동조합의 실체를 갖추고 활동할 수 있다. 따라

---

28) 대법원 2016. 2. 19. 선고 2012다96120 전원합의체 판결.
29) 대법원 2016. 2. 19. 선고 2012다96120 전원합의체 판결, 대법원 2018. 1. 24. 선고 2014다 203045 판결.

서 기업별 노동조합과 유사한 근로자단체로서 법인 아닌 사단의 실질을 가지고 있는 지회 등의 경우에도 기업별 노동조합에 준하는 실질을 가지고 있는 경우와 마찬가지로 노동조합법 제16조 제1항 제8호 및 제2항에서 정한 결의 요건을 갖춘 소속 근로자의 의사 결정을 통하여 종전의 산업별 노동조합의 지회 등이라는 외형에서 벗어나 독립한 기업별 노동조합으로 전환할 수 있다.

## Ⅲ. 사안의 적용

A회사에는 과거 기업별 노동조합인 B노동조합이 설립되어 있었고, B노동조합은 2015년에 산업별 노동조합인 C노동조합의 D지회로 조직형태를 변경하였으나, D지회는 2020년 9월에 지회 총회에서 기업별 노동조합인 E노동조합으로 다시 조직형태의 변경을 결의하여, 행정관청에 설립신고까지 완료하였다.

앞서 살펴본 판례 입장에 따르면 D지회는 과거 A회사의 기업별 노동조합인 B노동조합이었다는 점, A회사 소속 근로자를 조직대상으로 하여 구성된 기업별 지회였던 기간 중에도 독자적인 규약과 집행기관을 가지고 독립된 단체로서 활동하였다는 점, 조직이나 소속 조합원과 관련된 고유한 사항에 대하여 독자적으로 A회사와 단체교섭을 진행하고 단체협약을 체결하여 왔다는 점 등에 비추어 볼 때 기업별 노동조합에 준하는 실질을 가지고 있는 경우와 마찬가지로 볼 수 있을 것이다.

## Ⅳ. 결론

D지회는 기업별 지회였던 기간 중에도 독자적인 규약과 집행기관을 가지고 독립된 단체로서 활동하였고, 조직이나 소속 조합원과 관련된 고유한 사항에 대하여 독자적으로 A회사와 단체교섭을 진행하고 단체협약을 체결하여 왔기 때문에 기업별 노동조합에 준하는 실질을 가지고 있는 경우와 마찬가지로 볼 수 있으므로 판례 법리에 따르면 조직형태 변경의 주체가 될 수 있다. 따라서 산별 노조 총회를 거치지 않은 D지회만의 조직형태 변경 결의가 노동조합법 위반으로 무효라고 하는 C노동조합의 주장은 타당하지 않다.

〈질문 2〉 乙은 경영상 이유에 의한 해고가 단체협약을 위반하여 부당하다고 주장한다. 乙의 주장은 타당한가? (근기법 제24조에 따른 검토는 제외함) (40점)

## Ⅰ. 논점의 정리

이 사안에서는 단체협약의 유효기간 중에 경영상 이유에 의한 해고 등 인위적인 인력 구조조정은 실시하지 않는다고 정하고 있는 단체협약을 위반하여 이루어진 경영상 이유에 의한 해고의 효력이 인정될 수 있는지 문제된다. 단체협약에 일정한 기간 동안 경영상 이유에 의한 해고를 하지 않는다거나 혹은 고용을 보장한다는 등의 조항을 두는 경우가 있고, 이러한 단체협약을 고용안정협약 내지 고용보장협약이라고 부른다. 노동조합과 사용자가 이러한 단체협약을 체결한 경우, 규범적 효력이 인정되는지 검토되어야 한다.

## Ⅱ. 관련 법리

헌법 제33조 제1항은 근로자는 근로조건의 향상을 위하여 단체교섭권을 가진다고 하고 있고, 노동조합법 제29조 제1항은 노동조합의 대표자는 그 노동조합 또는 조합원을 위하여 사용자나 사용자단체와 교섭하고 단체협약을 체결할 권한을 가진다고 규정하고 있다. 즉, 헌법은 근로조건의 향상을 위하여 단체교섭권을 보장하고 있지만, 노동조합법은 단체교섭 및 단체협약 체결을 할 수 있는 사항에 대해 규정하고 있지 않기 때문에 헌법상 보장된 단체교섭권 목적에 근거하여 교섭 및 단체협약 체결이 가능한 사항의 범위를 확정해야 할 것이다.

판례에 따르면 경영상 이유에 의한 해고를 제한하는 취지의 단체협약상 조항은 단체협약의 규범적 부분으로서 이에 위반되는 경영상 이유에 의한 해고는 원칙적으로 무효이고, 다만 급격한 경영상황의 변화 등 이 조항 체결 당시 예상하지 못한 사정변경이 있어 그 이행을 강요한다면 객관적으로 명백하게 부당한 결과에 이르는 경우에는 이 조항은 효력을 상실하게 되어 사용자가 행한 경영상 이유에 의한 해고가 유효가 된다고 한다.[30]

---

30) 대법원 2014. 3. 27. 선고 2011두20406 판결.

즉, 판례는 정리해고나 사업조직의 통폐합 등 기업의 구조조정의 실시 여부는 경영주체에 의한 고도의 경영상 결단에 속하는 사항으로서 원칙적으로 단체교섭의 대상이 될 수 없으나, 사용자의 경영권에 속하는 사항이라 하더라도 노사는 임의로 단체교섭을 진행하여 단체협약을 체결할 수 있고, 그 내용이 강행법규나 사회질서에 위배되지 않는 이상 단체협약으로서의 효력이 인정된다고 한다. 따라서 사용자가 노동조합과의 협상에 따라 정리해고를 제한하기로 하는 내용의 단체협약을 체결하였다면 특별한 사정이 없는 한 단체협약이 강행법규나 사회질서에 위배된다고 볼 수 없고, 나아가 이는 근로조건 기타 근로자에 대한 대우에 관하여 정한 것으로서 그에 반하여 이루어지는 정리해고는 원칙적으로 정당한 해고라고 볼 수 없다는 것이다. 다만 단체협약을 체결할 당시의 사정이 현저하게 변경되어 사용자에게 단체협약의 이행을 강요한다면 객관적으로 명백하게 부당한 결과에 이르는 경우에는 사용자가 단체협약에 의한 제한에서 벗어나 정리해고를 할 수 있다고 한다.

## Ⅲ. 사안의 적용

A회사와 E노동조합이 체결한 단체협약에는 "이 단체협약의 유효기간 중에는 경영상 이유에 의한 해고 등 인위적인 인력 구조조정은 실시하지 않는다."라는 조항을 두고 있다. 판례에 따르면 단체협약의 규범적 부분으로서 이에 위반되는 경영상 이유에 의한 해고는 원칙적으로 무효가 된다.

다만 판례에 따르면 단체협약을 체결할 당시의 사정이 현저하게 변경되어 사용자에게 단체협약의 이행을 강요한다면 객관적으로 명백하게 부당한 결과에 이르는 경우에는 사용자가 단체협약 조항에도 불구하고 경영상 이유에 의한 해고를 할 수 있다고 한다. 이 사안이 그러한 상황에 해당되는지 여부를 살펴보면, A회사의 경영상황은 객관적으로 볼 때 단체협약을 체결한 후 해고 시까지 특별히 악화되지는 않았지만 크게 호전되지도 않았기 때문에 단체협약을 이행할 수 없는 현저한 사정 변경은 없었다고 할 것이다.

따라서 단체협약 체결 후에 취임한 A회사가 조합원 乙 등 30명에 대하여 단행한 경영상 이유에 의한 해고는 단체협약의 규범적 부분에 위반되는 해고로서 무효이다.

# Ⅳ. 결론

단체협약의 유효기간 중에 경영상 이유에 의한 해고를 실시하지 않는다는 단체협약상 조항은 단체협약의 규범적 부분에 해당되고, 이러한 단체협약을 이행할 수 없는 현저한 사정 변경도 없기 때문에 단체협약에 위반하여 행해진 경영상 이유에 의한 해고는 무효이다. 따라서 경영상 이유에 의한 해고가 단체협약을 위반하여 부당하다는 乙의 주장은 타당하다.

---

사례 7  **노동조합의 통제권, 단결강제**

---

**[사례 7]**31)

상시근로자 400명을 고용하고 있는 A회사에는 유니온숍(union shop) 협정을 맺은 B노동조합(조합원 수 340명)이 결성되어 있다. 그러나 B노동조합 집행부는 대립적이고 투쟁적이었다. 2009년 11월 노조위원장 선거에서는 노사관계에서 협조적인 노선을 취하는 위원장이 당선되었다.

그 결과 B노동조합과 A회사는 임금을 동결하는 교섭을 하루 만에 타결하였다. 새로운 집행부의 노선에 반대하는 전(前) 노동조합 위원장 甲은 교섭 무효를 주장하고, "조합원의 의사를 무시하고, 생존권을 위협하는 집행부의 임금 협상은 원천무효", "회사의 지원으로 당선되어 근로자보다 회사의 이익을 대변하는 어용집행부는 물러나라"는 내용으로 현 집행부를 비난하는 유인물을 배포하였다.

B노동조합은 조사위원회를 구성하여 甲의 주장은 사실이 아닌 것으로 판명한 다음 규약에 따라 甲을 제명하였다. 이를 근거로 B노동조합은 A회사에 甲의 해고를 요구하였다.

[B노동조합 규약]
제57조(제명) 다음 각 호의 1에 해당될 때에는 조합원을 제명할 수 있다.
 1. 노동조합의 정당한 지시에 정당한 이유 없이 불복할 때
 2. 모략중상 또는 유언비어를 유포하여 노동조합의 인화를 해친 때
 3. 노동조합 내에서 폭언, 폭행, 협박 등의 행위를 한 때
 4. 노동조합의 단결을 저해하는 행위를 한 때

**〈질 문〉**

1. 조합원 甲에 대한 B노동조합의 제명처분은 정당한가? (30점)

2. A회사는 B노동조합의 요구에 따라 甲을 해고하여야 하는가? (50점)

---

31) 2015년도 시행 제1회 법학전문대학원협의회 모의시험.

**해 설**

〈질문 1〉 조합원 甲에 대한 B노동조합의 제명처분은 정당한가? (30점)

## Ⅰ. 논점의 정리

일반적으로 단체는 구성원을 통제할 권한을 당연히 가지기 때문에 노동조합 역시 단체의 일종으로서 조합원에 대한 통제권을 가진다고 할 수 있다.[32] 노동조합법은 '노동조합 대표자와 임원의 규약 위반에 대한 탄핵에 관한 사항 및 규율과 통제에 관한 사항'을 규약의 필요적 기재사항으로 규정하고 있고(노동조합법 제11조 제13호, 제15호) 이에 따라 노동조합은 대체적으로 노조 규약에서 통제처분의 사유, 종류, 절차 등을 규정하게 된다. 노동조합의 통제권은 조합규약이나 방침·결의·지시 등에 위반한 조합원에 대하여 노동조합이 제재처분을 가하는 것을 말한다. 이 사안에서는 B노동조합이 조합원 甲에 대해 내린 제명처분이 정당한지 여부를 판단하기 위해서 노동조합의 통제권이 정당하게 행사된 것인지를 검토해야 한다.

## Ⅱ. 관련 법리

### 1. 노동조합의 통제권 행사의 의의와 한계

노동조합법 제11조는 '노동조합 대표자와 임원의 규약 위반에 대한 탄핵에 관한 사항 및 규율과 통제에 관한 사항'을 규약의 필요적 기재사항으로 규정하고 있을 뿐, 노조의 통제권의 의의와 근거에 관련된 규정을 두고 있지는 않다.

다만, 판례는 헌법 제33조 제1항에 의하여 단결권을 보장받고 있는 노동조합은 그 조직을 유지하고 목적을 달성하기 위하여는 조합의 내부질서가 확립되고 강고한 단결력이 유지되지 않으면 안 되고 따라서 노동조합은 단결권을 확보하기 위하여 필요하고도 합리적인 범위 내에서 조합원에 대하여 일정한 규제와 강제를 행사하는 내부통제권을 가진다고 해석하는 것이 상당하다고 하고 있다.[33]

또한 판례는 노동조합이 그 내부통제권을 행사함에 있어서는 구성원인 조합원

---

32) 임종률·김홍영, 앞의 책, 86쪽.
33) 대법원 2005. 1. 28. 선고 2004도227 판결.

이 일반 국민으로서 가지는 헌법상의 기본적 권리의 본질적인 내용이나 다른 헌법적 가치를 침해하지 않아야 할 내재적 한계가 존재하는 것이라고 하여 통제권 행사의 한계에 대해 밝히고 있다.

### 2. 노동조합의 통제권 행사의 정당성

판례에 따르면 조합원에 대한 제명처분은 조합원의 의사에 반해 조합원 지위를 박탈하는 것이므로 조합의 이익을 위해 불가피한 경우에 최종적인 수단으로서만 인정되어야 한다. 단, 조합규약에 근거와 절차가 마련돼 있는 경우 조합원의 행위가 조합의 존재의의 자체를 부인하는 정도에 이를 때에는 조합의 목적달성과 다른 조합원의 보호를 위해 제명처분도 허용된다고 한다.[34]

조합원은 조합 집행부나 조합의 방침에 대하여 비판행위를 할 수 있다. 비판행위가 진실한 사실에 근거하고 공정한 것이라면 통제처분의 대상이 될 수 없다. 그러나 허위사실에 근거하여 집행부를 악의적으로 비방·중상하는 것은 통제처분의 대상이 된다. 또한 조합이 민주적 절차를 거쳐 결정한 운동방침이나 결의에 반하여 일부 조합원이 독자적으로 분파적 행위를 하는 경우 이러한 분파적 행위가 통제처분의 대상이 되는지 여부에 대해서는 노동조합의 통제가 필요한 상황에서 노동조합의 단결을 중대하게 침해했는가, 내용이나 방법에 관하여 공정했는가 등에 따라 개별적으로 결정해야 한다.

## Ⅲ. 사안의 적용

앞서 살펴본 판례에 따르면 조합규약에 근거와 절차가 마련되어 있는 경우 조합원의 행위가 조합의 존재의의 자체를 부인하는 정도에 이를 때에는 조합의 목적달성과 다른 조합원의 보호를 위해 제명처분이 허용된다. 조합원은 조합 집행

---

34) 이 사건은 2000년 12월 노사가 합의한 2000년도 임금협상 내용에 반대운동을 했던 노조원 2명이 해고되자 "어용노조여서 해고자에 대해 신경도 쓰지 않고 우롱하고 있다"며 노조를 비방하고, 회사 정문에서 연대시위를 하던 OO노총 산하 민원상담소의 개입을 철회토록 해달라는 노조의 협조요청에도 불응한 이유 등으로 제명되자 소송을 낸 사건이다. 이 사건 판결에서 대법원은 원고들이 노사가 합의한 임금협상내용에 반대한 노조원에 대한 해고조치를 둘러싸고 XX노총 산하인 회사 노조와 소속을 달리하는 OO노총 산하 민원상담소의 개입을 불러 일으켰으며, 노조간부회의 결과를 왜곡해 해고자들과 상담소가 노조를 비방하고 매도한 점 등을 감안하면 원고들의 행위는 노조의 본질적인 기능을 침해해 조합의 목적을 달성할 수 없게 하는 것인 만큼 원고들에 대한 노조의 제명처분은 적법하다고 밝혔다(대법원 2004. 6. 10. 선고 2004다11032 판결).

부나 조합의 방침에 대하여 비판행위를 할 수는 있지만 비판행위가 허위사실에 근거하여 집행부를 악의적으로 비방·중상하는 것은 통제처분의 대상이 된다.

이 사안에서 새로운 집행부의 노선에 반대하는 전 노동조합 위원장 甲은 교섭 무효를 주장하고, "조합원의 의사를 무시하고, 생존권을 위협하는 집행부의 임금 협상은 원천무효", "회사의 지원으로 당선되어 근로자보다 회사의 이익을 대변하는 어용집행부는 물러나라"는 내용으로 현 집행부를 비난하는 유인물을 배포하였는데, B노동조합의 조사결과 집행부를 비난하는 甲의 주장은 사실이 아닌 것으로 판명되었다.

그렇다면 甲의 행위는 B노동조합 규약상 조합원 제명사유 중 "모략중상 또는 유언비어를 유포하여 노동조합의 인화를 해친 때(규약 제57조 제2호)"에 해당된다고 볼 수 있다. 따라서 허위사실에 근거하여 노조 집행부에 대해 모략중상한 甲에 대한 노조의 제명처분은 그 정당성이 인정된다고 할 것이다.

## Ⅳ. 결론

조합원 甲에 대한 B노동조합의 제명처분은 노조의 정당한 통제권의 행사에 해당되어 그 정당성이 인정된다.

〈질문 2〉 A회사는 B노동조합의 요구에 따라 甲을 해고하여야 하는가? (50점)

## Ⅰ. 논점의 정리

이 사안에서 A회사의 상시근로자수는 400명이고, B노동조합의 조합원수는 340명이며, 유니언숍 협정을 체결하고 있다. 노동조합과 사용자가 유니언숍 협정을 체결하고 있다는 것은 사용자가 당해 노동조합에 가입하지 않은 자 및 당해 노동조합의 조합원이 아니게 된 자를 해고해야 함을 의미한다. 甲은 B노동조합으로부터 제명되었는데 B노동조합은 A회사에 대하여 甲의 해고를 요구하고 있다. 이 경우, 유니언숍 협정이 있는 상황에서 사용자는 노동조합에서 제명된 근로자를 해고해야 하는지 여부가 검토되어야 한다.

## II. 관련 법리

### 1. 노동조합법상 유니언숍 협정의 의의

노동조합법은 원칙적으로 근로자가 특정한 노동조합의 조합원이 될 것을 고용조건으로 하는 행위를 사용자의 부당노동행위로서 금지하면서 다만 일정한 조건 하에서 근로자가 그 노동조합의 조합원이 될 것을 고용조건으로 하는 단체협약의 체결은 예외로 하고 있다(노동조합법 제81조 제1항 제2호).

즉, 노동조합법 제81조 제1항 제2호에 따르면 유니언숍 협정은 첫째, 노동조합이 해당 사업장에 종사하는 근로자의 3분의 2 이상을 대표하고 있어야 허용되고, 둘째, 사용자는 근로자가 그 노동조합에서 제명된 것 또는 그 노동조합을 탈퇴하여 새로 노동조합을 조직하거나 다른 노동조합에 가입한 것을 이유로 근로자에게 신분상 불리한 행위를 할 수 없어야 조직강제 조항이 허용된다.

### 2. 유니언숍 협정하에서 노조를 탈퇴한 근로자에 대한 사용자의 해고 의무

노동조합이 당해 사업장에 종사하는 근로자의 3분의 2 이상을 대표하고 있을 때에는 근로자가 그 노동조합의 조합원이 될 것을 고용조건으로 하는 단체협약의 체결'이 허용되고 있고, 이러한 단체협약의 조항, 즉, 유니언숍 협정은 노동조합의 단결력을 강화하기 위한 강제의 한 수단으로서 근로자가 대표성을 갖춘 노동조합의 조합원이 될 것을 고용조건으로 하고 있는 것이다.

따라서 단체협약에 유니언 숍 협정에 따라 근로자는 노동조합의 조합원이어야만 된다는 규정이 있는 경우에는 해고에 관한 다른 명문의 규정이 없더라도 사용자는 노동조합에서 탈퇴한 근로자를 해고할 의무가 있다는 것이 판례의 입장이다.[35]

반면 노동조합법 제81조 제1항 제2호는 근로자가 당해 노동조합에서 제명된 것을 이유로 사용자가 당해 근로자에 대해 신분상 불이익한 행위를 할 수 없도록 규정하고 있기 때문에 노동조합에서 제명된 근로자에 대해서 사용자는 제명을 이유로 해고할 수 없다.

---

35) 대법원 1998. 3. 24. 선고 96누16070 판결.

## Ⅲ. 사안의 적용

이 사안에서 A회사와 B노동조합은 노동조합법상 요건을 갖춘 유니언숍 협정을 체결하고 있는데, 甲은 B노동조합으로부터 제명되었다. 노동조합법 제81조 제1항 제2호에 따르면 근로자가 당해 노동조합에서 제명된 것을 이유로 사용자가 당해 근로자를 해고할 수는 없고, 이 경우 노동조합의 근로자에 대한 제명처분이 정당한 것인지, 부당한 것인지 여부는 문제되지 않는다.

## Ⅳ. 결론

단체협약에 유니언숍 조항이 있다 하더라도 사용자는 근로자가 노동조합에서 제명된 것을 이유로는 해고할 수 없다. 따라서 B노동조합에서 제명된 甲에 대하여 A회사는 B노동조합의 요구에 따라 해고해야 할 의무가 없다.

---

**사례 8** **단체교섭의 당사자(산별노조 지부), 근로시간 중 노조활동의 정당성**

---

**[사례 8]**36)

　A회사는 상시 근로자 300명을 사용하여 자동차부품을 제조·판매하는 주식회사이다. A회사에는 A회사의 근로자 200명이 가입한 A노동조합이 있었는데 A노동조합은 조합원 총회의 의결을 거쳐 기업별 노동조합에서 B산업별 노동조합의 A지부로 조직형태를 변경하였고, 조직형태의 변경에 따른 노동조합 설립신고를 별도로 하지는 않았다. 이와 같이 조직형태가 변경되었지만 A지부는 독자적인 규약과 집행기관을 유지하면서 종전과 마찬가지로 조합 활동을 계속하여 왔다.

　한편, B산업별 노동조합의 규약에 따르면, B산업별 노동조합 소속 지부가 해당 사용자와 단체교섭 및 단체협약 체결 시 사전에 B산업별 노동조합의 승인을 받도록 되어 있으나, A지부는 조직형태 변경 후에도 B산업별 노동조합의 사전 승인을 받지 않고 A회사와 임금협약을 체결한 바 있다.

　A회사와 A지부는 2017년도 임금협약의 체결을 위한 단체교섭을 진행하였으나 합의에 이르지 못하였다. 이에 A지부는 쟁의행위 실시 여부를 결정하기 위한 의견교환 및 찬반투표를 목적으로 조합원 임시총회를 평일 오전 취업시간에 3시간(9시~12시) 동안 개최하였다. A지부는 주야간 교대근무 때문에 근무시간 중 임시총회 개최가 불가피하다는 점을 들면서 10일 전에 임시총회의 목적, 일시, 장소 및 참가(예상)인원 등을 A회사에게 서면으로 통보하였지만, A회사는 임시총회 개최 시까지 아무런 답변을 하지 않았다. 전체 조합원 200명 가운데 90%가 참석한 임시총회에서 실시된 찬반투표의 결과 조합원 150명이 쟁의행위에 찬성하였고, 임시총회는 A회사에게 사전 통보된 시간(9시~12시) 안에 종료되었다. 이러한 취업시간 중의 임시총회 때문에 A회사의 생산 활동이 저해되었고, A회사의 취업규칙이나 단체협약에는 취업시간 중 임시총회 개최를 허용하는 규정은 존재하지 않는다.

---

36) 2017년도 시행 제3회 법학전문대학원협의회 모의시험.

> **〈질문〉**
> 1. A지부는 B산업별 노동조합의 사전 승인을 얻지 않고 A회사와 2017년도 임금교섭과 임금협약 체결을 할 수 있는 단체교섭의 당사자에 해당하는가? (40점)
> 2. A회사의 사전 승낙 없이 취업시간 중에 이루어진 A지부의 조합원 임시총회 개최는 정당한 노동조합 활동에 해당하는가? (40점)

## 해 설

〈질문 1〉 A지부는 B산업별 노동조합의 사전 승인을 얻지 않고 A회사와 2017년도 임금교섭과 임금협약 체결을 할 수 있는 단체교섭의 당사자에 해당하는가? (40점)

## Ⅰ. 논점의 정리

단체교섭의 당사자라 함은 자기 이름으로 단체교섭을 하고 단체협약을 체결할 수 있는 자를 말하고, 단체교섭의 근로자측 당사자는 노동조합이 된다. 단위노동조합은 당연히 그 노동조합 또는 조합원을 위하여 사용자나 사용자단체와 교섭할 수 있는 당사자가 된다. 이 사안에서는 단위노동조합이 아닌 B산업별 노동조합의 산하조직인 A지부가 단체교섭의 당사자로 인정될 수 있는지 검토되어야 한다.

## Ⅱ. 관련 법리

노동조합법 시행령 제7조는 산하조직의 신고에 관하여, "근로조건의 결정권이 있는 독립된 사업 또는 사업장에 조직된 노동단체는 지부·분회 등 명칭여하에 불구하고 법 제10조 제1항의 규정에 의한 노동조합의 설립신고를 할 수 있다."라고 규정하고 있다.

판례는 노동조합의 하부단체인 분회나 지부가 독자적인 단체교섭 및 단체협약 체결 능력이 있는지 여부에 관하여, 노동조합의 하부단체인 분회나 지부가 독자적인 규약 및 집행기관을 가지고 독립된 조직체로서 활동을 하는 경우 당해 조직이나 그 조합원에 고유한 사항에 대하여는 독자적으로 단체교섭하고 단체협약을 체결할 수 있고, 이는 그 분회나 지부가 노동조합법 시행령 제7조의 규정에 따라 그 설립신고를 하였는지 여부에 영향받지 아니한다고 한다.[37)

## Ⅲ. 사안의 적용

앞서 살펴본 판례의 입장에 따라 A지부가 독자적 규약 및 집행기관을 가지고 독립된 조직체로서 활동하는지 여부에 관해 살펴보면, A지부는 원래 기업별 노동 조합이었는데 B산업별 노동조합 소속 지부로 조직형태를 변경한 것이고, 조직형 태가 변경되었지만 A지부는 독자적인 규약과 집행기관을 유지하면서 종전과 마 찬가지로 조합 활동을 계속해 왔다. A지부는 조직형태 변경 후에도 B산업별 노동 조합의 사전 승인을 받지 않고 A회사와 임금협약을 체결한 바 있다는 점에서도 이를 확인할 수 있다.

한편, A지부는 노동조합법 시행령 제7조에 따른 설립신고는 하지 않았지만 판 례에 따르면 단체교섭 당사자성 판단 시 노조 설립신고를 했는지 여부에 영향을 받지는 않는다.

## Ⅳ. 결론

판례에 따르면 A지부는 독자적 규약 및 집행기관을 가지고 독립된 조직체로서 활동하기 때문에 B산업별 노동조합의 사전 승인을 얻지 않고 A회사와 임금교섭 과 임금협약 체결을 할 수 있는 단체교섭의 당사자에 해당된다.

〈질문 2〉 A회사의 사전 승낙 없이 취업시간 중에 이루어진 A지부의 조합원 임시총회 개최 는 정당한 노동조합 활동에 해당하는가? (40점)

## Ⅰ. 논점의 정리

A회사의 취업규칙이나 단체협약에는 취업시간 중 임시총회 개최를 허용하는

---

37) 대법원 2001. 2. 23. 선고 2000도4299 판결.

규정은 존재하지 않는데, A지부가 쟁의행위 실시 여부를 결정하기 위한 의견교환 및 찬반투표를 목적으로 사용자의 승낙 없이 취업시간 중에 임시총회를 개최한 것이 정당한 노동조합 활동에 해당되는지 여부가 검토되어야 한다.

## Ⅱ. 관련 법리

판례는 노동조합의 활동이 정당하다고 하기 위하여는 ① 행위의 성질상 노동조합의 활동으로 볼 수 있거나 노동조합의 묵시적인 수권 또는 승인을 받았다고 볼 수 있는 것으로서, ② 근로조건의 유지 개선과 근로자의 경제적 지위의 향상을 도모하기 위하여 필요하고 근로자들의 단결강화에 도움이 되는 행위이어야 하며, ③ 취업규칙이나 단체협약에 별도의 허용규정이 있거나 관행 또는 사용자의 승낙이 있는 경우 외에는 취업시간 외에 행하여져야 하고, ④ 사업장내의 조합활동에 있어서는 사용자의 시설관리권에 바탕을 둔 합리적인 규율이나 제약에 따라야 하며, ⑤ 폭력과 파괴행위 등의 방법에 의하지 않는 것이어야 한다고 보고 있다.[38]

한편, 대법원 판결 중에는 쟁의행위에 대한 찬반투표 실시를 위하여 전체 조합원이 참석할 수 있도록 근무시간 중에 노동조합 임시총회를 개최하고 3시간에 걸친 투표 후 1시간의 여흥시간을 가졌더라도 그 임시총회 개최행위가 전체적으로 노동조합의 정당한 행위에 해당한다고 판시한 예가 있다.[39] 이 사건에서 노동조합은 회사에 대해 2회에 걸친 서면통보를 거쳐 임시총회를 개최하였으므로 회사가 이에 대비할 여유가 충분히 있었고, 일부 조합원들이 야간근무를 하는 회사의 근무형태 때문에 전체 조합원이 총회에 참석할 수 있게 하려면 비록 근무시간 중이기는 하지만 야간근무가 끝나고 주간근무가 시작되는 교대시간에 총회를 소집하는 것이 필요했다는 점이 고려되었다.

## Ⅲ. 사안의 적용

앞서 살펴본 판례에서 제시된 판단기준에 따라 A회사의 사전 승낙 없이 취업시간 중에 이루어진 A지부의 조합원 임시총회 개최가 정당한 노동조합 활동에 해당

---

38) 대법원 1994. 2. 22. 선고 93도613 판결.
39) 대법원 1994. 2. 22. 선고 92도613 판결.

되는지 여부를 살펴보면 다음과 같다.

첫째, 이 사안에서 A지부는 임금협약의 체결을 위한 단체교섭을 진행하였으나 합의에 이르지 못하여 쟁의행위 실시 여부를 결정하기 위한 의견교환 및 찬반투표를 하고자 했다. 이는 근로조건의 유지, 개선 등을 위한 노동조합의 활동에 해당된다.

둘째, 취업시간 중 임시총회 개최의 불가피성 여부를 검토해야 한다. A지부는 주야간 교대근무 때문에 근무시간 중 임시총회 개최가 불가피하다. 또한 이 사안에서 A지부는 10일 전에 임시총회의 목적, 일시, 장소 및 참가예상 인원 등을 A회사에게 서면으로 통보하였지만, A회사는 임시총회 개최 시까지 아무런 답변을 하지 않았다. 앞서 살펴본 바와 같이 판례는 이와 유사한 사례에서 취업시간 중 임시총회 개최를 정당한 노조활동으로 인정한바 있다.

셋째, 수단 및 방법과 관련하여, A회사에게 10일 전에 임시총회에 대해 서면으로 통보하였고 임시총회는 사전 통보된 시간(9시~12시) 안에 종료하였고, 폭력이나 파괴행위는 없었다는 점에서 사용자의 시설관리권과 조화를 이루었다고 볼 수 있다.

따라서 A지부가 취업시간 중 임시총회를 개최한 것은 정당한 노동조합 활동으로 인정될 수 있을 것이다.

## Ⅳ. 결론

A지부가 취업시간 중 임시총회를 개최한 것은 근로조건의 유지, 개선 등을 위한 노동조합의 활동에 해당되고, 취업시간 중 임시총회 개최의 불가피성이 인정되며, 사용자에게 사전 통보된 시간 내에 폭력이나 파괴행위 없이 행해졌으므로 정당한 노동조합 활동에 해당된다.

## 사례 9  단체교섭 거부, 직장폐쇄

**[사례 9]**[40)

A회사는 상시 100명의 근로자를 사용하여 아동용 도서를 제작·판매하는 주식회사이다. B노동조합은 A회사 근로자들로 조직된 기업별 노동조합이다. B노동조합은 2009. 3. 1. A회사에 대하여 새로운 임금협약 체결을 위한 단체교섭을 요구하였는데, 교섭요구 사항은 '기본급 10% 인상, 직무수당 신설'이었다.

A회사는 B노동조합의 1차 교섭요구(2009. 3. 1.)에 대하여 "기본급 10% 인상 요구는 회사 상황을 도외시한 것으로 도저히 받아들일 수 없는 과도한 요구이다."라는 이유로 단체교섭에 응하지 않았다. 임금교섭의 조속한 타결을 원하였던 B노동조합은 2차 교섭요구 시부터는 기본급 인상율을 7%로 낮추기로 하였다. 그러나 A회사는 2차 교섭요구(2009. 3. 30.)와 3차 교섭요구(2009. 4. 15.)에 아무런 답변을 하지 않다가, 4차 교섭요구(2009. 5. 1.)에 대해서는 "기본급 7% 인상 요구안에 대하여 내부적으로 검토할 시간이 필요하다."라는 이유를 들어 교섭 연기를 요청하면서 B노동조합이 애초 정한 일시와 장소에서의 단체교섭은 거부하였다.

B노동조합은 A회사의 교섭 거부가 부당하고 교섭 연기 요청도 진정성이 없다고 판단하여 쟁의행위찬반투표 등 법정 절차를 모두 거친 후 2009. 6. 1. 파업에 돌입하였다. B노동조합이 파업에 돌입한 지 3시간 만에 A회사는 직장폐쇄를 결정하고 이를 공고하였다. B노동조합은 조합원 다수의 요청에 따라 2009. 6. 5. 파업을 종료하면서 A회사에 대하여 성실한 교섭을 촉구하였다. A회사는 2009. 6. 9. 직장폐쇄를 철회하였다.

**<질 문>**

1. A회사의 단체교섭 거부가 노동조합법상 정당한지 논하시오. (40점)

2. 만약 B노동조합의 파업이 정당하다면, A회사의 직장폐쇄가 정당한지 논하시오. (40점)

---

40) 2012년도 시행 제1회 변호사시험.

> **해 설**

〈질문 1〉 A회사의 단체교섭 거부가 노동조합법상 정당한지 논하시오. (40점)

## Ⅰ. 논점의 정리

A회사의 기업별 노동조합인 B노동조합은 A회사에게 '기본급 10% 인상과 직무수당 신설'이라는 교섭 사항을 제시하면서 1차 교섭을 요구하였으나 A회사는 기본급 10% 인상 요구가 지나치게 과도한 요구라는 점을 이유로 단체교섭을 거부하였고, 이후 B노동조합이 기본급 7% 인상으로 낮추어 교섭을 요구하였으나 2, 3차 교섭 요구에 대해 아무런 답변을 하지 않다가 4차 교섭 요구에 대해 내부적으로 검토할 시간이 필요하다는 이유로 교섭 연기를 요청하면서 단체교섭을 거부하였다. 이와 같은 A회사의 일련의 단체교섭 거부가 정당한 것인지 판단하기 위해서는 첫째, B노동조합의 요구 사항이 단체교섭의 대상 사항에 해당되는지 여부, 둘째, A회사가 내세운 단체교섭 거부의 이유가 정당한 교섭 거부 이유에 해당되는지 여부를 검토해야 한다.

## Ⅱ. 관련 법리

### 1. 단체교섭 대상사항 및 성실교섭의무에 관한 법 규정

현행 노동조합법 제29조 제1항에서는 "노동조합 또는 조합원을 위해서" 교섭한다는 취지의 규정만 두고 있을 뿐 대상사항과 관련한 명시적·직접적 규정은 두고 있지 않아 구체적으로 어떠한 사항이 단체교섭의 대상사항에 해당되는지 여부는 해석론에 맡겨져 있다. 따라서 단체교섭권을 보장한 취지에 비추어 합목적적으로 그 범위를 획정하여야 한다.

한편 노동조합법 제30조 제1항에 따르면 노동조합과 사용자 또는 사용자단체는 신의에 따라 성실히 교섭하고 단체협약을 체결하여야 하며 그 권한을 남용하여서는 아니 된다. 이를 성실교섭의무라고 한다. 특히 노동조합법 제81조 제1항 제3호에 따르면 사용자가 노동조합의 대표자 또는 노동조합으로부터 위임을 받은 자와의 단체협약의 체결이나 그 밖의 단체교섭을 정당한 이유 없이 거부하거나 해태하는 행위는 부당노동행위로서 금지된다. 요컨대 사용자가 정당한 이유 없이 성실교섭의무를 위반하는 경우에는 부당노동행위의 책임을 지게 되는 것이다.

## 2. 단체교섭의 대상사항과 단체교섭 거부 또는 해태의 정당한 이유

### (1) 단체교섭 거부 또는 해태의 정당한 이유에 관한 판단 기준

임금, 근로시간 등 근로조건에 관한 사항은 단체교섭의 대상사항에 해당된다. 따라서 노동조합은 정당한 이유 없이 근로조건에 관한 교섭 요구를 거부하거나 해태해서는 안 되고, 이 경우 노동조합이 교섭을 거부하거나 해태하게 된 정당한 이유가 무엇인지가 문제된다.

판례에 따르면 교섭 거부의 정당한 이유인지의 여부는 노동조합 측의 교섭권자, 노동조합측이 요구하는 교섭시간, 교섭장소, 교섭사항 및 그의 교섭태도 등을 종합하여 사회통념상 사용자에게 단체교섭의무의 이행을 기대하는 것이 어렵다고 인정되는지 여부에 따라 판단하여야 한다.[41] 만일 노조 측 교섭사항이 과도한 경우 이는 단체교섭단계에서 조정할 문제이지 당연히 단체교섭거부의 정당한 사유가 되는 것은 아니라고 해석된다.[42]

### (2) 단체교섭 거부 또는 해태의 정당한 이유가 문제되는 구체적인 경우

단체교섭이 교착상태에 빠져 교섭의 진전이 더 이상 기대될 수 없는 상황이라면 사용자가 단체교섭을 거부하더라도 그 거부에 정당한 이유가 있다. 그러나 이러한 경우에도 노동조합 측으로부터 새로운 타협안이 제시되는 등 교섭재개가 의미 있을 것으로 기대할 만한 사정변경이 생긴 경우에는 사용자로서는 다시 단체교섭에 응하여야 하므로, 위와 같은 사정변경에도 불구하고 사용자가 단체교섭을 거부하는 경우에는 그 거부에 정당한 이유가 있다고 할 수 없다.[43]

만일 단체교섭의 일시를 정하는 데에 관하여 노사 간에 합의된 절차나 관행이 있는 경우에는 그에 따라 단체교섭 일시를 정하여야 한다, 그러나 그와 같은 절차나 관행이 없는 경우에는 노동조합측이 어느 일시를 특정하여 사용자에게 단체교

---

41) 대법원 2006. 2. 24. 선고 2005도8606 판결.
42) 대법원 1992. 1. 21. 선고 91누5204 판결; 대법원 2000. 5. 26. 선고 98다34331 판결 등.
43) 대법원 2006. 2. 24. 선고 2005도8606 판결.

섭을 요구하더라도 사용자가 교섭사항 등의 검토와 준비를 위하여 필요하다는 등
합리적 이유가 있는 때에는 노동조합 측에 교섭일시의 변경을 요구할 수 있다.
이와 같은 경우에는 노동조합측이 사용자의 교섭일시 변경요구를 수용하였는지
여부에 관계없이 사용자가 노조가 제안한 일시에 단체교섭에 응하지 아니하였다
하더라도 사용자의 단체교섭 거부에 정당한 이유가 있다고 한다.[44]

그러나 판례는 사용자가 합리적인 이유 없이 노조가 제안한 일시의 변경을 요
구하다가 노동조합 측이 이를 수용하지 않았는데도 노조가 제안한 일시에 단체교
섭에 응하지 않았거나, 사용자가 노조가 제안한 일시가 될 때까지 아무런 의사표
명도 하지 아니한 채 있다가 노조제안 일시에 단체교섭에 응하지 않은 경우 등에
는 사용자의 단체교섭 거부에 정당한 이유가 인정되지 않는다. 특히 대법원 판례
중에는 약 3개월에 걸쳐 3차례의 교섭요구를 받았음에도 불구하고 교섭을 거부하
고 있다가 뒤늦게 4차 교섭 요구에 대해 교섭요구안에 대한 검토와 준비가 필요
하다는 이유로 교섭을 거부하는 것은 부당하다고 본 사례가 있다.[45]

## Ⅲ. 사안의 적용

첫째, B노동조합의 A회사에 대한 1차 교섭요구의 경우 기본급 10% 인상과 직
무수당 신설을 요구사항으로 제시하였는데 이는 임금인상에 관한 사항, 즉, 근로
조건 개선에 관한 사항으로서 단체교섭의 대상사항에 해당된다. A회사는 이러한
1차 교섭요구에 대해 회사 상황상 받아들일 수 없는 과도한 요구라는 이유로 단
체교섭을 거부하였다. 판례에 따르면 노조 측의 교섭사항이 과도한 경우라도 이
는 교섭 과정에서 조정할 문제이지 단지 요구가 과도하다는 이유만으로 교섭거부
의 정당성이 인정되지는 않는다. 따라서 1차 교섭요구에 대한 회사의 교섭거부는
정당하지 못하다.

둘째, B노동조합은 2차 교섭요구부터는 기본급 인상율을 7%로 낮추기로 하고
교섭을 요구하였으나, A회사는 2, 3차 교섭요구에는 아무런 답변을 하지 않았다.
판례에 따르면 교섭이 교착상태에 빠졌다 하더라도 노조 측에서 새로운 타협안을
제시하는 등 교섭재개가 의미있을 것이라고 생각되는 경우에 회사는 단체교섭에

---

44) 대법원 2006. 2. 24. 선고 2005도8606 판결.
45) 대법원 2006. 2. 24. 선고 2005도8606 판결.

응하여야 하므로 회사가 2, 3차 교섭요구에 대해 아무런 답변을 하지 않은 것 역시 교섭거부의 정당한 이유가 없다.

셋째, A회사는 4차교섭 요구에 대해서는 노조의 요구안에 대해 회사 내부적으로 검토할 시간이 필요하다는 이유로 교섭연기를 요청하면서 B노동조합이 정한 일시와 장소에서의 단체교섭을 거부하였다는 점이 문제된다. 사실관계에 따르면 노조는 이미 2차교섭을 요구한 2009년 3월 30일에 기본급 인상율을 7%로 낮추겠다는 요구안을 제시하였고, 4차교섭 요구가 이루어진 2009년 5월 1일까지 약 한 달의 시간이 있었기 때문에 4차교섭 요구 시점까지는 교섭사항의 검토를 위한 충분한 시간이 있었다고 볼 수 있다. 그런데 4차교섭 요구 시점에 이르러서야 비로소 요구안에 대한 검토가 필요하다고 하면서 노조가 제시한 교섭일시의 변경을 요구하지도 않았기 때문에 단체교섭 거부의 정당한 이유에 해당될 수 없다. 판례도 이와 유사한 사실관계가 문제된 사건에서 교섭준비가 필요하다는 이유로 교섭거부를 하는 것은 정당하지 못하다고 판단한 바 있다.

## Ⅳ. 결론

A회사가 교섭 요구 내용이 과도하다는 이유로 교섭을 거부한 점, 새로운 요구안에 대해 아무런 답변을 하지 않다가 뒤늦게 검토할 시간이 필요하다는 이유로 교섭을 거부한 점 등은 모두 교섭 거부의 정당한 이유에 해당되지 않기 때문에 A회사의 교섭거부는 정당하지 못하다.

〈질문 2〉 만약 B노동조합의 파업이 정당하다면, A회사의 직장폐쇄가 정당한지 논하시오. (40점)

## Ⅰ. 논점의 정리

이 사안에서는 B노동조합이 파업에 돌입한 지 3시간 만에 A회사가 직장폐쇄를 결정한 후 B노동조합이 파업을 종료한 6월 5일 이후에도 계속 직장폐쇄를 하다가 6월 9일에 비로소 직장폐쇄를 종료하였다. 이러한 직장폐쇄가 정당한지 여부를 판단하기 위해서 특히 직장폐쇄의 개시 시기와 요건, 파업 종료 이후의 직장폐쇄의 정당성 여부를 검토하여야 한다.

## II. 관련 법리

### 1. 직장폐쇄의 의의 및 취지

노동조합법 제46조 제1항에 따르면 사용자는 노동조합이 쟁의행위를 개시한 이후에만 직장폐쇄를 할 수 있다. 우리 헌법과 노동관계법은 근로자의 쟁의권에 관하여는 이를 적극적으로 보장하는 명문의 규정을 두고 있는 반면 사용자의 쟁의권에 관하여는 이에 관한 명문의 규정을 두고 있지 않다. 판례에 따르면 이는 사용자에 대한 관계에서 현저히 불리할 수밖에 없는 입장에 있는 근로자를 그러한 제약으로부터 해방시켜 노사대등을 촉진하고 확보하기 위함이다. 따라서 일반적으로는 힘에서 우위에 있는 사용자에게 쟁의권을 인정할 필요는 없다고 한다. 그러나 개개의 구체적인 노동쟁의의 장에서 근로자측의 쟁의행위로 노사간에 힘의 균형이 깨지고 오히려 사용자측이 현저히 불리한 압력을 받는 경우에는, 사용자측에게 그 압력을 저지하고 힘의 균형을 회복하기 위한 대항·방위 수단으로 쟁의권을 인정하는 것이 형평의 원칙에 맞는다고 하고 있다.[46)]

### 2. 직장폐쇄의 정당성 판단 기준

#### (1) 대항적·방어적 직장폐쇄의 정당성

판례에 따르면 사용자의 직장폐쇄가 정당한 쟁의행위로 평가받기 위하여는, 노사간의 교섭태도, 경과, 근로자측 쟁의행위의 태양, 그로 인하여 사용자측이 받는 타격의 정도 등에 관한 구체적 사정에 비추어 형평의 견지에서 근로자측의 쟁의행위에 대한 대항·방어 수단으로서 상당성이 인정되는 경우에 한한다. 즉, '대항적·방어적'으로 이루어진 직장폐쇄는 정당성을 갖지만 '선제적·공격적'으로 이루어진 직장폐쇄는 정당성이 인정되지 않는다.[47)]

판례 중에는 노동조합이 준법투쟁에 돌입한 지 3일 만에 전격적으로 단행한

---

제2장 집단적 노동관계법 사례 해설 **477**

사용자의 직장폐쇄가 정당성을 결여하였다고 본 경우가 있고,[48] 노동조합이 파업을 시작한 지 불과 4시간 만에 사용자가 바로 직장폐쇄 조치를 취한 것이 정당성이 없다고 본 경우도 있다.[49]

### (2) 파업종료 이후 계속된 직장폐쇄의 경우

파업종료 후에 계속된 직장폐쇄의 정당성이 문제될 수 있다. 대법원 판례에 따르면 근로자의 쟁의행위 등 구체적인 사정에 비추어 직장폐쇄의 개시 자체는 정당하더라도 어느 시점 이후에 근로자가 쟁의행위를 중단하고 진정으로 업무에 복귀할 의사를 표시하였음에도 사용자가 직장폐쇄를 계속 유지함으로써 근로자의 쟁의행위에 대한 방어적인 목적에서 벗어나 공격적 직장폐쇄로 성격이 변질되었다고 볼 수 있는 경우에는 그 이후의 직장폐쇄는 정당성을 상실하게 되므로, 사용자는 그 기간 동안의 임금에 대해서는 지불의무를 면할 수 없다.[50]

현행법에서는 직장폐쇄가 노조의 쟁의행위가 개시된 이후에만 할 수 있는 것으로 규정되어 있다는 점에서 이는 직장폐쇄 개시의 요건일 뿐만 아니라 직장폐쇄 유지의 요건이라고 봄이 타당하고, 다만 쟁의행위 재개를 위한 일시적인 중단 등 실질적으로는 쟁의행위가 종료되지 않은 경우에는 직장폐쇄의 지속이 정당성을 인정받을 수 있다고 해야 할 것이다.


## Ⅲ. 사안의 적용

이 사안에서 A회사는 B노동조합이 파업에 돌입한 지 불과 3시간 만에 직장폐쇄를 결정하였는데 이는 판례에 따르면 사용자측이 현저히 불리한 압력을 받아 그 압력을 저지하고 힘의 균형을 회복하기 위한 대항·방위 수단으로 인정되기 어렵다. 즉, 직장폐쇄의 대항성·방어성이 인정되지 않아 정당하지 못한 직장폐쇄이다.

또한 B노동조합이 2009. 6. 5.에 파업종료를 선언한 후 A회사에 대한 성실한 교섭을 촉구하였으나 회사는 계속 직장폐쇄를 유지하다가 6월 9일에야 비로소 직장폐쇄를 철회하였기 때문에 파업종료 이후 지속된 직장폐쇄의 정당성 여부도 문

---

48) 대법원 2000. 5. 26. 선고 98다34331 판결.
49) 대법원 2007. 12. 28. 선고 2007도5204 판결.
50) 대법원 2017. 4. 7. 선고 2013다101425 판결; 대법원 2016. 5. 24. 선고 2012다85335 판결 참조.

제될 수 있다. 노조가 평화적 교섭을 통한 분쟁해결을 위하여 파업 종료를 선언하고 정상조업을 요구한 경우 직장폐쇄를 계속하는 것은 정당성이 인정될 수 없고, 노동조합법상 직장폐쇄는 노조의 쟁의행위가 개시된 이후에만 할 수 있는 것으로 규정되어 있는 점에 비추어 볼 때, B노동조합이 성실한 교섭을 촉구하며 파업을 종료한 이후에까지 계속된 A회사의 직장폐쇄는 정당성이 인정되지 않는다.

## Ⅳ. 결론

B노동조합의 파업이 정당한 경우, 파업돌입 3시간 만에 이루어진 이 사안의 직장폐쇄는 대항성과 방어성이 결여되어 정당성이 인정되지 않고, 더욱이 파업종료 이후에까지 계속된 직장폐쇄는 정당성이 인정되지 않는다.

| 사례 10 | 교섭단위 분리, 노동조합 대표자의 단체협약 체결권한 제한 |
| --- | --- |

**[사례 10]**[51)]

A회사는 500명의 상시 근로자를 사용하여 가정용 전기제품 등을 제조, 판매하는 회사이다. A회사의 근로자들은 제조라인의 생산업무에 종사하는 "생산직 근로자" 400명과 시설물관리, 주차, 고객상담 등의 업무를 담당하는 "상용직 근로자" 100명으로 구성되어 있다. A회사의 생산직 근로자들과 상용직 근로자들의 업무내용은 명확히 구분되었고, 양 직종 사이에 인사교류는 없었으며 채용경로도 서로 달랐다. 생산직 근로자는 모두 호봉제를 원칙으로 하고 있었지만, 상용직 근로자는 담당업무에 따라 각각 단일화된 기본급에 더하여 업무내용에 따른 수당을 추가로 지급받았으며, 서로 별도의 취업규칙을 적용받고 있었다. 생산직 근로자들만 350명이 가입하고 있는 기업별노조 B노동조합은 회사 창립 직후인 1998년에 설립되어 단체협약도 체결하였는데, 상용직 근로자들만 70명이 가입하고 있는 기업별노조 C노동조합은 2015년에 설립되었으나 단체협약의 적용도 받지 못하였다. 그러던 중 2020년부터는 교섭창구 단일화 절차를 통해 B노동조합이 교섭대표노동조합으로서 단체교섭을 진행하여 임금협약을 포함한 단체협약을 체결하였고, C노동조합도 단체협약의 적용을 받게 되었다. 그러나 2023년도 단체교섭의 창구단일화 절차를 시작함에 앞서서, C노동조합은 '교섭대표노동조합인 B노동조합이 C노동조합 조합원들의 권익을 적절히 대변할 수 없다'는 이유로 관할 지방노동위원회에 교섭단위 분리를 신청하였다. 이에 대해 관할 지방노동위원회는 C노동조합의 교섭단위 분리신청을 기각하는 결정을 하였고, 이는 중앙노동위원회에서도 유지되었다.

한편, B노동조합 규약 제15조에는 "본 조합은 단체교섭의 당사자이며, 본 조합의 위원장은 단체교섭 및 단체협약의 체결권한을 가진다. 다만, 위원장은 단체협약을 체결하기 전에 조합원총회에 교섭결과를 보고하고, 그 의결을 거친 후 단체협약을 체결하여야 한다."라고 규정되어 있다. 그런데 B노동조합의 위원장은 조합원총회를 개최하는 등 조합원들의 의견을 수렴하는 절차를 전혀 거치지 아니한 채 2023. 8. 25. 임금피크제 시행 등 근로조건에 중대한 영향을 미치는 사항에 관하여 사용자와 2023년도 단체협약을 체결하였다.

> **〈질 문〉**
> 1. C노동조합은 노동위원회의 결정이 부당하다고 주장하고 있다. C노동조합의 주장
>    은 타당한가? (40점)
> 2. B노동조합의 조합원들은 B노동조합 위원장의 단체협약 체결이 노동조합 규약상
>    절차를 위반한 불법행위에 해당한다고 주장한다. 이러한 주장은 타당한가? (40점)

**해 설**

〈질문 1〉 C노동조합은 노동위원회의 결정이 부당하다고 주장하고 있다. C노동조합의 주장
　　　　 은 타당한가? (40점)

## Ⅰ. 논점의 정리

C노동조합은 교섭대표노동조합인 B노동조합이 'C노동조합 조합원들의 권익을 적절히 대변할 수 없다'는 이유로 관할 지방노동위원회에 교섭단위 분리결정 신청을 하였는데, 이에 대해 관할 지방노동위원회는 기각하는 결정을 하였다. 이러한 결정이 부당한지 여부를 판단하기 위해서는 노동조합법 제29조의3 제2항에서 규정하고 있는 '교섭단위를 분리할 필요가 있다고 인정되는 경우'의 의미를 어떻게 해석해야 하는지 살펴보아야 한다.

## Ⅱ. 관련 법리

### 1. 관련 법령

노동조합법은 제29조의2에서 하나의 사업 또는 사업장에서 조직형태에 관계없이 근로자가 설립하거나 가입한 노동조합이 2개 이상인 경우 교섭대표노동조합을 정하여 교섭을 요구하도록 하는 교섭창구 단일화 절차를 규정하고, 제29조의3 제1항에서는 "제29조의2에 따라 교섭대표노동조합을 결정하여야 하는 단위(이하 "교섭단위"라 한다)는 하나의 사업 또는 사업장으로 한다."라고 규정하면서 같은 조

---

51) 2024년도 시행 제13회 변호사시험.

제2항에서는 "하나의 사업 또는 사업장에서 현격한 근로조건의 차이, 고용형태, 교섭 관행 등을 고려하여 교섭단위를 분리하거나 분리된 교섭단위를 통합할 필요가 있다고 인정되는 경우에 노동위원회는 노동관계 당사자의 양쪽 또는 어느 한쪽의 신청을 받아 교섭단위를 분리하거나 분리된 교섭단위를 통합하는 결정을 할 수 있다."라고 규정하고 있다.

## 2. 관련 판례

대법원 판례에 따르면, 노동조합법 제29조의3 제2항에서 규정하고 있는 '교섭단위를 분리할 필요가 있다고 인정되는 경우'란 하나의 사업 또는 사업장에서 별도로 분리된 교섭단위에 의하여 단체교섭을 진행하는 것을 정당화할 만한 현격한 근로조건의 차이, 고용형태, 교섭 관행 등의 사정이 있고, 이로 인하여 교섭대표노동조합을 통하여 교섭창구를 단일화하는 것이 오히려 근로조건의 통일적 형성을 통해 안정적인 교섭체계를 구축하고자 하는 교섭창구 단일화 제도의 취지에도 부합하지 않는 결과를 발생시킬 수 있는 예외적인 경우를 의미한다.[52]

## Ⅲ. 사안의 적용

A회사의 상용직 근로자들에 대하여 노동조합법 제29조의3 제2항에서 규정하고 있는 교섭단위를 분리할 필요성이 있는지 살펴보면 다음과 같다.

A회사의 생산직 근로자들은 제조라인의 생산업무에 종사하고, 상용직 근로자들은 시설물관리, 주차, 고객상담 등의 업무를 담당하고 있어 생산직 근로자들과 상용직 근로자들의 업무내용은 명확히 구분된다. 또한 생산직과 상용직 양 직종 사이에 인사교류는 없었으며 채용경로도 서로 달랐다.

생산직 근로자는 모두 호봉제를 원칙으로 하고 있었지만, 상용직 근로자는 담당업무에 따라 각각 단일화된 기본급에 더하여 업무내용에 따른 수당을 추가로 지급받았으며, 서로 별도의 취업규칙을 적용받고 있었다.

생산직 근로자들만 350명이 가입하고 있는 B노동조합은 회사 창립 직후인 1998년에 설립되어 단체협약도 체결하였는데, 상용직 근로자들만 70명이 가입하

---

52) 대법원 2018. 9. 13. 선고 2015두39361 판결.

고 있는 C노동조합은 2015년에 설립되었으나 단체협약의 적용도 받지 못하였다.

이와 같은 상용직 근로자들과 생산직 근로자들 사이의 근로조건 및 고용형태상 차이와 그 정도, 기존 분리 교섭 관행 등에 비추어 보면, C노동조합이 별도로 분리된 교섭단위에 의하여 단체교섭권을 행사하는 것을 정당화할 만한 사정이 존재하고, 이로 인하여 B노동조합이 교섭대표노동조합으로서 상용직 근로자들을 계속 대표하도록 하는 것이 오히려 노동조합 사이의 갈등을 유발하는 등 근로조건의 통일적인 형성을 통해 안정적인 교섭체계를 구축하고자 하는 교섭창구 단일화제도의 취지에도 부합하지 않는 결과를 발생시킬 수 있는 경우라고 할 수 있다. 따라서 A회사의 상용직 근로자들에 대하여는 노동조합법 제29조의3 제2항에서 규정하고 있는 교섭단위를 분리할 필요성이 인정된다. 그러므로 C노동조합의 교섭단위 분리신청을 기각하는 노동위원회의 결정은 부당하다.

## IV. 결론

A회사의 상용직 근로자들에 대하여는 교섭단위를 분리할 필요성이 인정된다. 따라서 C노동조합의 교섭단위 분리신청을 기각하는 노동위원회의 결정은 부당하다는 C노동조합의 주장은 타당하다.


〈질문 2〉 B노동조합의 조합원들은 B노동조합 위원장의 단체협약 체결이 노동조합 규약상 절차를 위반한 불법행위에 해당한다고 주장한다. 이러한 주장은 타당한가? (40점)


## I. 논점의 정리

B노동조합 규약 제15조에는 "본 조합은 단체교섭의 당사자이며, 본 조합의 위원장은 단체교섭 및 단체협약의 체결권한을 가진다. 다만, 위원장은 단체협약을 체결하기 전에 조합원총회에 교섭결과를 보고하고, 그 의결을 거친 후 단체협약을 체결하여야 한다."라고 규정되어 있다. 이와 같이 노동조합 규약상 규정되어 있는 이른바 인준투표제 절차를 위반하여 단체협약을 체결한 노조대표자의 행위가 불법행위에 해당하는지 여부가 문제된다.

## Ⅱ. 관련 법리

인준투표제란 노동조합이 조합원들의 의사를 반영하고 대표자의 단체교섭 및 단체협약 체결 업무 수행에 대한 적절한 통제를 위하여 규약 등에서 내부 절차를 거치도록 하는 등 대표자의 단체협약체결권한의 행사를 절차적으로 제한하는 것을 의미한다.

노동조합법 제29조 제1항은 "노동조합의 대표자는 그 노동조합 또는 조합원을 위하여 사용자나 사용자단체와 교섭하고 단체협약을 체결할 권한을 가진다."라고 규정하고 있는데 인준투표제가 위 법 조항을 위반하여 위법한 것인지 여부가 다퉈진다. 대법원 판례는 인준투표제가 단체협약체결권한을 전면적·포괄적으로 제한하는 것이 아닌 이상 허용된다고 보아야 한다는 입장을 취한다. 즉, 단체협약은 노동조합의 개개 조합원의 근로조건 기타 근로자의 대우에 관한 기준을 직접 결정하는 규범적 효력을 가지는 것이므로 단체협약의 실질적인 귀속주체는 근로자이고, 따라서 단체협약은 조합원들이 관여하여 형성한 노동조합의 의사에 기초하여 체결되어야 하는 것이 단체교섭의 기본적 요청인 점, 노동조합법 제16조 제1항 제3호는 단체협약에 관한 사항을 총회의 의결사항으로 정하여 노동조합 대표자가 단체교섭 개시 전에 총회를 통하여 교섭안을 마련하거나 단체교섭 과정에서 조합원의 총의를 계속 수렴할 수 있도록 규정하고 있는 점 등에 비추어 보면, 노동조합이 조합원들의 의사를 반영하고 대표자의 단체교섭 및 단체협약 체결 업무 수행에 대한 적절한 통제를 위하여 규약 등에서 내부 절차를 거치도록 하는 등 대표자의 단체협약체결권한의 행사를 절차적으로 제한하는 것은, 그것이 단체협약체결권한을 전면적·포괄적으로 제한하는 것이 아닌 이상 허용된다고 보아야 한다는 것이다.[53]

그리고 대법원은 인준투표제가 마련되어 있음에도 불구하고 총회의 의결을 통해 조합원들의 의견을 수렴하는 절차를 전혀 거치지 않은 채 단체협약을 체결한 노동조합 대표자의 행위가 헌법과 법률에 의하여 보호되는 조합원의 단결권 또는 노동조합의 의사 형성 과정에 참여할 수 있는 권리를 침해하는 불법행위에 해당

---

53) 대법원 2014. 4. 24. 선고 2010다24534 판결.

한다고 보았다.[54] 즉, 헌법과 법률의 규정, 취지와 내용 및 법리에 비추어 보면, 노동조합의 대표자가 위와 같이 조합원들의 의사를 결집·반영하기 위하여 마련한 내부 절차를 전혀 거치지 아니한 채 조합원의 중요한 근로조건에 영향을 미치는 사항 등에 관하여 만연히 사용자와 단체협약을 체결하였고, 그 단체협약의 효력이 조합원들에게 미치게 되면, 이러한 행위는 특별한 사정이 없는 한 헌법과 법률에 의하여 보호되는 조합원의 단결권 또는 노동조합의 의사 형성 과정에 참여할 수 있는 권리를 침해하는 불법행위에 해당한다고 보아야 한다는 것이다.

## Ⅲ. 사안의 적용

B노동조합 규약 제15조에서는 B노동조합 위원장에게 협약체결권이 있음을 명시하면서 위원장은 단체협약을 체결하기 전에 조합원총회에 교섭결과를 보고하고, 그 의결을 거치도록 하고 있다. 사용자와 단체협약 내용을 합의한 후에 다시 협약안의 가부에 관하여 조합원 총회의 의결을 거칠 것을 요구하고 있지는 않다. 따라서 B노동조합 규약 제15조는 노동조합 위원장의 단체교섭권과 협약체결권을 전면적·포괄적으로 제한하거나 사실상 형해화하는 경우에 해당하지 않아 노동조합법 제29조 제1항에 위반되지 않는다.

그런데 B노동조합 위원장이 노동조합 총회의 의결을 통해 조합원들의 의견을 수렴하는 등의 절차를 전혀 거치지 않은 채 임금피크제 시행 등 근로조건에 중대한 영향을 미치는 사항에 관하여 단체협약을 체결한 것은 규약을 위반하여 노동조합의 의사 형성 과정에 참여할 수 있는 조합원들의 절차적 권리를 침해한 불법행위에 해당한다.

## Ⅳ. 결론

B노동조합 위원장이 규약을 위반하여 단체협약을 체결한 것은 조합원들의 절차적 권리를 침해한 불법행위에 해당한다. 따라서 조합원들의 주장은 타당하다.

---

54) 대법원 2018. 7. 26. 선고 2016다205908 판결.

## 사례 11   공정대표의무, 단체협약의 불리한 변경(장래에 대한 변경)

**[사례 11]**[55]

A회사는 상시 근로자 300명을 고용하여 자동차 부품을 제조·판매하는 회사이다. A회사에는 직원 200명이 가입한 B노동조합과 30명이 가입한 C노동조합이 있다. 2020년도 단체협약 체결을 위해 B노조와 C노조는 교섭창구 단일화 과정에 참여하여 B노조가 교섭대표노동조합이 되었고, A회사와의 교섭을 거쳐 단체협약을 체결하였다.

2020년도 단체협약 제10조는 "회사는 경영상태, 시설형편 등 제반여건을 종합적으로 고려하여 노동조합에 사무실 및 비품을 제공한다."고 규정하고 있다. 이에 따라 A회사는 B노조에게만 노조사무실을 제공하고, C노조에게는 조합원 수가 적다는 이유로 노조사무실을 제공하지 않았다. 대신 A회사는 C노조에게 노조 업무상 필요한 경우 회사의 승낙을 얻어 회사의 회의실을 일시적으로 사용할 수 있다고 안내하였다.

한편, 2020년도 단체협약 체결을 위한 교섭에서 노사 모두는 무단결근이 경영상 큰 장애가 됨을 인식하고 이를 방지하기 위하여 종전 단체협약에서 무단결근자의 자동면직기준일수를 월 7일로 정한 부분을 월 5일로 단축하였다. 2020년도 단체협약이 시행되던 중 B노조의 조합원인 甲은 A회사의 허가를 얻지 않은 채 6일간 무단결근하여 A회사는 단체협약에 따라 조합원 甲을 면직처분하였다.

**<질 문>**

1. C노조는 A회사가 B노조에게만 노조사무실을 제공한 것은 노동조합법상 공정대표의무에 위반된다고 주장한다. C노조의 주장은 타당한가? (40점)

2. 조합원 甲은 "2020년도 단체협약은 조합원들에게 불리하게 변경되었고, 개별 조합원으로부터 동의를 받은 바가 없었으므로 효력이 없다."고 주장한다 甲의 주장은 타당한가? (40점)

---

55) 2020년도 시행 제1회 법학전문대학원협의회 모의시험.

> **해 설**

〈질문 1〉 C노조는 A회사가 B노조에게만 노조사무실을 제공한 것은 노동조합법상 공정대표
　　　　의무에 위반된다고 주장한다. C노조의 주장은 타당한가? (40점)

## Ⅰ. 논점의 정리

　노동조합법 제29조의4 제1항은 "교섭대표노동조합과 사용자는 교섭창구 단일
화 절차에 참여한 노동조합 또는 그 조합원 간에 합리적 이유 없이 차별을 하여서
는 아니 된다."라고 규정하고 있고, 이를 공정대표의무라고 한다. 이 사안에서 A
회사가 교섭대표노조인 B노조에게만 노조사무실을 제공한 행위가 C노조에 대한
불합리한 차별로서 공정대표의무 위반에 해당하는지 여부가 검토되어야 한다.

## Ⅱ. 관련 법리

　판례[56])에 따르면 공정대표의무는 단체교섭의 과정이나 그 결과물인 단체협약
의 내용뿐만 아니라 단체협약의 이행과정에서도 준수되어야 한다. 또한 교섭대표
노동조합이나 사용자가 교섭창구 단일화 절차에 참여한 다른 노동조합 또는 그
조합원을 차별한 것으로 인정되는 경우, 그와 같은 차별에 합리적인 이유가 있다
는 점은 교섭대표노동조합이나 사용자에게 그 주장·증명책임이 있다.

　판례는 노동조합 사무실 제공과 공정대표의무 위반이 문제된 사안에서 노동조
합의 존립과 발전에 필요한 일상적인 업무가 이루어지는 공간으로서 노동조합 사
무실이 가지는 중요성을 고려하면, 사용자가 단체협약 등에 따라 교섭대표노동조
합에 상시적으로 사용할 수 있는 노동조합 사무실을 제공한 이상, 특별한 사정이
없는 한 교섭창구 단일화 절차에 참여한 다른 노동조합에도 반드시 일률적이거나
비례적이지는 않더라도 상시적으로 사용할 수 있는 일정한 공간을 노동조합 사무
실로 제공하여야 한다고 봄이 타당하다고 설시하고 있다. 이와 달리 교섭대표노
동조합에는 노동조합 사무실을 제공하면서 교섭창구 단일화 절차에 참여한 다른

---

56) 대법원 2018. 8. 30. 선고 2017다218642 판결.

노동조합에는 물리적 한계나 비용 부담 등을 이유로 노동조합 사무실을 전혀 제공하지 않거나 일시적으로 회사 시설을 사용할 수 있는 기회를 부여하였다고 하여 차별에 합리적인 이유가 있다고 볼 수 없다고 한다.

## Ⅲ. 사안의 적용

첫째, A회사는 "회사는 경영상태, 시설형편 등 제반여건을 종합적으로 고려하여 노동조합에 사무실 및 비품을 제공한다."라고 규정한 단체협약 제10조의 이행 과정에서도 공정대표의무를 준수하여야 한다는 점, 둘째, 단체협약의 이행에서 A회사는 교섭대표노조인 B노조에게만 노조사무실을 제공하였다는 점, 셋째, C노조는 단체협약 체결을 위해 교섭창구 단일화 과정에 참여하여 단체협약의 적용을 받으므로, A회사는 C노조에게도 단체협약에 따라 노조사무실을 제공하여야 한다는 점, 넷째, A회사는 C노조가 조합원 수가 적다는 이유로 C노조에게 노조사무실을 제공하지 않았는데, 반드시 일률적이거나 비례적이지는 않더라도 상시적으로 사용할 수 있는 일정한 공간을 노동조합 사무실로 제공하여야 한다는 점을 고려할 때 비록 A회사는 C노조에게 노조 업무상 필요한 경우 회사의 승낙을 얻어 회사의 회의실을 일시적으로 사용할 수 있다고 안내하였다 하더라도 일시적으로 회사 시설을 사용할 수 있는 기회를 부여하였다는 것만으로 차별에 합리적인 이유가 있다고 볼 수 없을 것이다. 따라서 A회사가 B노조에게만 노조사무실을 제공한 것은 노동조합법상 공정대표의무에 위반된다.

## Ⅳ. 결론

A회사는 교섭대표노조인 B노조에게 뿐만 아니라 교섭창구 단일화 과정에 참여하여 단체협약의 적용을 받는 C노조에게도 상시적으로 사용할 수 있는 일정한 공간을 노동조합 사무실로 제공하여야 한다. 따라서 A회사가 B노조에게만 노조사무실을 제공한 것은 노동조합법상 공정대표의무에 위반된다고 하는 C노조의 주장은 타당하다.

〈질문 2〉 조합원 甲은 "2020년도 단체협약은 조합원들에게 불리하게 변경되었고, 개별 조합원으로부터 동의를 받은 바가 없었으므로 효력이 없다."고 주장한다. 甲의 주장은 타당한가? (40점)

## I. 논점의 정리

노동조합은 근로조건의 유지·개선을 목적으로 해야 한다는 점에서 노동조합이 기존 근로조건에 비해 조합원들에게 불리해지는 단체협약을 체결하는 것이 가능한지 여부와 그 효력이 검토되어야 한다. 이는 단체협약에 의한 근로조건의 불이익변경이 협약자치의 한계를 넘는 것인지에 관한 문제이다.

## II. 관련 법리

노동조합법 제2조 제4호에서는 노동조합의 정의규정을 두어 '근로자가 주체가 되어 자주적으로 단결하여 근로조건의 유지·개선 기타 근로자의 경제적·사회적 지위의 향상을 목적으로 조직하는 단체 또는 연합단체를 말한다'고 규정하고 있고, 노동조합의 존립 목적은 근로조건의 유지·개선이라는 점을 고려할 때 노동조합이 기존 근로조건보다 불리한 근로조건을 단체협약으로 체결하는 것이 협약자치의 범위 내에서 허용될 수 있는지 문제된다.

이에 관하여 대법원 판례는 협약자치의 원칙상 노동조합은 사용자와 사이에 근로조건을 유리하게 변경하는 내용의 단체협약뿐만 아니라 근로조건을 불리하게 변경하는 내용의 단체협약을 체결할 수 있으므로, 근로조건을 불리하게 변경하는 내용의 단체협약이 현저히 합리성을 결하여 노동조합의 목적을 벗어난 것으로 볼 수 있는 경우와 같은 특별한 사정이 없는 한 그러한 노사간의 합의를 무효라고 볼 수는 없고, 노동조합으로서는 그러한 합의를 위하여 사전에 근로자들로부터 개별적인 동의나 수권을 받을 필요가 없으며, 단체협약이 현저히 합리성을 결하였는지 여부는 단체협약의 내용과 그 체결경위, 당시 사용자측의 경영상태 등 여러 사정에 비추어 판단해야 한다는 입장을 취하고 있다.[57]

---

57) 대법원 2002. 12. 27. 선고 2002두9063 판결.

## Ⅲ. 사안의 적용

단체협약에서 무단결근자의 자동면직기준일수를 종전 월 7일에서 월 5일로 단축하는 것은 복무규율이 강화되는 것으로서 불이익한 변경에 해당되는데, 이러한 변경에 근로자들로부터 개별적인 동의나 수권이 있었던 것은 아니다. 앞서 살펴본 판례에 따르면 노동조합은 근로조건을 불리하게 변경하는 단체협약도 체결할 수 있고, 사전에 근로자들로부터 개별적인 동의나 수권을 받을 필요는 없지만 단체협약이 현저히 합리성을 결하여 노동조합의 목적을 벗어난 것으로 볼 수 있는지를 검토해야 한다. 이 사안에서는 무단 결근이 경영상 큰 장애가 되고 있음을 노사 모두가 인식하고 있어, 협약기간중임에도 불구하고 노사 모두의 동의하에 종래의 협약을 개정하였다는 점에서 노동조합의 목적에 비추어 현저히 합리성을 결한 것이라 볼 수는 없을 것이다.

## Ⅳ. 결론

노동조합과 사용자간의 협약자치원칙에 따라 불이익하게 기존의 단체협약을 변경하였다 하더라도 노동조합의 목적에 비추어 현저히 합리성을 결하였다고 할 수 없으므로 불이익하게 변경된 단체협약은 유효하다. 따라서 단체협약의 무효를 주장하는 甲의 주장은 타당하지 않다.

| 사례 12 | 단체협약의 성립, 단체협약의 효력(기발생 임금채권 포기의 효력), 단체협약의 유효기간 만료후 채무적 부분의 효력 |
|---|---|

### [사례 12][58]

A회사는 상시 근로자 200명을 고용하고 있는 운수업체이며, B노동조합은 A회사 근로자들로 조직된 기업별 노동조합이다. A회사가 B노동조합과 체결한 단체협약상 상여금 200%를 그 지급기일이 경과한 후에도 경영사정의 악화로 지급하지 못하고 있던 중, B노동조합은 위 미지급된 상여금 200%를 모두 포기한다는 상여금 포기각서를 A회사에 제출하였다. 위 각서에는 노사 쌍방 중 B노동조합의 기명 및 날인만 있었을 뿐, A회사측의 서명이나 날인은 모두 없었다.

한편, 위 단체협약에는 "회사는 매월 조합원에게 지급할 임금 중에서 조합원이 노동조합에 납부해야 하는 조합비를 일괄 공제하여 노동조합에 교부한다."는 내용의 조합비일괄공제조항(check – off 조항)이 규정되어 있었고, B노동조합의 모든 조합원들은 위 조합비 일괄 공제에 대하여 동의하였다.

A회사와 B노동조합은 위 단체협약의 유효기간이 만료되는 때를 전후하여 새로운 단체협약을 체결하고자 수차례의 단체교섭을 거쳤으나 임금인상에 관한 이견이 커서 새로운 단체협약을 체결하지 못하고 있다. A회사는 위 단체협약의 유효기간이 만료된 후 현재까지 6개월간 B노동조합에게 조합비를 일괄 공제하여 교부하는 것을 중단하고 있다. 위 단체협약에는 자동연장조항이나 자동갱신조항은 없었다.

### <질 문>

1. B노동조합의 조합원 甲은 (1) B노동조합만이 기명 및 날인되어 있는 상여금 포기각서는 단체협약으로서 유효하게 성립된 것이 아니며, (2) 만약 단체협약이라고 보더라도 미지급된 상여금의 포기는 조합원들로부터 개별적인 동의나 수권을 받지 않았으므로 효력이 없다고 주장한다. 甲의 (1)과 (2)의 각 주장은 타당한가? (50점)

---

> 2. B노동조합은 A회사가 단체협약의 유효기간이 만료된 후 현재까지 6개월간 B노동 조합에게 조합비를 일괄 공제하여 교부하지 않은 것은 단체협약상 A회사가 B노동 조합에 대해 부담하는 채무를 불이행한 것이라고 주장한다. B노동조합의 주장은 타당한가? (30점)

## 해 설

〈질문 1〉 B노동조합의 조합원 甲은 (1) B노동조합만이 기명 및 날인되어 있는 상여금 포기각 서는 단체협약으로서 유효하게 성립된 것이 아니며, (2) 만약 단체협약이라고 보더 라도 미지급된 상여금의 포기는 조합원들로부터 개별적인 동의나 수권을 받지 않 았으므로 효력이 없다고 주장한다. 甲의 (1)과 (2)의 각 주장은 타당한가? (50점)

## Ⅰ. 논점의 정리

주장 (1)과 관련하여, 이 사안에서 상여금 포기각서는 B노동조합의 기명 및 날 인만 있고, A회사측의 서명이나 날인은 없다. 이 경우 단체협약으로 유효하게 성 립되었는지 여부가 검토되어야 한다. 단체협약으로 유효하게 성립되었다면 조합 원인 甲에게 규범적 효력이 발생하지만 만일 단체협약으로서 유효하게 성립된 것 이 아니라면 甲에게 효력이 미치지 않는다.

주장 (2)와 관련하여서는 조합원들로부터 개별적인 동의나 수권을 받지 않고서 단체협약에 의해 미지급된 상여금을 포기한 것은 협약자치의 원칙상 그 효력이 인정되는지 여부가 검토되어야 한다.

## Ⅱ. 관련 법리

### 1. 단체협약의 성립요건

노동조합법 제31조 제1항은 단체협약은 서면으로 작성하여 당사자 쌍방이 서 명 또는 날인하여야 한다고 규정하고 있다. 서면작성, 쌍방의 서명 또는 날인은 단체협약의 성립요건이다. 이러한 요건을 갖추지 못한 단체협약은 조합원 등에 대하여 그 규범적 효력이 미치지 아니한다. 판례 중에는 문서에 노조 위원장의 기명날인만 있고 회사 대표이사의 기명날인이 되어 있지 아니한 경우에는 단체협약으로서의 효력이 없다고 본 경우가 있다.[59]

또한, 판례에 따르면 노동조합법 제31조 제1항이 단체협약은 서면으로 작성하여 당사자 쌍방이 서명날인 하여야 한다고 규정하고 있는 취지는 단체협약의 내용을 명확히 함으로써 장래 그 내용을 둘러싼 분쟁을 방지하고 아울러 체결당사자 및 그의 최종적 의사를 확인함으로써 단체협약의 진정성을 확보하기 위한 것이다.[60]

## 2. 협약자치의 한계

노동조합의 대표자는 조합원을 위하여 교섭하고 단체협약을 체결할 권한을 가진다(노동조합법 제29조 제1항). 판례에 따르면 협약자치의 원칙상 노동조합은 사용자와 사이에 근로조건을 유리하게 변경하는 내용의 단체협약뿐만 아니라 근로조건을 불리하게 변경하는 내용의 단체협약을 체결할 수 있으므로, 근로조건을 불리하게 변경하는 내용의 단체협약이 현저히 합리성을 결하여 노동조합의 목적을 벗어난 것으로 볼 수 있는 경우와 같은 특별한 사정이 없는 한 그러한 노사간의 합의를 무효라고 볼 수는 없고, 노동조합으로서는 그러한 합의를 위하여 사전에 근로자들로부터 개별적인 동의나 수권을 받을 필요가 없다고 본다.[61]

그러나 이미 구체적으로 그 지급청구권이 발생한 임금(상여금 포함)이나 퇴직금은 근로자의 사적 재산영역으로 옮겨져 근로자의 처분에 맡겨진 것이기 때문에 노동조합이 근로자들로부터 개별적인 동의나 수권을 받지 않는 이상, 사용자와의 사이의 단체협약만으로 이에 대한 포기나 지급유예와 같은 처분행위를 할 수는 없다는 것이 판례의 입장이다.[62] 즉 이미 개별 근로자에게 귀속된 권리를 단체협약에 의해 처분할 수는 없다는 협약자치의 한계가 인정되는 것이다.

---

59) 대법원 2001. 1. 19. 선고 99다72422 판결.
60) 대법원 2001. 5. 29. 선고 2001다15422 판결.
61) 대법원 2000. 9. 29. 선고 99다67536 판결.
62) 대법원 2000. 9. 29. 선고 99다67536 판결.

## III. 사안의 적용

### 1. 주장 (1) 관련 : 단체협약 성립 여부

이 사안에서 B노동조합이 A회사에 제출한 미지급 상여금의 포기각서는 B노동조합의 기명 및 날인만 있었을 뿐, A회사측의 서명이나 날인은 없었기 때문에 노동조합법 제31조 제1항에 노사 쌍방의 서명 또는 날인이 있어야 한다는 요건을 위반하였다. 판례에 따르면 이러한 경우에는 단체협약으로서 유효하지 않다. 따라서 이 사안에서의 미지급 상여금의 포기각서는 단체협약으로서 유효하게 성립되지 않았고, 조합원들에 대해 규범적 효력이 인정되지 않는다.

### 2. 주장 (2) : 상여금 포기의 효력 유무

이 사안에서 기존 단체협약에 따라 지급의무가 있는 상여금 200%를 B노동조합이 포기하는 각서를 제출한 시점은 이미 상여금 지급기일이 경과한 후이고, 단체협약상의 지급기일이 경과함으로써 상여금은 이미 구체적으로 그 지급청구권이 발생하여 근로자의 사적 재산영역으로 옮겨져 근로자의 처분에 맡겨진 상태이다. 따라서 판례 법리에 의하면 노동조합과 사용자 사이의 단체협약을 체결하는 것만으로는 미지급상여금을 포기하게 할 수 없다.

다만 판례에 따르면 노동조합이 근로자들로부터 개별적인 동의나 수권을 받은 경우에는 미지급상여금 포기의 효력이 인정될 수 있다. 그러나 甲은 개별적인 동의나 수권을 받지 않았다고 하고 있다. 따라서 개별적인 동의나 수권을 하지 않은 甲에게는 B노동조합의 포기각서에 의해 상여금 포기의 효력이 발생하지 않는다.

## IV. 결론

### 1. 주장 (1) 관련

이 사안에서의 상여금 포기각서는 B노동조합만 기명·날인하고 있어 노사 쌍방의 서명 또는 날인이 있어야 한다는 노동조합법 제31조 제1항 소정의 단체협약의 성립요건을 위반하였다. 이러한 경우 판례에 따르면 단체협약으로서의 효력이 부인된다. 따라서 이 사안에서의 상여금 포기각서는 단체협약으로서 유효하게 성립된 것이 아니라는 甲의 주장은 타당하다.

## 2. 주장 (2) 관련

이 사안에서의 상여금 포기각서에서는 이미 지급기일이 지나 지급청구권이 발생하여 근로자의 처분에 맡겨진 미지급 상여금 청구권을 포기하는 것으로 정하고 있다. 그러나 판례에 따르면 근로자의 개별적인 동의나 수권이 있어야 그러한 포기의 효력이 인정된다. 그러나 미지급 상여금의 포기에 관하여 조합원들로부터 개별적인 동의나 수권을 받지 않았으므로 미지급상여금 포기의 효력이 없다는 甲의 주장은 타당하다.

〈질문 2〉 B노동조합은 A회사가 단체협약의 유효기간이 만료된 후 현재까지 6개월간 B노동조합에게 조합비를 일괄 공제하여 교부하지 않은 것은 단체협약상 A회사가 B노동조합에 대해 부담하는 채무를 불이행한 것이라고 주장한다. B노동조합의 주장은 타당한가? (30점)

## I. 논점의 정리

이 사안에서 A회사는 종전 단체협약의 유효기간이 만료된 후에 6개월간 종전 단체협약에서 정한 조합비 일괄 공제를 하지 않아 B노동조합이 A회사에 대해 채무불이행을 주장하고 있다. 이 경우 단체협약의 유효기간이 만료된 후에 단체협약의 채무적 효력이 유지되는지 여부가 검토되어야 한다. 특히 노동조합법 제32조 제3항에서 단체협약의 유효기간이 만료된 경우에도 일정한 경우에는 3개월간 효력이 지속될 수 있는 근거 규정을 두고 있는 것과 관련하여, 이 사안에서도 제32조 제3항에 따라 종전 단체협약에서 정한 조합비 일괄 공제의 효력이 지속되는지 여부를 살펴보아야 한다.

## II. 관련 법리

### 1. 단체협약 유효기간 만료 후의 효력 연장

노동조합법 제32조 제3항은 단체협약의 유효기간이 만료되는 때를 전후하여 당사자 쌍방이 새로운 단체협약을 체결하고자 단체교섭을 계속하였음에도 불구하고 새로운 단체협약이 체결되지 아니한 경우에는 종전의 단체협약은 그 효력만료일부터 3월까지 계속 효력을 갖는다고 규정하여 효력이 연장되는 경우를 인정하고 있다.

## 2. 단체협약 실효 후의 단체협약의 효력

판례는 단체협약이 실효되었다고 하더라도 임금, 퇴직금이나 노동시간, 그 밖에 개별적인 노동조건에 관한 부분은 그 단체협약의 적용을 받고 있던 근로자의 근로계약의 내용이 되어 그것을 변경하는 새로운 단체협약, 취업규칙이 체결·작성되거나 또는 개별적인 근로자의 동의를 얻지 아니하는 한 개별적인 근로자의 근로계약의 내용으로서 여전히 남아 있어 사용자와 근로자를 규율하게 된다고 본다.63) 즉 단체협약의 이른바 규범적 부분은 근로계약의 내용으로서 여전히 유지된다는 것이다.

그러나 단체협약의 채무적 부분에 대하여 인정되는 채무적 효력은 단체협약의 체결 당사자인 노동조합과 사용자 사이의 효력이므로, 단체협약의 채무적 부분은 근로계약의 내용으로 되지 않는다. 따라서 단체협약의 채무적 부분은 단체협약 유효기간의 만료와 더불어 효력이 상실된다.

## Ⅲ. 사안의 적용

A회사와 B노동조합은 위 단체협약의 유효기간이 만료되는 때를 전후하여 새로운 단체협약을 체결하고자 수차례의 단체교섭을 거쳤으나 새로운 단체협약을 체결하지 못하고 있다. 따라서 노동조합법 제32조 제3항의 규정에 따라 종전의 단체협약은 그 효력만료일부터 3월까지 계속 효력을 갖는다. 이 기간 동안에는 종전 단체협약상의 조합비일괄공제조항도 효력이 인정된다. 따라서 A회사가 B노동조합에게 조합비를 일괄 공제하여 교부하지 않은 것은 단체협약상 A회사가 B노동조합에 대해 부담하는 채무를 불이행한 것이다.

이 사안에서의 단체협약상 조합비일괄공제조항은 단체협약의 채무적 부분에

---

63) 대법원 2009. 2. 12. 선고 2008다70336 판결.

해당한다. 판례는 단체협약의 규범적 부분에 대해서는 단체협약의 실효 후에도 근로계약의 내용으로 여전히 남아 있는 것이라고 하지만 조합비일괄공제조항과 같은 단체협약의 채무적 부분에 대해서는 그러한 법리가 적용되지 않는다. 따라서 단체협약의 유효기간이 만료된 후 3개월이 경과한 후부터 6개월까지는 사용자가 종전 단체협약상의 조합비일괄공제조항에 따른 채무를 부담하지 않기 때문에 그 기간동안 A회사가 B노동조합에게 조합비를 일괄 공제하여 교부하지 않은 것은 채무불이행에 해당되지 않는다.

## IV. 결론

이 사안의 경우 노동조합법 제32조 제3항의 규정에 따라 종전의 단체협약은 그 효력만료일부터 3개월까지 계속 효력을 가지기 때문에 이 기간 동안에 A회사가 B노동조합에게 조합비를 일괄 공제하여 교부하지 않은 것은 A회사가 B노동조합에 대해 부담하는 단체협약상 채무를 불이행한 것이다. 따라서 이 부분에 한하여 B노동조합의 주장은 타당하다. 그렇지만 단체협약이 실효하면 조합비일괄공제조항에 따른 채무적 효력은 유지되지 않기 때문에 단체협약의 유효기간이 만료된 후 3개월이 경과한 후부터 6개월까지 A회사가 B노동조합에게 조합비를 일괄 공제하여 교부하지 않은 것은 채무불이행에 해당되지 않는다. 따라서 3개월이 경과한 이후에 관해서는 B노동조합의 주장이 타당하지 않다.

| 사례 13 | 단체협약의 일반적 구속력(동종 근로자의 의미), 직장점거 및 피켓팅의 정당성 |
|---|---|

**[사례 13]**[64]

B회사는 상시 600명의 근로자를 사용하여 건설, 자동차, 조선 등의 산업에 필요한 기계류를 생산·판매하는 업체이다. C노동조합은 B회사의 생산직 근로자 350명으로 구성된 기업별 노동조합이고, B회사 근로자가 가입하고 있는 다른 노동조합은 없다. C노동조합의 규약에는 조합원 자격을 B회사의 재직 근로자로 규정하고 있다.

C노동조합과 B회사 사이에 체결된 2013~2014년도 단체협약에는 경영성과에 따라 기본급 300% 이내의 연말상여금을 지급하는 것으로 되어 있었고, 실제로 B회사는 2013년부터 2년간 C노동조합의 조합원들에게 기본급의 300%를 연말상여금으로 지급하였다. 비조합원인 사무직 근로자 甲은 자신에게도 동일한 연말상여금을 지급할 것을 요구하였으나, B회사는 비조합원에게는 단체협약이 적용되지 않아 연말상여금을 지급할 의무가 없다고 주장하면서 甲의 요구를 거부하였다.

한편, B회사는 2015년에 들어 회사의 경영사정이 악화되자, 2015~2016년도 단체협약의 체결을 위한 단체교섭 과정에서 기존 연말상여금 지급 조항의 삭제를 주장하였다. C노동조합은 B회사의 주장에 크게 반발하여 전면 투쟁을 선포하고 쟁의행위 찬반투표와 쟁의조정 등의 제반 절차를 거쳐 파업에 돌입하였다. 아울러 공장시설 앞의 공터 일부를 점거하여 텐트 3개를 치고 농성장으로 사용하였다. 또한 2주 동안 출·퇴근 시간에 정문에서 피켓을 들고 구호를 외치는 방법으로 출·퇴근하는 동료 근로자들에게 파업에 동참하여 줄 것을 적극적으로 호소하였다.

**<질 문>**

1. 甲의 연말상여금 지급 요구를 거부한 B회사의 주장은 정당한가? (40점)
2. C노동조합이 행한 점거농성 및 피켓팅은 쟁의행위의 방법으로서 정당한가? (40점)

---

64) 2016년도 시행 제5회 변호사시험.

> **해 설**

〈질문 1〉 甲의 연말상여금 지급 요구를 거부한 B회사의 주장은 정당한가? (40점)

## I. 논점의 정리

甲은 C노동조합에 가입하지 않아 비조합원이며, 연말상여금 지급은 단체협약에 근거하고 있다. B회사는 비조합원에게는 단체협약을 적용하지 않기 때문에 甲에게 연말상여금을 지급할 의무가 없다고 주장한다. 그런데 노동조합법 제35조는 "하나의 사업 또는 사업장에 상시 사용되는 동종의 근로자 반수 이상이 하나의 단체협약의 적용을 받게 된 때에는 당해 사업 또는 사업장에 사용되는 다른 동종의 근로자에 대하여도 당해 단체협약이 적용된다."라고 하여 단체협약의 효력을 비조합원에게도 확장하여 적용하는 것에 대해 규정하고 있는바, 甲의 경우가 노동조합법 제35조 소정의 경우에 해당하는지를 검토해야 한다. 특히 甲은 사무직 근로자이고 C노동조합은 생산직 근로자로 구성되어 있기 때문에 노동조합법 제35조에서 말하는 '다른 동종의 근로자'에 甲이 해당될 수 있는지 살펴보아야 한다.

## II. 관련 법리

노동조합법 제35조는 "하나의 사업 또는 사업장에 상시 사용되는 동종의 근로자 반수 이상이 하나의 단체협약의 적용을 받게 된 때에는 당해 사업 또는 사업장에 사용되는 다른 동종의 근로자에 대하여도 당해 단체협약이 적용된다."고 규정하고 있는데, 이 경우 비조합원임에도 불구하고 단체협약의 적용을 받게 되는 다른 '동종의 근로자'의 의미가 문제된다. 이에 대해 판례는 노동조합법 제35조의 규정에 따라 단체협약의 적용을 받게 되는 '동종의 근로자'라 함은 당해 단체협약의 규정에 의하여 그 협약의 적용이 예상되는 자를 가리키는바, 사업장 단위로 체결되는 단체협약의 적용 범위가 특정되지 않았거나 협약 조항이 모든 직종에 걸쳐서 공통적으로 적용되는 경우에는 직종의 구분 없이 사업장 내의 모든 근로자가 동종의 근로자에 해당된다고 한다.[65] 다만, 단체협약의 규정에 의하여 조합원의 자격이 없는 자는 단체협약의 적용이 예상된다고 할 수 없어 단체협약의 적용을 받지 아니한다.[66] 한편, 일반적 구속력의 효과로서 그 효력이 확장 적용되는 것은 단체협약 중 규범적 부분에 한정된다.

## Ⅲ. 사안의 적용

B회사는 상시 600명의 근로자를 사용하고 있는데, 단체협약이 직접 적용되는 조합원은 350명이다. 따라서 하나의 사업 또는 사업장에 상시 사용되는 동종의 근로자 반수 이상이 하나의 단체협약의 적용을 받게 된 때에 해당한다.

이 사안의 사실관계에서는 단체협약의 적용범위가 특정되어 있다는 점은 제시되어 있지 않기 때문에 적용 범위가 특정되지 않았거나 협약 조항이 모든 직종에 걸쳐서 공통적으로 적용되는 경우에 해당한다고 할 것이다. 따라서 직종의 구분 없이 사업장 내의 모든 근로자가 동종의 근로자에 해당된다.

한편 C노동조합은 B회사의 생산직 근로자 350명으로 구성된 기업별 노동조합인데, C노동조합의 규약에는 조합원 자격을 B회사의 재직 근로자로 규정하고 있다. 즉, 노조 규약상 甲과 같은 사무직 근로자의 경우에도 조합원 자격이 없는 것은 아니다. 따라서 사무직 근로자인 甲도 C노동조합의 조합원 자격을 가지므로 단체협약의 적용이 예상되는 동종의 근로자에 해당한다. 따라서 동종의 근로자인 甲에게도 노동조합법 제35조(일반적 구속력) 규정에 따라 당해 단체협약이 적용된다.

그리고, 단체협약의 규정 중 연말상여금 조항은 근로조건을 정한 규범적 부분에 해당되므로 일반적 구속력 제도에 따라 甲에게도 확장 적용된다. 따라서 甲은 B회사에 대해 연말상여금 지급을 요구할 수 있다.

## Ⅳ. 결론

甲은 비조합원이지만 단체협약의 적용이 예상되는 동종의 근로자에 해당되며 단체협약은 사업장의 과반수 근로자에게 적용되고 있어 노동조합법 제35조에 따

---

65) 대법원 1999. 12. 10. 선고 99두6927 판결.
66) 대법원 2004. 1. 29. 선고 2001다5142 판결.

라 甲에게도 단체협약상 규범적 부분이 적용된다. 단체협약상 연말상여금에 관한 내용은 규범적 부분에 해당된다. 따라서 甲은 단체협약에 따라 연말상여금의 지급을 요구할 수 있기 때문에 甲의 연말상여금 지급 요구를 거부한 B회사의 주장은 정당하지 않다.

〈질문 2〉 C노동조합이 행한 점거농성 및 피켓팅은 쟁의행위의 방법으로서 정당한가? (40점)

## Ⅰ. 논점의 정리

노동조합법상 점거농성과 피켓팅에 관하여 어떠한 규정을 두고 있는지에 대해 검토해야 하고, 점거농성과 피켓팅 방식에 의한 쟁의행위의 정당성 유무에 대해 살펴보아야 한다.

## Ⅱ. 관련 법리

### 1. 관련 법령

노동조합법 제2조 제6호는 "쟁의행위"라 함은 파업·태업·직장폐쇄 기타 노동관계 당사자가 그 주장을 관철할 목적으로 행하는 행위와 이에 대항하는 행위로서 업무의 정상적인 운영을 저해하는 행위를 말한다."고 규정하고 있고, 노동조합법은 제37조 제1항은 "쟁의행위는 그 목적·방법 및 절차에 있어서 법령 기타 사회질서에 위반되어서는 아니된다."라고 규정하고 있다.

점거농성과 관련하여, 노동조합법 제42조 제1항은 "생산 기타 주요업무에 관련되는 시설과 이에 준하는 시설로서 대통령령이 정하는 시설을 점거하는 형태로 이를 행할 수 없다."라고 규정하고 있고, 쟁의행위 방식과 관련하여서는 노동조합법 제38조 제1항에서 "쟁의행위는 그 쟁의행위와 관계없는 자 또는 근로를 제공하고자 하는 자의 출입·조업 기타 정상적인 업무를 방해하는 방법으로 행하여져서는 아니되며 쟁의행위의 참가를 호소하거나 설득하는 행위로서 폭행·협박을 사용하여서는 아니된다."라고 규정하고 있다.

## 2. 점거농성의 정당성에 관한 판례의 입장

판례는 직장 또는 사업장시설의 점거는 적극적인 쟁의행위의 한 형태로서 그 점거의 범위가 직장 또는 사업장시설의 일부분이고 사용자측의 출입이나 관리지배를 배제하지 않는 병존적인 점거에 지나지 않을 때에는 정당한 쟁의행위로 볼 수 있다고 한다. 즉 부분적·병존적 점거는 정당한 직장점거로 인정한다. 이와 달리 직장 또는 사업장시설을 전면적, 배타적으로 점거하여 조합원 이외의 자의 출입을 저지하거나 사용자측의 관리지배를 배제하여 업무의 중단 또는 혼란을 야기케 하는 것과 같은 행위는 이미 정당성의 한계를 벗어난 것이라고 본다. 즉 전면적·배타적 점거는 부당한 직장점거로 인정한다.[67]

## 3. 피켓팅의 정당성에 관한 판례의 입장

판례는 보조적 쟁의수단인 피케팅은 파업에 가담하지 않고 조업을 계속하려는 자에 대하여 평화적 설득, 구두와 문서에 의한 언어적 설득의 범위내에서 정당성이 인정되는 것이고, 폭행, 협박 또는 위력에 의한 실력적 저지나 물리적 강제는 정당화 될 수 없다고 한다.[68]

## Ⅲ. 사안의 적용

이 사안에서 C노동조합은 공장시설 앞의 공터 일부를 점거하여 텐트 3개를 치고 농성장으로 사용하였다. 공장시설 앞의 공터는 생산시설이나 주요 업무 시설 또는 이에 준하는 시설로서 노동조합법상 점거가 금지되는 시설에 해당되지 않는다. 따라서 C노동조합이 공터 일부를 점거한 것은 노동조합법 제42조 제1항에 위반되지 않는다. 또한 공터 일부를 점거하여 텐트 3개를 치는 점거농성은 사업장시설의 일부분에 대한 점거이며 사용자측의 출입이나 관리지배를 배제하지 않는 병존적인 점거에 지나지 않는다. 따라서 이 사안에서 문제된 점거농성은 정당한 쟁의행위 방법으로 볼 수 있다.

또한 이 사안에서 C노동조합은 2주 동안 출·퇴근 시간에 정문에서 피켓을 들

---

67) 대법원 2007. 12. 28. 선고 2007도5204 판결.
68) 대법원 1992. 7. 14. 선고 91다43800 판결.

고 구호를 외치는 방법으로 출·퇴근하는 동료 근로자들에게 파업에 동참하여 줄 것을 적극적으로 호소하였다. 이러한 피켓팅은 쟁의행위와 관계없는 자 또는 근로를 제공하고자 하는 자의 출입·조업 기타 정상적인 업무를 방해하는 방법에 해당되지 않으며, 쟁의행위의 참가를 호소하거나 설득하는 행위로서 폭행·협박을 사용하지도 않았다. 따라서 노동조합법 제38조 제1항에 위반되지 않고, 평화적·언어적 설득에 해당되는 것으로 보인다. 그러므로 이 사안에서 문제된 피켓팅은 정당한 쟁의행위 방법으로 볼 수 있다.

## Ⅳ. 결론

C노동조합의 점거농성은 생산시설이나 주요 업무 시설 또는 이에 준하는 시설을 점거한 것이 아니고, 부분적·병존적 점거에 해당되므로 쟁의행위의 방법으로서 정당하다. 또한 C노동조합의 피켓팅은 쟁의행위와 관계없는 자 또는 근로를 제공하고자 하는 자의 출입·조업 기타 정상적인 업무를 방해하는 방법에 해당되지 않으며, 평화적·언어적 설득에 해당되므로 쟁의행위의 방법으로서 정당하다.

## 사례 14    단체협약의 일반적 구속력(지역적 구속력), 쟁의행위와 민·형사 책임

**[사례 14]**[69]

A회사는 B지역에서 택시운수업을 하는 회사이고, 동 회사에는 A노동조합 (기업별 노동조합)이 조직되어 있다. A노동조합에는 A회사 택시기사 전체 200명 중 100명이 조합원으로 가입되어 있고 2017. 2. 1. A회사와 10% 임금인상을 내용으로 하는 단체협약을 체결하였다. 한편, A회사를 제외한 B지역의 대다수 택시회사는 B지역 택시사업조합에 가입하고 동 조합에 단체교섭권을 위임하였으며, 동 조합은 전국 택시산별노조 B지역 지부와 산별교섭을 하여 2017. 4. 1. 5% 임금인상을 내용으로 하는 단체협약을 체결하였다. 전국 택시산별노조 B지역 지부에는 B지역 전체 택시기사 1,000명 중 700명이 조합원으로 가입되어 있다. 이에 B지역 행정관청은 노동조합법 제36조에 따라 지역적 구속력 결정·공고를 하였다.

A회사는 B지역 행정관청의 지역적 구속력 결정·공고에 따라 A노동조합에 2017. 4. 1. 체결된 단체협약을 적용할 것을 주장하면서, 2017. 2. 1. 체결한 단체협약의 이행을 거부하였다. A노동조합은 A회사에 2017. 2. 1. 체결한 단체협약의 이행을 요구하면서 회사에 출근하지 아니한 채 택시 운행을 거부하는 파업에 돌입하였는데 이 과정에서 파업찬반투표를 거치지 아니하여 파업의 정당성을 상실하였다. A노동조합은 A회사에 사전통지하지 않은 채 갑자기 파업을 개시하였고, A회사는 파업으로 인하여 막대한 영업손실을 입었다.

**〈질 문〉**

1. A노동조합에 B지역 행정관청의 지역적 구속력 결정의 효력이 미치는가? (30점)
2. A노동조합이 찬반투표의무를 이행하지 아니하여 정당성을 상실한 파업을 적극적으로 지시·주도한 조합 간부의 법적 책임은 무엇인가? (50점)

---

69) 2018년도 제7회 변호사시험.

## 해 설

〈질문 1〉 A노동조합에 B지역 행정관청의 지역적 구속력 결정의 효력이 미치는가? (30점)

### Ⅰ. 논점의 정리

이 사안에서 A노동조합은 노동조합법 제36조에 따른 지역적 구속력 결정·공고가 이루어지기 이전에 이미 A회사와 단체협약을 체결하고 있는바, 이와 같이 노동조합이 별도의 단체협약을 체결한 경우에 당해 노동조합에 대해 지역적 구속력 결정의 효력이 미치는지 여부가 검토되어야 한다.

### Ⅱ. 관련 법리

노동조합법 제36조 제1항은 "하나의 지역에 있어서 종업하는 동종의 근로자 3분의 2 이상이 하나의 단체협약의 적용을 받게 된 때에는 행정관청은 당해 단체협약의 당사자의 쌍방 또는 일방의 신청에 의하거나 그 직권으로 노동위원회의 의결을 얻어 당해 지역에서 종업하는 다른 동종의 근로자와 그 사용자에 대하여도 당해 단체협약을 적용한다는 결정을 할 수 있다."라고 규정하고 있고, 동조 제2항은 "행정관청이 제1항의 규정에 의한 결정을 한 때에는 지체없이 이를 공고하여야 한다."고 규정하고 있다.

판례는 지역적 구속력 결정의 효력과 관련하여, "적어도 교섭권한을 위임하거나 협약체결에 관여하지 아니한 협약 외의 노동조합이 독자적으로 단체교섭권을 행사하여 이미 별도의 단체협약을 체결한 경우에는 그 협약이 유효하게 존속하고 있는 한 지역적 구속력 결정의 효력은 그 노동조합이나 그 구성원인 근로자에게는 미치지 않는다고 해석하여야 할 것"이라고 한다.[70] 또한 판례는 협약 외의 노동조합이 별도로 체결하여 적용 받고 있는 단체협약의 갱신체결이나 보다 나은 근로조건을 얻기 위한 단체교섭이나 단체행동을 하는 것 그 자체를 금지하거나 제한할 수는 없다고 하고 있다.[71]

---

70) 대법원 1993. 12. 21. 선고 92도2247 판결.
71) 대법원 1993. 12. 21. 선고 92도2247 판결.

## Ⅲ. 사안의 적용

A회사를 제외한 B지역의 대다수 택시회사는 B지역 택시사업조합에 가입하고 동 조합에 단체교섭권을 위임하였으며, 동 조합은 전국 택시산별노조 B지역 지부와 산별교섭을 하여 2017. 4. 1. 5% 임금인상을 내용으로 하는 단체협약을 체결하였다. 전국 택시산별노조 B지역 지부에는 B지역 전체 택시기사 1,000명 중 700명이 조합원으로 가입되어 있다. 이에 B지역 행정관청은 노동조합법 제36조에 따라 지역적 구속력 결정·공고를 하였다. 그렇지만 A노동조합은 이에 앞서 이미 2017. 2. 1. A회사와 10% 임금인상을 내용으로 하는 단체협약을 체결하였다.

즉, A회사는 B지역 택시사업조합에 단체교섭권을 위임하지 않았고, A회사와 A노동조합은 노동조합법 제36조에 따른 지역적 구속력 결정이 내려지기 이전에 이미 독자적으로 단체교섭권을 행사하여 별도의 단체협약을 체결한 경우에 해당된다. 따라서 앞서 살펴본 판례의 입장에 따르면 지역적 구속력 결정의 효력은 A노동조합이나 그 구성원인 근로자에게는 미치지 않는다고 할 것이다.

## Ⅳ. 결론

A회사와 A노동조합은 B지역 행정관청의 지역적 구속력 결정이 내려지기 이전에 이미 독자적으로 별도의 단체협약을 체결하였으므로 A노동조합에 B지역 행정관청의 지역적 구속력 결정의 효력은 미치지 않는다.

〈질문 2〉 A노동조합이 찬반투표의무를 이행하지 아니하여 정당성을 상실한 파업을 적극적으로 지시·주도한 조합 간부의 법적 책임은 무엇인가? (50점)

## Ⅰ. 논점의 정리

노동조합법 제3조에 따르면 정당성을 상실한 쟁의행위로 인하여 손해를 입은 사용자는 노동조합 또는 근로자에 대해 민법상 손해배상을 청구할 수 있고, 노동조합법 제4조에 의한 정당행위로 인정되지 않는 쟁의행위를 지시·주도한 조합

간부에 대해서는 형법상 책임이 적용될 수 있다. 따라서 A노동조합이 찬반투표의무를 이행하지 아니하여 정당성을 상실한 파업을 적극적으로 지시·주도한 조합간부에 대해서 민사상 손해배상 책임이 인정되는지 여부 및 형사책임이 인정되는지 여부가 검토되어야 한다. 특히 형사책임과 관련하여서는 형법 제314조 제1항에 따른 업무방해죄가 성립하는지 살펴보아야 한다.

## Ⅱ. 관련 법리

### 1. 정당성을 상실한 쟁의행위와 민·형사 책임 관련 법 규정

노동조합법 제37조 제1항은 "쟁의행위는 그 목적·방법 및 절차에 있어서 법령 기타 사회질서에 위반되어서는 아니된다."라고 규정하고 있다. 또한, 동법 제3조는 "사용자는 이 법에 의한 단체교섭 또는 쟁의행위로 인하여 손해를 입은 경우에 노동조합 또는 근로자에 대하여 그 배상을 청구할 수 없다."라고 규정하고 있으며, 동법 제4조는 "형법 제20조의 규정은 노동조합이 단체교섭·쟁의행위 기타의 행위로서 제1조의 목적을 달성하기 위하여 한 정당한 행위에 대하여 적용된다."라고 규정하고 있다. 요컨대 노동조합법은 정당한 쟁의행위에 대해서는 노동조합 또는 근로자의 민법 및 형법상 책임이 면제된다는 점을 확인하고 있는 것이다. 반면, 쟁의행위의 정당성이 인정되지 않는 경우에는 민·형사 책임이 발생된다.

### 2. 정당성을 상실한 파업을 지시·주도한 조합 간부에 대한 민사상 손해배상 책임

판례는 "노동조합의 간부들이 불법쟁의행위를 기획, 지시, 지도하는 등으로 주도한 경우에 이와 같은 간부들의 행위는 조합의 집행기관으로서의 행위라 할 것이므로 이러한 경우 민법 제35조 제1항의 유추적용에 의하여 노동조합은 그 불법쟁의행위로 인하여 사용자가 입은 손해를 배상할 책임이 있다 할 것이고, 한편 조합간부들의 행위는 일면에 있어서는 노동조합 단체로서의 행위라고 할 수 있는 외에 개인의 행위라는 측면도 아울러 지니고 있고, 일반적으로 쟁의행위가 개개 근로자의 노무정지를 조직하고 집단화하여 이루어지는 집단적 투쟁행위라는 그 본질적 특징을 고려하여 볼 때 노동조합의 책임 외에 불법쟁의행위를 기획, 지시, 지도하는 등으로 주도한 조합의 간부들 개인에 대하여도 책임을 지우는 것이 상

당하다."라고 설시하고 있다.[72]

요컨대 판례에 따르면 정당성을 상실한 쟁의행위에 대한 민사상 손해배상 책임과 관련하여 노동조합은 민법 제35조 제1항의 유추적용에 의하여 책임을 지게 되고, 아울러 불법 쟁의행위를 기획·지시한 노동조합 간부는 민법 제750조 불법행위 책임을 지게 되는 것이다.

이 경우, 불법쟁의행위로 인하여 노동조합이나 근로자가 그 배상책임을 지는 배상액의 범위는 불법쟁의행위와 상당인과관계에 있는 모든 손해이고, 노동조합이나 근로자의 불법쟁의행위로 인하여 사용자가 그 영업상의 손실에 해당하는 수입의 감소로 입은 손해는 일실이익으로서 불법쟁의행위와 상당인과관계가 있는 손해라고 한다.[73]

한편, 판례에 따르면 노동조합 간부 개인의 손해배상책임과 노동조합 자체의 손해배상책임은 부진정 연대채무관계에 있는 것이므로 노동조합의 간부도 불법쟁의행위로 인하여 발생한 손해 전부를 배상할 책임이 있다. 다만, 사용자가 노동조합과의 성실교섭의무를 다하지 않거나 노동조합과의 기존합의를 파기하는 등 불법쟁의행위에 원인을 제공하였다고 볼 사정이 있는 경우 등에는 사용자의 과실을 손해배상액을 산정함에 있어 참작할 수 있다고 한다.[74]

## 3. 정당성을 상실한 파업을 지시·주도한 조합 간부의 형사책임

쟁의행위가 정당성을 상실한 경우 그 방법과 태양이 어떠했는가에 따라 형법상 폭행죄, 협박죄, 업무방해죄, 주거침입죄, 강요죄, 손괴죄 등의 구성요건에 해당할 수 있다. 형사책임은 노동조합 등 단체에 대해서는 물을 수 없고, 노동조합 간부나 일반 조합원 등 개인에 대해서만 물을 수 있다.[75]

정당성을 상실한 파업을 지시·주도한 조합 간부의 형사책임과 관련하여 특히 문제가 되는 것은 형법 제314조 제1항의 업무방해죄이다. 업무방해죄는 위계 또는 위력으로써 사람의 업무를 방해한 경우에 성립한다. 위력이라 함은 사람의 자유의사를 제압·혼란케 할 만한 일체의 세력을 말한다.

과거 판례는 근로자들이 소극적으로 노무제공을 거부하는 단순파업에 대해서

---

72) 대법원 1994. 3. 25. 선고 93다32828, 32835 판결.
73) 대법원 1994. 3. 25. 선고 93다32828, 32835 판결.
74) 대법원 2006. 9. 22. 선고 2005다30610 판결.
75) 임종률·김홍영, 앞의 책, 227쪽.

도 그것이 당연히 위력에 해당함을 전제로 하여 업무방해죄의 구성요건에 해당된 다고 하면서, 다만 노동관계법령에 따른 정당한 쟁의행위인 경우 위법성이 조각 될 수 있다고 보았다. 그러나 대법원 전원합의체 판결의 다수의견은 단순 파업이 쟁의행위로서 정당성이 없는 경우라 해도 언제나 위력에 해당한다고는 볼 수 없 다고 하여 위력의 개념을 제한함으로써 쟁의행위에 대한 업무방해죄 적용을 한정 하였다.76)

즉. 대법원 전원합의체 판결 다수의견은 "근로자가 그 주장을 관철할 목적으로 근로의 제공을 거부하여 업무의 정상적인 운영을 저해하는 쟁의행위로서의 파업 도, 단순히 근로계약에 따른 노무의 제공을 거부하는 부작위에 그치지 아니하고 이를 넘어서 사용자에게 압력을 가하여 근로자의 주장을 관철하고자 집단적으로 노무제공을 중단하는 실력행사이므로, 업무방해죄에서 말하는 위력에 해당하는 요소를 포함하고 있다. 그런데 근로자는, 헌법 제37조 제2항에 의하여 국가안전 보장·질서유지 또는 공공복리 등의 공익상의 이유로 제한될 수 있고 그 권리의 행사가 정당한 것이어야 한다는 내재적 한계가 있어 절대적인 권리는 아니지만, 원칙적으로는 헌법상 보장된 기본권으로서 근로조건 향상을 위한 자주적인 단결 권·단체교섭권 및 단체행동권을 가진다(헌법 제33조 제1항). 그러므로 쟁의행위로 서의 파업이 언제나 업무방해죄에 해당하는 것으로 볼 것은 아니고, 전후 사정과 경위 등에 비추어 사용자가 예측할 수 없는 시기에 전격적으로 이루어져 사용자 의 사업운영에 심대한 혼란 내지 막대한 손해를 초래하는 등으로 사용자의 사업 계속에 관한 자유의사가 제압·혼란될 수 있다고 평가할 수 있는 경우에 비로소 그 집단적 노무제공의 거부가 위력에 해당하여 업무방해죄가 성립한다고 봄이 상 당하다."라고 판시했다.

위와 같은 전원합의체 판결의 다수의견은 과거에 비해 위력의 개념을 제한적으 로 해석하였다는 점에서는 의미가 있다고 평가된다. 그렇지만 위 판결의 반대의 견은 단순 파업은 근본적으로 근로자측의 채무불이행과 다를 바 없으므로 이를 위력의 개념에 포함시키는 것은 죄형법정주의의 관점에서, 부당하고 다수의견이 제시하는 위력의 해당 여부에 관한 판단 기준에 의하더라도 과연 어떠한 경우를 파업이 전격적으로 이루어졌다고 볼 수 있을 것인지, 어느 범위까지를 심대한 혼

---

76) 대법원 2011. 3. 17. 선고 2007도482 전원합의체 판결.

란 또는 막대한 손해로 구분할 수 있을 것인지 반드시 명백한 것이 아니라는 비판적 견해를 제시했다.

## Ⅲ. 사안의 적용

### 1. 정당성을 상실한 파업을 적극적으로 지시·주도한 조합 간부의 민사책임

A노동조합은 A회사에 2017. 2. 1. 체결한 단체협약의 이행을 요구하면서 회사에 출근하지 아니한 채 택시 운행을 거부하는 파업에 돌입하였는데 이 과정에서 파업찬반투표를 거치지 아니하여 파업의 정당성을 상실하였다. A노동조합은 A회사에 사전통지하지 않은 채 갑자기 파업을 개시하였고, A회사는 파업으로 인하여 막대한 영업손실을 입었다.

앞서 살펴본 판례의 입장에 따르면 불법 쟁의행위를 기획·지시한 노동조합 간부는 노동조합과 함께 민법 제750조 불법행위 책임을 지게 되고, 노동조합 간부 개인의 손해배상책임과 노동조합 자체의 손해배상책임은 부진정 연대채무관계에 있다. 다만, 이 사안에서 사용자는 유효하게 존속하고 있는 단체협약을 이행하지 않았다는 점에서 불법쟁의행위에 원인을 제공하였다고 볼 사정이 있기 때문에 이러한 사용자의 과실을 손해배상액을 산정함에 있어 참작할 수 있을 것이다.

### 2. 정당성을 상실한 파업을 적극적으로 지시·주도한 조합 간부의 형사책임

이 사안에서 A노동조합의 파업 중 폭력이나 파괴행위 등 다른 형법상 죄책이 문제되는 점은 없었던 것으로 보이고, 다만 A노동조합은 파업 찬반투표의무를 이행하지 아니하여 파업의 정당성을 상실했다. 이 경우 파업을 적극적으로 지시·주도한 조합 간부에 대해서는 형법상 위력에 의한 업무방해죄 성립이 문제된다. A노동조합은 A회사에 사전통지하지 않은 채 갑자기 파업을 개시하였고, A회사는 파업으로 인하여 막대한 영업손실을 입었다. 이 경우 앞서 살펴본 대법원 전원합의체 판결 다수 입장에 따르면 사용자의 사업계속에 관한 자유의사가 제압·혼란될 수 있다고 평가할 수 있어 A노동조합의 집단적 노무제공 거부는 위력에 해당하므로 파업을 적극적으로 지시·주도한 조합 간부에 대해서는 형법 제314조 제1항에 따른 업무방해죄가 성립한다.

## Ⅳ. 결론

판례의 입장에 따르면 불법 쟁의행위를 기획·지시한 노동조합 간부는 노동조합과 함께 민법 제750조 불법행위 책임을 부담하게 되고, 형법 제314조 제1항에 따른 업무방해죄에 의한 형사책임을 부담하게 된다.

## 사례 15 쟁의행위의 목적 및 절차의 정당성, 준법투쟁

**[사례 15]**[77]

A회사는 상시 3,000명의 근로자를 사용하여 건설, 자동차, 조선 등의 산업에 필요한 기계류를 생산·판매하는 회사이다. B노동조합은 A회사의 근로자들로 구성된 기업별 노동조합이고, A회사 근로자가 가입하고 있는 다른 노동조합은 없다.

B노동조합은 2014. 2.경 정기 단체교섭을 시작하면서 업계 최고 수준인 15%의 임금인상안을 제시하였다. 그러나 A회사는 2014. 3.경 최근 계속되고 있는 경영위기를 극복하기 위하여 과감한 구조조정이 필요하다고 생각하여 전체 근로자의 10%를 감원하기로 방침을 정하였다. 이 소식을 접한 B노동조합은 2014. 4. 2. A회사에 임금 5% 인상과 함께 고용안정협약(정리해고 시 노동조합의 사전 동의 조항 포함) 체결을 연계하여 논의하자고 수정 제안하였다. 몇 차례의 교섭에서 서로의 의견 차이를 좁히지 못하자, B노동조합은 2014. 5. 15. 조합원 총회를 열어 사용자를 압박하기 위한 총력투쟁에 돌입하기로 하고 그 구체적 방법과 일정은 지도부에 일임하기로 결의하였다.

B노동조합의 조합원 중 200명은 2014. 6. 11.부터 6. 14.까지 지도부의 지도에 따라 평소보다 30분 늦은 9시(취업규칙상 업무의 시작 시각)에 출근하였고, 6. 15.에는 관행적으로 해오던 휴일근로를 거부하였다. 그럼에도 불구하고 사용자로부터 원하던 결과가 나오지 않자, B노동조합은 2014. 7. 1. 전체 조합원 2,500명 중 2,000명이 참여한 파업출정식에서 자유로운 토론을 거쳐 거수로써 참여 조합원 90%의 찬성을 얻은 후, 2014. 7. 14.부터 15일간 총파업을 단행하였다.

**〈질 문〉**

1. B노동조합이 2014. 7. 14.부터 15일간 행한 총파업은 그 목적과 절차(찬반투표 절차에 한함)에서 정당한가? (50점)
2. B노동조합의 조합원 200명이 2014. 6. 11.부터 4일간 행한 정시출근 및 2014. 6. 15.에 행한 휴일근로거부는 노동조합법상 쟁의행위에 해당하는가? (30점)

---

77) 2015년도 시행 제4회 변호사시험.

### 해 설

〈질문 1〉 B노동조합이 2014. 7. 14.부터 15일간 행한 총파업은 그 목적과 절차(찬반투표 절차
        에 한함)에서 정당한가? (50점)

## Ⅰ. 논점의 정리

노동조합법 제37조는 쟁의행위는 그 목적·방법 및 절차에 있어서 법령 기타
사회질서에 위반되어서는 아니 된다고 규정하고 있다. 판례에 따르면 쟁의행위는
주체, 목적, 시작 시기·절차, 수단·태양의 측면에서 정당해야 한다. 이 사안에서
는 특히 목적과 절차에서의 정당성이 문제된다.

첫째, 이 사안에서 B노동조합은 당초 15%의 임금인상안을 제시하였으나 회사
가 경영위기를 이유로 근로자 10% 감원 방침을 정하자 임금 5% 인상과 함께 고
용안정협약(정리해고 시 노동조합의 사전 동의 조항 포함)에 대하여 논의하자고 수정제
안 하였다. 이와 같이 쟁의행위를 통해 복수의 목적을 관철하려는 경우 쟁의행위
의 목적의 정당성은 어떻게 판단해야 하는지 검토되어야 한다.

둘째, 이 사안에서 B노동조합은 거수를 통해 조합원 90%의 찬성을 얻은 후 총
파업을 단행하였다. 노동조합법 제41조 제1항은 쟁의행위는 그 조합원의 직접·
비밀·무기명투표에 의한 조합원 과반수의 찬성으로 결정하지 아니하면 이를 행
할 수 없다고 규정하고 있는바, 이러한 투표를 거치지 않고 거수를 통해 파업을
결정한 경우 쟁의행위의 절차적 정당성이 인정되는지 여부가 검토되어야 한다.

## Ⅱ. 관련 법리

### 1. 쟁의행위의 정당성 판단기준

판례에 따르면 쟁의행위의 정당성은 그 주체, 목적, 시작 시기·절차, 수단·태
양의 측면에서 검토되어야 한다. 즉, 그 주체가 단체교섭의 주체가 될 수 있는
자이어야 하고, 그 목적이 근로조건의 향상을 위한 노사 간의 자치적 교섭을 조성
하기 위한 것이어야 하며, 그 시기는 사용자가 근로자의 근로조건 개선에 관한
구체적인 요구에 대하여 단체교섭을 거부하거나 단체교섭의 자리에서 그러한 요

구를 거부하는 회답을 했을 때 시작하되 특별한 사정이 없는 한 조합원의 찬성결정을 법령으로 정하는 절차를 밟아야 하고, 그 수단과 방법이 사용자의 재산권과 조화를 이루어야 함은 물론 폭력의 행사에 해당되지 않아야 한다.[78]

## 2. 쟁의행위의 목적의 정당성이 문제되는 경우

### (1) 정리해고, 구조조정 반대를 목적으로 하는 경우

쟁의행위가 정당성을 갖추기 위해서는 그 목적이 근로조건의 향상을 위한 노사 간의 자치적 교섭을 조성하기 위한 것이어야 하고 쟁의행위에 의하여 달성하려는 요구사항은 단체교섭사항이 될 수 있는 것이어야 한다. 판례는 정리해고, 구조조정 등의 실시 여부는 원칙적으로 교섭사항이 될 수 없고 특별한 사정이 없는 한 실질적으로 정리해고나 구조조정 등을 반대하기 위한 쟁의행위는 그 목적의 정당성이 인정되지 않는다는 입장을 취하고 있다.[79]

여기서 '실질적으로' 그 실시를 반대한다고 함은 비록 형식적으로는 민영화 등 구조조정을 수용한다고 하면서도 결과적으로 구조조정의 목적을 달성할 수 없게 하는 요구조건을 내세움으로써 실질적으로 구조조정의 반대와 같이 볼 수 있는 경우도 포함된다고 한다.[80]

### (2) 노동조합의 요구가 과다하거나 무리한 경우

한편, 노동조합의 요구가 사용자가 수용할 수 없을 정도로 과다하거나 무리한 경우라 하더라도 그러한 요구는 교섭단계에서 조정 가능한 문제이므로 그러한 요구가 있었다는 것만으로 쟁의행위의 목적이 부당하다고 해석될 수는 없다는 것이 판례의 입장이다.[81]

### (3) 쟁의행위를 통해 복수의 목적을 관철하려는 경우

하나의 쟁의행위를 통하여 성질을 달리하는 복수의 목적을 관철하려는 경우 어느 쪽 목적에 대하여 정당성 판단을 할 것인가가 문제된다. 이러한 경우 판례의 입장은 그 쟁의행위의 주된 목적 내지 진정한 목적, 즉, 객관적으로 그 목적이

---

78) 대법원 2001. 10. 25. 선고 99도4837 전원합의체 판결.
79) 대법원 2002. 2. 26. 선고 99도5380 판결; 대법원 2006. 5. 12. 선고 2002도3450 판결 등 다수.
80) 대법원 2006. 5. 12. 선고 2002도3450 판결.
81) 대법원 2000. 5. 26. 선고 98다34441 판결.

없었더라면 그 쟁의행위를 하지 않았을 것이라고 인정되는 목적을 대상으로 그 정당성 여부를 판단하여야 한다는 것이다. 만일 노조의 부당한 요구사항을 뺐더라면 쟁의행위를 하지 않았을 것이라고 인정되는 경우에는 그 쟁의행위 전체가 정당성을 갖지 못한다고 한다.[82]

## 3. 쟁의행위의 절차의 정당성

쟁의행위의 절차적 정당성과 관련하여서는 특히 파업 찬반투표 절차가 문제된다. 노동조합법 제41조 제1항 소정의 조합원 찬반투표를 거치지 않은 쟁의행위의 정당성이 인정되는지 여부에 관하여 판례는 특별한 사정이 없는 한 조합원의 찬성결정을 법령으로 정하는 절차를 밟아야 정당성이 인정된다고 하고 있다.

조합원 찬반투표를 거치지 않은 쟁의행위의 정당성이 문제된 사건에 관한 대법원 전원합의체 판결의 다수의견에 따르면, 쟁의행위를 함에 있어 조합원의 직접 · 비밀 · 무기명투표에 의한 찬성결정이라는 절차를 거쳐야 한다는 규정은 노동조합의 자주적이고 민주적인 운영을 도모함과 아울러 쟁의행위에 참가한 근로자들이 사후에 그 쟁의행위의 정당성 유무와 관련하여 어떠한 불이익을 당하지 않도록 그 개시에 관한 조합의사의 결정에 보다 신중을 기하기 위하여 마련된 규정이므로 위의 절차를 위반한 쟁의행위는 그 절차를 따를 수 없는 객관적인 사정이 인정되지 아니하는 한 정당성이 상실된다고 보았다.[83]

또한 위 다수의견에 따르면 노동조합법 소정의 투표절차를 거치지 아니한 경우에도 조합원의 민주적 의사결정이 실질적으로 확보된 때에는 단지 노동조합 내부의 의사형성 과정에 결함이 있는 정도에 불과하다고 하여 쟁의행위의 정당성이 상실되지 않는 것으로 해석한다면 위임에 의한 대리투표, 공개결의나 사후결의, 사실상의 찬성간주 등의 방법이 용인되는 결과가 되어 그와 같은 견해를 취하는 것은 노동조합법상 관계 규정과 기존 대법원의 판례취지에 반하는 것이라고 설시하였다.

한편, 위 대법원 전원합의체 판결의 반대의견은 조합원의 찬 · 반투표에 관한 다수의견의 견해가 노동조합이나 근로자들에게 쟁의행위로 인한 손해배상책임을 묻거나 쟁의행위에 참가한 근로자들의 징계책임을 묻는 민사사건 내지는 행정사

---

82) 대법원 1992. 1. 21. 선고 91누5204 판결; 대법원 2002. 2. 26. 선고 99도5380 판결 등.
83) 대법원 2001. 10. 25. 선고 99도4837 전원합의체 판결.

건에 있어서의 쟁의행위의 정당성에 관한 법리로는 일반적으로 타당한 견해이지만, 쟁의행위에 참가한 근로자들에게 업무방해죄라는 형사책임을 묻는 형사사건에 있어서는 반드시 그와 같은 법리를 따라야 하는 것이라고는 할 수 없다는 입장을 밝혔다.

## Ⅲ. 사안의 적용

### 1. 파업의 목적의 정당성 관련

이 사안에서 B노동조합은 임금 5% 인상과 고용안정협약(정리해고시 노동조합의 사전동의 조항 포함) 체결을 연계하여 논의하자고 제안하여 사용자와 몇 차례 교섭을 하였으나 의견 차이를 좁히지 못하자 결국 총파업을 단행하게 되었다. 따라서 B노동조합이 파업을 통해 관철하고자 하는 목적은 임금인상에 관한 사항과 정리해고시 노조의 동의를 받도록 하는 내용을 포함하는 고용안정협약 체결에 관한 사항이다. 따라서 두 개의 목적 중 어느 목적이 주된 목적 내지 진정한 목적인지를 검토하여야 이 사안에서의 파업의 목적의 정당성을 판단할 수 있다.

임금 인상은 전형적인 근로조건 개선에 해당되는 사항이므로 이를 주장하는 파업의 목적의 정당성은 당연히 인정된다. 문제는 정리해고 시 노조의 동의를 받도록 하는 고용안정협약 체결에 관한 사항이 노조의 구조조정 반대를 목적으로 하는 것인지, 또한 그러한 목적을 이 사안에서 문제된 파업의 주된 목적으로 볼 수 있는지 여부이다. 만일 임금 인상이 주된 목적이라면 파업은 전체적으로 정당성이 인정될 것이지만, 구조조정 반대가 주된 목적이라면 파업은 전체적으로 정당하지 못하게 된다.

앞서 살펴본 판례 법리에 따르면 노동조합이 실질적으로 구조조정 실시를 반대한다는 것의 의미는 형식적으로는 구조조정을 수용하면서도 사용자가 수용하기 힘든 요구사항을 주장하여 결과적으로 구조조정의 목적을 달성할 수 없게 하는 요구조건을 내세우는 경우도 포함된다. 예를 들어 파업 전부터 지속적으로 민영화를 주장하다가 파업 과정에서는 민영화 추진을 전제로 하되 사용자가 수용하기 힘든 과도한 명예퇴직금 상향조정 등을 주장한 경우, 이는 실질적으로 민영화 반대를 목적으로 하는 파업이기 때문에 정당성이 인정되지 않는다고 본 판례가 있다.[84] 즉, 노동조합이 사용자가 수용하기 힘든 주장을 한 것은 그 주장 자체에 목적이 있다기 보다는 실질적으로 구조조정 반대를 위한 수단으로 사용된 것이다.

그러나 다른 한편으로 판례는 노동조합의 요구가 과다하거나 무리하다는 이유만으로 쟁의행위의 목적의 정당성이 부정되지는 않는다는 입장도 밝힌바 있다. 이러한 입장을 밝힌 판례의 사실관계를 살펴보면 공무원이 아닌 근로자들이 지속적으로 임금인상 등 근로조건 개선을 주장하며 진지한 교섭을 장기간 해오다가 쟁의행위가 진행되는 과정에서 임금인상과 더불어 공무원으로의 신분 전환을 주장한 경우, 공무원 신분 전환은 사용자로서는 수용할 수 없는 과다한 주장이기는 하지만 이는 주된 목적이 아니고, 오히려 임금 인상 등이 주된 목적이기 때문에 정당성이 인정된다고 보았다.[85]

따라서 이 사안에서 B노동조합이 고용안정협약 체결을 요구하고 있다 하더라도 노조가 실질적으로 파업을 통해 관철하고자 하는 주된 목적이 임금인상인지, 아니면 구조조정 실시 반대 그 자체인지를 판단해야 한다.

이 사안에서 B노동조합은 회사가 구조조정을 계획하기 이전부터 시작된 단체교섭에서 업계 최고 수준인 15%의 임금인상안을 제시하였고, 단체교섭이 시작된지 한 달 정도 지난 후 회사가 구조조정 방침을 정했다는 소식을 듣자 임금 인상 수준을 5%로 낮추면서 고용안정협약 체결을 함께 제시하였다. B노동조합은 임금인상에 대하여 지속적으로 진지하게 주장해 왔다고 볼 수 있고, 이는 파업의 주된 목적이라고 판단된다. 임금인상과 고용안정협약 체결이 사용자로서는 수용할 수 없는 과다한 주장이라고 하더라도 이는 임금인상에 대한 교섭 과정에서 조정할 수 있는 문제라고 할 것이다. 또한 B노동조합이 실질적으로 감원 등 구조조정 실시 반대 그 자체를 파업의 목적으로 하였다는 정황은 사실관계에 나타나 있지 않다. 따라서 이 사안에서의 파업은 전체적으로 목적의 정당성이 인정된다고 판단된다.

## 2. 파업의 절차의 정당성 관련

B노동조합은 조합원 2,500명 중 2,000명이 참가한 파업출정식에서 자유로운 토론을 거쳐 거수로써 참여 조합원 90%의 찬성을 얻어 파업을 결정하였다. 따라서

84) 대법원 2006. 5. 12. 선고 2002도3450 판결.
85) 대법원 1992. 1. 21. 선고 91누5204 판결.

일응 조합원들의 민주적 의사결정이 실질적으로 확보되었다고 볼 여지도 있다.

그러나 앞서 살펴본 대법원 전원합의체 판결의 다수의견은 조합원의 민주적 의사결정이 실질적으로 확보되었다고 하여 조합원의 직접·비밀·무기명 투표를 거치지 아니한 파업의 정당성을 인정한다면 대리투표나 공개결의 등이 용인되는 결과가 되어 타당하지 못하다고 하면서 노동조합법 제41조 소정의 형식에 의한 찬반투표 없이 행해진 파업은 그 정당성이 인정되지 않는다고 한다. 이러한 입장에 따라 해석하면 노동조합법 소정의 형식을 갖춘 찬반투표 없이 행해진 이 사안에서의 파업은 절차에 있어서 정당성이 인정되지 않는다.

## Ⅳ. 결론

### 1. 파업의 목적의 정당성

B노동조합은 회사가 구조조정을 계획하기 이전부터 시작된 단체교섭에서 임금인상을 주장해 왔고, 회사가 구조조정 방침을 정했다는 소식을 듣자 임금 인상 수준을 낮추면서 고용안정협약 체결을 함께 제시하였다. B노동조합은 임금인상에 대하여 지속적으로 진지하게 주장해 왔다고 볼 수 있고, 이는 파업의 주된 목적이라고 판단된다. 임금인상과 고용안정협약 체결이 사용자로서는 수용할 수 없는 과다한 주장이라고 하더라도 이는 임금인상에 대한 교섭 과정에서 조정할 수 있는 문제라고 할 것이다. 따라서 이 사안에서의 파업은 전체적으로 목적의 정당성이 인정된다.

### 2. 파업의 절차의 정당성

대법원 전원합의체 판결의 다수의견에 따르면 노동조합법 제41조 소정의 형식에 의한 찬반투표 없이 행해진 파업은 그 정당성이 인정되지 않는다. 이러한 입장에 따라 해석하면 이 사안에서의 파업은 절차에 있어서 정당성이 인정되지 않는다.

〈질문 2〉 B노동조합의 조합원 200명이 2014. 6. 11.부터 4일간 행한 정시출근 및 2014. 6. 15.에 행한 휴일근로거부는 「노동조합 및 노동관계조정법」상 쟁의행위에 해당하는 가? (30점)

## Ⅰ. 논점의 정리

이 사안에서 B노동조합은 단체교섭 과정에서 노사 간의 의견 차이를 좁히지 못하자 조합원 총회를 통해 총력투쟁에 돌입하기로 하고 그 구체적 방법과 일정 은 지도부에 일임하기로 결의한 후, 지도부의 지도에 따라 200명의 조합원이 정 시출근 및 휴일근로거부를 하였다. 평소에 취업규칙상 업무 시작 시각보다 30분 일찍 출근하던 것과 달리 정시에 출근하는 행위와 관행적으로 해오던 휴일근로를 거부하는 행위가 쟁의행위에 해당되는지 여부와 관련하여서는 이른바 준법투쟁 이 쟁의행위에 해당되는지 여부가 문제된다.

## Ⅱ. 관련 법리

### 1. 준법투쟁의 의의

준법투쟁이라 함은 근로자들이 그 주장을 관철하기 위하여 집단적으로 법령이 나 취업규칙 등의 규정을 평소보다 철저히 준수하는 것을 말한다. 예를 들어 안 전·보건에 관한 법규를 철저히 준수하는 '안전투쟁'이나 근로시간 또는 휴가 등 에 관한 근로자 개인의 권리를 집단적으로 동시에 행사하게 하는 '권리행사투쟁' 등이 포함된다.

### 2. 준법투쟁의 쟁의행위 해당 여부

노동조합법 제2조 제6호에 따르면 쟁의행위는 노동관계 당사자가 그 주장을 관 철할 목적으로 행하는 행위로서 업무의 정상적인 운영을 저해하는 행위를 말한 다. 준법투쟁이 쟁의행위에 해당되는지 여부에 관해서는 견해의 대립이 있다.

먼저 사실정상설에 따르면 준법투쟁은 사용자가 평소 사실상 하던 업무운영을 방해하는 것이므로 그 업무의 적법 여부에 관계없이 쟁의행위에 해당된다고 한 다. 이는 법령, 단체협약, 취업규칙 등에 정해진 바에 따라 적법하게 운영하는 것을 업무의 정상적 운영으로 보는 것이 아니라 적법 여부에 관계없이 사실상 평상시의 운영이 업무의 정상적 운영이라고 보는 것이다. 이에 비하여 법률정상설은 준법투쟁으로 방해받은 사용자의 업무운영이 적법한 것인지 여부에 따라 쟁의행위인지 여부가 결정된다고 한다.[86]

판례는 사실정상설에 입각하여 판단하고 있다. 예컨대 판례는 평소에 관행적으로 하던 휴일근로나 연장근로를 집단적으로 거부하는 경우,[87] 연차유급휴가를 일제히 사용하는 경우,[88] 평소 오전 9시 이전에 출근하여 업무준비를 해왔으나 집단적으로 9시 정각에 출근한 경우[89] 등이 모두 쟁의행위에 해당된다고 판단하였다.

## Ⅲ. 사안의 적용

이 사안에서 B노동조합의 조합원 200명은 단체교섭에서 사용자를 압박하기 위한 목적으로 지도부의 지도에 따라 9시 정시출근 및 휴일근로거부를 하였다. 따라서 노동조합이 주장을 관철할 목적으로 준법투쟁을 행하였다는 점은 인정되고, 이로 인해 업무의 정상적 운영이 저해되었는지 여부를 검토해야 한다.

판례는 이른바 사실정상설의 입장에서 준법투쟁이 쟁의행위에 해당된다고 판단하고 있다. 먼저 이 사안에서 조합원 200명은 4일간 오전 9시 정각에 출근하였는데 이처럼 평소에 취업규칙상의 업무 시작 시각보다 30분 일찍 출근하였던 것과 달리 30분 늦게 출근한 것은 판례에 따르면 평상시의 사실상 하던 업무의 정상적 운영을 저해하는 것이고, 취업규칙상 업무 시작 시각이 9시로 정해져 있다는 점은 문제되지 않는다.

다음으로 200명의 조합원이 관행적으로 해오던 휴일근로를 거부한 것 역시 판례에 따르면 평상시의 사실상 하던 정상적 업무운영을 저해하는 것이다. 이 사안의 경우 사실관계에 따르면 휴일근로를 관행적으로 해왔다는 점에 비추어 볼 때 근로자와의 별도의 합의 없이 운영되어 온 것으로 보인다. 그러나 휴일근로가 적법하게 운영되어 온 것인지 여부는 판례의 입장에 따르면 역시 문제되지 않는다.

따라서 판례 법리에 따라 해석하면 이 사안에서 조합원 200명이 9시 정각에

---

86) 임종률·김홍영, 앞의 책, 186~187쪽.
87) 대법원 1991. 7. 9. 선고 91도1051 판결; 대법원 1991. 10. 22. 선고 91도600 판결 등.
88) 대법원 1991. 12. 24. 선고 91도2323 판결.
89) 대법원 1996. 5. 10. 선고 96도419 판결.

출근하고 휴일근로를 거부한 것은 노동조합법상 쟁의행위에 해당된다.

## Ⅳ. 결론

이 사안에서 조합원 200명은 단체교섭에서 사용자를 압박하기 위한 목적으로 지도부의 지도에 따라 9시 정시출근 및 휴일근로거부를 하였으므로 노동조합의 주장을 관철할 목적으로 이러한 행위를 행하였다는 점이 인정되고, 판례의 입장에 따르면 이러한 행위는 사용자가 평소 사실상 하던 정상적 업무운영을 저해하는 것으로 해석된다. 따라서 이 사안에서 조합원 200명이 정시출근 및 휴일근로를 거부한 것은 노동조합법상 쟁의행위에 해당된다.

## 사례 16 준법투쟁, 부당노동행위(사용자의 언론과 지배·개입)

**[사례 16]**[90]

A회사는 상시 근로자 100명을 사용하여 자동차부품 제조업을 하는 회사이다. A회사에는 적법한 설립신고절차를 거쳐 설립된 기업별 노동조합인 甲노동조합이 활동하고 있었다. 甲노동조합은 임금인상을 요구하며 A회사와 단체교섭을 진행하면서 A회사를 압박하고자 통상적으로 해 오던 연장근로를 집단적으로 거부할 것을 조합원들에게 지시하였고 조합원들은 이에 따라 연장근로를 거부하였다. 그 여파로 인해 A회사는 부품납품을 적기에 하지 못하였다. 그러자 A회사는 다음과 같은 내용의 입장문을 사내 게시판에 게시하였다.

---
**【입장문】**
친애하는 직원 여러분! 지역경제가 위기에 처해 있는 상황에서 과도한 임금인상을 요구하는 노동조합의 행위는 회사의 경영을 악화시키고 이에 대한 지역사회의 비판을 면하기 어렵습니다. 지금은 노사가 대립할 때가 아니라 더욱 힘을 합쳐 어려운 시기를 헤쳐 나가야 할 때입니다.

---

### <질 문>

1. A회사는 부품의 납품 지연으로 인하여 손해가 발생하였음을 이유로 연장근로 거부를 주도한 甲노동조합의 집행부 3명에 대하여 징계절차를 진행하였다. 위 3명은 연장근로 거부가 정당한 행위라고 주장한다. 이 주장의 타당성을 검토하시오. (40점)
2. 甲노동조합은, A회사의 입장문이 노동조합의 활동을 위축시키는 부당노동행위라고 주장한다. 甲노동조합 주장의 타당성을 검토하시오. (40점)

## 해 설

〈질문 1〉 A회사는 부품의 납품 지연으로 인하여 손해가 발생하였음을 이유로 연장근로 거부를 주도한 甲노동조합의 집행부 3명에 대하여 징계절차를 진행하였다. 위 3명은 연장근로 거부가 정당한 행위라고 주장한다. 이 주장의 타당성을 검토하시오. (40점)

---

90) 2020년도 시행 제9회 변호사시험.

## Ⅰ. 논점의 정리

甲노동조합은 임금인상을 요구하며 A회사와 단체교섭을 진행하면서 A회사를 압박하고자 통상적으로 해 오던 연장근로를 집단적으로 거부할 것을 조합원들에게 지시하였고 조합원들은 이에 따라 연장근로를 거부하였다. 그 여파로 인해 A회사는 부품납품을 적기에 하지 못하였다. 이와 같은 연장근로 거부행위가 정당한 행위인지 여부를 검토하기 위해서는 이른바 준법투쟁이 쟁의행위에 해당되는지 여부 및 쟁의행위에 해당된다면 정당성이 인정되는지 여부를 검토해야 한다.

## Ⅱ. 관련 법리

### 1. 준법투쟁의 의의

준법투쟁이라 함은 근로자들이 그 주장을 관철하기 위하여 집단적으로 법령이나 취업규칙 등의 규정을 평소보다 철저히 준수하는 것을 말한다. 예를 들어 안전·보건에 관한 법규를 철저히 준수하는 '안전투쟁'이나 근로시간 또는 휴가 등에 관한 근로자 개인의 권리를 집단적으로 동시에 행사하게 하는 '권리행사투쟁' 등이 포함된다.

### 2. 준법투쟁의 쟁의행위 해당 여부

노동조합법 제2조 제6호에 따르면 쟁의행위는 노동관계 당사자가 그 주장을 관철할 목적으로 행하는 행위로서 업무의 정상적인 운영을 저해하는 행위를 말한다. 준법투쟁이 쟁의행위에 해당되는지 여부에 관해서는 견해의 대립이 있다.

먼저 사실정상설에 따르면 준법투쟁은 사용자가 평소 사실상 하던 업무운영을 방해하는 것이므로 그 업무의 적법 여부에 관계없이 쟁의행위에 해당된다고 한다. 이는 법령, 단체협약, 취업규칙 등에 정해진 바에 따라 적법하게 운영하는 것을 업무의 정상적 운영으로 보는 것이 아니라 적법 여부에 관계없이 사실상 평상시의 운영이 업무의 정상적 운영이라고 보는 것이다. 이에 비하여 법률정상설은 준법투쟁으로 방해받은 사용자의 업무운영이 적법한 것인지 여부에 따라 쟁의행위인지 여부가 결정된다고 한다.[91]

판례는 사실정상설에 입각하여 판단하고 있다. 예컨대 판례는 평소에 관행적으

로 하던 휴일근로나 연장근로를 집단적으로 거부하는 경우,[92] 연차유급휴가를 일
제히 사용하는 경우,[93] 평소 오전 9시 이전에 출근하여 업무준비를 해왔으나 집단
적으로 9시 정각에 출근한 경우[94] 등이 모두 쟁의행위에 해당된다고 판단하였다.

### 3. 쟁의행위의 정당성 판단

판례에 따르면 쟁의행위의 정당성은 그 주체, 목적, 시작 시기·절차, 수단·태
양의 측면에서 검토되어야 한다. 즉, 그 주체가 단체교섭의 주체가 될 수 있는
자이어야 하고, 그 목적이 근로조건의 향상을 위한 노사 간의 자치적 교섭을 조성
하기 위한 것이어야 하며, 그 시기는 사용자가 근로자의 근로조건 개선에 관한
구체적인 요구에 대하여 단체교섭을 거부하거나 단체교섭의 자리에서 그러한 요
구를 거부하는 회답을 했을 때 시작하되 특별한 사정이 없는 한 조합원의 찬성결
정을 법령으로 정하는 절차를 밟아야 하고, 그 수단과 방법이 사용자의 재산권과
조화를 이루어야 함은 물론 폭력의 행사에 해당되지 않아야 한다.[95]

## Ⅲ. 사안의 적용

甲노동조합은 임금인상을 요구하며 A회사와 단체교섭을 진행하면서 A회사를
압박하고자 통상적으로 해 오던 연장근로를 집단적으로 거부할 것을 조합원들에
게 지시하였고 조합원들은 이에 따라 연장근로를 거부하였다. 그 여파로 인해 A
회사는 부품납품을 적기에 하지 못하였다.

이처럼 집단적으로 연장근로를 거부한 것은 판례에 따르면 평상시의 사실상 하
던 정상적 업무운영을 저해하는 것으로 쟁의행위에 해당된다. 이 사안의 사실관계
에 따르면 연장근로를 통상적으로 해왔다는 점에 비추어 볼 때 최소한 노사당사자
간의 묵시적 합의가 있었던 것으로 보인다. 다만, 판례에 따르면 연장근로가 적법
하게 운영되어 온 것인지 여부는 문제되지 않는다.

쟁의행위의 정당성은 그 주체, 목적, 시작 시기·절차, 수단·태양의 측면에서

---

91) 임종률·김홍영, 앞의 책, 186~187쪽.
92) 대법원 1991. 7. 9. 선고 91도1051 판결; 대법원 1991. 10. 22. 선고 91도600 판결 등.
93) 대법원 1991. 12. 24. 선고 91도2323 판결.
94) 대법원 1996. 5. 10. 선고 96도419 판결.
95) 대법원 2001. 10. 25. 선고 99도4837 전원합의체 판결.

검토되어야 하고 이는 준법투쟁에 대해서도 마찬가지이다.[96] 먼저 주체의 측면에서는 적법한 설립신고절차를 거쳐 설립된 甲노동조합의 지시에 의해 이루어졌다는 점에서 정당성이 인정된다. 목적의 측면에서는 임금인상을 목적으로 한 것이기 때문에 근로조건의 개선을 위한 목적이었다는 점에서 정당성이 인정된다. 시기의 측면에서는 사용자가 단체교섭을 거부하거나 단체교섭의 자리에서 근로조건 개선 요구를 거부하는 회답을 했을 때 시작한 것인지 여부는 불명확하지만 단체교섭을 하는 과정에서 사용자를 압박하기 위해 실시했다는 점에 비추어 볼 때 시기의 정당성은 인정될 수 있을 것으로 보인다. 그 밖에 폭력이나 파괴행위가 있었다는 사실관계는 제시되고 있지 않기 때문에 수단과 방법 측면에서의 정당성이 인정된다고 할 것이다. 절차의 측면에서는 쟁의행위 실시를 위한 노동조합법 제41조 소정의 찬반투표가 있었는지 여부는 사실관계에서 제시되고 있지 않다. 쟁의행위 실시를 위한 조합원 찬반투표를 거치지 아니하였다면 대법원 판례의 입장에 따라 절차적 측면의 정당성이 부정된다. 그렇다면 연장근로 거부를 주도한 甲노동조합의 집행부 3명의 행위는 정당한 행위로 인정되지 않는다.

## Ⅳ. 결론

판례의 입장에 따르면 통상적으로 해 오던 연장근로를 집단적으로 거부하는 행위는 쟁의행위에 해당된다. 이 사안에서 집단적 연장근로 거부는 주체, 목적, 시작시기, 수단과 방법 측면에서의 정당성은 인정된다. 다만 쟁의행위 실시를 위한 찬반투표 절차를 거치지 아니하였다면 절차적 측면의 정당성이 부정될 것이고, 연장근로 거부를 주도한 甲노동조합의 집행부 3명의 행위는 정당한 행위로 인정되지 않기 때문에 甲노동조합의 집행부 3명의 주장은 타당하지 않다.

---

96) 대법원 1994. 2. 22. 선고 92누11176 판결.

〈질문 2〉 甲노동조합은, A회사의 입장문이 노동조합의 활동을 위축시키는 부당노동행위라
고 주장한다. 甲노동조합 주장의 타당성을 검토하시오. (40점)

## Ⅰ. 논점의 정리

사용자가 노동조합의 존립이나 활동에 관하여 연설이나 게시문 등을 통해 의견
표명을 하는 것은 경우에 따라 노동조합법 제81조 제1항 제4호에서 금지하고 있
는 지배·개입의 부당노동행위에 해당된다. 이 사안에서는 A회사가 사내 게시판
에 게시한 입장문을 통해 회사의 입장을 밝힌 것이 지배·개입의 부당노동행위에
해당되는지 여부가 검토되어야 한다.

## Ⅱ. 관련 법리

노동조합법 제81조 제1항 제4호는 근로자가 노동조합을 조직 또는 운영하는
것을 지배하거나 이에 개입하는 행위를 부당노동행위로 금지하고 있다. 일반적으
로 보복이나 폭력의 위협 등을 내용으로 하는 발언은 지배·개입으로 인정되기
쉬운 반면, 단순히 역사적 사실이나 향후 사태의 전망을 내용으로 하거나 자숙과
협력을 호소하는 발언은 지배·개입으로 인정되기 어렵다.[97]

판례에 따르면 사용자가 연설, 사내방송, 게시문, 서한 등을 통하여 의견을 표
명하는 경우 그 표명된 의견의 내용과 함께 그것이 행하여진 상황, 시점, 장소,
방법 및 그것이 노동조합의 운영이나 활동에 미치거나 미칠 수 있는 영향 등을
종합하여 노동조합의 조직이나 운영 및 활동을 지배하거나 이에 개입하는 의사가
인정된다면 노동조합법 제81조 제1항 제4호에 규정된 '근로자가 노동조합을 조직
또는 운영하는 것을 지배하거나 이에 개입하는 행위'로서 부당노동행위가 성립하
고, 또 그 지배·개입으로서의 부당노동행위의 성립에 반드시 근로자의 단결권의
침해라는 결과의 발생까지 요하는 것은 아니다.[98]

한편, 판례는 사용자 또한 자신의 의견을 표명할 수 있는 자유를 가지고 있으므
로, 사용자가 노동조합의 활동에 대하여 단순히 비판적 견해를 표명하거나 근로

---

97) 임종률·김홍영, 앞의 책, 292쪽.
98) 대법원 2006. 9. 8. 선고 2006도388 판결; 대법원 2013. 1. 10. 선고 2011도15497 판결.

자를 상대로 집단적인 설명회 등을 개최하여 회사의 경영상황 및 정책방향 등 입장을 설명하고 이해를 구하는 행위 또는 비록 파업이 예정된 상황이라 하더라도 그 파업의 정당성과 적법성 여부 및 파업이 회사나 근로자에 미치는 영향 등을 설명하는 행위는 거기에 징계 등 불이익의 위협 또는 이익제공의 약속 등이 포함되어 있거나 다른 지배·개입의 정황 등 노동조합의 자주성을 해칠 수 있는 요소가 연관되어 있지 않는 한, 사용자에게 노동조합의 조직이나 운영 및 활동을 지배하거나 이에 개입하는 의사가 있다고 가볍게 단정할 것은 아니라고 한다.[99]

## Ⅲ. 사안의 적용

이 사안에서는 A회사가 "친애하는 직원 여러분! 지역경제가 위기에 처해 있는 상황에서 과도한 임금인상을 요구하는 노동조합의 행위는 회사의 경영을 악화시키고 이에 대한 지역사회의 비판을 면하기 어렵습니다. 지금은 노사가 대립할 때가 아니라 더욱 힘을 합쳐 어려운 시기를 헤쳐 나가야 할 때입니다."라는 입장문을 사내 게시판에 게시한 것이 문제된다.

위 입장문에는 지역경제 상황이 위기에 처해 있다는 점, 그러한 상황에서 노동조합이 과도한 임금인상 요구를 하게 되면 회사의 경영을 악화시키고 지역 사회의 비판을 받게 될 것이라는 향후 전망에 대한 내용, 노사 협력을 호소하는 내용이라는 점에서 지배·개입의 부당노동행위로 인정하기는 어려울 것이다. 또한 앞서 살펴본 판례의 입장에 따르면 이처럼 임금인상 요구가 회사에 미치는 영향을 사용자가 설명하는 것은 징계 등 불이익의 위협 또는 이익제공의 약속 등이 포함되어 있거나 다른 지배·개입의 정황 등 노동조합의 자주성을 해칠 수 있는 요소가 연관되어 있지 않는 한 지배개입의 의사가 있다고 단정하기 어렵다고 할 것이다.

## Ⅳ. 결론

A회사의 입장문의 내용은 향후 전망 및 노사 협력을 호소하는 내용이라는 점에서 A회사의 입장문 게시를 지배·개입의 부당노동행위로 인정하기는 어려울 것

---

99) 대법원 2013. 1. 10. 선고 2011도15497 판결.

이다. 따라서 A회사의 입장문이 노동조합의 활동을 위축시키는 부당노동행위라
고 하는 甲노동조합 주장은 타당하지 않다.

---

**사례 17** 대체근로금지, 단체협약의 유효기간 만료와 규범적 부분의 효력

---

**[사례 17]**[100]

A회사(이하 '회사'라 함)는 상시 근로자 300명을 고용하여 자동차 부품을 생산하고 있다. 회사에는 1개의 노동조합(이하 '노동조합'이라 함)이 있다. 甲은 2010. 1. 1. 회사에 입사하자마자 바로 노동조합에 가입하여 열성적으로 노동운동을 하고 있다.

회사와 노동조합은 2016. 3. 1. 단체협약을 체결하였으나 유효기간에 대하여는 아무런 규정을 두지 아니하였다. 위 단체협약에는 "회사는 쟁의행위 기간 중에는 조합원에 대한 징계를 할 수 없다."라는 내용이 있다. 노동조합은 임금 인상을 주된 내용으로 하는 새로운 단체협약을 체결하기 위하여 2018. 1. 1.부터 회사와 교섭을 하였으나 새로운 단체협약을 체결하지 못하였다.

이에 노동조합은 2018. 9. 1. 회사에 대한 압박 수단으로 적법한 절차에 따라 2018. 10. 1.부터 전면 파업을 한다는 내용의 쟁의행위를 결의하였다. 노동조합이 쟁의행위를 결의하자 회사는 2018. 9. 15.부터 2018. 9. 30.까지 생산직 근로자 50명을 채용하였다. 회사는 정년·퇴사 등으로 자연 감소된 인원 10명을 신규 채용할 필요성은 있었으나 그 외 40명을 추가로 신규 채용해야 할 경영상 필요성은 없었다.

노동조합이 2018. 10. 1. 전면 파업에 들어가자 회사는 파업에 참여하는 근로자가 수행하였던 업무에 신규 채용한 근로자 50명을 바로 투입하였다.

한편 甲은 신규 채용된 근로자 50명이 생산현장에 투입되자 흥분하여 2018. 10. 2. 회사의 생산기계를 파괴하는 개인적인 일탈 행위를 하였다. 회사는 단체협약의 효력이 상실되었다고 주장하면서 쟁의행위가 진행 중인 2018. 10. 10. 甲을 징계 해고하였다.

**<질 문>**

1. 회사가 파업 이전에 근로자를 채용하고 노동조합이 파업에 돌입하자 즉시 신규 채용한 근로자 50명을 생산현장에 투입한 행위는 노동조합법의 규정에 위반되는가?(파업은 실체적·절차적으로 정당한 것으로 가정함) (30점)

> 2. 쟁의행위 기간 중에 甲을 징계 해고한 회사의 행위는 정당한가?(해고의 예고 및
> 　 실체적 정당성은 논외로 함) (50점)

## 해 설

〈질문 1〉 회사가 파업 이전에 근로자를 채용하고 노동조합이 파업에 돌입하자 즉시 신규 채
　　　　 용한 근로자 50명을 생산현장에 투입한 행위는 노동조합법의 규정에 위반되는가?
　　　　 (파업은 실체적·절차적으로 정당한 것으로 가정함) (30점)

### Ⅰ. 논점의 정리

　노동조합법 제43조 제1항에 따르면 사용자는 쟁의행위 기간중 그 쟁의행위로
중단된 업무의 수행을 위하여 당해 사업과 관계없는 자를 채용 또는 대체할 수
없다. 이 사안에서는 회사가 파업 이전에 근로자를 채용하고 노동조합이 파업에
돌입하자 즉시 신규 채용한 근로자 50명을 생산현장에 투입했다. 이와 같이 사용
자가 파업 전에 신규채용한 근로자를 파업기간에는 파업으로 중단된 업무를 수행
하도록 한 경우, 노동조합법 제43조에 따른 대체근로 금지 조항에 위반되는지 여
부가 검토되어야 한다.

### Ⅱ. 관련 법리

　노동조합법 제43조 제1항은 쟁의행위 기간 중 그 쟁의행위로 중단된 업무의 수
행을 위하여 당해 사업과 관계없는 자를 채용 또는 대체하는 것을 금지하고 있는
데, 판례에 따르면 쟁의행위기간 중이라도 사용자는 사업의 운영을 계속할 자유
를 갖기 때문에 쟁의행위와 무관한 당해 사업의 근로자를 사용하여 쟁의행위로
중단된 업무를 수행하게 하는 것은 가능하다. 그러나 노동조합법 제43조 제1항은
노동조합의 쟁의행위권을 보장하기 위한 것으로서 쟁의행위권의 침해를 목적으
로 하지 않는 사용자의 정당한 인사권 행사까지 제한하는 것은 아니므로, 자연감

---

100) 2019년도 시행 제8회 변호사시험.

소에 따른 인원충원 등 쟁의행위와 무관하게 이루어지는 신규채용은 쟁의행위 기간 중이라 하더라도 가능하다. 판례는 결원충원을 위한 신규채용 등이 위 조항 위반인지 여부는 표면상의 이유만으로 판단할 것이 아니라 종래의 인력충원 과정·절차 및 시기, 인력부족 규모, 결원 발생시기 및 그 이후 조치내용, 쟁의행위 기간 중 채용의 필요성, 신규채용 인력의 투입시기 등을 종합적으로 고려하여 판단하여야 한다고 판시하고 있다.[101]

또한 판례에 따르면 쟁의행위 개시 이전에 채용하였더라도 대체근로금지 위반이 될 수 있다. 즉, 사용자가 노동조합이 쟁의행위를 시작하기 전에 근로자를 새로 채용하였다 하더라도 쟁의행위기간 중 쟁의행위에 참가한 근로자들의 업무를 수행케 하기 위하여 그 채용이 이루어졌고 그 채용한 근로자들로 하여금 쟁의행위기간 중 쟁의행위에 참가한 근로자들의 업무를 수행케 하였다면 대체근로금지 위반에 해당된다. 예를 들어 노조가 회사와 행정관청 및 노동위원회에 노동쟁의가 발생하였음을 신고한 날 이틀 후부터 약 15일간 사용자에 의해 신규채용이 이루어진 직후에 파업이 시작되었고 파업이 시작된 날부터 위 신규채용 근로자들에게 파업으로 중단된 업무를 하도록 한 것이 문제된 사건에서 대법원은 대체근로금지에 위반된다고 판단하였다.[102]

## Ⅲ. 사안의 적용

이 사안에서 노동조합이 쟁의행위를 결의하자 회사는 2018. 9. 15.부터 2018. 9. 30.까지 생산직 근로자 50명을 채용하였다. 회사는 정년·퇴사 등으로 자연 감소된 인원 10명을 신규 채용할 필요성은 있었으나 그 외 40명을 추가로 신규 채용해야 할 경영상 필요성은 없었다. 그리고 노동조합이 2018. 10. 1. 전면 파업에 들어가자 회사는 파업에 참여하는 근로자가 수행하였던 업무에 신규 채용한 근로자 50명을 바로 투입하였다.

앞서 살펴본 대법원 판례에 따르면 자연 감소된 인원을 충원하기 위한 신규채용은 파업기간 중에도 가능하다. 따라서 자연 감소 인원 충원을 위한 10명의 신규채용은 노동조합법 제43조 제1항에 위반되지 않는다.

---

101) 대법원 2008. 11. 13. 선고 2008도4831 판결.
102) 대법원 2000. 11. 28. 선고 99도317 판결.

그렇지만 나머지 40명 신규채용의 경우, A회사가 비록 파업 실시 전에 신규채용을 하였지만 노동조합이 쟁의행위를 결의하자 채용한 것이고, 파업이 시작되자 파업 참가 근로자가 수행하던 업무에 신규채용 근로자를 바로 투입했다는 점에 비추어 볼 때 파업에 참가한 근로자들의 업무를 수행하게 하기 위하여 그 채용이 이루어졌다고 볼 수 있다. 이와 유사한 사실관계가 문제된 사건에서도 대법원은 대체근로금지에 위반된다고 판단한바 있다. 따라서 A회사가 40명을 신규채용한 것은 노동조합법 제43조 제1항 위반에 해당된다.

## IV. 결론

자연 감소 인원 충원을 위한 10명의 신규채용은 노동조합법 제43조 제1항에 위반되지 않지만, 40명의 신규채용은 노동조합법 제43조 제1항 위반에 해당된다.

〈질문 2〉 쟁의행위 기간 중에 甲을 징계 해고한 회사의 행위는 정당한가?(해고의 예고 및 실체적 정당성은 논외로 함) (50점)

## I. 논점의 정리

A회사와 노동조합은 2016. 3. 1. 단체협약을 체결하였으나 유효기간에 대하여는 아무런 규정을 두지 아니하였고, 이 단체협약에는 "회사는 쟁의행위 기간 중에는 조합원에 대한 징계를 할 수 없다."라는 내용이 있다. 조합원 甲이 쟁의행위 기간이었던 2018. 10. 2. 회사의 생산기계를 파괴하는 개인적인 일탈 행위를 하자, 회사는 단체협약의 효력이 상실되었다고 주장하면서 쟁의행위가 진행 중인 2018. 10. 10. 甲을 징계 해고하였다. 甲을 징계 해고한 회사의 행위는 정당한지 여부를 검토하기 위해서는 첫째, 기간의 정함이 없는 단체협약의 유효기간은 어떻게 되는지, 둘째, 만일 단체협약이 실효되었다면 단체협약상 해고 및 징계에 관한 조항의 효력은 어떻게 되는지에 관하여 살펴보아야 한다.

## Ⅱ. 관련 법리

### 1. 기간의 정함이 없는 단체협약의 유효기간

노동조합법 제32조 제2항에 따르면 단체협약에 그 유효기간을 정하지 아니한 경우나 2년의 유효기간을 초과하는 유효기간을 정한 경우에 그 유효기간은 2년으로 한다.[103] 단체협약의 유효기간이 만료되는 때를 전후하여 당사자 쌍방이 새로운 단체협약을 체결하고자 단체교섭을 계속하였음에도 불구하고 새로운 단체협약이 체결되지 아니한 경우에는 별도의 약정이 있는 경우를 제외하고는 종전의 단체협약은 그 효력만료일부터 3월까지 계속 효력을 갖는다(노동조합법 제32조 제3항).

### 2. 단체협약이 실효된 경우 단체협약상 해고 및 징계에 관한 부분의 효력

판례에 따르면 단체협약이 실효되었다고 하더라도 임금, 퇴직금이나 노동시간, 그 밖에 개별적인 노동조건에 관한 부분은 그 단체협약의 적용을 받고 있던 근로자의 근로계약의 내용이 되어 그것을 변경하는 새로운 단체협약, 취업규칙이 체결·작성되거나 또는 개별적인 근로자의 동의를 얻지 아니하는 한 개별적인 근로자의 근로계약의 내용으로서 여전히 남아 있어 사용자와 근로자를 규율하게 되는데, 단체협약 중 해고사유 및 해고의 절차에 관한 부분에 대하여도 이와 같은 법리가 그대로 적용된다. 위와 같은 법리에 의하면, 근로자에 대한 징계해고가 이루어질 때 이미 단체협약이 그 유효기간의 경과로 실효된 상태였다고 하더라도, 새로운 단체협약, 취업규칙이 체결·작성되거나 또는 근로자의 개별적인 동의를 얻지 아니하는 한 단체협약 중 해고의 절차에 관한 규정에 따라야 한다.[104]

## Ⅲ. 사안의 적용

이 사안에서 회사와 노동조합은 2016. 3. 1. 단체협약을 체결하였으나 유효기간에 대하여는 아무런 규정을 두지 아니하였으므로 노동조합법 제32조 제2항에

---

103) 2021. 7. 6.부터 시행되는 개정 노동조합법에서는 단체협약의 유효기간의 한도를 3년으로 변경했다.
104) 대법원 2007. 12. 27. 선고 2007다51758 판결; 대법원 2009. 2. 12. 선고 2008다70336 판결.

따라 유효기간은 2년이 된다. 따라서 단체협약은 2018. 2. 28. 이미 유효기간이 만료되었다. 회사와 노동조합은 새로운 단체협약을 체결하기 위하여 2018. 1. 1. 부터 회사와 교섭을 하였으나 새로운 단체협약을 체결하지 못하였다. 이러한 경우 노동조합법 제32조 제3항에 의하면 단체협약은 그 효력만료일부터 3월까지 효력을 갖기 때문에 2018. 5. 31.까지 효력이 유지된다.

한편, 甲의 징계사유인 일탈행위가 이루어진 시기 및 징계처분이 이루어진 시기는 모두 단체협약이 실효된 이후이다. 그렇지만 판례에 따르면 단체협약이 실효되었다고 하더라도 해고사유 및 해고 절차에 관한 부분은 새로운 단체협약, 취업규칙이 체결·작성되거나 또는 근로자 甲의 개별적인 동의를 얻지 아니하는 한 개별적인 근로자의 근로계약의 내용으로서 여전히 남아 있어 사용자와 근로자를 규율하게 된다. 따라서 "회사는 쟁의행위 기간 중에는 조합원에 대한 징계를 할 수 없다."라는 부분 역시 그대로 적용되므로, 쟁의행위 기간 중에 甲을 징계해고 한 회사의 행위는 정당하지 않다.

## Ⅳ. 결론

단체협약의 유효기간을 정하지 아니한 경우 유효기간은 2년이 된다. 이 사안에서는 단체협약이 실효되었지만 단체협약이 실효되더라도 규범적 부분에 해당되는 해고사유 및 해고 절차에 관한 부분은 새로운 단체협약, 취업규칙이 체결·작성되거나 또는 근로자의 개별적인 동의를 얻지 아니하는 한 개별적인 근로자의 근로계약의 내용으로서 여전히 남아 있어 사용자와 근로자를 규율하게 된다. 따라서 "회사는 쟁의행위 기간 중에는 조합원에 대한 징계를 할 수 없다."라는 부분 역시 그대로 적용되므로, 쟁의행위 기간 중에 甲을 징계해고한 회사의 행위는 정당하지 않다.

## 사례 18 대체근로의 금지

### [사례 18][105]

A사는 폐기물 소각시설을 전문적으로 운영하는 회사다. 甲시는 관련 조례에 따라 그 소유의 생활폐기물 소각시설(이하 'B시설')의 운영을 A사에 민간위탁했다. B시설에는 3개의 소각로가 있고, 근무하는 A사 소속 근로자는 70명이다. 그 중 50명(3개 소각로 운전인력 30명 포함)은 전국 단위 노동조합의 조합원이다.

A사와 甲시가 체결한 'B시설 위·수탁 운영 협약서'에 따르면 A사는 시민들의 생활상 불편을 방지하기 위해 B시설의 3개 소각로를 24시간 연속 가동할 책임이 있고, 쟁의행위 등으로 소각로 운전이 정지된 경우 甲시가 A사에 소각로별 가동중단일수에 비례하는 손실비용을 부과할 수 있다.

노동조합은 A사와의 2020년 임금교섭 결렬 후 노동위원회 조정절차와 조합원 찬반투표절차 및 쟁의행위 신고절차를 적법하게 마쳤다. 그로부터 약 1개월이 되는 2020. 5. 16.(토) 00:00부로 3일간의 1차 경고파업을 사전 예고 없이 단행했다. 또 노동조합은 A사에 사전 통보한 2020. 6. 10. 00:00부로 20일간의 2차 총파업을 실시했다. 결국 A사는 노동조합의 교섭요구사항을 모두 수용하여 2020. 7. 15. 임금협약을 체결했다.

한편, A사는 2차 총파업 기간에 소각로 가동 전면 중단을 피하기 위한 최소 필요인력으로 A사 본사 소속 소각로 기술팀 직원 3명, A사가 甲시로부터 위탁받아 운영 중인 다른 소각시설(이하 'C시설') 소속 운전원 2명 및 C시설의 6개월 전 퇴직자 결원충원으로 2020. 6. 5. 신규 채용한 운전원 1명을 B시설에 투입하여 B시설의 비조합원 일부와 함께 3교대제로 소각로 3개 중 1개만을 부분 가동하게 했다(이하 '이 사건 대체인력 투입'이라고 함).

### <질 문>

노동조합은 이 사건 대체인력 투입이 노동조합법 제43조를 위반한 행위라고 주장한다. 이러한 주장의 타당성에 관하여 논하시오. (30점)

---

105) 2020년도 제29회 공인노무사시험.

> **해 설**

〈질문〉 노동조합은 이 사건 대체인력 투입이 노동조합법 제43조를 위반한 행위라고 주장한다. 이러한 주장의 타당성에 관하여 논하시오.

## Ⅰ. 논점의 정리

A사는 2020. 6. 10.부터 20일간 행해진 2차 총파업 기간에 ① A사 본사 소속 소각로 기술팀 직원 3명, ② A사가 甲시로부터 위탁받아 운영 중인 C시설 소속 운전원 2명 및 ③ C시설의 6개월 전 퇴직자의 결원충원 명목으로 2020. 6. 5. 신규 채용한 운전원 1명을 B시설에 투입하여 B시설의 소각로 3개 중 1개를 부분 가동하였는바, A사의 이러한 대체인력 투입이 노동조합법 제43조가 규정하는 사용자의 채용제한에 해당하는지 문제된다. 다만, A사가 민간위탁 받아 운영하는 생활폐기물 소각 사업은 필수공익사업에 해당하지 않으므로, 필수공익사업에 관한 사항은 검토의 범위에서 제외한다.

## Ⅱ. 관련 법리

### 1. 관련 법령

노동조합법 제43조 제1항은 근로자의 쟁의행위권을 실질적으로 보장하기 위하여 "사용자는 쟁의행위 기간중 그 쟁의행위로 중단된 업무의 수행을 위하여 '당해 사업과 관계없는 자'를 채용 또는 대체할 수 없다"고 규정하고 있다.

### 2. '당해 사업과 관계없는 자'의 의미

판례는 '사업'이란 개인사업체 또는 독립된 법인격을 갖춘 회사 등과 같이 경영상의 일체를 이루면서 계속적·유기적으로 운영되고 전체로서 독립성을 갖춘 하나의 기업체 조직을 의미한다는 입장이다.[106] 이러한 입장에 따르면 경영주체가 동일한 법인격체이면 하나의 사업에 해당한다.

---

106) 대법원 1999. 8. 20. 선고 98다765 판결 등 참조.

### 3. '채용' 또는 '대체'의 의미

'채용'이란 근로자를 새로 고용하는 것으로서 그 고용형태나 기간은 관계없다. 한편, '대체'란 사업에 근로를 제공하고 있던 기존의 근로자로 하여금 파업 등 쟁의행위에 참가한 조합원의 업무를 대신 수행하게 하는 것을 의미한다.

노동조합법 제43조 제1항이 금지하는 행위는 사용자가 '쟁의행위 기간 중'에 '채용' 또는 '대체'하는 것이다. 판례는 사용자가 노동조합이 쟁의행위에 들어가기 전에 근로자를 새로 채용하였다 하더라도 쟁의행위기간 중 쟁의행위에 참가한 근로자들의 업무를 수행케 하기 위하여 그 채용이 이루어졌고 그 채용한 근로자들로 하여금 쟁의행위기간 중 쟁의행위에 참가한 근로자들의 업무를 수행케 하였다면 비록 쟁의행위 기간 전에 신규채용이 있었다 하더라도 노동조합법 제43조에 위반한다는 입장이다.[107]

한편, 노동조합법 제43조 제1항은 노동조합의 쟁의행위권을 보장하기 위한 것으로서 쟁의행위권의 침해를 목적으로 하지 않는 사용자의 정당한 인사권 행사까지 제한하는 것은 아니므로, 자연감소에 따른 인원충원 등 쟁의행위와 무관하게 이루어지는 신규채용은 쟁의행위 기간 중이라 하더라도 가능하다. 다만 결원충원을 위한 신규채용 등이 위 조항 위반인지 여부는 표면상의 이유만으로 판단할 것이 아니라 종래의 인력충원 과정·절차 및 시기, 인력부족 규모, 결원 발생시기 및 그 이후 조치내용, 쟁의행위기간 중 채용의 필요성, 신규채용 인력의 투입시기 등을 종합적으로 고려하여 판단하여야 한다.[108]

## Ⅲ. 사안의 적용

### 1. 기존 A사 소속 근로자의 대체

A사는 2차 총파업 기간에 ① A사 본사 소속 소각로 기술팀 직원 3명, ② A사가 甲시로부터 위탁받아 운영 중인 C시설 소속 운전원 2명을 대체인력으로 투입하였다.

판례의 입장에 따르면 경영주체가 동일한 법인격체인 이상 하나의 사업에 해당

---

107) 대법원 2000. 11. 28. 선고 99도317 판결.
108) 대법원 2008. 11. 13. 선고 2008도4831 판결.

하는바, A사의 본사와 A사가 위탁받아 운영하는 B시설 및 C시설은 모두 A사라는 하나의 동일한 법인격체가 운영하는 것이므로 모두 '당해 사업'에 해당한다. 이러한 입장에 따르면 A사가 본사 소속 직원 및 C시설 소속 직원을 B시설에 투입한 것은 노동조합법 제43조에 위반되지 않는다.

### 2. 신규채용한 근로자의 대체

A사는 노동조합의 2차 총파업의 개시가 예정되어 있던 2020. 6. 10.의 직전인 같은 달 5.에 소각로 운전원 1명을 신규채용한 다음, 2차 총파업 기간 중 B시설의 업무에 투입하였다. 결원충원을 위한 신규채용 등이 노동조합법 제43조 제1항에 위반한 것인지는 표면상의 이유만으로 판단할 것이 아니라 종래의 인력충원 과정·절차 및 시기, 인력부족 규모, 결원 발생시기 및 그 이후 조치내용, 신규채용 인력의 투입시기 등을 종합적으로 고려하여 판단하여야 한다는 판례에 비추어 볼 때, 노동조합이 2020. 6. 10. 2차 총파업을 단행할 것을 통보한 상황에서 A사가 이미 6개월 전에 퇴사한 직원의 결원을 충원한다는 명목으로 2차 총파업이 개시되기 직전인 같은 달 5.에 운전원 1명을 채용한 것은 '자연감소에 따른 인원충원'이라고 보기 어려우며, 오히려 노동조합이 예고한 총파업 기간 중 업무의 중단을 피할 목적으로 위 운전원을 채용한 것으로 판단된다. 따라서 C시설의 소각로 운전원 1명을 신규채용하여 파업으로 중단된 B시설의 업무에 투입한 것은 노동조합법 제43조 제1항을 위반한 것으로 판단된다.

## Ⅳ. 결론

A사의 본사 직원과 C시설의 운전원은 모두 A사가 운영하는 B시설과의 관계에서 '사업과 관계없는 자'가 아니므로 A사가 이들을 대체한 것은 노동조합법 제43조에 위반되지 않는다. 이 부분에 대한 노동조합의 주당은 타당하지 않다. 반면, A사가 2차 총파업이 임박한 상황에서 파업으로 중단된 업무에 투입할 목적으로 C시설의 운전원 1명을 채용하여 쟁의기간 중 대체인력으로 투입한 것은 노동조합법 제43조에 위반된다. 따라서 이 부분에 대한 노동조합의 주당은 타당하다.

**사례 19 직장폐쇄**

**[사례 19]**[109]

A회사는 전자부품을 생산·판매하는 회사이다. A회사에는 전국전자산업노동조합(이하 '전국전자노조'라 한다)의 A회사 지회(이하 'A지회'라 한다)가 설립되어 있으며, A회사 근로자 200명은 A지회에 소속되어 있다. A회사 근로자 중 다른 노동조합에 가입한 자는 없다. A지회는 전국전자노조의 모범 지회 규칙을 바탕으로 제정된 규약과 총회 지회장 등의 기관을 갖추고 활동하여 왔다. 단체교섭 및 단체협약체결은 전국전자노조의 규약에 따라, A지회 단위에서의 교섭의 경우 A지회가 소속한 전국전자노조의 B지부 지부장의 주관 하에 교섭을 진행하였으며, A지회장은 실무적인 교섭위원으로 참여하였고, 단체협약의 체결권자는 전국전자노조 위원장 또는 그 위임을 받은 B지부 지부장이었다.

2016년 8월부터 B지부 지부장의 주관 하에 A지회 단위에서는 임금교섭이 실시되었는데, 수차례의 교섭에서 합의에 이르지 못하자 같은 해 10월 20일 적법한 절차를 거쳐 조합원 전원이 파업을 개시하였다. A회사는 A지회의 전면파업이 장기화되어 생산이 마비되자 같은 해 12월 20일에 적법한 직장폐쇄를 실시하였다. A회사는 공장 1층에서 전자제품을 제조하였고, 1층 내부의 통로를 통해 출입하는 2층에는 A지회에게 노조사무실을 제공해주고 있었는데, A회사는 A지회 소속 근로자들의 전자부품 제조공장에 대한 점거를 우려하여 위 직장폐쇄와 더불어 A지회의 노조사무실에 대한 출입도 금지하였다.

**〈질 문〉**

A회사가 위 직장폐쇄를 실시하면서 A지회의 노조사무실에 대한 출입을 금지한 것이 정당한지에 관하여 논하시오. (25점)

---

109) 2019년도 제28회 공인노무사시험.

## 해 설

〈질문〉 A회사가 위 직장폐쇄를 실시하면서 A지회의 노조사무실에 대한 출입을 금지한 것이 정당한지에 관하여 논하시오.

## Ⅰ. 논점의 정리

이 사안에서 A회사는 A지회의 전면파업에 대응하여 2016. 12. 20. '적법'하게 직장폐쇄를 실시하면서, 이러한 직장폐쇄에 부수하여 A지회 소속 근로자들의 전자부품 제조공장에 대한 점거 우려를 이유로 A지회의 노조사무실에 대한 출입을 금지하였다. 이러한 노조사무실 출입금지 조치의 정당성을 판단하기 위해서는 직장폐쇄의 효과로 '사업장 점유의 배제'가 인정되는지, 나아가 그 범위는 어디까지인지를 검토해야 할 것이다.

## Ⅱ. 관련 법리

### 1. 관련 법령

노동조합법 제46조 제1항은 "사용자는 노동조합이 쟁의행위를 개시한 이후에만 직장폐쇄를 할 수 있다."라고 규정하여 직장폐쇄의 요건만 규정할 뿐, 직장폐쇄의 효과에 대해서는 구체적인 규정을 두고 있지 않다. 이에 사용자가 정당하게 직장폐쇄를 한 경우, 근로자가 쟁의행위에 부수하여 정당하게 직장을 점거하고 있더라도 그 근로자를 사업장으로부터 배제시키는 효력이 있는지 문제된다.

### 2. 판례 법리

판례는 근로자들의 직장점거가 개시 당시 적법한 것이었다 하더라도 사용자가 이에 대응하여 적법하게 직장폐쇄를 하게 되면, 사용자의 사업장에 대한 '물권적 지배권'이 전면적으로 회복되는 결과 사용자는 원칙적으로 점거 중인 근로자들에 대하여 정당하게 사업장으로부터의 퇴거를 요구할 수 있다는 입장이다.[110]

---

110) 대법원 1991. 8. 13. 선고 91도1324 판결.

다만, 판례는 사업장 내의 노조사무실에 대해서는 사용자의 직장폐쇄가 정당한 쟁의행위로 평가받는 경우에도 사업장 내의 노조사무실 등 정상적인 노조활동에 필요한 시설, 기숙사 등 기본적인 생활근거지에 대한 출입은 허용되어야 한다는 입장이며, 다만 ① 쟁의 및 직장폐쇄와 그 후의 상황전개에 비추어 노조가 노조사무실 자체를 쟁의장소로 활용하는 등 노조사무실을 쟁의행위와 무관한 정상적인 노조활동의 장소로 활용할 의사나 필요성이 없음이 객관적으로 인정되거나, ② 노조사무실과 생산시설이 장소적·구조적으로 분리될 수 없는 관계에 있어 일방의 출입 혹은 이용이 타방의 출입 혹은 이용을 직접적으로 수반하게 되는 경우로서 생산시설에 대한 노조의 접근 및 점거가능성이 합리적으로 예상되고, 나아가 ③ 사용자가 노조의 생산시설에 대한 접근, 점거 등의 우려에서 노조사무실 대체장소를 제공하고 그것이 원래 장소에서의 정상적인 노조활동과 견주어 합리적 대안으로 인정된다면, 합리적인 범위 내에서 노조사무실의 출입을 제한할 수 있다고 한다.111)

## Ⅲ. 사안의 적용

이 사안의 경우 A회사는 적법하게 직장폐쇄를 실시하였으므로, 정당한 직장폐쇄의 효과로서 직장을 점거한 근로자들을 퇴거시킬 수 있음이 원칙이다. 그러나, 직장폐쇄를 한 경우에도 정상적인 노조활동을 위하여 필요한 노조사무실의 출입은 원칙적으로 허용되며, 다만 ① 노조가 노조사무실 자체를 쟁의장소로 활용하는 등 노조사무실을 쟁의행위와 무관한 정상적인 노조활동의 장소로 활용할 의사나 필요성이 없음이 객관적으로 인정되거나, ② 노조사무실과 생산시설이 장소적·구조적으로 분리될 수 없어 노조사무실 출입으로 생산시설에 대한 노조의 접근 및 점거가능성이 합리적으로 예상된다면, ③ 사용자가 노조사무실 대체장소를 제공하고 그것이 원래 장소에서의 정상적인 노조활동과 견주어 합리적 대안으로 인정되는 경우에 한하여 예외적으로 노조사무실의 출입을 제한할 수 있을 뿐이다.

그런데, 이 사안의 경우 A지회가 노조사무실을 쟁의장소로 활용하려는 사정은

---

111) 대법원 2010. 6. 10. 선고 2009도12180 판결.

전혀 제시되지 않았다. 다만, A회사는 공장 1층에서 전자제품을 제조하였고, 1층 내부의 통로를 통해 출입하는 2층에는 A지회에게 노조사무실이 위치한다는 점에서 노조사무실과 생산시설이 장소적·구조적으로 분리될 수 없어, 생산시설에 대한 A지회의 접근 및 점거가능성이 합리적으로 예상된다고 볼 수는 있을 것이다.

그러나, A지회의 노조사무실 출입으로 생산시설에 대한 점거가능성이 예상된다고 하더라도 설문의 경우 A회사는 A지회의 노조사무실에 대한 출입을 금지함에 앞서 A지회에 노조사무실을 대체할 장소를 제공한 사실은 제시되지 않았으므로 A회사가 A지회의 노조사무실 출입을 금지하는 것은 허용되지 아니한다.

## Ⅳ. 결론

이 사안의 경우 A지회의 노조사무실 출입으로 생산시설에 대한 점거가능성은 예상되지만, A회사가 노조사무실에 대한 출입을 금지함에 앞서 노조사무실을 대체할 장소를 제공하지 않았으므로, A회사가 직장폐쇄를 실시하면서 A지회의 노조사무실에 대한 출입을 금지한 것은 부당하다.

## 사례 20  조합활동과 부당노동행위

**[사례 20]**[112)]

근로자 甲은 A회사에 입사하여 근무하던 중 2015년 3월 A회사의 노동조합의 조합장 선거에 입후보하였다. 노동조합의 조합장 선거에는 근로자 甲을 비롯하여 총 4명이 입후보하여 선거운동을 진행하였으나, 선거운동 과정에서 근로자 甲은 조합장에 당선될 가능성이 없음을 알고 스스로 후보를 사퇴하였다.

그런데 근로자 甲은 다른 후보자가 자신의 사퇴 이유를 왜곡하여 선거운동에 이용하고 있다는 사실을 알고 이를 바로잡기 위하여 A회사의 승인을 받지 아니한 채, 직접 작성한 300여 매의 유인물을 점심시간을 이용하여 조합원들에게 배포하였다. 이후 A회사는 근로자 甲의 행위가 단체협약 제10조에 위반되고, 징계해고 사유를 규정하고 있는 취업규칙 제92조(단체협약 제50조와 동일)에 해당한다고 보아 근로자 甲을 징계해고하였다.

○ 단체협약 제10조 (조합활동의 사전승인)
"노조는 회사 구내에 있어서 게시 혹은 인쇄물의 첨부 및 배부토록 하고자 할 때는 1일 전에 회사의 승인을 얻어야 한다"
○ 단체협약 제50조 (징계해고사유) 및 취업규칙 제92조 (징계해고사유)
"회사 내에서 무단으로 문서 도서 등의 배포나 부착 또는 시위 집회의 선동 유언비어살포 등의 행위"

**<질 문>**

근로자 甲은 A회사가 징계해고한 것은 정당한 조합활동을 이유로 한 불이익 취급의 부당노동행위라고 주장한다. 근로자 甲의 주장이 타당한지 여부를 논하시오. (50점)

## 해 설

〈질문〉 근로자 甲은 A회사가 징계해고한 것은 정당한 조합활동을 이유로 한 불이익 취급의 부당노동행위라고 주장한다. 근로자 甲의 주장이 타당한지 여부를 논하시오.

---

112) 2014년도 제23회 공인노무사시험.

## Ⅰ. 논점의 정리

이 사안에서 근로자 甲은 A회사의 승인을 받지 않고 직접 작성한 300여 매의 유인물을 점심시간을 이용하여 조합원들에게 배포하였고, A회사는 이를 이유로 근로자 甲을 징계해고하였다. 이에 근로자 甲은 A회사의 이 사건 징계해고가 정당한 조합활동을 이유로 한 불이익 취급의 부당노동행위라고 주장하였는바, 근로자 甲의 이러한 주장의 타당성과 관련하여 근로자 甲의 유인물 배포행위가 정당한 조합활동에 해당하는지 문제된다.

## Ⅱ. 관련 법리

### 1. 관련 법령

노동조합법 제81조 제1항 제1호는 사용자는 근로자가 '노동조합의 업무를 위한 정당한 행위' 한 것을 이유로 그 근로자를 해고할 수 없다는 취지의 규정을 두고 있다. 따라서 지배개입의 불이익취급이 성립하려면 ① '노동조합의 업무를 위한 정당한 행위'가 있어야 하고, ② 사용자의 불이익처분이 있어야 하며, ③ 사용자의 불이익처분이 근로자의 정당한 단결활동 등을 이유로 하여야 한다.

### 2. 노동조합의 업무를 위한 정당한 행위

판례는 조합활동이 정당한 것으로 인정되기 위해서는 ① 행위의 성질상 노동조합의 활동으로 볼 수 있거나 노동조합의 묵시적인 수권 또는 승인을 받았다고 볼 수 있는 것으로서 ② 근로조건의 유지 개선과 근로자의 경제적 지위의 향상을 도모하기 위하여 필요하고 근로자들의 단결강화에 도움이 되는 행위이어야 하며, ③ 취업규칙이나 단체협약에 별도의 허용규정이 있거나 관행 또는 사용자의 승낙이 있는 경우 외에는 취업시간 외에 행하여져야 하고, ④ 사업장 내의 조합활동에 있어서는 사용자의 시설관리권에 바탕을 둔 합리적인 규율이나 제약에 따라야 하며, 폭력과 파괴행위 등의 방법에 의하지 않는 것이어야 한다는 입장이다.

### 3. 조합원 개인의 행위가 조합활동으로 인정되는 경우

판례는 '노동조합의 업무를 위한 정당한 행위'란 일반적으로는 정당한 노동조합의 활동을 가리킨다고 할 것이나, 판례는 조합원의 행위가 조합의 결의나 조합의 구체적인 지시에 따라서 한 노동조합의 조직적인 활동 그 자체가 아닐지라도 그 행위의 성질상 노동조합의 활동으로 볼 수 있거나, 노동조합의 묵시적인 수권 혹은 승인을 받았다고 볼 수 있을 때에는 노동조합의 업무를 위한 행위로 보아야 한다는 입장이다.113)

### 4. 휴게시간 중의 유인물 배포행위의 정당성

판례는 단체협약에 유인물의 배포에 허가제를 채택하고 있다고 할지라도 노동조합의 업무를 위한 정당한 행위까지 금지시킬 수는 없는 것이므로, 취업시간 아닌 주간의 휴게시간 중의 배포는 다른 근로자의 취업에 나쁜 영향을 미치거나 휴게시간의 자유로운 이용을 방해하거나 구체적으로 직장질서를 문란하게 하는 것이 아닌 한 허가를 얻지 아니하였다는 이유만으로 정당성을 잃지 않는다는 입장이다.114)

## Ⅲ. 사안의 적용

### 1. 조합활동의 정당성

노동조합 선거와 관련하여 사퇴한 후보자가 그의 사퇴이유를 조합원에게 알리는 행위는 조합의 업무를 위한 행위에 포함되는 것으로 보아야 할 것이다. 따라서 근로자 甲이 유인물을 배포한 행위는 노동조합의 단결권 행사 과정에서 비롯된 것이므로 노동조합의 업무를 위한 정당한 활동범위에 속한다고 판단된다. 한편, 근로자 甲의 유인물 배포는 휴게시간인 점심시간에 이루어졌으며, 다른 근로자의 취업에 나쁜 영향을 미치거나 휴게시간의 자유로운 이용을 방해하거나 구체적으로 직장질서를 문란하게 한 것으로 보기는 어렵다. 따라서 근로자 甲이 유인물 배포에 대하여 허가를 받지 않았다 하더라도 그 정당성을 부인할 수 없다.

### 2. 부당노동행위의사

부당노동행위 의사의 존재 여부는 이를 추정할 수 있는 모든 사정을 전체적으

---

113) 대법원 1991. 11. 12. 선고 91누4164 판결.
114) 대법원 1991. 11. 12. 선고 91누4164 판결.

로 심리 검토하여 종합적으로 판단하여야 할 것인바, 이 사례의 경우 근로자 甲의 유인물 배포행위가 정당한 조합활동에 해당하여 징계사유가 될 수 없음에도 A회사가 근로자 甲을 징계해고한 점을 고려할 때 A회사의 부당노동행위 의사가 인정될 수 있다고 판단된다.

## Ⅳ. 결론

근로자 甲이 A회사의 승인을 받지 않고 직접 작성한 300여 매의 유인물을 점심시간을 이용하여 조합원들에게 배포한 행위는 정당한 조합활동에 해당한다. A회사가 이를 이유로 근로자 甲을 해고한 것은 부당노동행위에 해당한다. 따라서, 甲의 주장은 타당하다.

## 저자 약력

### 박귀천
소속대학 : 이화여자대학교 법학전문대학원
학위
- 이화여자대학교 법학사 및 법학석사
- 독일 프랑크푸르트(Frankfurt)대학교 법학박사

주요 논문
- 독일 노동법상 근로조건 결정시스템 - 취업규칙으로부터 사업장협정으로 - (노동법연구, 2016)
- 모(母)의 업무에 기인한 태아의 건강손상에 대한 책임 - 생명, 젠더, 노동에 대한 질문 - (법학논집, 2017)
- 최저임금 결정구조에 관한 검토(노동법학, 2018)
- '근로자파견성' 판단 기준 재정립의 모색 - 판례에 대한 분석을 중심으로(노동법포럼, 2019)
- 일터민주주의를 위한 노동법적 과제(노동법학, 2020) 등.

### 박은정
소속대학 : 한국방송통신대학교 법학과
학위
- 이화여자대학교 법학사 및 법학석사
- 이화여자대학교 법학박사

주요 논문
- 감정노동과 노동법(노동정책연구, 2016)
- 기간제법의 쟁점에 관한 제언(노동법학, 2017)
- 디지털일자리에 대한 노동법적 관점에서의 정책적 대응(노동법학, 2018)
- 회사분할과 개별적 근로관계의 승계(노동법학, 2019)
- 지금 왜 다시 사용자인가 : 플랫폼 노동관계에서 사용자찾기(노동법포럼, 2020) 등.

### 권오성
소속대학 : 연세대학교 법학전문대학원
학위
- 서울대학교 법학사
- 성균관대학교 법학석사 및 법학박사

주요 논문
- 노동조합의 조직형태 변경(노동법연구, 2018)
- '재직 조건' 정기상여금의 통상임금성(중앙법학, 2018)
- 플랫폼 경제와 노동법(노동연구, 2020)
- 산재유족 특별채용 조항의 적법성(사회보장법학, 2020)
- 하청근로자의 도급인 시설에 대한 직장점거의 형사책임(법학연구, 2020) 등.

제2판

노동법의 쟁점과 사례

| | |
|---|---|
| 초판발행 | 2021년 5월 10일 |
| 제2판발행 | 2024년 8월 30일 |
| | |
| 지은이 | 박귀천 · 박은정 · 권오성 |
| 펴낸이 | 안종만 · 안상준 |
| | |
| 편 집 | 이승현 |
| 기획/마케팅 | 박세기 |
| 표지디자인 | 이영경 |
| 제 작 | 고철민 · 김원표 |
| | |
| 펴낸곳 | (주) **박영시** |
| | 서울특별시 금천구 가산디지털2로 53, 210호(가산동, 한라시그마밸리) |
| | 등록 1959. 3. 11. 제300-1959-1호(倫) |
| 전 화 | 02)733-6771 |
| f a x | 02)736-4818 |
| e-mail | pys@pybook.co.kr |
| homepage | www.pybook.co.kr |
| ISBN | 979-11-303-4813-1  93360 |

정 가        33,000원